U0094691

傳播政治經濟學 台灣社會與兩岸關係

馮建三 著

「政治經濟學根植於道德哲學及制度的探討：我們應當如何界定好的社會和好的生活，以及我們需要怎樣的資源和社會組織形式。」（Graham Murdock, 2018）[1]

「新科技再怎麼改變……我們仍然必須投入心力，思考我們的民主承諾。人需要好新聞、好報導、好傳媒內容，不變。」（Edwin Baker, 2002）[2]

「世界大同、和平是人類最大的幸福……台灣人手裡握有世界和平的第一道關口的鑰匙，這實在是一個意義深遠且責任重大的使命……。」（蔣渭水，1921）[3]

「為了台灣，也為了世界，人類社會必須團結……拋棄各式各樣的既得利益，進行方方面面的改革與改造……。」（黃文雄，2020）[4]

「一個人極力想從受困的屋子逃出去。他試了窗戶，但窗戶太高。他又試了煙囪，但煙囪太窄。他一轉身，原來屋子的門一直開著。走出門外，海闊天空。」（黃維幸，2023）[5]

「台灣風土性的『兩岸性』……同時影響兩岸……如要濃縮到島嶼內部自行決定，對岸中國沒有置喙的餘地……相當不合理……。」（楊儒賓，2023）[6]

1　《新聞界》2018年第2期。（常江、石谷岩訪談）
2　《傳媒、市場與民主》（2002／馮建三譯2008）。台北市：巨流。
3　「文化協會」成立大會致辭講稿（1921/10/17），《文化協會會報》創刊號（1921/11/30）。
4　2020年5月20日政大校慶致詞。
5　轉引維根斯坦，見〈評「全球台灣」VS.「中華帝國」〉（2023/11/16，風傳媒）
6　《思考中華民國》。台北市：聯經。

【簡目】

【詳目】

Part 1 傳播政治經濟學

Part 3　兩岸關係

第七章 「美國因素」：好萊塢　483

傳播政治經濟學、
台灣社會與兩岸關係

自序

我見青山多嫵媚　料青山見我亦如是

白雲蒼狗，世事變幻。但未能料及，前後七年的世事與兩岸，判若雲泥。

《郭懷一》在台灣開演七場次之後，2017年到了美國與加拿大，首次將三百多年前，殖民者殺一萬漢人的歷史往事，以歌仔戲形式演出。當時，該劇對觀眾的介紹文字是，「17世紀荷蘭人……占領台灣，逼迫台灣人繳納沉重的稅賦，又向原住民抽『血稅』，釀成了族群間的衝突與仇恨……動搖荷蘭人的統治……走向十年後鄭成功……登陸台灣的歷史轉捩點。」

七年後的今（2024）年，荷蘭官員來台參加書展，仍然對「荷蘭在台灣……殖民……的黑暗面」，表示致歉。反之，文化部眼中已無郭懷一，轉以8,600萬元籌畫戶外大型「歌仔音樂劇」《1624》，以歌頌的口吻，表示這是台灣「浮現於世界史扉頁的關鍵年代」。台南市政府另有三項主軸活動，包括「慶典」全年進行；郭懷一事件與鄭成功來台，不著一字。

七年之間，對相同的歷史，記憶的變化巨大若此。追念先人的苦難，宣揚荷蘭的殖民，二者對比強烈。文化部與台南市不是紀念誕生在1624年、今年四百歲的鄭成功。國姓爺圍攻並與荷蘭簽約，迫其離境後幾個月，在1662年6月辭世，彷彿他是為驅逐歐洲殖民者、為漢人在台灣建立政權而生，及其功成，謝世人生，駕鶴西歸。

如果鄭成功不來，以閩南、廣東為主來台墾殖的漢人，只是荷蘭人招募來台的移工。台灣的漢人與原住民，命運很可能如同印尼人。二戰結束，美英軍火支持荷蘭，執意繼續殖民印尼，雙方作戰四年，

死二十萬印尼人及四千六百多名荷蘭士兵後，至1949年，印尼方始脫離荷蘭，取得獨立地位。漢人虧欠台灣原住民至今，是另一個必須謹記、也須彌補之事。

　　解釋2017至2024這七年的變化，淺層視之，僅是美「中」關係變化所致。美國對中國大陸的觀感，在這七年，變化巨大。正面看待大陸的美國人，2017年的比例是43%，低於負面看待的47%，落差僅有4%；到了2024年，16%對81%，落差來到65%。這是分裂的美國在製造敵人，自由派與保守派信任政府的差距，從11%倍增至26%，高達79%選民在2024年大選之前，以「分裂」或「腐敗」形容美國政治。內部出了問題，圍堵大陸與反「中」，成為兩大政黨的共識之一。《經濟學人》力挺美國主導的國際關係，都有專文分析，該刊提問，實則認定「中國大陸及其夥伴俄羅斯、伊朗與北韓，終究能夠將美國這個國家團結起來」。我們的政府受美國率制，或者，主動配合。於是，強調《1624》，是「台灣與世界相遇的起點」，不是荷蘭人殖民的開始。我們增加軍費，國防支出於是從2017年的GDP之2.0%（3,577億），增加至2024年的2.5%（6,068億台幣）。

　　不過，七年之別，另有深層原因，離不開至今還沒塵埃落定的兩岸關係。台人多要維持現狀，對岸說總是要統一。我們說，「台灣的未來，由兩千三百萬人民共同決定。」這不是誠實的主張。外國記者明目張膽，指我們「依賴美國爹地」（'Daddy America'）。

　　這個聲稱並不失真，惟一旦講開，讓人難堪。我們理當求變，空間有限，更須及早確認出路。只是，我們很少求變。於是，說從前，有人執迷，以為不說荷蘭殖民而說被西方看到，可以淡化，甚至否定歷史及當前的台灣，都跟大陸有更密切的關係。談現在，有人以為，跟隨世界軍事首強的腳步，多購軍火乃至支付「保護費」與加強備戰，堅守「自由民主」就能威嚇而避戰。國人當中，仍有受其蒙蔽，無從知悉白宮政經霸凌、政變他國貽害人間的行徑由來已久，也未能正視就在眼前，白宮助以色列殺戮、侮辱巴勒斯坦人、黎巴嫩人，是白宮自行踐踏人權、自由與民主的普世訴求。同理，「今日烏克蘭，明日台灣」之說，不指俄烏與兩岸關係相同，剛好相反，它說的是，

儘管迥然有別，惟在白宮以自主、反專制與濟弱扶傾的「善意」假面，掩飾其私心與傲慢且不知反省，致使美好的信念化為糞土、致使戰爭在烏克蘭發生，台灣若不領受這個教訓，未必能免。

美國與北約從2014年起擴大支持並整飭烏克蘭軍隊、積極備戰八年，成功誘使俄羅斯犯罪入侵。今日的烏克蘭生靈塗炭國土蒙塵，歷歷在目、跳躍眼前：戰前，烏克蘭三千七百九十萬人口，至2024年7月，已有六百七十四萬移民外國、三百七十萬在境內流離失所；因戰爭死傷的人數難以證實，美國估計至10月初，約是俄六十一點五萬而烏四十八萬；俄烏雙方違法使用集束炸彈，戰後清除費時經年累月，無辜傷亡屆時難以避免；重建烏克蘭經費，開戰兩年時，低估是4,860億，高則達1兆美元（台灣今年GDP約8,000億美元）。戰爭發生一個月，兩國已有協議，烏克蘭中立不入北約，俄軍撤離。若協議執行，烏克蘭不會失去五分之一領土，但美英執意弱化俄羅斯，悍然否定協議。

既已理解美國主流的國際戰略，我們也應該注意另一種對兩岸、對世界更合理也更健康的聲音，同樣來自美國。在俄烏戰爭爆發之前，他們說了很多次，「終止北約東擴」危機就消失。對於兩岸關係，他們之中，最高位者曾經是小布希總統，他表示台灣的未來方案，要「符合台海兩岸人民的意願」；他們說，「成功的美國政策，意味著……提供時間和空間上的保障，讓台灣人民可接受的最終和平解決方案有機會出現」；他們也勸白宮不要在台灣問題「火上澆油」、不要將台灣「武裝到牙齒」，不要口說「維持現狀」實則屢屢以多種方式挑釁北京。

不同意這個觀點的人，也許會說，大陸若同意台灣獨立，就沒有挑釁的問題。但是，很多台灣的人也未必同意必然讓大陸敵視的獨立。中央研究院院士楊儒賓的「兩岸性」看法，比較可信，也更為符合台灣與世界需要的前景。楊院士研究台灣史與明末以來的思想史，結論是台獨「想像的共同體無法成真……關鍵因素在於台灣風土性的『兩岸性』……同時影響兩岸……如要濃縮到島嶼內部自行決定，對岸中國沒有置喙的餘地……相當不合理……」。北京能對兩岸關係發

言、可以置喙，台北當然也可以，或者，更可以。這個主張若能得到更多的人認知並接受，就是兩岸關係開始政治協商的第一步。

〈表1〉扼要記錄兩岸關係用詞的變化，北京不是一成不變。它清楚展現，我們依法將中華民國分成「台灣與大陸」地區在先。過了大約十年，對岸將這套配對用詞列入其政治紀錄。2019年習近平提「一國兩制台灣方案」，很多人反應不佳，但對兩岸與東亞政治研究很深的前美國在台協會理事主席卜睿哲（Richard Bush）不是這樣審視。畢竟，以前不提台灣方案而現在提，已經表示台灣與香港不同。「一國兩制」的英文是one country two systems，不是one state two systems，這個country與2014年5月跨黨派提出的「大一中」，可以相同。蔡英文與賴清德總統說現在「中華民國及中華人民共和國互不隸屬」，來日未必不會在相互努力的過程，使「中華民國及中華人民共和國都是一部分的中國」而相互隸屬。

表1　兩岸關係用詞的變化，1991~20xx

解嚴後我們的法律	1991	中華民國憲法增修條文第10條自由地區與大陸地區
	1992	台灣地區與大陸地區人民關係條例
大陸政治與法律用詞的變化	2020以前：	世界上只有一個中國，台灣是中國的一部分，中華人民共和國政府是代表中國的唯一合法政府。
	大陸副總理錢其琛2000/8/24回覆《聯合報》訪問；總理朱鎔基2002在人大第五次會議首次納入政策報告；2005的反分裂國家法第二條。	2000、2002或2005以後：世界上只有一個中國，大陸和台灣同屬一個中國，中國主權和領土完整不容分割。
一國兩制與兩岸關係的我方提法	1970s至今的非官方提出2021以後的官方提出	邦聯／歐盟／一中屋頂蔡英文／賴清德：中華民國及中華人民共和國互不隸屬。但沒說未來。
	20xx～	兩岸協商彼此都能同意的（未來相互隸屬的）政治關係。

　　不少人會說，對岸不讓我們表述「中華民國」。這可能部分對，但不是全對。政治評論家黃年關注、研究與論述兩岸的政治關係數十年，引述近年多種文件，確認空間存在，即便內外有別，兩岸自行先談妥，再以合適方式對外宣告。現在，反而是我們自己，不表中華民國。在很多時候，是有國人不說大陸或中國大陸，而是僅說中國，如此一來，中華民國消失。我們說台灣，理所當然，但若書寫或言談只稱北京是中國，形同自己不表述中華民國。現在，變成我們不表一中，將中國只等同於中華人民共和國，不明智，也違反事實。

　　回歸歷史的「兩岸性」，理解這個信念的合理與必須，也能讓我們心平氣和，發現積極以對，比消極維持現狀更能成事。同時，這也是翻轉因為反「中」而遭至扭曲的歷史。述說1624的四百年意義，從鄭成功說起，不再舉1624為世界看到台灣之始，那是歌頌西方殖民，貽笑世人。不歪曲歷史，行動不會失據。

　　蔡英文總統的前參謀總長、李喜明上將「建議政府該積極……消弭仇中、反中的情緒，並鼓勵民間在媒體、網路等各個領域營造兩岸和諧氣氛，而政府本身亦應起帶頭作用，即使兩岸官方齟齬，亦無需唇薄舌尖地酸言以對……既不損及台灣立場及主體性，亦能顯現我雍容的態度與民主風範」。

　　這個建言若能落實，20xx年，兩岸就能開始政治協商，經年之間，逐漸取得彼此都能同意的、未來相互隸屬的政治關係。這個時候，就在我們也積極參與的過程中，一中將有新的內涵，台海戰爭的危機消除，兩岸和平，世界之福。下個階段，若能進入辛棄疾的「我見青山多嫵媚　料青山見我亦如是」作為其後數十年、百年的願景，幸甚。兩岸除了政治關係之外，經濟與文化等等更為全面的願景，北京與台北理當更是相向而行，推敲自由、平等、博愛之門。

（馮建三。2024/11/12。颱風天雨未走猴山多日、看《凡人歌》電視劇之際。）

再記：

　　同輩之中，我入中國大陸，相對晚些，初履是本世紀初，雖然起自1989年，已有雜文，偶爾就對岸與兩岸議題，時而短論。彼時，心中沒有更多關懷，謹守現狀的維持而已，中國、大陸、中國大陸等等詞彙，也就任意差遣，再無思慮何者為宜。最近幾年，後知後覺的我，逐漸確認兩岸關係的現狀不善，不宜永續，也不可能永續，用語在這本文集的第八、第九兩章，也就跟進調整，特別是2020年以後的文字。辛棄疾文武雙全，轉用他的「我見青山多嫵媚　料青山見我亦如是」，似亦可說，政治經濟學以其倫理關懷，加上有用資訊與持平觀點的傳播、溝通與辯論，以及人群結社的行動，所希望成就的媒介環境、台灣社會與兩岸關係之面貌，就在讓人使用媒介、在地生活與對岸互動，都有這個目標，乃至其達成。祝願有朝一日，這個想像不再是奢望。

Part 1

傳播政治經濟學

第一章

新聞與媒介批評

報紙新聞的副產品

在所謂資訊爆炸的年代，資訊匱乏的情況仍然相當驚人。朱門酒肉臭，路有凍死骨，矛盾現象並存，自古已然。政治方面的資訊管制，暫且不去說，文化資訊的不足，說來一定讓人大吃一驚。比如，迄今為止，台灣還沒有完全能夠取信於業者或廣告業主的報紙讀者調查（也就是俗稱 ABC 的制度），也沒有精確的聽眾與觀眾收視習慣資料。至於新興（其實，也算是十多年的舊現象了）的第四台或衛星電視，更是大家一起來，玩個猜猜看遊戲，有人說新電視是全民都看，有的說是中產階級的玩意。至於 KTV 之流，主計處近年的調查報告，頂多是聊勝於無，很不準確。

如果具有商業效用的流行文化資訊都已經不足，那麼，報紙副刊本身所代表的文化類型，其資訊之短缺，也就相當可以理解。

迄今為止，在本來就不多的報紙副刊研究當中，大多屬於個人或整個大社會的歷史性回顧（比如六年多前《文訊》月刊的特輯、兩年前大陸羅賢梁的《報紙副刊學》），或是就副刊內容所作的訊息研究（比如民國 80 年代出現的兩本碩士論文，分別是政治作戰學校與文化大學新聞研究所的潘榮欽與向陽）。耐人尋味的是，任何文化成品最重要的生產者與消費者，似乎反而未受青睞，沒有人研究：到底是哪些人在編輯、寫作副刊的文字與圖片？到底又是哪些人在閱讀副刊的文章？

隨著這兩大主體的發現、比對與研究，自然可以再行衍生其他許多值得一探究竟的問題。誰最有興趣作這類性質的研究呢？誰又最具備進行這類研究的資源或能力呢？這種質性的資訊，商業用途少，因此一般出版社不肯為之。但是，比較沒有疑問的是，它應有其社會文化的意義，因此學院人士可以透過向國科會之類的機構申請經費，然後釐定步驟，漸次探索。此外，副刊的編輯顯然具有工作近親之便，如果有意從事副刊作者與讀者的調查研究及詮釋，再加上自身的工作過程之紀錄與分析，又有誰能夠與編輯角逐？副刊研究工程最佳候選

人的資格,非副刊編輯莫屬。[1]

說的總是比唱的好聽,想的總是比做的容易。相對於其他尚待探索與研究的文化產銷現象,副刊也許較難受到重視。不過,有心的編輯,也許舉世第一份副刊的產銷解析,正等著您哩。

(《聯合報》1993/1/14第43版。原標題是〈副刊的生產者與消費者〉。)

《蘋果日報》的效應

(2003年)2月最後一個星期,三家銷售量最大的報紙當中,有兩家的頭版新聞出現了「異象」。先是《聯合報》以將近三分之二版面,報導基隆市失業中年手刃妻與子的新聞。過了兩天,好像是要扳回一城,又好像是要平衡友報對失業者悲慘境遇的大幅再現,《中國時報》也獨家在頭版下方,推出了「野趣」十足的「大漢溪畔今鬥牛」的新聞。

為什麼說這兩則新聞在兩報的呈現方式是「異象」呢?原因有二。一是相比於當天的其他報紙,將該則新聞放在頭版大作特作者,僅有《聯合》或《中時》。二是相比於過去處理同類新聞時,兩報從來沒有將它放在頭版,而全部是放在六版以後,如去年3月11日的「草嶺古道,野水牛出沒」。

很多人看到這個「異象」之時,立刻就想到了,這可能是一種「蘋果效應」。就如同一年多以前的《壹週刊》,還沒有上市就在業界引發話題,攪動人力的流通,據說4月中下旬要創刊的《蘋果日報》,也產生了某種「未演先轟動」的作用,證據之一就是兩大報的頭版新聞,上週相繼出現了這兩則讓人耳目一新的話題。

---

1 是有一本研究副刊主編的書:施英美(2021)《林海音時代:聯副十年》。台北市:爾雅。

　　在社會新聞方面如此創新，是好是壞，可以另作評估，不同的讀者將有見仁見智的答案。另有一種創新，也可以稱得上是「蘋果的滋味」，這是報業競爭壓力升高之後出現的景象，恐怕要讓所有人都搖頭太息。因為它以（台灣）前所未見的手法，安排廣告出現的位置與方式，形同是強迫讀者非得看廣告不可，甚至是看完了才知道是廣告。對於這種異象，報社若做讀者調查，那應該是千面一口，幾近所有人在不習慣與頗有受欺負、欺騙的感覺之餘，都寧願報紙不要有這種廣告的創新才對。

　　這種強迫型的報紙廣告或廣告新聞化的手法，大約從兩年前的1月開始出現，最近則愈來愈頻繁。當時是手機的廣告同時出現在三大報，連續在第一落報紙五版起的三個單數版面，刊印圖文，推銷電信產品。然後往前推進，手機生產商利用當時火熱的雜誌與副總統的官司，突然在多家報紙的頭版與三版之醒目位置，刊登了手機的圖文，標題則是「嘿嘿嘿，案情急轉！」。

　　「食髓知味」之後，廣告新聞化及「活潑」版面設計的例子愈來愈多，其中最惹人注目的是前年選舉期間，《中國時報》台北市版第七版左上角打著「專題」，內容其實是整版的國民黨言論廣告。此外，至今《中時》仍可看到不少整版新聞，刊登各級政府的座談與政策說明，這些其實有其價值，但未必能夠討好廣告廠商的內容得以出現，原因相當耐人尋味。到了去年6月，兩報首次出現四、五兩版都是廣告的情況，7月則三、五、七連三版都是相同的汽車廣告。這樣的聲勢雖然浩大，也很招人眼神，但畢竟還是廣告與新聞分割清楚。至10月，硬邦邦地在三版正中央，旁邊都是新聞的位置，大剌剌地塞進了手機的廣告。然後江河日下，這幾個月來，廣告的創新擺設，差不多每週都有。

　　無論是新聞或版面設計的「異象」，說穿了都是報紙在廣告收入緊縮時，不得不有的反應。如此說來，這些與其說是「蘋果效應」，不如說是競爭廣告收入不得不有的變化了。

（《今周刊》2003/3/6，頁114。原標題是〈也是「蘋果的滋味」〉。）

電視新聞扭曲樂生遊行

週日數千名的大學生樂生遊行，為進步的潛能保留或說創造了具有意義的空間。但三立電視台當日及次日晚間的新聞，連續兩日刻意隱藏大部分的事實，彷彿與某家起於三重新莊一帶的土地傳媒集團，沆瀣一氣，滿嘴愛台灣不絕於口，卻對肩負台灣未來的青年，不但吝惜肯定，還要在字裡行間與影像聲音裡，讓外界對他們產生誤解，好像或甚至擺明要撲滅青年人的善念佳行。大學生想要透過親身行動，開展認識真實社會的自主意識，全盤被三立否認。

三立台第一次的報導內容，硬是以口白加上整個螢幕的字樣，作為北市捷運局的傳聲筒。該則新聞說，保留業已遭到拆除過半的樂生院區之九成，必須花費30億元，工期要多一年。奇怪的是，這固然是官方說法，因此不妨報導；但官方也有另一種說法，也就是工程專家早就藉由報端披露多回，學界也透過購買半版廣告的方式澄清了，而網路流傳更是難計其數：需要增加的是2億4千萬，工期延長約四個月。

三立的記者再忙，這些唾手可得的資訊那麼難找嗎？恐怕不是。今日下午的親身經驗，讓我不得不作此判斷。記者比較如實地報導，但編輯台或新聞的編輯政策讓記者的新聞走了樣。

三立記者確實訪問到了世新大學某些學生的說法，只是有為數也許數十（或一百？）學生至現場，出於任課教師要求前往拍攝影片。惟訪問後，三立記者來到了政大，我與另一位學生與記者也談了一些時候，經過說明，記者也察覺，既然昨日有三至五千人參加（分別是警方與活動主辦單位的估計），那麼這些非自主前來的學生，比例上最多只能占參與者的三十或五十分之一。果真如此，無論是基於事理的重點、專業的平衡要求，或純屬奢望的肯定大學生的參與，三立怎麼能夠將整則一、兩分鐘的新聞，集中在可能是非自主的學生身上？既然其他電視台似乎沒有如此惡劣表現（三立說週一晚間的新聞是其「獨家追蹤」），那麼，除了週日及週一晚間的新聞，三立的樂生新聞政策，很有可能刻意抹煞抹黑的另一個表現，在於週一晚的第二則樂

生新聞，集中在一百來位大學生的跪行，在三立新聞呈現下，少了莊嚴認真的苦修意味，多了玩票任意來去的隨便行為（「有些跪行的學生走進央圖上廁所就不見了⋯⋯」）。

　　我相信台灣電視新聞的惡質結構，超過了個別新聞台，要為國人電視資訊環境的不明，負起最大責任。但這個結構不是所有惡劣行徑的藉口與避難所，很不幸，三立新聞台有關樂生新聞的荒唐可憎之表現，讓人再要提起電視之結構改革時，不得不心虛。

（《聯合報》2007/4/17 第 A15 版。原標題是〈樂生遊行　電視新聞別扭曲大學生〉。）

新聞專業倫理與政府

　　北韓前領導人金正日辭世，上週傳出死訊後，早先已經化身多次、屢屢以搞笑方式播報新聞的華視記者梁芳瑜，這次變成了北韓首席主播李春姬。她與華視沒有想到的是，前夕沒人物議的新聞裝扮秀，今朝竟然激起軒然大波。

　　讀者投書說，這種裝扮讓人「笑不出來」，只能「毀（掉）新聞價值」。學院人表示，模仿秀交給「大悶鍋」就可以，記者不能這樣。當事人說：「若扮大長今就 safe，梁春姬滿腹委屈。」國家通訊傳播委員會（NCC）說，記者與電視台「不識大體」，要看華視「後續反應決定處理方式」。

　　現在，華視已經公開致歉並懲處相關人，新聞人傳媒人可以再進一步，要求 NCC 與未來的文化部積極因應，不但不再讓這類事情發生，並且要能邁向正確方向，改善「大陸、台灣和香港的電視都在比爛，但要真排座次，抱歉，恐怕還是台灣敬陪末座」的難堪現象。

　　梁春姬事件後，記者雖然知道事出有因，出在環境惡劣，但同時認為，「每個人都有選擇的權利，選擇不惡搞，不接置入行銷等等。

梁某不是剛進這個行業，她不做，不會有長官拿著槍逼著她做。」這個堅持很有價值，但不是所有人都有認知與條件做此堅持，若要更多人堅持，必須多管齊下，其中之一，就在提出合理要求：個人要負責，代表所有個人的政府，不必負責嗎？

政府怎麼負責？其實政府擁有很多手段，請從「台灣公共廣播電視集團」談起。公廣在2006年成軍，是台灣員工人數最多的傳媒機構，但因相關政策欠缺與人謀不臧，致使表現雖有可觀，距離應有的水平相去依舊遙遠。第四屆的公視董事延任至今已經一年，執政黨與在野黨聽任這種破壞體制的行為持續存在，若非無知就是無恥，要不，一定是這個局面對朝野政黨都有好處？

2010年迄今，有線電視的集團化與購併規模愈來愈大，引發各界疑慮，無不認為國民的傳播權利，將要因此更加萎縮。但是，無論是NCC，或是在野黨的傳媒政策方案，居然將解救電視的沉痾宿疾，寄望在數位化與分級付費。

然而，引人詬病的各種節目，不會因為數位化就自動好轉，分級付費也不可能吸引足夠的資源，投入製作本國優質的影音節目。海外國家的經驗早就顯示，即便分級付費，觀眾的有線電視收視費不一定能夠減少，觀眾喜聞樂見的新節目更是不會就此產生。分級付費如同家具的重新排列組合，短期的新鮮感可能增加一些，但是，長期來看，室內裝潢不會為此而變得更加賞心悅目。

海外各國當中，美國對於傳播媒介的政策最是怠慢。即便如此，歐巴馬主政以後，客觀情勢催生了新氣象。2009年與2010年，聯邦交易委員會就傳媒未來，特別是報業與網際網路的問題，提出了政策分析，相關幕僚研讀與討論不絕於耳。公聽會中，學界、產業界、社區與社運各界意見，火光四射。今年7月，在歷經一年多的準備以後，聯邦通訊傳播委員會也完成了將近五百頁的報告書。

政府必須以「知恥近乎勇」的認知，急起直追，正視我國的新聞及影音工作條件之敗壞，製作資源長期挹注不足與不穩定，以致節目類型窄化、同質化與品質低落的問題。2009年以來，政府以五年為期，增加了電視劇、電影與流行音樂的投資，但是，這筆經費來源完

全依賴政府預算,沒有仿照海外通例,未曾邀請業界貢獻部分經費,以致補助影音的經費總額偏低,並且無法穩定。更嚴重的是,政府以招標方式使用經費,致使影視製播的經驗無法累積而效果不彰。政府必須提出計畫,改善當前影音補助經費的使用效率,整合政府現有資源,包括針對公共廣播電視集團,使其公視、華視、客家、原民與宏觀台的資源運用,更為穩定與協調;對於行政院各部會及北高兩市出資的廣播電台與傳播機構,政府也應該整合其資源使用,提升其效能。

(《人間福報》2011/12/26 第 5 版。原標題是〈記者堅持專業倫理 政府有大責〉。)

新聞價值及媒介批評

現在,批評媒介(或者更精確的說,對媒介的表現發牢騷)已經相當流行。在媒介本身乃至於學院內部,各式各樣的媒介批評尤其常見,從媒介產權及所有制,一直到媒介的政經結構及意識形態效果(包括了媒介對各種社會現象、人物或團體的再現)的批評,雖然不是學院傳播教育的主流,卻是媒介批評當中,得到較多注意的部分。

然而,迄今為止,許多議題仍然較少,或者,沒有受到學院或媒介批評的青睞。比如,「客觀及平衡報導」等新聞編採原則是其一,再來就是《謎底,嗯……》之中〈電視新聞報導〉一劇觸及的「新聞價值」。這兩個較少人反省的課題,「客觀衡平問題」已有譯書介紹,有助於我們理解新聞的產製過程。相形之下,反省「新聞價值」的中文筆墨少了許多,只有在類如徐開喜越獄事件的新聞報導,才得到偶發而零星的檢討。

在眾多解讀〈電視新聞報導〉的可能方式之中,本文認為,《謎底,嗯……》一劇或許是要將電視公司使用「衛星新聞採集」(satellite news gathering, SNG)機器過程中所出現的光怪陸離現象,誇而大之,

讓人覺得（電視）新聞記者實在豈有此理，殺人案件的受害者倒在路旁行將斃命，記者還在「小聲地背誦新聞裡所謂的五 W……」。現場記者無話可說，沒有什麼好報導了，待在公司內部的主播卻向現場記者說「你可不可以多講一點，因為出動 SNG 報導是一件很不容易的事，一次至少要報十分鐘才划得來。」人的味道、見血而不忍之心完全退位。唯一留存的是嗜血、刺激聳動，這是刺激收視率，回收新聞成本的考量，《謎底，嗯……》劇予以荒謬呈現。

馮光遠是不是有感於去（1993）年台視進口了數部衛星電視採訪車，在螢幕前百般搬弄，引來一陣話題？或者，他是因為看了《捍衛戰警》中，歹徒利用媒介搶新聞的「衝動」而透過衛星現場報導觀察警方的應對，因此有感而發寫作本劇？是哪個答案，不是那麼重要。要緊的是，為什麼媒介機構那麼急於搶新聞？為了搶新聞所以要縮短現場採集及發報的空間及時間距離，從最早的電報、有線電話，一直到現在的傳真設備與無線蜂巢式行動電話，其作用莫不如此。

但為什麼要搶新聞？藏在背後的動力是什麼？按照建制新聞教科書提供的標準答案，大概不出以下說法：搶新聞符合「求新」（recency）的新聞價值之要求，是為了服務、滿足讀者、聽眾與觀眾的需求。

真的是這樣嗎？看了〈電視新聞報導〉這一幕的人應該會立刻說「鬼扯蛋」，晚一點看到訪問傷者的畫面，又怎麼樣？

建制教科書或新聞從業人員可能會說，「好吧，就承認此例不足為訓，是不需要 SNG，但其他新聞還是要求新才能報導呀，否則叫作『舊』聞即可，算什麼『新』聞呢？」這話並非沒有道理，但只對了一半，或者，更少一些。

英國媒介社會學家在 1970 年代研究瑞典（科技條件先進）、愛爾蘭（政治情勢緊張）與奈及利亞（廣電系統正在萌芽階段）的三家電視公司。他們以銳利批判的角度指出，這三個社會結構極不相同，然而，三家媒介遵循的「求新」原則在商業壓力的趨動下，並不因為各國媒介背景之差異而變化。三國既有大差異，觀眾需求理當不同，但新聞生產者遵循相同邏輯，顯然，「求新」的新聞價值，是協助記者

編採與呈現新聞，多於服務閱聽人的誠意。由於新聞必須在特定週期內提供，凡是在此週期以外發生的事件，算不得新聞，並且，由於記者觀察、整理眼目所見再轉換為文字或聲影訊息，還隔著一段時間，因此媒介實際上所記載的事件，遠遠短於其特定週期。以週五出刊的七日刊為例，通常是週三晚間截稿，所以等於是週四、五兩日的事件算不得新聞；每天出刊的晚報，容納的時間更短，通常只在九至十二時之間。

這還沒完，因為究竟誰能「造謠生事」呢？早在1961年，已有「假事件」之說，亦即有些事件得到報導，不是自發，而是經過某些人／團體為了讓媒介報導而刻意製造。

在商業媒介及商業廣告公關行業最發達的美國，三十多年前這類假事件已經如潮水般湧來，真假莫辨。台灣現在不也這樣嗎？逐日無之的各色政府及非政府團體所舉辦的活動，很大目的是為吸引媒介報導。誰能召開公聽會、記者會或其他活動？社會上（的相對）強勢者。媒介並沒有能力，或說在成本考慮之下，較少意願投注足夠資源，因此，媒介主動發掘題材進行報導的機會少了許多。記者竟日前往政府單位（行政院、立法院、監察、司法、國大、各級政府機關等）或守候知名人物、團體，被動地採訪消息，已是常態。並且，新聞媒介為了讓事件明白易懂，往往將複雜的社會過程及組織機構之間的糾葛關係，轉化成為許多個人與個人之間的互動往來，於是將社會現象呈現為個人特徵。這在國際事務的報導尤其如此，美國入侵中東的根源是伊拉克國王海珊的凶殘成性，也許是近三、四年來國際政經關係個人化的最佳例子。

由於「求新」，所以只能以最快速度找來最方便取得（而且要每日不間斷）的消息，即使記者有話想說，經常也會在求新的準據下，感到手腳不靈活而遭捆綁。今（1994）年10月，洪福證券發生違約交割股票事件。然而，早在事件發生之前，主跑立法院的記者（不是個別記者，而是大部分記者，亦即知悉立院生態記者的某種集體認定）對於相關現象已經非常不滿，他們在7至9月期間填寫問卷，回答「澄社」的「國會記者評鑑立委」問卷時，指名道姓地說某些立委

是「華隆幫、操縱財委會」。

但是，這些記者的集體意識為什麼不能長期地反映在媒介？受限於政經壓力當然也是一種可能，但在洪福證券這個例子，應該不是政經限制，否則無法解釋該案發生之後，新聞機構接連十天予以密集揭發與批判。真要媒介對社會弊端（如股市牽扯出的立院通金權）批評、攻擊，則根據「求新」的新聞價值之要求，最好的情況下，也只有在洪福等案事發時，才能熱鬧炮轟一天、兩天或一特定短暫期間，等到下個更新的議題出現，媒介又忙著追逐，於是立委串連，為自己號子護盤的問題，還是沒變。

「求新」固然符合現制的新聞編採過程的需要，也附帶滿足了人們喜歡得知新聞的社會心理需求，但它所導致的保守效應，已如前述。現在的難題是，怎麼辦？借用「給我報報」式的想像能力，有兩個異想天開的點子。

辦法之一可能是：改變新聞行業與新聞教育的求新原則之定義。比如，明顯而立即存在（clear and present）的社會惡現象，只要還沒有解決，哪怕它已經存在很久，都是「新」之謂也。再就近取譬，以某部分利用政治權謀取金錢的立委為例，何必等到或何必一定有洪福案之爆發再報導、舉發？何不在平時或選舉來到之日，看看這類型立委有哪些人要出場競選，然後，媒介何妨每天在報頭或螢幕下方，列出這些號子立委的名單，緊跟著「以上是號子立委，請勿投他／她」等字樣，直到這些不肖分子從國會消失為止。

辦法之二可能是，「向中央社學習」。再過一陣子說不定會由黨營轉成國營的中央通訊社，給予新聞同業或社會大眾的印象似乎不深，若有，好像負面多過正面，但它集中生產資源統一對外發布新聞的形式，如果來一個「創造性的轉用」，說不定可以產生彌補作用，前面提及媒介因資源不足，也就較少主動發掘與深入調查社會病象的缺失，或多或少可以改進。

比方說，目前市面上可以讀到的報紙很多，若說發行在萬份以上者，大約總有十家以上，但這十多家提供的新聞，無論就採訪對象或觀點有很大的不同嗎？不見得，反倒是雷同重複者頗多。於是，假設

十家報紙只有五種不同新聞及觀點，則五家顯然可以算是資源浪擲，不是好事。把多餘的五家編採人員併同所有藍白領勞動者，全員解僱嗎？那也不妥，大家都有工作權與生活權。那就十家報紙分成兩組，每組人員工作一年輪休一年？

這還不錯，但另有更積極的辦法：調集剩餘五家的編採人力，進行深度調查採訪工作，避開求新的限制，挖掘各種社會議題，以適合不同社會階層的文體及措詞，撰寫深淺不一但焦點相同的文稿，統一供應各界使用，達到社會議題沒有不曝光、曝光沒有不深入、深入沒有讀不懂、讀懂沒有不心動、心動沒有不有朝一日起而動、動了之後都有方向，都是直指問題的漸次解決。

單是〈電視新聞報導〉一幕就讓人產生這麼多的聯想，再要把《謎底，嗯……》的其他五幕併合想下去，那還了得？看來，若要簡單結束這篇短文，上上策是就「求新所以健忘」這六字略作聯想（或說是亂想）。馮光遠這齣媒介劇的另外四幕，對於報紙軟性版面（影劇、家庭、藝文、體育、副刊等等）的自我嘲諷者（馮光遠的文字大多發表在這些版面）有之（〈報紙的用途〉），疑惑於近半年來因為地下電台而廣受注意的call-in現象者有之（〈一人廣播電台〉），似乎「只是」嬉笑流行文化者有之（〈卡啦OK大賽〉與〈書展〉）。異中有同的是，它們或多或少、或直接或間接，都在借用1979年美麗島事件及其中人物，尤其第五幕的〈大家愛演歷史劇〉，眾演員「玩」的正是「美麗島大審」。

為什麼以美麗島事件作為主軸，串連五幕本來可以各不相干的劇碼呢？是為了要凌空笑弄台灣社會的健忘？是為了要暴露許多（社會的大部分？）「我消費所以我存在」的人，歷史對他們已經失去意義了嗎？

不無可能，於是我們看到了「美麗島」只是卡啦OK大賽的指定曲／「大家來玩『美麗島大審』是當義工啊？……分享這個錢！」。我們又目睹了「施明德逃亡……的新聞……哇！是錢，也……都是大鈔也！」。接下來，眼見大家貪財，哪裡管「施明德……那筆錢……是朋友資助……逃亡……的」。然後，《美麗島》、《事件二十》與

《周年紀念》這三本書，居然是由「模特兒為您展示」。「環島旅遊……不要忘記先買一本《美麗島》……《事件二十》……非常適合大學生挾在腋下，以輕盈的步伐，漫步在校園……逛街、訪友、上班、採購，讓《周年紀念》跟著……進進出出」。

創作完成之日，作者已死。本文以這種積極、活躍而又主動的方式歪讀《謎底，嗯……》，會讓作者馮光遠啼笑皆非嗎？輕鬆好玩的自娛娛人，兼有批評媒介之功的作法，有沒有必要、有沒有可能、什麼時候而又可以透過什麼途逕與什麼樣的改造媒介生態的企圖（哈，又差不多是一個5W），共同努力呢？

（《中外文學》1994/12，頁104-9。參考資料與部分文字刪除。本文因早逝的吳潛誠教授邀約而作。）

新聞評論一定要找學者嗎？

一、這個題目有什麼好研究的？

「新聞評論一定要找學者嗎？」，這句話似乎是說，大眾媒介的新聞報導，在需要尋求外界意見時，經常會徵詢大專院校的教師，而且次數頗為頻繁。但實事求是，真是這樣嗎？恐怕還得再作澄清。

如果以「最主要」的新聞引述來源作為標準，《中國時報》在1993年所有新聞版面的徵詢對象，平均55%是國家機器，7%是資本家，只有3%是學者。《新新聞》的徵詢對象，平均37%是國家機器，3%是資本家，學者占2%。如果把出現在新聞的引述來源全部列入計算，則《中時》與周刊詢問國家機器、資本家與學者意見的比例，平均依序分別是70%、5%與6%，以及36%、14%與4%。更早幾年，鄭瑞城等人針對1987至1990年的研究，也有相同發現。

　　顯然，學者並沒有重要的媒介發言權利，那麼，為什麼還要提出這樣的問題呢？作為研究媒介現象的學院知識分子，最重要而緊迫的工作，豈不是應該放在揭露國家機器及資本家作為媒介兩大主要新聞來源這個事實，可能具有哪些意義嗎？似乎，在探討「新聞評論一定要找學院的知識分子嗎？」，倒不如先行追問「為什麼國家機器與資本家會是大眾媒介的主要新聞來源？」。

　　不過，與其說提出這樣的質疑，在於指控本篇論文的題目無關宏旨，倒不如說，這是透過自省的社會學觀點，企圖更為精確地掌握這樣的研究，究竟應該如何定位，才能發掘更為豐富而深邃的知識。

　　我們或許應該這麼說，學者作為媒介消息或評論的來源，值得研究的原因，必須從「數量」以外的觀點來看。這就是說，可能是因為學者的意見，在「品質」方面的表現，不同於國家機器及資本家，因此彌補了他們在數量上的不足？也可能是學者提供的見解、價值觀、政經立場，迥異於國家機器與資本家，是一種批判的觀點，因此值得研究？

　　這個問題只能迂迴回答。最近發表的一項調查報告指出，根據1991年7至8月的訪問，在十類專業人士中，台灣地區十五歲以上的居民，最信賴的是大學教授，法官、警察、立法委員及國大代表，分別排名第四、第六、第九與第十。在大學生方面，1987年的一項調查亦顯示，在所有的一五四項列入調查的職業當中，大學生主觀上認為大學教授排名第三，行政院長第九、大企業家第十四、國大代表與立法委員分別是第二十與二十三。

　　以上兩項調查似乎顯示，相對於國家機器（行政院長、警察、立委等）與資本家（大企業家），大學教授這種特定類型的知識分子，在社會大眾心目中的「主觀」認知，代表的是相對超越派系與門閥的利益、相對貫穿不同社會階層的框架而匯整各界衝突，所以能夠增添「學者—媒介」關係作為研究對象的價值。（誠然，就「客觀」表現來說，學者的意見與言論是否真的傳達公共利益，不一定與學者本身或民眾的主觀願望及認知契合。）

　　交代了前述基本認知之後，這篇報告將分別站在媒介（記者）及

知識分子（學者）的立場，審度他們進入「媒介─學者」關係之結構體的考量及實際作為，可能是哪些？其次則以晚近十年為期，檢視「媒介─學者」關係在台灣的遞嬗演變軌跡；最後再取一個本地實例，探討「媒介─學者」的互動過程。

二、學院知識分子的立場

學者，也就是大學院校的知識分子，是知識分子中的知識分子，他們的言說本事、說理能力，正是他們「傳道、授業、解惑」的立身根據。古德諾（Alvin Gouldner）提出的「新階級」之說，激發了西方學術界迄今眾說紛紜的爭辯。不過，與本文旨趣有關的是，古氏新階級之論說，似乎可以用來闡述學者為什麼會與大眾媒介產生特定的關係。

古德諾認為，關於知識分子的舊有說法，大概分成四種，知識分子是（1）溫良的技術官僚；（2）具有主宰能力的階級；（3）舊資產階級的盟友；（4）權勢之僕人。但這些觀點，依古氏之見，都沒有把握要點，因為知識分子不只是掌握技術，還企圖利用自身的特殊知識，提振自己的利益與權力，於此過程，卻不失其前瞻性的社會及人文關懷；此外，這些知識階層仍然在上升，還未達到頂點，亦即尚未具備主宰歷史動向的能力，這就如同資產階級之興起至其臻達控制地位，歷時亦有四百年；最後，這個新興的階級為了聲稱代表普遍的利益，必須與現有之統治階級與政權搏鬥，不是與其掛勾。

因此，知識分子作為一個階級，是有其缺陷，但迄今為止，他們仍然是歷史上最能夠關照人類普遍利益的階級（a flawed universal class）。

但這個階級憑什麼而具有這樣的特徵？古氏說這是因為他們擁有「文化資本」的緣故。不過，所有的階級都有若干文化資本，只是知識新階級的文化資本另有兩點獨到的地方：（1）就數量來說，知識分子擁有相對多量的文化資本而表現為專業精神的執著，於是他們聲稱其技術與道德均能凌駕舊階級之上，而他們擁有的文化資本足以提

升經濟的生產力，至少，他們在「文化上」將其文化資本「界定」為可以提高生產力；（2）就質素來看，這個新階級的文化資本，特殊之處在於他們使用的是一種精煉的語言，據此而形成了「言談社群」（speech community），表現為「批判論述的文化」（culture of critical discourse, CCD）的行使，而其規則有三：這樣的論述之批判，目標在正當化、合法化（justify）本身之主張；這個合法化的方式，必須出以言談論說本身的合理，不能訴諸談話人或書寫人的權威；聽聞此一言談的人，要能心悅誠服地首肯之、同意之。

這樣的論述特徵，表現於學院之教師特別明顯，他們更是必須以「整個社會或整個國家之代表」而發言。知識新階級發揮影響力的最重要「模式」在於「傳播」，在於從事「書寫與言談」；換句話說，新階級的「政經利益，乃是獨一無二地依賴於他們是否能夠持續地使用媒介，尤其是大眾媒介，以及依賴於他們是否能夠取得各種制度性設計，保障其自由出版與言談的權利。」傅瑞可（B. Furaker）引申古氏的論點而如此補充：「或許，高等教育最重要的功能，在於灌輸『專業、專業精神』之類的意識形態，並使學生接受之。在其定義下，知識分子與專業職門的人，理應追求自主性……超出黨派或階級利益而發言行事……身為知識分子，應當捨棄種種內在要求以外的標準，不再服膺外在的要求。」而處今之世，知識分子能夠如此自視的因素，在於他們受到了「國家機器與媒體」的蔭蔽，就國家機器而言，知識分子在政黨體系中得到了超出其人數比例的影響力，就媒介而言，知識分子在CCD之中以「為人人而發言」的姿態現身。

從古德諾的知識分子社會學之角度看來，學者作為知識階級的核心，自行掌握大眾媒介，或是在大眾媒介為政商控制的局面下，力圖在其間撰述或出現，是符合他們本身利益的一種作法。再者，布赫迪厄（Bourdieu, 1988, pp. 48, 59, 62-4）的分析細膩了一些。他說，支配法國學院知識分子之運作的邏輯有兩類，或說兩種不同的「正當性原則」。第一種是較為俗世、較早成立的學科，它的作用是更為政治性的，因為運作在這個「場域」（field）的學院之人，必須較為遵守權力場域的操作原則，因此他們也就最不具備獨立於政府之外的自主

性，而當道的政權也就最願意賦予其空間，讓他們前去生產、創造、複製與傳輸民眾日常生活所需要的知識及規則；換言之，這些康德稱為「高位學科」（higher faculties）的學者，在政治與社會秩序的維持過程裡，居功厥偉，他們無意以其知識改變社會，是一種社會功能性及技術層次的能力。

第二種是康德所說的「低位學科」，他們只能訴諸「學者本身的理性」（the scholar's own reason）仲裁他們的運作軌跡是否合宜，他們必須為自身之知識建立一個有效的理性基礎，因此也就認定文化秩序的裁判應該是他們的專擅，別人不能僭越，他們據此而提煉的知識才是其他執行者再作深化與運用的，這是一種「科學性質的能力」。

康德舉神學、醫學及法律學這三個歷史上最早形成的知識學科作為「高位學科」學者的代表，而布赫迪厄根據他取自1968年法國大學的人事資料，大致有如下的結論：醫科與法律科偏向以「社會功能性的素養」作為其合法性的來源；但人文社會學科的人則兼取二者，原因是：（1）智識之知名度是他們唯一能夠自行掌握的資本形式，是以他們必須走向「科學性質的素養」；（2）而他們也負責輸送合法的擔子，因此生產了保守與賦予神聖（consecration）的社會功能，此時，他們亦如同法律與醫學教授，承擔了維護社會基本秩序的大功（ibid., p. 74）。

布赫迪厄又設計了一組包括八種要素的資料，作為建構「教授學」（prosopography）的指南，其中的第六種要素就是用來測量教授知名度的資本，又由下列六個指標組成：（1）法國學術院之院士成員身分，（2）名字列入家庭名人錄，（3）為菁英報紙或週刊撰稿，或為其訪問他人，（4）現身於電視，（5）出版平裝書，以及（6）評論性編輯委員會的成員身分（ibid., pp. 39-40）。

布赫迪厄說，教授的路途漫長，耐心不足或擔心投資過長的學院工作者就另有一股動機，想要更快地建立知名度，於是走向新聞事業，尤其是「文化新聞評論」（cultural journalism）更不失為「一條出路，也是捷徑」。

當代知識分子、傳播媒介與政經文化批評的關係，非但吸引西方

社會學家的注意，東方社會也是如此。

　　史學家余英時就指出，中國的知識分子向來具有「持道論政」的傳統，以現代的術語來說，也就是「批評」之學在中國由來已久，而在春秋戰國的百家爭鳴時代，士的這種「功能實已發揮到最大可能的限度」。但為什麼國君願意如此禮賢下士？這又與「政治情況……密切相應」，國君想要動員一切力量支持一己霸業的完成，而彼時新近興起的士人，「不但本身具有知識和技能，而且在社會上還能發生號召作用」，故為王用。特定社會情勢提供背景條件，然後政治力量與知識分子相互為用，但又以政治力量位居主導的狀況，似乎至今沒有本質上的變異。比如，社會學家張茂桂在考察台灣的知識分子與社會運動的關係之時，曾經這麼認為：一方面，由於知識分子大多依賴國家機器而營生（指受聘於學術機構），因此不可能提出太過激烈的主張；他方面，國家機器為了增加自身的道德合法性，也就容忍知識分子有限度地臧否時政，發揮較大的言論作用。

　　顯然，知識分子無分古今中外，在在受到學而優則批評、參與公共事務之強烈內力所驅使。但他們建言的對象及管道已經不同，先前的知識分子直接面對帝王卿相，現在的知識分子則除了官僚體系之外，更可以訴諸媒介，迤向社會大眾發言，進行傳播工作。在台灣，從1950年代的《自由中國》半月刊，直到1970年代末期至1980年代初期的政論雜誌，知識分子都藉著直接掌握媒介，與政權周旋，但完成其階段性任務以後，又被整編進入體制當中。其間最具代表性的，或許是《大學雜誌》的起落。該刊七十七位組成人士當中，有三十八位具有教授身分，1968年元月創刊後，歷經三年的非政治化時期，到了1971年元月受到「國民黨『刻意』的鼓勵」而催生了改組並加速「政治化」。但政治化的結果並非蛻變為更具獨立意義的論政團體，而是在國民黨政黨世代交替的過程，這些知識分子的改革聲浪，被「蔣經國……吸納」。

三、大眾媒介的立場

　　新聞媒介為什麼要「言必有據」，以客觀為嚆矢，每次在新聞中交代新聞來源？有些時候這可能是為了因應「理未易明、事未易察」而產生的不得不然之作法，更多的時候則是刻意為了不得罪可能成為新聞來源的任何一方，為了規避法律責任，因此必須加以平衡報導。總的說來，就其本質而言，交代新聞來源的用意是追求「形式上的客觀」，是特定歷史情境與過程中所產生出來的新聞規範，尤其是上個世紀末葉以來，美國及其他資本主義國家大眾化報紙興起之後的產物。歷史過程所形成的大格局既然如此，這也就難怪1970年代以來，許多以參與觀察方法所完成的新聞編採過程之研究，大體都能同意，「客觀」作為新聞業的一種職業上的意理，對於新聞媒體，至少有四點好處：

　　（1）可以輕易得到準則，藉以挑選並評價新聞的內容，如此才能加快處理題材繁多的新聞事件，並按時出版；

　　（2）轉移言行的責任，讓提供新聞消息的來源必須為新聞報導擔當責任。如此，對於他（她）所報導的主題，記者本身可以不必具備淵博或深邃的知識；

　　（3）集中大多數精力於技巧層面，不以論題的實質內涵為重，可以讓新聞從業人員及他（她）們所屬的媒體，免於受到指責（如偏見、錯誤報導等）；

　　（4）有利於記者採訪路線的相互調換更動，於是記者可能具有報導多方面題材的能力，但也就比較不能專精於特定的領域，這樣的情形又強化了技術層面的客觀傾向。

　　放在實際上的運作，所謂的客觀也就往往變成了把新聞來源所說的話，照本宣科式地記錄下來，而不是察考其話語、意見是否真實。由於媒介側重比較容易找到的消息來源，這也就意味暴露於媒介的人物，經常是體制當中位居要津的當權派，既然如此，對於現有社會秩序不滿的人，難怪會認同大陸史學家吳晗的大聲抨擊：「報紙和輿論分了家，輿論被報紙埋沒在每一個人民的胸坎中，報紙雜誌離開了現

實，背叛了人民，孤零零地掛在半空中，不上不下，不進不退，不左不右，不死不活，只作為這時代的一個應有點綴品罷了。」

但再從前面所提CCD這個概念來看，學者與記者言論之所以能夠發揮力量，前提條件之一，在於人們以為、相信這些言論謹守著CCD的規範，亦即批判現有體制的同時，保有「客觀與專業精神」的堅持，他們必須「勸服其潛在的服務對象，讓他們（按：在這裡指閱讀新聞或評論的人）……相信其知識（按：在這裡指新聞與評論）確是有效、有用的，並且對於了解重要問題有其相關之處」。

在勸服的過程，學者掌握的公信力、文化資本量大於記者。學者主要職司「生產」知識，在學者具有較高威望的情形下，記者採訪、引述他們所說的話（儘管在有些，甚至是很多情況下，卑之無甚高論），可以提高本身的可信度。至於記者，則其工作的本質在於「行銷」這些知識；並且，記者透過掌握行銷知識的管道，也可以反制學者。在雙方共生但又隱藏著衝突的關係尚未制度化下，學者的媒體曝光率取決於學者本身具有多少的「積極進取的性格」，而記者專業不足或報導失衡所造成的遺漏、誤解，則經常成為雙方的爭執所在。

站在新聞事業的立場，與其仰仗學者作為文化權威的光環，不如自行養成實力，搖身一變而自成權威。這個培養實力的過程，又可以分為（1）記者本身的個體層次之努力，以及（2）新聞媒介作為一個集體組織所遂行的措施。

先談記者本身的努力，麥道格（A. Kent MacDougall, 1989）的例子最為明顯。麥道格是一位抱持社會主義理念的大學教授（美國加州大學柏克萊分校的新聞學院），聯邦調查局（FBI）檔案記錄了他的言行達一百二十三頁，甚至包括了他投書左派文化雜誌的記事。1956年，他畢業於哥倫比亞新聞學院之後，立刻投入報界任職記者，曾經服務於《華爾街日報》（*Wall Street Journal*）、《洛杉磯時報》（*Los Angeles Times*）等知名報紙，除了總共獲得了四次提名，角逐美國最富盛名的普立茲新聞獎，他也贏得了史丹佛大學專業新聞院士的身分一年，並由道瓊公司（《華爾街日報》的所有權人）替他出版了兩本專書。在他五十五歲的那一年（1985），麥道格接受了柏克萊分校的

聘請，前往專職任教。三年之後，他在《每月評論》（*Monthly Review*，美國老左派月刊，文字淺白，由 Paul Sweezy 創刊於1948年的紐約迄今）發表了他在擔任記者職務時，如何將他對於資本主義的批判展現於字裡行間，文中提及（1）他對於新聞採訪與寫作的態度與作法，以及（2）他與受訪者（包括學院知識分子）的關係。

麥氏自述，他已經將資產階級媒體的標準及形式要求（要引用適當的新聞來源、多方陳述當事人的意見、客觀不偏倚等等），內化在他的採訪寫作過程，換句話說，他是「記者第一，基進而激切分子第二」（a journalist first and a radical second），因為唯有遵守這樣的準繩，取得各種實際資料而加以報導，才能取得編輯及經營管理階層的支持，對抗新聞來源、利益團體，甚至對抗讀者對於特定新聞報導或評論的指責。不過，進行採訪之前，麥氏通常「會把相關專家的見解弄得一清二楚，引述那些能夠支持我的價值觀之專家的意見……。在另一方面，我也設法找來主流權威，透過他們的形象，幫助我讓那些我想使之流行的激進觀點，取得社會認可，甚至得人敬重」。

以個人層次的努力，突破現存新聞規範的保守性格之約制，往往意味著當事人必須把注過人的努力。以這裡所舉的例子而言，即便再透過包裝與努力，麥氏也並不能夠隨時隨地、揮灑自如而全神貫注地進行他最想要傳達的價值觀、暴露鮮為人持續意識的問題。事實上，他往往還得挪出大多數時間毫不懈怠地，以均等但單調的速度，按日寫些例行的工商新聞。麥氏畢竟是在一個資本主義社會當中，最具資本主義色彩的財經報紙供職。為了在《華爾街日報》及《洛杉磯時報》這些重要報紙的顯著版面撰寫抨擊主流價值觀的稿件（如暴露美國貧富差距的擴大、美國外交政策的腐敗），訪問敏銳意識到社會缺陷而積極批判的人，麥氏付出了可觀的代價。

如果說新聞記者的職業意識形態，應合了統治階級遂行社會控制的目的，那麼麥氏的例子，似乎說明了這樣的意識形態存在漏洞。雖然這樣的實例沒有能夠撼動客觀典範，但它所代表的意義，仍然與本文題旨有些關係：想要爭取言論空間、批判資產階級體系的記者，除了假藉制度性設計（如工會組織）的保障以外，記者本身認知的改造

與充實,也至為必要。麥氏的新聞或特寫,同樣是言必有據,但這是因為他很清楚學界當中,有哪些人可以諮詢意見,也就是麥道格本身就是知識分子,讀書廣泛而眼光銳利,等於是與自己及學者良性互動的一個例子。所以,採寫新聞找學者,不是問題所在,問題出在找什麼樣的學者,以及特定社會中,是否存在著意識形態立場互有明顯差異的學者,可以充作記者的諮詢對象。

在新聞媒介以集體之力,試圖形塑本身的文化權威方面,最好的例子可能來自於,民意調查的資料取得過程出現轉變。

基本上,民意調查是透過數字,使得特定的社會現象或爭議,具備了客觀的形象。透過數字而說話,有其無可取代的價值。另一方面,這卻也可能存在著尚值得深思的問題。比如,甘斯(Herbert Gans)這位研究媒介編採過程有成的社會學家認為,美國新聞媒介對於數字的崇拜,可以說是1960年代以來,已然飽受轟擊的科學實證主義,在美國「最後最堅強的一塊堡壘」。暫且先不辨明這句話的真偽及具體內涵,與本文更相關的是,誰才是捍衛這塊堡壘的人?是新聞媒介本身,它已經掌握了主導權利,無須假借學者就可以製造數據。比如,以美國為例,刊載「精確新聞」(民意調查)的情況,趨勢是媒介愈來愈少使用大學或其他調查機構的資料(以美國三家電視為判準,其1973、1975及1977的民意調查,都有40%是蓋洛普〔Gallup〕、哈里斯〔Harris〕所執行,但到了1982年只剩下20%)。媒體本身推動了測試的進行,除了是媒介為了「服務本身新聞組織的運作律令」以外,也象徵了學術等團體在這方面的文化權力已經為媒介承襲。

在台灣,新聞機構進行的民意調查,較具意義(社會科學的方法要求)的是個人電腦開始問世以後的事,而可以說「一直要到民國73年才姍姍來遲」。雖然目前我們欠缺資料,無法精確得知這些民意調查過去將近十年來,學者與新聞單位就民調過程及結果的詮釋權力,是否同樣由學者流至媒介,但以粗淺印象作為依據,似乎可以察知本地學者與媒體的權力關係,與美國的發展軌跡並無不同,尤其是規模較大的報紙(如《聯合報》與《中國時報》),透過其組織所設

立的民意調查單位，定期所作的電話調查已經成形。（電視反倒是很少、或沒有這樣的機構，原因除了本地三台的新聞等告知功能較弱以外，多少也反映了三台研究發展能力，長期以來幾近於無的事實）。

四、大眾媒介與學院知識分子的分裂？

我們從以上的討論，可以知道在某種狀態下，學者與記者是處於共生狀態的，前者必須透過後者所經手的媒介，累積文化資本，而後者則須借用前者的知識信用，強化本身言論的可信性。但是，學者經常埋怨，說記者誤引他們的話語，沒有了解他們的重點；同樣，記者也會設法使自己變成權威，擺脫學者的光環。在雙方有分有合的關係演變史的路途，政治與經濟是兩座路標，昭示了知識分子與新聞媒介，可以在此駐足，展開分與合的抉擇、判斷。

一方面，認定媒介只是知識的行銷管道，無關乎知識創造的看法，由來已久，尤其在法國，這個課題的討論更見豐富。比如，當今社會學界顯赫人物，透過詳細的經驗材料，展現與厚實並推進批判之詮釋的布赫迪厄，在《學術人》一書就說，教授的路途漫長，耐心不足或擔心投資過長的學院工作者就另有一股動機，想要更快地建立知名度，於是走向新聞事業，尤其是「文化新聞評論」（cultural journalism）更不失為「一條出路，也是捷徑」。（Bourdieu, 1988）但是，在布赫迪厄眼中，為報章撰稿等於是將優先順序放在「行銷」而不是「生產」，很難得到學院的承認，雖說長期以還，學者在學院之內亦得有升遷的機會，在法國，社會科學高等學院（the Ecole des Hautes Etudes）更是社會學科與新聞界的「交換焦點」（前引書 p. 112, 305）那麼，學院教授的名望對於大眾媒介（或其工作成員）有什麼意義呢？布赫迪厄似乎是說，雙方常有相互抬舉、投桃報李的互惠行為，彼此將對方「舉若神聖」（consecration）。他舉了一個例子，說這個舉若神聖的過程，或許可能是這樣：「一位記者Catherine Clement，先行訪問了沙特，或者是李維斯陀。然後，她會察覺，由於曾經訪問沙特與李維斯陀，她等於是手握權能，足以讓其他接受同

一專輯訪問的人，也披上了儼然神聖的外裝⋯⋯日後，如果她寫些關於結構主義或拉康主義的文字，先前接受她訪問的人又可以在另外一家日報或週刊，表示此姝之見解實在夠格。」（p. 120）在此，無論是否正確，我們或許還應該記上布赫迪厄的另一個看法，「由於雙方具有相互利用、傾壓的關係，他們彼此之間的相互輕蔑，也就不容易避免。」（p. 120）

　　此外，以歷史眼界，研究法國大學教師、媒體與明星作家之關係的狄布雷（Debray, 1981, pp. 28, 32, 201-5, 224）也提出了一個概念。他首先以知識分子使用大眾媒介表達己身對於公眾事務的能力、可能性，將知識分子分作lower intelligentsia與high intelligentsia。其中，學院知識分子究竟是lower或high，具有辯證的關係。原先身處學院的象牙塔，專心作研究、開發知識的人，可以說是飽滿了專業素養。然後，他（她）變成了能夠執行任何業務的人，對什麼事件皆可發言、都想發言，此時，他將研究諸事拋諸腦後，而他之所以尚能夠無所不談，完全是因為他（她）先前所累積的學術資源、名望等等有形與無形的資源尚可供他揮霍、支用。如是者三，及至有朝一日，他終將發現自己已經透支，向公眾舉債而度日。「高知識分子的產量（productivity）增加，其代價是創造力（creativity）銳減；高知識分子曝光於社會的頻數每增一分，其專業的信用就陡降一分。」（p. 201）

　　法國哲學家德勒茲（Gilles Deleuze）甚至這麼說（轉引自Debray, 1981, pp. 92-3），「新聞，包括了收音機與電視，對於自身具有創造林林總總事件的能力，愈來愈是知之甚明⋯⋯既然如此，新聞也者，有賴於外在事件之自發者，愈來愈少（因為新聞界可以製造事件）。或是說，新聞也者，行文之際引述『知識分子』或『作家』之流的時候，也是日漸減少，新聞界已經在本身內部找到自主而充裕的思緒。這就是為什麼書本到頭來，還比不上報紙的一篇文章，或是報紙刊登的專訪⋯⋯記者與作家的權力關係，已經徹頭徹尾改變了⋯⋯寫作與思維捨棄了作家的功能之際，正是收音機、電視與新聞界取而代之的時候。記者搖身一變，成為新作家，而仍想保住作家身分的作家，則必須得到新聞界的配合，或是廁身新聞記者的行列⋯⋯諸如此

類的景況，也就鋪陳了知識行銷業（intellectual marketing firms）的出現。」

曾經是《中國時報》人間副刊主編的高信疆也有類似的觀感，他說，「讓學者與媒介結合，原是極好的構想和動機；但當『副刊時代』愈來愈高昂時，副刊文化……就像……科學怪人……文化價值的守護者——學院中的知識分子已經受到大眾傳播的扭曲，喪失了研究、創造、批判以及堅持立場的自主的能力。」

再一方面，由於政治觀點、利益的分歧，學者與報紙的由合至分，以台灣自由主義派的學者與《聯合報》的關係變化，最具有戲劇性的發展。

早在1980年代初期，台灣的報紙已經開始大量出現學者具名及職稱所撰寫的專論。傅大為認為，這樣的情況，其意義也許是媒介與學院知識分子藉著結合而找到了共通的利益。傅氏說，當時情境興起的「明星教授」，是台灣「壟斷新聞媒介基於結構上的因素，用來發揮實證論述的策略」。這廂想要實證，那方明星夢正盛，雙方一拍即合。但正由於學者與媒介的關係奠基於政治意識形態上的契合，等到政治議題改變，雙方不但不再能夠互為援引，兼且是要兵戎相見了。先是1988年5月20日的「農民事件」及1991年5月的「獨台會事件」（參見馮建三，1993，表4.10所示，位在報業核心的《中時》與《聯合》兩報對於學者的重視程度，在前述事件，絕對值已經為《自立早報》與《自由時報》超越。）其次，1991年4月12日發生立法院張俊雄委員與梁肅戎院長互摑巴掌事件以後，學術界近二十位教授發表聯合聲明，譴責警察權與情治人員混進議場，乃民主之恥，《中國時報》與《聯合報》對此抗議視若無睹，未予刊登；只在《自立早報》可以見到這一則抗議書。

其次，《聯合報》旗下的刊物《中國論壇》之出現與解體，更足以標示媒體與學院中自由派知識分子的關係之變化，該刊於1975年10月10日的發刊詞上說，其目的在於「結合知識分子……藉此互通聲氣，相互激盪……發揮促進民主、反共、法治、進步、團結的作用。……使它成為當前中國人為建設三民主義新中國的論壇。」（轉

引自陳重生，1992，頁3）但聯合報系的論政立場，爾來中間而右偏，種下了與學者起磨擦的根源，事實上，該刊與其編委（學者）是曾多次發生齟齬（前引書，頁15-21）而到了解嚴以後，該報的變化腳步既然遲緩於外界政局的遞嬗速度，雙方的衝突也就愈演愈烈，盤旋直上，從1990年6月的李登輝提名郝柏村出任行政院長、該刊於1991年10月改版而不再設置學者編委、1992年10月停刊，再過數週而到了1992年11月23日，以「台灣教授協會」為主的十五個民間社團，認為《聯合報》挾其壟斷報業市場的勢力，有為中共張目的嫌疑，因此發起「退報救台灣」運動，《聯合報》則向法院控告學者誹謗，並於次（1993）年2月4日開始由法院審理。同年7月29日，台教會林山田等四人，於台北地方法院初審時被判五個月不等的徒刑。至此，聯合報系與自由派學者已經是勢同水火，似乎再難轉圜。

　　這個關係的逆轉，表現在這批學者幾乎不再為《聯合報》撰稿。比如，1992年2月至12月澄社社員總共發表二三七篇文章，其中只有三十三篇發表於主流報紙（《中時》三十二篇、《聯合》一篇、《中央》〇篇），但有一八三篇發表於非主流報紙（《民眾》四十一篇、《自由》四十一篇、《立早》五十二篇、《立晚》四十九篇）；在台教會會員1991年1月至1992年12月所發表的一〇六五篇文章裡，主流報紙刊登了二十二篇（《中時》），非主流報紙則刊登了九九四篇（《民眾》三五二、《自由》一二三、《立早》二六九、《立晚》則是二五〇篇）（以上資料，詳見馮建三，1993，附錄4與8）。

五、學院知識分子與大眾媒介的結合？

　　今（1993）年4月，我國政府在美國經貿壓力之下，修訂了甫於去年6月公布施行的著作權法，明文禁止「真品平行輸入」，並從4月26日生效。雖然在這個不合情理的規定之下，受到最大經濟損害的對象是在前法之下，已經平行輸入影碟、影帶的業者（據渠自稱，損失在台幣18億元上下），但學術文化界當中，必須經常透過本地代理商購買外文圖書的人，亦將因此受到波及，無法再便利地吸收外文

資訊。此外，這批文化工作者也深切了解，著作權法及其他總稱為智慧財產權的法律，其實是資本主義商業文明底下，繼續將心智產品作進一步控制而有利於鞏固支配、優勢階級的手段。因此，在這些文化工作者之間，早就存在著一股氣氛，希望就此法案公開表達意見。4月22日，發表於《中國時報》人間副刊的〈不要掐住知識的脖子：文化界的緊急聲明〉（同日，《中國時報》、《聯合報》、《自立早報》等報紙也在重要版位報導了這則聲明），正是在這樣的背景下所出現的。由於這個聲明事件的醞釀至完成的過程，涉及了學院知識分子及記者的互動關係，現在就將它的發起到終止，敘述於後。

A：精神科醫師、自由作家。

B、C、D：大學教師。

E、F、G、H：編輯、記者。

I：文化工作者。

4月17日晚間，近三十位勞心工作者聚會，席間A轉述E採訪著作權法所發現的問題之後，提議就此問題略作討論，然後委託B寫成聲明，適時發表。總計二十七人簽名，願意具名共同就著作權問題，公開聯名發表意見。18日夜B撰成聲明一篇（收作附錄一），於19日傳真給A，A再傳至E、D及其他人，E則另轉知F及G。20日深夜，F與B聯絡，表示這項聲明可以再作修飾，並應該設法於近日內發表，因為引起台美雙方爭議的八點保留條款等事項，即將於立法院通過。B原意只在對此事件起草聲明，完成友朋託付的工作，並沒有認定事情值得再作如此緊急的運作。不過，在F聯絡之時，不但表明將前往H處商量，看看是否能夠在近一、兩天內，撥出版面刊登這則啟事；B與H通話之後，相隔不及一小時，D亦撥電話給B，表示聲明寫來尚稱妥當，應該趕緊上馬，並且，D在得知B手中並沒有二十七人的簽名文件後，主動徹夜與I聯絡，由I翌日將名單傳至B處。經過這個相互激盪的過程以後，B也感受到了文字運動的熱力，應允次日收到F對前封聲明書的意見之後，修改部分內容（收作附錄二）。

同日晚間，H亦以電話聯絡B，表示這個議題很值得探討，渠亦曾請人就此撰文發表，差異之處只在於所請非人，寫的旨趣與他所想

傳達的理念不同；然後H談到了他對美國先前曾四處在全球各地設立文化處，輸出其價值觀在前，如今要錢的行徑，表示不能苟同（這段意思成為聲明中的要點之一）。但H又說，由於他所負責的版面，近日內的內容均已排定，因此這份聲明是否可以稍晚發表？此時B已經從媒體得知台美就此問題進行交涉的最新發展，於是向H說明，再晚則恐怕已失時效。H轉身與他的同事協商數分鐘以後，決定挖版，空出一千五百字的篇幅，如果B能夠在21日晚間將聲明傳達，則於22日見報。

4月21日，B起早至學校取得F傳來的意見與I傳達的名單，立刻轉赴C處借用電腦，敲打聲明，以見一人拉一人的方式，展開小規模簽署活動，並在同日晚間準時分別將聲明傳給H與F。F收到之後，由於又有新的情勢發生，於是再聯絡B，詢問是否可以讓E、F、G就此聲明再作修飾，B立刻允諾，表示渠等三人既然最能掌握最新動態，則逕自潤飾補充或刪節並無不妥，B並讓E、F、G寬心，表示不必將修正之文字於電話中念出讓B先行知悉。4月22日見報的聲明（收作附錄三），就這樣在大學教師（之間）與記者（之間）的互動下，白紙黑字刊印了出來。事後，F表示渠等三人擔心他們涉入這則新聞的過程，已經逾越記者專業的要求，是否如此呢？這就有待探討了。

（本文原標題〈「新聞評論一定要找學院的知識分子嗎？」：談學者與大眾媒介的關係〉，臧國仁〔1994編〕，《新聞學與術的對話》，頁147-73。台北市：政治大學新聞研究所。部分文字、注釋與文獻刪除。鄭瑞城老師以相關圖書相贈、葉啟政老師鼓勵知識分子與報紙關係的探索，致謝至今。）

附錄一　（1993/4/19第一版本）反對知識稅

1992年6月，在美國利益的強大壓力下，台灣大幅修訂了著作權法；今年入春以來，雙方再就著作權協定的八項保留條款、真品平行輸入及有線電視法的問題，展開談判。

在這過程，我們察覺這個總稱為所謂「智慧財產權」的法律，矛盾叢生，再次顯露了當今經濟體系，國際之間與一國之內的弱肉強食定律；而雙方交涉期間，台灣官方也暴露了自身的顢頇，無能保障我國民眾有效而合理使用資訊的權利。

我們是文化工作者，經常引介西方具有批判現行社會體制的知識，期望能夠對於這個島嶼的改造，略盡棉薄，因此專就台灣及美國雙方之國家機器共同塑造之著作權法，為什麼對於引介西方批判性知識於台灣，將產生惡性影響，提出簡短聲明及因應之道。

這個著作權法，必定造成生產批判性知識的成本之高漲，而生產成本既然提高，消費金額亦必然相對爬升，其終局結果，很可能遲滯台灣社會消納，並進而生產本地批判性知識的契機，不利台灣社會的興革。

我們因而主張：

（1）爭取自由翻譯批判性知識的權利，版權費只需適量給付。依現行著作權法規定，翻譯需得原著作的出版商同意，造成出版時效的延宕及出版計畫的難行；其次，在不能自由譯作之下，翻譯版權費往往為5%書價，等於是搶奪了譯者的譯書酬勞，阻卻譯書的意願。書本或論文譯竣出版以後，如果得有盈餘，再由本地書商與原書出版商平均享有；如果沒有盈餘，本地出版商可以自行決定是否給付譯書的版權費，以及給付額度。

（2）爭取批判性知識之強制授權翻印，版權費只需適量給付。即使實現前項主張，亦不能保證出版商願意從事這些知識的翻譯，因此可以由本地出版商向有司登記後，以先到者取得翻印權利的原則，逕行在本地翻印出售，如果得有盈餘，再由本地書商與原書出版商平均享有；如果沒有盈餘，本地出版商可以自行決定是否給付翻印書的權

益金，以及給付額度。

（3）批判性知識必須能夠真品平行輸入。如果以上兩項主張不能實現，則至少不能聽任代理商壟斷輸入這些知識的權利，以免書籍價格不合理上揚。

以上主張，基於兩項認知而來：（1）著作權法本質是政治經濟的問題，與道德無涉；（2）知識應自由流通，這是美國一向堅持的原則。1985年，美國指控第三世界國家違反資訊自由流通的原則，退出了聯合國教科文組織；現在，我們同樣以這個自由流通的理由，要求自由使用西方資訊的一種，也就是批判性知識，美國不應該反對，反倒是應該嘉許學步美國的台灣，已經卓然自立，青出於藍。

附錄二　（1993/4/21第二版本）不要掐住知識的脖子

1992年6月，在美國利益的強大壓力下，台灣大幅修訂了著作權法；今年入春以來，雙方再就著作權協定的八項保留條款、真品平行輸入及有線電視法的問題，展開談判。

在這過程，我們察覺這個總稱為所謂「智慧財產權」的法律，矛盾叢生，再次顯露了當今經濟體系，國際之間與一國之內的弱肉強食定律；而雙方交涉期間，台灣官方也暴露了自身的顢頇，無能保障我國民眾有效而合理使用資訊的權利。

另一方面，美國人完全以自身利益作為判準，蠻橫施加壓力於台灣在內的國家，尤其是第三世界，實在令人不齒。舉些例子，還在一、二十年以前，美國在世界各地設立文化單位及類似今日世界出版社，廉價翻譯傾銷有利於美國意識形態的圖書，當時，為什麼不見美方收取版權費？答案是：如果收取，則由於價高，必定造成消費量的下滑，不利其價值觀的輸出。近一點的，1985年，美國指控第三世界國家違反資訊自由流通的原則，退出了聯合國教科文組織；現在，美國卻翻轉態度，變成妨礙學術知識自由流通的禍首。最後，美國制定著作權法，從保護美國境內出版品，到延伸此保護權於外國出版品，前後相距一百零一年；我國民政府1928年頒布著作權法，迄今

未滿七十年而已經按照美方要求，給予諸多國家優厚保障，不能說是落後。

我們是學術界及文化界的工作者，深切了解著作權法本質是政治經濟的問題，與道德無涉，鑑於這個著作權法必定造成生產學術知識的成本之高漲，而生產成本既然提高，消費金額亦必然相對爬升，其終局結果，很可能遲滯台灣社會消納，並進而生產本地學術知識的契機，不利台灣社會的興革。因此，我們敬謹提出下列聲明，期望各界人士將您的意見傳真至311-0300：

（1）學術知識必須能夠真品平行輸入，並且必須寬於美國著作權法六〇二條的規定。禁止平行輸入等於是聽任代理商壟斷輸入這些知識的權利，哄抬書籍價格的權利，無關乎原作者著作權；若只能比照美國標準，目前研究生及學術研究人員消納西書的管道就嚴重阻塞。完成這項目標以後，我們呼籲立法院未來在時機成熟以後，修訂法律朝向另兩項目標前進。

（2）爭取學術知識的強制授權翻譯，期能藉此掌握出版時效及推動出版計畫；版權費只需適量給付，期能藉此提升翻譯人權益。

（3）爭取學術知識的強制授權翻印，版權費只需適量給付。

附錄三　（1993/4/22第三版本）不要掐住知識的脖子：文化界的緊急聲明

昨天，立法院內政、外交委員會受迫於美國三〇一貿易報復壓力，通過「中美著作權協定八項保留條款」，並依據美國國內著作權第六〇二條修訂台灣著作權法第八十七條的「輸入權」。今天，立法院將在院會中審議並正式通過這兩項修正案。

身為台灣學術界與文化界的工作者，我們深知中美談判相持不下的關鍵「真品平行輸入」，與智慧財產權無關，只是美方強扣給台灣的「罪名」。因為，真品就不是盜版，不是盜版，就沒有侵害著作權，美國強行以三〇一脅迫我們將真品平行輸入列入中美著作權協定根本是不合理的。

　　簽署這項不平等「條約」，或許可以一時逃過三〇一的威脅，卻將使台灣立法院淪為美國的州議會，如果台灣承受不起三〇一經貿報復代價，當然更承擔不起加倍的六〇二文化代價！這些不利的影響，包括：

　　（1）剝奪了台灣大眾自由購買西書的權利。

　　（2）引發西書進口商的代理權爭奪戰，造成價格與品牌的壟斷，杜絕小型西書店的生存空間，最後遭殃的仍是讀者與文化人。

　　（3）提高知識成本，間接阻礙了小眾或批判性思想的引入，長遠以觀，不但使台灣的學術進展蹣跚遲滯，而且不利本土社會的興革。

　　我們必須沉痛的指出：此次談判實質上就是一場精緻化的美國帝國主義侵略。舉例而言，一、二十年前，美國在各地設立文化單位（如：「今日世界出版社」），廉價翻譯傾銷有利於美國意識形態的書籍，當時也未聞美方要求保障著作權。1985年，美國嚴厲指控第三世界國家違反資訊自由流通原則，藉口退出聯合國教科文組織，而現在搖身一變，以政經壓力干預我國國民直接取得國際資訊的管道。由此可見，「著作權」概念的本質其實是政治勢力與經濟利益交互作用的結果，與「道德無涉」；倘若立法院屈服於美方經貿報復的壓力而讓步，必定造成學術知識成本的高漲，甚而遲滯台灣社會的知識吸納，連帶延誤本土學術知識發展的契機。

　　我們嚴正主張，真品應該可以平行輸入，以利資訊流通與知識傳遞，因此，我們要緊急呼籲：立法院，不要掐住知識的脖子！

連署人：

馮建三	王　蘋	卡維波	鄭自隆	孫瑞穗	王墨林	迷　走
吳其諺	施威全	施長安	吳永毅	謝國雄	郭力昕	張小虹
何春蕤	米　非	傅大為	王浩威	劉欣蓉	陳志梧	吳瑪俐
賴政育	郭文亮	曾雁鳴	林育德	路　況	蔡其達	姚立群
楊明敏	鄭瑞城	羅文輝	張熙華	陳百齡	林長寬	辜振豐
伍軒宏	徐麗韻	朱恩伶	張娟芬	蔡珠兒	廖炳惠	洪禎國
王瑞香	顧秀賢	蕭雄淋				

（有意願支持此項聲明、參與聯署的人，請在近日將大名傳真至
(02) 311-0333。）

參考文獻：

陳重生（1992）。《《中國論壇》有關台灣政治發展的言論分析：
　　1976-1990》。政治大學新聞研究所碩士論文。

馮建三（1993）。《大眾媒介的編制外工作者之研究：以台灣報紙的
　　學院知識分子撰稿者為例，1951-1991》，行政院國家科學委員會
　　專題研究報告。

───（1996）。《文人與報業：以媒體知識分子與學院知識分子的
　　變動關係為例，1951-1993》，行政院國家科學委員會專題研究報
　　告。

Bourdieu, Pierre. (1988). *Homo Academics.* Oxford: Polity.

Debray, R. (1981). *Teachers, Writers, Celebrities: the intellectual of
　　modern France.* London: Verso.

Furaker, Bengt (1987). 'The future of the intelligentsia under capitalism'.
　　in Eyerman et. al. (eds), *Intellectuals, Universities, and the State in
　　Western Modern Societies,* pp.78-94. University of California Press.

MacDougall, A. Kent (1989). 'Memoirs of a radical in the mainstream
　　press', *Columbia Journalism Review*, March/April: 36-41.

媒介批評在台灣的發展

> 若說大眾傳播媒介似乎特別容易染上什麼制度上的毛病，那就是
> 它對於外界的批評，格外地神經兮兮。作為研究大眾媒介的人，
> 我對這樣的反應總是相當震驚，有時甚至倍感困惑，因為生猛有
> 勁地捍衛，力挺批判權力之原則的單位，不正就是媒介本身嗎？
> ——保羅·拉扎斯菲爾德（Paul Lazarsfeld）

前言

　　本文是急就章，倉促地建構「媒介批評在台灣的發展」。這裡的媒介不包括電影，因此讀者最多的電影評論不是本文指稱的媒介批評。再者，媒介雖然是文化現象的一部分，但文化評論內容遠較媒介批評為廣，因此，媒介批評也就無法等同於文化批評。

　　如此，什麼是媒介批評？本文的寫作旨趣何在？以下篇幅大致將分作兩個部分，前半部從理性成分、批評視野、批評的主客關係，以及批評的知行面向等四個層面，釐清第一個問題。後半部則依據對第一個問題的思索所得，選取台灣部分的媒介批評素材作為分析樣本，從中掌握台灣媒介批評的發展大要，以及其趨勢與意義。本文的結論則將簡短討論，台灣的媒介批評是否已至新的階段，也就是從事知與行層面的媒介批評者，已經必須面對成立公民社團才能使媒介批評「升級」，從而較為接近其旨趣的時候。

什麼是媒介批評

　　首先，批評需要一定程度的理性、論理，因此發牢騷不是批評。任何人對於媒介的表現，都可能不滿而發為牢騷，但這些不滿可能為時短暫、稍縱即逝。不滿的原因甚至可能前後衝突或矛盾，欠缺理性所蘊涵的一貫內涵，尚未構成批評，但可以轉化為批評的部分社會心

理基礎。換個方向觀察，媒介批評往往需要以人們不滿媒介作為基礎，也就是媒介已成為人們相當重要的娛樂與資訊來源的時候，才有可能出現媒介批評的契機與必要，否則，批評難得有浮現檯面的機會，即便能夠浮現也無法持久積累。

其次，如果放棄文化研究與傳播政治經濟學的二元對立分類，如果把對於媒介再現的批評（暴力色情、性別、階級、種族等等的扭曲）與對於媒介生產、消費機制的批評等等融入一爐，轉而代之以媒介批評對於媒介現狀，也就是對於資本主義媒介體制所造成的威脅程度，那麼，我們似乎可以將媒介批評所持的視野，分作三個類型。

第一種源於法蘭克福學派，它認為，作為文化工業一部分的媒介工業，自然也就是造成反啟蒙、蒙蔽的重要因素之一。因此，媒介批評的必要與重點，正就必須就此指陳。第二種則以媒介批評作為現代性批評的一部分，既然現代性具有曖昧的性質，既代表某種過去優秀質素的損失，也傳達了某種未來願景的可能性，則媒介具備「惡棍與潛在的英雄」這個雙重身分。第三種媒介批評將其批評前提設定在資本商業體質不動，但商業媒介亦應有更合宜的、正確的表現，從而媒介批評其實可以作為媒介的鏡子，如果媒介業主有其識見，則外界的批評其實對於媒介有益無害，因此業界亦應資助學界廣設這類課程。很顯然，第一種視野之下的媒介批評以資本主義為敵，第二類模糊，第三類則寄望與之合作。但三者均涉及對現狀的不滿並展開揭發的工作。

第三，我們可以從主客體的身分，探討媒介批評的屬性，似乎可以分作以下三種主要情況，加以觀察。

一、媒介是主體。一般說來，媒介批評不能是媒介自為主體，而以外力為客體。因此，媒介向國家爭取新聞自由、傳播自由，或發揮監督、導正輿論的作用，無論是1950年代出版法細則及修訂，引發媒介物議，聲勢通天；或是1970年代末期至1980年代初期，黨外雜誌的綿延批評，為爭取言論與新聞自由而頻繁刊登資本主義高度發達國家（美國為主）的經驗；或是最近（1999年）的7月27日事件，因單一事件引爆，以至從報紙至電視，鳴鼓轟擊法務部等等，均屬於

這個情況。它是媒介批評得以存在於媒介的條件,但其本身不是媒介批評。

　　雖然如此,但應注意兩個情況。其一,假使媒介在其對於國家的反擊、批評之中,逆向要求國家制定合宜政策,使媒介成為被規範的對象(如在資本主義體制下,要求以增加公營媒介資源牽制商業媒介的表現,或逕自規範媒介市場的競爭機制。資訊自由法的訴求,則因受益主體是媒介,其相關批評是否能作為媒介批評的一部分,似較曖昧,俟日後釐清),並進而完成媒介批評所訴請的目標之一,則此時的媒介反擊,已使媒介同時成為媒介批評的主體與客體,但以國家作為中介手段。此時,它應可視為下文所說乙型媒介批評當中的一種。其二,提供或催生新聞自由誕生或擴張的動力,如特定集團或階級的力量,大到足以相對袪除國家箝制之時,萎縮新聞自由的其他壓力,如利潤作為媒介營運目標的競爭機制,才有機會得到更多更深入,從而更明確的批評,解嚴後的台灣是否已經逐漸進入這個狀態,正是本研究所要考察與研判的課題之一。惟這裡必須先指出,作為擁有合法使用暴力及作為媒介最重要消息來源的國家機器,不可能盡褪其箝制新聞自由的色彩,不但台灣如此,擁有憲法第一修正案,得以將國家干預媒介程度壓至較低水平的美國,同樣無法走避。

　　二、媒介是客體。媒介批評是以媒介為客體,媒介成為被外力檢討的客體,這裡不妨稱此為媒介批評類型甲。惟應表明,批評不是權勢大者對權勢小者的頤指氣使,因此政治菁英或資本集團雖然是外力,但它們對於媒介表現的指控,不是批評,自然也就不是媒介批評。1974年美國副總統安格紐指責記者,說他們未經選舉,卻可影響選舉動向,讓他難以接受。又如早年蔣介石(1953)、蔣經國(1975)都說廣電媒介迎合「低級趣味、見利忘義」,因此須「逐日審查」。再如,「新聞界『表現』企業界『心寒』」的媒介存在反商情節的說法(《新聞鏡》,1989.1.23: 33-4),解嚴後亦時有所聞。但上述情況,都不好說是媒介批評,而或許應該界定為,政商力量意圖箝制新聞與傳播自由,或者抱怨其表現。

　　不過,權勢者對於媒介的批評,有時候可能超出權勢者所能控制

的狀況，也就是發言者、行動者有時不能全盤預見其言語或行動的後果。再者，權勢者的批評，有時候亦不完全出於維護、鞏固或擴張政權或金權，它也有可能扣合、迎合，然後渲染了民眾對於媒介的不滿情緒。於是，權勢者對媒介的批評，不免偶爾另生空間，使媒介批評在狀況曖昧的狀態下，另外醞釀轉向的契機，晚近李登輝抨擊三台犯罪新聞過多（如1998年2月11日）引起的輿論反映（見次日報端所載），是這種情況的例子之一。但最佳例子可能是1997年4月17日，國民黨決議廢置公視建台，新聞傳出後各方反彈，表現為史無前例地大規模媒介批評（詳後）。

三、媒介同時是批評的主體與客體。媒介提供近用空間或時間，讓閱聽人或媒介自設的監察人，在媒介空間與其時段批評本身或其他媒介，不妨稱此為媒介批評類型乙，它的另一種情況是，媒介作為批評主體，但演變為要求國家介入，管制媒介市場，也就是使得媒介成為被規範的客體。

第四，批評不必然只是坐而言，它也可能是起而行。媒介批評因此可能是以面對面的方式，在學校講壇或其他公開場合，使用口語而進行，也可能是透過文字與影音的中介，假機器而進行。媒介批評也可能包含行動，並且不限於個人對批評客體的抵制（如拒看電視），而更指涉了集體對於批評客體所採取的行動，此時，媒介批評與媒介社會運動或遊說（campaign）的界線，已經泯除，或至少已經模糊。

（媒介）批評的言與行面向，不是孰輕孰重的問題，不是孰優孰劣的判斷，而是外在環境是否存在基本條件，使言能產生，行能產生，然後言者與行者如何結合，或言者與行者是否願意彼此學習，兩相結合的問題。就達成（媒介）批評的宗旨來說，也就是，如果媒介批評不是目的本身，而是要改變批評客體，也就是改變媒介及其運作機制與生態，也就是媒介批評所追求的目標，在於改善媒介再現的面貌、媒介的產權結構，或在於挑戰私有媒介的經營目標（極大利潤的積累且歸於私人），那麼，只是有言而無行或寡行，可能比較容易出現書空咄咄，於前舉媒介批評宏旨之達成裨益有限。反之，只是有行而無言或寡言，其流弊或許在於行動失去定向，終至有較大可能成為

盲動與資源浪擲，以致媒介批評的成效積累有限。

假使媒介批評者能夠糾集群力，結合言與行，逼近媒介批評宗旨的可能性也就提高。總之，批評的雙重面向，也就是靜態的符號論述與動態的集體行動，分則力散，合則兩利。如果批評的論述，確實是出自於理性的思索與整理，那麼它理當具有催生批評主體及其閱聽人採取行動的潛能，雖然這樣的行動之潛能大小，經常取決於論述及閱聽人的品質。反面推理，如果論述無法成為物質力量，不能催生批評主體及其閱聽人採取行動，則批評主體可能先已曲意從事批評，或其行為取向與論述價值分離，最惡劣者則是批評成為販售的商品，那麼，此種型態的論述，倫理訴求力必然減損，甚至消失，所謂論述與（集體）行動的有機聯合與互為奧援，也就成為無稽之談。

四類媒介批評

配合以上甲型與乙型媒介批評的粗分，以及媒介批評知與行的面向，本文擬將媒介批評細分，使成以下四類，再據此精細觀察台灣媒介批評的性質，研判各歷史分期所展現的媒介批評是否各有特徵，是否蘊涵了進步的趨勢。至於特徵的有無，以及進步的遲速，其實必須透過比較才能掌握，因此下文也將依據有限的資料，比對台灣與其他國家的媒介批評。

一、近距的言辭媒介批評

各級學校的媒介公民教育，台灣的中小學目前似乎還沒有這類課程，大學傳播科系所設的（當前）大眾傳播（新聞）事業問題、媒介批評等，則屬之。本文雖未就此研究，但若能查詢這類課程的設置，起於何時，由誰發起，[2]除饒富知識社會學的旨趣之外，亦可窺知媒介社會運動的推行，是否可能從這類課程汲取養分，或者，這類課程是

2　類似課程如「當代大眾傳播問題」，最早可能是由陳世敏教授開創於淡江大學大眾傳播學系，時為1980年代後期。

否能夠協助推廣運動訴求，乃至於使得反對資本建制媒介的意識，取得正當性之外，也能進而成為社會主流意識。這類批評相當重要，也可能是（學院）知識分子在失去或淡出媒介資源以後，尚有進行媒介批評工作的空間之重要憑藉。雖然這個空間在日益商品化的大學並未穩如磐石。

二、遠距的言辭媒介批評

透過媒介而進行，媒介對媒介的批評，如果扣除較難，或甚至無法進行內容與論述分析的電子媒介，則在平面媒介所展開的媒介批評，其關係可以展現為四種情況。

2.1 書記錄、刊載了對所有媒介（包括書本身）的批評，本文蒐集的這類文集（2024/6/29按：原在參考書目，現已刪除），其中絕大部分是報紙短文結集而成，也就是2.3的（自然）延伸。

2.2 雜誌記錄了、刊載了對電視、報紙、書、本雜誌以外的雜誌的批評。本研究選取了《中華雜誌》（1963-92）、《大學雜誌》（1968-86）、「八十年代系列」雜誌（包括《八十年代》、《暖流》、《亞洲人》，1979-83）、《黃河雜誌》（1979-91）與《夏潮》雜誌（1976-78）。選取原因除了五本雜誌都有代表性之外（依序代言了中華民族主義、國民黨自由主義、黨外自由主義、國民黨文宣派，以及社會主義），其可近用性，也就是除「八十年代系列」刊物筆者自行蒐藏外（唯少數不全），餘均可在政大圖書館閱讀。

2.3 報紙記錄了、刊載了對電視、雜誌、書、本報紙以外的報紙的批評。除了使用政治大學報紙資料電子檢索系統，鍵入「公視」、「公共電視」、「電視」與「三台」四個關鍵詞，以求明白歷年來，媒介批評當中，最為主要的電視批評之粗略沿革走向之外，本文亦從閱讀各報自己出版的報史中，得知《自立晚報》推出的「電視節目面面觀」系列（布袋戲請命，1970.6.10起），可能是台灣報業最早對電視

提出的較大規模評論。此外，本文認知有三類倡議者，分別由報紙本身、黨政機構及媒介運動者發動，都與電視有關。

　　第一類起於報紙的倡提議。1990年代主要計有三次，分別是《自立晚報》（1993.11.10起，每日在二、三版刊登專文一篇，連續近兩週）、《中時晚報》（1994.10.24起四十餘天）與《中國時報》（1996.2.25-3.25）。這類型紀錄與分析似乎不是台灣專有，1997年4月起，英國《衛報》（*The Guardian*）亦與Loughborough大學社會科學系的媒介研究中心有類似合作案，唯規模與寫作內容似與台灣有明顯差距。第二與第三兩類均與公視有關，其中第二類是1997年4月17日國民黨立法院黨團迅速決議廢置公視立法後，引發的輿論言辭及行動反彈。第三類是1993年6月20日，公共電視民間籌備會成立，其後一年多，運動時斷時續，隨之而來的媒介批評亦多。後兩類電視批評與本段（2.3）稍前所說的媒介批評重疊，也與下文將述及的第四類媒介批評（遠距的言行媒介批評）重疊，本文因此優先分析，至於本段所稱之第一類媒介批評則因研究資源（時間等）限制，暫不執行。

　　2.4各平面媒介記錄了、刊載了對於本媒介的批評，通常表現為兩種方式，一是「讀者投書版」偶亦出現對於媒介的評論。二是業界公會，或者，現職或退休新聞人員出版的刊物，如解嚴前報業公會主辦的《報學》半年刊（1951-94）、《新聞鏡》週刊（1988-2000年，共發行604期），以及台灣新聞記者協會創辦的《目擊者雙月刊》（1997~），均未列入本文的分析。

三、近距的言行媒介批評

　　媒介社會運動或遊說當中，透過演講或現場傳單、小冊等文件向他人散發批評媒介的原因及訴求重點等。這部分的文宣作品，有些結集自伴隨該運動而來的報紙文章，有些則純屬現場傳單、口語，後者本研究無法分析，前者已成2.1的部分列入分析，其餘則否。

四、遠距的言行媒介批評

　　媒介改造運動（已）在進行，其中自然涉及媒介的使用，而此媒介可能是運動者自己發行的刊物，如英國的 *Free Press*、美國的 *Fair*、加拿大的 *Media Watch*，這類媒介也可能來自運動社團之外，二者目標有同有別。若就說明本身的主張、記錄與分析媒介現象，鞏固或強化參與者的參與強度與頻次之目標來說，媒介改造團體自己擁有的媒介，比較重要。但是，若就擴大訴求，使媒介改造本身成為議題，以求目標得以達成來說，外界媒介不可或缺。1990年代以來，台灣的媒介批評也進入了「行」的階段，〈表4〉輯錄的資料顯示，這些活動大多沒有自己的媒介，「退報運動」雖然出版文集，但除了書冊的流通效果較低之外，其文章幾乎全部已先在報章發表，「黨政軍三退運動」亦出版小冊子，唯以條列的問答為主，未有已發表過的報紙文章，流通效果又低了些。因此，〈表4〉各項媒介改革運動的訴求是否能為社會知悉，幾乎全部取決於外界媒介的報導及是否刊載相關評論，其中似乎又以公視正名與建台運動，得到最多的媒介批評量〈表5〉。

媒介批評的趨勢

　　在台灣，除了少數情況，報紙，尤其是主流報紙似乎是免於受批評的，但有少數例外，首見於（黨外）雜誌時期。如〈表2〉所示，《中華雜誌》三十年間所載的一五一篇媒介批評文章，批評《中時》、《聯合》兩大報達二十七篇，唯有二十三篇出現於1978（含）年以前，且內容均與控訴《聯合報》涉嫌誹謗《中華雜誌》有關。如果扣除這種兩造（媒介）互控的情況，真正抨擊兩報的文字，當以出刊短暫的《夏潮》（1976-78）與「八十年代系列」刊物（1979-83）為主。《夏潮》的二十七篇媒介批評文章，有十八篇直指兩報。八十年代系列略少，五十二篇有十八篇與此相干，並有若干短篇，以報導形式傳達了批評之聲。《夏潮》雜誌批評兩報的文章，隔年並且另外結合其他文字，以《給中國時報把脈》之書名出版（1979），前一年

（1978）則有李慶榮等人先發表於《台灣日報》的文章集為《替聯合報看病》。這個現象正巧反映了現實情況，當時，兩報發行量廣大，遙遙領先所有報紙，其兩位創辦人也被延攬進入了國民黨權力核心。

　　與此對照，國民黨內開明派的《大學雜誌》，以及國民黨文宣部直營的《黃河雜誌》，對於兩報並無異議可說事出有因。《大學雜誌》在二十四年間，僅在1982、1985兩次談及兩報，但報導遠重於評論。《黃河雜誌》在十四年間，僅在1980年談《中時》一篇，但屬正面報導，不是負面批評（《黃河雜誌》亦多談言論／新聞自由的文章，但批評對象不是國民黨政府箝制媒介，而是黨外雜誌「濫用」新聞自由，也就是對於黨外雜誌的批評，因此列入媒介批評之計算）。報禁解除後，曾有短暫期間，報紙似乎「身陷批判火網」（見《天下雜誌》1990年7月專輯），以及1992年底的退報運動（見後），但也僅限於雜誌批評報紙，報紙「免疫」，也就是報紙不批評報紙，彼此互不揭短的作風，至今似乎沒有轉變。倒是雜誌藉報導以行批評之實（較常見的是《財訊》月刊，及稍後的《天下雜誌》、《新新聞》、《商業周刊》、《目擊者雙月刊》等等），或逕自批評報紙的直言與反資程度，至今也並未超越黨外雜誌時期。

表2　「知」的媒介批評：政論雜誌批評「媒介」、「兩報」與「三台」
　　　篇數

	中華雜誌	大學雜誌	夏潮雜誌	八十年代	黃河雜誌
1963-75	69/13/1	18/0/4	未創刊	未創刊	未創刊
1976-78	25/10/1	10/0/2	27/18/1	未創刊	未創刊
1979-83	33/1/1	29/1/3	停刊	52/18/9	58/1/2
1984-86	7/0/0	4/1/0	停刊	停刊	31/0/3
1987-92	17/3/0	停刊	停刊	停刊	27/0/1
合計	151/27/3	61/2/9	27/18/1	52/18/9	116/1/6

資料來源：馮建三、張世倫、胡采蘋查核並整理。

　　〈表2〉至少還有一個特殊之處，此即無論是國民黨經營的《黃河雜誌》，或是黨外雜誌，批評電視（三台）的文章不但相對地少，就絕對數量來說亦稱罕見。何以如此，值得探索。這會是因為媒介之內，亦有媒介批評的分工所致？雜誌批評報紙，報紙批評電視，影響力次一等者，往上批評上一等者？這雖然是奇想，但若對照1970年6月的事例，卻似乎又不無道理。當時，中視開播不及一年，與台視競逐廣告的程度日趨激烈，致而爭先播放閩南語節目（布袋戲與歌仔戲）。這個現象導致立法委員大舉質詢，除了台視開播時曾得到報紙大幅報導之外，再也沒有任何電視表現所引發的報紙物議，有此規模。反觀彼時已創刊的《中華雜誌》與《大學雜誌》，卻對此事均無反應。

　　筆者針對電視布袋戲與歌仔戲的這場爭鋒，查詢了該月整個月的《中時》、《聯合》、《自晚》、《中央》與《中華》五家報紙，得到三個主要的發現與心得。

　　（1）《中時》、《聯合》的社論與其專欄作家的立場，明顯不同。社論雖然同意「粗俗」之說，但認為電視既然走商業制度，此為無法規避的後果，而方言節目的存在對於國語的推廣並無妨害。這些更為代表主流意見的建制社論也認為，所謂方言節目若有流弊，也不宜讓國家直接介入管制（包括向觀眾收取電視執照費作為電視的部分經費），而是應該訴請電視界自律。專欄作家的立場則與資深立委同調，憎惡電視的市儈與地方戲曲節目的粗鄙，並且強調政府管制的正當與必要。《中央日報》、《中華日報》兩黨報的社論，以及《自立晚報》的專題報導，與兩報社論接近，差別只在於黨報狡滑，似有窄化電視問題的意圖，《自晚》則不假掩飾，連續十一天以專題報導的形式，生動地傳達了反對民代及專欄作家說法的立場。

　　（2）電視在此時期的競爭導致兩台節目的粗俗，筆者曾有記錄，但未及深究，而這裡應補充說，該粗俗表現放在當時背景，不能說沒有「進步」的表現，也就是庶民以「粗俗」取得自己的娛樂，對抗官方假電視進行教化的意圖。當然，若是沒有商業競爭，電視也未必就不能「粗俗」地尊重庶民的偏好。或者，應該說，若無此競爭而電視

出以服務庶民的「粗俗」卻不失合理的娛樂需要，或者，國家介入國家節目時段的安排而使兩台不致同時競爭此「粗俗」，則電視節目應當更能止於「合理的粗俗」，可能也就不會有資深立委的轟擊與方塊專欄作家的響應。

（3）依照美英德義的媒介發展軌跡，報紙為了擔心新興的廣電媒介襲奪自家的廣告，無有不善用或甚至創造機會，要求擁有廣電公司（的股份）或促其公營不播廣告。以此對照，1970年6月資深立委發為雷霆之怒，企圖要求國家介入，而當時文化局局長王洪鈞亦擬向觀眾徵求執照費之關卡，各報居然沒有順勢而上，探討公營化電視的可欲及可行性，反而與其專欄作家同台不同調，或溫和（兩報）或強烈地（《自晚》）站在電視作為商業體制的立場發言，個中的社會學含意頗堪玩味。《中時》與《聯合》雖然與黨國親近，卻仍有距離，它們是因為憂懼，若是支持黨國強力管制電視，那麼將不免授予國家權柄，危及報紙的營運，因此兩報社論有此表現嗎？這樣的政治疑慮壓過了力阻電視與其競逐廣告收入的經濟盤算嗎？《自晚》或許也有這樣的戒心，但它又加上了彼時已凸顯的在地色彩，於是表現為尊重台灣民眾假電視方言以娛樂的需要，於是發為遠較鮮明的反對資深民代及文化局的言論嗎？不過，《自晚》的這種表現，放在另一種意識解讀，卻透露了對商業電視台的支持？或者，以上所言其實尚有不足，因為在這些原因背後操盤的動源，乃是早在1970年或更早已成為主導意識（hegemony）的廣電媒介「本來就應」遵循商業機制而運轉，以致與此機制有廣告收益之衝突的報紙，也無法超脫其意識的籠罩，也就無法以廣電非商業競爭化的主張，屏障報紙本業的自身利益？在這些情況下，電視批評的上限，也就只能停留在責備主流商業廣電媒介，指其沒有善盡社會責任，指其欠缺自律行為？本文結語將對此再作討論。

就數量來說，報紙的媒介批評要到1990年代才大舉增加，若在政大中文報紙論文電子資料庫鍵入「電視」一詞，從1974至1998共得一五六五篇，其中至1989年占一九六篇，平均一年十二餘篇，而自1990（含）年起每年均逾二十篇，1994（含）起更達數百篇以上。

（唯因資料庫蒐錄不完備，以上資料可以參考，卻不是定論。）就批評類目來說，美國及本國選舉的電視表現及其他問題占據大宗，政策案亦多，如1975年台灣首部電子媒介法律（《廣播電視法》）實施、1993年《有線電視法》通過，該年相關評論分別達七篇與二十三篇，占當年篇數33%與28%，《公共電視法》在1997年意外完成立法，相同情形再告出現，詳見後文。

其次，報紙的媒介批評何以能夠出現？如前所言，歷年來選舉、法案之評論一直是最主要類目，可見某種類型的媒介批評與國家密切相關，國家賦予了批評動力與批評題材。再來就是媒介本身在社會所占據的經濟、政治、文化與休閒地位的上升，反映在媒介數量的爆增及競爭轉劇，也就是媒介資本化的廣度與深度之強化，而這正是1990年代以來，台灣媒介生態的重要特徵。媒介批評也從雜誌與報紙所載，延伸到了電子的媒介批評。

第三，解嚴之前，多方力量已在串連，表現在媒介批評的具體成績，應該是李金銓的文集，1986至1987年間，他於客座中央研究院研究員之際，適逢其盛而運勢崛起，蓄積多年的涵養得以稍吐一二，於八個月內在台灣多家媒介廣泛撰述評論，稍後並結集為兩本文集，包括另收入李氏於1978至1982年間在港大任教期間為《明報》撰寫的專欄小品。此外，該（1987）年至少另有三本媒介批評的文集出版，作者分別是陳世敏、潘家慶與鄭瑞城，並有黃新生以「媒介批評」為名的教科書問世，應是台灣第一本類書，次（1988）年，也就是報禁解除當年，媒介批評的出版品市場似乎前景看好，陸續再有作者是鄭瑞城、政大新聞系與張作錦三本上場，其中鄭著似為第一本主要取材自台灣經驗材料的傳播學門著作《透視傳播媒介》。換言之，1987與1988兩年呈現「小陽春」榮景，繼政治力、社會力釋放之後，媒介自省或提供版面檢討其他媒介的機會，水漲船高，於是有九本相類書籍出版，即便扣除作為教科書形式的兩本，亦達七本，如〈表3〉所示，越此高峰則媒介批評文集的年出版量，逐次遞減。

表3 「知」的媒介批評文集[＊]出版年代、作者身分及報紙聯繫之分析，
　　　1967-1998

出版年代				作者身分			報紙聯繫			
~1986	87-88	89-93	94-98	業界	學界	其他	中時	聯合	自早	其他
1	7	9	11	6	20	2	4	7	7	難統計

＊ 教科書或來自報紙與雜誌文章少於全書篇幅之半者，不列入計算
資料來源：本研究整理。

　　〈表3〉至少還透露了三個值得探索的訊息。

　　（1）1974至1993年間，報紙以電視為評論對象的文章，只居四七九篇，而1994至1998年間，卻得一○八六篇，躍增幅度廣大。然而，1994至1995年之後，相關評論文集出版數量反倒銳減。為什麼媒介成為評論對象日益頻繁，也就是問題愈來愈為人注意的同時，類書的出版不增反減？這可能是假象，稍後文集將再倍出嗎？文集與報紙文章不能互補、相互提攜成長，而是互斥，後者既多，適足以取代前者？或者，其間本無邏輯可言，端視偶發因素而定消長？

　　（2）在作者群當中，除一位（迷走）以外，均是學院（三分之二來自政大傳播學院）與業界（《聯合報》），作者論述媒介的基本立場，無論是民族主義、國際主義、現代或後現代，從保守、自由主義到左翼，一應俱全，雖然他們在言論空間所據有的版圖，大小差距甚多，而有些是租借來的地盤，另有些則是自家園地，不能含糊地指台灣的媒介批評因有如此繁複的色彩，所以可稱多元。若能將這些作者的論事架構和盤托出，自然最好。不過，既然這些作者的絕大部分，若非作者自己就是師友，要加以論斷恐有失實之虞，因此將他們的自述入注（2024/6/29按：因文字多，已刪除）以供參考。

　　（3）解嚴以來，各方社會勢力綻放，亟思有所作為，文化人當中稍具社會意識者，自有感應，不能無動於衷。於是，表現為有些報社副刊的編輯，想要延攬社會及文化等運動的力量於媒介，在社會改造的路途中不再袖手旁觀，而是積極以版面進行言論參與，其中最為醒

目者，恐非《自立早報》莫屬，從其創刊（1988年1月）至報業主易手（1994年9月）的短暫七年，提供了七本媒介批評的資源，多於中時、聯合兩大報團（以〈表3〉計）共五家報紙十數年的表現，該報在吳豐山主持下，甚至在1993年10月12日創刊「大地副刊」，設近十個專欄，並提前於9月30日逐日在頭版提要與六版簡介作者，一日介紹兩位。其中更有「媒介觀察」專欄，以學院知識分子六人為主筆者，每人每週一篇，週一至週六逐日刊登，可能是台灣報業史首創在副刊每日評論媒介本身的例子。後來，幾經易手，1995年8月31日，該刊宣布「『大地』陸沉了」的新聞，表示「在社方『政策』考量下，自明日起，本版將由分類廣告取代，『大地』陸沉了」。

當然，副刊的媒介批評不是只出現在《自立早報》。《民眾日報》、《自立晚報》等「傳統」報紙，以及報禁解除後新創的《中時晚報》、《聯合晚報》等，亦扮演了相當的角色，而《中時》與《聯合》挾其「固有」版面，也並沒有缺席。其中，1990年底起，《中時》的人間副刊推出的「截波台」，斷續運作了兩、三年，標誌了副刊主事者積極地想要以副刊承載媒介批評的意圖，而聯副除有張作錦、張繼高等資深報社編制內記者、作家，兼事媒介評論以外，1995年晚春起兩年，該刊主編設「彎弓集」介紹作者時，曾特別標明渠為「傳播學者」，可見心中存有類似想法。《中時》至1994、1995年之交之後，有關媒介批評的文章似已零落。聯副「彎弓集」維持兩年，之後則有張作錦的作品是媒介批評的固定出口，成露茜主持、報人成舍我創辦之世新大學支持的《立報》則從2000年初開始，每週設媒介觀察短評。

就在副刊淡出媒介批評的舞台之時，新聞版面出場填補、擴大媒介批評的空間。這個轉變的意義至少可有二端。

一是媒介批評與時間要素扣合得更為緊密，於是批評的文化厚度可能減薄，現世取向趨於濃厚。前文提及，1994至1995年之後，媒介評論的文集出版數量減少，可能的原因之一，或許正在這裡。再者是時間要素的突出，顯示批評的知之面向，很有可能更加緊扣於「行」，變成以行帶動知的媒介批評，其中又以「公視」議題最為明顯。

　　〈表4〉的資料顯示，媒介社會運動，或說以行動直接進行媒介批評或改造的情況，直至1990年代方告出現，而如果扣除「退報運動」，這些行動大多在1993年底或稍後始告浮現，而就運動強度來說，只有退報與地下電台超過公視。但退報為期較短，且首當其衝的是報紙，又以統獨爭議為核心，如此，另一家在結構位置與其相類的《中國時報》沒有多加報導，可以理解。地下電台抗爭的激烈程度，雖然已至包圍新聞局，引發火燒汽車與行動者流竄街頭的地步，卻可能因此而觸犯社會主流價值。這些因素，再加上收音機在整體媒介環境所占角色較小，而新聞局亦蘿蔔棍棒齊下，「開放」電波與抄台共進，無不使得公視不得不成為媒介批評的主要表現場域。最後，又因有關公視的議題綿延時間達十八年（從1980年行政院長指將另設公視至1997年《公視法》通過），更可以作為本文比較之用，核對知與行的媒介批評之配套進行，有多大的吻合程度。

表4　1990年代台灣「行」與「知」的媒介批評之關聯性評估

起始日期	名稱	行的強度與長度	知的廣度
1992.11-94.8	退報運動	強短	自由／自立／民眾／台時報導評論較多
1994.04-96.2	地下電台（收音機）	強長	各報報導／評論多
1993.12-95.5	第四家無線電視	蔡同榮／張俊宏為主	過程較少報導，結果較多報導／評論
1995.02-95.10	黨政軍退出三台運動	比公視稍弱	過程、結果均少報導／評論
1993.06-97.5	公視正名運動	稍強長	過程、結果的報導／評論均最多
1995.02-	催生台北公共電台	後期有但很弱	過程、結果均少報導／評論

資料來源：本研究。

　　根據〈表5〉的資料，雖然國府在1990年即已成立公視籌委會，並接著完成立法（1991）與送法案至立法院審查（1992），但評論文章都不多，一直要到1993年才突然旱地拔蔥，從十篇增加至四十三篇，其後又歷經兩年的蟄伏（1994/95），猛地又如眠火山之爆發，先是地殼崩裂（1996年四十五篇），終至於岩漿噴射四散（1997年一○二篇）。這三個年度發生了什麼事？1993、1996與1997年，分別有「公視民籌會」、「民間公共電視立法行動聯盟」與「公共媒介催生聯盟」成立，以及國民黨宣布將廢置公視建台工作而引發輿論反彈及前舉社團再次擴大行動。因此，就公視的情況來說，我們體認到了「行動為發言之酵母」，至於是否有所行動就有所發言的機會，以及知與行如何更好地配合進行，以收媒介批評之效，結語部分即將就此有所反省。

表5　有關「公共電視」的各報評論篇數，1981-1998

年	1981	82	83	84	85	86	87	88	89	90	91	92
篇數	1	1	3	10	1	0	1	1	0	2	5	10

年	93*	93**	94	95	96*	96**	97*	97**	98
篇數	43	40	8	8	45	35	102	78	19
	行動帶來93%				78%		76%的評論		

說明：＊當年所有篇數，＊＊當年社團成立或國民黨宣布廢台之後的篇數。
　　1993、96與97年最足以說明「行動為發言之酵母」。1993年6月20日有「公視民籌會」成立、1996年9月13日及10月21日「民間公共電視立法行動聯盟」及「公共媒介催生聯盟」成立，1997年4月17日國民黨中央政策會宣布將廢止公視建台而引起多個社團群起行動，因此，在這三年，公視相關評論明顯高於其他年度數倍，而在前述社團或政黨行動後的評論篇數，依序占了當年篇數的93%、78%與76%。

結語

　　人的生存狀態及其不滿，不分社會制度，不分傳統與現代，不分文明及蠻荒，與時俱在，只是性質有別。不滿的屬性，排除此不滿的

方式之差異,也就說明人群及其階級所處生活的歷史進程。

因不滿而發為批評,事理之常。媒介成為不滿的對象,怨其無法成為人們的資訊、娛樂工具,需有兩個條件的滿足,始得彰顯的機會,一個是媒介需相對免除於國家暴力的箝制,再來就是媒介已經成為人們重要的資訊與娛樂來源。作為後進工商業國家,台灣的電視與報紙媒介成為不滿的對象,也就是媒介批評之始,似乎開始於1970年代,發展到了1990年代,這個不滿不再只是表現為言論的抒發,而是有了人群的組織集結,其中部分已展現為〈表4〉所載的媒介社會運動(「行」的媒介批評)及其所牽動的媒介批評。

如果媒介批評不是目的本身,而是要追求媒介及其生態的改變,也就是要使媒介的存在,主旨在於服務人們的資訊、教育及娛樂的需要,不是要使人們反為媒介所用(比如,人使用媒介的時間成為「閱聽人商品」)。那麼,緊接而來的課題是,當前引發人們對於媒介不滿的根源是什麼?台灣發展至世紀末最後十年的媒介,展現了什麼性格以致引爆不滿,這些年來所外顯(這裡主要是指報紙已經報導的)知的與行的媒介批評,是否已經具有固定的指向與內涵,是否能夠承擔改造媒介,促使媒介往較為能夠滿足人們需要的方向移動?這是重要的課題,有待研判,唯有從研判中,才得以釐清或形塑達成前舉大目標的策略。

李金銓教授在解嚴後第一本媒介批評文集的自序中,曾指未來的媒介批評所「奮鬥的目標不是別的,正是這個碩大無朋的『官僚商業勾結體』(bureaucratic-commercial complex)」。這個診斷與判斷至今仍然有效,而且亦有證據顯示,在〈表4〉的動態媒介批評已漸成歷史之際,新近一年多的跡象,既可說是孕育著深化及廣化媒介批評的契機,卻也可能是潛藏著懷柔與收編人們對媒介(尤其是電視)的不滿,造成媒介批評保守化、被馴化的危機。

就深廣化的契機來說,若干社區、北市議員與媒介(其中《中國時報》社長黃肇松似乎參與稱多)自1998年春以來,陸續以台灣婦女會聯盟、「媽媽監督媒介文教基金會」的籌組及運作等名義,宣稱要公布涉及色情、暴力的「不良媒介名單」,並要與企業界結合,不

在此不良媒介刊登廣告，呼籲媒介自律，期待以此增加社會大眾的「大眾傳播媒介的公民素養，希望閱聽人養成獨立的批判思考能力」（《中國時報》，1998.4.10/4.28/5.5: 38，1999.8.7: 9/8.29: 18；《聯合報》，1999.5.19: 22/8.29: 20），特定的綜藝節目（《紅白勝利》）且首度引來客語人士、社工人員及大學生的群起對抗（分別參見下列日期的報紙：1998.4.26/6.13/7.18-29/11.20/12.24-25/1999.11-12）。另一方面，稍前的媒介社運雖然沒有全部竟功，但亦略有沉澱，如台灣新聞記者協會（記協）的成立及其《目擊者雙月刊》的發行。宣誓「建立台灣的媒介正義」的「台灣媒體觀察教育基金會」則在1999年成立，其財源及董事會組成頗稱奇特，卻已明言「中華民國電視文化研究會」與「新聞評議會」的模式為其所不取，運作一年多以來，該基金會自行或與「富邦文教基金會」等單位合作，發起並參與了許多抨擊電視的活動（包括媒介識讀、公民教育的推廣），其性質究竟會比較傾向於挑戰資本建制媒介，或是逐漸發生於美國的經驗，反為其整編，似乎還有待塑造。

就危機來說，前段所舉社團的活動或言論，仍然有「國家缺席」的問題。這就是說，前文所述1970年6月那類報紙社論對於電視媒介商業化的態度，至今存在依舊。當年在電視商業競爭所引發的爭執，政府以其威權，竟有免被批評的豁免權，被責怪的是媒介不夠自律，以及（就報紙方塊專欄作家及資深民代而言）必須改造觀眾的品味。

解嚴以後，國家威權不再有免於批評之權，它自己就是問題的事實，不但被明白指出，更成為媒介社運的打擊目標（最清楚的展現是「黨政軍退出三台」的訴求），就此來說，歷史不能說是沒有進步。

然而，詭異的是，國家卻以另一種方式，再告缺席，得到了新的豁免權。政府若不是被視為亂源之一，最多也只是淪為取締電視黃黑表現的工具（如1999.8.28停播《紅白勝利》）。媒介批評所訴請的目標，必須以政策加以確保，也就是必須透過國家行使積極的角色才能實現，此時卻有消失於媒介批評筆尖之虞。政府缺席，於是古老的媒介自律與媒介社會責任意識的強化，以及在威權時代遭指責的閱聽人，現在再次被確立或簇擁為媒介改造的希望之泉源。1999年夏

季，Hello Kitty引發了多位文化評論者的意見交流，其中之一是胡晴舫，她在電視節目《紅白勝利》引起客家人士抗議之時，曾經如此評論，「我們主觀的消費品味和判斷能力卻能引導商業機制的賺錢方向……讓市場機制透過自由競爭的過程將該產品自然淘汰。」（《中國時報》，1998.4.26: 11），這個以民粹（populist）言辭召喚主體，化作春泥護商業體制的赤裸告白，到了刊載於《中國時報》（1998.4.27: 38）整版彩色宣言，有著比較真誠、焦慮的表達：

> 最近簡直不敢看電視新聞，每天都有青少年犯罪事件，而且，手段愈來愈殘酷……台灣的青少年犯罪問題，愈來愈像美國了！……現在的電視節目愈來愈無法無天了，在商業利益的影響之下，媒介自律是一則大笑話；政府跟民間，誰也管不住這隻愈來愈龐大、也愈來愈粗野的怪獸；只有你！你是有權力說「不」的消費者，更是被上帝派來保護孩子的爸爸媽媽們！……我們特別製作這個專題，呼籲大家跟我們一起關掉電視。拒看電視，是為了要求更有品質的電視節目！……

這段話是比較誠摯深刻，遠比電視文化會教小孩選電視節目來得具有挑戰力。但是，這樣的訴求畢竟是局限的，它未能將人們對電視的不滿轉化為動力，責成政府制定並執行合適的媒介政策，反而有充當國家媒介檢查官的危險。

這段引語所傳達的認知與經驗，正是媒介批評之所以尚有存在的必要，以及媒介批評能夠發揮效能的基礎。現在的問題是，作為從事媒介批評的人，或者作為不滿媒介表現的人，如何面對這個焦慮，與之溝通，對其說服，指稱媒介自律、閱聽人教育（挑選節目、拒看或媒介素養的進行，以及媒介公民身分的養成）都有從事的必要，但是，如果只在此停留，那麼，它們最多只能成為治標的手段，做不好則將使從事者的能量日漸耗損，之後不再聞問媒介批評與改革之事。媒介自律與媒介公民身分的養成均極為重要，但如果沒有國家以制度性設計，介入媒介環境的規畫，自律者無法得到自律的條件，閱聽人

無法得到伸張公民身分的養分。當然，國家並不具有本然的善，如果公視等媒介運動顯示「行動為發言之酵母」，那麼，台灣的媒介批評之未來，應當如何以行帶動知的進展，以知導正行的方向，也就不能不是必須面對的課題。如果未能及時就此構思與介入，日後的媒介批評內涵，恐將收束於保守之林。

（《文化研究在台灣》〔陳光興編，2000〕。台北市：巨流，頁339-72。後應友人邀請，更新若干材料在2011年以〈媒介批評的歷史軌跡與前景──以台灣為例〉，發表在《山西大學學報（哲學社會科學版）》。34（2:65-70）。現刪除文獻與部分注釋及文字。）

歐美新聞研究的前沿：來自經濟報導，走向經濟監督

前言

　　「在多半歐洲國家，第一份報紙若非政治小冊，即為商業情報與資訊。」不但如此，在其扛鼎之作《公共領域的結構轉型》（*Strukturwandel der Offentlichkeit*），哈伯瑪斯（Jurgen Habermas）對於歐洲報紙的興起，實際上與商品交換（亦即遠程市場的出現）其實是同步進展的過程，也有扼要的勾勒。他說，14世紀的時候，如同宮廷想保密官方消息，商人也無意把商情公諸於眾；但慢慢地，這些私人通信所出現的有關「國會和戰爭情況、農作物收穫、稅收、貴金屬……國際貿易的廣泛而詳細的消息」，也有部分在手寫之外成了「印刷」品，亦即通常是在主要貿易城鎮創辦與發行的「報紙」。

　　《非理性繁榮》（*Irrational Exuberance*）一書也告訴我們，17世紀荷蘭鬱金香的投機經濟之開始，大約也就是新聞報刊問世的時候。鼎鼎大名、海外銷售量是其本國數倍的《經濟學人》週刊在1843年

創刊時，宗旨在於推進自由貿易、自由市場的理念。該刊演練其價值觀的第一個實戰標的就是《穀物法》（*Corn Laws*）。1815年在拿破崙戰爭結束後，英國施行該法保護本國農產品，1846年遭廢除。總之，「現代報業與市場價格體系必然不可區分，必然同步成長」，中國在走向市場經濟之後數年，財經報業也從1987年堂堂上市，道理在此。

耐人尋味的是，雖然經濟面向至少是新聞事業興起的一半因素，但正統新聞史講述傳媒的崛起時，很少提及經濟動因。於是，新聞史幾乎等於只是新聞自由的歷史，並且是新聞人向王公貴族爭取免於受其干涉的自由。我們從有關新聞界的稱號出現了「第四權」（the fourth branch of the government）的說法，甚至有取代「第四階級」（the fourth estate）的樣子，多少也能夠領會自由主義的流風所及，業已使得新聞傳媒的屬性為之限縮。

「第四階級」這個概念起自18世紀，用以指稱（或說賦予神話）傳媒獨立於王公貴族、僧侶及平民，但政治之外，「階級」顯然另有經濟意味。與此相比，「第四權」之說，經濟消失，僅說行政、立法與司法三權之外，另有獨立的第四權。兩百年來，傳媒都與「第四」相連，差別的是，現今的第四權概念似乎使得傳媒的首要監督對象有了極大的改觀。此時，狹隘的「政治」面向，也就是構成「政府」權力的行政、立法與司法部門之權力運作，儼然成為傳媒最需要加以報導、曝光與監督的對象。於是，我們把國家與新聞自由作為兩種對立，乃至於勢不兩立的概念，而國家也「識相」地毫不避嫌，繼續讓自己蒙此「冤屈」。無論是透過軟性地以政府預算的採買等方式，使傳媒散播有利於己的內容，[3]或是粗暴地赤裸裸鎮壓傳媒，國家都以自身的行動，不僅印證、而其實應該說是更為坐大了指控，承認自己確

3　美國觀眾人口眾多的「美式足球賽超級盃」在2004年底轉播之前，全美數百家地方電視台都出現了白宮要員John Walters的訪談，但其製作單位是Walters擔任局長的美國藥品管制局；專欄作家Michael McManus與Maggie Gallagher分別從醫療與人力服務部得款1與2.15萬美元；美國聯邦政府在2001年僱用大型公關公司的合約額是3,700萬美元，至2004年增加到了8,800萬。（*Economsit*, 2005.3.12:39；2005.2.5:33）

實是新聞自由的敵人。

　　不過，隨著傳媒經濟產值的增加，主流的傳媒研究並沒有忘記，事實上也不可能忘情傳媒與經濟的關係的研究。本文即將略盡棉薄，務求重新找回失去的陣地，或說再次把從來就是密切互動的政商關係，放回傳媒的研究圖譜。這等於是一種溫故知新，經由考古而發掘新聞傳媒的研究前沿，在於認知並擴充或超越傳統的第四權概念，重視傳媒的經濟報導及其相應的監督作用，傳媒更重要的經濟意義，不應該在於傳媒是否能夠成為一種產業。

一、新聞傳媒與經濟成長

　　第二次世界大戰後，隨美利堅國勢擴張而喧騰的現代化理論，在1950年代也因為冷納（Daniel Lerner）出版了《傳統社會的消逝》（*The Passing of Traditional Society: Modernizing the Middle East*），開啟了稍後蔚為一時風尚的「傳播與發展」之典範。在冷納筆下，傳媒可以是促進經濟成長的靈丹妙藥，其簡易的邏輯在於，鄉村農民從報章與廣播（乃至於電視）接觸到了主要來自都會區的傳媒內容及生活面貌，不免大興「有為者亦若是」的移情心理，於是他們對生活「期望升高」的憧憬，轉化為農民勤力追求物質收穫的的動力，現代化的果實於焉可期。

　　風行方才十餘年，這種來自核心資本主義國家的上國眼界之樂觀情懷、兀自認為傳媒消費有助於經濟成長的假說，到了1970年代就已經遭人宣告破產，人們揚棄了這樣的論述。畢竟，國與國的強弱關係本質未變，一國之內傳媒主要是掌握在不民主的權力之手，或者，傳媒主要是為了利潤而存在，這就使得傳媒所表達的需要，最多只能說是迎合了特定階層，於是，個人的欲望在結構箝制下難以伸張，反倒成為失望或屈辱之源，往昔的期望升高，轉瞬間已經只能是期望的挫折。

　　然而，冷納式思維所導致的悲劇，還在上演。比如，中國大陸1984年開始四級辦電視，官方自稱，其目標在於取聲光俱全的電

視，使其普及，以盡力推動現代化。但農民在鄉村看的是服務都會區富裕觀眾為主的電視，使原本已經難以在家鄉發展的農民，在走向都市時平添了不切實際的想像。如果我們說潘朵拉這個盒子在中國大陸如同在一些開發中國家，多少發揮了推波助瀾的作用，致使悲劇至今時有所聞，應該並非過度的苛責。比如，《南方周末報》（2005年7月14日）的主題報導訴說的是「新生代民工的城市夢想」，主人翁阿星所表徵的鄉村居民，「從小就接受以城市文化為主體的電視的薰陶……到城市打工……已經不適應農村的生活……」，但也因為在都市「看不到希望。焦慮感與危機感深重」之下，有些農民工走向黑社會過其難以光明正大現身之日，有些如同阿星，在日常工作所遭遇的百般困頓之際，終有衝動以致殺人之時。

不但如此，冷納式的思維，晚近數年在換裝易容後市場仍然廣大，或說，其實已經借屍還魂搭上了文化產業的列車，捲土重來了。最慢從1990年代中後期開始，有關借助文化（創意）產業以帶動經濟另一波成長的修辭與舉措，也從英國等地向外擴散到了亞洲，如台灣的文建會主委陳郁秀說，英國在1997至2001年間，經濟成長率是2%，但文化創意產業則達9%。中國文化部也在2001年3月將文化產業納入全國「十五規劃綱要」，視之為中國下一階段國民經濟和社會發展戰略的重要部分。

不過，1980年代以來，特別是最近十年，全球及一國之內的貧富差距是在加大。信手拈來都是數據、都是統計，不看中國大陸、不看台灣，單以英國來說，該國文化產業最發達的地區倫敦，正也是英倫財富分配最不平等的城市：全英最落後的二十個特區有十三個在倫敦、倫敦每兩位兒童有一位處於貧窮狀態。常前，文化創意產業廣泛成為許多官方政策、流行話語及學界論述，但我們卻也看到了這正是貧富的絕對與相對差距拉大的時候。值此格局，贊成以文化為經濟新成長動力的主張，可能更加振振有辭，表示他們確實找到了「金礦」，開鑿挖掘後富裕可期。

但是，既有冷納模式教訓在先，而其失利在於結構條件未能從本質上有所調整，那麼前事不忘後事之師，在利潤歸私依舊是役使人類

社會的結構動力沒有改變之時，文化創意產業的樂觀語言，要能不重蹈冷納式的覆轍恐怕也有困難。雖然傳媒是可以、也應該為經濟發展，特別是為均富、永續的經濟發展有所貢獻，而這正是本文寫作的宗旨。

二、新聞再現與經濟發展

假使如前段所表述，購買傳媒硬體（從訂閱書報雜誌到購買VCD/DVD）並不是經濟是否得到了另一個增長點的可靠保證，但傳媒「內容」怎麼報導或評論經濟的生產與分配過程，也就是傳媒的經濟「再現」質量，對於人們怎麼知悉、理解這個世界，然後據以行動，可以發揮很大的作用。下文就環繞傳媒對經濟現象的「再現」，續作討論。

對傳媒內容進行分析，歷來是傳播研究的「基本技能」，但對應於稍前所說，有關傳媒的研究，很大一部分是與（狹隘的）「政治」領域掛連，有關傳媒的內容分析，其大宗也是政治層面的，因此我們甚至有專業期刊以此命名，相形之下，有關「經濟」面的再現分析相當稀少，不但少於選舉過程中傳媒是否公平，也遠少於有關性／別或種（民）族再現的解剖。

對傳媒內容的經濟分析，原已不多。聚焦各個企業「執行長」（CEO）的傳媒形象之研究，似乎更是鳳毛麟角，儘管《時代》雜誌選出十大最有影響力的人，曾有七位是CEO。即便CEO的形象與企業密切相關，CEO對於員工是否親近企業、投資人是否青睞該企業，從而對於企業利潤的高低，會有影響。

有此理解之後，當可知道派克與博格的論文難能可貴。[4]他們選擇《紐約時報》、《今日美國》、《華爾街日報》與《休士頓紀事報》從

4　Park, Dong-Jin and Bruce K. Berger (2004) 'The presentation of CEOs in the Press,1990-2000: increasing salience, positive valence, and a focus on competency and personal dimensions of image', *Journal of Public Relations Research*, 16 (1:93-125).

1990至2000的報紙，若標題出現CEO就取為分析對象，在總計四二八九則新聞或評論，他們抽取六五〇則分析。首先，這些樣本的CEO，99%是男性、平均年齡五十二歲。其次，這些CEO的形象平穩，並不因為特定年代的經濟好壞（兩位作者特別對比了1992至1999年持續成長期，以及1990-1991與2000這段衰退期），也沒有因為《華爾街日報》的屬性（較保守、親商）以至於有別於另三家報紙。總括地說，報紙的CEO形象，隨時間向前推移，其正面能力更見凸顯，另有些內容聚焦於個人性格，甚至不無明星化CEO的時候。該文樣本停止於2000年，兩年多之後，從安隆（Enron）案發生後等一連串企業醜聞以來，情況也許有所變化，特別是世界通訊公司（WorldCom）的前CEO艾伯斯（B. Ebbers）在2005年7月13日遭判刑，該公司虧空110億美元，他必須為此入獄二十五年。但往者已矣，即便有人研究而發現CEO在其後的形象急轉直下，過去十年的英雄或明星化的報導若產生了不良的效應，已經難以追回。這正如同，我們可以探索「新經濟」之說在2000年4月網路崩盤以前，媒介怎麼報導所謂的「新經濟」？

　　第二份難得之作來自柯梅爾。[5]他取美國「新經濟」理當最發達的加州的最大報紙《洛杉磯時報》作為研究對象，以Lexis-Nexis電子資料庫為準，排除國際版，然後鍵入「經濟、市場、勞工、工人、衰退」作為關鍵字，無論軟硬、新聞或評論，只要其標題或導言有以上任何一個詞，就列入樣本。如此，柯氏從1997與1998兩年的《洛杉磯時報》取得了二〇一則樣本進行內容分析。該文的第一個發現頗為出乎意料，亦即傳統新聞學所認定的負面消息較容易見報之說，不能成立，因為在這二〇一則當中，倒有七十九則（39.3%）是「好」消息：有利的大經濟情勢、失業率與通貨膨脹下降、股市看好、高科技部門亮麗等等。反之，僅有十五則（7.5%）說的是勞資糾紛、企業瘦身、低技能員工處境困難等等偏向負面的消息。至於二者兼而有之

5　Kollmeyer, Christopher J. (2004) 'Corporate Interests: how the News media portray the economy', *Social Problems*, 51 (3:432-52).

者，最多，占了一○七則（53.2%）。與新聞的「虛構」相對照，政府資料顯示，那段期間最大的受益者確實是投資人及企業法人，而傳媒大致是錦上添花，即便是前述的負面與混合新聞當中，仍然還有31.1%關注他們的權益。相形之下，從中沒有得到啥好處的受雇者，只得到了14.8%討論他們的問題，其餘53.3%談的是整體經濟。再者，談及幫助投資人與企業的改革問題時，有83.3%出現在前面版位（front page），每篇平均篇幅達一五六九字；有關協助受雇者的文字篇幅僅一一二○字，出現在前面版位的機會只有14.3%。這些報導的傾向，同樣反映在《洛杉磯時報》這類新聞的主要消息來源，有62%是官與商，但只有7.9%是工會領袖、受雇員工或其發言人。

　　當然，美國選舉政治的兩極化過程早已經波及媒介，歷來有關美國（特別是菁英）傳媒是否有中間偏左（較精確地說應該是「自由派」）的傾向，指控者從1980年代就已經言之鑿鑿，因此，總會有人將這些研究發現歸入是「自由派」學者的偏見；雖說美國傳媒偏向於保守，確實應該是更為接近實情。

　　這裡暫且對於偏見與否的問題存而不論。我們先行轉而注意具體個案，討論傳媒對其報導與評論，是否產生了事先預警（監督）或事後學習（反省）的作用：1980年代發生於美國原本專司「儲蓄與借貸」（Savings & Loans, 以下簡稱S&L）業務的金融危機，以及1990年代的「長期資本管理公司」（Long Term Credit Management, 以下簡稱LTCM）事件的論述及傳媒表現。

　　除了因投機與時局不利、詐欺兼而有之（達1,500億美元的總損失中，有1,250億直接由政府承受），S&L的發生也與雷根時代對金融單位的鬆綁、使一般儲蓄借貸銀行的業務可以相通於商業銀行，不無關聯。但事後檢討時，哲學家羅狄（Richard Rorty）至為不滿，他不免自忖，在季刊《異端》（*Dissident*）寫著：

　　權且這麼設想，幾百位義憤填膺的經濟系與銀行系教授，早在1984年《新聞週刊》的評論甫出現，指出「成群結隊的人正以聯邦政府作保的金錢賭博」的時候，就與另外數百位駭異莫名的

商事法教授合作。權且設想他們每人捐50元，買下《華盛頓郵報》數個整版廣告，交代這整場賭局的某些細節，以此支持並呼應《新聞週刊》的說法，說明這最後「可能耗去政府數百億計的金錢」。權且設想這些教授事先就承諾願意作為《新聞週刊》的腦庫，經常無償提供資料與觀點，而條件則是《新聞週刊》發動一場系統化的運動──每週出版關於S&L的及時報導，指派許多記者逐日向相關規範管理機構施加壓力，堅持要求這些機構回答究竟發生了什麼事這類難解的問題……事情將大有不同……（但）……媒介並沒有帶頭打擊這種大危機……而我們這些教授……也不認為我們有些什麼責任。

羅狄並且批評記者：在S&L金融風爆以後，《新聞週刊》說：「不要期望媒介在下次大危機時，或能帶頭示警……選民有他們的責任。媒介只能領馬至水邊，馬還得決定是否飲水。」對此，羅狄表示「難以置信美國記者居然會如此認定」。對於美國的自由主義刊物不強調扒糞、調查報告，卻只流於說自己無能為力，羅狄深表不滿。

LTCM是1994年創設的避險／對沖基金公司，擁有兩位諾貝爾獎得主任其董事，以複雜的數學公式為號召，投入於許多衍生產品的買賣。初期（1995與1996年），LTCM是讓投資人得到了40%以上的淨利潤，但1998年5月與6月情況不對了，其回收分別衰退了6%及10%以上。接下來，所羅門兄弟銀行在7月退出，8月俄羅斯政府也出了狀況，投資人恐慌，拋售歐日公債並大肆買入美國公債。這些連鎖反應迫使美國聯邦儲備銀行出面組織銀行團善後。雖然LTCM造成的損失只是小巫（「只」有46億美元），但重點是，如戈德[6]所論，事發後對此事件的檢討並沒有正視一件事實，亦即早從17世紀起，金融投資至今其實都無法脫離投機之實，而所謂風險能夠透過精細複雜的數學運算而合理控制，根本是無稽之談。所謂股市與股價的波動可

6　Goede, Mariekede (2001) 'Discourses of scientific finance and the failure of Long-Term Capital Management', *New Political Economy*, 6 (2:149-70).

透過科學方式而探知根源，其實是在輿論壓力之下（指該類活動多屬詐欺或賭博），投機商家為了「證明」其投機是有根據的、是具備了生產力與智能的，因此才不斷發展出來的自我辯護之政治與道德修辭。戈德說，不但美國聯邦儲備銀行主席葛林斯潘等主流論述將LTCM「例外化」，諸如《經濟學人》這樣的菁英財經媒介也只是重複了、強化了這個說法。LTCM公式的研發人之一默頓（R. Merton）在1994年虛心指公式有其問題，看來不脫口惠。另一位研發人修斯（M. Scholes）在事件後六年遭法官判決其當年行為，只是「逃避繳稅，毫無商務目的」之新聞傳出後，想來也難以杜絕日後類似事件的發生，傳媒的經濟意識流於從眾隨俗，大概也不太可能改進。

　　無論是S&L，或是LTCM，似乎都已佐證，至今為止，傳媒在重大經濟創傷發生後，鮮少能夠預警或引為殷鑑，其原因既有《新聞週刊》那種引來羅狄所不滿的惰性，也有戈德所說的金融決策者對於市場理性及其數理外裝之盲目崇拜。這些之外，是不是也另有來自於（傳播）學界等社群，對於這個課題的研究及提倡都不足夠，因此多少也使得傳媒有關經濟監督的作用不太能夠伸張呢？假使答案是肯定的，那麼，有關傳媒之經濟監督的學術研究及其成果的普及工作之質量，理當改善，庶幾傳媒能夠幫人們防患未然，或至少懲前毖後。

　　比如，英國柴契爾（M. Thatcher）首相1980年代末不肯按能課稅，而是「人人平等」，要推動社區（人頭）稅。狄肯與戈丁[7]難能可貴，分析地方社運人士與地方報紙扮演的成功角色，抵制了該政策的施行。夏傳位[8]在記錄與檢討台灣的金融整併政策時，也不時反省了傳媒的表現，證實了劉佩修[9]早先的證詞／預言；羅世宏[10]可能寫了第

7　Deacon, David and Peter Golding (1994) *Taxation and Representation: the media, political communication and the poll tax*, London: John Libbey.

8　夏傳位（2005）《禿鷹的晚餐：金融併購的社會後果》。台北：銀行員工會全國聯合會。

9　劉佩修（2001）《財經專業報刊金融開放圖像以《工商時報》《經濟日報》為例，1990- 1999》。政治大學新聞系碩士論文。

10　羅世宏（2004）〈企業醜聞與經濟風險傳播：「博達案」新聞初探〉。輔仁大學大眾

一篇有關台灣企業醜聞（博達）的新聞再現分析。在中國大陸，傳媒監督企業的個案近年頗多，如王曉芃[11]，以及王強、吳顏芳[12]。

我國財政部長在2005年6月8日公布，台灣四十大首富有八人沒有繳稅，另七人稅率不到1%。輿論大表不滿，但也有知名評論者說：「富豪早晚會變窮　市場自然會淘汰富豪。」[13]這個說法若在社會瀰漫，那麼，義憤輕則要被解消，或者，人們就等著天道循環了。另一方面，假使美國知名富豪卡內基對稅的看法，「富而自私，生命不值一文，當其亡故，國家合當課以重稅，撻伐之譴責之」之說，[14]如果能夠廣在傳媒披露，那麼人們應該會更支持通過較高稅率課徵遺產稅，以求富裕的人也有機會貢獻社會。更進一步，正統工會認為，「卡內基捐贈圖書館將使勞動者獲益之說，我們撻伐之譴責之，我們勞動者不要慈善捐贈，我們要的是正義」。[15]這個見解假使也有機會因為傳媒屢屢報導而成為常識，顯然社會已經先有正義的理念在前，對遺產稅的索求也就在後了。又或者，美國總統布希家族與九一一主腦賓拉登（bin Laden）家族的關係若廣為人知，勢將影響人們對美國國際政治關係的認知。[16]

透過傳媒的報導與評論，達到財經監督乃至導正，正是需要倡議的傳媒經濟功能。因此，教導經濟新聞寫作的著作或譯著，若能就此

傳播所主辦。第五屆「媒介與環境學術研討會」。12月18日。

11 王曉芃（2002）〈「基金黑幕」是這樣揭開的——《財經》雜誌與中國證券界〉，收於展江（2002編）《中國社會轉型的守望者：新世紀新聞輿論監督的語境與實踐》。中國海關出版社，頁71-81。

12 王強、吳顏芳（2004）〈媒體在經濟報導中輿論監督功能的再思考〉，收於展江（2004編）《輿論監督「紫皮書」》。南方日報出版社，頁251-7。

13 司馬文武發表於2005.6.13《今周刊》，頁10。

14 Carnegie, Andrew (1989) 'Wealth', *The North American Review*, June, 148 (391: 653-664).

15 Trades Assembly of New Castle, Pennsylvania , Division 89 of the Amalgamated Association of Street Railway Employees (1901) '*Looking a Gift Horse in the Mouth: Workers Protest Carnegie Library*', http://historymatters.gmu.edu/d/5008/

16 Briody, Dan (2003) *The Iron Triangle: Inside the Secret World of the Carlyle Group*. New York : J. Wiley.

選材，無疑會是重要貢獻。世界銀行在2002年底出版的《報導權：大眾傳媒在經濟發展的角色》文集，[17]可以說是這類型著作的佼佼者。即便該書仍有局限，沒有超越傳統的第四權概念，主軸還是在於訴請透過「自由」（大致就是指為利潤而創辦的私人）而「獨立」（大致是指依靠廣告為主要收入的傳媒），對施政過程給予更多的報導與評論，求其更加透明與向社會負責，從而增加政府的效能。

在很多批評者眼中，第四權與自由報業（傳媒）之說，以及其職業義理（從客觀中立至公正不偏倚），是自由主義者的迷思或自我迷戀、是媒介人為建立本行業的尊嚴與社會地位所作的意識形態建構。不過，這樣的評斷有其價值，卻也自有缺陷。比如，從「務實」（pragmatic）來看，如果將這個批評推到極致，可能出現報導或評論時，不歸於楊則歸於墨的困境，媒介人反而會進退失據，時而犬儒與自棄、時而投懷送抱於消息來源或新聞客體。再從理論觀察，不（特別）談傳媒應客觀中立的中國大陸，在1986年以來揭櫫輿論監督之說，並不完全不能與西方的第四權相通，該說也強調對政府等公務人員及（特別是官股參與其中之）企業體的監督，其間是已經有人指陳，傳媒應該扮演公共領域而非純然的喉舌。作此說明後，除了對第四權抱持戒心，合理的反應其實可以是承認或擴充其「規範」內涵：傳媒所要監督者是權力，無論是政府或企業，或其他比較無形的權力運作（如某種優勢的意識形態），都是傳媒所要監督的對象，而政商作為兩種主要權力來源，也就不可免地成為傳媒應該優先曝光、監督的對象。

接下來的問題其實就轉成為，作為知識社群一部分的學界及傳媒，願不願意，以及，有沒有資源從事「以子之矛攻子之盾」的工作？這裡是說，既然從規範層次來看，第四權要優先監督政權與商權，那麼，哪種性質的傳媒介制、哪種外在環境或條件的配合，才能

---

17 World Bank, (2002) *The Right to Tell: the Role of Mass Media in Economic Development.* Washington, D.C.: World Bank. 另參考Gavin, Neil（編1998/1999陳國雄等人譯）《經濟、媒體與公眾知識》。江西教育出版社。

夠盡量逼近（注意，這裡沒有說「完成」）傳媒對外許諾的園地？比如，主流說傳媒財源要私有、要以取自廣告為主才能獨立地遂行「報導權」，但真是這樣嗎？又如，假使美國沒有第一憲法修正案及其司法判決長年庇護及積累下來、對於新聞報導權的維護，1996年12月超市連鎖公司Food Lion對ABC紀錄片人員的求償千萬美元，能在近三年的訴訟後，僅需以兩美元的賠款就結案嗎？假使沒有歐洲人權法庭的支持，雜誌記者高文（Bill Goodwin）主張自由報導、但同時不透露消息來源的權利，能夠不屈膝於企業行號的私人利益之主張嗎？再如，在生產事業愈來愈多由私人主宰的當下，掌握更多經濟資源的民間公司與集團，難道其營運資訊不應該透明，從而盡量比照政府那般，公開鋪陳在社會之前接受監督嗎？傳媒除了扒糞政府，需不需要也就這個部分多作爬梳？

　　經過這個視線的轉換，其實我們也能發現，前舉來自世界銀行的報告，雖然不脫主流，但該報告至少有三篇其實已經呼應了以上「三個如果」，主流與非主流於是有了對話的空間，二者界限於是有了流動的契機：赫曼是這樣說的，「強大的、非商業傳媒的浮現」才能糾正當前傳媒生態縱容類安隆案的傾向；[18] 狄克與金格則闡述傳媒要透過三個機制，強化私企業的治理效能；[19] 克魯格與普來斯勾勒了五臟俱全的相關法律體系，屏障傳媒肆行報導的發揮空間。[20]

結語

　　世界是一個整體，我們同時看到了市場交易範圍與項目的擴張，以及威權管制機構（包括國家）數量與職能的增加，其間非政府組織

18　Herman, Edward S. (2002) 'The media and markets in the United States', pp.61-81，出自前注引著。.

19　Dyck, Alexander and Luigi Zingales (2002) 'The corporate governance role of the media', pp.107-37，出自前注引著。

20　Krug, Peter and Monroe E. Price (2002) 'The legal environment for news media', pp.187-205，出自前注引著。

益發蓬勃發展，經濟活動頻繁。

作為再現這些現象並因為有這個機制而能夠發揮告知與監督作用的新聞傳媒，需要擁有超越傳統範圍的自由，一種有充分資源進行報導、查證、調查並善加呈現其編採所得之材料，公開展現於其接收人之前的自由。

這個自由的行使，需要無畏於來自政治體制的威嚇與箝制，也要無懼於來自企業組織透過合法或非法機制所散播的遲滯或寒蟬效應，要以合理持平的編採與查證過程來公平對待當事人並自我防衛免於侵權訴訟，要能不因業績競爭壓力以致不得不譁眾取寵或侵犯人之隱私、名譽與情感。

這樣的自由觀念，認知了國家的雙重性，不是只看到國家限制其自由空間，而是也體認國家必須作為新聞傳媒自由運行之「資源提供者」；這樣的自由也不再認為所有私人的資訊都是私人財產，他們會要求有司立法，責成攸關公益的私部門資訊也必須開放，外界在有效與聞後使私部門亦得多加惕勵，形同多了防弊措施，增加了公司治理的效能。

當今之世並無傳媒能夠完全擁有這些自由，但以相對標準衡量，在特定的歷史與社會條件創生與成長的BBC，固然無法在他國複製，卻不失為一個里程碑，在未來相當時程裡，仍然可供引為座標，用以評鑑傳媒自由度與政經監督效能的關係。

（澳門社會科學學會〔2006〕《澳門社會科學學會成立二十周年學術研討會論文集》，頁27-45。澳門社會科學學會出版。多數注釋刪除。）

美國新聞改革與新聞社會學

《新聞社會學》與作者的成名作《探索新聞：美國報業社會史》（1978）有相同的部分，也有新穎之處。相同的是基本視野、內容充

實、文筆洗鍊、讀者吸收容易；不同，或說新增的部分是跨國比較，以及據此提出的新聞與傳媒改革芻議。

這篇文字以本書作為重心之一，對於舒德森的基本視野，以及順此衍生的一些看法，略作討論。不過，本文也將處理兩書不同的部分，亦即將舒德森近年來跨足傳媒改革領域的原因，放在近三十年來的世局與傳媒變化中，略作考察，最後再以作者更為晚近的調查，佐證並討論其變化。

作者的視野在《探索新聞》業已展現。鋪陳「客觀」作為新聞編採的歷史過程後，舒德森雖然對這種假借客觀的實踐，不免是「假客觀之名行專斷之實」有深刻的理解，但既然記者必須秉持原則而作，則捨棄客觀與其他專業信念之外，新聞事業還能秉持什麼「精神」？「我不知道」，舒德森如實地回答。

何以不知道？一個可能是作者對歷史的理解雖然有其正確的成分，但可能在另一些重要面向會有爭議。比如，同樣是考察新聞客觀性在美國興起的另一本著作，丹・席勒（Dan Schiller）禮讚舒氏不將新聞史當作偉人歷史來書寫，而是從政經與文化環境的角度考察報業史，貢獻非凡。但席勒很快就補了幾項材料。他說，舒氏暗指在1830年代便士報興起以前，手工業者的商業需要不太怎麼需要報紙廣告，但實情並非如此，而是費城報業在1764至1794年間，單是手工業者的廣告就出現了一萬五千則。其次，席勒認為《探索新聞》還有政治誤判之失。舒氏以為便士報是新興中產階級齊奏共鳴之聲，惟愈來愈多的史料顯示，他所說的中產階級不僅沒有和諧相處於報端，並且這個被統稱為中產階級者，根本就是由衝突日漸升高的「商人」與「手工業者」的對峙所構成。

未能掌握真相與全豹，以致不見前景，這是原因之一。客觀之外再難確立新聞精神的原因之二，或許透露了舒德森對現有體制的小批評大維護。客觀等專業說法雖然不免是策略性儀式，實質上並且與廣告文明、商業報紙共舞，但是，以客觀形式相繩新聞編採的結果，仍然還是可取及進步的成分居多，捨此之外，很難想像問題的癥結還能在哪裡。舒德森應該不會是伏爾泰的《戇弟德》，不至於認為我們的

世界是「在所有可能的世界中的最好的一個世界」，但通讀他的作品，是有可能讓人領悟，舒氏的世界觀溫和中道有餘，或許還能有些告誡、勸諫或和緩批評的語氣，惟尋求變化的意識與行動不在字裡行間，探詢、叩門與培力變遷動能的意向，大致就是消失於無形。

比如，在《廣告：艱難的說服，美國社會對廣告的評價》（1986）一書，舒德森總結他對廣告的七點批評時，引述經濟大儒海爾布來納（Robert Heilbroner）的指控：「廣告是商業文明中對價值最具破壞力的活動。」他說這個指控固然有些誇張，卻還是讓他「憂慮」。只是，憂慮歸憂慮，憂慮之人必有的反應，也就是構思解憂的途徑，似乎不在他視野之中，於是他只能對商業廣告主喊話：「廣告在一定程度上可以成為提高人的價值觀和人道價值觀的藝術。」這是什麼意思呢？搶救廣告，恢復「廣而告之」的原意，進而賦予更多「公益」或「反建制」「廣告」的內容嗎？費人疑猜。另一位傳播名家席勒（Herbert Schiller）百思不得其解，是以搖頭太息而認定舒氏是「為現狀說抱歉，卻袖手旁觀的人」（apologist）。

持平地衡情論理與月旦傳媒之際，舒德森大致保持樂觀的思緒及進步的史觀。1960年代以來的美國傳媒有更多的政治負面新聞，因此使人不信任政治威權，順此衍生了犬儒心態與作風嗎？愈來愈多的新聞與資訊不分，以致新聞業的專業水準下降了嗎？兼併壟斷之風熾熱，於是新聞編採的空間縮小而立論的多元程度跟著萎縮嗎？新聞產製大多自上而下，採訪高官而不是小吏、接觸富商而不是中小企業、走訪經費充足的大規模NGO而不是小型的市民團體，再加上公關編造與植入廣告行銷之苦，當前傳媒的表現江河日下嗎？

這些常見的批評不是無的放矢，但舒德森更願意站在歷史的高度俯視。他提醒讀者，「今日傳媒雖有百般缺失，美國人現在比起以前，還要有更多的、更可靠的資訊。人們今日所得的資訊，其仔細編採、有其良知，分析健全而扼要簡潔呈現的程度，先前世代所無。」舒德森說，美國幅員廣大，地方新聞可觀者少些，但全國傳媒的水平大幅提升。比如有線電視業界聯合在1979年推出「公共事務衛星電視網」（C-SPAN），迄今已有兩個頻道分別轉播參院與眾院的議事過

程，會期以外另設（晚間）現場政論與品書節目，第三個頻道則轉播其他公共事務活動，這些頻道除預告本身節目，不播商業廣告；「有線電視新聞網」（CNN）1980年首創舉世二十四小時滾動新聞頻道，引領風騷；《時代》雜誌要到1970年才有全國版；《今日美國報》（*USA Today*）1982年方始誕生，而半數美國高校學生偶爾會讀《華爾街日報》或《紐約時報》。

這些固然是正面的發展，但不免流於拿舉例當作論證，不能認同的人很容易就可舉出反證。比如，普立茲新聞獎的霍伯斯坦說，「統治階級喜歡有份像《紐約時報》這樣的報紙」；而加州大學柏克萊分校新聞學院教授麥道格則說，他離開採寫十餘年的《華爾街日報》，原因是在那裡「工作，煩死人」。舒德森透過舉例而論證，是否有足夠的說服力流於見仁見智，但他另有一些善念，倒是明顯與很多經驗事實並不相符。舒德森稱，傳媒事業主比起以前，對於專業有較大寬容；又說大型傳媒也許會濫用壟斷地位，卻不無可能因為有較充分的資源，是以比較可能抵抗廣告壓力，進而以比較恆定的規模及規律，實踐專業的新聞編採。

然而，真相往往事與願違。一方面，美國的大型報業集團利潤豐厚，媒介經濟學者皮卡特的詳細資料顯示，獲利第二名的行業（藥品）「只」有9%，報紙卻在15-20%之間，其中偉達報業集團（Knight Ridder Inc.）硬性要求其報紙獲利率需在20%以上。投資銀行高盛（Goldman Sachs）蒐集的統計材料顯示，美國十二家最大報團2004年的平均利潤達21%，是《財星》（*Fortune*）五百大公司的一倍。2006年2月8日筆者隨同瑞典政府資助的史丹佛大學「創新新聞學」（Innovation Journalism）短期班團員至《舊金山紀事報》（*San Francisco Chronicle*）參觀，其工商版主編郝爾（Ken Howe）表示，美國報紙並非不賺錢，只是近年來賺「少」了，「只」有10%或多一些。2005年，偉達報團的利潤率是16.4%，低於20%，於是它在2006年3月以45億美元轉售給麥克萊契（McClatchy）報團，經理人大力推動易手的原因之一，正在交易成功後，其紅利可望是年薪（170萬美元）的三倍。2006年，美國上市報業公司的稅前利潤達17.6%。

　　另一方面，儘管賺錢、儘管報業而特別是大型報團的財務良好，美國報業自2000年至2005年，還是解僱了三千五百位記者，相當於7%總編採記者量。到了金融核爆從美國引燃的那一年（2008），麥克萊契報團仍有利潤21%，但大砍人力三分之一。甘納特（Gannett）報團2008年的平均利潤是18%（報團的某些報紙獲利甚至達42.5%），但整個集團照樣裁員三千，並強迫許多員工無薪休假，與此同時，其高層管理人員卻獲得六位數字紅利。2009年初，《芝加哥論壇報》（*Chicago Tribune*）所屬的集團有許多報紙仍然有很高的獲利，並且該集團整體在2008年前三季也都還有高於銀行利率（5%）三倍以上的利潤，但它卻在2008年12月提出破產宣告之請，報業遭致池魚之殃，集團的其他投機產業連累了傳統傳媒。這算是善盡大型報團的社會責任嗎？第一線編採記者都可以放棄，都還在報紙猶能營利時不免被迫下崗了，事業主真還願意長期地投入充分的資源，為穩定與提升新聞內涵及其質量而不斷地耕耘嗎？好像不太可能，最多僅能是偶一為之。

　　難怪美國論者憤恨不平，直說一手賺錢一手裁員是美利堅「報業的骯髒祕密」（dirty secret）。新聞人的工作條件因利潤歸私之動力而下降，傳媒本身因為業主的私心而犧牲專業的不良例子，同樣在少數，試舉三件最搶眼、眼前還在進行的「事蹟」。「新聞集團」（News Corporations）的梅鐸（Rupert Murdoch）以其傳媒資源結交權貴的「名聲」很大，1997年英國工黨大選勝券在握之前，他邀請當時的工黨黨魁布萊爾（Tony Blair）到澳洲「參訪」，接著很快地就轉換英國銷售量最大的日報《太陽報》（*The Sun*）歷來支持保守黨的立場，公然招搖之處並不掩飾，梅鐸雖然不乏馬失前蹄的時候，仍然是得遠遠多過於失。紐約市長布倫伯（Michael Bloomberg）兩任後居然意猶未足，硬是財大氣粗也挾其媒介大亨的地位，在2009年完成修改只能兩任的法律讓自己順利三連任。貝魯斯可尼（Silvio Berlusconi）從1990年代以來，三度公然指揮自家傳媒將自己送上大位，人心不足蛇吞象，他在進占總理職務後，連番玩法、修法或以行政手段恫嚇傳媒人的「事蹟」，不僅讓義大利人瞠目結舌，許多遠親

近鄰也都駭異莫名、羞於與他同作歐洲人。

　　美國傳媒的地景，幾乎就是私有及利潤掛帥體制的天下，舒德森稱之為另類或激進的傳媒雖然仍有空間，多年來也持續發聲，卻是如同神龕，聊備一格。如實地說，大型商業傳媒也許如同舒氏所說，按理能夠更為自主、獨立於資本及廣告牽制，能夠以合適的資源製播傳媒內容。這類情況或許一直存在，但假使只是出於業主的善念，或只是憑藉個別新聞人自發與超水平的努力，那麼必然只能是偶然幸致，可以慰藉人心，卻不足以長期穩定地存在，道理明顯。這也是公法學及傳媒政經研究論者貝克教授（Edwin Baker）的讜論所說，如果沒有「健全的公共政策」作為規畫架構，卻反倒放縱先競爭後寡占或獨占的傳媒市場，那麼要求新聞服務民主之說，就只是緣木求魚，不切實際。

　　《新聞社會學》與舒德森先前著作的差異，就在他於本書跨出了一步，對於透過公權力的運作，讓傳媒能夠在比較優質的事業結構中運作，有所著墨，可說是藉助他山之石攻美利堅之失，不妨說這也是呼應貝克等人主張的方式之一。似乎，相較於二十年前停留在善念門前而「為現狀說抱歉」後，他開始行動，發為新聞改良的言論，表示大眾傳媒「廣電豐富了人們的理性成分與生活舉止」的說法於BBC「最可信」，用於第三世界或甚至是美國商業電視網則不太可信。繼之，他又扼腕「政府規範能力幾經限縮後，美國傳媒的多樣表意空間，特別容易受害於市場壓力」。他還討論了北歐的報業補助，指出已有十三個歐洲國家立法賦予當事人答覆權，並表示這些國家的傳媒，並未因公權力介入而出現寒蟬效應，沒有為此而不敢批評或監督政治權力。更耐人尋味的是，舒德森引用菲律賓記者的證詞，指「國家暴政也許還沒有市場暴政那般惡劣。記者如我，深知如何對付國家……但你能對市場怎麼辦呢？」他是覺得，商業之風在「歷史上所催生的良善之新聞風氣」已經是明日黃花，如今的實況是，放縱私傳媒在市場中競逐利潤，對於人們的資訊及娛樂質量的負面影響太大，以致必須防範、矯治與創新，非但無法排除，而事實上必然涉及公權力的深入調節嗎？並且，這個結論不只是適用於西方自由主義體制國

家，也適用於菲律賓等類型的國家，因此具有普世意義的命題嗎？如果這是過度的解讀，至少，我們應該可以持平地說，興起於1970年代末的市場原教派即便曾經取得一些解放的成績，卻更快地惡化人類的處境日甚一日，舒德森目睹親歷之餘，應該說已經與時俱進，不僅在字裡行間蘊含了一個道理，此即公權力的功能與市場經濟不是楚河漢界，而必然是交相滲透，從而就有取法美利堅以外國家的實踐經驗之必要。本書運用相當的篇幅，檢視許多歐洲的新聞與傳播思維及政策作為，道理在此。假使舒德森再看韓國與日本的例子，就會更有啟發。

　　本書出版日期與伊拉克戰爭幾乎同時，其後美國政治及傳媒更加兩極化，到了金融核爆由次級房貸燃燒至世界經濟體系與社會時，依賴廣告最為深入的美國傳媒所受的負面影響只能大於多數國家，何況還有先前提及的美國「報業的骯髒祕密」，二者相乘，更是使其新聞編採的質量雪上加霜、危及民主政治所需要的新聞事業。面對這場1929年以來最大規模的系統危機，許多國家關注傳媒走向的人，無不攘臂振衣、一呼而群呼，希望轉危殆為機會，翻轉格局而讓早已陷入民主赤字許久的傳播媒介，走向真正的改革之路。

　　突破美國「忌談」政府補助傳媒的刊物，是舒德森歸類為「激進」的《國家》（*The Nation*）週刊。2009年春，該刊出現文章，強力主張「只有政府能夠落實政策與補助，提供制度架構，讓新聞事業的品質得以確保」。如果只是單音獨唱，效應難以期待。激進的聲音在非常時期登時有了響應。溝通美國學院與業界、色彩溫和的旗艦雙月刊《哥倫比亞新聞評論》將這個主張轉化為公共議題，「政府是否應該及如何給予新聞事業稅賦補貼」，並隨即力邀讀者加入討論。國家是否及怎麼介入傳媒結構的變革與改造，於是無法不成為核心議題。舒德森的同事季特林（Tod Gittlin）稍晚到倫敦講演時，不忘抨擊新聞業，指其對於權威當局的負面報導雖多，卻不能掩飾傳媒歷來對於主流權威的順服，一點也沒有改變。季特林是指2003年傳媒報導伊拉克戰爭時，尾隨官方論調；以及，2008年夏秋以來，大量財經報導都順於三合一的權威體，也就是銀行團、解禁論者與金融分析

師的話語，他們將金融危機當作是難以避免的天然現象。儘管礙於講演場合，或是，儘管平日未曾就此思考而不好多言，以致季特林對於具體作法沒有細描，只能以疑問句「BBC模式是未來的出路嗎？」帶過，但與本文更有直接關係的是，他確實明白表示「只有公共政策能夠發生作用」。

就在季特林講演英倫時，隔著大西洋，皮考特等三位市民傳媒改革社團的專職人士的調查報告與建議書〈手援新聞：論全國新聞事業興革策略〉亦告出籠，他們提出了可能是至今為止，最廣泛的美國傳媒改革模式。皮考特等人先行指出，在美國談傳媒（特別是報紙）政策時，常有四種反應：（1）很多人因對傳媒表現生厭，覺得死就死哩，傳媒生死與我有何關係？（2）以為傳媒危機是網際網路造成，那麼有朝一日還是會有網際網路的解救方案，一定會有創新的「生意模式」（business model）出現，畢竟人們還是要看、要讀、要聽新聞等各種內容，差別只在於未來多在線上為之；（3）市場過程本來就是汰舊換新，是先毀滅後創新；（4）政治人與媒介人經常淪為意識形態或現實利害的囚徒，加諸從來就不會有簡單易行的方案可以迅速提升傳媒的質量，因此，他們就更明白地或在潛意識下，不肯構思哪些政策組合與作為可以舒緩或者解決困境。於是，皮考特等人只好「越俎代庖」，在考察美國具體情境，同時酌量參考歐洲例子後，指認公共政策可以擴張以下六類模式的短、中與長程改革，依序是：

一、非營利、低度營利與合作模式：美國的《哈潑雜誌》（*Harper' Magazine*）、英國的《衛報》（*The Guardian*）、法國的《世界報》（*Le Monde*）與德國的《明鏡》週刊（*Der Spiegel*）等等傳媒都是；

二、社區及都會模式：鼓勵「專業」（profession）記者與「業餘」（amateur）市民攜手共進新聞事業（pro-am journalism），最知名的是2005年開始運作的《聖地牙哥之聲》（*Voice of San Diego*），設有十一位記者從事調查報導，依靠八百人一年35至1,000美元的捐贈；

三、基金會與大款捐贈模式：立意從事調查報導以伸張公共立意的「公共正直中心」（Center for Public Integrity，1989年創設），更早（1977年）成立的「調查報導中心」（Center for Investigative

Reporting），以及許多以大學作為核心的類似單位，均可列入；

　　四、公共管理與政府出資模式：1965年以來，美國政府陸續以公務預算設置了藝文、人文社會贊助基金，以及公共廣播與電視網，除了可以考慮使其規模向歐洲看齊之外，設置新聞事業實驗基金、新聞職務與工作規畫案等等，也值得從事；

　　五、新商業模式：比如，以政策鼓勵創新，包括順應業已局部出現的作法，由硬體廠商或搜索引擎公司支付內容產製的部分成本？善用網路推廣公民新聞實踐，以及推進稍前提及的pro-am報導模式；

　　六、公共補助與政策改變：參照《國家》一文提出稅賦減免與授信（但對額度未曾引述，見後）、直接政府刺激方案等，也提及貝克教授的建言（社會需要記者投入調查報導，廣告客戶未必如此，政府若讓記者薪資作為業主抵稅的依據，或許可以提供誘因，讓業主減少裁員）。

　　在眾多學院與市民社團交相提議的時代氣圍下，美國參議員開始提議，希望將條件合適的地方報業轉型為非營利公益組織。到了2009年9月，美國聯邦交易委員會罕見地宣布，將在12月以傳媒為題，召開兩日研討，雖說其眼界略顯限縮，將問題界定為檢視「網際網路對報章雜誌、廣播電視與收音機及有線（衛星）電視的衝擊」及公共政策的回應，但聯邦政府機關召集兩日會就此議論本身，實乃傳遞了重要的訊息：傳媒改革不是自由主義政體的禁區。10月中下旬，舒德森等人在哥倫比亞大學等高教機構支持下，以稍顯樂觀之情，以〈重建美國新聞事業〉為題，提出了考察報告，其建言範圍並未超越「自由傳媒學社」（Free Press）三位研究員聯手完成的〈手援新聞〉。不過，該份報告的寫作方式似乎更為接近一般人的閱讀習慣，比較可讀，他們省略了圖表與形式結構、蒐集較多的相關的（含高校新聞傳播機構）個案與故事；惟更重要的是，他們等於是以學院人的身分，呼應、共鳴而擴大了市民社團的研究成果。舒德森等兩人的六大建言是：

　　一、美國聯邦國稅局或國會應該清楚明白授權，凡是主旨在於報導公共事務的地方報紙可以轉型為非營利或低營利有限公司，使其服

務公共利益,至於轉型後其收入來源是商業贊助或廣告,不在所問;

二、各慈善單位與社區基金應該大量增加對公益新聞事業的支持。美國稅賦低於歐洲,其個人或機構捐贈額因此較高;2007年最大的二十五個社區基金捐款額達24億美元,但很少用於傳媒,假使其中有1%投入新聞報導,就可以讓美國各地投入於地方新聞的捐款金額倍增;

三、公共電台與電視應該大幅投入地方新聞報導,國會目前一年提供的預算4億美元太少,等於是一個美國人只有1.35美元,畢竟加拿大、澳洲、德國、日本、英國、丹麥與芬蘭依序是美國的十多倍至八十倍以上。國會應該改組「公共廣電協會」(Corporation of Public Broadcasting),使其擴張成為「公共傳媒協會」(Corporation for Public Media),如此才能與時俱進,反映數位傳媒匯流的事實;

四、公私立大學相關院系應該把資源投入本地、本州及特定題材的報導,使其成為高校教育願景之一;高校新聞傳播學院應該經營自己的新聞組織,亦可積極承擔平台的架設工作,協調本地其他非營利社團的新聞與調查工作,也應該開放設施供各方使用,包括協助新聞與部落格網站等等;

五、創設地方新聞的全國基金,可對電信設施用戶課徵經費,也可向電視或廣播執照持有者或提供網際網路服務業者課捐,並通過各州的「地方新聞基金委員會」以公開方式管理之。聯邦政府既然對人文藝術、科學與公共衛生都提供經濟協助,一年總額達340億美元以上,聯邦通訊傳播委員會也對電信業收取一年70億美元以上作為服務鄉村地區,以及串連各級學校與圖書館之用,那麼,新聞難道不是值得支持的「公共之善」(public goods)嗎?

六、記者、非營利組織與政府應該更加努力,確保原本就由聯邦、州及地方政府所持有或取得的公共資訊,能夠有更好的流通,從中市民可以透過網際網路串連,乃至周知或報導社區關注與應該知悉之事。

這些建言激進嗎?就國際標準來說,也許未必,畢竟這些主張若能完成,很大一部分也只是移動在歐洲行有多年的體制,或拉近了美

國與南韓及日本的傳媒介制落差。何況，2009年起，法國與西班牙還先後更進一步陸續完成修法，分年要將所有廣告從其公共廣電機構逐出，不足的預算，另由政府總預算，以及商營電信及廣電機構收入的提成，予以挹注；英國方面，公共廣電機構的旗艦BBC也在其政府協調下，開始對地方報業，甚至直接與其有競爭關係的商營電視，提出物資共用的協助。

　　就美國自身作個比較，是有論者認為這些建言也還不能算是激進。他們發掘史料，指出19世紀的美國，聯邦政府對於郵政及報業的間接補助等等，僅次於國防預算支出；這樣看來，今日即便無須恢復往昔，但若一年以300億美元補助公共傳媒在內的新聞傳播事業，亦不算多。果真如這個意見所說，那麼舒德森等人的模式多少只是回復舊觀，與美國自己的歷史紀錄比較，確實只是「復古」，相當溫和、一點都不激進。惟不好否認的是，假使對比的時間更為晚近，僅限於20世紀以後的美國，則舒德森等人之言，約略已經散發刺鼻的激進味道了。作為一個西方國家當中，對於政府介入經濟與傳媒事務有深沉誤解與戒心的國度，舒德森等美利堅學者與市民社團的建議等於是在相對貧瘠的土壤植樹，能否開花結果，總得另待土質有更長期、更大規模的翻修與施肥才能檢驗。但是，在美國並不完善的全民健康保險法案，都已在狂風暴雨下驚險通過，則假以時日而持續努力，將傳媒推向服務人民與符合民主的本位，而不是作為惡勢力、不是作為物化資本之禁臠，也許不會完全是烏托邦。

（推薦序：Michael Schudson〔2003／徐桂權譯2010〕《新聞社會學》，頁5-18。北京：華夏出版社。注釋與參考文獻刪除。原標題是〈舒德森新聞觀的演進與美國傳媒改革〉。）

第二章

電影與電視劇

銀幕配額

WTO與電影

（1999年）12月2日，數萬外地人馬麇集美國的西雅圖，以嘉年華方式，熱鬧地挫折了世界貿易組織（WTO）劫貧濟富的如意算盤。

與此同時，行政院通過了新聞局的《電影法》修正案，準備使貧者更貧，假借WTO之名，要使已經奄奄一息的台灣電影「製片業」更加難以翻身。

新聞局說，現行《電影法》的第11與第40條規定，政府得制定國片映演比例及對外片徵收國片輔導金，其「實施有違WTO……之原則」，所以應該刪除。

問題是，《電影法》的這兩項規定並未強制執行，因為其實施與否，屬於新聞局的權限，而新聞局最近多年來，全以政府預算作為輔導金的來源，根本沒有執行這些法規。正因為沒有實施，這就造成《電影法》修法公聽會時（只有電影處與片商參加），與會人士乾脆「有志一同」，認為反正條文從未實施，乾脆廢掉算了，電影處見狀順水推舟，宣稱為了配合WTO的要求，此議甚佳，於是刪除了事。

然而，就算台灣真正執行配額與徵收輔導金的規定，難道就違反了WTO的要求？非也。

打從1948年，WTO所要確保落實的法規，也就是關稅暨貿易總協定（GATT）施行以來，相關爭論就層出不窮，從未終止。晚近十多年來，先有加拿大不同意美國所請，因此北美自由貿易協定無法納入電影作為自由貿易品項。稍後，1993年，在法國領軍下，歐盟又使美國同意「文化免議」，亦即有關電視、電影等產品，WTO不作規

定，而是留給各國進行雙邊協商。然後是本次流產的WTO部長會議，法國總統與總理固然分屬左右不同的政黨，卻對文化有其共識，他們準備將「文化免議」的規定，再往前推進一步，並且已經得到歐盟各國的支持。換言之，歐盟主張，各國（其實就是針對美國）應該更尊重彼此的影視等文化政策，且這個精神不能只是停留在口頭宣示，而是必須白紙黑字，寫入相關協定。

　　因此，如果真有所謂的WTO要求，那也是要求把影視產品排除在自由貿易原則之外，電影處剛好把事實弄反了。就在廣電處修法的前後，台北市電影節剛剛放映了今年7月才完成，趙宰弘導演的《抗美救韓：電影英雄譜》（*Shooting Sun With Lyrics*）紀錄片。它記錄了韓國製片界發起，並廣獲文化人士響應的遊行、剃髮與絕食等活動，片中討論者，正就是電影「銀幕配額」的問題。大約在相同時候，美國與中國也簽訂了雙邊協定，中國同意，在入會以後，准許海外進口至其國內放映的電影，由每年十部增加至二十部。假使電影如同其他製造業產品，南韓也好中國也好，還有什麼好爭好談的呢？電影處要不是故意正眼不瞧事實，就是明知故犯。

　　再退一步來說，即便美國竟然有能力翻轉所有國家的主張，致使影視等產品也要適用國民待遇（惟應再次強調，這不太可能發生），徵收國片輔導金的對象，也只需要修改為，所有影片均須課徵即可。鑑於好萊塢影片已經幾乎席捲台灣，而在可預見的未來，這個情況也難以改善，法律雖說是要向所有影片徵收，實際上法律的適用對象也幾乎等同於好萊塢。

　　電影產業不可能只靠保護就能存在，但《抗美救韓》這部影片說，韓國人不是主張保護，而是要讓南韓觀眾還能有些選擇，是要打破電影被好萊塢壟斷的局面。現行《電影法》的配額與輔導金辦法，固然多年來形同具文，但這是因為主其事者失職、欠缺奮進的意志。這種WTO未規定，台灣自己先繳械的作法，形同是要讓未來就這類事務談判的代表，處於更加弱勢的地位。

　　為未來謀，電影處最好請行政院撤回原案。如果電影處不肯為之，立法院在審議時，應當把電影處這個莫名其妙，甚至有圖利好萊

塢之嫌的法條修訂，恢復原狀，以便未來主事者作風丕變，任事轉為積極，想要執行有關規定時，不致失去依據。

（《中國時報》1999/12/27 第 37 版／人間副刊）

WTO 與文化免議

理未易明，日前鄭志文研究員的大論，有助釐清 WTO 與文化免議的四個層次。

第一，WTO 的談判內容，確實在歐盟堅持下，至今沒有涉及視聽等文化產品。第二，各國是否願意援引文化免議，排除國民待遇的適用。第三，援引了之後，視聽政策的內涵為何。第四，這些政策是否發生了作用。

WTO 本身當然是不對視聽產品本身規範的，如果有所通則規範，中國與美國也就無須就此斤斤計較，中國也就不需要「只」開放進口海外電影二十部，同時也尚未允諾外國可以入中經營電影發行與映演及電視市場；歐盟也就不必規定，歐盟各種電視頻道必須播放 50% 以上歐洲作品的規範，是要強制會員國執行，或是各國可有空間自行決定。

對於電影，台灣政府放棄了，或說在美國經貿壓力下，提前在 1980 年代中期就放棄了文化免議，未能依據《電影法》賦予的職權，要求映演業放映本國電影，也未執行對外片徵收資金協助國片的拍攝。監察院本月初對此提出調查報告，指新聞局電影處有失職之嫌，原因在此。在電視方面，政府要求無線自製 70%，有線是 20%，但因是總體寬鬆規範，未就個別頻道、黃金時段與自製金額占頻道總營收比率等作細部要求，以致效果雖有，卻嫌薄弱之外，自製節目（如 call-in 等等）的成本低廉，節目也就打秋風、惹事生端有餘，很難外銷。

　　因此，環顧各國視聽政策，再沒有台灣這麼聽任資本自由化的地方。我們現在擔心的不是台灣的視聽保護主義抬頭，而是這樣的措施幾乎不存在，呼籲補強的聲音太微弱。何況，在電影被好萊塢盤踞的現實前提下，要求戲院播放本國片是否叫作保護，不無疑問。南韓電影人員說，他們堅持銀幕配額的政策，不是要求保護，而是反對好萊塢的壟斷。不同國家採取了各異的視聽政策，成效是有差別，如經過十多年的努力，南韓電影尚能占有其電影票房近40%，台灣片只占本地戲院票房0.4%，孰優孰劣應很清楚。台灣現階段是沒有立刻實行銀幕配額等政策的可能，但恐怕再沒有任何國家對於自由化而得到這種下場，猶能兀自不以為意，或甚至還認為台灣不夠自由。

　　再來是電視問題。鄭文提及墨西哥的Televisa、巴西的TV Globo分別在西語與葡語市場領有風騷，但別忘了，這兩台並不是什麼自由化的產物。它們正是兩國政府長期羽翼下的市場壟斷者，並且兩國本來就是西、葡語最大國，本錢之雄厚，如同中國之於華語電視市場（1998年中國是世界第三大文化產品輸出國，1990年尚排不上前五名）。香港經濟也許是一般認定的自由化受益者，但港府對電視的結構（不是內容）規範，其實遠比台灣有效，如全港只特許一個有線系統、衛視最初數年不能使用粵語，港府藉此屏障香港自己的無線台（TVB）等，至今TVB的市場占有率仍然超過70%，因此足以主導市場並作較合理及長期的投資。台、華視產權與經營權（目前還談不上經費與人才）的公共化，再於適當時候納入公視，分別播放與不播廣告取財源，談不上理想，但確實如鄭文所說，根本就是很「保守」地遷就本地早已「自由」氾濫，以致資本亦蒙受其蔽的格局而已。

　　最後再攢奪幾句。未來公共化電視集團如果真能有成，不但不排斥全球化與華人影視圈，反而能更有效地以在地較好的節目，回饋所有華人，乃至於全人類，並且可以更有效率地整合資源，使數位媒介更公平地為眾所用。

（《中國時報》2000/12/20 第15版。原標題〈視聽政策　自由過了頭：外片長驅直入毫無阻攔……〉。）

荒誕、驚奇與希望：反省國片放映比例的修訂

《電影法》在台灣實施（1983年11月18日起）滿十八年前夕，首次完成修訂（2001年10月31日）。

說荒誕，因為《電影法》當中威力最大、具有反好萊塢壟斷潛能的條文，也就是第11條（戲院應按新聞局規定的比率，映演國片），以及第40條（對外片徵收國片輔導金），在幾乎從來沒有實施的情況下，就已廢除。生而不養、不育，生而只為了殺害，食嬰而活，荒誕。

說驚奇，因為歷史情境接近台灣的南韓，電影法早在1962年即已制行。反觀台灣，遲至1972年才有教育部文化局擬法，卻遭行政院擱置，再等到沙榮峰等人遊說，新聞局研擬並完成立法，已是1983年。受孕晚於南韓十年，從懷胎至出世又相距十一載，臍足去手卻又不見猶豫，兩週即已斷肢，早先林洋等人為范巽綠與朱惠良等立委翻修的政策內容建言，蒸發消失，不見蹤跡，驚奇。

說希望，因為有第5條之1的增訂。30日協商會時，新聞局原本概括化的5條之1，在業界為主的要求下，有了比較具體的內涵，反映了台商與美商，固然同為商人，仍有很大差別。新增的5條之1說：「因外國電影之進口，致我國電影事業受到嚴重損害，或有受到損害之虞時，中央主管機關應採取救助措施：一、設置國片輔導金。二、成立國片院線給予補助，或設定映演比例。三、商訂電影片『映演業』與電影片『發行業』合理之分帳比例。四、研訂發展電影工業相關措施。五、其他可促進及維護電影事業發展的措施。」

增訂的進程非常快速。10月17日立法院教育等聯席審查接受了新聞局、經建會與國貿局的意見，廢除兩條文，加入新聞局版的5條之1。18日《中國時報》出現這則新聞，19日該報「時論廣場」短文指責電影處，20日電影處重複18日它對記者的說法，24日盧非易敦請陳儒修對電影處二度批評的短文，再告刊登。接著，吳宛郁及郭力昕串連，促使導演協會理事長朱延平在29日又有文章，戲言電影處既然無為，何不廢處？當日中午，立委二次協商之前，學界先入內非正式向官員陳述，後有業界放言，於是王麗萍立委要求新聞局於30

日召開緊急協調，由局長、處長主持，朱惠良、丁守中、林重謨、李慶安等立委出席，業界十數人激動陳詞，學界一人參與討論，協商會議歷經兩小時。31日，趕在立委返鄉助選、WTO部長會議召開（11月9至13日）前夕，官員與立法委員聯手通過了《電影法》在內的十數種法律。

　　第5條之1的制定及第11條與40條廢除的過程，頗有值得記錄與反省的地方。

　　先談記者。幸虧有人報導，否則外界無從反應，結果也就很可能只是廢兩條而無增訂，有荒誕、驚奇而無希望。但記者有聞照錄，變相成為電影處傳聲筒，複製了不利於台灣電影發展的意識形態，又顯然有虧。兩條不廢，台灣照樣可以進入WTO，這是文化免議，記者若能代表輿論，追問官員為何不挺住原則，再好不過。再者，兩條所述，不是「保護」國片，是「反壟斷」。語言具有效能，可以增加或減低訴求的正當性。「保護」國片之說，讓人聯想到國片效率欠缺，正當性不足。「反壟斷」則讓相同的政策，產生了反對好萊塢壟斷的意涵，比較容易得到支持。如果未來的記者新聞與評論，遣詞用字能夠改變，將是正確之舉，也是台灣電影業之福。

　　次談政府。台灣急於進入WTO，形勢比人強，無須再責。歷史責任的歸屬，後人可再評斷，如今是往者已矣，追蹤來者才是重點。新聞局副局長李雪津在29日立院二次協商時，私下表示，由於台灣電影已不能再壞，第5條之1在入關後就可啟動。蘇正平局長在30日時，似乎也有類似表達。當日，與會人士亦另建言，即便屈就一步，承認電影業亦有國民待遇可言，第40條也只須調整一個字就可實施，原條文說對「外」片徵收國片輔導金，不妨改成對「電影」片，亦即所有電影片無分台外，一體適用。蘇局長的回應是，入關優先，先不使課題複雜化，言下之意是作法不無可取，但研擬及實施時程，可在入關後另議。假使對所有電影片徵收電影製作基金，則不宜每片齊頭課徵特定額度的規費，而應考慮（同時）採取以票房作為依據，如此則票房紀錄要能即時取得並核實。電影處的價值，在於積極任事，可以設計誘因（國片輔導金如今全部取自政府總預算，以後可取

自電影本身,因此,現在可挪用部分輔導金,乃至於設置國片院線的經費,作此用途)及行政罰則,蘿蔔棍棒齊下,敦促戲院業者據實申報資料,並使資料透明,台北市似已較無困難,其他地區自應逐步納進。等到這部分工作推動有年,無虞中斷之後,電影處何不參照累進稅制的精神,依據票房高低而不是電影國籍,制定不同比率的課徵水平?比如,票房X萬以下免徵、+500萬以下百分之Y、X+1000萬以上百分之Z等等,立法技術不難,前舉林洋等人為范、朱等立委擬就的電影法草案,可作參考。至於戲院映演國片比例,不能急躁,但也不可原地不動,它必須與發行及製片能力大約同步前進,這部分就得有業界合作。

所以,業界認知與意願相當重要。在商言商,較難指責,在台為台,人情之常。因此,5條之1要求設置國片輔導金、國片院線或規定國片映演比例,其中映演比例不是戲院業者主動提出的,但由於是「或」之後的規範,也就沒有反對。然而,戲院業者最在意的部分,也是5條之1要求主管機關出面協助拆帳比例的商訂,效果難以期待,若能成功,長期是否能夠持續,還是啟人疑竇。

蔡松林當日會談慷慨言辭,指政府出面整合業界,在台灣有其必要,確實中肯,但政府似乎也理解好萊塢四大業者的能量(派人坐鎮立委之協商),如此則主管單位夾於兩端,能有多大迴旋空間,較不樂觀。因此,除了據5條之1的要求,寄望於政府協商之外,業界本身是否願意先「犧牲」,一種以小換大的「犧牲」,更是關鍵因素。台灣的電影票價,名列舉世最高之林,林洋引 *Screen Digest* 的調查,顯示在台灣看相同的電影,分別支付多於香港與新加坡票價約6%與40%(不說這兩個地方的國民所得兩倍於台灣),部分原因正是票房分帳比例,發行的美商豪取豪奪,經營戲院映演的台商無力回擊,只好以較高票價,將失之於美商的金錢,轉從觀眾口中掏出。眾所周知,台商無力反抗,又在於除了好萊塢影片以外,其他影片的來源難以穩定供應。

若要逐步讓其他電影較能穩定進入台灣,從而使拆帳比例合理化,衡諸其他國家的前例,約有四種模式。一是電影業自己有垂直整

合的能力（如日本，香港可能也是）。再者是需要映演比例的強化（如南韓）。第三是電影各環節（戲院至電視、影帶影碟等）的有機連鎖規範（如法國），以此予以補強。最後是蔡松林提及的中國，由於電影戲院與發行至今大多仍為其國有產業，而好萊塢也認為放長線可以釣大魚，因此同意明顯有利中方的拆帳比例。電影業界如今的困境正是四種模式都不存在於台灣。一與四在台灣尤其困難，二與三則在5條之1已經蘊涵，業界若能與官方協商，不難找出有效反對好萊塢壟斷的雙贏平衡點。

　　電影是娛樂、是美學的欣賞、是品味的涵養、是創作者的才情展現、是變化社會的勞動產品，電影也是產業。台灣已經進入WTO，行政部門（包括經建會、國貿局與新聞局）不再能夠宣稱5條之1不能實施。台灣電影業從製片、發行到映演，還能比現在更糟多少？既然跌到谷底，按照邏輯，往上緩慢爬行的空間與機會，比往下繼續滑落，來得多些、大些。關心電影的人，有說是已經心灰意冷，但其實我們也還沒有付出太多力氣為改進台灣電影表現而集體努力，何不齊集，分階段，長期溝通記者、政府與業界，形成有效互動網絡，變化台灣電影的體質與氣質。

（《電影欣賞》雙月刊第109期2001/10，頁8-9。原標題〈荒誕、驚奇與希望：電影修法場邊筆記與反省〉。）

國片放映比例　未來可以實施

　　今日《中國時報》指出，週二（2001年10月16日）立法院聯席審查會刪除了《電影法》第11條及第40條，不再對戲院映演國片的比例有所規定，也不再對外片徵收國片輔導金。

　　電影處長說，過去十六年來，這兩條規定都沒有實施，因此廢除之後，對於台灣電影市場並無影響。

　　表面上，這個說法很對，撤除這兩條具有積極振興國片潛能的規範，是不可能再有不良的影響，因為從1995年至今，國片幾乎已經全部消失，所占票房，百不及一。國片再壞、再繼續沉淪，也已經探底，沒有下陷的餘地。因此，修不修法，又有何相干？

　　但既然不相干，又何必大費周章修法呢？電影處為了掩飾這種不合邏輯的作為，搬出奇怪的理由，說這是避免入關之後，台灣為了這些不曾實施的具文，招惹「不自由不開放的惡名」。但台灣本來就已經是全世界最開放、最自由的地方，因此電影95%由好萊塢囊括，舉世所無。再說，從GATT到WTO，從來就說，經濟之外，電影片具有特殊的文化及政治面向，各國可自行決斷政策內涵。

　　電影處的說法是誤導的。正因為從來沒有實施以上兩條規範，以致台灣電影製片業即將消失，不能說先前未曾實施，如今乾脆取消。過去十多年來，電影處的國片輔導金是失敗的、以公部門預算鼓勵戲院放映國片也是失敗的。造成這個局面業界也有責任，不能說完全是政策不足所導致，畢竟，從來也沒有足以讓製片業快速回升的辦法。

　　但是，戲院映演國片比例及向電影徵收製片基金，證諸南韓等地的經驗，仍然具有強大潛力，是非常重要的電影政策工具，現在的電影處不用，或許有其難處，但電影處越俎代庖、自斷手腳，將使後人在時機成熟，需要援用這些手段時，又得花費不必要的、難度很高的修法功夫，才能加以補回。因此，電影處之舉，明顯不明智至極，敬請立法院亡羊補牢，匡濟行政官員之失，院會時恢復原條文。

（《中國時報》2001/10/19第15版。原標題是〈國片輔導政策不應廢除〉。）

美國領銜　要廢文化免議

　　（2006年5月）6日，「文化多元國際網絡」發出緊急信件，指在美國領銜下，共有六個會員向世貿組織提出了議案，要求各國撤守，不

能再以視聽政策，促進影視的多元表現。若提案通過，美國為主的影視貿易出口大國，從此更能長驅直入，攻陷更多國家的更多視聽市場。

除美國外，加入提案的香港，由於本身也是影視出口的大城市，從中亦能得利。但台灣何以跟著搖旗吶喊？太荒唐、不可思議。

一是經建會3日剛發布統計，指台灣的文化貿易逆差，已經從2002年的16.1億，高漲至2004年的149.5億，也就是三年間暴增八倍多，其中電影與電視作品占了四分之三。是因為台灣已經太開放，再怎麼開放也就只是這個淒慘的境遇，因此自暴自棄，乾脆充當美國的馬前卒，為好萊塢衝鋒陷陣？

二是去年10月，聯合國教科文組織才通過研議數年的《保護和促進文化表現形式多樣性公約》，鼓勵各國以更細緻更有效的手段（包括補助各國視聽生產、流通與映演；也包括對外國視聽產品設定配額限制），協助本地的影視文化之產製。自己有作品，才能對外交流，而不是不成比例地，片面成為接受國。台灣政府整天聲稱，要重新加入國際社會，要符合世界潮流，何以悍然不顧教科文組織代表的全球趨勢，非得無條件緊抱美國大腿？人必自辱而後人侮之，政府的影視作為，不早就預見了我們的總統近日所遭受的待遇？

三是影視的配額管制，如同韓國文化多元聯盟所說，不是要限縮競爭，反而是讓本國產品與強勢廠商（如好萊塢）的不平等競爭，稍能減少。因此，配額是促進競爭的必要手段。今年初，前新聞局長姚文智說，得就黃金時段的進口電視之數量，另作檢討；上週，返台訪問的李安說，我們看外國劇（近幾年是以韓劇為大宗）是不是太多了？他也說，「不要讓韓劇霸占我們的螢光幕」，這不是排外，僅只是要人不忘本。

如果報載無誤，蘇揆不是作秀，而是真正全程傾聽李安講演，也做了筆記，就請行政院檢討，進而提出對策。最低，即刻退出美國領銜的六國聯盟；其後，真正推出長期規畫，為復甦台灣影視產業生機早作準備。

（《聯合報》2006/5/8 A15版。原標題〈忘本政府　當好萊塢馬前卒〉。）

票房透明化　拉拔電影製片業

　　上週四（2016年7月14日）文化部長鄭麗君與電影人會談後，「決心落實票房透明化」。這就是說，直到現在，台灣一年到底有多少人次看什麼電影，總計票房有多少，還是不完全清楚。

　　相關統計者無計可施，只好將已經電腦化計算的台北市票房，乘以二、三或約略的數字，當作是全台票房。個別電影則命運有別，好萊塢大廠控制的鴨霸大片可以吃香喝辣，獨立片商或國人自製的電影，吃鱉居多。

　　由於統計失準，原已偏向大型發行片商的票房分配，對於製片業者的不公正，為之加劇，最嚴重的情況是戲院「偷票房」，致使拍片者損失重大。去年有戲院業者吹哨子，挺身糾正這種現象，竟「遭黑道圍毆」。

　　另外，有不少國家抽取票房作為電影基金，假使票房失準，基金的規模就要縮水。比如，除3.3%營業稅，中國大陸另以票房5%作為電影基金。兩年多年前的報導說，對岸「偷票房」的比例在10-40%之間，上週則稱是10-20%，若以最低的10%計算，去年電影相關的公共投資，損失就有2.25億人民幣。

　　據陳清偉說，香港從1968年開始創建，至1971年起，「港產電影票房總算有完整的數據」。如果真是如此，那麼，這個成績是怎麼完成的，應該值得兩岸關心電影市場秩序的人學習並弄個清楚。與此同時，電影票房的黑箱也是機會，可以讓我們先行釐清認知，然後設法提高公權力的效能。

　　首先，如果香港及其他相仿社會（國家）的例子是真的，那麼電影票房的透明是不是需要公權力介入，就成為問題。反過來說，假使香港不需要公權力費心，就能準確得知，香港票房得以透明的條件，確實不存在於台灣。確認之後，我們別無選擇，一定要請政府介入。很多關心電影的人批評台灣存在「點數戲院」，片商與戲院依據事先約定的方式，而不是以票房作為分帳比例，這是一種前現代的現象。前述說法曾以《看見台灣》為例，指全台有電腦連線的戲院有2億票

房，拆帳後片商拿8,000萬，但該片在所有點數戲院，僅得600萬。

　　真的是這樣嗎？沒有調查就沒有發言權，政府及業界應該廣泛與深入調查這是特例（如同小投資的電影而賺大錢），或者是常態？哪類戲院是強勢而濫用市場地位，除了這種濫用或貪婪，還有哪些原因使得業界不依票房分帳而要事先約定，這種約定對製片者是否一定不利？事先約定與事後分帳，可以並存還是相互衝突？

　　其次，南韓建立票房電腦連線統計的作法，台灣是不是能夠延用，或予以轉化？阿里郎在1996年7月施行新法，規定所有戲院必須放映一百四十四天韓片，但加入全國電腦網路計票系統者，可以減少二十天。台灣的製片業有歷史沉疴，無法照辦，但南韓的作法顯然值得參考。

　　再者，電腦連線之外，若要減少偷票，可能得禁止戲院將戲票與其他產品（如戲院食品、套票⋯⋯）搭售，且查票資源的投入不能少。對岸的「華誼兄弟」據說一年投入超過千萬人民幣，華夏電影發行公司與中影集團在2009年大陸開始建設電腦計票系統時，在全中國有超過一千一百五十六位全職的監票人員。

　　最後，票房透明與電影製片榮枯沒有必然關係。香港似乎早就有了準確票房，如前所說，但2004年以前香港片壓過好萊塢，港片低則五成，高則占有超過八成的全港電影票房，惟2005（含）年之後，香港加上與大陸合製的電影也「僅」有二至三成。

（《人間福報》2016/7/18 第 5 版）

電影基金　戲院票房要提撥

　　立法委員眼見國片在金馬獎得獎少，要求文化部三個月內提出影視振興方案。但，假使文化部審視各國經驗，參酌並採行個中已執行多年，也證明迄有成效的振興作法，立法院能夠共襄盛舉，盡好本

分，通過相關政策所需要的法律條文嗎？

　　先說法國。賈克朗（Jack Lang）是法國近半世紀以來，最受敬重、歡迎也最有成績的文化部長。他把已有基礎的法國電視與電影之財政關係，更加鞏固與推前。先前，法國各戲院票房要提撥11％作為影視基金，賈克朗引入電視頻道的5.5%收入（不是盈餘）。這些安排讓影視真正有匯流的效果，不同的映演平台與管道的榮枯相倚，完成自體循環，少假外求。

　　南韓沒有做得這麼澈底，但也從票房提取總資助之半，另半則取自公務預算，支持其國片的金額一年也在20億上下，強大的公營KBS、MBC及唯一私有的SBS對於電影投資，也不卻步。此外，阿里郎還有一招，亦即法國不再強調，但也曾做過的銀幕配額設計。這是指，即便在2007年因好萊塢壓力而減半，南韓戲院一年至少還是必須播放韓片七十二日。中國大陸自綁手腳，限縮其創作人發揮的空間，但在財政上，除了從電影票房及電視收入取得資金支持其國片，北京也設定配額保障自己的影視作品。中南海的影視政策成效不惡，但一年仍有三、四百部，也就是大約三分之二片量，無法在戲院上映。這裡，對岸設置放映國片為主的電視頻道，倒也可以讓這些作品得到奧援，不入戲院，但仍有播放管道。

　　立法院若真心督促，文化部也能不辱使命，那麼，何妨考慮對所有電視公司的電影頻道，以及所有的戲院票房課徵特定比例的金額。再加上其他設計，以及一些公務預算，那麼錢源有了，穩定了，我們的電影人就有了支持。長期執行，還會沒有鼓舞人心、招來票房的表現嗎？

（《中國時報》2012/11/28 A14版。原標題〈救國片　票房提撥基金〉。）

電影基金　發行商應該貢獻

文化部長龍應台說，擬修法將戲院繳納國庫的五趴營業稅，改為專款專用，作為電影基金收入之一。新聞傳出後，群情嘩然，反對者多於贊成者。

但是，支持國片天經地義，好萊塢所在的美國也是這樣。假使要支持，錢從哪裡來，就得計較。目前，政府從稅收提撥一年3億支持國片，但如立委蔣乃辛所說，這是不夠的。因此，新的財源哪裡來？既然電影事業每健全一分，電影人的受益更直接，那麼電影人宜加入貢獻。

國人全體貢獻者，除補助金，若再加上稅賦減免，一定超過3億。電影人應該貢獻多少？不好說。有低標、有高標。可先採低標，比照國人已有的貢獻。誰是電影人，觀眾之外，就是「生產者」（導演、編劇、演員等）、「發行業」與「映演業」（戲院）。

觀眾現階段應該貢獻嗎？立委鄭麗君的資料顯示，台灣電影票價比港韓高一成五至兩成五，若再考慮國民所得，那麼國人看戲的錢比港韓高兩到四成，也比美國多145%左右。這樣說來，現階段確實不宜再讓觀眾掏腰包。

製片部分，國片產業近年固然有進展，距離產業所需榮景仍有距離，可先略過，也可將低票房電影提撥的五趴電影捐返還戲院。再來是戲院與發行業，聽說台灣戲院所得之票房比例，或其他計價方式，遠低於國際行情，亦即發行商可能多取；既然如此，發行商理當回流全部或部分至台灣電影基金。文化部理當聯合相關部會，調查這些資料，有效推動政策。

文化部五趴電影票捐，額度不高，國人及立委應支持。再者，既然票價已高，且國人一年支持國片3億以上，那麼，大家聯手要求，受惠於電影最多的發行與戲院部門，回吐部分超額利潤，低則3億，6億也不為過，是好事一件。

未來，若要採取高標支持電影，那麼，比照海外成例，就可考慮對電影頻道與相關消費器材課捐。

　　「電影基金惹議」是好事，乏人問津無法成事，文化部不可輕言「不會堅持」，反而應該再加力道，調查事實，敦促發行商與映演業為電影文化齊心盡力、激勵傳媒發揮輿論監督功能，呼籲立委支持並排除廠商可能出現的不當政治壓力。

（《聯合報》2013/10/20 A15版）

修《電影法》　文化部要注意配額與補助

　　中央社說，行政院通過文化部的〈電影法翻修（後）　龍應台想放鞭炮〉。但假使修《電影法》是要振興台灣的電影製片能量與資源，龍部長鞭炮放得太早，還有很多事情遠比現在已修正的條文還要重要，卻依舊不見蹤跡。

　　這次修法，蕭規曹隨的是拍攝國片的稅賦減免。這項減免2004年開始執行，今年期滿，新法擬給予延長。新增的一項是，外片到台拍攝可以減免營業稅，以及映演業必須建置電腦票房統計。

　　如實統計票房是任何現代國家當有的統計業務之一，現在才開始建置，不說歐美，我們猶晚於近鄰南韓與對岸。外片來台可以歡迎，也許能讓相關人得到一些歷練，但要注意，這些歷練及循此所得之技術，不一定能配合我們的需要，特別是若海外片商屬於高資本與高技術，並非我們的產業規模體質所能適應，那麼這樣的培訓機會並非現階段的必要。何況，如台北市議員陳彥伯的質詢，我們理當深自警惕。他說，台北市近年以6,000多萬補助電影，包括七部國片與一部外語片《露西》（*Lucy*），但單是這部外片，就得3,000萬，卻「只拍個一〇一」。

　　要而言之，統計票房與外片減稅這兩項「創舉」，與國片榮枯大致無關。

　　繼之，拍攝國片減稅賦能有多少「利多」恐有疑問，進入製片部

門的資源絕對無法穩定成長。這是因為拍攝國片基本上對於創作者（公司）是賠錢的事情，減免可以讓某些出資者少些損失，但要說能為此鼓勵資金進入，成效甚微。2008年因《海角七號》，國片十多年低迷僅存1-3%的票房，當年總算「攀升」到12%，但其後兩年平均再次低於5%，過去三年高於14%，且集中在少數大片，就反映了這個實況。

要進一步減少拍攝國片的風險，對不起，就在台灣從來不曾執行，目前也沒有客觀實力執行，因此文化部與電影人不以為意的「銀幕配額」制，這是1948年就在GATT第4條明訂，可以由貿易當事國執行的要求。1983年台灣首次制訂《電影法》，其第11條說，「電影片映演業，應依中央主管機關規定之比率，映演國產電影片。」但我中央從不制訂，到了第一次修法（2001年）乾脆逕自廢除，僅在外界呼籲下，留了「因外國電影片之進口，致我國電影事業受到嚴重損害，或有受到嚴重損害之虞時」，得考慮「設定國片映演比率」。這次讓龍部長「想放鞭炮」的修法，以「嚴重損害」的「舉證困難」為由，把這個卑微至極從未落實的八個字，乾脆當作盲腸割除了事。

那麼難以舉證嗎？一個規模有兩千多萬人口、人均所得在兩萬美元以上的國家，二十餘年的電影票房平均有超過九成以上，且大多數是好萊塢電影所盤踞的事實，還有認證的困難？

近年來大家都說韓流，但韓流起自電影而後電視與其他文化形式，關鍵就在銀幕配額！南韓1960年代起就有映演韓片的法規，但形同具文，到了1993年韓片票房僅存16%（注意，仍比台灣高很多），激起電影人結合社會強力監督，該規定得以開始有效執行，次年起票房立刻翻回20%，然後一路上挺至今。

我們不是南韓，現階段無法用銀幕配額，但留著何妨？文化部不要再想放鞭炮了，千言萬語還有很多該想該做的事情，我們都還欠缺，但不妨就以紀蔚然教授的一句話，作為思考的起點：「救贖國片的起點，別無他處，即在沒救的台灣電視。」

（《人間福報》2014/6/2第5版。原標題〈文化部修電影法　不及格〉。）

南韓電影的世界意義

除了在台灣仍然吃香，去年好萊塢電影在許多亞洲國家都吃了癟。不但日本有動畫片擊敗《鐵達尼號》的紀錄，泰國的歷史劇《素里育泰》（*Suriyothai*）的票房也創歷史新高，比《鐵達尼號》的兩倍還要多。

但最驚人的還是南韓，十大賣座電影竟有八部是韓片，全年的票房則應該將近或超過一半是本國電影。不但商業片大有斬獲，第二大城的「釜山影展」在國際間的聲望也日漸隆盛，歐洲另有影評人對南韓新銳導演、年方三十的宋一坤，讚譽有加，聲稱他所拍攝的《花之島嶼》是少數能夠改變人們對於電影感覺的一部電影，可以比擬蘇聯導演塔可夫斯基（Andrei Tarkovsky）的《犧牲》（*The Sacrifice*），或說可與波蘭導演奇士勞斯基（Krzysztof Kieslowski）紅白藍三部曲的《紅》並駕齊驅。

在榮景之後，是存在一些陰影。電影製作費節節高升是其一。1995年時，平均一部韓片的總製作費是10億韓圜（行銷占10%），到了去年已飆漲到了33億（行銷占了27.5%）。阿里郎的影星及行銷費用的增加走向，顯然重複了好萊塢的覆轍，但卻沒有美國所擁有的龐大腹地、周邊產品及海外營收作為挹注。學習好萊塢的結果，最後可能也無法免俗，將養大了本國觀眾的胃口及觀影習慣，假使韓片無法長期支撐，現在的成績也等於是替未來的美片培養市場，假使能夠長期如此，又等於是韓式的好萊塢電影大行其道，不免讓人覺得可惜。

第二，去年韓片的突飛猛進，使得本國片所占市場比例，一年之間快速地從前年的35%左右，躍登到了50%的龍門，反而可能讓韓片賴以取得這個成績的最重要制度手段，也就是南韓電影法的反（好萊塢）壟斷條款「銀幕配額」，出現岌岌可危的局面。

根據這個條款，南韓電影院每年必須放映一○六至一四六天的國片。由於有此規定，南韓片等於確保了一定的市場，製片資金也因為有一定的市場而願意進場。但無論是金泳三或金大中政府，同樣都在美國雙邊投資協定的不斷施壓之下，早就想遵照美方要求，撤銷配額

規範。如1999年，外交部就曾主動向美國示好，表示願意調降映演韓國片額度至六十天，當時如果沒有電影人強力反彈，這個犧牲電影權益的作法很可能早就過關。

但山姆大叔不可能就此鬆手。於是，今年本條款是否將面臨撤守或向下修訂的命運，從而提早結束南韓電影界的陽春榮景，是應該注意觀察之事。畢竟，囊括半數票房的成績來得太快，捍衛這個手段最力的多元影像文化聯盟（每年，半官方的南韓電影振興委員會提供約800萬新台幣，給予協助），既然先前曾允諾若韓片超過40%票房，則配額高低可再計議，那麼雙方重新坐上談判桌時，一時之間或許將要詞窮，從而難以招架之苦。

總之，至今為止，南韓的配額措施，戰績彪炳，這與英、法、拉丁美洲及亞洲等地許多國家，也都曾經實施的相同作法，卻缺乏可觀成效以致形同虛設而最後只好撤銷的情況，不能同日而語。以此觀之，南韓電影界的成敗不是南韓一個國家的事，它的意義超過了一地的局限，這也就構成了好萊塢必然假借其「小國務院」稱號的遊說力量，壓迫金大中讓步的最重要原因。[1]

（香港《明報》2002/1/21）

1　2023/12/4補充：南韓電影人至今強調「銀幕配額」的意義，如該國最受尊敬、導演超過百部電影，藝術成就崇高的林權澤說：「如果沒有銀幕配額，韓國電影會怎麼樣呢？肯定不會有今天的繁榮……」但南韓內外仍有少數人否認，尤其昆人在海外教研的 Jimmyn Parc，國人沈榮欽也是。他們的失誤在於，銀幕配額在南韓電影產業成熟之後是不再重要，但原因正好與他們所說相反，先有在幼稚（infant）產業的階段（1993年的韓片占票房比例跌至谷底的15.9%），電影人為主的人發起運動，使過去政府未曾嚴格執行的配額制得以落實，再配合相關條件，才有數年之後，先是電影不僅回春而且取得重要成績，而後才是電視劇再到音樂的韓流，Parc等人說配額無用，違反歷史事實。大約從2016年起，南韓電影人批評配額造就了大商業片大明星，但不從俗的藝文與小眾電影，未能得到合理呵護，他們因此開始推動「藝文影片」的配額制度。

救贖國片

走出好萊塢支配的出路

翻譯了書，不依慣例另寫文字，似有不可。因此，以下分作三段落，交代譯書的緣起，次作簡評，最後略談走出好萊塢支配的出路。

緣起

開始翻譯這本書之前，一位記者適巧來電，探詢南韓電影的種種。她先好奇地問，「你任教新聞系，怎麼談電影？」第二個問題是，稍後我發表在《台灣社會研究季刊》的〈反支配〉一文，有關南韓電影的資料，是不是該國政府提供的。

我頓時有不耐煩的感覺，也就草草數語，然後逕自告訴這位記者朋友，表示相關的答案，連同其他國家的電影材料，都已蒐集在一份報告裡。筆者並建議，為了翔實，她不妨前往藏有該報告的國家電影資料館，翻出查閱即可。沒有料到她的反應是，「嗯，影資是另一位同事的線。」

當下，我有錯愕的感覺。現在，不免有些「後悔」。台灣的影視新聞對好萊塢的執迷度，剛好與好萊塢對台灣電影的支配水平，呈現正面相關。這樣一來，影視新聞竟已成為某種「普同」的價值表達，似乎跨越年齡、地域、性別與教育水平，廣為瀏覽。相較於他國，本國影劇新聞許多年來「吃軟不吃硬」的表現，更加地明顯，是好萊塢免費且更加有效的行銷管道。

既然如此，有記者有此意願，想要走硬的路線報導南韓電影何以

有成，我怎麼就捨棄了好生合作的機會呢？如同影劇新聞有待調整，我對類似情境的反應也有很大的改進空間。現在先譯本書作為改革的起始。

簡評本書

根據美國電影藝術學院2003年的調查統計，除了少數當紅大明星之外，好萊塢99%的從業人員，從跑龍套的臨時演員，再到缺乏觀眾魅力的二流影星，僅能過著三餐勉強溫飽的日子。[2]

情勢如此，美國演員工會主席、女明星梅莉莎·吉勃特（Melissa Gilbert）也預計在2003年7月開始的新談判之前，先行與同病相憐的美國廣播電視演員工會（American Federation of Television and Radio Artists, AFTRA）嘗試合併，藉此增加勞方與資方的協商籌碼。[3]

這般的格局，集詭異與尋常於一身。

說詭異，是因為對內而言，好萊塢賴以繁榮的二極分化之基礎，竟然已經到了「一將功成萬骨枯」的地步。對外而言，很多國家的電影事業不免備受壓迫（台灣應該是舉世受損害最嚴重的地方）。

說尋常，因為它內在於資本主義的生產模式，無論是以前的福特

2　2024/7/1按：美國作家工會（Writers Guild of America）1.1萬人在2023年5月罷工，代表好萊塢16萬演員的SAG-AFTRA工會則在7月中旬加入。這是美國影視產業六十三年以來，首次兩家工會聯合罷工，也是好萊塢歷次罷工最大的規模。根據美國勞工局統計，影視演員在2022年時薪是22.73美元，但演藝工作時有時無，因此，扣稅之後，SAG-AFTRA會員僅有12.7%之年收入高於2,647萬美元，而美國2021年人均所得是7.025萬美元。至於知名演員，如「巨石」強森（Dwayne "The Rock" Johnson），在2022年收入是2.7億美元（稅前）；阿湯哥（Tom Cruise）單是拍攝《捍衛戰士：獨行俠》（Top Gun: Maverick, 2022）就得到1億美元。迪士尼CEO艾格（Bob Iger）的薪資與紅利等等加總後，一年可能3,100萬美元。網飛的兩位CEO薩蘭多斯（Ted Sarandos）與彼特斯（Greg Peters）在2022年則分別有5,000萬與2,800萬美元年收入。編劇與演員工會分別與資方達成協議後，在同年9月27日與11月9日結束罷工。

3　中央社記者褚盧生2003年6月29日發自洛杉磯的特稿。

或近十餘年的所謂後福特彈性生產，勞方對受制於資本的感受看來並無差別。早在近半世紀前的一本小冊子，鼎鼎大名的反社會主義經濟學家米塞斯（Luawig von Mises）就已經注意到，由於工作條件與螢幕的光鮮生活落差太大，於是造成了好萊塢的一般工作人員，存在著一種「反資本主義的心境」。

出版於2001年的兩本英文著作，可說是佳構成雙，對於好萊塢都提出了絕佳的解剖，特別是本書，作者將好萊塢勞資的衝突，放在「文化勞動的新國際分工」（New International Division of Cultural Labour, NICL）架構中，觀察之、分析之。

NICL的提法，主要是抨擊新古典經濟主義者的立論（國家干涉愈少愈好），但可能也有修正、「挽回」文化帝國主義汙名的用意。

前者認為，美國市場廣大、消費力足，國內飽和後，自然向外擴張，走向他國，是自由貿易、比較利益原則運作的結果，而在這過程中，好萊塢的美國色彩也逐漸減褪，於是電影消費日趨全球化。在科技日新月異下，地理疆域已不復具有意義，國家職能更是不能、也不應該，也無法有效規範科技在社會中的運行。科技衝破了威權管制，帶來了自由與更多的選擇。

後者則從歷史切入，強調資本主義的生產體制，愈來愈與政治過程須臾相連。因此它提醒，美國電影占有外國市場，機緣起自本世紀的兩次世界大戰，先使歐洲電影衰退，後有美國政府對好萊塢影業之協助。這個協助又分作內外兩種。對內是美國聯邦及州政府的賦稅等優待手段，對外則是，具有「小國務院」之稱的好萊塢，歷來都能透過美國外交手段，對他國施加壓力（最近的例子是，強行將獨厚超級財團的美國著作權加諸外人）。各國政府面對影視這種兼具經濟、政治與文化面向的產業時，大多介入干預，從而引發美國與他國之糾紛、遊說與反遊說，從1947年起運作的GATT、一直到北美自由貿易區的協定，再到1993年底的WTO協議，都有所謂的「文化免議」之爭論。

本書則通過NICL這個概念，解釋文化勞動的分化、勞動過程的全球化、好萊塢協調文化勞動市場的手段，以及好萊塢捍衛它對文化

勞動市場的控制能耐。作者也以此解釋了歐洲各國政府的跨國合資合製政策，起於對抗，但最後卻往往變成與好萊塢共謀的原因（當然，若要跳脫這個限制，政策方向的內涵為何，作者亦有置語）。李亞梅分析了《臥虎藏龍》在台灣引發的短暫熱情想像，雖然沒有使用NICL這個術語，其實已經看到了相同的邏輯。[4]好萊塢透過對發行的控制，遇新科技而發，假借行銷的利器，加上智慧財產權的羽翼，又有美國從國務院至民意代表供其驅使。另有一些國家，如台灣，不但政策少有抗拒之意，其導演至技術的勞務人力也經常主動投合，甚至求寵。是以，好萊塢屹立於分工最上層，逞其調兵遣將之能，先入歐洲、如今伸手港台中韓等地，並不饜足。

就這個意義來說，好萊塢「是」全球的。透過全球著作權、促銷與發行體系，好萊塢盡量壓低成本（雖然其每片平均製作與行銷費已超出8,000萬美元！），收入則拉至最高。它在每一個國家，販售它自己琳琅滿目的貨色。作者的呼籲很動人，「如果要使世界電影與電視更具有代表性、更為兼容並蓄……我們必須……對抗新國際的文化分工，並構思、想像出路，為我們自己的文化勞動者，也為我們在世界各地的兄弟姊妹文化勞動者，開創更為健康的工作條件與可能空間。」見此字句，台灣的電影工作者與觀眾，是毫無感應、黯然神傷，或願意設法攘臂奮起？

相對於國內大多數電影書籍，多屬美學、作者、文本之論，本書博採政治經濟學與文化研究，從生產、發行、映演、行銷、著作權到觀眾，涵蓋頗廣，這對豐富中文的電影論述之內涵，格外具有意義。作者又似乎借用或翻轉「閱聽人商品」的提法，另行提出了某種消費（觀影）的勞動價值論，並以此為理由，要求著作權的規範，必須更能注重觀影者而非企業集團的權益，相當具有啟發意義。若說缺點或

4　李亞梅，2002，〈從《臥虎藏龍》看國際合製路線的迷思〉，《中華民國九十一年電影年鑑》，頁28-38，台北市：國家電影資料館。哥倫比亞公司從《臥虎藏龍》得厚利之後，再拿出了500萬美元，投資陳國富拍攝《雙瞳》、香港導演元奎的《夕陽天使》、大陸導演馮小剛的《大腕》，以及何平的《天地英雄》。

缺憾，則是作者對於香港與南韓這兩個好萊塢還無法完全掌控的地方，敘述與討論得很少。[5]

出路

今（2003）年入秋之後，阿姆斯特丹將有三天（9月25至27日）會期的研討，主題是「權利要取回，文化要多元，產業要規範」（Reclaiming the right to regulate for cultural diversity）。

這是一次頗具特色的研討會。既有濃厚的學術意圖，也有深刻的實踐想像。它事關當代的文化政治，但根源於1960年代的國際政治之騷動。

二戰之後，前殖民國家紛紛獨立，至1960年代並有了不結盟的運動。這些國家先從政治與經濟層面，展開對核心國家的對抗。到了1970年代末，側重文化面向的訴求，也就是「資訊與傳播新世界秩序」（New World Information and Communication Order）這項運動進場了。

不多久，美國在先、英國隨後，雙雙在1985年退出聯合國教科文組織。兩國的退出，標誌新古典經濟自由主義意識形態的升高，近代第一波的國際文化重建運動，聲浪隨而退潮。1986年，「關稅暨貿易總協定」長達八年的大談判也開始試圖將自由貿易的原則，延伸進入服務業。

1993年底，在法國為首，歐盟各國不得不背書之下，美國無法如意，不能將視聽等文化事業列入談判的議定書。其後，美國及其支持者繼續透過雙邊或區域的談判，要求更多國家開放更多的文化市場，作為「自由」貿易的範疇。另一方面，擔心全然從經濟考量出發的自由貿易原則，將使得文化多元為之萎縮的國家，也沒有停止結盟，他們沒有停止行動，而是繼續想方設法，要求公權力介入文化市

5　參見馮建三（2002）〈反支配：南韓對抗好萊塢壟斷的個案研究，1958-2001〉，《台灣社會研究季刊》47: 1-32。馮建三（2003）〈香港電影工業的中國背景：以台灣為對照〉《中外文學》，32:87-111。

場的結構規範（產權、賦稅、市場占有率等），以求確保文化多樣性的措施，能夠在更多的國度執行。

雙方的角力場所，除了各自雙邊或區域談判之外，另外也包括更大的國際場合。其中在世界貿易組織進行的部分，備受矚目。最近一回合的談判已從2003年初起，假多哈（Doha）舉行，為期兩年，將至2005年結束。另一個戰場則是聯合國教科文組織，以法國及加拿大為首，他們希望將遵循生物多樣性的原則，也把「文化多樣性公約」（*Convention on Cultural Diversity*）的倡導，納入教科文組織的議程。

在非政府組織方面，2001年11月，來自亞非拉美的跨洲社團也成立了「傳播權平台」（Platform for Communication Rights）的推廣運動，企圖順勢而起，在聯合國於2003及2005年底所召開的「資訊社會高峰會議」（World Summit on Information Society），推進有關廣化及深化「傳播權」的認知及政策。

以上的呼籲及其所要對抗的主張，都以追求文化的多樣與豐富為名，祭出了對峙的方案。以美國好萊塢作為利益主體的一方認定，即便流行文化以美語產品為主，即便發行、融資等主宰機制大致由大廠寡占，文化成品仍可「自由」貿易。與之對立的另一方則強調，文化成品的交換如果動機在於競爭利潤，而且是為私人占有，反倒容易形成當前的局面，以電影來說，這就致使好萊塢窒息更多多樣式產品的出頭機會。

怎麼辦呢？

首先可提倡協作而不是競爭的倫理。這不但不是高論，並且在生態惡化、人類疲於奔命的當代，業已引發了許多的共鳴，如準備於、寫於自由主義經濟學最為猖獗的1990年代之《競爭的極限》一書，有了眾多的翻譯本。該書提出了嚴肅的警語，清楚昭然：再「自由」競爭下去，人類終將毀滅。作者提出了包括「文化契約」的四大努力範疇，籲求人們以「團結互助取代霸權」。

就電影文化來說，這個協作的倫理呼籲更屬必要。畢竟，環顧各種嚴肅或流行文化的產品，又有哪一種能夠取得好萊塢這般的絕對霸權地位？

　　循此觀察，台灣的政治人物也不一定落後法國。今年5月16日在立法院的一場座談，立法委員林濁水有驚人之語。他當眾直言，表示各國的電影業之「敵人，很明確，是好萊塢」。他的意思是，好萊塢席捲了大多數地方的電影票房及影視產品的市場，任何想要透過跨國合製的途徑，以求活絡本地電影製片能力的作法，注定無效，它只能讓好萊塢繼續吸血而肥，它等於是縱容好萊塢隨時把我們合則用，不合則丟，與好萊塢合製的人，等於是其傭兵或馬前卒，領薪餉而為好萊塢攻占更多的城、掠奪更多的地。

　　如果引伸林濁水的意思，那麼，互助的倫理在現代科技的襄贊下，就更有落實的機會。我們不妨這麼想像，假使各國依照製片能力，彼此協商訂約，提供若干部自己評定為最有看頭的電影，組成開放著作權的電影聯盟。這樣一來，假設有五十個國家加入，每年有三百部電影可供無償放映，則各國的電影口味不但為此而有了趨向多元的機會，並且在每年有穩定片源的前提下，將要挫傷好萊塢的發行優勢，於是好萊塢得以支配大多數國家電影市場的情況，就會改觀。

（原標題是〈譯序〉。收於 Miller, Toby, Nitin Govil, John Mcmurria and Richard Maxwell〔2001／馮建三譯2003〕。《全球好萊塢》，頁 V-Xiii，台北市：巨流。）

從《臥虎藏龍》談到電視與電影改革

　　《臥虎藏龍》得到了美國奧斯卡最佳外語片獎，這不是新聞。新奇的是，原本理當一清二楚的事實，還是一團霧水。比如，這部電影的資金來源之組成仍然眾說紛紜，各家報導都有出入。

　　再來，新奇之處，不在於它在兩岸三地引發的效應，各不相同（大陸與香港冷淡）。新奇的是，台灣三家綜合報紙大肆揄揚與報導之餘，卻又彼此冷嘲熱諷與各取所需。《聯合報》說美國人冷淡了李安，沒有安排他於後台接受訪問，《中國時報》說這個講法是鬼扯，

根本沒有搞懂奧斯卡頒獎典禮的運作實況。另一方面，《聯合》與《中時》異報同調，曾在相同一天，刊登大篇社論，指《臥虎藏龍》獲獎是「中國」電影史上值得大書特書之舉，《自由時報》則在頭版說，這是「台灣」電影史最光榮的一頁。

　　更新奇的是，在許多國家，若有《臥虎藏龍》這樣的電影，輿論界通常會熱炒一陣，藉此機會大談「振興國片」的論述與想像云云，無論是1933年英國的《亨利八世》或前年義大利的《美麗人生》，乃至於最近南韓的《魚》、泰國的《幽魂娜娜》，都不免在當地出現這個傾向。惟在台灣，固然有社論提及，但其想像卻曇花一現，難以為繼。這種冷靜的表現，既是可取，也不無可惜之處。可取，是因為想在國際或區域市場，模仿好萊塢以求爭勝，本來就是幻想，無須浪擲力氣去討論或鑽研。可惜，在於《臥虎藏龍》畢竟帶來很大的刺激，如果好好轉化，仍然可以在好萊塢的大製作大行銷模式之外，尋覓不同的電影製播方向。

　　所幸，就在《臥虎藏龍》獲獎的消息確立之後不久，也就是在清明假期時分，新聞局委託政大與師大團隊的研究案，建議已經出爐。該研究案針對政府擁有最大股份的台視與華視之改革模型，提出了分析與具體建議，其中也討論了電視與電影的關係。

　　精要言之，該研究認為，如果政府將手中的兩台股份全部賣出，那麼，台灣的電視生態將走向美國模式，也就是幾乎全盤淪落至私人的無秩序之競爭。這樣一來，不但台灣的電視文化無法翻身，並且在「經濟」層面，這個模式又將與美國有大量影視節目之出超，截然不同。這是因為，台灣的電視公司林立、規模狹小，節目來源若不取低廉的製作，就是直接進口，這必然使得台灣將進口更多節目　目前已經大量入超的電視貿易，日後會更擴張，台灣真正會形成「無我」的狀態。這個狀態也許會隨著小型公司的兼併而改變，但也許不會，而又由於小資本的韌性堅強，私集團電視的兼併在相對之下，會比該研究案所建議的下述模型，來得緩慢。

　　這份報告建議，政府可以透過公權力的運作，促進公集團電視的出現，亦即結合現有的內湖公共電視台，以及轉型以後的台視與華

視，使成為一個公集團底下三個以上的電視頻道。作此調整之後，公集團的財政來源與目前並沒有不同，也就是內湖公視還是依靠政府預算，不播廣告，但台視與華視還是必須播放廣告，並且必須從中自給自足，不能從政府取得營運資金。這樣一來，對於現存電視品味的挑戰，不會明顯。不過，另一方面，公集團若能成立並運作，也會在一些層面產生較大的示範作用，原因是這三家公司的規模經濟可以擴大，人力等資源可以更合理化運用，並對觀眾提供更多更好的服務，其中一個可能增加的服務，就是由此集團提撥穩定的、長期進行的資金與管道，作為（電視）電影的拍攝與播放之用。

　　電影與電視的合作關係，如今已經非常明顯，電影先在院線上映，然後依序進入付費電視頻道、影帶影碟及無線電視等等，早成慣例。推動二者融合的力量，在美國是好萊塢大廠為了追求本身利益的行為，美國政府反而曾經試圖阻擾。香港似乎也曾經出現類似現象。據邁克爾‧柯廷（Michael Curtin）的說法，在1970年代中期之後，邵氏公司漸往電視發展，最後並取代利孝和家族成為TVB最大股東；與此同時，港府因擔心邵氏力量太大，於是以政策迫使邵氏退出電影製片業。

　　在美國與香港之外，相反，電影與電視的有機結合，反而是在政府電視政策的導引之下，得到了發展的機會。英國的「第四頻道」從1983年投資於電影，人所共知，但比起歐陸的法德義等國，其實英國起步晚了十多年，規模亦略有不如。法國是最明顯的例子，扣除Canal+這個電影付費頻道與其他取自影帶等等資金，單是五家無線電視頻道在1999年就透過合製與預購等方式，投入了5億5千7百萬法朗（約28億新台幣），支持了八十八部電影的拍攝，平均一部電影從電視得到630萬法郎（1999年，一部法國電影平均花費2,560萬法郎）。中國大陸也從1996年元旦起，開播中央台電影頻道，並取中央台與省電視台稅後收入的3%為製片基金。

　　台灣同時擁有電影與電視資源的是國民黨及年代公司，其中前者資源之垂直整合更見可觀，不但掌握了電影的製片、發行、映演與沖印公司，也有無線與衛星電視頻道。但它們投資於電影的製播，時斷

時續，並不穩定，特別是在台灣自製電影的能量低疲，市場占有率低到了1%以下的當前，這兩家私集團更是裹足不前。

正是在這樣的背景，公集團電視的成立，適可彌補這樣的缺失，帶頭示範，為未來以政策相繩電視與電影的良好互動關係，奠定基礎。不妨低標準地想像，以2%（低於大陸的3%）的公集團收入作為協拍電影之用，則一年最低可以得到1億台幣。這是很少的金額，但若再配合已經實施十多年的國片輔導金，以及（台灣與外地）私部門資金，那麼，確保一年開拍四十部以上的電影，理當不是奢想。又由於這樣的投資是經常的、可預期的，其效果又是具有積累性的，並且拍攝完成的電影又至少可確保在公集團的電視頻道放映，於是帶給電影化妝、音樂、布景、工程、技術、編劇、演員、導演、製片等等各種工作人員的培訓機會與鼓舞，乃至於觀眾欣賞習慣之養成，將要遠遠大於投資金額所顯現的廣度與深度。

南韓去（2000）年拍攝了五十六部電影，占有本國票房的36%，這是在大約七年之間取得的成績。台灣電影業透過公集團電視的示範，並沒有辦法學樣而達成這個目標。但改革是漸進的，如果方向正確，是有可能號召更多的人心投入，牽動新的變革政策與動能，如果公集團電視能夠成軍，那麼，在歷經七年的運作之後，台灣的電視與電影生態，相較當今，改善至少是會很可觀的。

（《廣告雜誌》2001/5，頁16-7。）

救贖國片的起點　就在沒救的台灣電視

各個國家的政府，只要像樣，都很支持電影，雖然動機不同，模式有別。山姆大叔自成一格，好萊塢老闆的公會號稱「小國務院」，擅長遊說，美國政府因此用力施壓各國，使其電影市場門戶洞開。1993年底，WTO成立前，中央情報局在經貿談判最後階段，派出幹

員偵測情資，戲劇化十足。如今，好萊塢有半數以上收入，取自海外市場！

美國電影市場舉世第一，戲院罕見外片，幾乎全部播放本國電影，何以需要對外開疆闢土？一是人心不足蛇吞象，賺錢有衝動，不賺白不賺，資本競爭的動力、效率與滲透，實在可怕。一是色屬是虛，內荏是實，二者一體。美國大片模式業已失敗，日甚一日，各種影音內容、平台與終端設備爆炸，人的時間卻無法增加，致使高風險的電影險象環生，好萊塢八十多年來虧損最大的十部電影，竟有七部在本世紀出品，赤字合計 9.27972 億美元，折合四十多部《賽德克·巴萊》的成本！

好萊塢的生產模式「迫使」自己不得不走向帝國之路，挾國務院之淫威而進軍境外，竟然只是為了自保！但好萊塢的自保，代價卻由他國承擔，許多國家的電影製片事業，嗚呼哀哉，國片近幾年略有斬獲，但好萊塢仍然囊括台灣電影市場八成以上。

就此來說，美國政府對於電影的支持屬於攻擊型。與此對比，其他國家是防衛，可以再分作英國、法國與南韓三類，成效有別。

1980 年代柴契爾夫人當道，英國相繼廢除國片輔導金，以及隨戲票課徵電影基金的制度，到了 1993 年，英片跌到谷底，僅存 3% 市場份額，卻有 94% 歸屬好萊塢！但是，英國畢竟仍有強大公共電視體制，還能提供起碼的資金，讓電影人拍攝電視劇或電視電影，影視最低工作量總算得以維持。其後，英政府日轉積極，透過稅賦減免及新輔導金，加上原本支持電影不遺餘力的公視體制，英片開始復興。1997 年，英片占有票房 26%，但回升並不穩定，次年隨即跌回 12%，一直到本世紀，新工黨站穩腳步、多種方案齊整推進迄今，因此十餘年來英片大致都能超過 20%（最高是 31%），只有兩年例外。

但英語通美語，好萊塢常想利用倫敦作為進軍歐陸的跳板。反之，英人也常幻想自己與美國有特殊關係，雙方合拍因此相當多，導致好萊塢占有約翰牛電影市場少則三分之二，多則超過八成。這樣一來，英國人的觀影經驗流於狹隘，美英電影之外，他國電影若要與英人見面，戲院無門，只有電影頻道！

　　法國與英國有同有異。英法與南韓支持電影全方位，不只羽翼製
片，發行、映演展覽、電影人才培訓（從劇本寫作、演員訓練、技術
養成、電影檔案文物、行政歷練與進出口等等），均在其中。資源雖
以首都為主，卻也遍及各地區。製片補助除有商業考量，另立美學與
實驗等等標準，二者金額在2：1至4：1之間浮動。

　　英法的差異則很明顯。如〈表6〉所示，英國輔助電影的財源以
公務預算為主（以2010年來說，1億多美元），電視雖然提供，卻不
是依法，而是由兩家公視BBC與C4自主提撥（3千多萬美元）。反觀
法國，公務預算全不給付，但卻立法要求，所有電視機構不分公立私
有，一律必須提撥5.5%收入充作部分電影基金；另對戲票課徵所得，
兩項合計將近7億美元。法國作法的長處是電影基金穩定，隨電視與
戲院收入增減，不會因為政府預算多寡或政治人物好惡而變化。這個
制度從1980年代以來執行至今，取得優於英國的成績。比如，法國
片票房從1989年以來，都在35%左右，只有兩年略低於30%，倒有
三年接近45%。再者，好萊塢被「壓制」在五至六成，法蘭西觀眾在
法、美片之外，仍得10-20%空間，前往戲院觀賞更多國家的電影。

表6　韓法英支持電影方式及其成效（不含稅賦減免），2010年

	支持方式					支持成效 國片占電影 票房%
	正向：補助（億美元）及其來源				逆向	
	政府	電視	戲院票房	其他	銀幕配額	
南韓	0.2457	缺資料	0.2457	不詳	2007年新制	46.5
法國	0	5.3797	1.5459	0.4104	已取消	35.7
英國	1.1786	0.3432	已取消	0.8915	已取消	24.0

　　最後是南韓的故事，〈表6〉顯示高麗棒子績效最佳，假使指標
是國片占有票房的比例。2010年阿里郎的國片占有率是46.5%（聽說
2011年是52%），電視對於電影的支持，仍以KBS與MBC兩大公廣
集團為主。KBS與MBC在南韓電視市場的分量，遠遠超過英國的

BBC與C4，因此，兩大對電影所發揮的護衛與提升作用，按理還要更大。惟最值得注意的是，南韓支持電影的資金，穩定度介乎英法之間，半取公務預算，半取票房，一年總額「只有」將近5千萬美元。這個折合「區區」15億的台幣，遠低於英法的額度，卻讓韓人搶下了50%的電影市場。

高麗棒子是怎麼做到的？英法所無，南韓獨有的「螢幕配額」，很可能是一項重要原因。原本，英法如同所有歐洲國家，以公平競爭、減少好萊塢壟斷為由，無不實施銀幕配額而限制美商的自由，藉此擴大本國電影人的空間。好萊塢的反制手段是在歐洲投資製片，這個措施加上其他原因，配額制逐漸失效，終至取消，中間歷經數十年。南韓1960年代就有配額制，但官方虛與委蛇，等到國片比例從49%（1969）滑落到41%（1983），再到1993年跌至「谷底」（15.9%）時，電影人驚醒而團結一致，以行動迫使政府認真執行，短暫數年間就回升到了49%（2001年），迄今仍可維持。

銀幕配額是制衡好萊塢壟斷，恢復競爭的一個重要機制，美商深知個中厲害，早從1990年代中後期起，就已持續透過美國政府，屢屢施壓青瓦台，一而再、再而三，威脅利誘、無所不用。為了今年生效的《美韓自由貿易協定》，南韓早從2007年起，就將戲院需以44%時間播放國片的比例，減半執行。那麼，南韓最後會步入英法後塵嗎？或者，補助本國電影之外，阿里郎仍將堅持銀幕配額，延緩或甚至逆反好萊塢的壟斷腳步？

（《新新聞》1302期2012/2/16，頁46-8。原標題〈師法南韓　公廣集團也能揮出強棒：救贖國片的起點，在沒救的台灣電視〉。）

補助電視劇　政府不能只用五億

即將卸任的國家通訊傳播委員會主委石世豪說，他反對「要求頻

道播放一定時間的台灣自製節目」，但「政府可以花錢從源頭讓業者拍攝好東西」。另外，文化部破天荒得到行政院支持，明年開始「將執行科技預算」。

有資料可以查詢的歐美日韓中港澳，其主流電視頻道播放的電視劇，70-80%都是本地自製；台灣很不國際化，是孤鳥，我們的電視劇五成以上播放的是別人的。

何以如此？海外這些國家，除美國與香港，有兩個法寶。一是這三十幾個國家的政府，確實從納稅人強制取財，花大錢拍好東西，並且數量夠多，因此他們的人往外看的比例低些。二是政府規定，要求一定比例電視（劇）要自己生產，歐盟近日甚至將規定從傳統電視，延伸到俗稱OTT的通路，要求20%自製（傳統電視是50%要歐製，但歐洲政府花錢夠多，實際比例往往比法規要求的還要高）。對岸則從前年起，要求所有網路串流的影音頻道，至少要70%中製，實際也是超過。

顯然，重點若是要讓國人有自己的「好東西」看，沒有道理偏聽偏取，雙管或多管齊下，古今都是一個道理。

要有合理規模的公部門投資，也要對本地影音等文化人才的工作機會與條件，提出合理的保證，特別是台灣更應如此；許多年來，我們政府代表人民的投資額度太小且分散。

文化部爭取到行政院同意，召開例行的文化會報，是一件好事。科技是展現文化的一種形式。電視等家電用品在台銷售一年就達成百上千億元，難道只是為了讓廠商購買海外節目，協助海外電視公司賺錢，就不能用來協助我們的電視機構撈金？不能讓我們的電視人才發揮文化才情？

匯流的年代，一定有部分時間用來看專業的影音產品。現在，應該檢討的是，明年行政院的千億科技預算中，僅由文化部執行5億多，夠嗎？這得思量。

（《聯合報》2016/7/29 A17版。原標題〈鼓勵自製節目　五億預算怎夠〉。）

投資電視劇　政府要集中資源

　　行政院昨日表示，年底前要推動計畫，打算透過製播電視（連續）劇，帶動我國的音像文化及其經濟活力。報載政府有意雙軌並行，除全額投入，行政院也願意補助民間，鼓勵企業投資電視劇。

　　政府所著重的經濟功能之外，合宜的電視劇是精神良伴，可以是有效及民主的機制，擁有相同收看經驗的人比較容易相互理解，從中產生休戚與共的群體情感。很顯然，所有人都樂觀其成，希望此議能夠落實。接下來是群策群力，敦促構想成真，這裡拋磚引玉，提出兩點建議。

　　「組織」是相當關鍵的生產要素，重要性不亞於資金。無論是完全投入，或局部補助，都必須確保有足資託付的組織來承接從製片、行銷與映演的工作。所以，誰來承接？行政院各部會不可能自己執行，是以政府全額投資的部分理當仿效韓日及歐盟國家的常態作法，委由成軍一年多、已經管理五個以上頻道的公共電視集團負責。當然，擴大年餘的公視仍有相應法規還得增訂，公視本身也另有其他問題必須改進，方向正確比速度重要，政府不妨齊頭並進，改進及投資公視的工作一起穩健推動。

　　其次，補助民間的電視劇投入由誰承接？政府過去的作法似乎以「招標」為主，惟經常表現為徒具形式的、程序的合法，卻耗費大量的逐次交易之成本，造成經驗傳承的困難與欠缺長遠續效。招標等於是將音像影視演藝人才當作兼任教師，但合理的影視製作如同教育機構，必須以專任教員為主，影視工作若經常朝不保夕，就必然使工作條件低落而影響表現。創設恆定且具有經濟規模的組織，才能使其僱用足夠的演藝人員安心投入於生產電視劇，從容演練及激發源源不絕的創意。

　　行政院不妨另立音像影視「基金」，出資人分作大、中、小三部分。有線電視系統業者、衛星與無線電視業者及其他新興電視形式（如IPTV或手機電視）的提撥份額是「大」，行政院的提撥份額是「中」，其他來源（含社會捐贈）是「小」。

目前，「大」的構成可能會以有線系統業者為主，但未來將隨市場情境變動而調整，假使將「大」這部分的年收入定為X，其中只有部分用於拍攝電視劇（X減N），則行政院的「中」投入額因為以電視劇為主，可以暫時設定為「大」的一部分（也就是X除Nn），「小」的投入額可以暫時不計。

但是業界何以願意投入？一是國際多有通例。二是有線及新興電視多屬特許經營，政府擁有適度的授證、電波資源及法規強制工具。三則政府可以提供誘因，讓業界樂意參加。

誘因大致有二。首先，政府的提撥額「中」投入可以併入基金，但其收益歸由業界享有。其次，開辦該基金必須立法，政府在此可有兩種創新。一是讓基金的管理更為民主，除業界及政府兩大出資單位配有多寡不一的管理席次，應該讓消費者及影視工作者各派代表，參與其間；再則是兩岸影視交流勢在必行，則如同對岸頻道至台落地必須得到其政府的特許，我們可以讓基金得到獨家權利，負責組織影視頻道至對岸落地與定頻等等。

（《聯合報》2008/7/26 A19版。原標題〈政府製播電視劇　誰來拍〉。）

錢是英雄膽──電視劇的財政省思

改編文學作品進入大小螢幕，由來已久，起自法國19世紀末的默片。二戰後的台灣，瓊瑤最為驚人，從1966年的《幾度夕陽紅》算起，其後三、四十年間，她的小說成為影視劇的數量，據說超過五十部。

台視在1970年將抗戰小說，轉成電視劇《藍與黑》。二十年後，台視有志，要「讓名著化為影像」，在1992年推出「作家系列」，改編十位作家的小說，每部（篇）播出四至五集，包括陳映真的同名小說《夜行貨車》。

　　到了本世紀，黃儀冠教授說，2010至2018年，至少有三十七部本地小說改編為電視劇。來自網路原生作品的電視劇，最少八部。其後至今，小說或散文轉至電視劇持續引人注目，《你的孩子不是你的孩子》、《俗女養成記》、《做工的人》之外，還有《天橋上的魔術師》與後文會再提及的《斯卡羅》，後兩部斥資都超過兩億元。

　　文字化成聲光影音，進入人之耳目，至少要有三類條件的配合。作品的價值、勞心者與勞力者的有效協力，以及，要有充足的財政資源，也就是錢。

　　錢是英雄膽。有錢，勇於嘗試的機會增加，交叉補貼的空間擴大。所有必須遷就市場經濟的創作，都是高風險，成功獲利豐厚，失利血本無歸；前者之得，用於挹注後者之失。這是重要法則，題材與品味穩定開拓、創作者的巧思構想得以發揮、閱聽眾的身心同步豐富，投資人的獲利有了保障。視聽組織坐擁足夠的金錢，才有能力轉化較多的文學作品，使成為影視劇，供人觀賞。

　　錢怎麼來？一是業界自籌。二是取之於民用之於民，政府向比較有錢的人（包括業界）取稅，轉用部分於影視劇補助。

　　本世紀（特別是解嚴）之前，大致是業界自籌。當時，我們只有台、中與華視（三台），曾任中視新聞部主任的張繼高說，三台占了台灣所有廣告的四成，以1991至1993年間為例，各台一年的平均盈餘約在15億。

　　不到十年，局勢逆轉。因為政府違背國際通例，對海外電視劇入台幾乎沒有限制，卻只箝制三台的經營效能，致使三台從2002年開始虧損，製作電視劇的資源日缺，工作機會減少而條件變壞，演藝人員上街抗議。四年後，新聞局終於醒悟，但責成各頻道增加製播本地影視劇之議，還沒出門，就遭不曉此事的各報痛斥，無疾而終。至2011年，所有電視頻道的黃金時段播出的本地電視劇（國語、閩南語及客語合計）僅存29.0%。見此，社會不能不驚嚇，政府無法裝聾作啞，補助影視劇的公務預算，於是從1.9億增加至次（2012）年的5億。三年後的2014年，本國電視劇的黃金時段占比拉「高」到38.8%。相比於歐美日韓乃至香港的八或九成以上，這個其實偏低的

比例往後略有上揚，但2019年又跌回34.3%。

　　過去兩年多，台灣新冠疫情相對穩定，本地電視劇的比例可能增加，但未必過半，即便過半，距離本地電視劇當有的規模，祈使更多文學作品進入螢幕，日日夜夜與民眾交流互動，涵育有味道有意義的人生，為期尚遠。

　　怎麼辦？錢不是萬能，但沒有錢，萬萬不能。試從「怎麼用錢」，以及「錢哪裡來」，勾勒幾筆。

　　首先，政府補助影視劇，天女散花或是寵愛一身，更能擴大投資的規模？近幾年來，幾乎所有較高收視率的電視劇，都有來自公部門的補助，包括《華燈初上》得到文化部2,800萬。然而，不多的年度補助金，往往偏向雨露均霑，迴避集中。但假使全數給年度預算遠低於國際水平的公廣集團，有沒有可能讓商業台為了競爭，增加對電視劇的投資？或者，集中投入公廣，反而使商業台不補助就不拍電視劇，使得電視劇的全國投資量降低？哪一種可能性高些，需要研究，不宜不研究，就一直採取天女散花模式。

　　假使集中補助公廣，政府可以修改2017年開始執行的規定，一方面提高自製內容的比例，他方面放寬自製的定義。比如，投資電視劇的經費占比，若是一、二或三成，就算自製，以此鼓勵小規模的公司合作。這些規範也要適用於串流平台。千萬別說做不到，歐盟已經執行多年，且從2018年將比例從兩成提高至三成，亦即串流公司在歐盟流通的影視內容，至少三成必須是歐洲作品。我們的規模沒有數億歐盟人口那麼大，但取法其原則，制訂本地的可行作法，並無窒礙。另一個當為之事，在於業界要聯合對外採購，英國有BBC，早就與收入更多的ITV等共同成立串流平台，我們從電視台至電信業者，都還彼此競爭多於合作，妥當嗎？

　　歐盟的另一個作法，涉及「錢哪裡來」，其法律讓各國決定是否要對傳統電視與串流業者在一般公司稅之外，另取影視特別捐。目前，從小國捷克到大國德法，至少有七國執行，我國市場比捷克等國大得多，沒有不能的理由。

　　另一個補助影視劇的必然來源，就是稅收。我國政府吝於向有錢

的人與大企業取稅，服務社會的水平因此相當低；沒有國防預算的香港稅收，都略高於我們。南韓在1990年代的經濟成長比台灣慢，稅收卻比台灣少。本世紀至2020年，倒了過來，南韓經濟成長比台灣快，稅收也多於台灣。這就是說，稅收高，以台韓過去三十年的例子看，不會減緩經濟成長，是促進！

　　政府假使不要替台積電等大廠減那麼多的稅，也能更公正取稅，每年多5千億至1兆稅收，並無困難。從中，政府每年以100億補助影視劇，輕而易舉。政府不為，不讓有錢的人貢獻稅收，為什麼？這是個謎。若電視劇發揮創意，就此提問，不是很美妙嗎？誰來提問，公廣集團當仁不讓。

　　公廣也得回應外界對《斯卡羅》的批評。有人說該劇是〈失敗的史詩與觀賞的痛苦〉，另有人扼腕該劇沒有「培養國人對歷史的驕傲感」。是嗎？日裔的藤井至津枝（傅琪貽）教授多年來研究原住民，她的博士論文說，漢人向原民租土地，顯示「漢人和台灣原住民經過兩百多年的接觸和鬥爭……建立……相輔相成的和睦關係……這（是）……互惠的經濟利益……兩者『共存』。」但《斯卡羅》另有所圖，無法呈現史實（或說觀點），沒有讓人在看戲的過程，浮現歉意、辛酸與安慰的思緒。

　　公廣會再拍電視劇，彰顯這些歷史過程嗎？日本回應美國叩關，從鎖國變成帝國、迫使大清「開山撫番」二十年後，日本人據台殖民。這就終結了牡丹事件之前，原漢曾經擁有的共生關係，日人入台，又將原漢土地占為己有。若有影視劇予以呈現，並反省二戰後漢人未能糾正這個過失至今，會是好事；既已懲前毖後，若再有影視戲劇，讓人浸淫在不僅共生，且要平等共生的願景之憧憬與實踐中，那就更好。

（《文訊》2022/5 第439期，頁41-3。）

電視劇與公共電視

好的電視劇人人愛看。但是，國人有好的電視劇可以看嗎？有，但是不多。假使我們暫時承認，收視率高的節目，就是好看的電視劇。那麼，台灣電視劇在東亞四國是敬陪末座的。

2011年9月，筆者曾經請田育志先生協助，蒐集台灣、中國大陸、日本與南韓電視節目的收視率資料。當時的發現是，以最高收視率的三個電視節目作為比較，最低的是台灣，平均值僅4.65%，中國大陸固然是台灣的兩倍，達9.97%，但比起日本與南韓，還是差了一截，桃太郎有14.04%，阿里郎是22.02%。同時，這些高收視率的節目沒有例外，都是電視劇。

電視劇不求說理，或說，是否說理並不重要，重要的是動之以情，讓人們在觀賞劇作時，隨著劇中人物與情節，心情迭宕起伏，產生了移情、認同與團結或否定的心緒，這正是哲學家羅狄（Richard Rorty）給我們的重要提醒。他說，人們若要產生休戚與共的感覺，理性不能少，思辯與討論都很重要。但是，同等重要，或說更為吃重的一環，是人之情感經驗。若是這樣看，我們對於大眾傳媒的期待，就不能僅只是敦促它扮演公共論壇的角色，我們還得說，若要「詳細描述陌生人和重新描述我們自己的過程」，其重要機制「不是理論，而是民俗學、記者的報導、漫畫書、紀錄片，尤其是小說、電影和電視節目」，它們「已經逐漸……取代佈道與論述，成為道德變遷與進步的主要媒介。」

台灣欠缺好的、有穩定且有合理高收視率的電視劇，已經有二十餘年，造成了什麼後果？立即的問題自然就是我們的藝文創作與演藝人員少了舞台，少了工作機會，我們的文化少了一個重要的演練與傳遞場所。1980年代的國人，對於我們的電視演員常能琅琅上口，現在還嗎？台產電視劇僅占四成多的台灣電視劇總播出時間，中日韓播出的電視劇，其本國的電視劇當在八成以上。台產電視劇僅占了總播出時間的三分之一，中日韓當在八成以上。更政治一些地看，台灣電視劇的質量假使如同日韓乃至於對岸那麼豐富，那麼，兩岸關係這

麼重要的題材，難道沒有更好的機會透過電視螢幕的虛構內容之展現，帶給國人更為具有歷史感的美學與政治體驗，遂能補充，乃至匡正黨政學的論述嗎？

　　日本與韓國何以擁有高於兩岸的電視劇收視率？在眾多重要的原因當中，有個假設應該不算離譜：日韓的電視市場結構比台灣更是呈現寡占的模式，但是，兩國的電視體制都有公共電視作為市場領導者，因此能使其電視劇在內的節目表現，不會因為寡占度高於台灣，致使其表現劣於台灣。反之，正是因為日韓公共電視投資在電視劇等節目的規模夠大，與其競爭的日韓私人電視也必須相應投資足夠規模的經費，製作電視劇等節目，若不如此，私人電視只能聽任與其競爭的公共電視因為投資大，自動坐擁收視率，堵塞了它們賺錢的機會。

　　在新媒介當道的年代，這個假設顯得更見真確，日韓的數字有待掌握，但歐洲等擁有大規模公共電視的國家，提供了經驗材料，可為佐證。就說英國，約翰牛近日因為脫歐公投而成為「眾矢之的」。「網飛」（Netflix）原本是影碟郵寄公司，近兩三年「蜚聲國際」，因為它進入影音串流生意，積極進軍海外一百餘國，其中，英國是其海外擁有最多觀眾的地方（訂戶五百萬），但即便如此，英國訂戶每天收看網飛的時間只有三十八分鐘，收看傳統電視的時間則達三點五小時，所謂「網飛世代」的年輕用戶，收看傳統電視也達兩小時一天。為何？因為這些歐洲國家製作電視劇的經費規模可觀，加上任何一國的人總是更有情感及實際需要來收看本國的節目！網飛當然知道這層道理，因此宣稱今年要花60億美元製作節目，包括花大錢生產歐洲的電視劇（第一部是 *Marseille*，號稱是法國的紙牌屋，但5月播放時，法國《世界報》給予的評語是「看了受罪」）。

　　台灣因為政治系統不用心，致使公視創立太晚（1998）、規模太小（加上華視、客家台，乃至於宏觀與原視，都不及日韓公視規模的數十分之一），至今無法讓公視扮演電視市場領導者的角色。近日，文化部長鄭麗君表示受到《公視法》的限制，不能常態增加公視預算，但「將以專案款項方式展現對公視的支持」。這個第一步值得肯定，接下來，既然鄭部長知道這是受制於《公視法》，那麼，立法後

將近二十年來未曾大修的《公視法》，除財政外，也有很多地方需要一併更新，文化部豈不應該將更新《公視法》列為最重要的短期施政重點之一？

在修法之前，另有一事輕而易舉，鄭部長若能為之，多少就能改善台灣電視劇的面貌：文化部一年若有2億元補助電視劇，請集中使用，交給公共電視執行，不要再天女散花，無須補助商業電視台。若能如此，公視一定也只能是對外委製，不可能自製，對於第一線電視劇工作人才的工作機會與資源並沒有減少；但公視執行後，目前已經有口碑的各種電視劇，從年度較大型的製作，至人生劇展或學生劇展，就會有更多集次而不會再三重播，因此可望培育更多忠誠觀眾；最後，不增加電視劇投資的商業電視台，其部分觀眾就會流向公視，為了賺錢，這類電視台就有較多機會增加投資，於是本地萎縮已久的電視劇製作空間，就能稍有增長。

（兩岸公評網2016/7/1）

《囧男孩》與《海角七號》

驚聞國民黨近日違法，提名數位立委以「社會公正人士」身分出任公共電視缺額董事的提名人選。訝異的原因有二，一是立委固然有部分民意基礎，但是否為《公視法》第13條所定的「公正人士」，恐怕立委自己都會理不直氣不壯，國民黨已有百年歷史，難道還會不知道這個名詞在社會已經有約定俗成的內涵？至少不能是廟堂之士。

立委直接審議公視董事人選並無不可，但前提得先修法，如今國民黨不此之圖，適足以暴露執政不分姓國姓民，都有漠視、輕蔑或玩權的傾向乃至於宿疾，致使視聽混淆、社會蒙塵，行進無端受阻。

二是董事補提名與否，並不是現階段「公共廣播電視集團」的必要之舉，執意補充，也許只能暴露政府不願意尊重體制之嫌？公集團

未來兩年，也就是董事會全面改選前的最重要工作，就是需要執政黨提出其願景與相應的法規、制度、組織與財務規畫，包括前述《公視法》第13條乃至於更多條文是否需要調整。近一個半月，《海角七號》創下十年來台片最佳票房紀錄，讓人振奮。但如何讓這個好成績能夠綿延積累而不是曇花一現，國人及政府都會很關心。執政黨必須就此盡心。

如何盡心？這裡就涉及國際通例，卻不見於台灣的制度設計：透過公共電視的影音作品拍攝，讓影視（包括電視人才）得到穩定且頻次合適的鍛鍊機會。無論是歐陸、英國，或是近鄰的日韓，莫不如此，美國與香港這兩個公視不發達但私人影視集團龐大的地方，也是電視與電影交融。

台灣的私人公司是否仿效美港，公共政策比較不能著力，惟對於公視集團，執政黨理當關注，讓其擴大，有效經營。《囧男孩》是一部優秀的電影，它與《海角七號》同台並進，也有很不錯的票房紀錄，又以「七位數」賣給日本，其公視NHK即將擇期在東瀛播放。更重要的是，該片導演楊雅喆在完成這部作品前十多年，拍攝過許多（含公視出資在內的）連續劇、單元劇與紀錄片。楊導演說，「電視的成本低，訓練機會多。」一語道出電視對電影的貢獻與意義。

執政黨不應該急於短期興替公視的人事，何況是未必於法有據。執政黨應該有的抱負與擔當是在未來一兩年內，就公廣集團與電影在內的音像內容產業的良性聯繫，做好研究、溝通、說明、制度創建、人才尋覓及部署與立法的工作。

（《自由時報》2008/10/8 A13 版）

開拍歷史劇三十九集　有請侯孝賢、王小棣

文化部與公廣集團的領頭羊公共電視基金會，前幾個月做了一件

好事，如果執行，對台灣歷史與影音產業，可望有重要貢獻。挖掘這起新聞的是《壹週刊》，但其後的演變出乎意料，成了《聯合報》10月1日的二版頭標所說，〈文化部長洪孟啟遞辭呈遭退回〉，回應了前一天週刊橫跨兩頁的標題，〈文化部拿公帑輔選〉。

所以，怎麼一回事？事情分作兩塊。一塊證實是子虛烏有，但得到大幅關注，淹沒了更為重要，顯示文化部與公視並非毫無作為的另一塊。

未曾發生，但被誣陷與凸顯的是，文化部為求預算過關，編列預算給七位執政黨文教委員會立委，一人250萬配額。

確有其事的則是，關注社會、歷史與影音產業的人，都希望文化部與公共電視的抱負得以成真：公視提案，文化部向國發會申請10億、科技部30億（或者，兩者總額是30億，資訊不清），要從2016至2019等四年，拍攝「以台灣近代史為背景的4K超高畫質歷史連續劇」兩部三十九集。

近年來，關於台灣的影音產業與歷史劇，讓人眼神為之一亮的新聞不多，或者幾乎沒有。現在，難得出現文化部與公視有此行動，外界理當關注與監督，使其執行順利而不會出軌，若是僅願負面看待，未免錯失良機。事實上，週刊對計畫的批評，另從玉成其事的立場觀之，反而是正確之舉。

批評的人說，原計畫僅一年，怎麼現在變成四年？國人歷來信任與尊敬的導演只是口頭同意，還沒簽約，計畫書怎麼就將其人的名號用上？

不過，多年來，我們的電視，特別是以成本低些、賺錢多些為目標的電視台，大毛病之一，不正是無法計畫，或計畫走短線嗎？好的電視劇，特別是注定會引起重視與爭論，從而需要更多時間溝通與磨合的歷史劇，難道不需要穩定的工作環境嗎？四年不長，轉眼即逝。真要拖延，新人上任，因事務陌生，使其蹉跎而最後胎死腹中，並非不可能。

反之，若計畫與執行偏失，新人仍然可以中途調整或喊停。這裡，計畫書所提的侯孝賢、王小棣、李崗、王童等導演，能夠輕易遭

致摸頭，不以自己的認知及專業尊嚴與能力，盡力執行本案嗎？口頭得其同意，已是一諾千金，文化部與公視竟會敢於不知主政者將有不同，恣意利用具有公信力的文化人嗎？

文化部的缺失不是支持公視，不是提出歷史電視劇的計畫，缺失另在他方，有三。

一是這類計畫沒有能夠更早提出。其次，與錢有關；文化部未將對公廣集團的支持常態化。依法，文化部早就可以增列預算，提示政務目標、鼓勵與補助華視在內的公廣集團，強化華視的戲劇與綜藝表現。與此同時，文化部若要補助在商言商的電視台，或許應該將審核權委任給公廣集團，或者，規定接受補助的影視節目給予公廣集團的電視首映權，或首映後，一段期間內有若干次無償放映的權利，藉此才能善用公帑，回報國人。

最後，文化部未曾使用不強調科技的方式，在行政院總預算內爭取，反而要向科技低頭，找上科技發展基金。不過，與其說這是文化部的錯，不如說這是台灣的宿疾窠臼之一部分，文化部無法以一己之力予以矯正。畢竟，重點是透過合適的歷史劇，孕育及反哺國人，是4K、「一般的高畫質」或「一般畫質」，不能說沒有差異，但有那麼重要嗎？

（《人間福報》2015/10/9第6版。原標題〈公視若拍歷史劇39集　是好事〉。）

回顧與遙想台灣電影十年　逆來順受與力爭上游

最近十年，或者，應該說是台灣電影有史以來，最重要的影音文物已在去（2013）年出土。

台南藝術大學音像所師生進入苗栗，在老戲院翻箱倒櫃，找到了傳頌多年、但蹤跡全無的《薛平貴與王寶釧》膠卷。該片是國產第一部三十五釐米電影，廣受喜愛，因此製作完成並播映的1956年，一

舉將國片（在台北市）票房推上高峰，占所有電影票房達26.01%（包括少部分港片）；那個時節，歐洲與日本加起來也有28.45%，好萊塢「只有」55.54%。比起現在，國人的觀影經驗還算相對「均勻」。

算票房　說電影

《薛》片可能開啟了風潮，尾隨其後，1957至1963年，台北市最賣座的三十部電影票房當中，台（港）片增加到了32.8%，美片「退」到44%。一直到1980年代，港台聯手大致還能頂住一小片藍天，占有三分之一票房，雖然這個階段的歐片與日片，在台灣的電影市場份額幾乎遭致好萊塢侵蝕殆盡。帝國總是分而治之，美國電影先行逐退台灣的歐日派，接下來對付頑強的港片，最後就能甕中捉鱉，台片的下場就是任其宰割。

如果我們只計算台片，《薛》片之後數年，台片票房比例大致還能取得兩成左右的成績，其後已呈下滑趨勢，如〈表7〉數字所示。1980年代，這個比例降至12.11%，1990年代是個位數，2.35%。到了本世紀，再探谷底，2000至2007等八年，平均票房跌成1.96%。2008年（含）起，情勢「好轉」，卻是宛若煙火、徒然絢爛一時，接下來的2009與2010兩年，電影人又經歷了暴起暴落的洗禮，合計2008至2013年的台片平均票房占有率是11.0%，低於三十多年前的數字。同時，造成港片、台片潰敗的好萊塢觀影人數並未減少，而是蹲下後立即強勁反彈。2008年，僅此一回，好萊塢在台北的票房減少到了20億台幣，但2009與2010很快就都超過26億，逼近美片在台有史以來的最高紀錄（1999年的27億），2011至2013年更是再創佳績，每年都超過30億。

顯然，2008至2013年的台灣票房並沒有回春，只是乍暖，冷風寒流還在四周呼嘯，纖細身軀不但兀自顫抖，台片的票房結構更加頭重腳輕。2008年，《海角七號》占了國片票房的75.45%，加入第二與第三名的《囧男孩》與《功夫灌籃》，前三大占了86.3%。2009與2010年，台片票房僅占個位數，略過不計。2011年，《賽德克‧巴

萊》（上下）占有台片票房46.3%，若再併入異軍突起的《那一年，我們追的女孩》與《雞排英雄》，前三大或四大據有所有國產電影票房的79.3%。2012年「稍低」，三大賣座片《陣頭》、《愛》與《痞子英雄首部曲》合計是50.6%。2013年的《大尾鱸鰻》、《總舖師》與《看見台灣》加總是61.19%。拍攝商業電影而特別是大片的高風險性質，在好萊塢是透過對發行系統的控制，加上高額行銷（經常是平均製片費之半，也就是10億台幣！）試圖舒緩，但仍然無法排除大片效應（虧損巨大，卻又經常一片盈餘沖抵數片虧損）。惟即便如此，好萊塢的票房集中病態，比起台灣只是小巫：2011年，北美三大最賣座片的票房合計是10.14億美元，約占好萊塢北美總票房102億的10%。

表7　台、港（陸）暨美（外）片占台北市首輪戲院票房統計（%），1980-2013

	1980-89	1990-99	2000-07	2008	2009	2010	2011	2012	2013	2008-13
台片	12.11	2.35	1.96	12.09	2.13	7.31	18.65	11.90	13.96	11.00
港（陸）	22.52	18.59	3.21	6.98	2.26	5.33	2.63	4.22	3.47	4.15
美（外）	65.37	79.08	95.22	80.93	95.61	87.36	78.71	83.98	82.75	84.85

　　票房數據實在枯燥。不過，索然無味、冷冰冰的乾澀統計是解析意義的基礎。

政府補助太少　財源僵化

　　可能因為1980年代的台灣國片票房下滑明顯，也可能因為1989年《悲情城市》的效應，國府總算從1990年起，開始創設國片輔導金，只是規模小得可笑：補助區區四部電影，總額1,200萬，其後增加，但至1996與1997年，各年僅得1億，補助十七與十部。再來更

見減少，政院對林洋在1999年以激情寫就、材料扎實的《電影工業生死一令間》，沒有絲毫感應，2002年乾脆僅只提供4,900萬、補助五部。2003是十四部8,600萬，2004有七部6,300萬，2005達二十二部1.3億，2006是十二部9,000萬，2007是十一部5,900萬，2008是十三部7,650萬。到了2009年，由於前一年的《海角七號》如同海潮般捲動，票房戲劇化暴增，國片輔導金首度攀登，「高達」2億三十四部，次年減為三十一部1.19億。同樣是2009年，眼見美歐颳起金融核子爆炸，行政院小規模回返凱因斯經濟路線，提出「振興經濟擴大公共建設投資計畫」；其中，第六項就是名稱好聽，但構想與執行常見誤導，且至今並未改善的「文化創意產業」，內裡，再有「電影產業發展計畫」，2010至2014共五年的實際補助經費是3.58、3.31、2.92、3.6與4.3億台幣（原定額度約是前列數字的四倍）。

有人戲稱，指輔導金是愈輔愈倒。這是氣話，當真不得。除其執行過程必有的爭議，輔導金的真正問題，有三。

一是「額度太低」（不說歐洲與中國動輒以百億計，南韓一年約合15億台幣）。二是「來源僵化」，僅取政府預算，未仿效國際通則，沒有從電視與戲院等等來源取財（後文另述）。以上兩個缺點，歸根究柢是第三個問題，這是台灣電影積弱不振的致命要害：行政院怠惰電影事業，只有兵來將擋、水來土掩的應急，因此必然只能是短期的措施，下場是，頭痛醫不了頭，腳痛治不了腳。不曾研擬政策的具體證據是，《電影法》制訂將近三十年，即便電影科技翻天倒海變化巨大、即便國片跌至谷底且與台片唇齒相依的港片亦在節節敗退之際，法規仍然文風不動。繼之，不動則已，一鳴飛天，電影人心驚膽破。有了電影後將近一百年，我們如同蝸牛，到了1983年總算制訂《電影法》。一擱將近二十載，首度（2001年）修訂時，竟是刪除最為重要的條文，第11條，「電影片映演業，應依中央主管機關規定之比率，映演國產電影片。」這是自宮，放棄防止外片（好萊塢）壟斷本國戲院的條文。對比南韓，當時高麗棒子正是因為規定戲院必須放映44%國片，韓片遂能占有票房超過50%；阿里郎為了捍衛這個條文，電影人剃光頭、社運人士在戲院放蛇，透過激烈手段，成功化解

好萊塢的經貿壓力。

修《電影法》　再曝己短

　　《電影法》第二次修訂在2004年，增列第39條之1，廠商投資電影的金額可以在五年內抵免稅額。但是，拍片在台灣無利可圖的事實，無法就此改變，即便減稅，顯然還是無法有效鼓勵更多資金進入，因此，修法執行十年之後，僅得六件申請，核可只有三件，放映一件（成本2億的《詭絲》，北市票房2,200萬，海內外總計4,800萬），3D立體動畫電影《奇人密碼》明年上檔。

　　2014年暮春，第三次修訂，立法院是否照案通過，未知。這次，文化部取消影業負責人學歷門檻，刪除影片不得「損害國家利益或民族尊嚴……」等要求；部長「想放鞭炮」，外界不乏叫好之聲。但是，國片困境早就不是創作欠缺自由，這些洪荒年代的條文是該取消，遲至今日方予移除，徒然暴露行政部門的感應緩慢，太晚知過能改、太慢從善如流。更重要的是，沒有這些不當箝制，仍然無法吸引資金進入電影製片部門，所謂〈投資國片可抵稅　業者叫好〉的報導，可能空話一場。畢竟，電影投資抵稅已經施行十年，成效不彰，原因若未改善，再次延長至2024年，同樣無法自動好轉，其理至明。

　　不但乏善可陳，本次修法顯示文化部正途不務。2001年自宮後，至少《電影法》依舊保留「因外國電影片之進口，致我國電影事業……有受到嚴重損害之虞時……中央主管機關應……採取救助措施」，如「設定國片映演比率」等等文字。1983年的原始條文要求政府，無論國片是否受損，主管機關都「應」該制訂「映演國產電影片」比例。2001年修訂之後，固然弱化許多，仍然保留前引文字，可以備而待用，只欠東風：主管機關的認知與意志。現在，文化部說，台灣電影業遭致「嚴重損害」的「舉證困難」，乾脆就將這個備用條文視同盲腸，刪除得一乾二淨。假使立法院照案通過行政院的修法版本，等於是台灣電影自宮後，復再裸裎炫耀世人，至此，不再只是自曝其短，這是公然自揭一無所有，並且沾沾自喜。二十多年來，

好萊塢壟斷台灣電影票房八、九成，這還不嚴重，舉證竟有困難！〈表7〉的資料不是一清二楚嗎？即便2008年起國片翻身，但不穩定之餘，仍然遠遠低於1980年代（遑論1960年代）！後文還要提醒，人口比台灣少很多的歐洲小國，說不定都會眼見福爾摩沙猶生憐憫之色，她們的本國片票房都要讓我們心生豔羨，台灣最好能夠頑廉懦立，一探究竟而見賢思齊。

國片的防禦與進攻

正確的電影政策不外雙管齊下，攻守不能偏廢。國人與電影人都宜認知、強化心防，台灣電影遭致壟斷太嚴重，他國罕見，任何差別待遇都不是保護，而只能是恢復正常的市場秩序之過程中，必然展現的行動。行政院必須一方面防禦，設定合適的國片映演比例，藉此增加國片議價、進入戲院與其他影音空間的籌碼，不讓掌握片源的廠商享盡各種優勢。他方面，行政院也得進攻，積極增加補助、拓展補助財政的來源。

怪異的是，文化部兩頭落空，不但擺明毫無防禦的認知與準備，同時也自反不縮，沒有秉持正確的方向，努力克服困難，而是見到利害相關人一出手阻擋，很快就退縮了結。

2013年10月，文化部宣布要對戲院課徵稅捐5%，充實電影基金。為了防止業者當中，已經占據市場支配位置的廠商，任意轉嫁該稅捐，致令處於劣勢的國片生產部門或觀眾再次受害，文化部早就應該單獨，或者聯合公平會調查，台灣票價是否舉世最高、電影市場（長年遭好萊塢）壟斷的集中度是否太高、大戲院與大發行商是否濫用市場地位而取得不當利益。有了這些調查所確認的事實作為政策後盾，就能義正辭嚴，號召輿論支持，國人、觀眾必定樂觀其成，積極響應，政府就可以從市場壟斷者肥厚多年的荷包，取得電影稅捐，使其公正回流電影基金，無須調高票價。至少，王小棣等電影人的妥協，建議可以先將電影票稅捐減為2%，比起文化部雷聲大雨點小、最終消失得一乾二淨的票房取捐，都要來得可取。

地方政府熱中電影十年

　　相對於中央政府，地方政府近十年的電影作為相對積極。不過，最大的成效可能只是聊勝於無，卻又可能因為地方政府權限與資源不多，協助電影製片這些原本就可以辦理的行政措施，反而可能掩飾電影製片業難以振作的癥結。

　　高雄市可能最早，2003年提供國際影展獎金、2004年成立電影事務委員會，後來再有補助、投資與支援中心的設置。台北市也在2007年自辦電影委員會，同樣是協助拍片與提供補助。2009年起，中央機關說要輔導地方政府協拍電影，又在2013年金馬創投會議首次邀請各縣市參加。到了2013年，除屏東、雲林與花蓮有所不為之外，其他地方政府都已制訂辦法贊助電影。但地方政府何以對電影熱中？一般說法是城市行銷，要用電影作為推動本地觀光旅遊產業的工具（film-induced tourism），早年有《悲情城市》，近期則從2008年的《海角七號》最稱轟動，後續有《痞子英雄》電視劇（另一電視劇《波麗士大人》則在平實之餘，似更有餘韻），以及《一頁台北》、《艋舺》、《露西》等等電影。

　　不過，與其說電影的城市促銷真有效果，不如說，這是一種新聞或利害相關人自圓其說或自證的預言，是一種眾口鑠金的效果（包括引用海外例子，特別是韓流及其觀光）、是論述與修辭造就的遠景，卻是查無實據，特別是若從（台灣）「整體社會」作為比較基準。

　　比如，若要證明《海》片帶來觀光人潮與商機，就得扣除自然增長之後，比較跨年遊客及其相關經濟的數字。若是人數明顯增加，還得進一步確認，如果沒有該片，他們是否就不會來到恆春，也不會登履恆春以外的其他國內地方度假。假使觀光人潮原本存在，取了恆春就捨花蓮，那麼，全台觀光人數不變，不是一目了然嗎？很不幸，或是可想而知的是，我們似乎沒有這類調查可以佐證。又或者說，這個道理彼此心知肚明，但本來生意就是要用搶的，從你手中搶來我做，證明我的競爭力果然比你強，這就對了，哪裡需要從台灣的整體角度審視呢？諺語早就道盡人心：「日頭赤炎炎，隨人顧性命。」

更麻煩的是，即便城市觀光得以讓相關都會的商業機會短暫受惠，電影製片機會其實無從增加；若說要讓電影製片穩定成長，更是無從期待，想都不要想。協助拍片、予電影人方便是第一回事；是否有助於在地形象或經濟，是第二回事；能否協助本國電影製片漸入佳境，又是第三回事。三者獨立，並無因果關係。

地方政治人物願意支持電影，可能的原因有二。如同各國相互競爭，設置專職單位處理資助電影的國家，從1976年的十個至1998年已達三百個中央與地方政府。因此，台灣各個地方政府也會彼此競爭、互擺門面。其次，協拍及補助電影招徠傳媒青睞，常有光鮮亮麗的版面或鏡頭。既然有這些正面的想像與期待，偶爾見報的負面檢討直如過眼雲烟，成為稍縱即逝的閒言閒語，對於握有實權的政治人物，這些物議無關痛癢：2007至2013年間，台北市補助七部電影6,000多萬，單是外語片《露西》就拿了3,000萬；〈李安拍片補助3.5億　遭民代質疑〉，其中，行政院補助金額高達2.5億（另一說是1.5億），台中政府再提配合款5,000萬。李安形象好、人品端正，成就不凡，仍然無法轉為海外吸金的依據，電影製片的巨大風險由此可見。另一方面，台灣電影產業規模狹小，根本不必、也沒有能力進入高科技高資本，行政院卻在2012年5月責成國家發展基金投資外商視覺特效公司2,100萬美元。我們只是窮措大，在未來相當時間內，電影最好守住傳統技法，硬要太早未雨綢繆，規畫產業規模要到特定階段才見需要的相應技術，應該並不明智。若有電影人要用3D等等新技術，可以自便，政府在這個不必積極的地方，反而熱心大方，讓人費解。〈「少年PI」特效公司破產〉，李安可以「遺憾」了事，若是政府投資，能夠聳肩轉身、掉頭就走嗎？

想像中國市場作為解方

政府既然常有不當為而為，當為卻又流於緩慢從事且行而不果，終致成果難以積累的不良紀錄，這就難怪對政府心死的人，如焦雄屏就轉而疾呼〈政治別來　給文化人創意空間！〉，因為「台灣的文

化、創意、技術對日益往大片／市場堆砌的大陸電影絕對有正面影響，而大陸也是台灣產業有生機的唯一希望。」[6]；〈大陸當腹地　台灣坎城不是夢〉[7]的說法及想像也在雲端飛舞。

但是，這些想像並不是憑空出現，民間的美好願景不是批評政府，反之，它們是響應行政院的虛幻指標。2009年，政院的「電影產業旗艦計畫」宣稱，到了2014年，兩岸電影合拍數量將從當時的一部增加為十部，台灣電影在對岸的票房要從4.26億飛躍至43.38億台幣（不知怎麼算出的），從2.3%票房占有率三倍至6.9%（更是不知怎麼計算了）。2010年6月，《海峽兩岸經濟合作架構協議》簽訂，這些樂觀話語彷彿向前落實了一個步驟，即便有人警示〈台灣電影難圓大陸夢〉[8]，卻是不敵其後的零星、無從預期的「喜訊」，如2012年《那些年》在對岸放映不到兩週票房破2.36億台幣、《愛Love》單日2億、《痞》兩天4,700萬⋯⋯。因此，到了2014年，仍有〈拍出真善美　台灣電影登陸有優勢〉[9]等等諸如此類的新聞，還在註冊或迷幻這類思維。這些新聞扮演煙幕彈的作用，延遲國人理解官方設定的路徑其實只是一廂情願，也就阻礙國人看到台灣電影的出路，無法是對岸的龐大市場或「善意」的政治力。台灣製片業若能穩定自保，擁有合理規模，耕耘海外市場或許還能有些成就。沒有任何國家的電影票房拱手讓出八、九成之後，還敢奢望要從海外市場得到救贖。好萊塢控制美國電影市場幾乎百分之百，中國與南韓領有半壁江山，英德法義經常能夠維持三到四成。好萊塢之外，南韓電影外銷成績已屬不惡，但歷年來最好的2005年，韓片占其票房59%，外銷7,599.458萬美元，是國內票房的20.4895%，其餘年份的平均值僅能在5%徘徊（2010年是3.06%）[10]；如果能夠得到阿里郎的成績，再取台片票房最高

6　焦雄屏（2010年11月1日）《聯合報》A15。

7　余豈（2010年9月26日）《聯合報》A15。

8　李天鐸、梁友瑄（2010年9月19日）〈台灣電影　難圓大陸夢〉《中國時報》A15。

9　王雅蘭（2014年6月14日）〈拍出真善美　台灣電影登陸有優勢〉《聯合報》C4。

10　丁祈方、曾姝瑜（2012）〈綜觀螢幕配額制減半後的韓國電影產業〉，《傳播管理學刊》13 (1): 1-21，頁5, 7。

的 2011 年作為計算基準，換算之後，我們最高的電影外銷金額也就是 2,000 萬至 1 億 2 千萬台幣之間。

外銷（中國市場在內）既然不可能是重點，那麼退而求其次，與人合拍會是台灣製片業的仙丹嗎？外人進入他方，投資或合拍電影的動力，若非文化交流，就是經濟考量，很多人焚香禱告前者多些，雖然事與願違，今日的合拍多屬後者，又可以分作三種。

一是透過合拍取得技術，中港合拍常有這個類型，台灣因產業規模長年萎縮，無法支撐相應技術能力的日新月異，按理無法以此吸引歐美中港來台合拍。二是成本考量，台灣透過金錢補助或稅賦減免吸引的合拍片很少，倒是有些外資長驅直入，已可憑藉導演名聲，獲取本地阮囊歷來都很羞澀的補助，較大案例就是《少年 PI》與《露西》。就此理解，若是仍然有人願意入台拍片，或是與我們合拍，主要可能是出於台灣的線上、線下及生活成本較低的考量；此時，中、港片來台的可能性大於其他來源。

三是為了市場，又分為兩種，印度與南韓算作一類。印度寶萊塢多年來迎合或培養的印度人觀影習慣與品味（如三小時歌舞片），是好萊塢進軍的天然障礙，近來美商因此與印商在都會區興建多廳院，也投資拍片，多少就是緣此而來；先改進中產階級的品味，然後往下滲透與強制。南韓銀幕配額在 2007 年被迫減半，但產業力量已經茁壯，如同幼稚產業已經走過反外商壟斷的階段，好萊塢若是看重南韓市場，就會願意透過合拍而進入。另一種是，1960 年代歐洲人限制外片進入、近年中國限制更見嚴格，這就誘發好萊塢直接投資或透過合拍而進入。現在，歐洲市場已有六、七成是美商的天下，好萊塢蠶食神州電影票房也有多年，來日若能鯨吞也不意外。台灣不同，由於從來不對好萊塢設限，如今高度淪陷，不但好萊塢不須為了市場而投資或合拍電影，其他國家若為了台灣市場，亦將因為我們並不給予國片（或合拍片）額外保障，就會裹足不前，何況，入台圖謀，形同必須迎戰盤踞海島多年的好萊塢，更是智者不為了。台灣廠商主動為了對岸市場而與中方合拍的案例，仍會存在，同時，這也是行政院的算盤，但基於兩個原因，規模不會太大。一是中國電影市場競爭激烈、

不缺資金，台灣電影資本與產業的實力短淺，進軍有氣無力；二是台片與港片似乎可以進入中土，不受對岸外片進口額度的限制，除非合拍另有經濟成本的誘因，否則無須為了進入中國市場而合拍。

更要緊的是，無論是合拍或是進入中國市場，都不會是台灣電影經濟的救命藥草。這還不止是邏輯與理論的推演，經驗證據也很確鑿。兩岸電影如同其他政經文化事務，無不需要交流與合作共謀，但如果僅只是著眼於經濟效益，反而可能壞事。在這方面，香港就是台灣的殷鑑。

1977至2004年，香港電影平均占有票房54.96%，最低的一年仍達38%，另有八年超過七成，這個成績舉世所無。其後，港片票房一路走低，2005年至31%，2006年25%，2012與2013年是22.1%及21.7%。究竟什麼原因造成港片「式微」？答案並不清楚。但《內地與香港關於建立更緊密經貿關係安排》在2003年簽署，次年執行，香港電影進入中方更是（相對）輕易，結果呢？如前所述，港片票房占有比率剛好在《安排》執行第二年起，開始殞落。這就是說，中港電影接觸更見密切，但港片在本地的表現每況愈下，對於香港電影人的工作機會與條件，對於香港人的觀影經驗，都不是正面的事，確定得到好處的只有好萊塢。

結語

電影不只是電影，電影不只是第七藝術，科技再怎麼精進，大致只是改變硬體製作成本，以及其發行、流通與消費或使用的成本與方式。電影是綜合國力，是經濟力與文化力的展現，作為擁有兩千多萬人口，人均名目所得2萬、實質所得將近4萬美元，又有唇齒相依的華人市場作為資源的台灣，電影業在好萊塢壓境數十年後僅能苟延殘喘，直至近年才見微弱轉機。

微弱轉機有待穩定轉強。所有的電影政策與措施必須萬流歸宗，努力看齊這個目標。我們首先要有心理建設，端正認知。太多人經常說，台灣電影市場小，無以成事。

　　但香港是最大的反例。如前所述，最近十年，港片雖然萎縮，這比台片票房最好的時候，仍屬「健康」。香港很大嗎？人口不及台灣三分之一。香港是唯一的例外嗎？〈表8〉呈現更多的例外，並且，恰巧怪異，人口最多的荷蘭，成績反而是這五個歐洲國家的最後一名。曾經殖民台灣的低地國如同我們，荷片最低占有率一度低至0.4%（與台灣1998年相同；但我們的最低點在2001年，幾乎是滅頂的0.17%）。到了本世紀，荷片最差是5.5%、最佳達22.4%，十四年平均是13.6%，應該算是挺進穩定的階段。荷蘭是怎麼做到的？北歐四國的人口數量只有荷蘭三分之一至一半，表現卻又優於荷蘭，這就更為值得理解與研究。她們與好萊塢的母體美國，比我們更為「同文同種」，都是基督教文化圈，但電影被殖民的規模都比台灣小很多，其本國片票房比例雖然不高，但沒有低到我們這麼慘不忍睹的地步（芬蘭最少仍有4.0%，另三國都超過8%）。本世紀十多年的平均，人口最少的挪威雖然最低，卻有16.43%，若取北歐四國的平均，則又超過20%。北歐的經濟自由與開放度不亞於台灣，她們的電影成績不是特別亮麗，卻已不俗，究竟如何取得？若有研究，必能啟發台灣。

表8　北歐四國與荷蘭本國電影市場占有率（%），1990s與2000-2013

	丹麥	芬蘭	荷蘭	挪威	瑞典
人口（萬）	546	564	1,686	514	966
2000-2013*	24.54	18.85	13.6	16.43	20.59
最差一年**	8.4	4.0	0.6	8.8	8.9

* 挪威缺2012/2013，其餘四國缺2006/2007/2008。
** 依序指1995、1994、1994、1989與1990。

　　心理建設之後，就是實質的電影財政。支持電影的資金來源要能多樣才能穩定，支持的規模也才可能趨近合理水平。
　　我們支持電影的財政來源太過單一，都是政府預算。在台灣，給予資本及土地太多優待，以致稅收舉世最低，只占國民生產毛額的

12-13%（OECD國家平均在30%或更高，南韓與日本低些，亦在25%左右，1990年代的台灣年均也都還有16.8%），致使若要從中取得足夠金錢支持電影，其他經費必受排擠，讓人於心難忍。反觀海外，無論是歐美、中國、南韓或日本，幾乎都從電影相關行業得到挹注，即便額度高低不等。

在美國，主要是私人資金帶領。不說好萊塢，其他美國影視業者與發行平台，投資影視製作較少的如YouTube，一年1億美元而準備擴充至2億；Hulu是5億美元（2012）；Amazon在2013年的資料是投資二十三部電影與二十六部電視劇；規模更大的是Netflix，一年達20億美元！

中歐日韓除私人資金之外，更是透過公共政策支持電影。以歐洲來說，2002年對歐盟三十一會員國的統計顯示，支持電影的金額約合500億台幣（12.5億歐元），取自與戲院電影消費密切相關的產業，比例達45.3%（包括：廣告與執照費或政府撥款的電視總收入、個人或家用視聽產品如影碟銷售、有線電視及網路或衛星等平台業者、戲院票房等），無關者（如各級政府預算、彩券等）則是54.7%。其中，德國前兩項比例是60%與40%，法國則前者高達92%。至2012與2013年，法蘭西公部門用以支持電影的資金，似乎已經完全取自前者，總金額是6.645與6.562億歐元，其中，電視相關項目占了86.45%與81.13%（2013年該項收入的名稱調整為「網路電視稅」）。

台灣的電影事業何去何從？只有兩條路。若不逆來順受，就要力爭上游。

我們的電影事業自從1990年進入低迷年代以來，政府不分黨派，其反應幾乎是無動於衷，若說尚有作為，往往流於不痛不癢、虛與委蛇、無濟於事。政府不知奉行國際通則，未曾引用銀幕配額作為國片爭取議價空間的籌碼，反而兩度試圖埋葬了事。電影補助規模偏低、未曾取財相關產業，偏又稅收嚴重不足，公務預算捉襟見肘，電影人才只能疲於奔命。

2008年以後，改變的契機浮現，但是前途不明。行政院與立法

院如果率由舊章，仍然不肯實踐有效作為，必使電影事業無從改觀，形同我們再度逆來順受，坐令好萊塢繼續得利，並以福爾摩沙不哭不笑只是看好萊塢為模範，告誡他國無須力阻影視「自由」貿易。反之，公共政策假使設定國片銀幕配額，適時靈活調整配額的比例，或許還有機會藉此略微糾正好萊塢的壟斷；輿論若能善盡社會責任，促使政府看齊海外、遵循國際常軌，針對各種相關產業課徵稅捐支持電影，就能脫美入歐入亞洲，力爭上游。

（原定在《2014年台灣文化創意產業年報》發表）

另類影視

電影的社會批判者——肯洛區

在台灣看肯洛區（Ken Loach）的電影，談他的電影，既可以說是一件非常不搭調的事，也可以說是一件非常必要，值得大力倡導的事。為什麼這樣說呢？

第一，肯洛區的世界觀，或說引導他拍片的問題意識或社會觀察之立場，在台灣幾乎不存在，不但不存在於製作電影的人（或許是因為不可能，我們拍的片子所剩無幾嘛），也不存在於學術界的討論或政治人物的言談。第二，三十多年來，肯洛區之所以還能透過音像媒介，源源不絕地展現這個世界觀，除了他個人的質素，另有我們或許可以稱作是物質或制度基礎的支持，例如英國輔導電影的制度，以及歐洲聯盟的影視基金等，而這在台灣也並不存在。

為理想而戰的西班牙內戰

我先說肯洛區宏觀層次的世界觀，他的作品一直在告訴觀眾，主宰我們生活的資本主義體制，他不喜歡，所以他在思考如何成功地挑戰資本主義。如果對它的挑戰至今尚未成功，那麼，我們還能怎麼辦？肯洛區沒有提供答案，也不可能提供，但他仍然把這樣的問題意識放在心中，進而表現在作品，這讓人十分驚訝。因此，他的影片願意肯定努力對抗這個體制的人與事。

1986年的《再見祖國》，肯洛區透過東德異議歌手「轉赴」（「投奔」）西德，並至英國找尋父親蹤跡的故事，既對東德有所抨擊，也對西德當局想要藉他的「投奔自由」來證明資本體制的優越，嗤之以

鼻。[11]到了1995年的《以祖國之名》，他透過1930年代西班牙內戰，控訴了史達林，說明並非所有左派、也並非所有「民主」國家都反法西斯，但劇終卻是以英國社會主義者威廉・莫理士的詩，作為主角的蓋棺論定：戰鬥者留其痕跡，後續終將有人。

福利國家的迷思

我接著說肯洛區如何在微觀層次批判資本主義體制。例子很多，多到有些人說他老調重彈，但這麼說的人卻忘了，在所謂資本社會繁榮景象的背後，本來就一直存在著殘忍、不人道、沒有希望與沒有前景，我們不是說「朱門酒肉臭，路有凍死骨」嗎？那麼，所謂重複，不僅相當必要，尤其對於健忘的人與社會，更有必要。

貫穿在肯洛區創作生涯的主軸之一，就是記錄「底層生活」的人與事，用他們見證所謂的福利社會，以激發人們思索當下的社會現象。從他早年的《凱西回家》到本屆絕色影展放映的《我的名字是喬》，從無殼蝸牛到只能依靠失業金維持生活的人，底層人們的生計並沒有改善，只有每況愈下。尤其在《我的名字是喬》片中，肯洛區讓觀眾看到了賣淫、賣毒與無業者的某些必然之瓜葛。

西方福利體制的「福利」兩字，未免諷刺，坐領救濟金，無所事事，偶爾只能小小促狹，搞幾件體面的球衣，踢場足球，生活就是這樣，就只能這樣了，這樣就叫「福利」了。但怪誰呢？何況，能夠這樣都已經是滔天之幸，就真的是「福利」了，你看連恩在片中的遭遇，除了自殺了事，又還可能有什麼出路？可見能夠不自殺，就真正是「福利」！

（《聯合報》1998/9/15第37版／聯合副刊）

---

11 2024/7/1按：Katja Hoyer在2023年有書，指東德有「鎮壓與殘暴」，但東德人的社會流動機會遠高於西德，工人階級大量進入大學，比例高於西德。育嬰養兒提供超好的照顧，東德女性已在軍隊出頭，西德則尚未。這些及東德的體育及文化表現，都讓東德人「油然產生真正的自豪感。」《經濟學人》說，「這些描述都很公平。」

影像意識向左集結：英國工人電影斷代簡史

　　1920、1930年代，歐洲左翼勞工運動面臨的處境，比現今還要艱難。歐戰之後百廢待舉，資本主義的經濟危機，表現為大量勞動工人失業，而右翼法西斯勢力蠢蠢欲動，最終則有義大利與德國黑衫軍納粹政權的興起。

　　即便如此，當時歐洲的工人文化運動，也就是表現勞動者有別於資本主義體質的另一些生活景況，或者，展現工人的反抗運動，仍然留下了可觀的成績。其中，從事工運的英國人士，借用當時新興的電影媒介，作為運動工具的歷史過程，頗有值得後人追記與反省的地方，透過這段史實的整理與檢討，現今從事工人文化運動的人，或許可以得到若干有用的刺激，甚至實務經驗。

　　首先必須確立的是，在那個年代，勞工看電影已經取代了聽歌或看戲，是他們最重要的休閒活動之一。比如，1934年，全英國有九億三百萬人次的電影人口，六年之後，這個數字增加到了十億兩千七百萬人次，有些城市（如利物浦）的看電影人次，竟到達四成人口每週至少兩次的紀錄。至於票價，通常在六便士以下，一般勞工的平均週薪大概可以觀看一一二場，一個月約是五百場，由於如此便宜（以現值換算，台灣勞工一個月薪資能夠觀看的電影場數平均不超過兩百），當年許多英國的社會調查均發現，「不論再怎麼界定貧窮線的內涵，再窮的家庭（包括失業者，因為彼時英國已有失業津貼），每週總還能挪出一點錢看個一場以上的電影。」

　　為什麼看電影這個休閒活動值得特別強調？而這麼多人看電影，又為什麼要看，看到了些什麼，看了有些什麼反應？這些是更重要的問題。

　　雖然他們看的很多是來自好萊塢的影片（當然，另有英國勞工組織自己攝製、進口的進步影片，後文還會提及），又因為這是一種最價廉的娛樂形式，也就難怪英國勞工會覺得兩次大戰之間的電影院，扮演了逃避的空間角色，「是他們暫時尋夢的殿堂，廁身其間，令他們忘卻了經濟蕭條的荒年與失業的痛苦。」在勞工客觀條件不利的情

況下，電影主要是休閒而不是戰鬥的工具，但這並不折損電影之所以重要的原因：看電影的本質是「集體」的活動，是你我共有的消遣時光，從中彼此找到了談天說地的共通話題，製造了認同的主體與參照基點，於此過程形塑了集體的世界觀。「在前往電影院以前，觀眾可以乘機走訪街坊鄰里，在身心鬆弛的狀態中與朋友見面就像是另一個公共小酒館，電影院變成了另一個社區中心。」

　　據實地調查，利物浦的成人電影觀眾最愛看愛情片，而青年人則愛卡通、冒險、戰爭與西部片。在大方向上，影片確實是統治階級的意識形態機器，但實證統計資料也顯示，在1929至1939年間，英國自身出產的電影，大約每五部就有兩部出現劇中身分是勞工的演員，而三部中有一部的拍攝環境是無產階級背景：工廠、礦坑、碼頭、小酒館或貧民窟。在當年電影就是電影，不依靠廣告收入，較少從本國以外市場取得收入，並且影片尚無法從電視、影帶及其他周邊（衛星、第四台或劇中主角的器物，如恐龍、蝙蝠玩具與 T 恤等）取得收入之時，勞工觀眾的口袋顯然是這些商業影片的最大營收來源。於是，有研究者認為，即便為了利潤，片商「總也要企圖在盡可能的情況下，逼真地描繪勞工階級的面貌。於是，商業電影是不是也有了階級意識？而且慢慢轉向了左方？確實是如此，他們可不願意玩火，但由於抓住觀眾的注意力愈來愈困難，片商也就被逼只能進入這種與本身利益相左的局面」。

　　但不可忘記的是，勞工場景在片中現身，並不保證與勞工的真實境遇吻合，而只是迎合勞工觀眾也不能沒有的逃避心理、愛情需求及喜劇傾向。在商業考量的劇情片之外，倒也有些少許電影各以不同方式，傳達了反建制的訊息；而若干純屬收視效果之考慮的場景，在觀眾自身經驗的篩選下，另有新意，彼時影評家曾認為，「某些顯然非關政治的電影，卻被看成是隱含著批判資本主義及其都會文化（腐敗、貪婪、詐欺而不道德等等）的聲音。」

　　假使說，最好的情況下，這些與社會主義政黨或團體無關的劇情片，在工人觀眾不被動，並且積極根據自身歷練的解讀下，展現了屬於他們而有別於主流資本主義文化的「另類」（alternative）文化；那

麼，1920、1930年代英國的勞工運動與共產主義運動領導人，在體認電影對於宣揚左翼文化的重要性以後，他們確實認真地投入了「反抗」（oppositional）資本主義的文化產製與流通。放在雷蒙‧威廉斯（Raymond Williams）的概念圖譜，「反抗」文化不同於「另類」文化，後者雖然異於資本主義的支配文化，但只求獨善其身，期望在資本主義體系下保護與提升自己的位置，前者則不單迥異於資本文化，更企圖取而代之，改變資本主義社會；後者是守成的（conservative），前者則是顛覆的（subversive）。

　　早在1917年，工黨中央即曾興起透過電影進行理念宣傳的念頭，往後歷經浮沉而時斷時續，留下比較多一些成績的是黨內左翼知識分子籌組的「社會主義電影社」（Socialist Film Council, SFC）。成立於1933年夏季的SFC拍攝了三部影片，當時影評說，「SFC的影片技巧是好，取角與編劇都好，但它真正的長處還在於強大的宣揚功效，鏡頭掃過倫敦貧民窟，寓意已在其中，許多英國城鎮慶祝五一勞動節的場景，從眼前川流而過，叫人血脈賁張興奮莫名。許多年來，工黨已無此經驗，這些新聞片真實而活龍活現，應該就是它廣受歡迎的保證，它所設定的標準，其他人最後終將必須遵守。」

　　工會本身在這方面用力更深，最早發端的可能是郵政工會（1924），它拍攝自身如何從19世紀末開始設法聯合、組織同僚，當代的工作經驗，以及它的成長與現時工作成果的歷史過程。該片長度四十分鐘，廣受其他工會好評，促發連環反應。比如，英國總工會（Trade Union Congress, TUC）同年也將本身走訪第一個社會主義國家（蘇聯）的見聞攝製成為影片，1929年更接受日本工會的請託，製作影片供其參考，到了1938年，TUC已有實力在八十家戲院安排影片的放映。礦工方面，1920年通過的礦業法規定，每噸煤必須繳交特別捐一便士作為礦工福利教育金，工人就用這筆錢的部分產製了多部影片。在黨與工會之外，另有強調集體互助精神的各種合作會社，也紛紛然移轉部分焦點到了電影，單是其中兩個較大的組織，在他們發起全英影片服務的第一季，就已成績可觀，總共發行了三百部教育與娛樂片，以及一六二〇部公關片。凡此種種顯示，當時，工運團體的

電影業績是有一定的水平，但以後見之明來看，最後他們都不能倖免於失敗，除了欠缺資金這個致命傷以外，未能進一步與彼時組織更為嚴謹（雖然財源有限）的共黨運動攜手同行，也是一個因素。

英共本身沒有正式單位從事電影產製，但透過人脈流動，影響左翼文化運動頗深。比如，「工人電影協會聯盟」（Federation of Workers' Film Society）由倫敦而擴展到十數個城市，不但從事（協同）製片，而且在成立的同年（1929）就設置了專屬的流通網路（Atlas），引來英國銷數最大的保守派質報《每日電訊報》的警覺，說是要注意「共產黨人這個陰謀的發展」。到了1931年，聯盟已有會員三千，並在許多工廠、機械房與印刷廠及車站等據點建立接觸管道；同年，聯盟也開始在放映影片之外，開辦電影夏令營，從理論論述豐富勞工電影運動的內涵，而《工人電影》（Workers' Film）這本該年稍後創辦的刊物，居然短時間內售罄而需再版。但聯盟於次年解散，此時各地電影協會仍然運作不墜，比較具有規模的是曼徹斯特等城市；而與該黨關係良好的兩大影片流通協會（Kino Films, Progressive Film Institute）則於1935年成立，單是前者在往後數年就映演了一五八部勞工影片，根據當時的紀錄，在1937年，它已然「在各地播建了分配與映演網路，並在為數頗眾的工黨、共產黨、工會與左派書社俱樂部的分部，搭建聯繫管道」。

1939年，隨著歐戰爆發，勞運電影的成果再不能積累，二十年的微薄續業戛然中止。

時空運轉到1990年代的台灣，兩地異時的客觀條件不可比擬，但可以確知的是，本地工運幹部已經擺脫英倫先輩的限制，不再受到教條影響，無復以為政治經濟的鬥爭才是唯一或最重要的戰場，而只將文化（包括電影）鬥爭定位為附屬；階級鬥爭不能只自限於將電影等媒介視為教育工具，不能將所有流行娛樂視為意識形態上的扭曲而鄙視。

事實上，當年工運積極分子之中，不乏有此體認的人，他們不知有葛蘭西（Antonio Gramsci），雖然未居黨職主流，但認識卻很清楚，「如果只有工會的宣達意涵，我們根本不能期望一般人走進電影

院。」政治、美學創造力與娛樂如何配搭，是非常重要的課題。納粹宣傳頭子戈培爾（Paul Goebbels）深得其中三昧，他完全仿效好萊塢技巧，讓觀眾在娛樂或受到刺激的忘情之過程，吸收了他想要的宣傳意念。究竟如何才能夠在當下環境，創造並掌握合適的空間形式（如工作場所、公園、建築物的開放空間、廟會、園遊會等等），透過「集體」的收看（電影、錄影帶、電影等）而後交換看影片的感受，在此過程則培育反抗求變的集體意識的根苗，是亟待思索的課題。

（何慧香等人〔1994〕《工人看電影》，頁113-9，台北市：台灣工運雜誌社·台北縣立文化中心。）

鳥瞰勞動者電影，百年有成

　　尚未擁有法律地位的全國產業總工會，聯手高雄市政府勞工局所舉辦的勞工國是會議，9月底即將登場。

　　這個別開生面的活動，特色繁多，其中更能讓社會大眾，也就是職業雖然有別，但同樣是依靠心智或體能勞動取得生活大部分川資的薪水階級，感受到活動的盛情並在家參與的是，主辦單位與「環球電視台」合作，規畫六部有關工會運動的紀錄片，準備要透過電波將這些人、這些勞動者、這些就是「我們」的工作與生活片段，隔空放送至家居斗室。在憋過了國代延任案、七二七侵犯新聞自由案的烏煙瘴氣的悶熱褥暑，這些親切影片適逢在初秋起映，以其沁涼，正可讓人透氣。

　　1900年，亦即約一百年前，第一次有電影登台放映，內中包括《工人喧嘩》默片。三年後，被譽為「日本社會啟蒙電影先驅、為貧民及勞動者」發聲的高松豐次郎，也因緣際會來到了台灣從事電影工作。至1926年，從事民權運動的台灣文化協會在蔡培火等人籌組下，更加有意識地組織了美台團，使用電影作為推廣政治理念的媒

介。美台團巡迴全省，播放了包括中國片《工人之妻》的數十部影片，由於辯士講解生動，文協成員襄助不遺餘力，使得影片的傳播效果扶搖直上，「場場爆滿座無虛席」，開啟了台灣人首度以新科技抵抗殖民的事蹟。雖然四年後，因自由主義與社會主義的內部之爭，加上日本警察的干擾日甚，以致主事者「心灰意懶」，美台團的所有活動「無疾而終」。然而，這段歷史已經顯示，在世界史上的1920年代，在台灣從事反對運動的人，可說與全球的工人運動同步並行，毫不遜色，儘管規模比諸英美仍有相當差距。

以美國來說，伴隨工運的發達，至本世紀最初十幾年，已有影片非常負面地呈現勞工，數量之多，已到這些作品被冠以勞資電影類型。當時，電影大多將美國的社會動盪，說成是工會幹部的腐化或左傾黨人的煽動所造成，而對付之道，唯有透過警察等暴力，強制鎮壓與監視。1921年，好萊塢工會並有長達一年多的罷工，此後餘波震動，起落有時，影界大亨心驚肉跳，絞盡腦汁，花招百出，試圖掌控這股不安的對抗力量。鼎鼎大名的奧斯卡各種獎項的頒發，如今每年春季都是許多國家媒介競相報導的熱門題材。但是它在1927年誕生之時，正是出於老闆為懷柔工會而有的「創舉」，有點以此選拔模範勞工的味道。

除了被動反擊抹黑以外，工會與認同工運的電影工作者，也展開了許多拍攝工作。早年的《新使徒》（1921），映演第一年的觀眾竟達百萬人以上，而在冷戰、美國國會獵巫反共的背景下，馬爾扎尼（Carl Aldo Marzani）的努力與堅忍，幾乎以一人之力編寫了七部黑白紀錄片，相當難得。1953年的《社會中堅》（Salt of the Earth）寫實地以墨裔美籍鋅礦工人的罷工為背景，除女主角是職業演員外，其餘均由參與罷工的人擔當，影片具有豐富的階級、性別與種族內涵，放映時卻在「聯邦調查局」組成糾察線，遊說民眾拒看的情況下，只有十個城市零星上映，經此打擊，票房的命運可想而知。但，努力者必留業績，日後這部影片贏得了傳奇地位，1960年代末，新左製片人說，此片是他們承繼的部分傳統，許多活躍分子也將它作為社教之用。到了1970年代，本片穩固走進教育影片的市場，開始在影片課、

歷史課等相關講次中廣泛被引為教材，接著出現了不少介紹、討論本片的書籍。然後是1980年代末，無分政治或非政治的影評者都已承認，本片是所有激進電影中品質最好者之一。

美國身為西方社會中，財富分配最不平均、最多國民（三千多萬人）沒有健康保險、民代選舉投票率最低，因此政權正當性也嚴重不足的國家，工會參與率雖然也最低，但工會的實力仍然不可忽視。從1997年元旦至1998年6月底，它捐贈給民主與共和兩黨的選舉基金達4,000萬美元左右，高於律師公會，僅次於商業公會（4億多）。同樣地，好萊塢雖然在五十多年前遭遇「浩劫」，許多良知旺盛的導演、演員、作家等被逐出門（如卓別林），但仍有影片不絕如縷，仍有影星源源不絕，抱持以電影吹響社會公義號角的想法，並付諸行動。芭芭拉史翠珊、珍芳達、勞勃瑞福等都是例子，而最為讓人稱奇的則是華倫比提（Warren Beaty），他在1981年自導自演的《赤焰烽火萬里情》（*Reds*），忠實重構了1920年代，美國記者親赴蘇聯記錄、參與紅色革命的歷史。然後，在多次為民主黨總統候選人（甘乃迪、麥高文等）站台獻策之外，意猶未足，華倫比提在近一個月內更於《紐約時報》與《洛杉磯時報》相繼撰文，接受訪問，宣布因厭惡美國政壇的金權，對於窮人十分不利，他將考慮自行參選總統，並已提出了醫療、經濟、環保等等方面的政策。

回到台灣。在美台團以後，社運與工運者以影片作為運動手段的空間萎縮消失，因為台灣已經進入日本皇民化階段，殖民者鎮壓更見嚴苛。未料光復後來台的國民政府，壓抑非但沒有減輕，反而變本加厲，以致再沒有任何自主運動的主體得有存在的枝幹，以文字作為抒發主見的機會猶須遮遮掩掩，需要公然宣揚的電子媒介更是無枝可棲，無復存在。情況到了解嚴前後有了轉變。從1988年開始主辦的年度秋鬥遊行，工運團體藉著孫文紀念日，合宜地企圖重新賦予這個國定放假日以新的意義，使對人的懷念轉化為對階級意識的提醒。或者應該說，這只是還原三民主義的本然面貌，畢竟孫文在講演時曾多次指陳，「民生主義就是社會主義」。對於這樣的歷史進程，吳永毅就曾如此觀察，十年來，工人不再只為眼前的利益抗爭，到了11月

12日，「工人就會主動排假，參與一年一度的台灣自主工運節。」

　　勞動者既已集結運動，則附麗其上的各色工會活動的紀錄片，不能不躍然登場，如《中時晚報》主辦的非商業影片競賽，首屆得主赫然是記錄佳隆成衣廠女工向雇主爭權益的影片。《中國時報》的工會刊物也開闢專欄，讓會員撰寫看電影之感懷，行之既久之餘，也就結集出版，有了《工人看電影》這樣一本小書問世。1993、1994年以後，有如春筍出土的大量電視頻道，浪費社會資源則浪費矣，卻是百失當中竟有野遺之小得，許多國外著名的工人電影得有空隙，搶著出頭，從描寫韓國知識分子與工人結合的《一觸即發》，到美國片《怒潮春醒》（勾勒女工的境遇），到刻畫英國勞工階級生活的《底層生活》、《我的名字是喬》（導演肯洛區發跡於BBC，三十年來拍攝這類型影片未曾間斷），都成為螢幕上的節目，播出時段也許冷門，但稍事留意，有心人不愁沒有「欣賞」的機會。

　　世紀末的現在，機會更是難得，假工人國是會議之進行，電視台將同步播放精心蒐集的相關影片。關注自己的讀者、關注勞動者的讀者，就請打開電視，準備好錄影設施，自己看，並且也錄下來與朋友分享、討論，就請跟隨流行已經有段時日的讀書會，進而簇擁「影片觀賞與討論會」的進場。

（《中國時報》1999/9/15第37版／人間副刊。原標題是〈汗漬斑斑的膠卷與歷史〉。）

創台灣版的「第三電影」　從李安說起

　　英國規模最大、也最有經濟效率的公共服務媒介BBC，繼去年推選美國本世紀的百大電影，其文化編輯今年再接再厲，擴大辦理而獲得三十六個國家的一百七十七位影評人響應，其中英美方家占了過半，古巴五人，兩岸三地各有一位。

　　根據這些影評人的圈定，BBC在8月公布本世紀至今，世界各國最重要的一百部電影，台灣導演的作品赫然占四部；南韓兩部，日本與香港各一部。

　　相比於日韓港電影工業的巨大能量，台灣最多是小兒科，卻能以楊德昌的《一一》、侯孝賢的《聶隱娘》，以及李安的《臥虎藏龍》與《斷背山》，得到影評人的青睞，分量是日韓港的總和。這是不協調的偶然，還是個中另有深意，值得摩挲，有待理解。

　　楊德昌已逝，侯孝賢與李安的風格不同，各有特色。李安近日返台，為他的新片《比利‧林恩的中場戰事》即將在11月放映先行熱身也做宣傳。該片上市後的票房，月內就要揭曉，但若說李安未演先轟動，應該無誤。

　　李安還在紐約、返台之前，就有雜誌提早兩三週，不辭老遠與成本，跑到美國訪談，並以中英文刊登、作成封面專題。重視輕薄短小勝於長篇大論的雜誌，為了強調這部電影〈挑戰百年影史最難規格〉，竟也撥出六整頁報導。

　　不過，這部電影的規格致使從製作到映演，都要花費更多銀兩在材料與影音設備，因此，創投公司在「文化部引介下」，「協助⋯⋯影城引進最新放映設備」。由於硬體等開銷增加，必須轉嫁至消費者，於是看一次索價800元。

　　影片規格的超標，先談三點。一是4K，不僅4K，而且是4K較高規格的那一種，也就是解析度將達目前螢幕的四倍。二是一秒鐘的畫面要一百二十格，相比於1920年代以來的二十四格之標準，可以讓「觀眾有如置身場景中」。三是亮度，計亮單位fL要拉至二十八，是一般3D的九倍。

　　總加起來，傳媒高度評價李安這部電影，說它是「未來3D」。李安也因為是電影新科技領航人，遂獲卓越國際榮譽獎。

　　李安的電影對他個人是榮譽，國人若是浮現與有榮焉的感覺，亦可理解。不過，超新技術的使用只能增加電影的生產與消費成本，往往與電影能否「名垂青史」無關。如七年前轟動一時的3D電影《阿凡達》，去年沒有進入美國百大，今年也再度槓龜，影評人全不推薦。

　　政府若以納稅人的錢補助新技術如4K的生產，就是劫貧濟富、幫助硬體廠商，代價卻是內容製播成本的增加，已很瘦弱的台灣影視界更難翻身。如果真要協助影視文化事業，但短期內無法大量拉高補助的規模，就該認真提倡「第三電影」。

　　「第三電影」起源於1960年代的拉丁美洲，至今在拉亞非、歐美澳紐都有人奉行。古巴人埃斯皮諾薩（Julio Garcia Espinosa）曾寫〈論不完美的電影〉，開頭就說「技術上與藝術上追求完美的電影……幾乎注定就是反動的電影」。

　　當時歐洲知識界非常激賞巴西與古巴電影，對此，埃斯皮諾薩說：「我們有什麼理由要在意他們的讚賞呢？」不過，巨大差異之餘，「第三電影」與李安仍有相同：它們都不是製作不佳、編劇不用心的低品質電影。

　　不追求高預算、平價製作的「第三電影」，怎麼能夠同時不是低品質，又能溝通知識界與大眾？這就是動力，驅動我們想方設法，創造台灣版本的「第三電影」。

（《人間福報》2016/10/18 第5版）

第三章

傳播科技的政治

數位時代，召喚著作權的廖添丁

您盡量地脫吧：著作權的麻思

　　前陣子讀到一則新聞，原本以為是記者筆誤，也就不以為意。再過了數日，無意間接觸到了一位專業律師的講稿，這才發現早先讀到的新聞，千真萬確而沒有任何錯失。

　　原來，根據立法旨意，新的《著作權法》第3條規定，所謂的「著作」僅限於「文學、科學、藝術或其他學術範圍之創作」，因此，色情書刊及鹹濕影片錄影帶，由於違反公序良俗，不是前列定義之下的著作，也就不是《著作權法》的保障對象。順此邏輯推演，那麼任何人或公司，如果盜錄使用或翻印他人的黃色小說、電子影像產品，均不違背《著作權法》，若要論處，也只能援用其他關於猥褻的法律條文加以懲罰。

　　如果不再追究，前舉不保護色情品的作法，似乎相當合乎情理。不好的東西，哪裡還要維護其利益？但略經思索，換個方向考量，或許將會發現這樣的想法大謬不然。我們不喜歡那些承歡男（女）性感官的媒介內容，不願意女（男）體在其暴露下純然只是另一種商品，因此不承認其正當性，從而無意使其適用新施行的法律。一直到這個階段，道理都還圓通。問題在後頭。如果色情產品可以任意使用，則由於它無須繳交版權費，其價格豈不是便宜一往如昔？相較之下，其他文化產品因為必須強制給付版費，致其成本必然增加，於是，這些脫脫脫的東西不就相對地「物美價廉」，它在市場上的競爭能力原本已經高強，至此不又更是高人一等嗎？這樣一來，《著作權法》不倒是反過來，提供了一臂之力，讓三點皆露、千奇百怪姿態的「動作

片」得到了更加暢銷的助因嗎？

　　或許有人會說，不以著作權的保障作為增加色情片（刊物）成本，事出無奈，因為必須保持法律及國家機器行事的一致，如果以其符合《著作權法》而強制給付版費，如何又能以其他關於猥褻的法律而定其為不法，然後加以取締？這個說法也只對了一半。我們不妨想想，現今非法營業的商家、攤販不是很多嗎？為什麼財稅單位猶然可以「擅自」予以課稅？主張前舉說法的人，至此或許還想說，若要遏止春宮級影帶的流行，加強取締不也就可以？這麼說也有問題。其一，取締這些有背公序良俗的媒介成品，從來就是本地執守的政策，但是可曾有效阻卻其流行？其次，也是更重要的，如果多了一道力量可以減緩春宮帶的流行層面，可以無須多費力氣地施行，為什麼不加一層方法？

　　當然，即便多了一道《著作權法》來增加RX片的成本，筆者也不相信這些東西的流通速度及範圍縮小，就可以完全減緩奏效。但藉著以上的說明，筆者想要凸顯《著作權法》、尤其是我國在內外廠商的壓力下，飛速擬定完成而實行的《著作權法》，在多方面存在許多矛盾：按理應該保護的東西，它不見得能夠提供屏障；按理應該促其在社會上流通者，它卻抑制了其生機。8月下旬，我國製藥業者反對美國要求回溯保護其藥品的專利，只不過是這種矛盾的一個小小表現而已。

　　涉及專利、商標以及版權等等的所謂智慧財產權，根本只是一個經濟上如何捨此就彼的策略抉擇，絕對不是道德問題，雖然後者是政府與財團希望使之流行於市井之間的想法。如果確立這個認知，那麼應該制定什麼樣的《著作權法》，其考量因素完全與經貿過程，究竟採取進口替代或是出口導向、究竟關稅壁壘或是自由流通等等問題，同出一源。

　　況且，目前行諸世界的貿易關係，基本上是一種不平等的交換，而且絕大部分對於已然工業化（或所謂的後工業化）的國家有利。原本是以有易無、對調彼此有利之生產條件的國際貿易，在這種交換關係之下，再也不是好事一樁，它反倒是傾壓宰制過程的一環。由於智

慧財的開發需要大筆研究發展及行銷的經費，因此它必然與資本多寡緊密相關，也就是富國得有最大能力創造智慧財。於是，本來就不公平的國際貿易體系，在嚴苛的智慧財法律實施以後，注定形成更大的不公平。

事實上，以總體收支作為比較基準，全世界國家當中，只有美國在「點子」（ideas）買賣上賺得大錢，這在美國貿易赤字連年的狀況下，顯得尤其重要。以1990年為例，美國在專利權與特許執照的出售金額，取得了美元153億，支出了27億，淨賺126億。反觀其他經濟強勢國家，固然在製造業產品大有斬獲，但點子買賣方面卻是落山姆大叔一等：日本淨支出35億美元，德國19億，法國5億，英國1億。最近幾年，美國若干商權通政權的企業家，要求其他國家照老美的形象，接受其著作權觀，基本原因正是美國可以從這個法律得到最大收益。

由於老美執意以其特定觀點作為議定智慧財產權的基礎，徒然有利於特定人或集團，而對其他人、國家或資本家不見得有利，這就惹出了不少是非，使得國際間紛爭四起。類如巴西與印度等等在經貿上沒有受到美國太強牽制的國家來說，他們在國際貿易關稅總協定的談判桌上，立場堅定，明言不買老美的帳。

保障苦心創造者（團體）的辛勞，以及照顧其他人（團體）的利益，如何兼顧，在私有財產制度之下，原本存在著層層衝突與矛盾，無法徹底解決。如果容許我們暫時將單一國家境內的相關問題存而不論，那麼，如何運用智慧財產成品的另一項特徵（複製成本奇低無比，並且複製品與原產品的功能幾乎無分軒輊，但在物理上又對原件沒有什麼損害，電腦軟體是最佳的例子），作為走避，甚至顛覆國際不平等關係的手段，同時又量力而為地適度表達對於創作者的敬意，顯然值得我們仔細構思並進一步形成共識、行動的依據。

依此而言，國與國之間的智慧經貿關係，不妨以「意思意思、比例付費」的方式加以定位，它應該遠比目前這種不分青紅皂白的規範，片面求取特定國家的利益，來得可取十分。

舉些實例。台灣的學術出版品（單篇論文或是書籍）原本市場不

大，多是出版商的賠錢貨，如果依現例而每譯一本即給付原出版人5%版稅，豈不是平添負擔而折損出版商問津的意願？如若不然，也等於是降低了譯者可以取得的翻譯酬勞，折煞了翻譯的品質。因此，這類出版品不妨初期給予原出版者每本一元台幣的象徵權利金，如果日後得有盈餘，台灣與外國出版商再對半拆帳。如果是流行或大眾文化之類的暢銷翻譯品或影帶節目，則不妨規定本地商賈給付高於現行費率的酬勞，這樣一來，也就不容易發生現行《著作權法》實際施行以後，反而會讓春宮著作物更為暢行的反效果。

坊間關於《著作權法》的書籍，以及報章雜誌的相關討論，總是先行承認、默認了法條至上，然後將本身的行為依法塑造。美其名，這是法治精神的體現，究其實，這卻百分之百的是以人、以社會之需要牽就法律，是使法律異化的作法，造成了法役人而不是人以法襄助其目的。熟讀法律的人，在《著作權法》通過以後，忙不迭地出書，警語「新《著作權法》緊緊抓住每個人……小心犯罪」，到底是善盡法律人的社會責任，還是在沒有深思熟慮法律之政經社會文化意義之下，無意間等於是藉機出了點小名、發了筆小書財的行為？

（《自立早報》1992/9/16-17副刊。2023/7/23按：最高法院在2017/9/28有「106年台非字第13號刑事判決」之後，色情片在台灣才正式得到著作權保障，見https://judgment.judicial.gov.tw/FJUD/Default_AD.aspx）

有智慧　沒頭腦

（1992年）5月下旬立法院通過《著作權法》之後，本地報章雜誌的相關報導出現了單面偏倚的現象，顯示我們對於這個法律的了解實在並不完整。法學界表示我們不需恐懼，只需大力支持；大電腦業者更是認為，此法等於是推動了本國產業升級的契機；出版商則以聊勝於無的態度，表明沒有取得版權的書將趕緊出清，以求多賣兩年。從

整個報導與評論的形態來看，媒介大抵是說，不尊重著作人的創作權而任意使用，於理確實有所虧損，何不乘著這次機會，湔洗海盜島國的恥辱？

　　新聞學的單面偏倚，意思是說，經過如此程序所顯現的事件，其本身固然是事實，卻另有與此事件相關的事實沒有得到應有的報導，如此一來，也就產生了以偏蓋全而見樹不見林的弊端了。以版權、著作權這些所謂智慧財產權的問題而言，它們所暴露的主要問題，並不是道德的有無與高低，它們所彰顯的乃是企業集團的競爭策略。

　　這樣的策略在電子及通訊界表現得最為明顯，因為資訊產品的特徵之一，正是發明者很容易就會創作出相仿的設計，並且後出轉精，逼使先前的發明公司難以常保優勢。於是，這些公司就更有必要藉著法律，延長或獨占特定的技術，使他人無法開發相同的產品。美國電信與電報公司（AT&T）的律師明白地說，如果要阻卻商場對手，最好的方法就是隨時準備提出訴訟，控告對手抄襲、模仿本公司的發明，即便沒有贏得勝訴，這些小廠商總歸受到了擾亂（這類案件一經進入司法審理，費時五至六年是常有之事），久而久之，其競爭能力也就只有持續減弱。

　　另有些時候，大公司甚至以免費使用其創作品項作為攻取市場的手法，國際商業機器公司（IBM）在1981年進入個人電腦市場時，為了讓微軟所設計的軟體能夠成為個人電腦的操作系統，不正是如此做嗎？等到盤踞了市場之後，這就收起免費的午餐，並且變本加厲，連同先前的甜頭一併追回。電視問世之初，目的只在販賣電視機座，節目只是為了刺激觀眾購買硬體而免費提供的軟體服務，美國成立電視網的過程，甚至還有付費給地方加盟台以播放節目的情況。等到家家戶戶有了電視，收看電視變成了不可缺少的家庭活動，節目不但不再免費供應，它其實是更大的一筆收入來源。類似過程也發生在台灣第四台的普及過程。起初，經營者在無需付費的情況下，取得放映節目的便利，於是以低廉的月費招攬用戶，如今，第四台訂戶已經將近百萬，如果每戶因為負擔版權而按月加付100元，則一年就是12億。

　　去除以道德標準對待所謂的智慧財產權問題，並將其還原為它本

然的「狗咬狗」、是大小廠商相互追打的真實面貌以後，我們可以得到什麼行動策略？也許，視情況，時而遵守《著作權法》，時而陽奉陰違一番。

　　資訊可以分成兩大類，社會有用類與社會無用類。比如，批判商業文明、社會建制的書籍、影像帶，這些是我們需要的，但就現階段來說，這些資訊原本就不具有市場價值，願意出版發行的機構已經不多，果真再加上取得版權所需的功夫與成本，更是少有人還肯主動從事。更糟糕的是，諸如《著作權法》的規定，更會為建制單位引用，遏阻了這類資訊的流通，前些時候北區大學院校所舉辦的第三世界電影展，進行之中，在若干學校就被攔腰一斬，理由是這些影帶未經授權。[1]至於無用的資訊，則可舉通行於第四台的大部分影像帶為例，這些訴諸感官、視覺娛樂或旅遊風光的東西，如果不看，似乎也沒有什麼大損失。詭異之處在於，這類無用之物，卻正有其市場價值；而我們亦須注意，《著作權法》如此這般施行以後，是否增加了大業主吞併小業主的可能性，並擴張了國家機器與這些大東主的合作範圍，從而使社會建制的控制異端的有效程度因而提高？

　　「你不說，我不說，出版商也就不知道。」為了翻譯一篇文章，筆者當面徵詢同意時，該文作者如是說。如果新的《著作權法》大有可能減少，甚至滅絕我們引進所需資訊與知識的機會，那麼，這顯然是值得玩味的一句話。

（《自立早報》1992/6/21 副刊）

1　2023/12/18按：法學與政經學者貝克（Edwin Baker）在《傳媒、市場與民主》頁297指出，法規「優厚商品化的表達」，如「著作權……減少了」不容易牟利或「非商品表達的機會，或增加了其成本」，意思在此。

智慧面前不敢樂

最近弄到一本好書，不敢獨吞，想要眾樂樂。

那是一本英文著作，正好作為學生入門兼進階的書，這個領域的專著很少，中文不用談，英語也不多見，現在居然有這樣的東西，還敢當作武功祕笈嗎？

不過，所謂的智慧財產權，最近又挾著美國貿易法三〇一條款的威力，鬧得滿城風雨，台灣各家外貿廠商都捲入了暴風圈。按照傳統的「惡習」，書本拿去聽任有興趣的人翻印，法所不容，更何況現在風聲正緊，硬是積習不改，豈不自找麻煩？進口呢，書到了之後，早就已經夏日炎炎放暑假，難不成還把學生抓回來捧紙張哩。

左思右想，譯出來與方家共享吧？幹「傻」事都被人拉住。書確實好，字字反骨，正好作為槍藥紙彈，攻打現存的生活方式之餘，一併檢討版權、著作權的問題。出版家在商言商，捧毛澤東如果賺得了錢，照捧不誤，但這樣的書既要給翻譯費，還要奉送版權費，又不可能暢銷，哪裡找得到願作賠錢生意的書商？

看來，形勢比人強，好像只能獨樂樂。形勢比人強，好像只好自己典藏，誇耀獨門法寶。再不然，以身試法，先翻印，然後自首，看看法官是不是認為印個數本，充作教學用途的傳統作法，符合《著作權法》第46條的「為授課需要，在合理範圍內」，可以重製他人已公開發表的作品？

（《中國時報》1993/2/22 第27版／人間副刊）

狄更斯與國際版權

1842年，英國人兵分兩路，武鬥與文鬥一起上場，左右開弓。往東，帝國的艦隊轟垮了大清王朝的自信，強迫中國人吸食鴉片。朝

西，狄更斯（Charles Dickens）這位以《雙城記》等等寫實小說，批評帝國境內之社會慘狀的文學家，來到了美利堅合眾國，一方面了解美國人口消費英國藝文作品的實況，再就是遊說美國國會趕緊通過《著作權法》，保障英國作家在美國的著作權益。

不看還好，一瞧真是讓人七孔生煙。狄更斯眼見美國人公然使用他的作品，賺進大筆銀兩卻分文沒有分潤於他，不免氣憤填膺。於是，狄氏返抵國門以後，立刻在期刊上發表了一封公開信，大聲向同儕作家疾呼，力勸他們如果將有新作出版，千萬不要送往新大陸，平白讓那裡的編輯與出版家得利。因為這些「宵小」：

> 榨取別人腦汁即可舒適過活，但自己的腦袋卻只裝了豆腐渣，無法自食其力……他們這些傢伙的絕大多數，知識才具非常貧乏，名望極其有限、微不足道；我經常親眼看到，就在同一個版面，他們在吹噓某本英國著作的複本，在很短期間內，已於當地賣出幾千份的同時，他們竟然還可以粗野低俗而無禮地攻擊那本書的作者，往他身上潑灑下流而中傷的文字，堆積盈尺。

「愛真理、但更愛金錢」。當時，翻印英國著作得利最為豐厚的兩家美國刊物，讀了這封公開信以後，毫不遲疑地以同等辛辣的字句回敬。《杰納森週報》（Brother Jonalthan）說：「如果狄更斯先生愛錢勝於文名，重視虛華背心勝於桂冠，自私自利而以卑賤為能事，並且棄士林重望於不顧，那真是他自己的大不幸。」同樣是在紐約發行的《新世界週報》（New World）則乾脆說狄更斯「如果不是笨蛋，就是騙子。」其實，狄更斯更是「瞎子」，他忘了英國人也盜印美國書。1853年《倫敦新聞畫報》（Illustrated London News）是這麼報導的：「一本美國書，只要像樣一些，出版不久之後，立刻引來整群的英國書商競相翻印，看看誰有本事先搶占市場。美國的作者呢？分文都拿不到。」

到底那個時候的英國作品，在美國有多暢銷，致使這兩個國家為錢而惡言相向，不惜斯文掃地呢？又為了什麼到了1842年之時，已

經取得政治獨立地位超過一甲子的美國，當年竟會消耗這麼多英國作品，彷彿是追求文化之不獨立卻猶然不可得呢？

　　故事必須從1837至1843年的美國經濟蕭條說起。當時，不僅書商每年出版的圖書量驟減，每本書的平均售價在書商求售的情況下，更是由1820年代的兩元，鐵線直降，變成只有五十分。按理，書價既已銳降，讀者應該得到誘因而增加買書的支出，但問題在於，美國所謂的大眾報業年代亦在此時降臨，讀者以更少的經費，卻可以購買文字量更多，而只是裝訂差一些、印刷品質較遜色、攜帶及展讀嫌不方便的報紙或定期刊物。

　　以稍前提及的《杰納森》與《新世界》週報為例，其售價單份是六分錢，如果訂閱一年只需三元，並且由報社（透過聯邦政府大量補助的郵政系統）免費遞送到手。這些出版品只印成單張，以便除了可以給付報紙而不是雜誌的郵費率之外，也可以因為無須裝訂或黏貼而節省成本，但這樣一來，為了容納大量內容，週報的面積往往大得嚇人。比如，到了1841年，它們的長度居然到達五呎八吋，寬則是四呎四吋！週報的業主也以此宣傳，叫嚷「花六分錢而可以讀到更多量的材料，何必買兩元的十二開書本呢！」

　　這麼多的篇幅怎麼填塞？1988年台灣報禁解除以後，讀者經常為了報幅增加，致而必須接觸愈來愈多的廣告而苦惱。但當時的美國報紙，發行收入仍然是報社最大財源，因此週刊業主無法以廣告填充版面，於是窮則變、變則通，他們刊登了大量的海外作品，並且倚重日深。1841年6月《新世界》宣布，該刊將在例行週刊之外，再以四開（9×12英寸）排印某著名愛爾蘭小說，免費送給新舊訂戶。到了這個階段，整個紐約報界已經捲入更為激烈的競爭，原先只是偶一為之的促銷活動，此後變成了常態經營手法。1842年，《新世界》贈送的小說及非小說增刊，達到二十一本，次年再增加至三十六本，而訂戶僅需一年多付一至兩元！更驚人的是，這些增刊的銷售量相當龐大：在出版數週之內，《新世界》的小說增刊曾賣出兩萬六千本，《杰納森》更是宣告了三萬三千的銷數，據後者說，當時書籍市場毒藥的詩集，居然也賣了一萬六千五百本。最後，由於這些便宜書大受

市場歡迎，《新世界》等報社索性一不做二不休，停辦或減辦日報或週報業務，轉而專注於大有賺頭的書籍增刊之出版。據當時記者估計，這些增刊如果能夠賣出兩千本，就可以回本，假使賣出兩萬本，利潤可以高達一千元。

但是，好景不久長，1842年開始，美國最大的出版商、同樣亦在紐約的出版商「哈潑」（*Harper & Bros*）開始反擊。哈潑先是心戰喊話，表示這些報社出版的書固然便宜（不付版稅，因此當時紐約買二十四本書的錢，在倫敦只能買兩本，也就是翻印書只及原書十二分之一價錢！附記一筆：台灣在1980年代翻印書再便宜也還是原書價的五至十分之一），卻對正派經營的出版業不利，折損了作者權益，並且於道德有所虧損、降低了閱讀品味。

然後，「哈潑」以大資本進擊。就在這個時候，美國經濟也恰巧從蕭條轉向復甦、日漸景氣，人們重新講求書籍印製品質，《新世界》等以翻印而劣印增刊起家的書商，因而流失了部分讀者。非但如此，到了1844年仲夏，「後起之秀」更是迎上前來，以其人之道還諸其人之身，照樣翻印《新世界》斥資1萬5千法郎取得之新書《浪跡天涯的猶太人》（*Wandering Jews*），《新世界》的另一部分讀者又遭攫奪而去。好笑的是，此時，該刊竟也嚴詞以對，譴責翻印乃是「海盜」行為。

顯然，這種因為版權問題而衍生的各種紛爭，突出了美國在引進其他國家之文化產品時，不同利益的對峙情況，以及兩造（翻印與反翻印）之間的力量消長。1842年的狄更斯代表了國際版權運動的先驅，試圖推廣英方於1838年通過的法案——根據該法案，英國從此可與各國簽訂著作權條約，以互惠方式保護對方出版品。以英國的情況來說，他們是很有必要與鄰國訂此合約，因為美國與法國為首的「海盜」集團，往往將翻印的書回銷英國，當時著名的多產小說家詹姆士（G.P. R. James）曾在倫敦統計學會痛言：「海盜版本的書籍蜂湧而至、沒有限量……正版圖書為之完全無法存在……倫敦出版的書籍，每每在一星期之內旋又在巴黎出現了翻印本，然後銷售各國……。」確實，據估計，1830年代，單是巴黎所盜印的英國書籍就

有五百種。(但英國當時的工資及物料成本冠絕全球,因此不太可能翻印他國著作,再回銷以得到利潤。)由於英國是這個國際互惠條約的當然受益者,類如狄更斯的遊說,也就可以理解。

至於美國,既然無法從該項條約得利,也就無妨繼續堅持1790年5月31日所制定的著作權法。美國聯邦政府在該項法律明白表示,凡是在美國境外任何地方的出版、寫作或印製的產品,一概不受其著作權條款的保護。新的國際法規無利可圖,美國於是決定辜負英國著作權這輪「明月」的照耀,仍然以溝渠自居。美國的大部分書商仍然大肆翻印、重排再製英國文人的作品,而給付版稅、權利金等就請大英宗主國等一等,並且一等經年,到了1891年,也就是美國國內著作權法實行一世紀之後,國會才通過相關條約,以互惠方式與英國簽訂著作權的對等保護。

(《自立早報》1992/11/7-8 副刊)

另一種關於「智慧財產權」的說法

當代世界資本主義體系的大員,美國,揮舞它的貿易法三○一條款時,同樣是這個體系成員的各個國家,幾乎沒有一個不膽顫心驚。不過,我國似乎來得嚴重一些,有若嚇得屁滾尿流,根據施俊吉的查詢,已有翔實資料為證:從1985年至今年初,當美國祭出三○一時,台灣平均只談了十八天就接受屈從,南韓則是三百五十五天,泰國更達四百七十天,印度、日本與中國大陸則在三百天左右。

台灣這麼買老美的帳,或許是長期以來仰人鼻習,不得不爾,但主要原因顯然還在於智慧財產權(版權、專利權、商標權與工商機祕的統稱)的問題。事實上,過去十年來,媒介對於這個議題的刊載,從無到有,剛好足以反映外在經貿的實際狀況。1983年我國與美方的經濟貿易諮商,在例行會議之外,另加「保護工業財產權會議」,

並於次年擴大為「保護智慧財產權會議」，1985年7月10日《著作權法》因而有了自1964年以來的第一次大幅修訂，事後，錄影帶及小說出租店遭受頗大衝擊。從此，這方面的議題屢屢浮現報端，而1992年6月新的《著作權法》開始施行以後，由於影響層面更大，致使重要新聞版面幾乎沒有一日沒有相關事件的報導、評論，或是自責（國人沒有尊重智慧財產的習慣等等）。今（1993）年3月7日，新科行政院長在第四台業者成立「有線傳播發展促進會」時，致詞表示欽佩業者不再播放侵權影片，彷彿台灣的有線電視購買版權片以後，這個地虎影像網路從此平坦無事。

但到底應該以怎麼樣的觀點看待智慧財產的問題，才能更為接近真相呢？坊間看得到的類書，報章雜誌的新聞報導，好像沒有例外都是繞著技術面打轉（條文的解釋、就法言法等）。這些作者的用心與著述之勤，固然以實事求是的筆觸，提供國人接觸這方面問題時不可或缺的參考與指引。但另一方面，就如黃維幸博士所說，實證法學有它的限制，這些闡述智產權的主流文字，確實少見社會學式的討論，尤其是出以質疑、批判的視野，更是闕如。筆者是法律條文的門外漢，對於法律社會學也僅止於興趣，現在膽敢不揣淺陋，自封一夜專家，借此篇幅，引介關於智慧財產權的另一種視野，先淺述智產權歷史，然後實例舉證在後，純粹是心情激切而不再能瞻前顧後，只求趕快拋出一塊磚頭。

歷史沿革篇

大約兩百年前（1791年），程偉元兩次校印、改版重印《紅樓夢》，可見該作當時已經大受歡迎。不過，即便此時已經辭世二十餘載的曹雪芹尚有遺孀，她也得不到任何版稅。事實上，一直要到1991年，中國大陸才制定了一套版權體系，而不但中國的傳統沒有西方模式的版權法律，印度及整個亞洲也沒有。西方的古希臘、古猶太法與羅馬的出版事業，雖然已經可以窺見現代的版權觀念，但在基督教會壟斷知識的時代，版權之說無法孕育，這是因為版權需要一個

創作者，而基督文化總認為唯有神能夠創造，個別人物的創意只是神意的具體表現，何來保護之說？

直到12世紀，巴黎及另外一些大學城鎮出現了手稿書籍的交易買賣。文具書商（stationer）拿出銀兩，在大學的嚴格規約下，將古文經典以特定的價格，透過手抄方式重製賣出。但這種手抄本畢竟不可能流傳太廣，大學興起固然逐漸破壞了教會的知識壟斷力，但印刷興起之前，口語仍然是主要的傳播途徑，談不上版權問題。因此，文具書商透過他們長期累積的資本，致力於印刷設備的發明與改良，1450年代古騰堡（Johann Gutenberg）開發了活版印刷技術，資金全部取自名喚福斯特（Johann Fust）的商業資本家，但由於古氏無法即時償還貸款，他智識上的創造果實也就為福氏所有，這也表徵了資本主義體系的本質。

1469年，現今義大利的城邦威尼斯市政府，給予引進活版印刷的John of Speyer五年的印刷特權作為回報，稍後則給予特定商號印製某些古典書籍的權利，以此鼓勵印刷這個當時算是「昂貴而風險頗大的行業」，「後世的版權體系，可以說是以此為其濫觴。」而印書特許狀的核發，也就迫使政府開始衡量，哪些東西屬於公共領域，哪些藝文活動則是私人性質而可以作為謀利之用。當我們想到程偉元無需取得任何許可，大落落地出版《紅樓夢》的三百多年前，洋人的國家機器早就介入了印刷業，我們又得到了另一個標記，看出了西方國家在全球體系的特徵之一。不過，就如同資本主義萌芽階段的國家機器與私人資本，結合尚未緊密，對於智慧權的保護也很難完全責成於國家機器，而必須仰仗商人之間的協定。這種情形在現今的德國更是明顯，因為彼時普魯士小邦林立，國家權威沒有樹立，令出難行或效力範圍有限；另一方面，書商的足跡早就跨越了邦界，不是單一國家法令與行政能力所及。因此，商人為了自保，也就彼此約束互不侵犯，事實上，他們發現這才是保障本身經濟利益不受盜印、不受競爭的更好辦法哩。在德國，這樣的私人協議，主要是透過書商公會與法蘭克福及萊比錫書展制訂的。

等到資本主義的重心由威尼斯、北德、荷蘭而移轉至英國時，保

護智產權的途徑，雖然還是私人合作與國家介入的雙軌並行，但隨著出版活動的跨越國界，國家機器作為規範手段與強制版權的立法，也就日形重要。

作為一個後進國家，英國在1476年引進印刷技術時，抱持鼓勵的態度，因為它想要讓書籍業盡速開展起來。隨後，皇室卻又為了異端及叛亂言論而傷腦筋，於是在1557年給予書商公會（Stationers Company）壟斷英格蘭地區的出版特權一百五十年，用意是讓該公會自行控制其成員，篩選印刷內容。很明顯，英國的出版法令，要旨在於保護書商的經濟所得，不是作者的創作收益；這也是因為當時的文人鄙視寫作只為出版的態度，文人寫作充其量是一種怡情悅性的活動，用來休閒及酬酢。事實上，英國第一個登記有案，得以從本身著作取得錢財（十鎊）的作家，一直到1667年才出現：米爾頓的《失樂園》。七年之後米爾頓去世，版權由妻子繼承，不過，得款只有八鎊。

到了17世紀末葉，情況已經翻轉，若干作家已經依靠鬻文度日，因此，1725年，《魯濱遜漂流記》的作者狄佛如此記載：「寫作……已經是英格蘭商業的一個部門，聲勢可觀。」

傳統上，研究版權的歷史學者認為，洛克在這個時期發表的《政府二論》（1692年），設定了作者的智慧財產權之理論，亦即他們認為洛克企圖將智慧財產從一種由法規而來的權利，轉化成為一種天賦的自然權利，也就是將版權從出版商手中取走，歸給作者。但近人對於這個解釋頗有質疑，如貝提格（R.V. Bettig）就說，洛克固然提供了理論基礎，鞏固並發揚「據為己有的個人主義」，但他從來沒有意識到他的財產論應該包括智識的創造活動。事實上，近世第一個版權法，也就是英國制定於1710年的安女皇版權法（*The 1710 Copyright Act, Statute of Queen Anne*），縱觀其全文，根本找不到任何觸及創作者個人之智慧權的文字，該法標示的是一種（出版商擁有獨斷出書的）「財產權」而已。充其量，個人創作得到的保障，只能說是出版業界建立商業利益的過程，順勢附帶的產物，絕對不是版權法的立法初衷。作者權利源自天生的說法，在1769與1774的兩次判例中，更

是被摧殘得無影無蹤。我們去年施行的《著作權法》，第11條引發了巨大爭議，因為它規定受僱於法人之作者為版權所有人，而不是雇主，確實迥異於其他資本主義國家的作法，但這似乎並不能說是我們特別重視作者的自然權利，而應該歸因於在美國強力壓迫下，由於快速立法而出現的歷史過程之小小的擦槍走火，過不了多久，這樣的條文必然遭到修改，或者，資方在僱用心智勞動者之時，必定要求受僱者簽約放棄他的「自然」權利。

　　美國的版權立法精神，源出英國。在米爾頓賣書後不久，美國司法史第一次列有紀錄（1672年），顯示名喚阿薛（John Usher）的富裕書商得到了法院核可，占有出版並販售《麻州殖民地法律與自由權概況》修訂本的專斷權，但從此之後的百年之間，美國再沒有任何關於著作權的申請案或訴訟案。直到1783年，在書商韋伯斯特（Noah Webster）大力籌組遊說團的運動之下，美國才在康乃狄克州出現了施行著作權法的另一個例子，但僅止於康州，不是美國全境。但隨著美國獨立，急需將其經濟串連成為整體發展，國家機器也就逐漸積極介入，矢言「國會有權提振科學及有用藝文的進展，具體途徑是授予作者及發明者排他的權利，使用其創作品。」因此，到了1790年5月31日，美國聯邦政府第一次通過了版權法律。不過，這個以整個美國作為適用範圍的《著作權法》，同時卻又明白表示，凡是在美國境外任何地方的出版、寫作或印製的產品，一概不在該法保護之列，原因是當時的美國處於落後之林，不但想要保護本身初度萌發的資產階級文化，她更想要竭盡所能，利用文化器物已是粲然大備之國家的成果，而方法之一就是無償使用他國的「智慧」。

　　到了1854年，美國國務卿與英國駐美大使簽定條約，同意雙方在互惠的基礎上，彼此均給予對方產品《著作權法》的保護。到了這個階段，戲還不算落幕，美國行政部門同意的條款，又要過了三十餘年，也就是直到1891年，其國會才首肯這份條約。換句話說，美國直到這個時候才對於本身的文學水平稍具信心，認定他們毋須再便宜地吸收英國宗主的小說、詩歌等作品，即可獨立自行創作。等到電子媒介（從電影到電腦）來臨，美國更是搖身一變，不復昔日的吳下阿

蒙，而是逐漸成為全球最重要的專利權與版權受益國。

　　但資本主義畢竟是一個各方勢力矛盾對立的體系，哪裡存在利益，頻繁的衝突與仲裁活動也就環繞著進行，1982年美國設立了特別法庭，只為處理關於專利權的訴訟，而這些官司打得多了，也就讓人愈來愈不了解，到底這樣的智產權法是在鼓勵還是阻卻創新？並且，打官司是需要錢的，愈來愈多的美國人開始質疑，這究竟是法律公司或是開發新產品的公司得到更大的利益？當今美國智產權的走火入魔，可以舉一個例子說明。好萊塢的製片人現在已經不敢隨便拆信看信，因為萬一信件是劇本，而有朝一日製片人拍攝的電影又正好與這個劇本有點牽連，那麼，他就必須面對上法庭的威脅與損失。喜劇演員艾迪墨菲（Eddie Murphy）就曾經吃過這個虧。報紙專欄作家包可華（Art Buchwald）成功地控告他「剽竊」他的點子，拍製了《來到美國》這部影片，但這真是天曉得，說不定包可華只不過在專欄寫了類似的文字而已！

　　回顧了智慧財產權在西方的發展過程，我們輕易可以發現，在絕大部分人類歷史裡，這樣的權利觀念根本不存在，但科技與其他文化器物的進展，仍然沒有因而受到阻礙。所謂的智慧財產權之興起，變成商團競相角逐的標的，代表的只是資本主義之動力，已經將愈來愈多的生活現象商品化，財產權私有的觀念，由有形的物質財貨，擴展到無形的腦力思維及人際關係；而智產權在國際間引起的糾紛，只是資本主義體系之下，經濟利益的衝突，糾紛各方誰輸誰贏，只能說是彼此政經實力及依附關係的強弱（印度與巴西等國，對於美國想要強加其智產權於他們，迄至晚近，不太理會）。智產權帶引出來的問題，無涉人種優劣也無關乎道德高下，我們不會說英國人比德國人或義大利人差，不致認為他們比較低下而盜用別人的智慧；我們更不會說美國人比英國人不守法，不致認為他們是海盜國家。既然如此，我們又為什麼那麼地「躬身自省」（或說是自我作賤），動不動就責罵自己貪小便宜、不尊重別人，甚至慚愧而臉紅地比附自己是海盜之國貪婪之島呢？

實例篇：版權不行，來個商標

　　台灣的報紙，無分規模大小，開始大量而固定的運用漫畫，約略是1980年代以來的現象。在美國，報紙啟用漫畫並蔚為風尚，大概是上個世紀最後十年出現的。始作俑者是普立茲與赫斯特兩位報業大亨。1895年，普立茲旗下的《紐約世界報》（*New York World*）編採人員全部被赫斯特的《紐約日報》（*New York Journal*）挖角，其中包括了廣受讀者歡迎的週日漫畫主角〈黃童子〉（Yellow Kid）與漫畫家奧考特（Richard Outcault）。普立茲眼見黃童子跳槽敵報，情急之下告進法院，控訴《紐約日報》侵犯了黃童子漫畫的智慧財產權。

　　到底這場官司誰勝誰負？

　　關鍵在於這場官司適用的法律規範，究竟是「著作權法」或是「商標法」。如果是前者，赫斯特把原作者都請走了，奧考特到了新報紙所繪製的漫畫，權利當然歸為他自己或新報的東主所有，普立茲著急又有什麼用呢？但如果普立茲已經事先向法院申請，主張黃童子是他報紙的註冊商標，別人萬萬不能使用，則另當別論。（這也就是台灣最近很風行的產品識別標記之特性，創作這個標記的人，不能再以同樣創作用於其他公司。）

　　著作權法的發展，雖然由保護作者，使其免於受到市場之盜用等侵權行為的損害，變成企業集團肆行擴張與壟斷的手段，但為了強調它仍然符合社會公義的要求，著作權法還是必須散布資產階級的人道精神，主張它所保護的對像是創作者、自然人的心智活動、原創與正宗性。

　　相對於此，商標法從一開始就不是用來保護自然人，而是用於區隔企業集團的商品，也就是謀取資產階級的利益（雖然它也聲稱，商標是要方便消費者，讓其購買來源明確而可靠的產品），公司行號在則商標永生不息，否則，該公司亦可設定條件，授權其他公司使用。

　　著作權法（copyright act）至少還是假惺惺地說保護創作及表達自由，商標法（trademark act）則乾脆堂而皇之、無怨無悔地以市場控制及擴張的代理人自居。

　　值得注意的是，從引用著作權法保護文化產品，演變到引用商標法，或著作權傾向將其主體，從自然人移轉至法人，大抵也和所謂後現代理論若合符節。它說作者（author）最終將為自己所創造的文本侵蝕消融，失去身分，而商標法的運作實況，尤其如此：當一篇文章的著作權歸屬雜誌社的時候，通常只能使用一次，並且其後的每次使用均須另行付費，一本書或電腦軟體的版權歸於公司時，期間通常也不致超過十年，但商標創立之後，不但原作者只收取一次費用，該商標的法律地位，也是永久歸為公司行號的財產。

　　回到前面的例子，由於著作權與商標權的這個差異，普立茲並沒有能夠打贏官司，因為美國一直要到1946年才制定《商標法》（*The US Trademark Act of 1946*，一般稱為《郎安法》*Lanham Act*），並於次年7月5日施行。

　　但我們從這個例子也可以輕易發現，對於生產偶像或明星的文化商賈而言，最有利的作法是將其製造出來的偶像（以前例來說就是「黃童子」）做成「商標」，附屬於公司。事實上，首創於1938年，美國第一個超級英雄「超人」（Superman；「蝙蝠俠」Batman是同一公司次年推出的產品），在從漫畫時代推進至電視時代的過程，為了從這位流行媒介的文化產品獲取最大可能的利益，早就不只一次地將《商標法》背後所代表的概念，用作壟斷「超人」的權力，有成功有失敗。

　　先是1940年，擁有「超人」的「偵探漫畫」公司（Detective Comics, DC）見不得市面上出現了「妙人」（Wonderman），硬是說超人體現的概念（一個能力非凡的人類拯救了人類整體的命運），只能由超人表達，別人不能換個名字再作重現。由於《郎安法》尚未制定，DC敗下陣來。但畢竟妙人不是超人，輸掉官司的DC也沒有什麼大損失，對於DC利用超人以累積資本的障礙，還在於兩方面的威脅。第一，漫畫與卡通的形式，無須擔心主角會老化死亡，但隨著影視時代的來臨，真實人物扮演超人的情況，人的自然年限反倒構成了一道潛在藩籬，阻絕了利潤的實現。第二，版權保護期限總有過期的一天，如果超人只是單一而完整的作品，無法逃出這個限制，總有一

天超人會成為公共財，除非超人變成「系列」影集的一部分，演個沒完沒了，或是本集的版權期間未了，下集又來，使之連作整體，永續生存。

《商標法》的制定與電視的出現，拯救了資本家，解決了這兩個困難。在DC強力遊說下，超與人這兩字合成的「超人」，變成含帶特有的意義：伴隨影像而來的名字、形貌外觀與服裝打扮已然可以是《商標法》永遠保護的客體，他人不得再用。於是，劇中的超人、他在平常日子的身分Clark Kent，以及他所供職的報紙《每日行星報》（*Daily Planet*）這三個名稱，統統成為註冊商標，永遠存在，而飾演Kent的喬治李維（G. Reeves）則可生可死（事實上，他真的在超人影集結束兩年之後，也就是1959年自殺了）。

然後，隨著「超人」再次以電影形式發行，DC又接連贏了三場官司，鞏固了陣角。1979年，它說「瘋狂艾迪」（Crazy Eddy Inc.）這家電子公司的廣告歌曲「是鳥，是飛機，是瘋狂艾迪……」根本就是抄襲超人50年代的歌曲；相隔一年，紐約法院判決DC勝訴，裁定電視卡通節目的人物，具有相仿於超人的能力，恐有稀釋超人註冊商標之色彩的嫌疑，因此不得於電視中播放；再過兩年，DC再以《商標法》封殺了芝加哥的一家學生報紙，因為該報的抬頭正是《每日行星報》，伊利諾州州法院的理由是學生使用這個名稱，「可能引起混淆，也可能沖淡了*Daily Planet*這個商標的原有味道。」為了保護錢財而好訟成性的DC，在1983年總算踢到了鐵板，原因之一是對手不再是阿斗，而是美國三大電視網之一的「美國廣播電視公司」（ABC），再就是DC確實有無理取鬧的嫌疑。根據美國聯邦巡迴法庭的看法，ABC的電視影集叫作「全美國最偉大的英雄」並無侵犯「超人」商標的事實：看看影集的名字，意思雖然可以說是超人，但怎麼好說就一定是超人呢？更重要的是，劇中主角雖然也會飛，卻撞跌到地面，並且聽到槍聲就躲躲藏藏，根本沒有超人的模樣嘛。

當麻思（mass）文化產品成為可以大賺其錢的利器以後，文化商賈自然會竭盡所能，壟斷文化產品的市場。就這個目的而言，《商標法》比起《著作權法》顯然更能奏效，但這也透露了資本主義本身更

大的矛盾：一方面，資本主義想要引進各色各樣的競爭，並且以競爭的存在，代表本身的合理、合乎大眾需要；但另一方面，由於規模經濟的驅力使然，在擴張的過程又傾向於抹除所有的競爭現象。「超人」目前還可以援用《商標法》保護它的壟斷地位，但終究不能見容於資本主義的動態競爭要求，因此，若干年以後，美國法院是不是會認為「超人」阻礙了文化商品的競爭，而它的特色已經為一般美國人知悉，是一種通用的名稱，不再符合《商標法》的保護原則？就如同拜爾（Bayer）公司再也不能說「阿斯匹靈」（aspirin）是只有它能夠使用的藥名。

（《自立早報》1993/4/5 副刊）

數位時代，召喚著作權的廖添丁？

據說，曾經有那麼一段期間，著作權是為了保障作家、藝術家、發明人、音樂家與企業行號，是為了鼓勵創新、資訊與言論的自由流通，從而使科學與民主得以繁榮昌明。

但是，如同其他曾經存在的美好境界，以美國來說，大約從20世紀起，著作權就開始走樣了。它箝制創意及觀念的流通之處，遠遠多於立法的初衷，致使「美國人民也已經無法控制它了」。

透過對文學印刷品、電影、電視、流行音樂（從爵士、藍調到饒舌樂）及電腦軟體晶片等等意念（ideas）附著的技術形式，分章檢視，《著作權保護了誰？》揭示了讓人聞之而喪氣的格局。智慧財產權法規發展到了現在，實在太嚴苛，個中最誇張的代表，又以美國在1998年通過的《數位千禧年著作權法》最稱不可思議。

根據該法，任何人若修改原工程師的保護程式，均屬違法。更讓人驚訝的是，甚至只要有了創意，就有入罪的可能。比如，2001年7月16日，俄羅斯程式設計師Dmitry Sklyarov來到了美國，在拉斯維加

斯發表論文。他說，矽谷某公司所製作的軟體存在缺點，因此他寫了一個改進的程式。就在講演之後，美國聯邦調查局逮捕了 Sklyarov。理由是，依前法，Sklyarov 不能在沒有得到該矽谷公司的許可，就逕自研發技術。即便僅只是研發了工具，沒有實際用來侵權，並且即使此工具另有合法的用途，那麼，研發本身就有觸法之虞。

簡單言之，本書作者認為，著作權等智慧財產權（智財權）在美國社會所凸顯的支配與箝制之作用，業已使其解放與自由的色彩黯淡無光。

對於美國，這就是智財權的真相。對於台灣在內的其他國家來說，更是如此。這是因為美國必須透過大量智財權的輸出所得，貼補鉅額貿易入超。美國在1980年仍略見貿易盈餘，但其後則年年出現赤字，且額度逐年升高，到了2002年，美國的貿易入超額已在美元5,000億上下。很諷刺，或說很危險的是，如今美國除了從「點子」（軟體、視聽等產品）取得大量出超（1990年美國在專利權與特許執照的出售金額就淨賺了126億美元，同年日德法英則分別赤字35、19、5與1億。若再加入日益重要的生化產品，數額想來就更為驚人），另一種能賺大錢的是國防武器（美國2001年的國防支出占了其GDP的3.2%，歐洲聯盟十五個國家的平均則是1.9%）。

憑藉著文攻（智財權）武嚇，美國的統治集團不但統治了美國百姓，他們也在世界各地發號施令。

怎麼辦？響應本書的論點，要求智慧財產權的相關法規要更寬鬆，不能嚴苛。不過，這只是必要之舉，但顯然不充分。

有的人不滿意只是坐而言，他們還以實際行動，補充作者的寬鬆說。比如，本書亦曾介紹，在財迷心竅的當代社會，還是有許多仁人志士努力不懈，推廣公開版權、開放原始碼的運動。當然，還有一些不那麼光明磊落的行動。比如，在紐約販售贗品的部分所得，竟被用來支持1993年的世貿中心爆炸案。北愛爾蘭共和軍近年的部分經費，取自音像贗品的買賣。長年以來，米蘭就是奢侈品的仿冒重鎮，而佛羅里達是航太零件的仿冒天堂，早就名聞遐邇。至於泰國中部的仿冒，由於帶給當地龐大的就業機會，取締困難。比如，2001年

時，雖有泰國中央政府繞過地方強力介入，掃蕩了米老鼠等知名卡通玩具的仿冒工廠，但不僅當時已有該地千餘人公然抵抗官府，周旋山姆大叔，至今（2003年）則該地更是「生意照常進行，好像啥都沒有發生過」。千萬別說這是特例，這其實是在拉丁美洲、南韓、台灣、中國大陸乃至於歐美等等地方的日常現象，最多是程度有別，生產與消費贗品之分而已。

有人是行動派，自然也會有「思想的巨人，行動的侏儒」。不能或不敢行動的人，那就請藉由想像，補充本書的論點。依據想像的規模，由大至小，舉四個例子。

第一，日趨嚴苛的智財權等於是把我們的生活空間，化作了大財閥的私有地，以致我們動輒得咎、難以伸張身心，那麼，我們不妨主張，我們要有更多資源投入於公有地的保留或開發。以實際例子來說，就是創造更多從一開始就是開放版權的音樂、電視劇、電影、電腦軟體、生化產品等等，然後依據需要，有些放入網路供人取用，有些則聽任製造單位生產。這些創造所需的經費怎麼來？課徵特別稅，相關公司依其規模大小，繳交特定百分比的營業額或累進徵收其利潤，然後，專款專用；或者，透過一般稅收支付。二法並用，也可以。公有地多了，或者有朝一日其規模足以取代私有地的範圍，那麼，類如本書所說的「媳婦熬成婆，此一時彼一時」的現象（美國從不理會歐洲的著作權，到要透過貿易法案，強制他國遵守其嚴苛的智財權規範；對於著作權，馬克吐溫等人早年是一套看法，等到時機轉變，又今是昨非，否定了先前較持平寬鬆的意見），以後也就不會再出現。

其次，在歐美跨國媒介集團聯手施壓下，人們不再能夠透過Napster下載音樂，但這有用嗎？合理嗎？我們可以主張，放在某虛擬空間的音樂，就如同無處不存在的空氣。口鼻呼吸，或者精確地說，跑到你所喜歡的地方，猛吸一口氣，不可能犯罪。既然如此，任何人居家或在宿舍中，下載網路音樂，也就不可能是犯行。反對這個類比的人說，空氣與網路音樂有別，前者存在於大自然，不假人力就可使用，沒有成本。音樂則有勞人力的創造，並且需要資本的奧援才

能行銷並普及，成本不低。網路音樂假使任人取用，又有誰肯勞動、又有誰肯出錢，研究與發展樂曲的創作？而若沒有現在的勞力及過去所儲存的勞力（資本）之投入，反對類比網路音樂於空氣的人，聲浪愈來愈大，他們質問，如此一來，繁複多元的音樂文化，不復存在、將要萎縮。

　　這個質疑好像有理，雖然它誇大了流行音樂的豐富程度。不過，若順其邏輯，緊隨將出現另一個難題：對於廠商來說，邊際生產成本等於是零的網路（不是現場演奏）之音樂等文化產品，若要收費，其實就必須刻意製造其稀有性。如此一來，廠商福利的極大化必須以犧牲社會福利的極大化為前提，這就如同當前的工業文明等於是以人為方式，減少了乾淨空氣的供應量。因此，如同文明的進步，理當讓空氣自由流通，而不是放縱廠商汙染，以致減少了乾淨空氣的供應量，那麼，讓使用者得以方便地下載音樂的軟體，只要不是用來轉售牟利，都可視為功臣，是在最大可能的範圍內，足以讓音樂跨越國界、年齡、性別與階級而作流通的管道。音樂公司的牟利機會，從現場演奏、各大電視或廣播電台及公共場所的播放，乃至於各種儲存音樂的產品（CD等等）與偶像周邊產品，統統都是，若有人假設網路等流通音樂的方式廣為接受，就會使得音樂廠商關門，減少其支應創造成本的動機，可能是太低估了他們的能耐。退一步言，若有這個顧慮，那也只要如同電影的往例，由廠商自行決定，新近創作或演奏完成的作品，究竟是要在間隔多長時間才陸續流通於網路等空間，也就可以解決。再退一步，果真廠商不再有生產音樂的動力，那也不見得是壞事，說不定屆時會是自由人聯合體崛起於音樂創作的領域，大放光芒的時刻，此時文化產品將不再存在匱乏的問題，將可供人自由取用，而政治經濟學就不再有用武之地。

　　第三，在今年5月16日的一場座談中，立法委員林濁水有驚人之語，他當眾直言，表示各國的電影業之「敵人，很明確，是好萊塢」。他的意思是，好萊塢席捲了大多數地方的電影票房及影視產品的市場，任何想要透過跨國合製（如《臥虎藏龍》或《雙瞳》等）的途徑，以求活絡本地電影製片能力的作法，注定無效，只能讓好萊塢

繼續吸血而肥，等於是縱容好萊塢隨時把我們合則用，不合則丟，與好萊塢合製的人，等於是其傭兵或馬前卒，領薪餉而為好萊塢攻更多的城掠更多的地。引伸林濁水的意思，那麼，我們不妨這麼想像，假使各國依照製片能力，彼此協商訂約，提供若干部電影，組成開放著作權的電影聯盟。這樣一來，假設有五十個國家加入，每年當有三百部電影可供無償放映，各國的電影口味不但為此而有了趨向多元的機會，並且在每年有穩定片源的前提下，將要挫傷好萊塢的發行優勢，於是好萊塢得以支配大多數國家電影市場的情況，就會改觀。

　　最後，如果說以上例子涉及集體的意識及能力，個人一時間沒有辦法自己執行，也不敢想像。那麼，提出一些「立地成佛」的念頭，也許有些意義。如此，我們得先將道德分作三等級。最低等級最不可取：沒有得到創作者的授權，逕自為了牟利而大量複製，並且將因而獲得百分之百利潤，中飽私囊。第二等級是，將大量盜用所獲得的利潤，扣除自己的生活川資之外，完全轉用來作為所得的重新分配之用，或倡導重新分配全球的財富。這是另一種形式的不可取，但與第一種有別，它用來重新分配的程度愈高，則其不可取的程度，剛好就因而低了些。最後，稍稍可諒解，或甚至不無讓人欣慰的是，「廖添丁的劫富濟貧」模式。這指的是，假使把很暢銷，甚至獨占或寡占市場的產品，自行複製使用，而以此節省的金錢則用來購買或支持對社會有價值，但卻比較欠缺市場接受力的（資訊等文化）產品，從而等於是鼓勵了這類（資訊）產品的製作，那能夠說這是罪大惡極嗎？如果還不能說是善哉善哉的話。

（推薦文之一：《著作權保護了誰？》〔Siva Vaidhyanathan／陳宜君譯，2003〕，xiii-xviii。台北市‧商周　）

科技決定論的窮途末路

MP3狂想曲

　　蒐藏五、六十萬首歌曲，在美國有上千萬人使用的MP3歌曲交換平台Napster，最近因為法院的裁決，再度成為許多媒介競相報導的對象。美國舊金山法院6月受理訴訟，7月底初審判定Napster必須停止下載服務，不旋踵上訴法院卻改判緩刑，Napster透過網際網路提供免費音樂曲目的服務，照常進行。

　　這真是天下本無事，庸人自擾之。

　　資訊軟體的可愛之處，就在它的複製成本幾近於零，一塊磁片或光碟而已。等到網際網路發達之後，更可愛，竟然連傳輸成本也可以壓到最低，大約就是下載軟體的電話時間之費用。

　　但是，甲的肉，乙的毒藥，天下之事，經常有這個道理。Napster日行眾善，讓樂迷笑呵呵的時候，許多有聲出版品公司彷彿見不得別人好，拚命在一旁大呼小叫，國際唱片業協會（IFPI）不就說，台灣真是盜版王國啊，每年盜錄的有聲出版品竟然可以達到110億台幣，高於合法營業額一成。

　　哇哇叫的哪裡只是唱片業，舉凡影帶、影碟、電影業及各種電腦軟體，沒有人不聞盜色變。近十年前，台灣MTV盛極而衰，沒多久電影業跟著完蛋，業者不是走上街頭，抗議盜版者猖狂嗎？1993年國府火速通過有線電視法，正也是外有山姆大叔施壓，聲稱不通過此法保障美國影視業者權利，要你好看云云。這幾年來，大陸、香港也上演類似的問題，但說實話，所謂盜版現象，當然沒有專利可言，也不是後進工業國家的獨家壟斷勾當。1992年，台灣盜了有聲出版品

0.43億美元，人口少台灣三分之一的荷蘭是0.53億，美國則是4.6億。

張五常說，透過智產權等法律規範，可以解決這種「怎麼樣，就是不給錢」的搭便車問題。但放眼天下，所謂文化海盜不但從無絕跡的樣子，它更是要隨技術的進步，如MP3外加網際網路外加Napster，擴大眾樂樂的範圍。

所以，與其緊張兮兮，東抓西躲，不如由聯合國出面，向世界各地的有聲出版商，購買所有庫存的音樂，分門別類放進網際網路，然後，全世界不再有人買賣音樂，以百萬千萬計的各色產品，任君選用，管你是販夫走卒還是紅頂商人，彈指間仙樂飄飄，暴戾變祥和。

誰來出這筆購買音樂的銀兩呢？前一陣子日本花了7、8億美元在琉球舉辦的G-8高峰會議，有個決議，說是要消弭貧國與富國的資訊差距。說來好聽，但怎麼做？眼前就有個機會。G-8各國趕緊向聯合國請命，分攤購買各色音樂的經費，免費在Napster流傳。如果不肯，那彌平差距就只能是粉飾門面，內裡根本是富國政府替資本家推銷資訊產品的禍心。

（香港《明報》2000/8）

盜版，大欺小

有道是小巫見大巫，小盜顯，大盜隱。

上週二，台灣中部爆發一起商業衝突。外商指控台灣學生及商家，未經許可即影印其書籍。就在同一天，當前最火紅的消費電子產品，也就是數位電視的海盜問題，亦成為英國輿論矚目的焦點。

英國這起聳動視聽的新聞，主角之一的NDS，後台老闆不是別人，正是全球媒介大亨當中名氣最響亮的梅鐸（R. Murdoch）。

目前，全世界透過機上盒來收看數位電視多頻道的用戶，大約在四、五千萬戶。得以享用這些高科技產品，以致目不暇給、再無餘力

光顧世事的人，有很大一部分使用的智慧卡，分別來自NDS（2,800萬）及其敵手Canal+（1,250萬）。在英國，梅鐸的NDS系統也是遙遙領先其主要競爭對手OnDigital，後者開辦四年多來，已投資8億多英鎊，不但虧損，未來兩年也不太樂觀。

OnDigital為什麼這麼狼狽呢？原因眾多，其中之一正出在它所使用的Canal+智慧卡系統，遭人仿冒。早在1999年底，市面上就已出現了這種產品，到了2000年9月，已如雨後春筍地在歐洲各地冒出，其中更是充斥於義大利，然後就是英國了，數量估計約達十萬具。使用者僅需花20到30英鎊，買進盜版智慧卡，就可收看月費達30英鎊的電視節目。

到底是誰在仿冒，且偏偏仿冒的又是市場的落後者OnDigital，而不是領導者梅鐸NDS公司的產品？這不擺明欺負「弱小」嗎？是可忍，孰不可忍。既然政府無法澈底清查，廠商Canal+也就使出渾身解數，自力救濟而鐵騎四出偵查。幾經明查暗訪，有了讓人咋舌的發現。

幹下這檔行徑的傢伙是，是，答案是……，Canal+自稱其所張羅到的證據，顯示仿冒者是CNN創辦人透納（Ted Turner）稱之為「這個狗娘養的梅鐸集團」所控股八成的NDS唆使的！

Canal+先用排除法：業餘玩票者不可能破解這些密碼。要能如此，須得一群世界級的專家才能做到。幾經抽絲剝繭，它宣稱，NDS僱用科學家在以色列北方破解智慧卡，將密碼送回加州公司，再由該公司將密碼送入由Thoic.com所架設的網站，世界上任何偽造廠商上網查詢此密碼後，就可以自行生產智慧卡牟利。Thoic.com在去年已被關閉，負責人逃遁無蹤。

對於這些指控，NDS反諷，指這根本是Canal+混淆視聽的伎倆，是Canal+掩飾其技術並非當前最佳，也掩飾其過去虧損的詭計。但NDS可信嗎？一方面，NDS承認曾支付金錢給涉案的達康公司，另一方面，卻又表示這只是蒐集情報的必要安排，別無可疑。

就在兩造舌槍唇戰、不可開交之際，半路殺出了程咬金《衛報》。《衛報》指出，它掌握的情報顯示，NDS的安全室主任Adams

曾與Thoic.com直接往來，將數千英鎊投入其銀行帳號。不但給付該公司的開銷，NDS甚至提供伺服器供其使用。

短期之內，這起訴訟案不可能落幕，好戲方當登台。Canal+求償10億美元，OnDigital宣稱因盜用而損失的1億5千萬美元，是否能夠如數得到賠償，也就要相當長時間之後才能揭曉。這起訴訟再次揭示，所謂的專利、商標、版權等智慧財產權，本來就是大欺小的性質居多，經常是大廠商搞倒小廠商的把戲。因此，屆時果真是NDS主謀，我們也無須訝異，它只是大老闆之心不足又吞小的劇碼，重複搬演。有此領略之後，台灣民眾或許將有領會，相對弱小、市場上較無利潤，甚至虧損的公司或產品，比如，「滾石集團」比較小，何必盜用其有聲出版品？自有更大的公司禁得起盜用。中文書通常不是太貴，何必影印，買來好生看管，用完賣回二手書店；至於洋文書，果真如同賴鼎銘教授所說的書價太貴，那就八仙過海，要借要那個，各顯神通。

（《今周刊》2002/3/22，頁105。）

微軟「釣魚」，我們放生

深思熟慮之後，微軟以舒緩垃圾郵件與戀童癖等問題為由，從本月開始，關閉了二十五個國家的聊天室，但美加澳巴西等五國運作如常。但大家都知道，大財團總是以伸張某種價值為藉口，硬指經過包裝後的的私益，代表了所有人的福祉。

因此，微軟這種作風使得自家人當中，更為重視自由表達與匿名性的刊物，也不能不發牢騷了，它說，關閉聊天室只不過是策略之一，微軟藉此提高其電子商務的安全性，如此而已。

微軟實在太忙了，不但在國際間動作頻繁，它也在台灣派員喬裝學生，以同情心誘使小電腦商，請其同意阮囊羞澀的「學生」，能夠

無償重製其軟體。然後微軟將這一切當作「罪證」，據以控訴小生意人，求償千萬。對於這種釣魚、引君入甕的作法，謹守忠實反映現狀的記者也不能不慨然嘆曰，「手法的確可議」了。

　　不過，與其感嘆，不如反擊，又分放生與攻心兩種。所謂放生，就是暢行已經多年的公開軟體運動，理當大力支持，特別是我國政府，實在落後太多，再不急起直追，恐怕更要遙遙落後於國際標準。比如，許多國家都已擬定辦法，責成或建議各級政府在採購時，優先考慮公開軟體。最近的一些例子包括了巴西，稍前則德國有慕尼黑斷然轉向，拒不接受微軟難得之低頭示好，這個啤酒之鄉的首長說，我們為政的人不能縱容，政府的運作不能受制於僅向股票持有人負責的商家，政府的負責對象是公民。商與公的利益真能兼顧，最好，若遇衝突，斷無捨公就商之理。

　　歐美之外，近鄰的亞洲國家也沒有閒著。以軟體人才豐沛聞名的印度，其政治人物已在想方設法，看看怎麼研擬機制，讓更多人力投入公開軟體的開發與普及。中國許多年來也在戮力從事，也有上海等地政府放棄微軟，上個月中方更與南韓與日本合作，共同發展微軟以外的公開軟體，並且日本已經為此投入10億日圓。

　　比起放生，攻心比較難一點，但不是不可為。攻心是指，體認一個愈來愈真實的情況：日趨嚴苛的智慧財產權遲滯了，而不是促進了文明的進展，阻礙了而不是提升了資訊、創意在國內與國際間自由且公正的流通與使用，智財權可能已快從增加生產力的助力，變成其路障。有此領悟之後，我們不妨將未經同意就據以使用的情況，分作兩種。最糟糕的是非法收入全部歸己，創作人或其群體收入銳減，造成新作減少而損害社會。可以接受的是，不當收入扣除社會平均生活成本，剩餘轉作兩個用途。所剩無幾則轉移銀兩支持具有社會價值，但較難討好市場的影音圖文產品，以一己之力微調市場，略可豐富文化。剩餘如果龐大，可作社會倡議。比如，倡導對遺產、資本利得課徵累進稅率，個人年度勞動所得（年薪）若低於國民人均所得五或六成，無須納稅，超過的部分同樣以累進方式分級徵收，若是比照美國戰後至1980年的稅率，則超過人均所得若干倍數的部分，應該繳納

78-90%給國庫，充實教育、健保、養兒育老、社會住宅⋯⋯所需的財源。

這是夢想嗎？可能不是。1984年悍然不顧各國指責，帶頭（英國、新加坡跟進）離開聯合國教科文組織的美國，如今在小布希日趨走向單邊主義的背景，竟然都決定以每年5,300萬美元的會費，重新加入了，而年底由教科文組織等單位主辦的「資訊社會高峰會議」，重點之一不就是要節制現行的智財權，以求各種資訊自由自在地流通於人間嗎？

（《中國時報》2003/10/2 A4版）

科技決定論的窮途末路

「經常聽人這麼說，電視改變了世界。」《電視：科技與文化形式》擁有十多種譯文，是經典作品，該書作者、辭世迄今剛滿二十載的雷蒙・威廉斯一開始就對這個命題提出挑戰。

《電視》出版已經三十多年，惟科技決定論的想法長青。差別只在於，許多在模模糊糊意識下以為科技決定了一切的人，如今大概會信口就說「網際網路改變了世界」。但科技真能決定嗎？科技真能帶來自由嗎？或說，帶來誰的自由？

這本書的重要貢獻之一，就在當頭棒喝科技決定論，就在指出如果智慧財產權（intellectual property rights, IPR）繼續依照現有趨勢而橫行霸道，科技所許諾的自由就難以實現。因此，讀完雷席格（L. Lessig）教授的鋪陳與論述，我們應該會在前述命題之前，加上另一句，「智慧產權法改變了網際網路」：在美國愈來愈嚴苛的IPR法制下，保護期間不斷延長，從最早的十四年、1973的三十二點二年，至2003年已經是九十五年；保護範圍則從著作物本身擴展至所有衍生作品，以致網路上常見的「複製、貼上」與「剪下、貼上」都有犯

法之虞，運用軟體從事修改與創作等繪圖工作可能動輒得咎。

　　作為一種生產、典藏與傳輸兼而有之的科技，網際網路究竟在哪些條件下被人使用，而又產生偏厚哪些國度（社會、地方）與哪些人的效能，其實是法律決定的。流行意識以為科技是老大，到頭來是一場空，真正能決定科技用途及其性質的泉源，還是人與人的較勁、想法與想法的角力結果所決定。

　　在大資本與小公司、小創作者或一般公民之間，贏家顯然是大廠。代理公司為了促銷迪士尼影片，從這些影片取材製作預告片後，打算透過網際網路推出廣告片，居然被迪士尼求償1億美元。擁有辛普森卡通劇的福斯集團獅子大開口，對小廠想在劇碼一景的一個小角落，使用辛普森劇四點五秒，索價1萬美元。四位大學生在校內從事完全與本身專業相符的研究，卻遭致美國唱片公會（RIAA）提起980億美元的賠償，當事人只好忍辱也忍痛以1.2萬美元認賠。普林斯頓教授寫成論文，指出加密系統的弱點，招徠Sony與RIAA的控訴威脅。至此，讀者不免生氣，這些不都是合理使用，不都是自由創作與表達意見的範疇嗎？美國既然有憲法第一修正案，怎麼還可能出現這些慘狀？問題就在這裡，「合理使用」在美國是付錢請律師打官司，決定你的創作是否是一種合理使用。若以前述大學生為例，興訟後，他得花25萬美元律師費，但即便勝訴也無法得到補償。何以有這樣的法律？因為國會回應大廠的「民意」：1998年，國會再次延長著作權年限，好萊塢與RIAA投入約170萬美元遊說費，外加迪士尼也捐贈80萬於選舉獻金。

　　再看古老的勞資鬥爭，資方勝出。1997至2006年間，網際網路與DVD等新科技興旺，好萊塢獲利日盛，股東收入若增加100，編劇工會則不到70，加劇雙方原本已經存在的巨大落差：劇作家平均年薪5至7萬5千美元，好萊塢公會的資方代理人華倫提（Jack Valenti, 1921-2007）在2004年高薪135萬；美國音樂藝人平均年薪4.59萬，RIAA總裁超過1百萬。美國編劇工會（Writers Guild of America, WGA）於是在去（2007）年11月起罷工，至鼠年大年初六、奧斯卡頒獎典禮前十二天，WGA約1萬3千會員投票，正式結束三個多月的

罷工。工會認為這是美國工會運動近年來的重大勝利，但有人立即指出，根據新契約，透過網際網路付費下載電視節目或劇情片若未超過一定數量（電視十萬次、電影五萬次），WGA所得與現況相同（總下載費0.36%），若超過則比例分別增加至0.7與0.65。不過，現況顯示，超過這兩個數字幾乎不可能，因此WGA在網際網路方面可說毫無斬獲。

對於WGA此次行動的得失，工會內外人士的判斷並不相同。但對於台灣在內的其他國家來說，還有另一層意思：著作權、商標權與專利權為主所合成的IPR，除了對於不同類型的人造成利益分配高低的影響，也對利益如何在不同國家之間分配具有左右的能力。美國每年貿易赤字高達6千億美元，但影音產業的出超卻達3、4百億美元。此外，美國專利權的授權費收入在1998年就有360億，設在華府的「專利與商標署」（Patent and Trademark Office）年預算達10億，相關的技術與法律專才超過三千人，司法系統則有六百多位以上法官有這方面的專長。單計好萊塢所在地洛杉磯，還有四百多位專司娛樂業訴訟的律師。

IPR既然更為有利於特定階級，在華人世界也是相同。去年，國際唱片業協會（IFPI）迫使反應過度的教育部與各大學，在11月下令，原則上禁止在校園內使用P2P軟體。有男子盜賣得3百萬台幣，換來兩年多徒刑與7億4千萬罰金，蕭雄淋律師稱之為「本末倒置，不符公平正義」。香港市民陳乃明因廣開自家電腦，透過BT供人無償下載電影被判監禁三個月，5月定讞。唯一「勝利」的是12月30日北京上訴法院認為各大影音廠對百度搜索引擎的控訴，無理。

這種統治權貴的連結，雷席格稱之為「黑手黨世界……要錢還是要命」地扼殺了創新，一定損人，卻又不一定利己，是一種異化行為。比如，RIAA自己統計，2002年美國下載增加2.6倍，銷量只跌6.7%，可見大力阻止點對點傳輸，社會效益的損失遠大於廠商利潤的減少。更讓影音集團驚悚懼怕的指標是一件「小事」：2006年，全球第四大音樂出版公司EMI邀請青少年到倫敦總部，讓他們與管理人員談談聽音樂的習慣。結束後EMI放了一大堆CD讓來賓免費自由

取用，但是，沒有人要拿。這或許顯示，CD作為獲利來源的末日，為期不遠。雖然業者在公開場合說，數位下載可望填補空缺，但其實不然，下載增加雖快，但不足以彌補CD銷售量的下滑。2007年前半年CD及其他實體音樂產品在英國跌6%，日法西9%，義大利12%，澳洲14%，加拿大21%，美國在2007年整年下跌19%。

　　怎麼辦呢？先得心理建設，其次游擊戰，最後是正規戰。心理建設需要自圓其說，道德分成甲乙丙級。丙級惹人厭：盜用僅增加自己的孔方兄，致使正規創作群體與廠商難以生存。乙級仍可同意：當事人力圖增長見識，偏偏缺金少銀，於是不付費，但在日後薪資或財富已足，便思回報並且加成以更多的經費，支持有文化但未必叫座的產品。甲級是乙級的變化：不出金就擅自取用的人，不是欠缺經濟資源，而是洞察文化市場很偏心，供應太多不用無傷、多聽多看反而傷神與浪費時間的內容，間接使得具有潛力的產品失去機會，無從問津是否可能脫穎而出。他們於是群起以有濟無，用意不在無償使用獨占或寡占的產品，是即知即行，不俟來日，當下就以數倍於因無償而省約的金額，持續挹注於開卷、開機有益的影音圖文之開發。

　　心防之後，有人就會從事游擊戰，其中相當有趣的是瑞典反IPR團體海盜灣（the Pirate Bay），他們還一度大搖大擺地使用IFPI的網域，並且將它改名為「盜版權益國際同盟」（International Federation of Pirate Interests），直到去年10月才因訴訟失利而停止。雷席格是正規戰的大將，雖然也許如其自況，對於改變的可能，他是「一個超級悲觀主義者」。他認為烏托邦「是愚蠢的」，因此他的主張應該說是非常低調與務實，指控他太「激進」，實在是誤會或太過短視。雷席格建議對於IPR的保障，應該從創作重新回到註冊保護主義，如此可讓98%不再具有商業生命的作品在五十年後進入公用範疇。這個方法雖然簡單（著作權人每五十年僅需花十分鐘填表，美國退伍軍人則得填寫九十分鐘才能得到退休金），但涉及修法，實施之日似乎遙遙無期。另兩個建議分別是對硬體使用者收費，以及建立並擴大「創用CC」。向硬體取費以求支持內容生產者，在小規模裡，已經是許多國家的部分影音政策，如歐洲聯盟二十七個會員國當中，已經有二十國

實施，一年約課捐8.87億美元。私部門自行協商的商業策略與作法也不少，如去年12月全球最大影音公司Vivendi-Universal（VU）與Nokia簽訂合約，提供將於2008年12月推出的Nokia新型手機使用者，下載所有VU旗下的音樂至手機與電腦，且可永久保有（即便一年約期後改換手機），VU則從每具賣出的手機取得一筆固定費用。「創用CC」的倡議健將包括雷席格，該社團至今已經蔚為風潮，它主張「保留部分權利」即可。在中研院資訊所力主之下，台灣也參與推動「創用CC」。雷席格認為「創用CC」的概念與實踐對於商業無害，並且還有可能提供商業建制一種研發功能，但看在「財產權基本教義派」的眼中，CC還是有風險，因此微軟成功遊說美國政府，致使2003年8月原定由世界智慧財產權組織召開的「旨在創造公共財的開放性和合作性計畫」會議，為之流產。

　　創用CC與商業，究竟是相互支援還是衝突？概括的答案是，既衝突也支援，但究竟是衝突多一些，還是支援多一些，就很值得探討。這正如同俗稱 Web 2.0 的年代，雖強調分享，但這樣的分享是走向自我擴大而終止商業牟利與私人積累，還是迎合商業更大的有效滲透，實在是嚴肅的課題。具體地說，這裡可以衍生而舉例提問，公共政策能不能、是不是要讓純正的分享而無任何廣告的維基百科（wikipedia）繼續茁壯，還是坐視類如谷歌（Google）去年底表明，要另外創建作者署名而必然引入商業機制的G版網路百科全書，有朝一日瓜分乃至取代維基百科？

　　與雷席格出身相近的班克拉（Yochai Benkler），對於資訊與傳播科技條件變化的研究，精神也許相通，筆觸與涉獵則顯得更為敏感與投入，他多年的相關作品已經在前年結晶為《網絡之富：社會生產轉變了市場與自由》。已經翻譯雷席格兩本著作的劉靜怡教授也許願意再次付出，移譯班克拉的近作，讓華人在思考「價格、市場機制」、「國家」與「分享」作為資源配置的三個模式之關係時，得到更有效的參照？

（推薦文之一：《誰綁架了文化創意？》〔L. Lessig／劉靜怡譯2008〕，頁14-8，台北市：早安財經。）

知識不流通誰之過？

　　（2012年）3月1日，美國加州大學資訊研究與人類學系教授凱帝（Christopher M. Kelty）撰文哀悼〈虛擬圖書館〉的消逝。稍前，中國大陸留德學人程瑾撰述〈祭奠我的亞歷山大圖書館〉一文。他們說的是同一回事，運作已經兩、三年，據說提供四十多萬學術圖書電子檔供人自由下載、在烏克蘭運作但註冊於太平洋島國紐埃（Niue）的網站，遭英、美、德三國十七家出版社聯手聘請律師追蹤七個多月，最後假意捐款給該圖書館而確認主事者，成功起訴並關閉了這個電子空間。

　　這家公司每日服務將近四十八點六萬人次，以十八至二十四歲男研究生居多，造訪者主要來自印度（13.3%）、美國（9.6%）與中國（7.5%），若以人口比例論，英國與德國名列前茅。無論是查詢、下載或上傳，這群年輕人都是主動在學習、探訪與分享新舊知識。這不是很好嗎？青年學子不打電玩，看書！好事，並且很有效率，該網站一年廣告收入不超過1,000萬美元，提出控訴的十七家出版公司年營業額，無法得知，但其中較大的一家就有10億美元。兩個數字不好相提並論，只是，知識究竟能不能夠自由流通，或者精確地說，以什麼樣的代價自由流通，不得不再次成為議題。

　　妨礙知識流通的最大障礙，就在錢。這並不是說，有人出錢不讓知識流通。這裡的指涉，是知識創作者遭人「綁架」，只能坐視自己的勞動成果，變成他人謀財圖利的工具，表現為各家大學圖書館必需支付高額價碼，訂購美英為主的出版商之期刊資料庫。但是，幾乎所有期刊論文的作者都在大學或其他知識機構專職，其著述在這些期刊發表，他們不但大致分文不取，有些甚至另得自行付費給出版商家。對於這個現象，有人逆來順受，有人是可忍孰不可忍，近例是元月上旬，劍橋大學數學家高爾士（Timothy Gowers）發起運動，籲請抵制Elsevier學術出版集團的所有期刊，建議學人不投稿其刊物、不為其評審，也不擔任其編輯委員。登高一呼不到兩週，立馬就有兩千七百位研究人員響應，原因是學術刊物太貴、搭售，並且強制圖書館不能

單獨訂閱特定期刊，必須依照出版商組合的套餐期刊一起購買。不但如此，這個 2010 年營收 20 億英鎊，獲利 7.24 億英鎊的集團絕口不談學術期刊從創作到審稿這兩種最耗用資源的工作，依照通例，大多是學術界無償貢獻，反倒說閣下誤會多多，利潤豐厚是因為自己的經營效率高哩。

學人所愛，就在資訊知識都能自由流通，不論疆界而平等使用。與此對立，出版商所鍾情，卻在利潤極大化，祭出創作有價、不能偷竊旗號，要求流通必須受限，付款才行。這裡當然是有漏洞，學術期刊的作者大多廁身各大教學及研究機構，他們得以安身立命，能夠安步當車撰寫論述的薪資，早就由各大機構（其中，納稅人的直接支付占了很大一部分）承擔，創作的物質基礎哪裡會是出版商提供？三尺童子皆知這個道理，怪異的是學界與西洋期刊出版商的這種衝突，屢屢出現，迄今仍然無法化解！雖然從歐洲到美國，政府在學界壓力下不能裝聾作啞，早就立法多時，要求各種研究成果在期刊發表後必須同時，至少是在特定但合理時間內，公開讓人線上與下載閱讀。沒想到，Elsevier 等商家還好意思集體遊說，要求美國政府通過《研究成果法》（*The Research Works Act*），阻止這個強制規範的施行。

目睹 Elsevier 等集團得寸進尺與張牙舞爪，「美國圖書館協會」等十家全美及區域專業與倡議社團，已在元月底聯名致書並要求眾議院萬萬不能屈服從命。美利堅民代是不是從善如流，眾人矚目。作為最早採用電子網絡的海內外學術界，亦當加油。繼續要求知識的商品性質降至最低水平，因此堅持期刊文章要走向自由與平等流通之外，學界必然也得面對，學術專書作為一種與期刊互補的文類，既然其創作成本在相當程度內，已經由納稅人透過政府稅收予以支持，那麼，當前的重度商業流通模式，難道不能增添新的成分，讓運作於烏克蘭、註冊在紐埃的電子圖書館，來日重現江湖？（2024/7/2 按：這類可讓圖書自由下載的網站，其後存續至今，有些並且擴及期刊論文，但同樣持續遭致查緝與封鎖。）

（《人間福報》2012/3/6 第 5 版）

台灣又作美利堅的馬前卒嗎？

　　經濟部智慧財產局（2013年）5月21日宣布，擬封鎖「重大境外侵權網站」。當時，似乎僅有《自由時報》在23日指該決策「遭批網路白色恐怖」。新聞沉寂至29日，不滿與抨擊聲浪稍見升高，《自由時報》三篇、另三家綜合報紙各一篇；同日《有物報告》主編、專利權律師周欽華發表長文，指智財局此舉「違憲、危險、愚蠢」。

　　另一方面，主流輿論反應之前，網民從22日已經發動連署抗議，累計人數依據《新頭殼網站》在31日報導，「不到十天，已經突破四萬人」。6月1日，批踢踢（PTT）網站再起連署，號召鄉民維護網路自由，3日，智財局轉彎，表示不再推動由行政機關認定封鎖標準，次日報端說這是「網民勝利」，但PTT為「防封網案偷渡」，繼續連署備戰。

　　智財局確實可能捲土重來，起初它「以保障國內文創發展為由」，實屬莫名其妙。一來台灣影音外銷市場很小，誰有營利動機專設台灣作品流傳海外？再者，台灣的YouTube網站播放更多本地電視劇或音樂，若要查封，應該是YouTube，輪不到海外網站。

　　因此，智財局只是找個動聽，但純屬虛晃一招的封站口實，真正的理由或許來自美商壓力。台灣若配合美方，封鎖已遭山姆大叔列入「黑名單」的網站狗狗搜索、迅雷網……，並不讓人意外。畢竟，是有前例。2006年，台灣加入美國，要求各國不能再以視聽政策促進影視的多元表現。該案若過，美國作為影視產品出口大國，更能攻陷更多國家的更多視聽市場。智財局這次只說不用行政命令封鎖，他日仍可能修法，然後「依法行政」「一償夙願」。PTT未雨綢繆，很有道理。

（《共誌》第6期2013/9，頁42。）

科技的一體兩面

數位電視，肥了廠商，瘦了觀眾

第一屆全國廣播電視會議就這樣結束了，可以說是「兩岸猿聲啼不住，輕舟已過萬重山」。

（1998年）11月2、3日的會議，話題從電視節目分級、媒介的社會責任，談到資訊社會的遠景，總統與正副行政院長紛紛到場致詞，熱鬧非凡（雖然媒介的報導不能算多）。但熱鬧則熱鬧矣，這些人與話題只是喧囂，對於國民或媒介，無關痛癢。

另一方面，會議期間正式宣布，並且當天試播的數位電視訊號，已隨時日流動，加強它對電視業界所可能產生的實質影響，未來，只需七年光陰，即便國民不想或沒有閒錢購買新數位影視設備，也大有可能再也無法使用家中的電視與錄放影機。政府以公權力所打造的數位電視計畫，如同載著重金的輕舟，就要掏取國民腰包，滿足電器廠商的利益。

目前通用的影視設備，訊號的製作、傳輸與接收，絕大部分都是採取類比原理，一旦轉成數位，視聽器材全部要改變，其中接收數位訊號的新電視機，就提供將近2,000億台幣的商機。國府數位電視政策的邏輯是，如果台灣的數位電視之內需市場能夠形成，則本國廠商站在這個基礎上，就可以有較大的機會成功地對北美等國際市場攻城掠地。

問題是，市場永遠無法自己成形，市場有待外力塑造，資本或國家的力量，或者兩種力量的混合。我國政府採取了國家主導、資本力量配合的方式，準備打捏數位電視的消費市場。於是，從民國80年

至今，政府已提撥近百億，協助工研院及相關廠商研發相關技術。再者，行政院又規定，民國95年起，三台、民視與公視所使用的電波頻道，不能再用類比訊號，屆時，獲得配用這些電波的公司（可能還是這五家電視台），必須製播與發射數位節目，觀眾也必須購買相應數位設備才能收看。既然看電視已是國人最重要的家居活動，還會有多少家庭禁得起不買數位電視的相關設備呢？

這就是麻煩的所在。政府慷納稅人的錢而與電視硬體資本家共謀，要觀眾破費，但對觀眾並沒有實質好處，對於電視軟體（節目）公司甚至是一種負擔，對於台灣整體電視環境，則可能是更紊亂、更浪費與更惡質競爭的開始。

比如，難看不堪的節目，即便畫質再好、音質再佳，甚至有如電影院，對觀眾來說不是更加地折磨嗎？殺人犯劫持大使館、官員與總統緋聞，還有利用人性同情心而濫用電視募款等等節目，有了更好的音像後，最多是讓人更嗜血，更張家長李家短，蜚言蜚語地「享受」人們的隱私，對於觀眾收視權益的改善，有什麼太大關係呢？三台與民視等公司為了製作及發送數位節目，必須增加可觀的機器購置成本，卻不可能要求比率提高廣告收入，於是必然會節衣縮食，減少演員、劇本等等事關節目品質的人力成本，或者，這些公司也可能要求員工「共體時艱」，以降低薪資、增加工時等工作條件，挹補硬體的支出。最後，改成數位訊號以後，現有的頻道數量最多將可增加五倍，試問，在台灣已經因為頻道太多，以致必須大肆採購美日節目應急、粗製濫造或走聳動偏鋒路線時，增加頻道的供應是福呢，還是禍？

新科技不是不能用，官商也不是不能合作，但決定要不要用，什麼時候用，在什麼條件下用，在什麼條件下官商合作，過程應該全部透明，要把新科技的利弊良窳之資訊，以最有效的方式和盤托出，作為社會大眾或其代表了解與討論是否接受的依據。但政府在這據說民主萬歲的年代，相關資訊仍是由官商主控而透過媒介散播、強化與美化；數位電視的政策仍然完全由電器硬體廠商的利益主導，卻要政府編列預算來分攤廠商成本與風險，偏偏無法讓人知道，日後廠商得利如何回饋社會與觀眾，偏偏無法讓人知道，日後如果因過度、不必要

生產而致投資失敗，政府與廠商如何向國民負責。

（《自由時報》1998/11/6 第 15 版。原標題〈政府與電視硬體資本家的共謀〔《第一屆全國廣電會議落幕省思》「數位電視」計畫未來將掏取國民腰包圖利電器廠商〕〉。）

資訊高速公路，不通，不通

　　國豐集團多位股東疑似因為購併南港輪胎，致而家中電話遭竊聽的事件爆發之後，愈演愈烈，至今已有三星期，除了意外扯出官員、銀行與民代以外，引發外界關切的另一個議題是：法務部已送至立法院三年的通訊監察法，為什麼到現在還沒有通過？

　　然而，就算通過也裨益有限，畢竟商業情報就是金錢，加上監聽科技的精進，如果不是讓各種規範束手無策，就是收效微薄，訂定了相關法令的歐美國家，工商間諜的刺探活動照樣頻繁，就是明證。

　　但認真挖掘，從國豐案可以另有收穫，窺見政府的資訊政策欠缺真正涵養公民素養的前瞻眼界，經常受到科層組織保守傾向的限制，最多停留在防弊的打算或圖利社會優勢階層，甚至作為舊日文宣工作的現代（電子）版本。

　　比如，通訊監察法是保護私人的資訊傳播免於受到不當的使用，與此相同，法務部也積極地草擬國家機密保護法，目標同樣是限制資訊的流通，可是這兩大法案的對立面，亦即目的在於將公共資訊攤開在公民面前的政府資訊公開法，連個影跡都還沒有看到，法務部仍然在評估是否提出，以及如果提出，將包括哪些內容，不僅落後在民意代表（朝野立委程建人與黃爾璇均已提出）後面，也未能追上同屬行政機關的研考會（委託法學者的報告，即將完成）。

　　其次，目前從大眾媒介以迄大學校園，廣泛流行一個神話，說是電子網路可以免費使用，卻忘了強調學術等用途的網路同樣由納稅人

的錢鋪設完成。半官方的資策會從（1995年）7月16日起向使用者收取一年6,000元租金，是不是能夠戳醒免費的迷思？並且，透過電腦使用網路，難道不需要較多的技能與設備，這不等於是社會驕子先得到好處，並且產生襲奪作用，造成用於增加中下階層的資訊需求與使用能力之政府經費為之減少？最後，政府主動放進網路的資料，只是換個管道，將原本大家都知道的東西（如行政院長照片與個人簡歷）加工作成電子形式，雖說方便，但究竟實益有限。

美國喊出了一個資訊高速公路，我們立刻回應以國家資訊基礎建設（NII），沒有想到或不去想的是，這其實是一種舊瓶新酒的把戲，取代了1980年代的「整體服務數位網路」（ISDN）口號，如此而已。當年ISDN，蘭嶼人還是要遭受台電的誆詐，錯把核廢料廠當作罐頭工廠；如今NII，蘭嶼原住民依舊忙著籌錢申請辦理廣播電台，電子網路對他們有什麼用呢？

據說電子資訊網路是用來提高生產力的，學術界用得多則論文質量必然提升，企業行號用得多則利潤水漲船高。實情如果真的是這樣，那麼定個辦法，以使用數量計算，累進繳納款項，匯整起來，改善未能從網路得到好處者的資訊環境，您看如何？

（《聯合報》1995/7/11 第37版／聯合副刊）

自由即奴役，方便即監理

多年以前，美國人佛斯特在台灣學習中文。本世紀初，他返回美國，踏入投票所，電腦卻宣稱他「犯了重罪，不能投票」。原來，他的個人資料在台遭盜用，因此有不白之冤。

佛斯特的故事不是特例。同樣是2002年，因個人資料被冒用或盜用，以致被退票、貸款被拒絕，甚至入獄的美國人，有人估計是七十五萬、也有廠商說是七百萬人次，而美國聯邦貿易委員會提出的數

字，更叫人咋舌：兩千七百萬。完全精確的數字，並不存在，但這不是重點，問題還在後頭。即便沒有盜用，即便所有個人資料都是合法使用，從中衍生而值得深思與因應的課題，那才更大。畢竟，如同奉公守法的人數，遠超過作奸犯科之徒，非法使用造成的不快，相比於循規蹈矩導致的後果，有些時候還只是小巫見大巫。

這正如同，現代國家與社會發展成為監理機器的過程，來自於狹隘政治控制動力的「剛性監理」，固然讓人不滿，但相較於商業訴求所營造的「柔性監理」，剛性監理的規模與效度還是遜色許多。惟剛柔並「濟」所造成的格局，那就十分惱人，本書的貢獻，就在於透過調查報導，讓我們生動看到了號稱最為自由的國度子民，居然生活在處處招徠監理的地步，竟至隱私恣意遭受侵犯的境遇。

早在1961年，前總統艾森豪曾說，美國的國防需要造就了「軍事暨產業複合體」（附帶一提，美國2004年的國防支出高達4,600億美元，是世界其他各國總合6,400億的七成左右）。本書則清晰記載，四十年以還，也就是2001年九一一事件之後，柯林頓總統時代已經蠢蠢欲動的「安全暨產業複合體」更是快速成形。各種「公司行號瘋狂蒐集資料」，政府研究經費委託商業公司執行，兩種動力相乘，於是舉凡身分證、駕照、健保卡、社會福利卡、信用卡、電話、手機、電郵、網路的使用，沒有任何一種動作不能化作「資訊金礦」，成為資本動能所要開發挖掘的對象。

對於兩股力量的合流，許多美國公民社團群起抗議，特別是對於後九一一所制定的新法規。眼見該法侵犯美國民權甚鉅（單在2002年，就有成千近萬美國住民，在日常通訊與活動遭致聯邦調查局的監視後，未遭告發就被警監拘留），有識者無不希望該法在下一次總統大選後，能夠廢置或澈底翻修（該法原應在2005年落日，但共和黨於2006年完成小修後，至今仍在施行）。

對於政府不當的「剛性」監理，美國人的反對可望取得成效。對照之下，起於「柔性」的監理過程，雖造成個人資訊與隱私的曝光，但它們似乎顯得自然而無害；如同微細管的滲透，它們沒有造成傷害，或說傷害不大也非立即，因此，人們不免覺得，這些只是為了日

常生活的方便不得不支付的代價。尤有進者，新興商業手法相當誘人，它提供「薪資」，唆使人們主動曝露個人資料，許多人因此並非無奈接受，而是「投懷送抱、甘之如飴」：2006 年，美國維京行動電話公司（Virgin Mobile）推出專案，用戶若花五分鐘填寫線上問卷，交代個人偏好與身家資料，就可以得到五分鐘免費通話。至 2007 年 8 月，已有兩百多萬人次「響應」該專案。

這正是關鍵難題。剛性監理惹人厭煩，柔性監理讓人欲拒還迎。作者寫作本書之時，源自社交網站的 MySpace（2003 年 8 月）剛成立，書出版後，另兩個性質有別的社群、分享網站臉書（Facebook，2004 年 2 月）與 YouTube（2005 年 2 月）也相繼問世。從 2005 年至 2007 年，這三個網站又先後從「純粹」的人際分享，成為巨大商業機會的吸金網域，三大傳媒財團以大約是 6、150 與 165 億美元，購買三大社交網站的股權。

這些網站並不收費，而是試圖從廣告營利，是以，它們的營運動能，就是要更迅速有效地蒐集，以及配對廣告廠商的需求與個人資料。它的努力能夠成功嗎？假使失敗，這些高額的收購金額，也許就是預告，標誌 2000 年之後第二起網路泡沫的先聲。如果成功，就是三大網站所代表的新型監理模式，轉變了人我關係，使得人群為了分享而聚集的網路，質變為商機，從而每一次下載或上傳、每一次按下滑鼠、瀏覽或登記，都是個人的自我揭露，都是隱私的主動曝光，都是資本垂涎欲滴的商品。

於是，生活的方便與自由，就是資本的監理與奴役。喬治・歐威爾的《1984》還來不及成形，政治的專制或極權國家全盤已經傾覆。弔詭的是，他的預言反倒可能逆向實現，日積月累而在最自由的國度美利堅找到落實的沃土。

（推薦文：Robert O'Harrow, Jr.〔2005／李璞良譯 2008〕《入侵》〔No Place to Hide〕。台北市：商周。）

網路賠錢　新資金勇往直前

曾經使用電子網路收發書信文稿、查詢資料或交易的人，很難不欣賞這個新科技所帶來的方便與效率。欣賞之餘，自然就有人推己及人，熱情對外大放送，宣揚新時代的來到，本書作者就說，「資本主義、商業主義及消費主義」之後的「下一個階段」將由「網路代表」，而「網路經濟學與過去……的經濟學全然不同」（頁13、268）。

但到底有什麼不同呢？作者不直接回答，而是蒐集了許多美國實例，分門別類，把它們裝入九個章次，也就是所謂的九個原則，從舉例中，說明網路經濟的特性（不過，這九個原則的成分頗有重疊，尚難說是涇渭分明）。

於是讀者得悉，《今日美國》與《花花公子》等網站雖然吸引較多人造訪，但就利潤來說卻是失敗，原因在於，它們提供的東西沒有適應個別口味，造訪者停留時間很短，或者，較不注意其廣告，同時，這些網站也未能穩定讀者的忠誠。還有，若要祛除使用者因提供本身的資訊而有喪失隱私的疑慮，網站經營者必須回饋以實質酬勞，如美國行有多時，台灣分別於3月及4月起亦開始的，看網路廣告得現金，以及看網路廣告三年，「免費」得電腦的活動。作者還提及了其他要點。比如，電子轉帳的自助服務，取代了支票的往還；品牌公信力是無上資產，藉此可以發展專屬本公司的電子貨幣，強化與顧客的關係；網路交易跨越國界，擴張商業腹地，更不受政府規範箝制，小兵立大功的機會增加；搶得機先而善體市場脈動，才能第一。

這九個據實例而歸納得出的原則，究竟是否與當前經濟理論有別呢？讀者可以自行判斷，但去年出版的兩本書，提供了不同的答案。《連線》電腦雜誌創辦者之一凱利（Kevin Kelly）的《新經濟新規則》與本書同調；柏克萊教授夏培洛（Carl Shapiro）與韋瑞安（Hal R. Varian）的《資訊經營法則》則語多保留。

筆者則壁上觀，以問作答，如後。全世界最大的網路書店亞馬遜，創業五年皆虧損，去年是1億2,000餘萬美元，饒是如此，它的股價仍然狂飆，去年漲了十倍。這種奇情怪狀，大概也只有新經濟學

理才能解釋吧？與此對立，亞洲電子商務營業額每8元只有1元流入亞洲企業，7元入美國，可見新科技獨厚山姆大叔，顯然學理照舊，若是這樣，則據說吊電子商務車尾的台灣（利用網路銷售的比率低於兩成，甚至「落後某些中國省份」），不但無傷大雅，說不定反而可以是美事哩。

（《中國時報》1999/4/29 第43版／開卷周報。評 Eban I. Schwartz〔1997／呂錦珍、洪毓瑛1999譯〕《Webnomics：一個新名詞背後的無限商機》。台北市：天下文化）

網路廣告　殖民你的休閒時間

　　（2008年）本（3）月中旬，先有歐洲聯盟放行谷歌對DoubleClick的併購案，後有雅虎（Yahoo!）確立了股東代表，他們即將在未來三、四個月內舉行雅虎年會，展開議事與投票，決定是否接受上個月微軟提出的450億美元收購，或是要求提高價碼，或是轉向結盟於其他傳媒集團。

　　這是一場大戲，許多人都已經提及，個中涉及的重要項目之一，正就是廣告大餅花落誰家。單以美國論，去年就有280億美元網路廣告（其中，谷歌占了40%以上；前年，谷歌在英國的廣告收入有9億英鎊，超過了「第四頻道」的8億）。何況，不要忘了，在動態競爭的過程，既然網路要從傳統媒介搶廣告，後者自然不肯坐以待斃，美國四大報業集團去年聯合投入鉅資100億美元收購善於在網絡部署廣告的公司，1月底三家日本報社聯合成立網際網路事業組合，無非是要阻止廣告沃土的流失。

　　微軟要購買雅虎所捲動的新一輪資本競爭，其意義在於廣告份額的變化，這麼說當然正確。但是，廣告本身不會產生價值，一定是人才能生產價值，所以，接下來更「有趣」的問題是，「誰」以什麼身

分在替廣告生產價值？

　　主角之一是從製作與再現廣告的整個系列過程中，所涉及的所有的傳播工作者。不過，單是工作者還沒有辦法完整生產，還有更重要的一種身分，就是傳媒的消費者，我們稱之為讀者、聽眾、觀眾、網路使用者的人。這就是說，廣告主出資購買的商品，還不只是傳媒等相關生產人員的勞動力。套句美國聯邦通訊傳播委員會首任經濟學家史麥塞（Dallas Smythe）在三十一年前提出的論點，廣告主也購買「受眾（閱聽人）商品」（audience commodity）。

　　在史麥塞看來，我們在「業餘」時間以休閒的心情閱讀報章雜誌，或聽收音機與看電視。但是，只要這些傳媒的主要資金來自廣告，我們其實都是在做工，而這些傳媒的新聞、娛樂或其他內容是我們的工資，我們接觸廣告的時間則是傳媒製造出來而轉賣給廣告主的「商品」。所以，我們狀似休閒的業餘時間，其實看在廣告主的眼中，就是做工，我們的休閒進入了資本的殖民行列，其中又以人們大約一天三小時收看的電視，展現得最為明顯。人們常說看電視看「上癮」了，不能自拔，雖然手中握有遙控機，但是無所遁逃，還是如同坐在沙發中的馬鈴薯一般，兩眼直視正前方，大好光陰確實就此流失，事後也許懊惱，但日復一日，大多數人還是繼續盯著螢光幕，看了又看。

　　史麥塞1992年辭世的時候，網路還不算存在，他不會想到電視這麼厲害的科技，其殖民人的休閒時間之能力還不是最高段，而是即將讓位於網路，特別是在寬頻愈來愈發達的工業化國家。1870年代，開設舉世第一家百貨公司，也是第一位現代廣告客戶的沃納梅克（John Wanamaker）說：「我花在廣告的費用有一半是浪費了，麻煩的是，我不知道是哪一半。」到了去年，全球廣告投入量是4千多億美元，同樣也有大約一半是浪費掉了。廣告投入並沒有買到廠商想要的廣告接觸時間，如同員工想要少做（看廣告少些），同時還要能拿些工資（看新聞等內容）。

　　資本邏輯不能容許這種等同於怠工的情況持續存在，因此慢慢地發展出了更高明的技術，要讓消費者自己採取主動，志願與廣告互

動。早在1996年就有公司開始實驗，用戶每搜尋一次，就聯繫到相關商品的廣告，每點選一次，廠商才需付費。每一次點選的收入，從0.1美元到30美元都有，平均收費則是0.5美元左右。昂貴的點選有時是相當駭人聽聞，比如，一些特別的疾病，其相關的關鍵字特別貴，因為律師想與罹患該病症的人聯繫，替他們打官司賺取傭金。到了前年，已有統計顯示，網路廣告已經有將近二分之一來自點選付費的計價方式。

但是，點選難道不會作假嗎？特別是，競爭對手可能僱用人們作假。有人估計，這種作假占了大約10%，雖然無人可以確認。怎麼辦呢？大概有五種回應方式。一是過濾已知的作假分子。二是利用統計與軟體偵測可疑者。三是與廣告客戶合作，提供資料以作分析，包括谷歌與雅虎聯手，它們與「網路互動廣告公會」（Interactive Advertising Bureau）合作，要設法建立點選的廣告標準，由業界出資進行核對與認證。四是設置作假賠償專戶，谷歌的總賠償額度上限設定為9千萬。第五，也是最後一種，就是利用人們的正面質素。這是指社群社交乃至於互助合作的網站，如MySpace、臉書與YouTube等等原本是「純粹」的人際分享網站，在被三大傳媒財團以鉅資收購後，目標就是要使其成為吸納廣告收入的網域，這也包括谷歌提供約8億美元，要讓其三百多萬的部落客「分享」，鼓勵他們好好耕耘其部落格，吸引瀏覽其部落格的人在更加寬心的情境中接觸商品。

最後這種景象已經出現，但是否就會無往不利，致使人們不僅「休閒」時間被殖民，也讓善意與信任進入資本的增殖範疇？

（《亞洲週刊》2008/4/6，頁39。）

網路促銷手機 「一半是浪費了」

法國陽獅集團（Publicis Groupe）東主年歲七十一，多年來都在

尋覓接班人。上個月底，他找上美國的宏盟集團（Omnicom）。合併案必須過關斬將，約有四十個國家的反托拉斯機關等著審查。如果通過，新集團就要超越當前的霸主（英國WPP），占有全球廣告行銷總額（2012年約是4,900億美元）的五分之一。兩家集團聯軍後，每年可望節省5億美元。

何以廣告與行銷愈做愈大？八十年前，大西洋兩岸各有經濟學家出版專著，不約而同，她與他都論述了廣告。他們認為，廣告反映並強化了資本主義的壟斷趨勢，致使競爭不再決斷於產品價格的高低，而是取決於誰花得起大錢，藉由廣告影響人們的偏好形成。此時，再好的產品若無銀兩促銷，注定無法入行，市場競爭因此減少。

對立的看法則說，非也。廣告順應人們早就存在的偏好，並予強化，頂多是順水推舟，哪裡能夠左右？再者，價格競爭之外，現在更有形象與品牌的競爭，廣告正可派上用場，正好說明我們生存的年代，資本還是驅動勞動力，拚命激烈地競爭，何來壟斷！

南轅北轍的看法，不僅於此。更要命的是，當代行銷與廣告的鼻祖約翰・沃納梅克一百多年前的無奈說法，如今看來，還嫌保守。約翰說：「我花在廣告的費用有一半是浪費了，麻煩的是，我不知道是哪一半。」實情可能更糟，美國去年耗用1,700億美元「直接行銷」（如電郵廣告），但研究人員追蹤後，論定其中有1,650億如同丟入大海，全無生意上門。近日HTC擬斥資3.6億台幣聘請明星行銷手機，即便有用，也是襲奪其他廠牌用戶，無法增加總體用量。

那麼，搜索引擎如谷歌、社群網站如臉書，由於掌握了更多使用者的私人興趣與各種資料，應該更能奏效，為特定商品作嫁，不但找到消費者，並且會讓他們掏出腰包吧？才怪。今年有三人發表論文，指他們鎖定三家知名搜索引擎，兩家是控制組，他們不付廣告費，任由兩廠商決定是否將相關產品的搜索排名往前擺設，實驗組則繼續付費。這項研究的重點發現有二：首先，假使該產品本來就有很高的知名度，那麼，免費及付費，「效果一樣」！假使不放品牌，只是以相關產品（比如網球襪）搜索，那麼，廣告確實有些效果：不過，廣告支出增加一成，僅增加營收0.5%！

對廣告更為「殘忍」的打擊，還在後面。前無古人，後也應該不會有來者的美國第一位經濟學諾貝爾獎得主薩慕森（Paul Samuelson），其教科書從1985年的第十二版就說，1928至1983年的蘇聯平均經濟成長率4.9%，高於英美德日，到了1989年的第十三版，他甚至說：「蘇聯經濟是個明證，社會主義的指令經濟不僅能夠運作，甚至還能繁榮。」假使薩慕森所言非虛，趣味就會十足：社會主義不興廣告與行銷，認為這只能消耗，無法創造勞動力的剩餘價值，卻在長達半個多世紀，擁有更高的經濟增長！這段歷史是真是假，還可爭論，惟近年來耗費較多經費在廣告與行銷的英國而特別是美國，經濟的成長與分配效果，明顯不如德國與北歐。看來，行銷與廣告雖然與經濟無關，但透過其對特定品味與價值的凸顯或掩飾，透過其對特定傳媒及其內容的浮誇與支持，卻具有十分濃厚的政治與文化意義。

（《人間福報》2013/8/15 第5版）

網路時代　無線寬頻是基本人權

（2012年）2月28日《聯合報》社論指出，「無線寬頻是網路時代的基本人權」，該文又建議，若要普及寬頻，政府要更積極，方法是「政府編列預算……甚至直接投資建設」。

確實，如張佛泉所論，「諸人權就是諸自由」，這不是口號，不是政府消極不干預就能成事。基本人權的滿足與維護，需要資源，政府提供，誰曰不宜。

預算哪裡來？政府編列之外，另闢財源並無不可。寬頻使用電波，業者有權使用，來自政府代表人民授權，是特許，甲用乙不能用，如同土地。那麼，使用者在一般公司稅之外，應該另得支付特許費，其理至明。

該支付多少？單一價是一個辦法，任何廠商依其電波用量，無論

盈虧，都提撥特定金額，或特定百分比的營業收入。累進分級計價也成，個人的「勞動」薪資都分級累計，貢獻政府的稅收，業界若依照其規模與市場份額大小，仿效採納，不妨說，這也是一種「資本」利得之累進。還有一種可以是利潤設限，以金融平均借貸利潤的兩倍（或其他倍數）為上限，超過者以累進或單一價方式，取作普及無線寬頻的基金。

願意或說極力想要使用這些特許電波的廠商，一定超過電波的供應，需求遠大於供應，因此在滿足基本人權及電波經營效率之間，政府應該會有求取均衡的空間。

透過這個方式取得經費，目前電信法的繁複計算與爭執，或許能夠減少，甚至消弭，除非政府無意精算。循此張羅，經費若還不足，納稅人透過政府另作提撥，就是另一選擇。

只是，當前政府稅收僅占國民生產毛額的12%，在世界各國當中是罕見的低，偏偏勞動的薪資所得，占了這個低比例相當高的貢獻度，因此，除非電信業在內的資本或地租所得，先行提高其貢獻比例，否則，已經捉襟見肘的國庫，再要對勞動所得課徵，忍心嗎？公平嗎？

（《聯合報》2012/3/1 A15版。原標題〈籌措財源　滿足無線寬頻基本人權〉。）

頂級網域　法國槓美國

法國人最近很不爽，不是因為（2014年）8月底總統向右轉，撤換反對撙節政策的經濟部長。這次是美國人惹的禍。

早在2010年，專從網域命名賺錢的單位就試圖申請「酒」（.vin〔法文的「酒」〕與.wine）名作為「頂級網域」。2012年，管理網域命名的ICANN展開評估。今年4月，因應外界壓力，延緩六十天決議，到了6月26日，史上最大的ICANN決策會議在倫敦開會後，決

定開放。消息傳出，法國政治人代表酒廠率先開炮，西班牙、英國，事實上是整個歐盟，紛紛聲援，甚至，將近兩千多家美國酒莊也在7月加入，同樣認為「酒」的頂級網域不能開放。這些酒廠認為，來自特定地理區的「酒」，名聲就是金錢，也是名譽，經過幾十年、上百年醞釀才有今日成績，任意開放將會「牛驥同一皂，雞棲鳳凰食」，電子商務的長期發展，或將致使酒名混淆、品質難有保障，他們可能人財兩失。

當然，網路蟑螂也是問題。搶先註冊名稱，鳩占鵲巢偏可牟利的爛事，誰說不會發生？fund.com曾經賣到將近1,000萬美元！美國人卡登赫德吃教宗豆腐，註冊本篤十六網站後，聲稱即便色情網站出天價，他「基於對上帝與蒼生的愛，絕不會這麼賣。」但色情網域頂級網名.xxx，已經從2011年9月開價。歐盟曾經主辦國際會議，探討如何「在自由市場，將欲望化作商品」，若以porn進行搜索，筆數從2004至2011年增加三倍。〈性產業：網路正在解放世界最古老的專業〉，如同網路減少旅行、航空票務的中介服務，不少熱情的人也衷心期待，或說預言網路（將）消滅紅燈專區、老鴇、皮條客，「讓您的錢花得更划算。」

誰有權力說.xxx、.vin、.wine可不可以變成頂級網名呢？你的商號你的地址，誰來命名呢？在網路規則必須跨國決定後，究竟誰來管理網際網路，特別是ICANN（「網際網路名稱與數位位址分配機構」），是個嚴肅問題。1998年以來到現在，表面上是在加州註冊的NGO，實則美國（商務處）握有大權最後裁定。它雖然已經在3月表示要放手，成立「全球的多方共管社群」。但這是什麼意思？換湯不換藥，如OECD國家的傾向「維持現狀」；印度、巴西與南非要求設立「新的全球體」控制，如同國際電信聯盟ITU；或是中國與俄羅斯的偏好，由聯合國大會制訂某種規則？牛津大學麥爾荀伯格（Viktor Mayer-Schönberger）教授說，網路治理已經進入「憲政時刻」，要有權利清單，要有分立的評議單位承擔某種司法仲裁，不能成為「強大國家的玩物」。

《誤解網際網路》（2012/台灣中譯本已由筆者完成，預定2015年

出版）的作者眼見上層建築有人著力，轉攻下盤。他們說：「當前的網際網路……數位盜賊貴族橫行……政策方案要能重新分配資源：對私有的傳播商業活動，取稅課捐，藉此資助開放型網絡與公共服務的內容……。」

（媒改社網刊：《共誌與傳播、文化與政治 email 一小品》（3）2014/9/3。原標題〈「憤怒的葡萄」法國上網槓美國〉。）

麥克魯漢與科技決定論

　　聲名鵲起於1960年代的麥克魯漢（Herbert Marshall McLuhan），語不驚人死不休，「訊息就是馬殺機」（message is massage）。然後，就在你被他的語言吸引，湊近想要搞清楚老麥在賣些什麼名堂的時候，立刻，他的文體挫敗了你，有若格言式的寫作，讓人嘗足苦頭：到底在說什麼啊，天馬行空，有看沒有懂，不知所云。

　　這不僅只是由於麥克魯漢的書寫有時往東有時走西，並且前後不連貫而文字經常不怎麼相關，個中緣由其實也是他故意造成的，因為他「只探索，不評價，不解釋」。

　　所幸，三十多年之後，他的忘年交，也是在麥氏辭世（1980年底）前兩年得到其親炙機會的本書作者李文森（Paul Levinson），本於對麥克魯漢的服膺，在精讀及教學傳播科系十數年以後，有感於網路時代的媒介與世局之發展，其實更能顯示老麥當年之言簡直就是先知，是以提筆為文，透過傳統的書籍出版與線形表述的方式，為讀者勾勒並申論麥克魯漢的傳播思維。

　　不止於此，作者也企圖澄清歷來對麥克魯漢的誤解，其中最嚴重的計有兩項：一個是形式主義的指控，另一個是科技決定論的「抹黑」。有謂媒介的內容是什麼，其實不重要，緊要的是媒介一現身，逐步進入生活，就改變了我們感知外界的方式，因此「媒介就是訊

息」。李文森說這真是天大的誤會，內容還是非常重要（頁22、26、62、75），尤其是就相同的媒介（如甲報對乙報等）比較，內容優劣高下還是人們擇此就彼的因素。不信？請看今年元月10日，華納與美國線上宣布合併，所為何來？只是擴大企業規模嗎？當然不是。雙方結合正顯示單有媒介（通路，也就是美國線上），不能取勝，因此需要華納這個全球最大視聽資料庫來供應網路媒介的「內容」。縮小看台灣自己，4月11日宏網宣布投資最大華文電影集團嘉禾，不正是同樣道理嗎？

這部分的辯駁與補充說明，很有力。但作者雖有意摘掉麥克魯漢決定論的帽子（比如，李文森說「他（麥克魯漢）不願意預測未來」，頁314），但終究因為他自己也認為麥式是把科技放在比人高的位置，以致徒然只剩下信仰的重申（「人會選擇自己所要的媒介，然後讓這種媒介活下去」），卻完全沒有讓讀者看到，不同的人選擇不同方式讓不同媒介以不同方式活下去的過程，歷經了何等具體的衝突與鬥爭，這是比較可惜的。不談和平運動為裁減核子武器貢獻了心力，只消看看最近的例子，美國司法部的決定，使得微軟的市值登時少了三分之一以上，還不夠生動地展現了技術官僚與壟斷資本，雖然經常合作卻亦自有反目的時候嗎？

最後，本書譯文流暢，但既然漢譯本已將原著文獻盡數刪除，正文所徵引的論著，若能一併去掉，會更方便閱讀。

（《明日報》2000年4月。按：該報是台灣第一家商業電子報，詹宏志等人在2000/2/15創辦，2001/2/21停刊。本文簡評Levinson, Paul〔1999／宋偉航譯2000〕《數位麥克魯漢》〔*Digital McLuhan: A Guide to the Information Millennium*〕。台北市：貓頭鷹。〔該書2016與2023中文版均有作者序。〕）

麥克魯漢啟發「郵差」 說消逝的童年

魯迅的一句「救救孩子」，六十多年後還是那麼動人，身為父母的人大概很少能夠沒有感應。《童年的消逝》也是這樣，當我們看到螢光幕裡，小孩子煞有介事模仿大人身段，塗粉又擦臉，軀體搖啊又擺啊，把成人世界的詞曲從顏面甩了出來的時候，我們對於作者波茲曼（Neil Postman）所說，「電視不需要區別『成人』與「『兒童』」（頁87），因此使得童年這樣的觀念逐漸慢慢離我們而去，總會多少平添一些傷感吧？

「郵差」（作者姓氏的意譯）送來的這則訊息，並非從生物角度說人一出生就是大人，因此不再有兒童階段，而是從社會建構的觀點說明，「童年」這個念頭，就西方文明來說，是15、16世紀之交印刷媒介問世以後的後天產物。這是因為識字閱讀需要訓練，必須假以時日才能有所成，因此也就有成人與兒童的差別，使得「人生而應有童年，使其享受呵護」，在晚近已經變成大家都能接受的權利觀。

奇怪的是，就在童年觀成為文化的一部分，近一百五十年的文明進展卻同時即將摧毀童年。青少年犯罪率及殘暴程度節節高升，犯罪及使用違禁藥物與性行為年齡的一路下降（在台灣更有雛妓）等等現象，又令作者及譯者憂心忡忡，這豈不是一種「大人兒童化、兒童大人化」的指標，是兩界線形將泯除的象徵？而在這個時候，最能夠作為這種大眾文化病態的見證者，不就是已然深入家庭，不會要求觀眾學習、不會要求觀眾具備複雜心智和行為，不會分類與隔離觀眾，因此是「一覽無遺的媒介」的電視嗎？

這段指控美國電視的文字，台灣的父母也許更是感同身受，但可能也會更加惶恐吧？原因是雙重的。第一，作者行文帶有濃厚形式主義者的論斷，流於給人印象，以為電視科技本身一定只能造成童年的消失，雖然如此，作者倒也蜻蜓點水，在四個地方（頁83、91、115與133）提及，這個電視弊端，源出資本主義的商業機制。但使童年消失的這個電視根源，在本地不單是商業控制，更有政黨經營的難處啊。第二，美國不但有兒童權利運動等團體的努力，也有另類的兒童

藝文運動，致力豐富與父權、商業建制有別的文化環境，創作更適合兒童接觸的讀物或節目，而我們有嗎？

下片未久的《蒙古精神》，主人翁剛保進城購物，買了布滿藍波與美俄總統熱烈會談畫面的電視，卻沒有遵照妻子的吩咐購買避孕用的保險套。這會是隱喻，暗示人類畢竟貪圖片刻享樂，致而作繭自縛，製造科技（電視）來消滅也是自己創造的文明（小孩）嗎？優美的譯文可有答案？

（《中國時報》1995/2/16 第43版。簡評Postman, Niel〔1982／蕭昭君譯2002〕《童年的消逝》台北市：遠流。原標題〈揠苗助長的電視文化〉。）

「郵差」的「娛樂至死」

「電視新聞……反交流……精神分裂……歌舞雜耍……民眾對漫無條理已經見怪不怪……娛樂得麻木不仁……。」這是在說21世紀的台灣電視嗎？不，這是二十多年前的美國。

讀及這段文字，國人可能有兩種反應。一是倍覺詫異：不說美國電視新聞很專業嗎？怎麼會在三大電視網寡占的年代，美國電視就已經是這副德性？二是了然於胸。原因也許又有兩種。

責怪科技的人說，「天下烏鴉一般黑、電視這種形式本質就只能這樣」，往昔的美國今日的台灣，無足為奇。責怪商業的人說，利潤歸私的競爭動能，早晚逼使業界走向惡質，也就有此表現。2007年7月27日，美國鳳凰城兩地方台搶警察追逃車的新聞，直升機對撞，四人致死，只不過是電視的荒謬面向，最近一個悲哀也卑微的注腳。

本書是歷史之作，約有十種語文譯本，脫胎於1984年書展講演，經擴充與提煉而成，作者藉由對比印刷閱讀與電視影像，推演主要觀點：「審查……令人反感，也必須反抗……影響卻微不足道……查禁……不會嚴重妨害……自由……電視……顯然笑裡藏刀……不妨

害……還擴大……自由……電視經濟……聳動我們不斷收視……沒有人禁止我們自娛。」

雖然同屬「媒介環境學」（林文剛教授認為，這個譯詞比媒介生態學，更能傳達media ecology的含意）的重要啟發與援引來源，波茲曼在很多地方與麥克魯漢並不相同。假使只是說他「哀悼印刷術時代步入沒落，電視時代蒸蒸日上」（若這麼說，隨技術的不斷推陳出新，如網際網路，就會減損本書的經典成分），恐怕是錯失了作者的真正意圖。

在本書最後三章，波茲曼所展現的人文與民主之啟蒙認知，格外明顯。第一，作者破除了媒介環境學是科技決定論的印象。波茲曼說，「電視節目可以刺激學習興趣」，這就是說，影音圖文各有適宜的寄託形式，人們所要傳達的內容不同，便應當各自尋覓相應的媒介，藉此才能達到最佳表達效果。然而，如果沒有注意這個最佳結合得有制度配套，那麼情況將要走樣，變成「依循媒介商人指定的方式」，致使生活其間的人走入「娛樂致死」的胡同，無法自拔，個人的遁逃空間將極其有限，群體的開創餘地也見困難。第二，既然要求有制度的配套，那麼，厭惡科技的人，不時作勢或憤怒發言，表示要將電視逐出生活之外（「消滅電視的四大論據」、「關電視機運動」等等），波茲曼也就欷歔同意了。「郵差」帶來的是希望、是努力的方向。他指陳的出路，就是吳翠珍、陳世敏與教育部所推動的「媒介素養教育」：向世人「示範如何看電視」，以及回歸學校這個「美國人解決所有社會危機的傳統求助對象」。

歸根究柢，媒介素養教育必須雙管齊下。其一是「修身」，讓人們真正耳聰目明，在傳媒形成的環境中得以悠游而非滅頂。其次是「平天下」，此時，媒介環境學的翻譯就比媒介生態學更可玩味。環境保育幾乎是普世價值，媒介的生產與消費也必須重視環保。媒介環保的內涵會是些什麼？以電視為例，是頻道減半，然後省下資源，投入當前所匱乏的節目之製作嗎？媒介環保的內涵有待討論，但若前例可以是內涵之一，又怎麼達成呢？波茲曼提及的「商人指定」模式顯然不是答案，現狀正是它所造成。

　　媒介素養與媒介環境學所要導引的媒介批評，大概很難迴避這類問題的探討，乃至於知識澄清與擴散的行動規畫。美國「媒介環境學會」創設第四年、也是波茲曼謝世的2003當年，睽違美國七、八十載，有關（特別是電子）傳媒的結構改造運動再告「風起雲湧」。它的動能與成績尚難高估，可以確知的是，這樣的運動需要波茲曼這樣的書與識見、需要媒介環境學的投入與支援。（石門老梅溪瀑布、金瓜石無耳茶壺山2007/7/26-30）

（推薦序：Postman, Neil〔1985／蔡承志譯2007〕《娛樂至死：追求表象、歡笑和激情的電視時代》，頁5-7。台北市：貓頭鷹。原標題是〈媒體時代，我們更需要聽聽波茲曼的意見〉。亦收於2016年版頁15-8，見後一篇）。）

數位匯流時代　「郵差」更重要了

　　「臉書」一年斥資1億3千萬台幣，保護董事長祖克柏（Mark Zuckerberg），陪他跑步；但臉書在英國賺數十億近百億，交稅比一般受薪者還要少一些，僅有22萬。

　　這個對比沒有「朱門酒肉臭，路有凍死骨」那麼強烈，但也足夠怵目驚心。它提醒世人，1979年啟動，從英國開始而後美國強化與放大，再對外蔓延的「時代精神」，歷經本書出版的1985年，持續至今，表現為不公平與不平等的差距仍在擴大，不是減少。

　　這個「精神」展現在傳播領域，就是造成《娛樂至死》現象的動力，已從電視延伸到了新興約有十年的新技術形式，波茲曼的觀察、反省與批判，因此不但持續、並且是更為社會所需要。

　　「谷歌」在2006年買下YouTube，「微軟」在2007年投資臉書，「蘋果」同年推出iPhone，2008年第一代Android手機問世，然後有線與無線（行動）寬頻逐漸普及、速度加快，2011年「連線」（Line）誕生並在次年入台，4G滲透至若干國家七成或更多人口不到兩年

（台灣的4G在2014年6月開台），善搞「奇技淫巧」的資本邏輯就又開始說，5G即將問世！

一百六十多年前的《共產黨宣言》，何其早熟，只消替換幾個字眼，說的就是現在：「一切新形成的產品等不到汰舊換新，就已經過時了。一切新形成的使用方式等不到成為習慣就陳舊了。一切先進的東西都煙消雲散了。」

在這個過程，先前與網路不相干的影視光碟郵寄公司「網飛」（Netflix），以及從未涉及電視內容製作的網路書商「亞馬遜」（Amazon），先後開始利用自擁的著名發行平台，投資製作電視劇，有樣學樣，完成了影音製作與發行的垂直整合。如今，它們已是大型的影音頻道與製作公司，特別是網飛，進入了一百三十多個國家、今年號稱要投資60億美元製作節目，不讓「家庭票房」（HBO）或「葫蘆」（或「互錄」，Hulu）專美於前，YouTube也得跟著緊張。在華人市場，愛奇藝、優酷土豆、騰訊與樂視既然已經統整對岸的市場，也就陸續（想）要擴張，包括進入台灣，與中華電信、台灣大、遠傳、威望國際等公司的影音部門，捉對廝殺、合縱連橫。

顯然，除了傳統的居家、在客廳觀賞電視之外，收看視訊的場合與時間也增多了。前者還是很重要，國人平均一週大約收看十八小時，但後者的使用時間也在增加，網路影音頻道與手機使用大約各是八小時，平板電腦再有九小時。假使再加上瀏覽或駐足各種網站、部落格及社交媒介的時間，那麼，國人如同海外許多國家的人，在工作與睡眠以外，會有半數或更多的清醒時間與大小螢幕為伍。這應該不是離譜的推估，即便這些接觸或收看時間也許局部重疊，亦即人們即便在客廳開著電視，很有可能一心兩用、多用，也會同時講電話、滑著手機或平板電腦。

不過，透過這些管道，接觸這麼多視訊的行為，「數量」雖然相去無幾，但由於各國「傳統電視財政」來源不同，這些行為的「品質」差異可以很大。財政比較單一，大致僅依靠廣告的是美國、中國大陸與台灣，算是A類。歐洲日韓加拿大與澳洲是B類，除了廣告收入，往往擁有額度可能更多的非廣告收入，包括政府預算，也包括政

府依法強制個人、家庭、收視戶、各種無線或有線平台、商業電視公司，乃至於消費電子科技廠商，繳交額度不等的電視捐。B類國家至今仍然擁有強大的公共服務媒介（public service media, PSM），並且從廣播電視延伸進入網路，它的公有產權形式及服務宗旨很有可能是「聖之時者」，最能在數位匯流的年代為國民提供最有效與便捷的影音圖文之服務。近日，有人分析四十五個國家的PSM財政，指出1994至2014年間，若以英國為例，則BBC的非廣告收入增加58%，與其競爭、依賴廣告的ITV與C4，相同時期僅增加28%。

A類的觀眾，其大部分接觸影音的時間都變成了商品，賣給了廣告商，這就是「閱聽人商品」的意思。最早提出這個概念，並給予命名的人是史麥塞。他曾經在美國政府服務十多年，內有五年擔任「聯邦通訊傳播委員會」首席經濟分析師；離開政界轉往大學後，在加拿大退休、辭世前，教學、研究及活躍社會將近四十年。在他看來，私人電視公司製作節目吸引觀眾，就是要製作「閱聽人」這個商品，將他們的收視時間賣給廣告商，從中得到收入；若是能夠讓觀眾娛樂至死，黏住螢幕不放，就是其最高目標的達成。1995年，網路商業化之後，這個概念又比僅有傳統電視的年代顯得更有道理了。不是嗎？以前，收視率公司只能抽樣調查，取得我們的有限資料，現在，任何人在網路的一舉一動，同步轉作詳細的資料，等於是普查且即時的所得，剛好作為各種商家進行買賣、政治投票動員的訴求依據。

愈多觀眾的收視時間變成商品，後果之一，可以對比A類（美國）與B類（歐洲）的差別。美國人的公共知識質量，因為教育、所得、性別、年齡的不同，會有相當明顯的高低落差。歐洲國家因為PSM的存在，「更能將公共知識帶給弱勢群體……社會包容的成效較佳」。歐洲國家的公共服務績效也在他處另有展現。比如，英國的網路影音頻道雖然比台灣發達，但人們更多的收視時間仍然放在傳統電視：他們收看五家無線電視機構的頻道一週約有二十七小時，用來看網飛與亞馬遜僅有七十七分鐘，另有八十五分鐘看YouTube。

反觀台灣，有個獨步全球的怪異景觀。每週七天，一日播放二十四小時的7/24新聞頻道，1997年我們有三家，現在是七家（另兩家

財經新聞不列入計算），占有的收視份額從2003年的10.25%，倍增到了去（2015）年的20.50%。但是，如同癮君子知道菸草無益，反而是有害身體；電視觀眾也會明白，這種新聞癮對於他們也是傷害，不是福利。高中生在教育部主辦的座談會對官員說，為何電視播出的新聞「都不重要」。觀眾不滿，電視業者沒有自欺，他們也是心知肚明，於是在報紙刊登啟事，控訴「台灣的電視節目很難看，幾乎已成為全民共識」。這是2016年的春天吶喊，但並非空谷跫音，這是回聲，十七年前，中視董事長鄭淑敏就已登高一呼，她說，為了競逐收視率背後的廣告收入，「所有的電視人變成……笨蛋……白癡……神經質」。

台灣欠缺PSM；台灣不是美國，不是影視帝國；台灣也不是中國，政府及國民很少想到，強力規範外來影視作品，才能建立文化信心，才能厚實認同的內涵，維護國人的權益。這就致使業者與觀眾雙雙不滿傳統及新的電視。國人打開電視與電腦，滑動手機的時候，等於是「捨己為人」，將自己有限的影視資源，不是投入耕耘本國的貧瘠田地，而是替人錦上添花，購買海外的內容。對岸、香港、歐日韓等國的電視劇，少則八成，多則九成以上來自本國，我們呢？2003年僅43.7%，2014年再跌至32.06%；電視頻道分級付費之外，最受青睞的十個影音頻道，有七個是境外衛星頻道。

波茲曼書末引用赫胥黎，再次強調教育的重要，我們需要學習「媒介政治和媒介知識論」，才能明白「自己為什麼發笑、為什麼自己不再思考」。若是讓波茲曼與赫胥黎現在拿起麥克風，他們應該會將「媒介政策」引入教育的新內涵，順此進境，人們可以細緻掌握A類與B類電視財政的意義，也能明白，何以阿多諾（Theodor Adorno）曾經在1960年代說，若在戰後的德國寫作《啟蒙的辯證》而不是在1940年代的美國，並且是「分析電視，那麼，他的判斷就會比較不是那麼悲觀，也不會那麼激進」。（2016/5/9，猴山847回。）

（推薦序：Postman, Neil〔1985／蔡承志譯2007/2016〕《娛樂至死：追求表象、歡笑和激情的媒體時代》，頁7-14。台北市：貓頭鷹。原標題〈數位匯流時代　讓波茲曼更重要了〉。）

谷歌與微軟　仙拚仙

　　鼠年來臨前夕，微軟再次進攻。繼去（2007）年5月以61億美元收買網路廣告公司aQuantive、10月底以2.4億美元取得美國第二大社群網站臉書的1.6%股份之後，微軟準備另以450億美元、折合大約我國中央政府前年度歲入總預算的1.43兆台幣，購併雅虎公司。

　　微軟的大手筆是進攻，也是自保，在資本積累動態競爭過程，進攻與自保本來就是一體的兩面。這正如谷歌在過去一年半先後斥資160億美元購買YouTube、31億美元併DoubleClick，接著又與美國衛星電視供應商EchoStar及第一大廣播集團Clear Channel簽定長期合約，試圖利用網路分食更大份額的傳統廣電廣告收入。更讓人駭異的是，谷歌並不饜足，一個多月前，它又表明，即將推出作者署名的網路百科全書，對於不放廣告的維基百科，谷歌也不放心。

　　除看戲湊熱鬧，身為報紙讀者的我們，還有什麼可想、可做的，或者比較精確地說，可以責成政府替我們想、替我們做的？

　　一種是什麼也不必想不必做，因想不出，且也不應擺出杞人憂天的樣子。畢竟，市場也經常處罰躁進的貪婪行為者，最近的一次著名案例就是2000年時代華納與美國線上合併不久，2001年旋即崩盤。另一種不必想的原因是，規範企業競爭的政府機關為了證明自己的存在價值，自然會出面管制，如同去年10月歐洲法院支持歐盟執委會，對於微軟濫用市場地位的行為，罰了近10億美元後，微軟只好決定接受、不再上訴。

　　但還不足夠，特別是對微軟與谷歌近兩、三年爭雄態勢所顯示的可能意涵，更不足夠。公權力對於私產權的規範是否能夠達到良善的目標，本來就很有爭議。但假使以微軟與谷歌競爭的重要項目，也就是廣告收入來說，問題似乎將要更加嚴重。這就是說，微軟、谷歌與其他網路公司本身不生產，或說只生產很少的新聞與其他傳媒內容，但是它們卻可以利用這些報章雜誌及其他各色傳媒所生產的內容，加上個人部落格或社群網站等使用者創生的內容，再摻入它們提供的其他相關服務，牟取利潤而且私人占有。

　　民主社會為取得娛樂，為了監督權勢與揚舉正面價值，必須由全職的人、以專業的方式生產新聞與其他非廣告的傳媒內容；當然，全職者是必要而非充分條件，因此，我們就需要補充如今多以公民記者相稱的業餘人士。不過，如果微軟或谷歌等網路公司以大約是寄生的方式賺錢，那麼除了侵蝕專業生產者的工作資源與空間，應該也不是民主及這些傳統媒介之福。怎麼辦？

　　1月底，《日經》、《朝日》和《讀賣》三家日本報社聯合成立網際網路事業組合，認為報紙在日本仍然將是「可信度最高」的傳媒，它們因此一反競爭常態而彼此合作。而來自業界的作法，大致還包括新舊傳媒彼此持股、交互滲透及兼併。政府的可能作法之一，包括法國總統薩科奇1月中旬所說，指法國公共電視播放廣告導致節目「品質」比較不理想，因此他想要求所有公視不能播放廣告，至於不放廣告所不足的經費，要抽取私人電視因公視不播而多得的廣告收入之部分，加上政府預算來補足。外界批評薩科奇是要讓他的黨羽（私人傳媒大亨）賺錢，這個批評可能是對的，但另一方面，這也不妨害「歹竹出好筍」的結果。動機是一回事，動機所不能預測的好結果是另一回事。假使創設完全不以廣告作為財源的傳媒，其內容任由私網路公司取用賺錢，所賺部分再取其中若干，回流這類傳媒的內容生產者，不也是很好嗎？何況，歐洲許多國家早就對空白DVD、電腦、iPod等等硬體課徵稅款，用以直接支持影音生產人。

　　熱熱鬧鬧的資本百態與逐利是重複與有限的，想像力是無窮的，特別是，上個月底才傳出報導，指稱（至少表面上）在最相信新自由主義經濟政策的美國與台灣政府，聯手協助與爭取之下，「谷歌境外中心祕密（可望）登台」。政府都有實際作為了，讀者想像一下有何困難？

（《中國時報》2008/2/3 A19版）

Uber不是共享、是葉公好龍

經濟部投資審議委員會說，Uber是運輸業，卻以科技公司自居，因此，假使（2016年）8月底以前，這家荷蘭公司不肯「依法在台繳稅、來台設子公司、確保消費者權益」，就得離開台灣。

這個決定很正確，不過，坊間傳媒卻跟隨主流用語，硬說Uber代表一種「共享經濟」。

但是，這個說法不對，不僅美化Uber（該公司的中文翻譯「優步」也把自己美化了），並且「共享」這個具有正面意涵的修辭，也掩飾了不少問題。

眾所周知，參加Uber的人很有可能大多均屬兼差，在台灣，據說半數以上一週工作少於十小時。何以兼差？兩種可能：一是正職的收入不敷所需，只好加班。二是玩票性質的成分大些，公餘或工餘開車逛逛，看些人、觀些風光世事，多些閒錢入袋，也是美事。

惟據說Uber的車款相對新穎與豪華，而以自由之身加入這個行業的人，學歷偏高。果真如此，那麼，有錢買好車，社經地位也比較高，就與收入不足的理由不能完全吻合；或說，假使因為車價昂貴因此兼差填補缺口，雖然這也可以理解，但量入為出的習慣還是更為可取。畢竟，在台灣開計程車，工時長收入不高，開好車而後「不得不」兼差，等於是以Uber的不納稅、不在台設公司的不公正作為，襲奪了專職運將的辛苦錢，很正當嗎？共享什麼？「不得不」兼差已經不可取，玩票開車更讓人不滿，為了自己的好玩，讓他人更為辛苦，這對嗎？這是共享還是霸凌？

台灣人都知道，特別是北部，搭小黃輕而易舉，打電話預約也很容易，因為計程車超量供應。假使要以科技作為幌子，不是不成，但真正需要個別化的運輸服務，愈是偏鄉應該愈是明顯，Uber若是專門下鄉補充不足，會讓「共享」的名實更能相副。

Uber打出共享，實際上不公正競爭。此外，另有名為共享，但其獲利有相當的比例來自寄生，卻也打著分享的旗幟。

其中，最明顯的是臉書與谷歌，它們占了歐美數位廣告半數以

上，份額可能還在增加。在谷歌或臉書流動的影音圖文，固然不少來自業餘者、使用者自己提供的內容，卻也有很多來自傳統媒介，特別是報紙，但這些報紙對兩大科技公司束手無策，無法單獨責成轉用內容的這些高科技寄生者，與其分享合理廣告收入。三年多前，谷歌提供5,200萬英鎊給法國出版業，去年拿出1.5億歐元新聞基金給歐洲人，都是業者集結，要求其政府作為後盾，才能取得。

共乘早就是汽車使用的一種方式，人們分享汽車的好處，不待傳播科技的發達就已存在。加入牟利的動機，會讓分享更好、規模更大嗎？值得研究。但確定的是，本世紀創辦的維基百科無疑是最好的協作分工與分享的例子，至今它也都努力防堵商業滲透，不肯刊登廣告。另一種是公共服務媒介（PSM），它由公權力強制介入，向所有生活在相同地理範圍的人，收取相同的費用（如日本的NHK與英國的BBC），或量能收取高低不等的費用（如澳洲及2013年以後的芬蘭與德國），然後將其所有內容盡量開放給所有人（透過網路則是開放給全世界，即便本國以外的人沒有交錢）共用，限縮著作權的肆虐。

遇到Uber而高喊虛假的共享經濟，卻放著真正的共享實作如維基與PSM不肯正視，無意凸顯，甚至予以壓抑，或下意識予以排除，這真正是葉公好龍了。

（《人間福報》2016/8/11 第5版）

5G的願景脫離現實

英國傳播署前研發部主任韋伯（William Webb）教授今（2019）年出版了《5G的迷思：願景脫離了現實》第三版。

英國皇家工程學會接受韋伯作為院士時，特別說他的高明之處，正在其專業能力貫穿學術界、政界與產業界。果真如此，這就奇怪了，這位著有十六本專書與百篇論文，同時擁有十八項專利的博士，

怎麼會說眾所矚目的科技願景脫離了現實？特別是中美貿易戰的重要項目，不就是川普總統以國家安全為由，不讓華為進入美國，也想方設法要勸說與要脅盟友，不讓華為銷售與鋪設它的5G設備嗎？

如果5G是迷思，華為領先5G技術，美國何必大驚小怪？三年前，《紐約時報》僅有十一則新聞出現5G一詞，去年是七十三篇，今年至9月底，增加至一百五十篇。假使5G是迷思，《紐約時報》就是誤導社會大眾。

讀韋伯的書，卻又讓人覺得，他好像不是無的放矢，至少，挺能說服技術門外漢。

他說，人們對資料傳輸的數量與速度的需求，根本不可能、也不需要無量增長。更可議的是，「目前需要1秒傳輸10MB的場合，大多是在娛樂串流的影音服務，這些消費可以讓人爽快，但卻與生產力的增加全無關係。」

政府以提高經濟生產力為由，補助5G的研發，卻讓國民消費至死，又無助於提升生產力，簡直是浪費社會資源。去年初，微軟集團曾經發布調查報告，指其歐洲兩萬名員工一有機會就在「看貓咪影片」，因此「數位革命未必增加生產力」。這個發現，與韋伯的看法顯然相通。

其次，儘管常見吹噓，指5G後「行動數據量增加一千倍、互連服務項目十到一百倍」，但實際上，3G到4G讓傳輸增加了二點五倍而僅需投入少量的額外成本。到了5G，成本暴增（如需要更多的基地台），卻比4G快不了兩倍，另有估計僅一點二倍。在寬頻費用下降多年之後（全球寬頻訂戶月均費用在2006年是35美元，現在跌至大約20美元），消費者願意加錢，就僅為了要讓影音串流快速一些嗎？

假使速度已經夠用、需求不樂觀，各方何以高喊5G？韋伯說，學院人也有為求新而求新的衝動，何況研究人員可以得到贊助，歐盟發布5G宣言，也提供七年7億歐元研發5G，歐盟之外，各國及廠商提供的經費更是少不了。

電信設備商如愛立信（Ericcson）、諾基亞（Nokia）與西門子（Siemens）等等為了販售新產品，更有動力，特別是華為與三星這兩

家，不無認定自己就要脫穎而出，即將領先全球同業。他們都在號召5G的進場。韋伯說，電信業者原本擔心投入高而營收無法確定，按理會裹足不前，然而，競爭之下，它們還是不得不投資5G的部署，2017年底華為主辦研討會、2018年三星在南韓舉辦冬季奧運試行5G服務，其後，電信業者更是從微溫轉為積極投入5G。

　　破除迷思之後，作者另有建言。他的類比挺容易理解。汽車速度再快，碰到堵車的時候也就派不上用場。同理，4G已經夠快，但怎麼讓寬頻通訊在人群密集之處（如公共場所或建築物內部），或高速移動的物體（如高鐵）等等情境，能維持高速、穩定及較不受干擾的有效傳輸？個中關鍵是，偏鄉地區固然必須持續依賴基地台的設置，但改善現在已經廣泛運用的Wi-Fi建設，廣用其延伸器（repeater），目標是讓人們在所有地方都能輕易上網，也有合理速度的服務可用，改善寬頻網絡的傳播，不需要5G的迷思。

（《人間福報》2019/10/7 第4版）

AI的新聞這麼多，為什麼？

　　據說，早在1955年的美國校園，AI（artificial intelligence）這個英語字彙就出現了。倡導AI的人說，有朝一日，人應該可以教導非人，也就是機器，學習使用人的影音圖文、口語與身體語言，甚至是各種抽象概念，以及隨之衍生的思考活動。

　　作為AI的漢譯，「人工智慧」（大陸另譯「人工智能」，台灣較少使用）最慢在1973與1981年，已在台灣與中國大陸現身。這個翻譯明顯是美化了原文。人都不一定擁有的智慧，居然可以由人創造出來的機器「後出轉精」，有了「智慧」！

　　其後，相關的新聞有點像是例行公式，定期報到，數量不多。最近開始有了變化，有關「人工智慧」的新聞或評論，急遽增長。台灣

的《聯合報》去（2017）年有四百九十一篇談「人工智慧」，2016年是一百八十六篇，再往前的2015年只有五十二篇。中國大陸這三年間的動靜也是這樣，《人民日報》標題出現「人工智能」的篇數，依序是八篇、二十八篇，然後是八十一篇；中國國務院更在去年7月頒布了《新一代人工智能發展規畫》。

為什麼會有這個轉變？

乍看之下，這與現實經濟的走向很不和諧、不搭調，甚至矛盾。今年初，有篇實證論文在美國經濟學年會發表，引發注目。它說，資訊科技（Information technologies, IT）軟硬體進入美國各行各業愈來愈多，但是，勞動生產力的效率並未增加，反見減少：1995至2004年是2.5%，2004至2016年降低到了1%。

IT不等同於AI，後者必然運用前者，但IT傳送的影音圖文，未必涉及「生產」，反而在很多時候是「消費」，甚至降低了生產效率。年初微軟集團發布調查報告，指其歐洲兩萬員工端坐在辦公桌之時，很少專注處理公務，而是一有機會就在「看貓咪影片」。微軟的結論是，「數位革命未必增加生產力」。

假使IT對生產力的提升幫助不大，那麼何以必須仰仗IT才能運用的AI，兩年以來得到那麼大的注意？至少有三種可能。

第一個理由是，IT沒有提升生產力的研究發現，即便眾所矚目，但其實根本就不正確。二是企業集團也許認為，生產力沒有提升的是別人，不是自己；更關鍵的是，資本相互競爭，各大資本也是人在江湖、身不由己，不得不繼續研發IT與AI，並且要將其重要性提高到至尊，爭取游資與國家資金的進入。

第三個，也許更為可能？這是「黎明前的黑暗」。AI不再是吳下阿蒙，歷經六十年的進展，在認知科學的推動與串連下，深度學習結合神經網路，強化語音、聲紋及臉面辨識的能力，機器如今竟可從顏面推知人的情緒與行動傾向！AI結合自動化與機器人必然取代人力的階段，很快就要來到。

一旦進入這個階段，現在已經讓很多國家灰頭土臉的不平等與失業等等社會問題，顯然還要擴大蔓延。怎麼辦？

　　微軟創始人比爾・蓋茲（Bill Gates）說，只能課徵「機器人稅」。另一個作法是推動「全民基本所得」政策：比如，以年均收入4萬美元的國家為例，所有長住該國的國民，一人一年不附帶任何條件，可以得到1萬美元的收入。SpaceX的創辦人馬斯克（Elon Musk）提過這個建議。

　　蓋茲與馬斯克是認真的嗎？「察其言，觀其行」，假使他們繼續就此發言與闡述，甚至發起行動，起身倡導這些政策，那就真是言行如一，商人就可以作為政治人的表率。

（《人間福報》2018/4/18 第5版）

政治保護鬆動　新媒介接招

美國政府禁止付費打歌

　　傳媒接受金錢，故意將廣告當作新聞或節目，是欺騙讀者、聽眾與觀眾的行為。政府為私利的置入與欺騙，不能原諒，若是私人為之，可以是傳媒與商業的民事「契約」，政府不該聞問嗎？有種看法認為，此舉「容或有所爭議，但國家不宜介入規範」。

　　不過，置入行銷沒有台灣嚴重，但比歐洲頻繁許多的美國，好像另有看法。這裡是指付費打歌，另一種高段的置入行銷，在美國遭受打壓的狀態。

　　音樂商出錢讓歌手在劇場演唱某些歌曲，英國最早，傳至美國後，首度在1890年遭致圍剿。但官方的壓制沒有滅絕這個現象，歷經多次的取締，付費打歌到了1950年代更是「升級」，從支付電台轉至由公關公司執行。1959年，國會啟動調查，認為這是「不道德的、錯誤的、該受譴責的賄賂行為」，次年修正後的傳播法將DJ個人取費播歌列為犯法。只是，貓捉老鼠的遊戲未曾停止。2002年，美國演藝人員及其他團體（包括有聲出版公會）聯合致函聯邦通訊傳播委員會，要求深入調查付費打歌的實況。2004年至2006年，在紐約州檢察官史丕澤（Eliot Spitzer）介入後，Sony、BMG、Warner、Universal及EMI Music等世界四大唱片公司，先後同意支付鉅款，並同意停止付費打歌行為，換取不起訴。

　　付費打歌欺騙歌迷的現象在美國屢禁不止，不是業界收入不夠，致使鋌而走險，不值得同情。台灣傳媒的置入行銷近十年日趨嚴重，多少有廣告市場低疲而傳媒收入短缺的窘境，業界假使有個有效的資

方公會或勞方工會，應該就能協商，統統不做置入行銷，政府與廠商也就不得不誠實面對，光明正大地廣告與行銷，傳媒的廣告收入於是並不減少。如今，公會與工會兩相無力，假使居然可以讓政府先不置入，再以相關政策調節與要求，廠商不欺瞞，傳媒不委屈，那就是否極泰來，政府介入變成好事一樁。

（《中國時報》2010/12/30 A22 版）

有了網路　政治（還）沒有改變

　　有了網路，如果其他條件不變，那就什麼都無法改變，特別是長期的、廣義的政治效果。但是，因為我們都在用，整日電腦不離身，網路不離口，手機不離手，我們自己造就了自我實現的預言：透過每日的生活實踐，太多人都聽到了這樣的說法，那樣的高聲朗誦與同義反覆，再三認定網路衝擊了這個，衝擊了那個，包括衝擊了狹義的、選舉的政治。

　　一個月前完成的台灣九合一選舉，結果既可預期，也是意外。大家知道國民黨會輸，但很少人預料輸這麼多。何故？大家都說，重要原因之一是，青年人加上新媒介，又因新媒介的重度使用者就是青年人，兩個原因也就是一個原因：新媒介。表面看，這個說法有道理。台北市長當選人柯P早就心知肚明，幾乎完全繞過傳統媒介，選戰期間僅有一次付費廣告，昰因網路版點擊高而在11月19日推出六十秒版的「這一票，你聽孩子的話」電視廣告。連勝文單是在選前五天，仍然抱著報紙不放，在四家綜合報紙刊登半版廣告十八次半，三分之一在頭版！

　　不過，柯文哲的網路有多成功？就看標準怎麼定。柯P在YouTube推出了三類廣告片。一種是所謂國際都會研習之旅，「美國篇」選前點擊一點四萬次，「日本篇」六點七萬次。第二種是三十則

市政主張，第三種是十五支情感訴求影片，平均分別有三點七八五九與九點八一一二萬次點擊。台灣收視人口最高的前二十名頻道（很不幸，包括了七或八個二十四小時「新聞」頻道，也包括定點播放新聞的台、中、華與民視）平均收視率約在0.35-0.45%，亦即七至十萬人。

在YouTube的柯P影片，觀看（點擊）人數是累積至選舉當日，十或二十多天的人次，總計兩百六十九萬，並且，觀看的人是柯P支持者的機會，挺大。電視新聞收看則比較不同，儘管也會反映既定立場，但成分低於網路收看者。假使一個（新聞）頻道一天有柯P新聞兩則、重播一次，那麼，七個（新聞）頻道一天就有一百九十六至兩百八十萬人次（這還不包括五家無線台）。網路影片與電視新聞的收視質量，是無法直接比較；但是，這是重量不重質的年代，我們何妨只是比較收看的人數？若這樣比較，很明顯，傳統電視超過網路的人次很多很多倍。

因此，比起電視，網路的宣傳效果不會更大。若看報紙，選前半年四報出現「柯文哲」的次數是《聯合報》八百六十七、《自由時報》八百四十二、《中國時報》七百二十四與《蘋果日報》六百零九次，連勝文在前四報則依序是七百六十一、八百四十三、六百八十二與六百三十次。假使只看出場次數，其餘不論，報紙大致「公平」對待兩人。如果報紙立場列入計算，支持柯P的《自由時報》之紙版報紙的昨日閱報率，超過《聯合》與《中時》的總合；是以，《蘋果》就是關鍵，那麼，這家港報可能挺柯大於挺連嗎？不太可能，因此，依據報紙的報導數量，假使能夠預測候選人的輸贏，柯P早就勝出。

當然，新媒介不是只有網路或YouTube，還有手機、臉書，以及各種社交媒介等等。但是，不要忘了，這些新媒介的內容有二。一種轉載大眾媒介。第二種則是傳統的口耳相傳與口語攻勢，轉而在這裡進行，因此，這部分的新媒介傳播其實是人際傳播的延伸或擴大。

總之，前面這些段落的舉例，主要是說，新媒介對柯P是有正面效益，但幅度不宜誇大，老媒介對柯P並沒有更壞，若不是更好。就此理解，網路等新媒介究竟在這次選舉的作用是啥，在沒有詳細研究之前，無法斷言。

　　近年來，政府的執政成績低迷、各種事故頻仍，無一不使社會氣氛沉鬱，無一不對執政黨不利，那麼，若用更為傳統的「賭爛票」解釋這次選舉結果，或許比青年人與新媒介的作用，來得大些？其中，最讓人詫異的新北市與桃園市，賭爛票的動力可能更是明顯：六都平均投票率是66.31%，台灣省十二個縣市是70.40%，但新北市僅61.65%，桃園是62.73%，雙雙吊在車尾。傳統上投給兩市藍軍的人，以不投票表示賭爛，中間選民則投給非藍軍，以示賭爛。選後民進黨不敢浮誇，估計也是深知此番勝選，來自本身的實力低於賭爛票的威力。

　　網路等新媒介與青年人足以帶來勝選，這是迷思。2008年，歐巴馬從一般公民身上募集了可觀的捐款，贏得了民主黨初選及總統大選。但，不要忘了，歐巴馬也得到企業界的大筆捐款，選戰也由昂貴的專業人士操盤（當年贏得行銷大獎），斥資電視廣告就有2.359億美元。這些傳統因素，加上當時經濟低迷已有多日，小布希也讓很多人怒氣衝天，又有金融核爆，才讓歐巴馬勝選。柯P也許比歐巴馬更不傳統，但與其說這是新媒介帶來了勝利，不如說政經與社會文化等總體面向，乘以馬政府的表現實在給人太惡劣的印象，引爆於九合一的選票。

　　2010至2011年，俗稱「阿拉伯之春」的出現，也很難說是新媒介促成。在六個起義的國度，巴林在2010年的網路普及率，確實名列阿拉伯國家前五名。但全球5,200萬推特用戶，僅有0.027%在埃及、葉門與突尼西亞。臉書普及率在敘利亞是1%，利比亞是5%，埃及與敘利亞使用網路的人口不到四分之一，在利比亞是6%。沙烏地阿拉伯與阿拉伯聯合大公國的新媒介普及率高出許多，但統治者高枕無憂。若有阿拉伯之春，這是不滿與怨懟已有數十年，是日積月累所催生，不是推特與臉書的產物。敘利亞在1982年就有叛變，葉門內戰1994年才停止，巴林、埃及、利比亞與突尼西亞在1980年代、1990年代與2000年代，再三上演抗議事件。

　　網路與手機所激盪的效能，在單一議題如洪仲秋案，或是台灣的太陽花社運（學運），以及香港的雨傘革命時，是產生了讓參與者培

力（empowering）的感覺與作用。然而，另一方面，新媒介固然有助於建立這類臨時的、快速的、經常變動的「組織」，卻與組織是否能積累經驗與力量沒有必然關係。這樣一來，這些假借新媒介動員與創建新型態組織的社會運動，是有後現代的嘉年華性質，它對於改變固有秩序的作用，若沒有更為傳統的組織與訴求，那麼，不一定能夠高估。究竟，這類抗議或起義行動，是會演變成為新穎且昭示了時代精神的實用組織，又足以創造實際與延長的效果，最終匯聚成為翻轉並引領新社會秩序的因子，導向不奪權但改變社會的果實；或者，它（們）會是21世紀的薛西弗斯，不滿現狀的人群結合了新媒介，重回滾石上坡又不斷捲土重來的神話故事，在網路時代繼續搬演？這些不但是實踐問題，也是理論所應該問津與研判的課題。

就傳統的選舉政治來說，新媒介不是柯P（與民進黨）大勝的要素，更沒有人會說這是國民黨大敗的原因，但這不是指網路沒有作用，而是指網路不具「獨立」作用，並且，這些有用但不是獨立的作用，很多是屬於突發的效應。當然，率先大膽使用的人（組織或政黨）算是創新，那麼，假使產生了作用、即便不是獨立作用，仍然可以看作是率先使用者得到的獎賞與報酬。往後，其他政治人都會跟進與模仿，到了所有人都在使用的時候，決定輸贏的因素就不會是新媒介，此時，新媒介只是工具的事實就會更清楚，決定勝負的關鍵，就得在新舊媒介以外另尋定位。

柯P說要「推倒意識形態的高牆」，他說的高牆是藍綠統獨。但是，政治大學逐年民調的「台灣民眾統獨立場趨勢分析」（1992-2014）早就展現，主張急統或終極統一的比例連年下降，最近（2014年6月）的調查僅有10.2%。藍綠作為主要政黨，都必須在這個框架下爭取將近九成民眾的支持，那麼，從這個事實看，要說藍綠在統獨會有差異，那就怪了；即便什麼是統，什麼是獨，政大的民調問得太過簡化，未能包括邦聯、大一中、一中屋頂等等主張。

很諷刺的是，台灣真正必須推倒的意識形態高牆，是截至目前為止，藍綠當中的主流力量都還緊抱不捨。藍綠要角很少挑戰當今的財經政策，優待資本與土地利得世界第一，致使稅收占GDP比例世界

最低，不會駕馭市場，反而誤解市場。柯P挑戰錯了，所謂藍綠中間有統獨的高牆，其實是誤會。

柯P錯了，有趣或說弔詭的是，雖然朱立倫可能低標準，也可能是虛晃一招，但如果「玩真的」，他倒是有潛力，可以打破真正的高牆。朱在參選國民黨黨主席時，發表〈找回創黨精神　和人民站在一起〉的千言聲明。這份文件的重點之一，或說應該是最重要的宣稱，如同「國王新衣」，說出了「市場經濟和資本主義的黑暗面已在台灣顯現，國民黨必須重建核心價值，提出各種符合公平正義的財稅制度及法令規章，使財富分配更合理；長期重視經濟成長的迷思更應轉化為追求有效率、更公平的分配；青年世代只要肯努力，就應有成功的機會；土地正義與環境永續都應是我們的主張」。

朱立倫是否低標準、是否虛晃一招，或是真正要再造孫中山主張的價值，只有他知道。但大眾媒介無意就此探討追索應該是千真萬確。朱發言之後，四家綜合報紙除轉載（於紙版或網路空間）之外，其後，所有評論重點全都在修憲與內閣制打轉。看來，傳統媒介對於朱的文件，採取「買櫝還珠」的認知，新媒介能夠撼動這個只知修憲而不知回歸憲法的「高牆」嗎？孫中山早就說了，「民生主義」就是「共產主義」，只是實踐過程不是共產黨的作法，何況共產黨現在是不是掛羊頭，世人自有判斷。朱立倫的說法自然不會取用孫中山當年的演講詞，即便如此，台灣是不是應該走向歐洲相對民主化的經濟與社會化市場的模式，有沒有可能？假使新媒介能夠將這個議題設定為未來選舉的主軸，引領傳統媒介，那麼新媒介的政治效果就算落實。

真正結合新政治與新媒介的例子，可能是西班牙的新興政治組織「我們夠力黨」（Podemos）。今年5月，它在歐洲聯盟民代選舉一舉得到8%選票，半年後，它已經與主導西班牙政治的傳統左右政黨幾乎並駕齊驅。11月15日，「我們夠力」召集大會，前來結盟的歐洲與拉美政黨，都對如何馴服而不是順從（金融）市場及其脫韁的力量，已有共識。這個政黨的組織與支持者，正是嫻熟網路等新媒介，運用舊媒介也很自如的青年教師與政治活躍分子，現任黨魁是十點七萬網民投票選出的Pablo Iglesias，這位三十六歲的政治人在電視談話節目

中，大受歡迎。

（兩岸公評網2015/1/1，亦收於《誤解網際網路》〔James Curran, Natalie Fenton and Des Freedman／馮建三譯2015〕，頁i-VI。台北市：巨流。原標題是〈有了網路　政治（還）沒有改變　從柯P說起〉。）

政治保護鬆動　新媒介接招

　　美國的經濟力量，相對衰退。不過，山姆大叔的傳播企業，還是強大。四十多歲的微軟與蘋果、二十多歲的亞馬遜、十多歲的谷歌與臉書與Airbnb，不到十歲的Uber、Snapchat等等，都從美利堅發源。

　　這些新興公司為什麼成功？創辦人天縱英明，有人說。幸運，加上網路具有系統效應，致使大者恆大，這是另一個常見說法。再來，史丹佛大學、加州大學柏克來分校人才鼎盛，舊金山自由解放風氣名聞遐邇，加上美國的風險資金中心，近在灣區的門樂公園（Menlo Park）鎮，人財兩得的科技公司於是大發。

　　這些原因也許都對，但張德教授（Anupam Chander）提醒我們，政治保護也是重要、更重要，或關鍵的決定因素。

　　1994年10月，IBM，以及近日聲請破產、美國大型百貨零售連鎖西爾斯（Sears）合資的公司「神童」（Prodigy）遭人控告，求償2億美元。理由是，有一用戶在神童創設的線上討論區放置一文，聲稱甲投資公司不老實、有詐欺行為；甲公司認為這是誹謗。

　　次（1995）年5月，初審法官說，不僅只是平台，「神童」另有過濾內容的行為（比如，提供「用戶撰文原則」；又如，裝有軟體過濾不當言語），因此神童也是「出版商」，必須為在其間出現的電子言論負責到底，誹謗罰金不能不繳。到了10月，在神童致歉之後，甲撤銷告訴，雙方也隨即聯合發表聲明，表示要為各方利益（包括表意自由）著想云云；但事情沒完，日後再有類似案件，怎麼辦？做生

意，就要盡量消除不確定因素的干擾。

　　這裡，政治保護之手來來馳援。神童案初判的下一個月，參議員提出的修正案獲得支持，1996年2月全案通過，隨後並由總統公布施行，這就是《通訊端正法》（*Communications Decency Act, CDA*）。其後，網路服務提供者（ISP）大體得到保障，「使用者創生內容」文責自負，與ISP無關；當時，重要的例外僅有一種，亦即根據CDA，有害兒童的色情內容若是出現，ISP仍然必須負責。兩年後，出於內容業界的遊說，美國制行《數位千禧年著作權法》（*Digital Millennium Copyright Act of 1998*），依照其規定，ISP在知情之後，如果還放任獲有著作權保障、卻未得授權的內容流竄，就是犯法；兒童條款之外，這是另一個連帶責任的重要例子。到了2000年，歐洲聯盟的電子商務指令跟進，同樣提供類似的避風港條款，免除ISP的連帶責任。

　　二十年前的網路是新生嬰兒，得到公權力的呵護，如今，21世紀就要過完五分之一，利用網路的商家不但長大成人，並且是跨國巨無霸，不僅影響本國（因此，最慢在2007年，谷歌要購併Doubleclick廣告服務公司時，美國政府已經予以調查），也會干擾他國。Airbnb與Uber聲稱自己只是科技公司，居間透過網路媒合生意，汽車與住屋租賃的相關規範與其無關，這是合理的主張嗎？假使有人透過其服務，卻在租車或租房的過程發生衝突或危險等任何事情，這些公司不必肩負連帶責任嗎？愈來愈多的人對於Airbnb與Uber的說法表示懷疑；另有人則認為，Airbnb致使大都會可租賃給一般居民的空間減少了，Uber則破壞了公共運輸系統。因此，上個（9）月22日，倫敦交通運輸主管機構宣布，在綜合研判過往的紀錄後，Uber「並不合適，也不夠格」繼續取得營業執照，因此月底延長期屆滿之後，不再核發。

　　顯然，現在要再聲稱ISP只是科技公司，不為在其間流通的內容負責，已經不再那麼容易取得政治的支持。不但免責不再，另有不少國家對於網路企業的責任還有一種或兩種的擴充。

　　第一種擴充是，無論電商是否跨境，都應如同所有實體企業，完整繳納營業稅，積欠的部分必須回溯繳納；英國政府在2016年1月與谷歌達成協議，谷歌必須另繳1.3億英鎊（1.85億美元），這是2005

到2015年的稅款和利息。9月，印尼政府在查緝海內外個人與公司的逃稅避稅時，認定谷歌若不補回五年稅款，單是2015年，罰款就是4億美元。我國在今（2017）年5月跟進，「參考經濟合作暨發展組織建議及歐盟、韓國與日本等國作法」，開始對Apple Store、Google Play等跨境電商在台的銷售收入取稅，估計第一年將可得款9億新台幣。到了6月，印尼政府經過數個月的協商，與谷歌達成協議，後者將繳納2016年稅金，但雙方都不肯公布額度。俄羅斯從7月1日執行新法律，要對所有ISP課稅，估計每年將取得大約1.41億英鎊的收入（100億盧布）。

　　第二種擴充是，有些國家對於透過OTT而向本國販售影音內容的平台，「似乎」已經在、或想要在營業稅之外，課徵影音特別捐（levy）。比如，去年11月起，德國已經對網飛、YouTube等網路影音的收入課稅取財；今年4月25日起，俄國要求在該國販售數位內容的境外電商（甚至包括英格蘭足球俱樂部Chelsea，因有其足球賽向蘇俄球迷播出）必須向稅務單位註冊，據此另行繳納外界以「谷歌稅」通稱的稅捐；俄國政府說，所有已經完成註冊的跨境商家，大約一半從事軟體及影音遊戲買賣、30%從事傳媒影音圖文（書）內容的發行，另有15%從事線上各種訂購服務等等業務。

　　5月底，南韓總統文在寅新近任命的「公平交易委員會」主委金相祚說，谷歌與臉書利用韓國納稅人金錢所建設出來的網路寬頻做生意，卻沒有相應支付稅金，其收入等等相關資訊也不透明，公平會將就此研究與調查。大約在相同時候，阿里郎的「通訊傳播委員會」（KCC）也宣布，它將考慮引入新的谷歌稅，藉此取得及增加影音圖文的基金，支持南韓人創作更多更好的戲劇及紀錄片……；這個新稅如果施行，不會僅適用在谷歌，對於蘋果及臉書等高科技廠商將會一體適用。南韓人認為，這些大廠在朝鮮半島賺了很多錢，必須善盡與本國廠商相同的責任。文在寅在競選總統期間，就已承諾要對內外公司稅制的差別待遇問題有所行動；KCC與公平會的宣告，算是對總統競選承諾的初步回應。

　　最近的一則報導是，在得到歐洲執委會的同意後，法國總統很快

頒布法令，從今年9月底開始，即便沒有在本國設置公司，但只要它們在本國有營業收入，就必須繳納特別捐。因此，2015年開始就在法國設置公司的亞馬遜，以及今年元月也開始在法國有公司處理業務的亞馬遜影視劇平台（Amazon Prime Video），都對法國影音的製播要有些貢獻；往後，即便沒有在法國設置公司，而是從境外進來的網飛或YouTube的影音收入，也都必須要有貢獻；額度是網飛訂戶收入的2%訂費，YouTube取自法國影音廣告收入的2%，都要納進法國聞名遐邇的「國家影音中心」（CNC）所管理的基金，由CNC統籌運用。估計CNC一年可以分別從前者與後者，取得240萬與300萬美元收入；原本一年就有約合兩、三百億新台幣可以分配的CNC，如今又有一筆新的收入來源，不無小補，也是多多益善。

本（52）屆金鐘獎頒獎典禮已在上週六舉行。《聯合報》記者楊起鳳肯定評審的公正。同時，王小棣導演登台致詞時，「語重心長」的一句話，幸有記者的紀錄得能凸顯在報端頭版：沒有人不為得獎者高興，惟所有電視人若是作為一個整體而發言，那麼，同等或更為重要的「不是獎項而是台灣戲劇市場的改變」。

台灣的戲劇市場一定要變，否則，中華民國在台灣如同任何國家，就有太多值得知道、值得傳承與改正的故事及經驗，不能以最為容易接觸，從而有更好的傳播與溝通效果之方式，出面與國人及世人見面。

怎麼改變？千言萬語，先說一句：事在人為。跨境電商，OTT或TTO，在經濟上都能納管。

（媒改社《媒體有事嗎》週評2017/10/1）

谷歌稅、科技文化捐的啟示

《二十一世紀資本論》的作者皮凱提（Thomas Piketty）說，貧富

與不平等不斷擴大，政府應當改革稅制，讓人有錢出錢，達到強者幫助弱者、富人扶持窮人的目標。

反對皮凱提的人說，要讓歐洲聯盟各會員國稅率協同，已經困難；再要阻止逃稅、漏稅，杜絕各國競相比賽低稅率，絕無可能。反對者有些道理，但不一定完全站得住腳。

何以這麼說？蘋果、亞馬遜、谷歌與臉書等等公司的故事，可以提供有趣的討論資料。

先前，它們不可一世、各國爭取；如今，不少國家不再縱容。許多國家為了提倡電子商務，往往縱容跨境經營的公司不必繳稅，或是繳很少的稅。比如，臉書一年使用折合1.3億台幣聘人陪董事長祖克柏跑步；但繳稅僅22萬，比英國一般人都低。

現在，它們的逃稅空間銳減，並且，開始有些國家要求，這些公司一旦經營影音業務，還得提交另一種稅。一種如同所有企業，欠稅必須補回，同時要繳罰款。英國率先開刀，該國在2016年與谷歌達成協議，由後者補稅1.85億美元；過了半年多，歐盟公平交易委員會認定，愛爾蘭的公司稅低至12.5%，蘋果形同利用稅制取得愛爾蘭政府的「國家補助」，這是不公平競爭，蘋果必須補稅13億歐元，外加利息。其後至今年6月，亞馬遜補稅2.5億歐元，歐盟罰款臉書與谷歌1.1億與24.2億歐元。到了亞洲，印尼去年要求谷歌補回五年稅款，否則罰款4億美元；台灣今年5月開始對Apple Store、Google Play等跨境電商在台灣的銷售收入課稅；俄國從7月1日起對所有網路服務提供者課稅，估計每年進帳約1.41億英鎊。

第二種稅暫時稱之為「科技文化捐」。2013年，由於法國報紙施壓，其政府支持，谷歌只好捐贈6,000萬歐元，協助法國平面媒介運用網路資源；2015年，所有歐洲平面媒介抗議，谷歌無奈而提撥1.5億歐元成立「新聞基金」。

不過，前述提撥僅有谷歌，額度不大，並且因為沒有法律強制，僅此一次。最近，有了新的進展。先是2016年11月德國開始施行，今年4月，俄國要求境外的數位內容電商必須另繳稅捐；5月底，南韓「通訊傳播委員會」表示，將考慮對谷歌及所有境外影音電商，加

增特別捐，厚實阿里郎的影音基金；6月，加拿大國會擬對「網飛」等等串流影音服務，課徵5%訂戶費，支持「加拿大內容」，雖然遭到總理否決；9月底，法國跟進德國，總部在境外的「網飛」以及YouTube必須上繳2%訂戶費與廣告收入，歸由年度預算約7億美元的「國家影音中心」統籌運用。

早在1948年，《關稅貿易總協定》第4條就說，電影可以不遵守自由貿易，各國可以根據「電影」的國籍，給予內外有別的待遇。到了1960年代，歐洲人說，該規定應由電影延伸至「電視」，美國人不答應，至1993年底雙方仍無共識，談判已經結束。支持歐洲的人另闢戰場，他們在2001、2005年先後於「聯合國教文組織」通過文化多樣性宣言及公約，後者2007年開始施行。2013年，歐洲堅持，除了電影與電視，所有透過「網路」提供的影音服務，也不適用自由貿易。

回顧這段歷史，我們可以說，網路影音服務業必須肩負「科技文化捐」的責任，幾乎是七十年前《關稅貿易總協定》第4條的當代更新版。政府若能管理科技，那麼，為了救貧脫困，皮凱提建議各國重整稅制，一定不可能嗎？

（《人間福報》2017/10/12第5版）

臉書要求政府積極規範

臉書創辦人、去年花了將近7億台幣保護自己身家安全的祖克柏，今年3月30日假《華盛頓郵報》發表專文，語出驚人。假使他的四項主張落實，現在對「假新聞」的擔憂及其禍害，雖然不能完全解決，但應該可以舒緩。那麼，祖克柏說了什麼？他說的是真的嗎？

祖克柏開宗明義，表示網路媒介若要保有現在最好的服務，同時將引發不滿的部分盡量移除，那麼，「我認為我們需要各國各級政府及規範機關，採取更為積極的角色。」特別是要在四個領域優先採取

作為。

　　政府首先要確保公眾免於受到有害內容的傷害（如日前紐西蘭白人至上恐怖分子的屠殺影音）；其次是要確保各種選舉不會受到假新聞的干擾，特別是透過社交媒介而造成假新聞的氾濫；再來是要讓各種平台用戶，可以將自己的資料在不同服務者之間自由移動；最後是確保用戶的隱私。

　　祖克柏說，目前看來，假使各國能夠看齊歐盟去年5月開始採行的《一般資料保護規範》，應該會是良策。

　　這些主張要在多數國家同時施行，顯然會加重社交媒介等業者的責任，何以近一兩年備受外界抨擊的臉書，會在這個時候提出這項主張？原因可能正是臉書要藉此修補形象，挽救下滑的企業聲譽。第二個考量也許是，臉書家大業大，承擔這些責任所需要額外聘用的以萬人計的人事及其他成本（比如，必須聘人另組委員會，在透過運算法自動排除之外，另得隨時以人力判定什麼是有害內容），完全無虞，祖克柏的主張除了可以升高未來新業者入場與其競爭的成本，因此多少發揮阻卻作用之外，其他比較小型的現存業者，估計將因無法承擔管制增加後的成本，可能就此消失，特別是立法若沒有考量大小企業的不同市場力量。

　　所以，祖克柏是為公共利益，還是為自己的利益，或是兩者兼顧而提案？在不同國家，可能會提出不同的檢測標準。在英國，就有隱私及資料保護官指出，假使臉書放棄上訴，接受其先前已經裁定的50萬英鎊罰鍰，那麼，也許祖克柏是為了公益。在台灣，臉書徵取公信的方式，也許得不僅是偶爾贊助研究，而是固定提供合理經費贊助事實查核，並且如同在若干國家，臉書也另提穩定資金，回饋新聞編採（《自由時報》年初報導，指臉書與谷歌一年在台賺了上百億廣告收入）。若要取信全球，那麼祖克柏還可以宣布，願意如同所有傳統媒介，規範報章雜誌廣電影視的內容準則，臉書同樣願意承擔；萬一這個要求過了頭，臉書不妨說明過頭的原因。

（《自由時報》2019/4/19 A17版）

BBC最能善用科技

數位匯流　公視文化最有競爭力

　　新聞局近日敲鑼打鼓，聲稱要改革電視，方法是成立新的委員會，調查觀眾的收視行為，政府每年將贊助1,000萬，最多為期五年。

　　這是真的嗎？新聞局想要改革電視？改良收視調查方式，就能改革電視？5,000萬就想要讓兩岸三地競相比爛，但「抱歉，敬陪末座」的台灣電視起死回生，真有這麼簡單便宜的事嗎？還有，稽核收視行為屬於監理電視的業務，不是早從2006年就已移交國家通訊傳播委員會，怎麼新聞局還在搶業績？

　　新聞局實在是高手，太會製造新聞了。新聞與真相有時接近，有時相距遙遠。新聞局製造的「收視」新聞，屬於後者，但前者才是為政之道。

　　經濟學者早就告訴我們，「組織」作為第四生產要素，決定了「資本、人力與土地」三大要素的發揮餘地。眼見台灣電視節目爛到「出汁」，即將「收攤的」新聞局應該趕緊亡羊補牢，在5月移交之前，為文化部綢繆，釐清與證成影視與廣電業務的首要願景與工作目標，就在創設有效的影音製播「組織」。

　　有了這樣的組織，總計十五種，外加第十六種「其他經中央主管機關指定」之產業而我國率世界之先，統稱為文化創意產業的龐大紛亂部門，等於就有了領頭羊，各色文化人安身立命的機會就會跟著增加，影音經濟的效率一定水漲船高。這個組織就是必須具有一定規模的「公共廣播電視機構」。

　　這不是說笑話，例子很多，近鄰阿里郎的「韓流」，不但高麗棒

子捧場，迄今收視率超過20%的電視劇，一年都在十部以上，海外同樣賺了不少錢，還做了很好的國民外交，因此「泰國人喜歡韓國，韓劇功不可沒」。南韓為什麼能夠有這個成績呢？重要原因就在南韓的公共廣電機構KBS規模龐大，年收入將近400億！

不過，遠邦英國的BBC年收入2,000多億，是更好的例子，或說，提供了更豐富的材料，印證影音圖文匯流於數位的年代，公共服務文化若能從「廣播電視」拓展為所有「傳媒」，就會產生最高的經濟效率。

KBS與MBC從1980年就壟斷了韓國的所有廣電製播，私人電台SBS在1990年代初期才進入市場，至今三者鼎足，公營占有三分之二以上。BBC完全不同，1955年就必須面對ITV的商業壓力，現在更有衛星與有線電視合計1,500萬訂戶分食英國2,000餘萬戶的影音份額，但BBC不僅屹立不搖，BBC還因為透過網路（前年投入網路建設的經費將近台幣100億）與手機、iPod、平板電腦等各種設備，流通所有內容而不另取費，致使競爭力大增而遭忌，英國商家頻頻遊說政府，不要放任BBC「與民爭利」！儘管BBC不播廣告，只服務聽眾與觀眾。

一反公營機構效率低的汙名，BBC最慢在2001年就因效率高，反而惹來動輒得咎的紀錄。當時，BBC想增加四個數位頻道，經費自理、不求政府撥款也不播廣告。沒想到本土的ITV加上美國迪士尼、華納、新聞國際等財團破天荒聯手，遊說文化部長駁回此議。他們擔心，品質毫不遜色、且無廣告干擾收視的BBC不向觀眾額外收費，勢必妨害他們收費頻道的業績。最後，BBC原擬擴張的四個頻道，只有兩個得到核可。2003年，BBC推出「數位教材計畫」，但教育材料出版商及數位軟體業者屢屢攻擊，致使這個節省英國家長成本，也廣受好評的線上學習系統，被迫先在2007年喊停，又在2008年關閉了事。

2005年，數位收音機業者埋怨了，理由相同，大家都聽BBC，他們的數位頻道怎麼辦。報紙在2006年也浮現「不平」之鳴，誰的記者人數比得上BBC？不只是紙本銷售量滑落，接下來，公信力

高、網頁可親、影音文字內容多樣的BBC是不是還要襲奪報紙的網路讀者？2007年耶誕節，BBC推出隨選視訊，節目播出七日內開放英國觀眾自由觀看，永久開放的內容也是有增無減。

2009年8月底，BBC遭傳媒大亨梅鐸攻擊，但一週後的民調顯示，雖然觀眾認為過去十年來，BBC在競爭日趨激烈下是比較媚俗平庸了，但愈來愈多人支持BBC。77%受訪者覺得BBC讓他們自豪（2004年該數字是68%）；63%的人說BBC「物超所值」（good value for money），五年前是59%；認為BBC值得信賴的人從60%增加到69%；支持執照費的人願意月付19點多英鎊，比現在額度多了7英鎊；79%的人認為BBC網路資源應該自由開放不另收費，16%說BBC要求付費也成。

2009年，BBC、另三家無線電視，以及若干電信業者，聯合想要共建影音隨選平台。為了對付這個平台，平日互搶訂戶的衛星與有線業者偃旗息鼓，聯合施壓，要求政治力介入，拖延BBC平台的進度。如此一來，二衛星與有線系統的隨選系統在2010年10月已經上路，受到BBC「牽累」的平台雖然先發，至此只能後至，最快要到今（2012）年夏季才能啟動。

有趣或說諷刺的是，評價BBC最具文化與經濟實力的證詞，來自菁英刊物《經濟學人》週刊。該刊主張BBC分階段私有化，並且歡呼英國政府要在五年間裁減政府支出25%，但它的評論說，BBC「必須大幅砍預算……這是政治壓力所致，不是品質……BBC……在提升英國人生活品質的貢獻，在提升英國海外形象的貢獻，比起政府所提出的任何其他構想與作為，都要來得大。BBC提供受眾繁複多端、變化有致的廣電內容組合，新聞、時事節目、紀錄片與藝文內容，其他國家都很羨慕」。

相對地說，觀點雖然不特別進步、對委內瑞拉等國的報導也有失公允，但BBC的經濟與文化模式是成功的，原因多端，其中BBC在數位年代，服務全體受眾的用心，超越求利之念，允稱關鍵。BBC願意將愈來愈多的圖文影音放入電子空間，促其自由流通，而不是濫用知識產權，致使具有公共財特性的內容遭到約束而難以盡情發揮。

面對預算銳減，BBC不是將更多的BBC節目商業化，反之，BBC的執行長表示要將更多高品質節目與資訊全部自由地、無償地流通，BBC要以圖書館為師、要以公立博物館為師，作為所有人的公共空間，如此，不但彌補市場的不足，更是百尺竿頭，以創造「普通的、共用的文化」（common culture）為目標，「日後回首，或將察覺，如果這個新服務能夠成功，它對市場（價格機制）的干預，將要超過BBC任何其他行為，影響勢必深遠。」

　　台灣能夠師法BBC，創建兼顧經濟與文化效益的公共廣電機構（傳媒）嗎？不能。沒有任何國家可以複製另一國家在特定歷史條件的產物。但是，換個方式提問，台灣需不需要有個穩定的文化機構，居間穿梭，既提供資源也作為平台，將所謂文化創意產業之各個雜蕪的環節，有效串連？答案是肯定的。環顧美歐亞印澳紐與阿拉伯世界，這樣的文化機構不會是慈善或商業集團，只能是政治力創設的公共服務媒介，我們的公共廣電集團在朝野漠視的險境中已經在2007年誕生，雖然五年已逝而進展有限，惟立足台灣而放眼華人世界、心繫文化而胸懷經濟的人，仍須卯足全力，呼籲與責成政治人物端正認知與政策，悲觀無力、自怨自艾、憂慮不恥、犬儒旁觀，都太奢侈。

（《新新聞》1306期2012/3/14，頁33-5。原標題是〈BBC一年大賺2,000億的創匯奇技：公視要在華人世界更有企圖心〉。）

從全世界最重的人　談到「文化航空母艦」

　　墨西哥男子莫雷諾（Andres Moreno）最重的時候曾有四百五十公斤，最輕之時也有三百一十七公斤。他每天喝碳酸飲料的數量，相當於健康的人在三天內喝進七十二罐可口可樂。

　　一個多月前，歷經手術與醫療，仍然無效，三十八歲的莫雷諾，走了。

莫雷諾喜歡甜食，這個習慣在墨西哥很普遍。事實上，嗜喝可樂的美國人比起這個南方鄰居，算是小巫。

墨西哥人平均比美國佬多喝40%碳酸飲料。加上其他垃圾食品，墨國為此失去健康，回歸塵土的人數，每年多出七萬。人們聞之色變的毒品衝突，十年「僅」奪走十萬墨西哥人的生命。

這是食安問題，墨西哥不得不從2014年元月，對高熱量及碳酸食品加課8-10%稅捐，成績不俗。墨國這類食品的消費量一年減少了6%，至去年底已經減少12%，最窮的家庭減少更多，是17%。

另一方面，墨西哥記者因公殞命的人數，同樣高居美洲第一位，從1990至2015年累計達一百二十位，幾乎兩個月就有一名記者為了採訪新聞，喪失生命。經常被美國政府誣指為欠缺新聞自由的委內瑞拉，掛零。

高碳酸、高熱量的食安問題，在墨西哥已經受到重視，矯正的手段也在付諸實施。傳媒工作環境的改善，看來還得等一等。

在台灣，也是這樣。食安問題眾所矚目，政府不得不嚴陣以待，即便成效高低無法得知。然而，我們的傳媒環境更成問題，媒介人的工作時間超長，工作機會卻又流失，這個矛盾的情況存在已久。但相當奇怪，政府至今不聞不問，彷彿一聲自由化，聽任資本任意流動，萬事迎刃而解。

於是，文化部影音官員誤導，甚至可能欺瞞行政院長，指台灣為了加入WTO與TPP，必須對外國節目完全開放。於是，在遠傳實質購併中嘉有線系統的過程，NCC少有作為，再次不肯凸顯本地廠商卻步，投資製作節目的經費不夠，早就宿疾成災。

為政者既然無為不治，大概就起「上行下效」的示範。對於海外影音帝國進入台灣，如同外籍軍團興兵，塗炭寶島，輿論卻是一副歡天喜地的樣子。

比如，宣稱今年要投入50至60億美元製作電視劇的「網飛」，上個月入台試飛。對此，某報頭版全部投入，喜上眉梢，免費宣傳網飛。它說〈首月免費網飛攻台，線上影片看到飽〉。另有一家報紙說，網飛「不斷有令觀眾期待的新戲精采可期」。有了網飛，觀眾

「不被廣告和收視數字綁住、不受播放平台限制、不需再花太多選擇時間的完全自主觀劇體驗」。若有不足,就在台灣人不能與美國觀眾同步收視,這太糟了;記者希望網飛早日「全球片單統一」。這種想要邀請高社經位置的人,跨國連結,消費與海外高人同步,錯把文化霸凌當作幸福的話語,都在公然招搖,蹦跳於標題。

但是,網飛到台灣,今日滿月,實質意義不是「看到飽」、「精采」。有人說,網飛是將台灣當作進入「中國的前哨站」,因為台人畢竟與對岸的人影音文化的消費習慣更為接近。網飛入台,但放眼中國影音的經濟利益。

是嗎?是,也不是。入台的同一天,網飛也入香港,不但港台,它還在其他一百八十個國家或地區營運。網飛如同任何大資本,普天之下,莫不是它的行走地盤,成敗不論。差別在於,影音在數位化之後,複製成本更是趨近於零,放在商場,意思變成,假使各地政府不作為,比如,不對它課徵比本地影音作品較高的稅捐,不對它所播放節目的國籍有任何要求,那麼,網飛就會如魚得水,代價就是眼前商業競爭的惡果,不會改善:有益陶冶身心,辯證國人認同內涵的電視劇,質量勢必更低,現在看似已在谷底,還要更往下沉陷。

我們由於縱容(影音)資本的自由流動,幾年來影音工作機會,以及國人看本國電視劇的時間,同步減少。2008年,本地播放的電視劇總量,由本地自製的比例僅占41.91%(中港日韓歐澳在六至八成以上,美國更多),2014年前半年再掉至36.3%。

「網飛」的競爭對手可能是在台的外商,對我們不一定直接造成衝擊,但間接的損失,看來必然。我們的電視問題,癥結不變,就在惡性循環,我們放縱外劇長驅直入,本國節目播出空間減少,是以壓低製作經費,損害節目質量,致使製作經費數倍於台劇的外劇,得以在不公平競爭環境中,優哉游哉。2013年,台灣各電視公司用來購買節目的經費,僅有28.64%用在本國!

怎麼辦?資深記者藍祖蔚說得很準確,面對電影與電視劇的海外「文化霸凌,政府難道拿不出對策?坦白說,是不為也,非不能也」。

NCC一昧談科技,殊不知,無論是無線還是有線,寬頻的速度

愈快，就是如同我們的戲院愈來愈多，播放的卻只是更多的外來，特別是好萊塢電影。局面變成，我們投資硬體，方便外劇霸凌我們的文化人，鵲巢鳩占，台灣影音人少枝可棲！

　　即將上台的政府要拿出辦法。已經連續四年接受文化部委託，調查影視廣播產業的台灣經濟研究院，白紙黑字大聲疾呼，剛好用來當頭棒喝：「4G政策推展必須更關注本土內容的發展！」

　　行政部門若是有意，立法部門早就準備好了。新科立委黃國昌說，新政府的媒介政策，「首先是做好公共化內容的電子媒介，台灣公廣集團的表現……不符期待……但是公廣的理想性仍應予以支持……要投注更多的資源……財團掌握了有線電視的公共財後，就要負起更多責任，台灣可以成立一個扶植多元媒介的基金……扶植本土影音產業。」有了擴大之後的公廣集團，有了規模夠大的基金，接下來就是給予這個組織一個鮮明的形象，周奕成最早提倡使用的「文化航空母艦」一詞相當生動。

（香港東網2016/2/7）

重點不是OTT　是「內容創造」

　　OTT（over the top）是個新的詞彙，最早在本地媒介出現是2010年，但一直要到2014年春夏之交，4G開台後，OTT才見頻繁在報端亮相。假使透過搜索引擎，探詢它的出現次數，那麼，在台灣看到它的機會，僅低於已有千萬用戶的4G，但比5G多。比起國人最常接觸的「有線電視」，OTT超過了五十倍，比「網路電視」（IPTV）也多了快要五倍，甚至超過（智慧型）手機。

　　但什麼是OTT？其實，新瓶裝舊酒，卻有政治效果。其次，OTT是資本帝國的新詞彙，它讓人炫目暈眩，無法看清早就存在的現象或者問題。

最早對該詞提出解釋的記者，引述業者的話，表示OTT就是「『資料在頭頂交換』，消費者低頭邊走邊玩時，頭上有無數的資料正在不斷傳遞中。」

這當然不是新的現象，手機早從1990年代就有了吧？手機是用無線傳輸，也就是在空中跑的吧？最早只是聲音，後來有了短訊，所謂的斯馬特手機（你看，取名「智慧」或英文的smart，商家確實聰明）不是最慢在本世紀初，就已讓人能夠透過掌上的方寸，接收影音了嗎？

不到半年，記者又向讀者解釋了，「OTT是指在網際網路的環境中，透過網路傳輸數位影音內容，提供使用者在任何聯網終端設備，包含智慧手機、平板電腦及智慧電視等，均可收看影音服務。」

這個解釋更全面了，亦即透過網際網路這個「有線」以及「無線」聯合組成的基礎設施，人們在住家、工作場所、飯店等固定地方，或者人在走動，或者藉助舟車、飛航器而在移動，然後好整以暇，坐著看傳統的電視或電腦，或是站立，安步當車或忙不迭地邊走仍然邊看、邊聽平板電腦或手機大小螢幕傳出的影音圖文，都是在OTT。

顯然，OTT除了名詞是新鑄造的，其餘都是舊的。那麼，這個新名詞可能會有什麼政治效果？這裡作此猜測：攪動春水，模糊問題。因此，你會看到一個很複雜的圖形，填滿了各種名詞，「無線電視、有線電視、衛星電視、MOD、直播衛星、mobile video、digital TV、OTT TV、IPTV、digital TV」，外面可能還會加上「網際網路、傳統內容與UGC、機上（頂）盒、ISP」。然後，在這些名詞外環，通常還會安裝四個「變項」：「業者的媒介策略、消費者的權益、科技創新與公共政策」。

還不頭昏眼花？才怪。於是，就在這十多個名詞組合而成的迷魂圖形之中，一個簡單的問題消失了：國民想要透過實惠的方式，持續看到好的節目，是不是妄想？這裡的「好」，暫時僅只是指，要看齊日韓歐澳乃至中港美國，也就是與國際常規接近，大致是看本國自製的（節目）內容為主，海外節目為輔。

至少已有二十年左右，台灣離開這個國際常軌已經很久了，不管

是OTT，還是前OTT，觀眾、執政者應該最在意這個問題，誰管它T不T。假使停留在OTT，或是在其他技術形式打轉，這不免有點像是，講了老半天，偏偏言不及義，說的不是水的品質，不是水的安全與供應無虞，不是談水的酸鹼值是否符合標準，是否清潔乾淨沒有任何雜質。

甚至也不去評估，究竟水是要從天上來，或是地上來（井水、地下水、河水），或是要從水庫來；是要引自北勢溪，還是南勢溪、淡水河、新店溪……才能符合水質的要求。假使捨此不談，反而是在斤斤計較，是要用塑膠管、水泥管、鋼管……送水，還是要玻璃罐裝，保特瓶一公升兩公升裝；是要用火車送、飛機送、輪船送還是摩托車、汽車送，或者，馬車、腳踏車送水到府。如果只是注意這些水管與輸送問題，眼中無水，不是很奇怪嗎？

在OTT這個名詞出現以前，台灣的電影已經一直是好萊塢的天下，台灣的電視劇也充斥了日韓中港……為主的外劇。至於美劇，則是早就從電視的電影頻道或隨選視訊，光臨海島很久。來日，美劇是不是隨著網飛而可以攻占更多份額，還得觀察。但這不是重點，重點是如何豐富與提高本地內容的產製，使其規模與質量改善，早日進入合理的水平，穩定發展。

假使不此之圖，OTT所隱然或公然表示要解禁、解除公權力對影音的經濟管制，其實就是聽任資本大欺小、以自由化之名行浪費資源之實，並且是縱容不公平競爭。這裡的OTT，不復記憶影音文化的消費，必然與國人的認同能否維持穩定中能有變化，以及認同的方向與內涵，存在長遠深刻的關係；假使認同、也就是孕育我是誰的土壤沒有得到合適的滋潤，輕則個人成為無根之浮萍乃至認賊作父，重則社會整體失序、投懷送抱於資本帝國的指令。

怎麼辦？政府可以傾聽業者的聲音，扮演協調與導引業者的角色，國人必定能夠支持。

OTT第一次出現在報端時，一家知名網路廠商的CEO就說：「關鍵是台灣必須在內容的創造和傳播上投入更多的心力。」其後，業者呼籲政府，「防堵境外的OTT業者，侵害台灣內容產業權益」這是兩

個要點，政府應該順水推舟，圖謀一舉三得，在協調商家使其投入製作內容的資源擴大並共享之際，看齊國際通例，同步提振國人的影音消費權益，便能滿足業界求利的需求。

（香港東網2016/4/3）

OTT變影視活水　學學歐盟

對岸OTT業者在本地招攬生意，始於三年多前的愛奇藝，近日騰訊WeTV也進入。我們的OTT理事會說，許可這類影音串流服務入台設公司，是保護台灣消費者的唯一方法。

這個意見正確，對岸OTT業者若能合法入台，不但對消費者有保障，對於台灣影視劇及國庫，都會不無小補，前提是我們援用海外成例。

「網飛」在2015年於荷蘭設立第一個歐洲總部，很多歐盟會員國大傷腦筋，擔心它利用低地國的相對低稅進攻歐洲市場。但德國在2016而法國從2017年起，陸續對網飛、亞馬遜與YouTube在一般商務稅之外，另課「特別捐」（大約是營業額2-3%），事後也得到歐洲法院支持，執行至今。去年加拿大也表示有意跟進。

除了個別國家對OTT業者課以額外責任，歐洲聯盟去年底也升高自製率要求，先前是責成網飛等業者要在其片庫提供兩成歐洲內容，現在是歐盟會員國必須在廿一個月內，依據其新版的《影音傳媒服務指令》，修改各自的國內法，讓OTT業者在歐盟播放的內容，必須由兩成歐洲內容增加至三成。

一方面是歐盟法規要求，另方面是網飛等業者的投資策略與競爭，兩相作用，近幾年來，歐洲國家的影視劇製作，不但蓬勃了些，有些居然出現影視投資過熱的現象。比如，英國高端電視劇（一集投資100萬英鎊以上）的累計製作金額從2013年的4.3338億英鎊，至

2017年是9.846億。單是來自網飛的投入，2018年就有五部德語的新連續影集播出、法國七部而西班牙六部，每部製作經費當以千萬歐元計。今年，以西班牙為例，網飛就會僱用一點三萬演員、工作人員及臨時演員。西班牙的製片人說，網飛提供的經費從而報酬，高於西班牙水平兩到兩成五。

歐盟及前述國家的例子能否長青，無法完全逆料，但至少可以繁榮一段時間，也能爭取空間因應OTT的挑戰。台灣理當學樣，同時研擬他日的方案。這是政府的責任，行政院相關部會不能變成蘇貞昌院長口中「NCC什麼都不管」的擴大版，文化部與NCC及投審會乃至國安單位，應參酌歐盟作法，有效管理，讓愛奇藝、WeTV及未來還可能入台的對岸OTT化暗為明，從中既能取稅，且能增進台人影視製作資源，從而是有效促進兩岸影視交流的方式，何樂不為？

（《聯合報》2019/5/14 A12版）

影視代表隊　中華電信當仁不讓

「網飛」進入台灣剛滿三年一個多月，口碑與形象似乎都很正面。比如，新聞標題的讚美詞彙前呼後擁：「全球首屈一指的網路娛樂平台」；透過它，「台灣戲劇進軍全球……奪日本網飛第一名……超過一百九十個國家同步首映」，讓我們「和國際接軌　培養產業與人才」。

到了上個月底，好話之後，就有「好事」：「中華電攜Netflix……充實內容互相拉抬……文化部次長喊……衝。」

然而，網飛一定成功，無往不利嗎？中華電除了結合網飛，還有什麼方式，對於我們的影視製播會有更大幫助？在樂觀其成的氣氛中，「愛奇藝、Netflix大舉入侵　本土線上影音業者如何求生？」之類的標題，居然反而讓人產生突兀、不相干，乃至不識好歹的感覺！

然而，這個標題與提問，正是空谷跫音，關注本地影視工作權與文化的人，應該嚴肅也認真地評估。

購買網飛股票的國人可能不多。因此，本地新聞不從這個角度指陳，反而是喜孜孜地說，〈觀眾買帳　付費會員、獲利持續成長〉。但這個標題的意向可能失準，因為，海外傳媒早就經常報導，網飛的訂戶雖然很多，但是網飛投入的資金太大已經多年，累計虧損巨大，最快要到兩年後才可能開始盈餘。另有新聞提醒，還有更大規模的廠商也會透過購併或逕行投資製片，網飛將有更多競爭者，將使網飛股價很快下跌。

網飛的股價跌不跌，與我們關係不大。台灣的影視工作機會與我們的影視文化，在網飛崛起之前，在更早進入的愛奇藝到臨之前，早就備受外商衝擊。我國奇特的反應，在於作為國家電信代表隊的中華電信，未來也有可能（或說應該要）扮演重要的影視資金供輸來源及平台，怎就只看到與網飛合作，僅只是希望藉此招來多十萬、二十萬的MOD訂戶？須知，影音業強大的英國與法國，都因為網飛、亞馬遜影音、HBO乃至iTune等等進入，紛紛強化回應之道。比如，英國幾家主要業者包括BBC都在研議怎麼合作才能持盈保泰；法國則加緊將更多膠卷電影轉為數位，充實其本土的網路影視片庫；甚至，已經是全球巨無霸的迪士尼，還要再併購同屬美國的福斯影視資產。

曾任中華電董事長與交通部長的賀陳旦謙和而語重心長，他希望「財政機構」減少對中華電股息的要求，使有更多利潤轉用來補助與「扶植本國內容產業」。環顧世局的經貿體制，幾乎所有國家都同意補助是達成「文化多樣」訴求的重要手段，包括美國影視業者在法國二十餘年的溝通過程，從反對到了有所理解，因此認同（即便不熱烈擁抱），美國的轉變原因之一，自然也包括美國自己從1990年代以來，對於影視製播同樣有很多稅賦優待。

但是，即便財政機構同意，中華電所增加的補助規模應該還是不夠，我們理當考慮其他手段，試舉四個評估方向。一是中華電出面爭取其他平台業者的合作，也提供若干資金製作並分享補助的成果與承擔風險。我們要對內團結，對外競爭，若是關起門來互鬥，必將圖利

已經健壯的影視外商。二是政府的補助要適度增加並穩定；從106至111年，文化部從前瞻計畫提撥總計約40億用於補助影視製作，但這是假科技之名才有的經費，一年僅6億多，是否應該提高額度，並且使之常態化為宜？三是補助更集中可能好些。目前除公視，不少商業台也得到，分散補助是否不是增加，而是減少民間投資的動力？集中公視的比例若提高，是不是更能帶動私人資金進場？四則可以讓公視服務所有民間公司，代表各個製作單位，出面洽商授權影視劇在海內外播出的條件？網飛取得從《植劇場》至《魂囚西門》的網路播放權。這些電視劇的大多數已經與公視來往，同時也幾乎都有文化部補助，再進一步而讓公視替所有製片人爭取更好的授權責任，也許當行。

（《人間福報》2019/2/25第5版。原標題是〈中華電信、文化部與《魂囚西門》〉。）

公共服務媒介成長中　影音在串流

　　歷史照亮未來，1970年代末以來的世局，顯示公共服務媒介（PSM）在數位與寬頻年代，很有可能是「聖之時者」，如果政府不偏厚私人傳媒。

　　這個看法的依據，來自三件事實。首先是將近四十年來，水電、瓦斯與電信等傳統公有產業都在私有化，只有PSM還在擴張。其次，PSM重視普遍服務，更能善用數位技術強化經營效率。第三，PSM愈來愈「用情專一」，PSM服務閱聽眾而不是廣告廠商的比例，只增不減，即便商業競爭激烈。

不私有化而隨波逐流　PSM繼續擴張

　　四十年前，英國保守黨由柴契爾夫人領軍，取得政權。她及晚她

一年出任美國總統的雷根聯袂啟動政策風潮，現在的人回顧，冠以「經濟新自由主義」的稱呼，其中一個明顯表現，就在私有化公營產業。英國從1984至1989，陸續將英國電信、瓦斯、自來水與電力的股份賣出，最後就由巨商股賈掌控，但柴契爾卻在1983年底創辦公有的「第四頻道」，即便以廣告作為收入來源，但C4只提預算及經營節目，無須招攬而是另有商業公司代售廣告。柴契爾也想改變BBC的收入，沒想到1986年她委任的經濟學家發布報告時，建議BBC不但不宜播放廣告，報告書也建議，不能將民眾對收視費的貢獻，由強制改為志願。

　　至今，真正將公共電視私有化的例子幾乎絕無僅有，最大的例外竟然是來自法國。密特朗在1981年帶頭，社會黨第一次在二戰後執掌法國總統職位。他雷厲風行，反英美之道而行，包括將部分私人產業國有化。但社會黨在1986年國會大選敗北，左右共治之後，最大規模的TF1電視頻道（至2018年，由它組成的頻道群仍占有收視份額20-24%）被迫私有化，密特朗讓政治與自己親近的集團成為買家。當時，不滿這個轉向的人譏諷密特朗，說他「最近才信仰社會主義」，以致屈服。

　　私人廣電在1980年代中後期陸續增加，但歐洲原有的PSM也在擴張，即便幅度較小，包括法國與德國合作的Arte藝文與紀錄片頻道（2017年預算是1.325億歐元，年有四百小時節目加製英文、波蘭文、義大利文與西班牙文字幕；年播四百三十部影視劇，75%自製）。歐洲之外，PSM在南非，在中東、非洲與亞洲的回教國度，以及印度與孟加拉等國都有斬獲。最值得注意的是拉丁美洲，即便未必以PSM為名，但聯合國表意自由報告員Frank La Rue說，委內瑞拉率先而拉美多國跟進的方案，是「拉美及世界的模範」。另有論者表示，委國主張補助地方社區與非商業傳媒，呼應了聯合國教科文組織1980年的報告書《許多聲音，一個世界：邁向新且更公正、更有效率的世界資訊與傳播秩序》。

　　在亞洲，PSM同樣有明顯的成長。依照時間次序，最先是南韓，1980年殘暴血腥的光州事件後不久，全斗煥政府以「大眾傳播

重新組合」為名，除創造全世界絕無僅有的國營組織代理廣電廣告並抽取其6%收入（不是盈餘）作為廣電基金之外，全斗煥為控制表意空間，便將私人電視併入公營的KBS（包括間接控制MBC的多數股份，廣告則仍然是MBC與KBS第二頻道的重要收入來源）。其後，直至1991年春SBS開播，阿里郎才再次有了私人電視台。泰國部分軍人與皇家連結，在2006年發動政變，當時在海外的首相戴克辛從此無法返國，原由其家族經營的電視頻譜在2008年轉由新成立的公共電視台使用，部分原因來自泰國媒改運動者的訴求，其經費也另有「創新」：取自部分菸酒稅，一年約20億台幣。

香港政府在2009年宣布，「香港電台」（RTHK）除了既有的七個收音機頻道，它的電視部門也將擁有「頻道」，不再只是製作節目，然後委由TVB等無線電視台與有線電視系統播出。五年後RTHK開始自擁電視頻道，2015年接收亞視執照未獲續約後的頻譜資源，從此有了三個數位與兩個類比電視頻道，其中之一轉播央視綜合頻道港澳版，但RTHK經費似未增加而停留在約10億港幣，員工人數近九百人。

不過，南韓與泰國的新電視起於政變，RTHK在「一國兩制」中新擁電視頻道，能說是PSM嗎？

應該這樣說，若以「產權、財政來源、管理與治理機制、自主工會、內部資訊與統計透明，以及節目表現」六項指標界定PSM，1993年民選總統就任前的南韓KBS與MBC，以及當前泰國新電視，其治理機制與工會自主程度都不符合PSM要求，其他指標則符合，只是程度高低有別（最符合者是「產權」，不是私人可以指揮）。

但是，由於產權不是私人持有，我們不妨說KBS與MDC「苦守寒窯」有成，在南韓社會民主化之後，已經使其是PSM而無愧。未來的泰國與RTHK還要多少時間，才能如同南韓同儕，接近名實相副的PSM，或是不會有此機會，現在無法逆料，但香港歷年的傳媒公信力調查顯示，RTHK得分都是最高，應該在此附記。

PSM在台灣的成長，是另一個故事。我們起步於1980年，可能因首先倡議要創建公視的行政院長孫運璿中風而延遲建台十餘年。

1990年代，政府起步的規畫是一年60億預算的規模（若依當年的標準，2019年的現在理當超過百億），1998年開播時大幅縮小，其後緩慢成長。在這個過程，即便有司未能完善規畫、縱使存在逆流與亂流，但我們的PSM，在大方向仍與世界潮流相通：持續擴大。2006年華視、次年起客家（原民及宏觀電視）、2017年起國會頻道（委）由公視經營，2018年《公共媒介法》進行政院，今（2019）年5月完成立法的《文化基本法》要求「文化部應設置文化發展基金，辦理文化發展及公共媒介等相關事項」，台語（但比較準確的用詞應該是「台式閩南語」）頻道即將在7月開播。

數位技術提升效率　PSM遭嫉但仍上進

2016年，英國人看電視與聽收音機新聞，BBC占有76%與64%的市場份額，若是上網看新聞，則有56%的人會直接前往BBC網頁（不包括臉書、推特或谷歌等新媒介的轉載）。但相比於無線私人台，以及衛星與其他串流影視公司的收入，BBC收入其實僅有這些私人企業的六成與四成左右。這個錢相對少但收視份額多的高效率表現，沒有得到讚賞，反而致使BBC新聞成為「反壟斷」的對象。

新聞之外，戲劇等其他節目表現也不俗。因此，商業集團遊說，要求英國政府阻止BBC自費提供服務的例子，最慢在2001年就已出現：美國的福斯、華納與迪士尼，聯合英國的ITV，施壓工黨政府，砍BBC推出四個數位頻道的計畫為兩個，原因是，即便BBC與它們不競爭收入，但閱聽人時間有限，看了沒有廣告且品質頗可的BBC節目，很有可能減少訂閱其付費服務的動機。

到了2003年，由於「教育」是其三大創台所要達成的目標之一（另兩個是「資訊及娛樂」），BBC便透過網路，製作並無償提供中學生補充教材。見此，英國的補教業者群起攻擊，廣受家長歡迎的這項服務只好中斷。近年則有公權力揩BBC的油，保守黨政府要開發地方電視，要求BBC一年提供5,000萬美元購買地方台的節目；金融核爆及臉書與谷歌致使地方報紙裁減記者後，BBC又被要求，從前年

開始執行「地方民主記者」一百五十人的計畫，薪資由BBC買單，聘用則讓各地報團申請。

2007年，BBC推出iPlayer（不對用戶另收費）；BBC也同時與另兩大無線電視台C4與ITV商談，推動得另向用戶收費的隨選視訊「袋鼠計畫」（Project Kangaroo）。英國主管機構Ofcom放行前者，阻擋後者。日後，網飛創辦人哈斯汀（Reed Hastings）說，iPlayer替他在英國的業務作了前導，英國人透過iPlayer熟悉了串流服務。後因太受歡迎，Ofcom要求BBC不能將節目上網太久，以免影響私人電視台如ITV的商機，即便如此，iPlayer在2015年仍有英國串流服務的四成收視份額。2019年，這個份額降到了15%，BBC因此要求將節目放入網路的時間，從現在的一個月延長到一年以上，以便藉此拉高iPlayer的使用份額。這個時候，競爭者不再只是ITV，而是網飛與YouTube等等眾多的OTT業者，其中，網飛一年就要投入60至80億美元製作影視劇（BBC包括收音機的整年經費，折合美元也「只有」約70多億），但是Ofcom卻遲未核可。2019年2月，BBC與ITV及C4再次以「國家利益」為由，希望取得Ofcom同意，讓它們共創BritBox，抗衡網飛等外來OTT。迄至6月10日，BBC因應新情勢所提出的這兩項規畫，Ofcom尚未回覆。

BBC的遭遇可能並不特別，比如，NHK希望將更多的年度收入（5%）投入於網路，但日本私有廣電業者也群起遊說政府，硬是將比例壓低至2.5%。雖然有這些遭遇，但PSM還在開發新的服務，比如，BBC未來一年的工作重點，就包括要研擬適合用在PSM的運算法。為了牟利且歸入私人荷包的商業傳媒，其運算法不但遷就與迎合，更會縱容用戶已經存在的主要傾向，外界常美化這個作法是「客製化」，但它的另一面，是使得同溫層與回音壁的效應更明顯，人們的經驗為此更顯局促，不同體會的交流與激盪為之減少，終有流於單調同質化，停留在相濡以沫，甚至臭味相投、沆瀣一氣的情境。BBC表示，作為PSM，是要溝通社會，服務現有的氣味之外，也要讓人有不同的感受與神通，如此，就有比較豐富多樣的生活領會，陶冶人性，是以有必要設計PSM運算法。

PSM的財政變革　走向「從一而終」

在私有資本膨脹的年代，PSM的財經特徵有二。其一，PSM機構的數量還在成長，既有的經費也見上升；即便其規模遠不如私有影音傳媒的增長。其二，PSM在私有資本環伺下，無法免除商業競爭，但其賴以競爭的收入來源日趨集中，依賴廣告與贊助減少，來自具有強制性如健保的公共收入（執照費及其變革或政府預算）日多。因此，歐洲廣電聯盟（EBU）所屬會員PSM的經費來源，取自特別稅、執照稅或政府稅收等公部門的比例，在2005年是56.4%，2010是59.3%，至2017（最近可得資料）爬升到了78.3%。

這兩個特徵的第一項，除表現為EBU的PSM收入，從2013至2017年增加了2.9%（私人廣電業者則是18.9%），更多說明已見本文第一小節。若說這是PSM「量」的特徵，那麼，PSM在數位年代的「質」趨向，就是它逐漸「從一而終」，緩慢遠離給予經濟贊助又同時牽制其內容的廣告。英美近幾年來，也有刊物在減少對廣告的依賴，同時，影音串流訂閱的興起，加上善意第三人（從富豪至一般人）捐贈傳媒的事例亦在增加。這些變化顯示，部分私有傳媒也在改變財政來源（亦即增加了直接從閱聽眾取費的傾向），似乎與前述PSM減少對廣告的依附，堪稱若合符節。不過，進而對比，不難發現二者仍有重大差異。

首先，也是最重要的是，PSM訴諸全部的民眾，於是其內容的組合比較繁複，比較可以同時服務不同社會階層的人，從而更有共和空間的性質；反之，完全由閱聽眾志願付費或取善意捐贈為財源的傳媒，至今仍以菁英與財經報刊為主，未來可能也不會改變。PSM的內容以最大開放為原則，反觀私有傳媒，反而必須豎立「付費牆」，將更多的人拒於千里之外。PSM與私人傳媒的終端使用人，同樣必須支付電子器材與電力的成本，但是，符合影音圖文等內容具有公共財屬性、在生產第一份拷貝後（特別是在寬頻年代）其流通與複製的邊際成本對生產者來說近乎於零，是以具有潛力澈底彰顯技術最大能量的傳媒，無法是私有傳媒，必然就是PSM。這就是說，PSM的創

立宗旨與其財政來源，讓它在數位與寬頻及手機的年代，有更大可能性，成為進入「聖之時者」殿堂的傳媒機構。

但 PSM 做此轉變，既有科技變化所提供的空間，可能也有行動者的認知判斷與價值選擇。比如，德國的兩家 PSM（ARD 與 ZDF）在 1990 年代後期，廣告（含商業贊助）仍占有其收入的 31%，但至 2016 年可能相當低，畢竟廣告僅占 ARD 收音機與電視播放時間的 0.88% 與 1%。這個變化很大，難道是 PSM 競爭失利，或私有業者不願意 PSM 與其競爭收入，因此遊說政府壓低 PSM 的廣告進帳嗎？應該不是，但如果有這個成分，西班牙與法國先後從 2006 與 2007 年，也就是在新媒介大量襲奪傳統媒介的廣告收入之前，即已啟動 PSM 財源改革的研究與立法，理當足以顯示，至少在西、法兩國，減少 PSM 的廣告份額，不是出於科技因素的考量。法國總統在 2008 年元月說，他授權成立的研究團隊認為法國 PSM 放廣告，導致節目品質比較不理想，他因此要立法禁止 PSM 播放廣告，為此短缺的經費，另向私有電視與電信業者課徵特別捐以作挹注。西、法兩國從 2009 年起推動 PSM 的新財政（包括逐步禁止廣告），雖然屢遭私有傳媒與電信業者挑戰，但在兩國憲政法庭與歐洲法庭都宣告該政策合法後，執行無礙至今。

PSM 財政的「質變」，另有潛在的「公平或符合效率」之面向。BBC 與 NHK 等 PSM 的主要財源是「執照費」，任何擁有電視的家戶，都要依法繳費支持其運作。這類費用的缺點有二，一是收入高與收入低的人，執照費相同，無法如同健保與一般稅制，責成經濟能力較高的人要有更多的貢獻。二是 PSM 必須自己或委託機構代為徵收，每 100 元，約有 5 至 10 元是稽徵成本，PSM 實收僅 90 多元。

因此，本世紀第一年以來，陸續有荷蘭、比利時與冰島捨棄執照費，改由政府編列預算或納入一般稅務系統，予以支持。2013 年，有兩個國家改制，芬蘭直接依照國民年收入多寡而提交。從 2000 年開始研議的德國，2013 年起，不稱執照費，可以名之為特別費（一個月約 17.5 歐元），電視外有電腦也得繳交，另外，所有工商行號經營場所依據員工與車輛人數（飯店則是床位數量），亦得繳費支持

PSM，2018年憲政法庭裁定，擁有一個以上住房的家庭，2020年起僅需繳交一單位的特別稅，聲稱不看電視或用電腦等設備的人，仍得繳交，因為他們直接或間接地，「還是很有可能使用」PSM的影音圖文或受其影響。丹麥與瑞典從今年起，也準備陸續以政府預算取代執照費，挪威也在考慮跟進。

　　當然，取消執照費僅有潛在的公正與效率，若不能保證新的方法能讓PSM取得更多且穩定的財政收入，那麼改制也可能得不償失。英國與日本等國還沒有調整，是否肇因於此，可再探究。

結語

　　PSM的創台宗旨（服務閱聽眾，不是廠商），以及其財政來源（如同健保教育），強制閱聽眾以消費稅或所得累進稅提交，是最能善用行動與寬頻及數位技術的制度設計，能以最符合經濟效率、最有海納百川的認知，協助社會與時俱進及溝通交流，發揮影音圖文等內容的公共財特性。英國BBC在最近一次（2016年），更新其2017年元旦至2027年底賴以存在與運作的《皇家特許狀》（*Royal Charter*）前夕，至2015年底，出面辯論BBC前景的人（含社團）達十九萬份，是歷年英國政府施政意見徵詢所獲反響的次高紀錄。

　　其間，《金融時報》及其首席評論員伍爾夫（Martin Wolf），以其服務工商業界及主張市場經濟的色彩與身分，意見尤其難得，值得引用較長的片段，他說：

> 大約二十年前，我認為方興未艾、形形色色的數位科技勢將致使公共服務廣電業者難以為繼……今日回顧，這個看法似乎顯得短視了。情勢確實業已轉變。不過，若說轉變的方向今昔有別，是技術的變化強化了（筆者按：PSM）……我在這裡提出的論點，對於艾德門‧柏克（Edmund Burke）的門徒，理當會有共鳴：已經透過施行與檢驗的制度之價值，應該就是任何保守黨政府所要奉行。BBC是先人傳承給我們的盛大遺產，必須世世代代、

生生不息傳至子孫，茁壯於未來、精益求精。

　　現實社會，必有如人之意之處，也有不如人之意之時，PSM並不例外，包括BBC。但如這篇短文所述，假使政府公正不偏厚，PSM會是聖之時者，如同伍爾夫所說，BBC是英國，但其實也是所有已經創造該規模PSM的國家之「盛大遺產」，值得世人保存與強化。儘管多有橫逆，台灣不會自外於這股趨勢，PSM內外都有人在努力，朝向歷史所預示的未來，快慢前進中。

（公視《開鏡》季刊第8期2019/7，頁110-5。）

Part 2

台灣社會

第四章

民主政治與經濟分配

民主政治

民主政治與電視

（1992年）9月1日記者節，報端刊載中央選舉委員會初步決定，今年底的第二屆立法委員選舉，政黨自製的競選錄影帶，仍然必須先審後播。

我國去年底的國民代表選舉，「正式」在電視中出現了政黨選舉廣告片。由於是第一次，當時台灣的報紙，由北到南，都以頗多的空間加以品頭論足一番。評論的文字，其內容大約是「國民黨的電視選舉廣告太過於四平八穩」、「民進黨的飼料雞影像恐怕會因為汙辱了民眾而得到反作用」，「社民黨根本是朱高正的個人秀」等等。除此之外，許多記者專訪學者的邊欄、特稿，在初次播放廣告的那幾天，幾乎無日無之；它們對於更為弱勢的團體因為不符合提名人數的門檻限制而無法在廣告片中亮相、對於不能舉行電視政黨辯論而只能進行片面的單向廣告，以及前已提及的先審後播辦法，都已提出堪稱公允的批評。

不過，這些檢討及批評的文章，總歸是在格局比較有限的框架中論事，在最好的情況下也只能是隔靴搔癢。

任何曾經稍微涉獵相關知識的人大都同意，政治形象或是任何議題的傳播效果，必然都是日積月累的過程，點滴營造的一種印象、觀感，很難談得上頃刻之間或竟日隔週之後，以片面自說自話的廣告影片取得任何具有意義的文宣成果。

既然足以影響選舉成敗的傳播文宣效果，本質上是長期性的工作，而選戰期間的媒介表現只是強化原有的投票意向。或者，基於競

爭，對手宣傳，我也不能靜默無語的現實牽制。那麼，為了達到以電視服務民主政治的目標，我們應該重視者，依其重要性的順序，排在最前面者是電視新聞在日常生活中的表現，其次則是選舉期間的一般政治新聞，最後才是選舉期間，開放給政黨使用的電視時間。

去年的電視選舉廣告，拜其他媒介炒作之賜，得到了較多民眾的注意，即便如此，第一天播放的廣告片也只是大約20％的收視份額。但選舉期間的綜藝及晚間新聞報導等高收視率的節目，傾向執政黨的觀念與人物，往往明目張膽或偷天換日地進行宣傳。

在沒有選舉而期間更長的一般日子，我們的三家電視台，上自總經理董事長，下至第一線的編採播報人員，每個人都知道胳臂必須往裡彎的道理。在這種情況下，電視以外的輿論界如果再就最粗淺、最沒有用處的電視選舉廣告猛作文章，就算再怎麼切中肯綮，也絲毫無損於其他更重要時刻所累積造成的弊害。

1988年美國總統選舉，共和黨布希推出聞名的旋轉門電視廣告，指責當時民主黨的候選人杜凱吉斯對於罪犯過度縱容，讓甫入監獄的強奸犯在週末外出過夜，如同走過旋轉門那麼容易。從此以後，美國的選舉電視廣告本身便是新聞焦點，成為炒作的議題，其程度已經使得美國報紙的選戰分析彷彿是為了電視廣告片而存在，報紙專欄記者以及學者專家，個個好像煞有介事一般，紛紛提起「如椽之筆」，馳騁奇思幻想，展開五花八門的語藝分析，搖頭晃腦。報紙在選舉期間的價值，竟然僅是評析電視上的選舉活動，到底發生了什麼事。

(《廣告月刊》1992/10。原標題〈疑雲重重：民主政治與電視選舉〉。)

扭開電視記者的音量

8月真是政黨月，國民黨才開完十四全大會，英國的保守黨、工黨與自由民主黨的年度大會，隔洋也正要陸續登場。不過，這篇文章

想要談的，政黨的年度大會只是陪襯，重點倒是讀了周玉蔻女士〈從十四全看國民黨與電視台〉一文以後，有些感想，不吐不快，吐了之後，又察覺到該文所附屬的「媒介與政治」才是正題，由不得也有些話必須跟著說。

周文認為，國民黨的文宣機器沒有能夠好好利用電視，實在失策。這有點奇怪，按照道理，最有能力透過黨政軍的運作，讓三台好好配合的組織，捨去國民黨還有誰？「未曾積極用心營造以電子媒介凸顯全會正面的形象」，到底是黨中央無人，糟蹋了大好機會？還是大會除了人事鬥爭與賄選「傳聞」等等事件以外，對於國家社會等等重大政策議題，全部沒有討論、宣示與真誠的面對，致使巧婦難為無米之炊，有意要替黨造勢也變成事有不能？電視是可以說謊，是可以不反映現實，是可以造就偏差的印象，但對於這麼沒有內容的黨大會，天才想將它包裝得漂漂亮亮，恐怕都沒有地方可以施力。

換個方式說，力量足以掌控三台（尤其這樣的大會更是能夠），卻仍然落得如此下場，讓關心國民黨的人，悵惘太息黨的電視形象不佳。然而該反省的其實是，大會本身有什麼資格作為黨營造形象的張本，而不是指責黨的文宣不懂得造勢。電視台無能深入批判，長期執政的黨為什麼會開出這樣的會，無法讓更多觀眾覺醒這樣的黨實在不能再予託付，其實已經是黨國長期運用、控制電視所「修得的福報」，還不滿足嗎？正如同外交是內政的延長，內裡百病叢生的政黨，又怎麼可能有所謂善用電視，將自己弄成健美先生、小姐的模樣，至多，得有粉飾太平的能耐已經萬幸。

但電視對於政黨、政治，又應該有什麼樣的關係？這可以分作選舉期間與非選舉期間分開來談。

電視在選舉期間的表現，美國與英國的例子，剛好呈現了兩種不同的安排。美國是看錢認人，英國則是有錢免談。前者可以自由透過金錢購買電視時段，自行製作廣告短片，公開放映來爭取選票，有錢的政黨可以多買些時段，萬一阮囊羞澀，只好暫時靠邊站。後者的原則是，即便有錢，電視時段也不是說買就買，事實上，英國遵守的是，有錢或沒錢不影響政黨選舉期間的廣告播放次數與長度，決定因

素在於前一次選舉所得的選票，只要超過一定的門檻，就可以分配若干額度，但是，多數黨與少數黨配得的時間並不是等比分配。舉個例子，得票40%的政黨如果得到十分鐘，則得票20%的政黨短於十分鐘，但卻高於五分鐘，而可能是六、七或八分鐘。至於實際上如何分配，通常由電視業者與政黨協商。台灣接近於英國的分配方式，但不要忘了，在非政黨廣告的一般選舉新聞之報導，截至去年底的立委選舉為止，仍然是「壓縮反對勢力的言論空間，大量呈現官方的選舉議題看法，並時時佐以各種冠冕堂皇的口號與圖騰」（引自孫秀蕙博士的實證研究報告）。

在非選舉期間，電視與政黨政治的關係，同樣可以分作兩種情況來看，一是國會議事的報導評論，二則國會論政之外。就前者而言，台灣的事例非常特殊，可以歸結為：民意代表不重視議會主權，而三家電視台也無意爭取自主權力。無論是美國、英國還是日本，民意代表由於擔心媒介（尤其是電視）進入議場以後，他們的言行或是受到斷章取義，或是他們言行將轉變為作秀而影響論政品質，都歷經了長期的妥協與安排，才讓記者入內行使職權，進行報導與轉播的工作。台灣的民意代表呢？一開始就巴不得電視趕快進場讓他或她秀，不知有沒有想過媒介與論政表現，是否將有惡性互動的結果：媒介只抓動感十足的畫面，而民代為了要上電視，動得更勤而忘了議論。

由於媒介力量日漸膨脹，在美國這樣的地方，曾經引發政客的焦慮、不滿。其中，最具代表性的例子，也許是1969年當時的美國副總統安格紐，在一次公開演講時指著台下記者而破口大聲質疑，最具戲劇性。他說，政客是人民選舉的，自然可以依法依理行政，但新聞媒介是誰？誰選他或她們？怎麼可以有生殺大權，自行決定如何報導與評論政治過程？這豈不是造成媒介有權而無責嗎？面對這種指控，美國記者嗤之以鼻，仍然自詡為第四權，正是用來制衡監督立法、司法與行政權。英國也是這樣，執政十多年的保守黨，成天想要削弱電視台的力量，一會兒要求北愛爾蘭共和軍的代表不能在電視上發言，一會兒要大破電視工會的組織。結果呢？類如英國廣電協會（BBC）的員工，乾脆來個罷工開天窗，訴諸民意讓政黨好看一下。從諸如此類

的爭執，已經不難看出在議會民主像樣一點的地方，媒介求自主而政客求控制的緊張關係必然存在。這樣的關係當然也存在於台灣，但總體說來，為什麼總是只聽到政客的聲音，電視從業人員跑哪裡去了？

　　電視台壟斷市場，卻又不將壟斷的果實分享公眾，而只是分潤一大部分給大員，另一部分也許比較少，但卻已經足以支付其從業人員一年二、三十個月的薪水。在這種情形下，電視記者在內的從業人員無意多說話、多爭取的原因之一，或許是物質報酬相當優厚，因此被籠絡而不作聲。果真如此，那麼，解開台灣電視從業人員與政治勢力的不正常關係（相互利用而彼此氣習相通），方法有二：一是外界持續對大政黨施加壓力，並對電視之表現加以批評；二是立法抽取電視台的壟斷利益，使三台不可能再用取之於壟斷的利益賄賂員工，解消記者不作聲的結構限制。真能如此，電視台的工會才有可能慢慢醞釀良性運作的空間，而假以時日，由下逐步往上建構的電視自主權，方始可以說是出現了現身的契機。

（《中國時報》1993/8/31 第27版／人間副刊。原標題〈扭開電視記者的音量：回應從十四全看國民黨與電視及其他〉。）

不選舉　央行總裁加稅加福利

　　中央銀行總裁日前在行政院會建議，政府應該考慮加重出國旅遊的稅賦，如此，國庫可以更加豐實。謝先生這席話，引出許多反響。職司國庫業務的財政部長馬上應和，表示這確實是增加稅收的好辦法，在政府龐大赤字支出的現今，尤其是必要之舉。不過，林部長隨即又說，增加高消費稅率應該整體規畫，不能說收就收。

　　旅行業者更是緊張，深恐這個構想萬一真的付諸實施，連帶將要使得出國旅行的成本提高，不是折損了業者原本已經汲汲可危的利潤率，就是因此而嚇跑了原本想要出國一覽異國風情的人客。另外，出

國洽公跑單幫做生意的人更是要忿忿不平，飽受旅途的舟車勞頓與路途的提心吊膽，「創造了台灣的經濟」之餘，沒有得到優惠減稅的招待，降低企業成本，已經不應該，居然腦筋還要動到他們的身上，真是X政府。

增加稅收，真是傷感情。

但話又說回來，現在的國家，稅收占總體國內生產毛額（GDP）的比率，增加的趨勢幾乎是不可逆轉的。就舉1980與1991兩年作為例子（為什麼要用這兩年作為舉證年呢？因為這段期間正是新古典經濟學盛行，強調市場機能勝於其他的年代），就連資本主義的龍頭，美國，在雷根強力壓制政府支出的情況下，稅收占GDP的比率都拉不下來，都是30%。至於瑞典，雖然長期執政的社會黨晚近數年遭受不小的抨擊，停緩了徵稅的步調，但比率還是由49%上升到52%。

其實，收稅沒有關係，問題出在收誰的稅，用在什麼地方。如果是拿一般人的稅賦，用在購買飛機、核能電廠、高鐵等等動則上百億千億的行當，於社會大眾是否有用尚未可知之前，就已經暗藏大筆回扣、土地的炒作金，那真是要抗稅。如果是進行資源的合理再分配，讓有錢的人多出一些，讓他們博得社會聲名與助人為快樂之本的舒暢之餘，達到人群的詳和，有什麼不好？為了全民健康保險與社會福利制度的實施，那就心甘情願地納稅。

所以，設計一個辦法，設法讓出國旅遊的人多繳一些些錢（比如，總旅遊費用的5%），讓沒有盤纏外出的人，就近在本地玩一玩，也不算太壞。雖然不容易執行。

（《自立早報》1993/8/8。原標題〈萬稅　萬稅　萬萬歲！〉。）

要選舉　鎮長收稅加福利

本週一開始，鎮長稅的風波出了一陣小小的風頭。

　　粗略觀察，這個事件的新聞演變過程，標準又是一個由邊緣媒介（《財訊》月刊等）進占中央（兩大報等）的例子，在盤旋上升的路途，這些規模較小的媒介，再次扮演了開發新聞的角色，提供議題作為主流大媒介之用。

　　不過，誰主誰從，誰開發誰坐享其成，先不去計較。就套用一句現成的話，雖然邊緣媒介是相對的窮措大，倒也不妨大方一下，說句「功不必在我」。只要藉由鎮長稅引發的中央與地方財稅關係之爭議，以及財團炒作土地所造成的社會不公平，能夠再次得到注意，那就達到了階段性目標。

　　但接下來的問題是，如何聚集公正的力量質疑官方說法？

　　行政院長明白表示，鎮長稅不可以徵收，因為於法無據，內政部長也跟著附和，省主席則要求下屬制止這種行為。這些官員說，千萬不能擾民，否則，請看看，企業界已經說這種制度之外的稅收，必定會增加企業的經營成本，也就影響了他們的投資意願。

　　萬一這些恫嚇言詞沒有發生作用，官員還會提醒大家，即便企業家接受，他們也會把這筆多增加出來的支出轉嫁出去，受害的仍然是消費者。官方另一種說法是，如果鎮長可以徵稅，縣長，甚至鄉長、村長何獨不能夠？這樣一來，豈不天下大亂？

　　官越大，腦袋越糊塗。省政廳長不是說，如果名目改成修復公共設施代收金，不就於法有據嗎？不收鎮長稅，改成這個名目，豈不容易哉？目前正是房地低迷時刻，建商中不肖的炒作者，轉嫁成本的空間大概不會太大，更重要的，不要忘了，以汐止鎮來說，很可能只是將以前的陋規而中飽個人的紅包，轉成入庫的公款公用，怎麼會增加企業負擔？

　　所謂的鎮長稅，最多是名義不順，立意與實際作用倒是很好，若說實施好的措施會造成混亂，那也是既有體制不健全所致。淡水、龍潭與草屯都已經明確表示「一定要徵收公益捐」，一副中央官員放馬過來誰怕誰的姿態，真勇敢。

（《自立早報》1994/5/7 第4版。原標題〈誰怕誰？放馬過來〉。）

鎮長收稅　法官判刑

汐止鎮鎮長廖學廣向建商徵收的「無損害公共設施證明」稅,被士林地方法官認定是貪汙且是知法犯法。

廖學廣以地方官的身分,踢了中央政府及建商一腳,也許沒有料到會引來第一審的法官一判十八年。這讓人想起地方與中央政府,以及地方媒介的一些問題。

去(1994)年2月3日,行政院通過了《地方稅法通則》,賦予地方政府權限,允許地方自為斟酌,在法律範圍內決定是否開徵稅款。消息傳出,許多地方首長及在野黨立法委員均表不滿,認為這是中央要地方政府「當壞人」,因為據該法草案的規定,衡諸現實,根本就「困難重重」難以執行。

現在,雖然不是依據前法,但汐止這個全台灣地皮炒作最嚴重的小鎮,率先當壞人,踢中央一腳,也引發一陣小跟風,卻惹禍上身,實在不值,看來也不會得到太多地方媒介的聲援(台灣哪來這種媒介?這裡又看出了近兩、三年來所謂社區文化的虛妄)。

1988年的英國中央通過了《地方政府財政法》,想要改變現制,也就是不再依照社區居民實際能力,而是無分貧富,要求每個人一律繳交相同金額給地方政府作為使用社區勞務的經費。擺明了講,這就是「劫貧濟富」,難怪反對該法的英國人占了58%,幾乎為贊成者的兩倍(30%)。

結果是,不但地方政府頑強抵抗,人民更是四處動亂,遲交抗交頻繁;每天平均賣出七百五十萬份(尚不包括免費地方刊物)的英國九百多家地方日報,也狠狠地「踢了中央政府一腳」。

廖學廣表示將上訴,在這過程,法官見解之外,關於地方財政、地方權限、社區媒介(包括報紙的地方版)及社區文化的關係,應該還有很多討論空間吧。

(《自立早報》1995/8/24 第4版。原標題〈踢一腳,判你十八年〉。)

一票三十元的用法

選舉鬧哄哄，許多相當冷感的人居然也都動了起來。平日難得聯絡的山友打來電話，表示阿大真的讓人支持不下去，但社會以安定最重要，所以請投大少一票。大姊小妹是傳統的家庭主婦、職業女性，平常的生活圈子只有老公小孩，這次的「參選」紀錄嚇死人，她們都到政見發表會，手拉小孩站在現場聽到深夜十二點，遲遲沒有回家，沒有想到阿扁如此吸引兩姊妹。媽媽向來只用捐款，透過慈濟與社會大眾發生關係，總勸老爸政治立場不要在親友面前表現太過強烈，這次竟然三不五時，以電話通知我，趕快扭開有線電視，說阿南在講演，不一樣唷。

省市長的選舉都已經這樣，明年或後年的總統選舉，不知什麼光景？說台灣已經進入消費社會的人，目睹此情此景，人氣頂沸都來關注選舉，不知作何感想？民氣可以用，民氣要找出路，這是再清楚不過的事實。接下來的問題是，代議式的選舉政治能夠為眾找出路嗎？當選的候選人真正會信守諾言嗎？選舉是一次定生死，短則三年，長則六年，這次的省市長與議員則是四年。選舉又是包山包海，好話說盡，就為選票，彷彿社會人生的疑難雜症盡皆集中於此，選了一個人，好像選民都同意所有的議題都由所投的人一肩扛。但實情遠非如此，民意代表或行政首長乖離社會利益的時候，在所多見，所以要時而罷免、複決。

然而，複決與罷免權的行使，談何容易？明天的反核罷免投票案，遭受國民黨再三打壓的例子，可作說明。退而求其次，選後如果能夠成功地監督候選人履行競選承諾，那也還算能夠讓人接受。誰來監督？哪裡拿錢來監督？

當選人如果心正意誠，何不把中央選舉委員會根據一票三十元所配發的款項，如數捐贈選舉期間向其施壓請願的團體，請他們組織競選政見施行成果的監督團，提醒自己「一日三省吾身」，努力要求走向實現選舉諾言之路？準此，日前回應勞工全民健保要求的國民黨與民進黨，趕快宣布選後贈款勞工陣線與工人立法行動委員會，請他們

善盡壓力團體的責任吧。

（《自立早報》1994/11/26 第 4 版）

選總統，隨便啦！

　　一堆丑角醜人又在玩勸進的把戲，說什麼政績卓著，合當領導，剛才還在鴨子滑水，現在就已湧現檯面。候選人方面，倒是不疾不徐，反正太早宣布成了定局以後，等於是新聞牌亮了相，大家提早玩完這場猜謎遊戲，那又何必？拖延不是時間之賊，實乃欲迎還休的炒作新聞之策略也。

　　另一方面，儘管大家都知道，全世界的人總加起來都選不贏現任總統李登輝，卻還抱著輸人不輸陣的架勢，反正試試看也無害，何況還可以為東山再起預作準備。民進黨從台東開始，連番的初選確實熱鬧非凡，比起國民黨，是多了些好的選舉示範作用，比起新舊國民黨之間的難分難捨，不能決定誰選就誰來與李氏一拚高下，也算高明許多，至於李勝峰突兀的瞎攪局要支持卻害了許信良，實在不倫不類。

　　但是，說實話，既然誰都選不贏，何不退一步，說不定還真的能夠海闊天空。比如，乾脆大家棄子投降，全部退選，選舉遊戲只剩一人玩，豈不大妙？過去幾年來的台灣政局進展，形式上多了幾分民主味道，實質的改變卻很難說，如土地、人的關係持續遭受不理性的力量傾壓，甚至更加惡化，套句王振寰與錢永祥的術語，這很有可能是威權民粹主義的成形過程。假使只剩下一個人競選，正可以讓民主的假象崩解。

　　其次就媒介的表現來說，西歐島國大不列顛可以作為參考。

　　上個月英國首相梅傑先辭去職位，迎戰黨內同志的公開挑戰，角逐保守黨魁的身分，也就是首相的桂冠。由於 1980 年代柴契爾執政時代，倫敦報紙招納了一批激進的右翼記者，此時對於梅傑的溫和右

翼大表不滿，雖然明知他一定能夠通過考驗，卻還是對他大肆圍剿，銷數廣大的保守派報紙，箭頭大舉攻向保守黨魁，第一大的《太陽報》在梅傑過關以後，竟然還不肯鬆口，氣嘆嘆地寫道：「這下子更糟，他贏啦！」《每日郵報》則說：「在野黨會更爽。」

　　所以，就由黨政軍控制不住的報紙開始如何？陳文茜曾在電視中說，李登輝是流氓治國的最終獲利人。對於這個頗新鮮，但好像也有道理的說法，深入發揮的人與媒介太少，平面報紙來個大反叛，就此提供報導與評論，則不但寫下政治史的新頁，一定也是新聞事業史轟轟烈烈的又一章。

（《自立早報》1995/8/10 第 4 版）

說到政黨廣播，啊，我就想睡覺

　　如同以前的選舉，官定的開戰日期還沒有來到，有意問鼎的人卻老早就已經開跑。若說這選舉不重要，它偏偏最能夠動員民眾熱情；若說純屬儀式，它的結果卻決定了立法院的生態，是否真能三黨不過半，如果不過半，則德法義等歐洲國家常見的聯合內閣，將在台灣產生，並且可能牽制明年的總統選舉。

　　既然不是不重要，既然不是純儀式，那就難怪各路人馬看準三家電視台，在野黨衝撞，執政黨防衛。

　　在野黨認為，中央選委會應該主辦選舉辯論，如此一來，己方候選人就可以登堂入室，與對手平起平坐，舌劍唇槍天下事。這番如意算盤，國民黨哪裡不知道，既然三台仍是它的禁臠，不可能在國民黨未首肯之前，主動辦電視辯論，於是擺明選罷法不改就是不改，中央選委會只辦政黨政見發表會，不辦辯論。

　　但，唱獨腳戲的政黨廣播，老實說，沒什麼人看，如果不辯論，那就不要辦，省得三台白白得到好處，衛星電視也撈到油水，而納稅

人銀兩倒要無故浪費，倒貼電視台。

　　政黨廣播沒人看，這可不是瞎說，四年前國代選舉，第一次的政黨廣播廣告登場，即便拜第一次新鮮感之賜，當時所有看電視的人也只有20%在收看，何況如今局勢大改，既無首次的讓人好奇，又有衛星頻道搶去了觀眾。

　　再者，英國行有近四十年的政黨廣播，是另一個警訊。英國有三大政黨，公商兩大電視系統。8月發表的一份調查指出，保守黨的政黨廣播一播出，公營電視的觀眾有30%立刻轉台，商業台更慘，轉台者達四成五。工黨政黨廣播播出時，公營與商營台的轉台者分別是17%與18%左右，自由民主黨則是約11%與38%。

　　更糟糕的是，多年來的各國及英國人自己作的研究，都已顯示看這些黨廣播的人，根本就是忠貞派，老早就打定主意票投該黨，因此，播什麼政黨廣播呢？

　　在英國電視飽受跨國衛星資本家侵蝕的現在，難怪他們的電視業者老是埋怨，責怪他們行有多年的時段約定，實在是吃裡扒外。

　　面對這種局面，英國的執政保守黨已作調整，決定不全部用電視業者分配給他們的時段，以免損人且不利己。台灣的執政國民黨能有這種胸襟嗎？反正單向對選民廣播的政黨廣告乏人問津，只會叫人想睡覺，何不取消，或者，更積極一些，來一場雙向的政黨（候選人）辯論會？

（《申齊月刊》1995/10）

政大同仁選立委

　　大清早，多日沒有見到人影的鬍鬚林，手抓一張文件，繞過入口處向左行進的指標，有點氣急敗壞的模樣，特地跑到研究室，想看看我對文件內容的反應。

這已經是第二回，再前幾天，彭大海也有同樣動作。

原來是那封信惹的禍。

（1995年）10月中旬，接到來路清楚、文字後面布滿黑壓壓一堆響噹噹名號的函件，想要徵求收信的人，聯名支持他們背書的某教師競選年底的立法委員。除了在校專職，這位教師也是某政黨現任國代，並且已獲提名將在北市南區選立委。按照一般印象，全校從講師到教授，都應該算是他的同事，於是無分平日政治立場，可能每個人都收到了相同的一封信。

這件事原本可以無足為奇，反正選急亂投醫，哪一天不在信箱看到傳單那才新鮮。

可怪的是這位「同事」的軍師，居然擺出霸王硬上弓的姿態，或說，讓部分人以為這位候選人要霸王硬上弓，他們竟敢在徵求聯署名單的信函擱下一句話，大意是「閣下如果不回信，那就等於是默許我們將兄台大名列入」。這些措詞當然讓人不是滋味，但各人反應不太相同。

據蘇直說，有人撥電話對他們破口大罵。鄭老大不動聲色，如同往常地執事以禮，又不失獨立風範，單槍匹馬辭謝了事。彭林等等真正是同事的一夥人，怒火中燒，偏又無處放，待要自行說個不字，怕又不好開口，但若真要讓這個素未謀面，只在電視鏡頭中瞧見的仁兄，就此輕薄了名號，那又心有不甘，堂堂高級知識分子，莫名其妙當了人頭戶，那還得了？鬍鬚林那日不請自來，衝進斗室，全為這樁事。這班朋友經過商量，既然對方逐行通知眾人，則個人以一己之名婉辭，恐怕得罪惡人，那麼何不多找一點人，以集體名義表達敬謝來函、恕難從命之意，比較妥當。但是，又為了更周全一些，眾人就央請向來有筆吏稱號的林鬍鬚，捉刀短箋一則，答覆以禮，好讓彼此日後碰面時，紅臉還能透點白。這些教授回應「同事」的硬上手段，或許是人之常情，但就在這種被動、消極，惡人不要臉而敦厚者講情面的情況下，不抵抗也等於是縱容惡人。何況，這會不會也流於鄉愿？尤其是對比另一所大學，同樣在最近發生的候選人「借」用校舍，學生毫不畏懼其教授的說詞，群起抨擊的勇氣，則我輩如此息事寧人，

顯然太溫柔了些。學院還有如此厚顏的人，搶劫學術公器充作陰私權柄的現象，能夠歷久不衰，跟教授們感慨系之了事，喪失集體對抗能力的惰性，必然互成因果關係。看來，知識分子至此不可能解放社會，他們自己都有待被解放；他們安居的學院，在如此心態支配下，公器的形象也就自然減淡，終至於灰飛煙滅，是他們自己的損失，對於社會也是損失。

　　怎麼辦呢？

　　打定主意不回信，待這票人真要將施準名字列進，則一狀告到法庭，至少成立一個盜用人格權的罪狀吧？其他候選敵手，自然不亦樂乎，鐵定在旁跳躍鼓譟。新聞大概還能熱鬧一陣；可是，陪上大好精神，就只為這樁嗎？何況後勢可能不妙，來日二十多年生涯，說不定隨時都要提防暗箭中傷哩。就這樣一路往下推測，施準的膽量銳降，算了，加入彭林行列，或者仿效鄭老大，打個電話表達不要算了？惡人得罪不起。何況聽說彭林為了怕讓「同事」以為大家集體對付他，撤回了連署，決定以個人身分敬謝。集體都不願惹事了，單兵又逞什麼能？

（《聯合報》1995/10/31 第 33 版／聯合副刊。原標題〈選舉到，陌生「同事」亂飛信〉。）

匿名論證與民主政治

　　「打開天窗說亮話」，但，小心挨暗槍。

　　大學法律生、狂熱猶太國族主義者艾默，在（1995 年）11 月 5 日槍殺以色列總理拉賓。貴為元首，必然只能大聲說話，不可能匿名，又為了公開為政策辯護，積累本身或所屬政黨的聲望及隨後而來的選票，更是不願意匿名。在這種情況下，有些時候就出現了很吊詭的結局：具名或現身在公共空間發言，本意在求為社會負責或圖利個人，

此時卻是惹禍的根源，重則殺身，如政治人物拉賓，輕亦可能痛及皮肉，如8月初《台灣時報》與《聯合報》兩位記者遭黑道毆傷。

看來，要讓公共空間產生最大的溝通功能，言論主體究竟是匿名或署名比較合適，相當值得推敲。

有一種說法認為，公共領域與私人領域對立，後者講的是親情與家庭倫理，其間的動力由私益主宰，前者則相反，也就是公共論述的特色在於個別自我的消失，美國兩百多年前殖民及革命時期的論政文章，作者通常匿名或使用假名，根源在此，其間產生了許多傳世之作，又以假名「市民」所寫成的《聯邦主義者文論》（ *The Federalist Papers* ），最為著稱。1850年，法國頒布了新出版法，馬克思提出評論，強調只有匿名才能讓作者無畏於君王等政治權勢的壓力，使輿論成為獨立於元首及議會以外的第三力量。

或許前舉例子會讓人以為，匿名是專政時期產物，在言論未得保障前，是作者不得已的自保作法。然而，並不盡然。匿名還有更深層的道理，此即公共論述的形式規則，必須讓論旨以其內含的意見發揮說理功能，而不是訴諸發言者的人格或其他非理性的因素，孔子所說的「不以言舉人，不以人廢言」，正也說明了理想情境下，言論本身必須與作者人本身分離的道理。

1980年4月6日，有位哲學家蒙面在法國的菁英報紙《世界報》現身，接受記者訪問，雖然侃侃而談，雙方卻小心翼翼，嚴陣以待，用盡各種方法，用意只有一個，就是不讓讀者大眾認出他的身分。為什麼要如此神祕兮兮，遮遮掩掩地不肯出示廬山真面目呢？原來，這位哲人正是鼎鼎大名、四年後因愛滋病亡故的傅科，他並不是故弄玄虛，更無意與世人把玩躲貓貓的遊戲，事實上，他當年執意在報紙中隱姓埋名，原因也跟這裡討論的匿名與公共空間的話題有關。

傅科察覺，十五年前的法國媒介充斥了太多的明星文人，他們的意見是否高明不再重要，反正講求時間及知名度的雜誌、報紙或電視，需要的往往不是微言大義，而是透過已經造就出來的知名度，發表一些經過整理的系統化常識，但這樣一來，人的重要性就遠遠高過其言談的內容，致使發生了若干悖理的現象：輕則此知名文士曝光日

久，名氣慢慢隨言論質素的墮敗而褪色，媒介於是不再青睞，並展開另一波的新人角逐；重則文士大放厥辭，混淆視聽，誤導了大眾或分眾的認知，甚至誤事貽害社會。對於這樣的現象，傅科的總評是：「吾人的認知規律，至此由人物塑造。社會大眾的目光，寧可集中於來來去去的各色人物，眼見他們迅即竄紅，然後消失不見蹤影。」

　　作者匿名以保障公共論述的必要性，早期主要在於防範封建政權的迫害，現在則是媒介訊息急速膨脹，出現了以作者區辨言論高下的問題，於是匿名以求沖淡以人取言的傾向，所以，就從報紙的言論天地或民意論壇之類的版面開始如何？一般讀者投寄的生活事務文稿以外，所有稿件都只存作者的專業領域，割捨其機構名稱與個人名號？異想天開又一則。

（《聯合報》1995/11/14 第 37 版／聯合副刊。原標題〈公共空間與匿名〉。）

公民投票與新聞媒介

　　魁北克的分離運動，在（1995年）10月底統派以些微票數獲勝以後，慢慢回歸常態，新聞媒介的報導與評論也逐漸減少。

　　對於這場統獨公投，台灣隔岸觀火，別有一番滋味在心頭。

　　有人認為，公投這種「直接參與民主」的方式，完全與「代議民主」對立。直接民主只是政客動員的口號，認真不得，而且由於人民根本不可能事事參與，也不可能事事了解，所以公投常常被誤用，甚至因為挑戰了代議民主的正當性（試想，如果多數的公共決策都讓民眾直接票決，民意代表要來幹什麼？），於是間接鑄造了專政滋生的溫床。

　　這種二分論述，不願意承認兩者實乃互補而非截然對立。然而，它也提出了兩個值得深思的問題。

　　第一，公投之先，民眾必須得到充分的資訊供輸；第二，代議民

主如果要能促使社會進步，則經由媒介討論而形成的輿論壓力，不可缺少。兩點都涉及了媒介，一是媒介本身的表現，二是從政人物透過媒介所表達的訴求。而很可惜，我們兩者的表現紀錄都不好。舉兩個最近的例子。

魁北克人投票當日的台視晚間七點新聞，播出了民進黨剛出爐的選戰錄影帶，許多人倍感驚訝，筆者並不例外，並且注意到了其內容（中國城市的盲流圖像等），其實與國民黨過去的恐共訴求如出一轍。但台灣如果要獨立，或說，要有「一個機會」，難道就只是依靠這個中國太落後的理由嗎？

其次，本（11）月2日有家電視台在街頭設置了「秀應」站，除了頗見創意及機動採訪新聞以外，這個作法顯然是「扣應」風潮的延伸。媒介是一種文化代議（扮演公器代替民眾編採新聞），而扣應、秀應是某種公民直接投票，兩種本來各有角色扮演，但在我們這裡卻是媒介的文化代議功能薄弱，而參加電視扣應的人必須家中裝有第四台，這豈不等於公民的權利必須因為是否裝機而有等差嗎？

看來，無論是公投或代議，都必須同時或先行改進媒介的表現。

（《自立早報》1995/11/4 第4版）

選舉冷的另一個原因

今（1995年）年立委選舉不很熱鬧，有人說肇因於總統之爭壓過一切，有人說是為了房地產不景氣，加上地方金融風暴一個緊接一個，往外揮灑的銀兩數量當然不可觀，於是沒錢不成事，街頭上的旗幟海報傳單少了許多，相較以往，確實大選氣氛減淡了一些。

話雖如此，另有一個可能也很重要的原因，由於與流行印象相反，因而少見提及：歷來最能夠辨識國民黨、民進黨與新黨的統獨問題，實質上不再存在，而只是政客區隔選票市場的口號。這樣一來，

三黨的底子其實都是資產或中產階級政黨，選舉熱度因此必然與歐美同型政黨的發展路徑吻合，將要逐年冷卻。

首先，新黨以統一為號召、民進黨以公投獨立為訴求，國民黨則說建設台灣放眼中國，但三方都沒有、也絕無可能排出時程表。既然統獨沒有完成的期限，等於是要讓時間來解決，形同三方都承認現狀應該繼續延伸。換個方式來看，新黨的右翼意識形態與中共差距太遠，說要統，其實是要等中共先垮台，但可能嗎？再來，10月底亮相的民進黨文宣影帶之一，以大陸都市盲流的亂象作為招徠選票的手法，其實與國民黨慣用的恐共訴求並無兩樣。三黨都不肯在中共主導下統一，那麼，路又走回現實，此即嘴巴不能說，但其實就是革新保台以俟來日。

三黨的階級成分都非農非工，差別只在與大財團的距離遠近。在此前提下，明春第一次總統直接選舉之後，未來選舉的熱度如果上揚，動力或許有兩種：一是非理性地炒作莫須有的省籍情結（不是統獨主張）[1]，二是理性作法，開發階級、環保或性別等公共議題。但前者的熱炒空間應會萎縮，後者力量尚不足夠，選戰熱度今非昔比，或許是必然的。

（《聯合晚報》1995/11/4 第 2 版）

1　1990年代至今，統獨是辨識政黨的重要依據。不過，這可能是表象。更能辨別政黨異同的提問，或許可以參考下列三種近年出現的陳述，同意的人愈多，對兩岸未來關係的協商是助力：（1）前參謀總長李喜明上將：「政府應該積極……消弭仇中、反中的情緒，並鼓勵民間在媒介、網路等各個領域營造兩岸和諧氣氛，而政府本身亦應起帶頭作用，即使兩岸官方齟齬，亦無需唇薄舌尖地酸言以對……既不損及台灣立場及主體性，亦能顯現我雍容的態度與民主風範」。（2）前副總統呂秀蓮：「維持現狀就像『溫水煮青蛙』自我欺騙……自我麻痺，大家應勇敢面對現狀的改變、超前部署」。（3）楊儒賓教授：「『台灣風土性的『兩岸性』……同時影響兩岸……如要濃縮到島嶼內部自行決定，對岸中國沒有置喙的餘地……相當不合理……『中華民國』……可以發揮……對共產中國既可對話也可對抗的機制。」

補助政黨　不如控告麥當勞

正副總統李登輝與連戰說，他們依法在3月大選所獲分配的1億多元，將成立基金另作他用，不放入自己口袋，也不轉帳國民黨財庫。

與此同時，民進黨庫存空虛，主席許信良擺桌募款，報紙說該黨一餐得金千萬；民進黨也趁機加緊宣傳以公費補助政黨的必要，指出國庫不出，無異逼人找財團而受其牽制。對於民進黨這個見解，國民黨虛與委蛇，表示國庫恐將多所負擔，應從長計議，新黨說拿人手短，不要也罷。

三黨臨財而各懷鬼胎，雖然說辭都冠冕堂皇。

國民黨富可敵國，至今還可以把虧錢的黨產如中央社，名正言順轉由政府出資成立法人，至今在國營事業民營化過程還舉重若輕，能夠「照顧」自己人，哪裡需要補助？若真補助，豈不便宜民進黨這個不大不小的政黨？媒介再怎麼報導募款餐會，都敵不過事實：民進黨歷來從各界（包括企業界）得到的資助，大概不超過其需要一成，過去幾年尚可運作，原因在選舉不斷，其候選人得之於選票的配撥款，部分充公，而未來兩年，選壇無戰事，而黨組織方當擴充，需錢孔急，不找國庫則要向人低頭。新黨卻沒有，或說還不到民進黨所面臨的發展瓶頸，現階段依靠義工、靠意識形態或形象，已可固守票源，再要拓展，還得假以時日，等待國民黨再繼續腐爛，或許才有可能，如今時候未到而若得政府補助，一來義工或小市民小額捐贈恐怕因而卻步，二來以選票作為補助依據，民進黨因此將獲利尤殷。

對比實情，捉不著邊際的反對政黨補助的理由，什麼將造成政府財政負擔、什麼先改進選風再談補助等等，不免讓人發噱。

但另一方面，民進黨有蔡同榮等人，以政黨壓力取得電視執照，卻又公然引進龐大外資，如何讓人相信有了公費補助以後，就會讓政黨不受制於財閥？真要取得民意支持，不做些一新耳目的事蹟，如何能夠？民進黨以綠旗標榜，那就何如效法綠色和平組織的勇敢行為，向國人證明台灣之綠，不讓國際之綠專美於前。

六年前，「綠色和平」的倫敦五名義工，散發傳單，向民眾舉發

年度營業額達260億美元的麥當勞之「罪狀」，認為麥當勞破壞熱帶雨林、汙染環境、濫用廣告技巧等等。麥當勞聞訊，覺得這簡直毀謗過頭，於是要求這五人公開道歉，否則將繩之以法，結果當中三人道歉了事，卻有兩人頗具湖南的騾子脾氣，硬是叩上了舉世知名的跨國速食集團，自認所說並無不實，哪裡需要道歉。

　　麥當勞在這場冗長的訴訟案件裡，曾經撤換「失職」律師，改由英國皇家法律顧問Rampton披掛上陣。據說，單是向此人簡報，請他主導訴訟，就花掉麥當勞50萬英鎊（約合台幣2,000多萬）。然後，此公既然有此聲望，麥當勞也只好每日2,000英鎊，請他在法庭上先舌壓此二「豎子」，後論是非。歷經四年調查庭，創下英國最長的民事訴訟紀錄後，該案兩年前進入審理程序，去年在審理週年前一個星期（6月下旬），麥當勞的律師要求與這兩位綠色小兵在庭外洽談，會後雙方各說各話，而麥當勞總裁已在芝加哥有了偃旗息鼓的打算。

　　這場官司的收場固然饒富意義，但如果民進黨來個創造性地轉化學習，則意義更大，國人必然會相信公費補助政黨之說，真正對於民主政治有益，而不是黨派之私。如何學步？不難：趁著賀伯颱風的災情印象未退，控告濫墾山林而造高爾夫球場，心中有小白球而無大台灣的可惡分子。綠色和平的小市民告倒依法經營的跨國企業，最大的綠色黨搖不動非法無理的破壞水土的本國行號，怎麼可能？就看為與不為。

（《聯合報》1996/9/3第37版／聯合副刊。）

總統與媒介各取所需

　　總統身價多少？20至40萬。台灣的「年代影視集團」進行大改變，將香港與中國大陸合拍的連續劇《家園》，以及若干節目的播出

時間，從1日起前移後調。然後，在此空出來的時段，也就是每晚8點起連續兩小時，年代集團改成現場立即轉播陳水扁總統全國助選團的巡迴活動。

據說，年代每轉播一場總統助選活動，收價20萬。又據說，9月時，民進黨藉黨慶也舉辦了助選講演，一場收款約40萬。再以前，聽聞國民黨活動的轉播費是60萬左右。

三種轉播的價碼有別，表面上，年代顯然優待總統20與40萬。何以優待？政治權勢愈高，愈加成為私媒體的巴結對象。如同傳媒大亨梅鐸當年交好英國保守黨的柴契爾夫人，等到工黨的布萊爾上台，他的《太陽報》等媒體也就轉向。年代只優待區區數十萬，其實已經是小兒科。

更何況，年代也很有可能只是在商言商。優待總統，其實只是表面文章，內裡並無官商的連結。怎麼說？眾所周知，電視收入來自廣告，廣告進帳又看收視率。總統出場，觀眾多於政黨，其理至明。政黨當中，國民黨的票房似乎又較遜色，台灣老三台的窘境，原因之一，不就是為了去年3月以前，新聞播報了過多正藍軍，以致它們有更快速走向凋謝的危險嗎？

不管年代是在商言商，還是曲意承歡總統，或是兩者兼而有之，更重大的意義是，現階段的台灣，總統與媒體各取所需的時候實在太多。最突出的例子是，陳水扁執政五百日，出版了三百五十多頁的《世紀首航》所引發的反應。

本書正式問世之前，總統府每日一章，從10月底起發傳各報紙。連續數日，許多報紙也幾乎是「來函照登」，以二、三版顯要及大量篇幅，轉載部分，然後再加評論。

這些報紙的反應，如同政黨選舉立場的差異，也分成泛藍與泛綠兩類，因此，對於扁書的再現叫好與叫罵齊鳴共奏。反對阿扁的報紙，原本無須大肆報導，輕描淡寫更能顯示它的專業。但是，這類報紙畢竟也是一邊反對，一邊鑼鼓喧天。原因或許是，不如此不能達到再諷刺、抨擊阿扁的目標。阿扁呢？難道就不知道反者恆反，竟然要以此招惹媒體反感？特別是書中談所謂新中間媒體幾何學那部分，要

媒體不反感哪有可能？阿扁在助選時，聲嘶力竭，高吼：「百萬人民站出來，大家不要再看電視，不要再看報紙！」難道不知道媒體必然反彈嗎？答案或許是，阿扁算盤頗精，認為以此言論，可以鞏固原有的票源，而立法院最大的國民黨必定票失於親民黨與新黨的情況下，民進黨就有成為最大黨的希望。

對於媒體與政治人物交相為用，交相煎熬於建國（中華民國、中華人民共和國、台灣共和國）的「熱鬧」場面，人們是被捲了進去，還是另有裁判？再過四個星期就有答案。如果投票率大幅下降，就像幾個月前英國選民的表現，那就是雙雙否定政治人物與媒體的人數，規模頗為可觀。

（香港《明報》2001/11/5）

競選影片　有醉翁之意

熱鬧有餘，精采嚴重欠缺的台灣選舉，明天就要投票（12月1日）。起自（2001年11月）26日，連續五天的公費政黨選舉廣告影片，今天結束。觀看這些選舉廣告影片的人，應該不多，特別是一支影片長達數分鐘，甚至十幾、二十分鐘，放在觀眾平均每天更換一百多次頻道的電視環境，真有耐心看完的人大概少之又少。

就效果論，這些少數的人如果不是不投票的人，就是投票立場堅定不移者，因此，公辦的政黨廣告影片播放，大抵只能強化本來就支持該政黨的選民。各黨又何必忙著製作文宣影片放映呢？

但所謂醉翁之意不必在酒，各政黨製作電視廣告片，用意其實未必在播放廣告片，而可以是透過影片引發爭議，達到曝光與造勢的作用。如果個別的候選人（如新黨的何振盛），都能知曉向李登輝丟雞蛋，可以換取這輩子最多上鏡頭的機會，政黨就更懂得個中道理。

事實上，民進黨的醉翁策略似乎頗稱奏效。在片長十五分鐘，總

共播放五次的廣告片快要結束之前,各支影片都穿插一或兩種「再怎麼野蠻」的短片(三十秒或二十秒)。這些短片的重點是,鎖定國民黨籍四至六位立委,指控他們刪除了相關縣市的網路學習、兒童福利、地方建設及防洪工程經費。

在音像的幫襯之下,這些二、三十秒廣告片企圖讓觀眾感覺這些「在野」黨的候選人,實在太「野蠻」,因為再怎麼野蠻,也不應該刪除所謂資訊社會所最需要的網路學習經費,再怎麼野蠻也不應該刪除(畫面上這麼可愛的)兒童的福利,再怎麼野蠻也不應該刪除才剛剛飽受四百年來最大水患的北台灣之防洪預算等等。

只是,既然主張刪除的是在野「黨」,又何必單挑特定候選「人」?這就是精心計算的所在。「雀屏中選」而出現在「再怎麼野蠻」短片的人,應該是民進黨認定,這些敵黨候選人的實力與本黨同區候選人相當,於是抓緊各種可能的機會加以打擊。

果然,這些廣告一出,立刻引起國民黨不滿。國民黨向法院聲請假處分,強制禁播該則廣告。國民黨既然有此反彈,中選會自然也就不可能裝聾作啞,在審核之後,引用《廣播電視法》第21條第6款,指短片中大約五秒的畫面確實有「混淆視聽」之嫌,於是剪掉了事。但選前這五秒鐘畫面的爭議,換取了平面媒體不少的報導與評論,民進黨最多是輸了面子,卻十足贏了裡子。

不要面子要裡子的行徑,不是政黨的專利。這幾個月以來,《中國時報》在內的不少報紙,不也是如此嗎?就在《台灣日報》指某大報與某政黨有百萬新台幣往來之後沒有幾天(21日),《中國時報》台北市版第七版左上角打著「專題」,內容是整版的國民黨言論,北縣版第七版則是整版商業廣告。怎麼搞的?是《中國時報》欺負台北縣讀者,少提供一版的新聞,還是北市版的專題其實根本是廣告?顯然是後者。為此,民進黨不滿而向新評會檢舉,《中國時報》也在22日第三版刊登啟事,表示廣告新聞化是疏忽所致。惟與此同時,《中時》竟然再告「技癢」難耐,於當天第五版再來了一次名為「專題」,實則百分之百是廣告的東西。為了錢,《中時》不要面子要裡子,斯文掃地而不畏人言,民進黨也許可以考慮再製作短片,主張

「再怎麼缺錢，廣告也不能新聞化」。

（香港《明報》2001/11/30。原標題〈再怎麼缺錢，廣告也不能新聞化〉。）

新科台北市長　聲東擊西

　　哲學家趙汀陽說，中國歷史有三次革命。三千年前的周朝、兩千年前的秦朝，以及1911年啟動的現代中國。德布雷（Regis Debray）以通信展開與趙汀陽的對話，他說俄共「十月革命還是回到了東正教」，中共「長征後還是回到了看風水」，「唯一跳出循環的不是政治革命而是技術革命。」

　　溫柔否定但也肯定革命的德布雷卻有這段言詞，可能讓人誤解這是技術決定論，放在當下語境，決定論會有以下這些修辭。環境生態保育與經濟增長，永遠能夠平衡；或者，透過技術手段（如綠色能源、資源回收），可舒緩環境危機，包括到月亮、火星等外太空的星球，尋找物資，移民外星球。

　　台北市長柯文哲可能也有技術第一的思維。投票日之前，他的競選策略符合減量消費的環保價值，僅有一次付費電視廣告，六十秒的「這一票，你聽孩子的話」。柯文哲也沒有在報紙刊登競選廣告，反觀對手，選前五天仍然緊緊擁抱平面媒介，耗用了不少紙張，單在四家綜合報紙，就有半版廣告十八次半的刊登，其中三分之一左右出現在頭版。

　　但選後一週，柯文哲與宜蘭縣長會面後，說要支持台北宜蘭直線鐵路「速度最快的路線」，也就是穿過翡翠水庫集水區。話語甫出，群情譁然，不但環保團體，從行政院長到當時的郝龍斌市長，也都期期以為不可。還有人認為，柯文哲說不定是在搞聲東擊西、圍魏救趙的把戲？

　　柯文哲提出了魏這個東案，逕自穿過翡翠，可以讓現在鐵路行車

時間從六十五分鐘減少至三十八分鐘。交通部既定的是西案，是趙案，不經水庫，仍可減少至四十七分鐘。但是，北宜高速公路穿越雪山八年以來，早就使蘭陽平原，特別是礁溪的土地房產與人流之炒作，無法讓人恭維。假使還要再來一次穿山的腸、破水的肚，於心何忍？如果真心要舒緩週末的交通流量，應該另作構想，不是斥資500億，不是再花個十年，再弄一條直線鐵路！

　　所以，即便是交通部的趙案也不能接受。若沒有魏（柯文哲）案這個程咬金，就是「要」與「不要」新建鐵路的辯論與選擇；現在，突然竄出了趙案，一時之間，輿論焦點為之移動，變成是「要魏案」與「要趙案」的爭執與差別。原本討論的重點在於要安步當車還是快跑前進，現在，話鋒一轉，眼光反而在飲鴆止渴與懸梁自盡之間，計較哪一種更不痛苦一些、更人道一點。

　　柯文哲真有這麼老謀深算，包藏禍心嗎？應該不至於。話說回來，為政假使只是有所不為，那就太消極。柯文哲競選時推出三十項政策，就職演說當天又提出要「百日維新、四年躍進、五十年未來」。這個台北新計畫可以增加一筆，以功不必在我的氣魄，為兩年後的新中央政府獻策。與其聽任火車破壞山林，不如改善電視環境，溝通人心。

　　大約二十年前，雖然未奏效，台北市政府是盡了力，呼應黨政軍退出三台（台視、中視與華視）的電視改革運動。現在，時空變易巨大，北市府改善電視的切入點，不再是退，而是要求「國（家公權力）進」，但又因為地方政府僅有局部的電視政策制訂權，北市府可以呼群保義，聯合地方政府，將電視改造這個議題高唱入雲，中央政府必然無法視若無睹，鐵定回應，這時，北市府就可提議，僅需北宜直鐵預算的一半，也就是250億，同樣分作十年編列，立馬就能將台灣奄奄一息的電視文化，起死回生。

（《人間福報》2014/12/31 第5版。原標題〈火車開腸破肚　電視可以溝通人心〉。）

台北市長批評招牌醜陋

報載，台北市長柯文哲視察北門，認為附近不少招牌醜陋，遂要求都市發展局改善。看來，台北市在內的不少城市，雖有《（競選）廣告物管理自治條例》，但對提升城市美學，似乎尚未產生積極的導引與美化。

未來，希望會有首長研究拉丁美洲最大城市聖保羅的作法，澈底讓城市耳目一新。2006年9月，這個巴西城市通過《城市清爽條例》，全面禁止戶外廣告看版，似乎相當澈底，不但看板不能太大，計程車、公車與一般商家看板也都列入規範。

然後，一萬五千面戶外廣告消失，麥當勞的金黃色拱門、可口可樂的深紅標誌，統統再見。對於這個作法，自然有人反對，並說此舉將致使聖保羅損失133億美元。不過，2011年的調查顯示，七成市民認為，當時執行已有五年的規定很好，並且經濟還是生猛有力。到了2012年，從事廣告行銷的週刊主編露西‧漢德利（Lucy Handley）更說，管理戶外廣告，反而讓行銷人的創意有了新的發展空間！

更有趣的是，看板拆除之後，浮現的市容並不全然更為美觀。比如，過去在大型看板隱匿之下，行人旅客看不到的的貧民區，如今映入眼簾，對於市民是另一種刺激，反而讓人再次得到機會，不得不討論都會貧窮議題。

2016年夏季奧運快要到來，加上巴西近來經濟不佳，有人猜測，聖保羅市政府若是為了得到戶外廣告租金，放寬規定，走回頭路，並非不可能。柯文哲也許可以觀察，若聖保羅能夠頂住，台北市就可跟進，應該改善的景觀，不僅在北門。

（《聯合報》2016/2/17 A15。原標題〈城市美學　柯P學學巴西聖保羅〉。）

第三勢力的四種前景

明（2016）年1月的立法委員選舉，因去年太陽花運動而凝聚的第三勢力，空間是大是小，至少有四種可能。土耳其、英國、西班牙，以及希臘模式。

土耳其的大選已在6月上旬舉行，「正義與發展」（AK）執政黨中間偏右，嚇出一身冷汗。選前，黨魁、現任總統、兩任總理、兩任首都市長的厄多岡（R. T. Erdogan）原有如意算盤，企圖攻克三百六十七（三分之二）席次，取得逕自修憲的權力，他想走總統制。厄多岡的第二志願是，至少取得六成的三百三十席次，如此，仍可修憲後付諸公投決斷。

厄多岡縱橫土國政壇二十餘年，這次大槓龜。土國人熱情洋溢，不是支持，是反對他。86%出場投票，AK黨的得票率竟然從過半下降一成，僅存40.9%，席次更少，僅有兩百五十八，距離單獨執政所需的席次還少十八席。斬獲最大的是2012年成軍的「人民民主黨」，骨幹是在土國有一千多萬的庫德族人工人黨（庫德人另有一千多萬分散在敘利亞、伊拉克及伊朗等等地區），另加土耳其自由派、左派、基督徒與同志團體，該黨一舉跨越門檻，選票超過13%，當選八十位國會代表。

「人民」在土耳其高唱凱歌之前，外界無不預測，英國5月初的大選應該沒有政黨可以單獨執政，但工黨仍有可能領銜，組織聯合政府。結果也是大爆冷門，保守黨居然以36%選票取得三百三十一席（國會議員總數是六百五十人），工黨得票率低至30%，新興綠黨得到將近4%選票，但僅有一席（想要脫離歐盟的「英國獨立黨」有12.6%選票，也是只有一席！），無濟於事。原因是傳媒大亨梅鐸造成的嗎？他的《泰晤士報》選前說，若工黨當選，有工作的人，家家戶戶平均一年會多繳稅1,000英鎊，雖然亂說，選後也在頭版顯著更正，但無濟於事，工黨輸了就是輸了。

英國因為採取單一選區只選一人的制度，致使得票僅三分之一就能牢牢控制政局。歐陸國家如西班牙，大致採取比例代表制，比較不

會票票不等值。西班牙的大選在年底登場,但兩大政黨人民黨與社會黨不得人望,路人皆知。約翰牛大選之後,西班牙5月底也有地方選舉,人民黨與社會黨這兩個三十多年來輪流執政的勢力,全國的得票率從四年前的65%滑落至52%,規模最大的三座城市馬德里、巴塞隆納與瓦倫西亞,傳統執政黨派統統落馬,其中,在瓦倫西亞執政已經有二十五年的市長黯然下台,更能凸顯人心思變、反對財政撙節政策的人,數量甚夥。試圖挑戰西班牙傳統黨派的新興政治力量,共同點是在代議之外,同等強調參與政治,試圖使代議與參與相輔相成,其中,「我們夠力黨」(Podemos,通譯是「我們可以」)相當突出,這次變天的三座城市執政團隊,都有它的支持。

「我們夠力黨」在2014年才創立,今年1月因為「激進左派聯盟」(Syriza)入主希臘,台灣報章開始報導之際,才見順帶提及Podemos。比較詳細的介紹來自「人耕食共同體」、「自從六輕來了」等反空汙社團委請施泰翔編譯的〈我們能!西班牙Podemos黨掀起基進民主浪潮〉。其後,知道Podemos的國人明顯增加。

作為第三政治勢力的聯盟,Syriza的成軍,早於西班牙、土耳其與英國的各個「同道」。2004年出馬時,僅得3.6%選票,2009年也只有4.9%,但在2014年9月提出政經大重組政綱後,今年初,Syriza一舉取得36%選票,另獲三百國會席次當中將近半數的一百四十九席。稍後,它與擁有十三席次的「希臘獨立黨」合組政府,該黨雖是右派,但同樣反對歐洲三大巨頭(Troika,歐洲央行、歐盟執委會與國際貨幣基金組織)強硬施加的撙節政策。

太陽花運動之後,國人殷切期待進步力量出頭天,但能否如願,尚待分曉。英國模式會是台灣最壞的「榜樣」。若能有土耳其或西班牙的進展,已是難能可貴。至於希臘模式則並無可能,台灣的進步力量尚弱,若能在韜光養晦的過程壯大組織力量,或許來日會有徐緩圖謀變天的前景。

(香港東網2015/7/10。原標題〈台灣進步政治力量的四種前景〉。)

政黨收編與社運進攻

黑白明暗、上下左右、黨內黨外。本週民進黨確認，並公布該黨不分區立法委員推薦名單三十四人。

名列前五位的人沒有從政經歷，各自的溫和與激進形象並不相同，其中，外界似乎最注意農民、農地與農村的問題，因此報端與網路出現這樣的標題：〈列綠不分區名單、農陣被收編？農陣澄清〉、〈農陣鬥士別被黨意收編〉，以及〈我們還能信任誰？〉，「很多人都懷疑農陣、時代力量、社民黨與綠黨一起被民進黨收編了」。

「收編」是負面用語，是掌權者處理事情的角度，是掌權的招降納編，給予一部分權位，換取反對者或異議者的轉變，投效掌權者。主流政黨提名從政人選時，若是存在收編的意圖，並不稀奇。

不過，假使從「社會運動者」的角度，特別是，如果社會能量豐沛，那麼，應該用「進攻」這個積極的用語。與其擔心是不是遭致「收編」，不如想方設法，包括與遭「收編」的人合作並推動，祈使並捲進更多的能量加入社運，並且應該積極營造社會條件，等待被「收編」。若能如此，就是源源不絕，不虞收編，是孫悟空進攻牛魔王等「妖魔」。

據說，一百回合的《西遊記》，就有六回寫了孫悟空，以鑽入妖怪的肚子作為手段，要脅妖精服軟與聽話。最有趣的一次是在第七十五回，獅駝山老魔吞了孫悟空，談判多回後，猴子進出妖精之口。在此之前，他先吹毫毛作為繩子，拴住妖精的心肝，等到跳出老魔老肚，重回山頂時，正可手執細繩，如同放風箏，一抽一拉，把妖怪整得死去活來，只好就範。牛魔王本來是孫悟空的結拜兄弟，後生間隙，因此孫行者曾經鑽入牛魔王夫人鐵扇公主（羅剎）的肚腹動手動腳，很不恭敬，卻是達到借出芭蕉扇的必要手段。

社運者雖然不一定願意，但若有人願意如同孫悟空，同意進入掌權者的肚子，應該可以算是「進攻」高地，推進理念的作法。此時，最好的情況，就是施展手腳完成任務；再不濟，也應該想辦法全身而退，不忘初衷，繼續推動社運的價值及理念。

　　主流政黨不是妖怪，社會運動組織及成員在台灣的能量也沒有大到能夠是孫悟空。但是，《西遊記》所虛構的孫猴子故事，用來隱喻，或是鼓勵社運組織，可能比「收編」恰當。

　　民進黨一提名，「收編」的說法及後面的憂心，宣洩而出。這反而會使得主流政黨得到晉身的機會，宛若是如來佛，相較之下，社運者變成是，即便擁有孫悟空的能耐，也是空有七十二變化，卻跳不出、逃不離如來佛的掌心。這樣一來，「收編」一方面變成美化、放大了主流政黨的能耐，他方面則透露了收編之說，其實就是社運虛弱的體面說法。

　　1994年元旦，「北美自由貿易協定」生效，新「切‧格瓦拉」、蒙面騎士馬可仕在墨西哥南端恰帕斯省分與原住民並肩，興兵舉事，奉行《改變世界不奪權》的政治路線。同一年，後來成為委內瑞拉總統的查維茲出獄，則是重返傳統，既鼓勵社會運動，提倡參與政治，卻也同時在掌握政權後，試圖〈打造國家，推進革命〉。

　　除非主張無政府主義，否則，掌權與不掌權的認知或路線，並不互斥。社會運動亦復如是，固然必須要有足夠的人，站穩與擴張社運的理念與價值，但同時若有人進入體制，接觸國家機器的各種環節，從基層公務人員到民代與行政官吏，顯然也很有必要。「收編」是社運價值「進攻」並改變主流政治的管道之一，在「收編—進攻」的動態過程，我們的政治生態會有變化，如果不動如山，那是社運人力與能量的不足，剛好是社運自我鞭策的原因，不是用以拒絕進入、否定「收編」的理由。只要社運的力量足夠，會有源源不絕的後來者，就能補實向前進攻者所空出的位置。

（香港東網2015/11/15，原標題〈進攻與收編　孫悟空與牛魔王〉。）

經濟分配

台灣媒介的貧窮印象

本（2002年7）月上中旬，西門町真善美電影院上映了一部紀錄片，是日本導演四乃宮浩等人拍攝的菲律賓垃圾山底層九萬貧民的生活景況。

四乃宮浩追蹤人物的生活，使得這部紀錄片有了濃厚的劇情片味道。觀眾看到了尼拉的懷孕、撿拾垃圾、三餐不濟、有了食物則白飯唯一的佐料是粗鹽，之後產子、子夭、子埋骨於垃圾山公墓與兩年前夭折的兩歲長子為伴，最後收束於垃圾車重新運來廢棄物，住民蜂擁而上的鏡頭。

選擇這個題材，是某種政治立場的宣示，惟導演在片中似無額外指控。另有場景則可能讓人略感慰藉，覺得菲律賓政府還算人道，如垃圾山崩活埋近千人之後，劫後餘生的住民，得到政府提供經費，返鄉另覓生計。但觀眾是否頓生矛盾的感覺呢？畢竟，來到垃圾山的人，正是家鄉再無謀生機會，所以離鄉背井。

影片本身，似乎看不到導演想要邀請觀眾作此解讀。比較清楚的是，台灣公司對於本地觀眾將如何看待本片，是有明晰的想像。因此，它將原片名〈上帝的孩子〉，加冠「悲憐」一詞。

鎮日只能與垃圾為伍，甚至渴望與垃圾為伍而仍有不可得之時，這能不讓人悲憐嗎？鐵石心腸的人都說不出口。但這也是問題的癥結。訴求悲憐只可能是最低標準，最多召喚一時的眼淚與捐輸，不能作為舒緩問題的手段，遑論解決。絕對的赤貧與相對的貧窮，雖然原本就不是容易解決的社會問題，但如果說對於貧窮及其成因的認識，

是通向不等程度的解決方法之路，似仍屬合理的期待。所以，台灣業者又說，希望透過本片的引入，「帶給普羅大眾一個城市問題的全面剖析及反省」。

但這又增加了一個問題。因為，實際感受以外，台灣人對於貧窮的印象，如同沒有親身經驗的多數社會現象或議題，都得來自媒介。但本地媒介是怎麼再現貧窮的？在〈上帝的孩子〉上映期間，關於香港與台灣的貧窮新聞，剛好都有一則。

先看「香港四十四萬貧戶，每天只夠買一碟叉燒飯」。這就是說，所得是台灣兩倍的港仔，每日生活不足新台幣一百元的人口比例，大約是五分之一。相比之下，台灣好像「好」了很多，以台北市為例，低收入戶還不到一萬，雖然已成為「新貧族的單親家庭」占了其中四成一。

諸如此類的純新聞寫作，與日本導演的菲律賓垃圾山影片，有同有不同。不同的是，影片挾其影像與聲音，對於觀眾所造成的衝擊及記憶的留存，將遠遠超過於寥寥數語的文字。相同的部分有二：一是這類題材得到曝光的機會實在太少，只要有人拍攝、有人報導，本身就應當得到肯定與鼓勵。二是該影片因為重點在於記錄，不肯「逾越分寸」，只能謹守當事人的話語，也就無法曝露國際分工之下、國內階級分化之下，赤貧者的命運其來有自。至於台灣的新聞，相關的新聞也未能比鄰而居，於是就很難邀請讀者產生有效的聯想或尋思，是否二者其實有一定的關係。

比如，香港貧窮消息見報的時候，另有「鄭秀文片酬……550萬港幣」的影劇版頭條新聞。兩則新聞若打破路線之分，一左一右，試問讀者作何感想？台灣的低收入戶真這麼「少」嗎？即便不能質疑政府的標準與統計，假使將政府給予大廠商（如所謂的台灣經濟命脈之新竹科學園區）以數十億計的賦稅誘因，也是一左一右放置於相同版面，讀者能夠不產生一些不平的想法嗎？比如，剝削不再只是馬克思所說的發生在生產過程，而也可以產生於分配，社會總價值既然分配於鄭秀文多，則就少分配於香港貧戶，既然多分配於廠商，就少分配於台北之新貧。

話說回來，數落媒介有什麼正當性呢？如果消息的重要來源政府，以及不那麼重要的另一個來源學術界，對於貧窮的關注是那麼稀少，則在比爛的邏輯裡，媒介所能夠遭致責怪的部分，少於政府及學界。等到有一天，學界關於貧窮的研究比較多了，屆時，學界再要檢討媒介與政府，則其感染力與說服力才會比較大。

（《今周刊》2002/7/18，頁106。）

減少不平等　大學生疾呼三民主義

泛紫既出，輿論小作。藍軍見獵心喜，不好明言之餘，連忙「祝福」紫軍。民進黨的比爛傾向未除，彷彿在對泛紫說，連宋老矣，更不可信，若要合作，綠營仍是首選。有人獻策，指出泛紫的攻堅目標，應該是明年底的立委選舉，不是總統大選。有人不置可否，一頭栽進顏色政治的考證。有人認為，這代表了階級政治的來臨。總之，各種報導與評述的質量，雖然依媒介的顏色，仍有濃淡差別，但相同的地方是，肯定或期許紫軍之後，最多是將紫軍當作神龕，供奉起來而已。

最有啟發的評論，讓人意外，來自東海大學研究生鍾翰樞。在泛紫新聞見報的同一天，他批評華航採購引擎案。鍾氏少年老成，於《立報》撰文而高聲疾呼，重提《憲法》第1條：「中華民國基於三民主義為民有民治民享之民主共和國。」他質疑，藍綠兩軍競相傾斜於資本主義，是否破壞國體多時，以致已觸犯《刑法》100條之罪。

這實在很尷尬，涉及兩個奇怪的現象。一是，怎麼到了現在，還有不應冬烘的年輕人，搬弄從各級教師至黨政要員都好像無人在意的三民主義，大作文章？二是，原來憲法之爭，除了總統制與內閣制、何謂固有疆域之外，還有大修小修之後，仍然文風未動的第1條，從而有了三民主義是否就是資本主義的提問。

　　不過，這兩個怪異之處，可說都是其來有自。早在國民黨來台之前，台人在1920年代起，就有蔣渭水等人以服膺三民主義著稱，但國府來台之後，有關的教學與研究已遭到閹割，其活力不能不大為減弱，甚至覆滅，僅有1970年代黨外雜誌中頗具特色的《夏潮月刊》尚能傳承。惟即便如此，三民主義至今還是高中教育課程的一部分。

　　相比於對岸馬克思主義研究與教學，台灣三民主義的遭遇，有同有不同。相同是二者都因淪為官方意識形態，以致清流當中有許多人選擇敬而遠之。差別有二：一是對岸仍不時強調這個官方口號，台灣則懶得再去提及（只有去年法務部長陳定南意外惹出國父正名風波）。二是馬克思主義畢竟「家學淵源」，對岸官方儘管僵化之，民間及海外對它的議論仍然不絕如縷，其生命力依舊暢旺。三民主義在台雖（曾）有龐大教學陣容，畢竟受到現實所限，未能接軌於國際的進步論述。

　　孫文說，「民生主義就是社會主義」，差別在於它不強調階級鬥爭。不強調鬥爭，那就只能由國家自上而下，建立機制，統合社會。讀過三民主義教科書的人，都能耳熟能詳，這就是採取「平均地權、發達國家資本、節制私人資本」等手段，推進社會主義的均富志業。

　　但是，社會主義還有前途嗎？有人說，歷史、意識形態早已終結，如今僅餘修補枝節的空間。有人說，不待修補完成，人類就已破壞生態殆盡，滅絕了自己，管它姓社姓資。前年訪台的華勒斯坦則說，再有二十五至五十年，歐蘇同盟，對抗美日中集團，資本主義的邏輯就要走到盡頭。然後呢？一、統獨就不是問題了。二、若無核心理念導引修補，而僅止於頭痛醫頭、腳痛醫腳，則治絲益棼之大病，就不能避免，因此未來可能是更野蠻的世界。三、如同我方的《憲法》精神所示，以及對岸所宣稱，社會主義的初步階段竟然由兩岸的一邊一國，分進合擊，開始建構了。

（《中國時報》2003/8/14 A4版。原標題〈三民主義，泛紫所宗？〉。）

稅收與快樂社會學

「正名」遊行後，立刻有「反正名」示威。二者狀似對立，但正反相生、陰陽同體，雙方其實沒有差別，兩造都在「一個台灣，各自表述」陣仗中，爭執「台灣國與中華民國」的風影。雙方也都相同，都沒有闡明，（反）正名之後，這個國家的實質內涵會是什麼。

下個月，創刊十五年的《台灣社會研究季刊》社將越俎代庖，發表編委會專文「邁向公共化、超克後威權」，指出這個國家的四個目標是，「兩岸和平、政治公共化、文化平等與社會正義」。

不過，四個目標不方便記憶，我們不妨來個總目標，亦即（反）正名之後，要務是讓國人「快樂」，手段是「加稅」，取消劫貧濟富、不公正的資本利得。

大約在1994年以後，關於「快樂」的英語論文，大舉增加。到了2000年，更有《快樂研究季刊》的創辦。快樂是什麼？主流經濟學家認為，經濟成長不必然帶來快樂，這個共識之外，主流的意見分歧，他們提出了兩種看法。

一種認為，快樂只是一種主觀的心理效用，不足為奇。這個說法迎合了常人偶或出現的認知素習，流於快樂與否，歸因於個人的身材外表、婚姻家庭、性別職業、收入高低、宗教信仰等等。

另一種認為，當下資本主義所強調的、無法由個人控制的人我競爭關係，以及隨之而來的不穩定及人性的失落，與人之快樂與否很有關係。卡內曼（D. Kahneman）這位去（2002）年諾貝爾經濟學獎得主更是一反主觀快樂說，他提出「客觀的快樂」一詞，並說公共政策應該想方設法，讓人們有其客觀快樂。所以，公共政策怎麼回應這個看法？華裔經濟學者當中，對快樂較有研究的人是黃有光。他與楊小凱（楊曦光）等人合寫的《專業化和經濟組織》，算是主流了，據說有人舉之為「蓋世傑作」。在他看來，若要增加快樂，政府稅收「應該比一般經濟學者所估計的高」。高至多大的水平，這是個問題，黃氏似未明言。

所幸，有人說話了。今（2003）年初，倫敦政經學院經濟系教授

萊亞德（R. Layard）發表了「快樂——社會科學可有話可說？」他的研究指出，政府取自各種直接與間接稅的額度，若達國民生產毛額（GDP）的60%，將是最適水平，據此達成的作用，是最好的所得重分配狀態，其後為賺錢而賺錢的誘因將受制衡，人心回歸均衡，此時仍有競爭，惟性質與低稅時代已見差別，它不再破壞自然，不再讓人們勾心鬥角、疲於奔命。

這個額度讓人咋舌，對吧。畢竟，即便以最高的數值估算，稅收占北歐GDP也不超過45-50%、西歐在35-45%之間，美國則約30-35%。與60%相比，歐美仍有大段距離。台灣則不是距離可說，而是離譜：去年，我們只有12.5%。

所以，時候已到。正反應該合於重整台灣的稅制。正反都必須回答，他們是否同意泛紫聯盟的低標準訴求：取消對不勞而獲及各種資本利得之優待，量能累進課稅，盡快把稅收占GDP比率從目前的12.5%，調高至18%。如若不然，美國將是殷鑑。冷感、投票率不到50%的美國人，都已經看破小布希的伎倆，上週Pew研究中心的調查顯示，高達57%的人不支持他的反恐施政主軸（僅27%首肯），熱情、踴躍投票的台灣人會上了藍綠的（反）正名之當嗎？

（中國時報》2003/9/11 A4版。原標題〈（反）正名之後，我要快樂，我要加稅〉。)

美國政府增加稅收　手段有二

世界各國政府的財政惡化不是新聞，甚至，富人逆反常態，主動請纓而公開勸諫官員加稅，略解政府燃眉之急，舒緩貧困差距造成的惡果，也時有所聞。

但奇怪的是，大多數政府置若罔聞，完全不願意善用時機，一點沒有從善如流改革稅制的打算。前幾年張忠謀說了，但李述德部長完

全沒有感應，他倒是老實以對：任內加稅，不幹。兩年前德國也有四十四位富豪發起「富人贊成富人稅」運動，本（2011年9）月初再有知名搖滾歌手韋斯特納根（Marius Muller-Westernhagen）、物流大亨奧托（Michael Otto）等人呼籲政府提高富人稅賦，還是沒有成果。

可喜的是，19日，美國總統總算提出新的富人最低稅率，歐巴馬說，「股神」巴菲特大聲疾呼富人多繳稅已有多次，這次新稅因此可以稱作「巴菲特稅」，全美0.3%的納稅人（四十五萬人）可望各盡所能，回饋社會。巴菲特8月撰文，表示稅法優惠投資所得，以致「我和我那些超富朋友」的稅率，太低。2010年巴菲特的實質稅率是17.4%，他的員工平均稅率是36%。

「巴菲特稅」見報的同一天，早在今年6月已經由美國國會通過的《外國帳戶稅收遵從法》也在全球傳媒再次露臉。依據該法，美國稅局將與全球金融機構簽訂合約，從2013年7月起，海外金融機構必須告知其客戶是否為存款超過50或100萬美元的美國人，藉此美國政府才能對這些逃稅海外的美利堅人課徵稅款。各國不簽合約的金融公司，其所得來自美利堅者，美國將課以三成所得稅。

許多金融人士大罵，指山姆大叔這個要求簡直就是「流氓霸道」。但美國官員說得好：「如果這些都是你們國家的納稅人，我們想，你們也會這麼做。」確實，有錢繳稅，天經地義，逃稅而特別是富人有錢卻偏要逃稅，顯然有背公平正義，必然破壞人民的團結與休戚與共的心理。

但是，台北輿論的反應，值得玩味。《蘋果日報》獨漏這則新聞，月前它對巴非特稅也絕口不提，看來，2008年該報業主黎智英捐款大力提倡減稅，事出有因。《蘋果日報》假使只肯刊登「記者化身酒女實錄」，那太可惜了，應該也調查報導逃稅漏稅的「盛況」。

《中國時報》與《自由時報》對《外國帳戶稅收遵從法》是報導了，但篇幅不大。《聯合報》對這則新聞最重視，不但現身頭版，三版另有數則配合。不過，這些文字雖然也引述了美國政府的看法，但更多的行文仍然沒有站穩「不能逃稅」的立場。因此，我們看到了這樣的標題與導言：「美霸道查稅　掐住金融機構」、「銀行業不滿：侵

犯自主」、「美國政府要求全球廿萬家金融機構充當『眼線』、『抓耙子』」。何以是霸道，而不是公道呢？何以是招住，而不是循循善誘、提供改過自新的機會呢？何以是侵犯自主，而不是糾舉不法呢？何以是抓耙子這種負面字眼，而不是大義滅親呢？

　　語言可能反映了主流價值，或意識形態。不知台灣報紙出現的這些遣詞用字，是因翻譯外電所受的制約，還是編譯在改寫之際，宣泄了自己習焉不察，尾隨金融霸權意識已經許久了？假使有朝一日，台灣傳媒在報導這類新聞時，能夠順水推舟，不但主張海外存款理當課稅，又能主張各國政府協同作業，讓公司稅、個人稅也都齊一，避免資本以海外低稅賦為由，威脅罷工（不投資），那就表示我們真是先進國家，我們的傳媒領先群倫了。

（《人間福報》2011/9/28 第 5 版。原標題〈美國政府做對了兩件事〉。）

台灣史上最大加稅案……其實小兒科

　　立法院通過修正案，讓有能力的人得以貢獻更多，這是好事；財政部聲稱這是「史上最大加稅案」。但究竟加了多少稅？650億。多嗎？這得比較。650億，是去（2013）年台灣國內生產毛額的0.446%。

　　當代稱之為「新自由主義」的經濟措施，1973年由血腥政變的軍事政府強力推動於智利。近日，開始轉向了。

　　該國新任總統蜜雪兒・巴切萊（Michelle Bachelet）選前的政策訴求之一，就是各種稅賦改革要增加國內生產毛額的3%，投入養兒育老等等社會福利的支出。這個目標目前正在立法，反對派固然不同意，但執政聯盟占有兩院過半席次，外電無不認為「儘管有人反對，智利稅改可望完好如初」。

　　顯然，相比於智利，台灣的加稅規模實在是小兒科。這是因為我們的稅賦已經太重了嗎？去年，各種稅收占了我國國內生產毛額的比

例，低於13%，智利呢？20%。

　　財政部理當加油，1970年代的台灣稅收，仍占有17%以上國民生產毛額，經濟成長將近8%；近年低稅，經濟成長與分配反而雙雙受挫。稅收高低與經濟成長沒有必然關係，有時甚至相反的現象，不獨見於台灣，南歐與北歐，美國與德國，類型也相同。

　　「租稅正義　資本利得稅仍須努力」，記者17日報導立法院的稅改法，都能看到這層道理，廟堂諸公若不裝聾作啞，豈會不知？何況，入春以來，在西方引起熾熱風潮，被譽為未來十年都會是最有衝擊力的政治經濟學著作皮凱提之《二十一世紀資本論》，其論述與舉證核心，就是資本（及必然與其攸關的土地）利得的稅賦必須大幅提高，並且，最好是各國採取相近規畫，敦促有錢出錢、有力出力的為人之道，再次落實人間。

（《聯合報》2014/5/18 A4版。原標題〈史上最大加稅案　還要加油〉。）

健保捐　有錢人貢獻不足

　　龍蛇雜混，事所常有，因為黃安，我們再次見到。總統大選前夕，黃安錯把中華民國說成是台灣獨立。近日，他返台就醫引發的媒介反應，同時造成引蛇出洞的效應，夾雜一點龍的蹤跡。

　　先說龍的蹤跡。黃安人在對岸的時候，沒有退保，而是繼續繳納保費。不同於黃安，出國並選擇暫時退出保險的國民，2015年是五萬七千人。兩相比較，黃安沒有停保，不妨給予肯定。如果沒有1月的事件，黃安自費搭機返台就醫，完全不會成為新聞，鐵定無人聞問。現在，有人說話了，還很大聲，他們指出，黃安違了健保的核心精神，也就是「量能負擔」。

　　提出這個批評的人告訴我們，各種保險包括醫療，統統必須「高所得者負擔較多，低所得者負擔較少」。惟據說黃安自稱所得年逾千

萬，所繳保費僅是749元一個月，即便合法，這個取巧作法讓人生氣：如果黃安年所得超過1,000萬，怎麼可以提交這麼少呢？

黃安是不是繞道，是不是取巧，是不是沒有申報海外所得，以致等於是合法避稅逃費，是該釐清。但事實俱在，我們的健保經費來源，僅有小部分而不是完整的「量能負擔」，這才是大問題。

首先，「負擔」一詞就會讓人避之唯恐不及。於是，不管是計算個人，或是計算家戶所得，「負擔」形同是在提醒有錢的人，快逃啊，誰要負擔！（所以，假使真要奉行有錢出錢的原則，應該先從用詞改變，要說「量能『貢獻』」。改名詞不能改變現實；雖然，若要改變現實，可以先改名詞。）

不僅當事人望「負擔」二字而逃跑，我們的政府老是幫助有錢人逃跑，政府經常只是集中「勞動」所得取錢，至於「資本」利得，或是「土地」收益，很少或根本就不是健保經費的來源。這就造成，年薪數十萬而沒有存款利息，沒有其他金融衍生收入，也沒有土地或房產收入的人，可能一年必須「負擔」好幾萬元的健保經費。反觀另一位因為擁有房地產及各種金融收入達百萬、千萬或更多，因此不想工作的人，卻不必或是僅需「負擔」很少的健保經費。

假使所有批評黃安的人，都是投入最多力氣於檢討「量能負擔」這個問題，那就太好了。果真如此，黃安的「以身試法」可以算作「貢獻」，儘管他是無心插柳。

然而，我們的主流媒介沒有順水推舟，未能聚焦於黃安無意間突出的制度問題。

比如，唯一參加台灣報紙稽核量發行組織，號稱占有全台報紙發行量三到四成的日報，頭版標題說的是〈黃安回台「開心」　花健保逾50萬〉、〈台灣人全怒了　分擔黃安醫療費〉、〈沒特權？醫療包機宵禁時降松機〉、〈黃安救護車牌5420　網友：諧音「我是惡靈」〉、〈藍委：黃安是中華民國公敵　無資格回來就醫〉。唯一可能讓人想起制度問題的標題是，〈黃安耗損資源享健保　醫界批不公籲修法〉。只是，讀了內文後，發現新聞所說的不公平，不是指資本與房地所得沒有進入健保經費的不公平，而是再度凸顯黃安是「抓耙子」

在前，遂有「祝福你早日歸西」這種詛咒的字眼在後！

又如，另一家，可能也占有台灣報紙三成以上、網路流量則號稱第一的報紙，則是整個頭版盡數投入。它出現了這樣的標題：〈曾狂言「台灣養不起我」　黃安返台開刀保命〉、〈妻泣：我們是台灣人〉、〈健檢剛過關　突然心肌梗塞昏倒〉，二版壓底並有圖片及檔案，配上〈二度趁亂回台　黃安挨譙「不要臉」〉，副標題的字體碩大明顯，指這位〈全民公敵露餡〉。

兩家發行量可觀的報紙圖文，宣泄了部分讀者的部分情緒與認知。但是，任何讀者就如同任何人，都是豐富立體的構成，不是一成不變的單調貧瘠，讀者因為這則事件所引發的反應，就只能是厭惡黃安嗎？不可能是。讀者還會關注其他更多的議題，或者說，讀者應該要有機會看到其他議題，包括健保財源是否量能負擔，這些題目更值得報紙代為探索。如果停留在縱容與鼓動洩憤、放縱怨懟甚至是仇恨，那就有虧新聞人的職守，這樣的媒介除了前途與錢途都不會太光明，對於社會體質的改善與進步，也不會有讓人欣喜的貢獻。

1月中旬，黃安在大選前夕以丑角的身分自曝己短。一個多月以後，台灣若干主流媒介及社交媒介似乎見獵心喜，致使黃安返台就醫這個事件，意外地誘發一些媒介的語多蛇蠍與自曝其短。

（香港東網2016/3/20。原標題〈「黃安是在引蛇出洞嗎？」〉。）

非法活動合法　英國稅收增加

林全就任行政院長的第一天，「馬上檢討預算　不放棄GDP保1」。事實上，增加「國內生產毛額」（GDP）的辦法很多。比如說，目前無償的家務勞動，開始要求計價，GDP很快就要翻升。又比如，以前不合法的活動，只要合法化，就能將買賣活動法制化，也就有價可以計算了。

　　這些例子當然不是信口雌黃，是《經濟學人》（*The Economist*）的提醒。日前，它花了很長的篇幅，加入行列，質疑凱因斯（John Keynes）對GDP的定義。

　　GDP的不準確，若套用美國最暢銷的經濟學教科書（有四十一種語言的翻譯、出版十九版次，作者2009年辭世時，已經銷售四百多萬冊）作者薩繆爾森（Paul Samuelson）的俏皮話，（但也可能冒犯人）就是「假使男主人與女僕結婚，那麼，GDP就會下降。」

　　為什麼？因為GDP根本不統計不在市場交易的活動。因此，家庭內部的勞動，從洗衣作飯、打掃清理、照顧老少……假使都是由家人一手打理，一般並不支付費用，即便支付也屬於「地下經濟」，政府沒有或無從測量，當然也就沒有「產值」，GDP於是文風不動，無所增加。

　　假使政府規定家務有給，一家之中，在外營生的人有任何銀兩入袋，就需讓居家操持的人分潤部分，那麼，就是以法律的規定增加了GDP。又如，2013年，歐洲聯盟同意，人們志願想要取樂而購買並服用的藥品（古柯鹼、搖頭丸和安非他命等等），以及付錢而有性行為，都可列入GDP的計算。結果，當年英國的GDP一舉增加0.7%。因此，即將上任的行政院長林全，其實不必那麼擔心今年的經濟成長很難有1%，只要比照歐盟，並且有英國的「水準」，那麼可能就快要有了。假使真又如某週刊所說，那些全球總部在台灣的「地表最邪惡企業」（也就是詐騙集團），眼前當然非法，但假使真讓它們的「產值」列入，說不定就會破1%了。

　　假使經濟學者的話不老實，不足為訓，倒是有位政治家的話語算是一針見血，可以作為平衡。他是羅伯・甘迺迪（Robert Kennedy）。《經濟學人》發現，不幸遇刺之前，甘迺迪對政界盲目崇拜GDP很不以為然，他說GDP將廣告支出，也將監獄的興建與管理成本，統統列入GDP，也就是廣告愈多、監獄（從而是罪犯）愈多，GDP就愈多，這不荒謬嗎？GDP怎麼就不想想，「詩歌帶給我們的社會多少的美學享受」？這些美學體驗能夠變成產值嗎？

　　可惜的是，這本週刊也許出於本位主義，對於政治家的意見，不

怎麼買帳。《經濟學人》說GDP不準確的原因之一，在於忽略了對服務業的測量。比如，搜索引擎用的人很多，但不必自己花錢，是廣告商代為支付，而使用的人所得到的價值，早就超過廠商的廣告收入了。是嗎？萬一甘迺迪說的對，雖然廣告有很多市場價格（在台灣，2014年是600多億），也有很多從業人員，但這些活動（以及政府各級行政人員）是創造，還是使用其他部門已經創造出來的價值呢？

假使是後者，廣告與政府人員的活動所折算的價值若是占了GDP的比例太大，反而會是經濟減少成長的一小丁點原因？前幾年，有位日本首相說，美國人「浪費」太多資源在金融與律師行業，就是不投入製造與生產，實在「高度沒有生產價值」。其實，這位日本政治人的意見，與甘迺迪所說，異曲同工，亦即金融股市與律師業若是不當的膨脹，不但不是經濟成長的助力，反而會是阻力。類似這些，消費而不是創造價值的活動，應該還有不少，包括房地產炒作。果真如此，林全只要壓制房地炒作，經濟成長就是手到擒來，輕而易舉了。

（香港東網2016/5/29。原標題〈翻升GDP　林全也許有妙方〉。）

英國擬調整稅制　蔡英文可以跟進

英國政壇風暴未歇，保守黨大選流失選票，國會席次減少而無法過半，即便尚未四面楚歌，傲慢的黨魁梅伊（Theresa May）已經道歉連連。《聯合報》就此立論，「給蔡英文三個提示」，不過，還有也很重要的「第四個提示」。

僅只是一個多月，高高在上的保守黨竟至流失十五席，幾乎奄奄一息的工黨反而增加廿九席。為什麼？

蔡蕙如與林玉鵬在即將出版的《傳播、文化與政治》半年刊，有篇現場報告，或許提供了一個答案。

　　關鍵可能在柯賓（Jeremy Corby）的誠實，以及，他提出的政策毫不「前瞻」，而是回歸英國人日常生活的水電事業，加上醫療保健與就業等等，備受歡迎。他的影子財政大臣甚至說，如果沒有兩次恐攻、假使再讓工黨政策有兩星期的曝光，保守黨流失的選票與席次，還要更多。

　　柯賓毫不諱言，假使要改善這些傳統服務，假使年輕人需要新的培訓，以便因應新的工作環境；那麼，英國的稅制必須調整，訣竅就在有錢出錢，讓有能力有財力的英國人，多做財富的貢獻、少做逃稅避繳稅之事。畢竟，相比於歐陸國家的稅賦，英國政府稅收偏低，僅占其國民生產毛額（GDP）30-40%，少於德國及法國5-10%，若不加稅，不可能改善約翰牛的生活質量。

　　台灣的稅收占GDP僅在13%，不必比歐美，只與日本南韓較量，同樣也相去5-10%之間。這就是說，如果拉至東亞近鄰的水平，一年我們就能增加8千至1兆多億經費可運用。對，沒錯，朝野都有人質疑，輿論反應也不佳的「前瞻政策」，無論是八年或十年，所用銀兩，最多也是這個數字！

　　原本，政府稅收是否足夠，以及政府用錢是否有效，是兩個問題。稅收不足，從人口老化、青年世代生養意願降低，再到國土維護、農業補助、食品安全與（影音）文化建設以及各種有形無形資產的保存與維護……，所有該做的事情與項目，必然也就流於杯水車薪，有一頓沒一頓而無法穩定積累成效。

　　偏偏在長期稅收不足的情境下，又有「前瞻」奉送口實，再次遮掩台灣稅收嚴重不足的沉痾。這就讓人懷疑，「前瞻」會不會是政府的刻意行為，故意昭示國人自己用錢不明智，藉此讓政府加稅失去正當性，從而收入豐厚、擁有能力貢獻財政的富裕國人就可以少繳稅捐，結餘的部分正好挪用部分，影響選舉？

（《聯合報》2017/6/14 A14版。原標題〈毫不前瞻　英工黨給小英的提示〉。）

「理財」會變成賭博　不如加稅

　　三種公教年金的改革方案，已在（2017年）6、7月次第完成立法。其後，前已浮現數回的多種反應，再次冒頭。

　　比如，有人繼續提醒，如果稅收不增加，公教人員之得，就會成為其他群體之失，公僕於心何忍？反之，假使政府能夠立法，責成國民按照自己的能力，比照鄰近國家的稅賦比例，就能讓公教人員在內的所有人，得到較為合理的退休生活照料。

　　目前，政府稅收僅占國民生產毛額12-13%，與沒有國防負擔的香港接近。台灣若是比照星、菲或南韓的稅收水平，政府一年增加1千億收入；看齊馬來西亞，會多將近2千億；師法泰國是5千億；援引越南，年度預算會比現在多一半，將有3兆多。有了這個規模的銀兩，大家的退休條件就會好過一些。以前因為欠缺預算而徒呼負負的項目，從食品安全、文化與傳媒建設、古蹟維護、環境保育、能源轉型、縮減貧富與城鄉差距……，多少也能改觀。

　　有意思的是，考試委員周玉山提出「新」點子。他認為「年改衝擊文官體系」，因此，公務人員保障暨培訓委員會應該「安排公務員上理財課」。

　　「理財」？還有哪一天哪一日，我們的媒介沒有醒目的報導：「長壽世代必懂五個理財法則」、「懂應變！換理財腦袋，不怕高齡化」、「轉守為攻，規畫外幣投資型保單、財富管理」。甚至，人工智能也介入了，「機器人理財，人腦閃邊站」。

　　「理財」是個動聽的字眼，但可能造成遮掩及誤導。

　　其一，當前社會的貧富差距拉大，人們所生產的價值總量，資本與土地愈拿愈多，而薪資的高低差距有增無已。在此境遇下，感嘆「生吃都不夠了，還能曬乾？」的人，也就是根本沒有餘款「理財」的人，包括軍公教的低所得群體會比以前更多。考試委員，以及認定年金改革不公平的人，與其建議「理財」而形同是忘了這些人，不如起而疾呼稅制改革。

　　再者，「理財」邀請人們想像，理財可以得到更多的錢財。但

是，親力親為、或是委託他人將我們的餘款投入股市、外匯買賣或購買基金，都是理財，也都涉及較高的期待與風險，所得可能高於、但也可能低於儲蓄。任何人再精打細算，也無法必勝，有贏家就有輸家，理財因此會成為合法賭博的修辭。

政經大儒凱因斯在1924年出任劍橋大學國王學院總務長，負責理財。起初，他覺得每天從股市看漲跌的「投機」是好事。不過，隨著經驗增加，他的理財哲學有了變化，懷疑自己對經濟循環的掌握，即便深刻，無法是賺錢的保證。最後，他的整個想法有了翻轉：「為了公共利益，理當禁止賭場或要求支付高成本才能入賭。同樣的道理或許也能用在證券交易所。」

凱因斯九十多年前的心得，放在今日五花八門、「專家」也要茫然的各種金融衍生商品的環境，理當讓人們對於理財的流行說法，更是心生警惕。最近的例子是，2015至2016財政年度，哈佛大學的「投資」（或說「理財、賭博」），損失了將近20億美元。

我們比哈佛大學「理財」（賭博）團隊更高明嗎？鑽研三民主義的周玉山委員不妨評估中研院瞿宛文教授的看法：台灣經濟在戰後初期轉型成功，近年「難以延續」，原因之一是三民主義沒有成為「具有社會民主實質的治國理念」。倡導個人理財、輕忽相互照顧，是遠離而不是接近孫文精神。

（《人間福報》2017/7/19第5版。原標題〈其實「理財」有時會變成「賭博」〉。）

平均地權　增加地價稅

台中市政府說，明年地價不會調漲，因為市府認同議員的看法：明年要選市長、也要選議員，假使「漲地價，地價稅會連帶漲」，「某某黨就打包了」，意思是增加地價稅，某黨就會敗選。

真的嗎？市府可以來個「審議民主」，攤開數字，請人娓娓道

來，從容不迫與市民交換意見，應該就會發現：可望有九成以上的人，贊成增加地價，責成政府收稅服務社會。

根據洪明皇教授的研究，台灣所得集中度超過日本，僅次於美國。但《天下》雜誌記者張翔一、吳挺鋒與熊毅晰提醒，假使計入「土地」與金融等，台灣對資本利得之課稅，遠比美國低，那麼，我們的所得集中，比美國嚴重。

這就是說，稅收僅占國民生產總值13%的台灣（若有南韓的水平，我們一年會多1兆台幣預算可以支配），不是稅太多，是太少，以及，政府用錢效率應該改善，但這是另一個問題。

政治人物爭取選票，天經地義。但不需取巧，選民很有水準。政治系統努力落實《憲法》的「平均地權」，分區計算個人或家戶的房地產總市值，以一定水平為準，低者免稅或低稅，超過者依照市價採取更有效的分級課稅，充實公庫，服務國民。香港等等社會，為了減少長期因情緒低落而自殺的不幸事件，聘人專注疏導工作，每位負責二十至三十人，我們一位社工必須負責二百二十人！這種「績效」，「遙遙領先」他國的項目，還有很多，白衣天使、消防員、各種社工人員、食品檢查員等，也罄竹難書。

土地加稅，持有人能轉嫁給使用人嗎？這跟企業加稅之後，是不是會讓廠商減少投資，致使經濟成長放緩，早就已經有了答案。本世紀以來，北歐及歐陸如德國的稅收，遠高於英美日本，但經濟表現前者優於後者，早就為人熟知。近日，國際貨幣基金組織以更長區間（1981-2016）與更多國家（OECD會員三十餘國）為對象完成報告，指出稅率與經濟成長並無太大關係。各國「有相當的空間可以抽取累進所得稅，但又不會顯著傷害成長」，土地與金融收入之外，台灣高收入者的所得稅率亦可提高。

緊隨市議員發言，傳媒也說，「全國平均地價暴漲……民怨沸騰」。這很有趣，怎麼會呢？作此遣詞用字，是一種「反動的修辭」。僅有少數地產或沒有地產的人很多，他們不會怨，必然歡天喜地、民氣高漲。政治人不能再家醜不外揚，要勇於吹哨，揭發台灣政府長期違反平均地權的國策。號召國人有錢出錢，很有必要；否則，

讓地產多的人未能有力出力，使其背負道德有虧的重擔，政治人於心何忍？

所幸，或說不幸的是，天下烏鴉一般黑。美國睜眼說瞎話，眼見自己支持的黨派落敗，便誣指國際觀選團一千三百人認為乾淨有效的委內瑞拉選舉「舞弊」，川普總統要「制裁」十位選務官員！但是，三年前政變，明年底才要舉行選舉、且在新憲法包庇下，新內閣必然是軍方掌控的泰國，川普不但不制裁，還在5月邀請政變總理帕拉育10月訪問白宮，「多買美國產品」。

（《人間福報》2017/11/12 第5版。原標題〈「有趣」的新聞與「反動的修辭」〉。）

分配正義　從彭淮南的新聞講起

彭淮南在1998年2月出任中央銀行總裁，即將屆滿二十年。歷經藍綠藍綠四任六屆總統，他在下個（2018年2）月就要退休。

在卸任前的最後一次理監事會議，彭淮南以台灣的經驗材料，呼應了皮凱提的《二十一世紀資本論》：資本得寸進尺，勞工再三讓利，政府不能再作壁上觀。

彭淮南說，從1990至2016年，國人的「勞動」所得（薪資）占了國民生產毛額GDP的比例，減少了7%；反之，跑入「資本」，也就是各種企業的各位大小股東而特別是大股東的口袋，在同一時期增加了5%以上。

7%與5%，乍看不關痛癢。若用具體金額換算，一減一加，可以咋舌：假使「受僱」就業者與出資「僱用」的人，二者所獲得的分配比例沒有惡化，或說，2016年分配正義的水平與1990年相當，那麼，2016年台灣就業人口八百九十萬六千人，一個人的年均薪資將要增加21.5146萬，亦即一年的薪資所得，會從44萬多「躍升」至66萬左右！如果不是勞方全拿，是勞資均分，那麼，受薪階級一人的前

年所得也可以來到 55 萬多；月薪拿不到 3 萬的人，若非消失，至少不至於高達三百二十七萬人。

彭淮南的臨別講話有很多內容，又以這段話最為重要。媒介必須是正義的喉舌，尤其是國人感受低薪的當下，媒介若能凸顯彭淮南這段話，不但是重視「分配正義」，也很能夠讓媒介得到好處：即便只是重視報紙銷售量與點擊數，媒介按理都應該將總裁提示的數字大作特作。

不過，奇怪的是，事與願違。四家綜合報紙僅見《聯合報》在頭版出現醒目的標題：〈彭總裁告別作　為低薪鳴不平〉。新聞又以小標題，從對話中肯定彭淮南的意見：「批蔡明忠歸咎低物價是『倒果為因』」、「駁張忠謀『政府不必介入』說」。批評之後，彭淮南「籲政府對低薪『有所作為』」。彭淮南意有所指，說明川普的崛起，重要原因是美國「鐵鏽區」白人勞工無法自由移動，走不出底層，只能眼睜睜看著資本快意流竄，最後便以選票教訓了政治系統。

另三家報紙未曾對比 1990 與 2016 年的背景，也不引勞工對美國政治的「報復」。它們還是很「傳統」，集中在作「人」的文章，不是順水推舟，不是用人舉「事」。因此《蘋果日報》說：〈不升息　彭淮南堅持 2 月退休〉、〈全球唯一 14A 總裁　掌央行 20 年〉。《中國時報》稱，〈教授性格　好為人師　硬頸堅持　彭淮南寧願不討喜〉、〈彭火力全開　戳破外界誤解　稱台灣利率不低　嘆匯率何辜〉，以及〈小英國師胡勝正呼籲延任 2 年　彭不戀棧〉。《自由時報》是說了事，不過，說的是匯率與利率，不是勞資之間的分配很不正義：〈彭老告別秀　為匯率打抱不平〉、〈利率連 6 凍　維持 1.375% 不變〉。

彭淮南的意見不代表行政院，也不代表總統府，但一旦他的意見得到輿論響應與大力表揚，從而就能增加機會，漸次轉化而落實在政府的相關政策。果真如此，言論的力量，就會具有潛力，變成物質力量，足以拉抬將近九百萬受薪人口的薪資，如果他們能有集體代言人。他們（或者應該說「我們」）在 2016 年的平均收入，就會增加 10 多萬（假使 1990 年以來的 GDP 增加，平均分配給老闆與受僱者），

最高，甚至等於是可以加到21萬多（假使GDP的增加，全部歸入就業者的荷包）。

央行總裁彭淮南是重要的消息來源，他在重要時機說了重要的話，我們的三家報紙未能抓住機會多作發揮，對於低薪的國人來說，損失了一次翻身的契機。一家報紙精準轉了用語，將勞資之間分配的不正義入了標，也在內文有相當的凸顯，並且放在頭版提醒國人，應該予以肯定。

將近一個月之後，號稱「史上最大減稅」的新聞登場。執政黨立法院黨團總召柯建銘讚譽有加，他說這次修法是民進黨完全執政以來，朝野氛圍最好的一次：「不是奇幻……攻擊謾罵不見了……這是立法院轉變的開始……這兩天……最和諧……大家非常冷靜……理性討論……這是我們期待的。」

表現不佳的立法院若能轉變，自然是好事，和諧也是好事。但是，假使看看究竟是減誰的稅，減了多少稅，那就不一定讓人眉開眼笑，反而可能嚇出一身冷汗。我們不能說朝野和諧在此變成狼狽為奸，但假使「最大減稅」的說法，將要造成國庫不足，因此政府必須舉債，致使等於是後代的人承擔更多財政壓力，演變成世代不正義，那要怎麼辦？

那麼，減誰、減了多少稅？以「戶」計算，假設這個家戶沒有經營企業，沒有股票，沒有土地租金，僅有勞動所得，那麼，若單人一戶，或是四口之家而僅有一人工作，且薪水不到40.8萬，不用繳稅；若四口而雙薪並有年收入123.2萬，也都不另繳稅；四口若有130萬勞動所得，才需繳稅。單人或一戶四口之家，收入低於130萬的家戶共有五百四十二萬戶，今年啟用的新制相較於舊制，其一年少繳的金額會有數千元，最多是少繳兩萬元左右。

少繳數千至兩萬，相比於多得十萬至二十萬。一經比較，對於受薪階級來說，顯然後者更為實惠。不過，如前所說，彭淮南的新聞僅有一家突出這個重點，反觀前者，新稅法修改後次（2018年1月19）日，四報都有一個版面以上的報導與評論，其中三報都放為頭版頭條。《自由時報》說〈稅改案三讀　逾8成申報戶減稅〉；《蘋果日報》

是〈史上最大減稅　月薪沒3萬　免繳稅　提高4項免稅額　542萬上班族受惠〉；《中國時報》用的是〈稅改大利多　嘉惠小資族　月薪3萬以下　明年起免繳稅〉；《聯合報》應該是長期以來，包括這次稅法修訂的報導，歷來最多，反而在木已成舟如同原先的模式進行下，僅將新聞放在三版整版，標題是〈稅改三讀　年收40.8萬以下免稅　占近半受新階級申報戶　4扣除額調高　每戶省1萬-1.5萬〉。

更重要的是，有三家報紙以不同的方式，同時交代了有能力繳稅的人才是得到最大好處，或說，他們是失去貢獻機會的一群人，政府不讓他們「力有所出」。是以，這次稅改的代價是，所得分配更為不平均，政府號稱要提供的醫療保健長照，以及其他各種基礎建設與弱勢照顧所需要的經費，將要更無著落。這個困境只會再次增加政府的借貸，從而將財政惡化的沉疴，自己不承擔，卻轉由往後世代肩負，是逃避責任之舉。

《蘋果日報》直接引述：「政大財政系副教授陳國梁表示，這次稅改造成近200億元的稅收損失……國家財政恐因此惡化，很多社福支出將要縮水……過度圖利富人……台北商業大學財稅系副教授羅時萬表示……低級距綜所稅的人僅少繳幾千元或數萬元稅款，但……542萬薪資戶中占比2.5%的高所得者得到大部分好處。」《中國時報》的記者同樣引述陳、羅兩位教授的相同意思外，另有陳聽安、陳國梁以外稿作者的身分，發表評論〈稅改小確幸　苦果恐在後頭〉。《聯合報》雖然未引陳、羅，是以記者身分多次在新聞呈現相同意見，並連續三日另有評論呼籲，先是2018年1月18日，二版出現評論，提醒朝野與其討好「部分」選民，不如以「台灣整體」為念，「更應該『討好台灣』，以台灣經濟稅制長遠發展為主要考慮因素……稅收減少，政府只能舉更多的債來因應，債留子孫。」；19日則有外稿的評論說〈富人得利　台灣被劫持的租稅正義〉；20日再由記者另撰評論，指〈減稅大紅包　愈富愈得利〉。《自由時報》沒有就此批評，是提供版面讓財政部反駁減稅圖利高所得而惡化貧富的說法，因為高所得者，其減稅加總後，占減稅利益的「31%，69%……由一般民眾享有」；然後，該報資深記者又以專文評論，指稅改正確後，表示

「基於中國挑戰……加強留才的租稅優惠……應該……大開大闔的重新思考。」不過，該報在22日倒是有兩篇外稿短評，稱讚這次稅改提高營業所得稅，但理由似乎與租稅整體政策關係較少，而是因為中韓營業稅都比台灣高。

蔣渭水是台灣的孫中山。現在孫中山的最知名信徒是楊志良，他在大前年出版《分配正義救台灣》，標準是民生主義的主張。簡孝質老師高齡九十五，想起當年他讓學生繞過教科書，逕自閱讀孫文演講詞的往事，月前、去年底幸得機會再次拜見，便以當時的彭淮南新聞作為起始，完成這篇評論。

（媒改社《媒體有事嗎》週評 2018/1/29）

年金十萬 「台灣價值」會發光

農曆年前，台灣最賺錢的電視台專訪蔡英文總統，次日各報顯著轉述之外，該台並在四家報紙購買整版篇幅，廣告自家的新聞台除了出現在有線系統，也能在中華電信的隨選視訊收看。

過去，有線系統幾乎獨占收視平台，很少電視頻道膽敢挑戰。科技條件變化已經多年，業者現在才敢公然攖其鋒，算是一種台灣傳媒生態的怪異特徵。但這個風向少人聞問，倒是蔡英文受訪時提及的「台灣價值」四字，至今已在多家報紙網站累計出現少則百餘篇文字，多則超過兩百。

台灣價值是什麼？有人懷疑，要「和蔡總統商榷『台灣價值』的商標權」。最有意思的是《台灣文化價值先期調查研究》的發現，劉俊裕教授說，前四名是「盲從一窩蜂」及「短視與功利」都超過四成，「善良與人情味」及「民主與公民意識」是兩成多。

台灣價值可以是普世價值，並且更好的是，因為我們的稅收太低，台灣竟然會有超越前進的空間！去年底，由雷震民主人權基金諮

詢委員黃文雄推薦的好書《基本收入：建設自由社會與健全經濟的基進方案》，《思想》雜誌同步推出的專題，以及陳冠中近日出版的《烏托邦、惡托邦、異托邦》最後一篇〈科技奇點、經濟奇點、制度拐點〉，提供了豐富的認知與討論基礎。

　　什麼是「基本收入」？取巧的比附，我們可以說是擴大的「年金」（按月，也可以是月金）：不分男女老幼，不另設定條件，只要是台灣長住民眾，統統有份（如同2008年發放的每人3600元），由人民授權政府向所有人支付。這個辦法有很多好處。一是大家都有基本的自由，沒錢沒自由的困境可望舒緩。二是工作者有了穩定的基本收入作為後盾，多少能夠強化他或她在就業市場的議價能力，至少略可縮減勞資權力的不對等。

　　基本收入的理念討論已有幾百年，近來並有若干國家的部分城市實驗中，但沒有任何國家全面實施。台灣假使急起直追，變成後來居上，有何不可？此時，不妨也就說台灣價值就是膽敢為天下先，普遍施行全民基本收入，算是從普世價值汲取養分，然後知恥近乎勇，先在本地執行，轉身將此台灣特殊一時的價值，變成普世競逐的標竿，誰曰不宜？這是台灣回饋與貢獻世界的良方。

　　台灣做得來嗎？先看要有多少基本收入。有人說，人均收入四分之一，我們先行，取六分之一，折算新台幣，就是一年10萬，全國人都有，需要GDP的13%。

　　付得起嗎？台灣稅收低，目前僅占GDP的13%左右（與菲律賓及無軍事預算的香港接近），用於社福的部分約3.27%，加入基本收入的另一個13%，還不到17%。不該這麼做嗎？人均收入約台灣三分之二的波蘭，社福支出就有20%，更富裕的OECD國家是28%。若施行基本收入，不但舉世華人稱道，也是世界表率，台灣若有值得稱道與發光的價值，顯然這是其中之一。

（《人間福報》2018/2/21 第5版）

談「最高薪資法」　不是打秋風

很多國家都有最低工資的規範，但還沒有最高薪資法，更沒有最多財富法。然而，餐飲過量有礙健康，濫墾無法讓環境生態永續，開車超速容易車禍，大家都知道，人們有時自我約束，有時則由法律強制，總是以節度為尚。那麼，為什麼一個人的收入與財富太多，自己用都用不完，卻使經濟不平等加劇，也會讓人際信任降低、社會少和諧，再要更悲慘一些，就是朱門酒肉臭、路有凍死骨。那麼，為什麼不應該立法，設定人們的薪資與財富的上限？

美國10%最高勞動「所得」的人，占了全國所得的比率，在全球富裕國家中最高，達47%（2016年），歐洲是37%。若看「財富」（土地房產股票等等），則1%最富的美國人持有39%（2014年），英國是20%。

超高所得的事實，也表現在企業集團執行長的酬勞（包括薪資、紅利等等五花八門的收入）。6,500萬美元，這是迪士尼集團執行長艾格（Bob Iger）去年的酬勞，是員工的一千四百二十四倍。該集團創辦人的家族說，這「太荒唐了」。確實荒唐，美國營業收入最高的三百五十家集團，前述倍數在本世紀「只有」三百倍。不過，更荒唐的在這裡：1961至1970年，執行長與員工的薪資比是二十倍，其間，美國年均經濟成長率是2.8%；到了2008至2017年，成長萎縮將近八成，僅有0.67%，薪資比卻膨脹十五倍：大約三百！

這是什麼道理？美國的整體經濟成長趨緩，大集團執行長酬勞卻如同火箭快速飛升。也許有三個原因。

一是這些集團增長幅度，超過其他小公司很多很多。二是往往身兼董事的大集團執行長，擅於自肥。三是美國企業文化愈來愈迷信，以為高低薪資倍數與公司獲利率成正比，即便證據不足，有時甚至相反。比如，Snapchat執行長斯皮格（Evan Spiegel）在2017年撈了6.38億美元，但該公司當年與今年合計虧損約45億美元。

以上三個或更多的原因是對是錯，可以分辨，但確定的是，美國執行長的超高所得，另有一個黑暗面向：一般員工的薪資所得不增反

減，2009至2017年間，下跌10%。這就是美國的基尼係數偏高的原因，2016年是0.38，是富國當中最不平等的國家，法國低於0.3。

　　顯然，在高收入國家當中，若有一個國家應該率先立法，限制最高薪資（或最多財富）的屋頂，必定是美國。事實上，根據資深研究員皮力卡提（S. Pizzigati）的考察，早在1880年，《紐約時報》就刊登了哲學家阿德勒（Felix Adler）的看法。他在紐約市講演廳這樣說：「收入在超過一定高額，也很充分的總數之後，生活所需要的各種舒適與完善及改進，也都已經完完全全足夠。」此時，任何人再要有更多的餘額，就可以課徵百分之百的稅賦，畢竟這些餘額「對他僅只是門面的輝煌，是傲人與權力的工具」。

　　七十年後，1951至1963年的美國最高所得稅率超過了90%，至1980也還有78%，不是100%，但也接近。

　　美國明年即將總統大選，參選人之一、自稱是「澈底資本主義者」的華倫（E. Warren）參議員說，財富超過5千萬與10億美元的家戶，一年當另貢獻2%與3%的財富稅；眾議員奧卡西奧—科爾特斯（A. Ocasio-Cortez, AOC）要年收入超過1千萬美元的個人，貢獻70%的所得稅。美國人從19世紀末提百分之百的財富稅，經過半個多世紀局部落實，執行90%的最高所得稅率十多年。現在，華倫與AOC的提案已有61%與45%的民眾力挺（反對者是20%與32 %），這些正確的主張只要繼續說、不斷講，總有一天會兌現。

（《人間福報》2019/5/9 第5版）

減稅救經濟「面具華麗　臉醜陋」

　　「上班族貧富差距調查」近日完成，結果驚人：受訪者若是認為台灣貧富差距不嚴重，得分一；假使認為極其懸殊，得分十。一○七三位給予的平均分數超過九，比歐美近年民調的三分之二來得更高。

　　如果調查反映現實，那麼，民主政治既然定期選舉，候選人若提減少不平等的明確政策，輕易之間就可當選。不過，我們沒有候選人，也沒有主要政黨就此著墨，為什麼？

　　一是調查失真，民眾並無貧富焦慮，政治人犯不著多事。

　　不過，調查很可能為真，政治人何不「開發」？人們說近年的政治很民粹，但高達九成以上的人為了貧富差距而義憤，政治人竟未藉此大興「民粹」訴求，豈有此理！打動台灣民眾的最大切入點，僅有兩岸關係、政治轉型正義，沒有經濟（轉型）正義嗎？

　　這是大問題，至少有兩個解釋。一個是物質因素。當前選舉制度太花錢，選舉人必須找有錢人募款。何況，企業財團及擁地自重的人或群體，平日與政治人有更多互動、常咬耳根，他們可以籠絡政治系統，更可以「上達天聽」。

　　另一個是意識形態因素，先看日常生活的新聞。7月底工總理事長王文淵批評政府反商，四家綜合報紙當天的十三則標題，大致是說〈工總指基本工資漲　年輕人會更慘〉，這類由大老闆設定的議題，在四報出場了十三次。與此相對，工商界得了便宜（財政部給予大量減稅）卻還賣乖（誣指政府或社會存在反商情結）才是真相，卻僅能露臉一次，這是記者沈婉玉兩天後的追蹤報導，她說：〈政府反商？財政部提數據『政府愛商都來不及』企業租稅去年減五七六億元〉。日復一日，人們從浸泡在這類新聞之中，看到的是資本的抱怨與恐嚇，無知於政府對資本的呵護，於是少了認知與動力，無從促使媒介責成政府敦請有錢人善盡錢責。

　　除了新聞導引的意識形態，學院知識也有很多例子，顯示後人的刻意曲解，或者一知半解，經常也讓很有價值的真知灼見無法面世。比如，經濟學的公認鼻祖亞當・史密斯的《國富論》是當今主流經濟學的護身符，但該書也強調，「最快毀滅的國家，就是那些利潤率最高的一些國家。」惟這段話很少為人提及，它的意思很清楚：地主、股東與高收入者的所得太多，而除了勞動所得之外，別無收入的中低階受薪者或無業者少錢花沒錢花，造成商品（含住房）過多，但問津的人不夠，也就是消費不足，經濟系統就要因為二者失衡過重而遲早

崩潰。

經濟不平等加劇已經不是新聞，神奇的是，它催生的標竿人物美國總統川普，完全置史密斯的斷語於不顧，反而繼續為資本減稅，並且隔洋得到傳媒董事長謝金河的支持；另一位媒介人黎智英也曾在2008年以廣告等方式，推動減稅振興經濟的運動。對此，財政教授陳國樑說：「減稅救經濟……有九十九張華麗的面具……後面都是同一張醜陋的臉。」

去年，施雪德（Walter Scheidel）教授出書，副標題驚心動魄《夷平一切：石器時代至二十一世紀的暴力與不平等歷史》。他以史為證：整個人類歷史顯示，若沒有大災難如戰爭或革命，不平等的增加不可避免。真的嗎？只有暴力才能減少不平等嗎？若不同意這個論斷，「透過理性討論與妥協，循此取得改革力量」的努力，就得再加幾百幾千幾萬個勁。

（《人間福報》2018/8/17 第4版）

不是超徵　是短列五千多億

《聯合報》今日有張獨家照片，放在二版。一看，嚇了一跳，竟有人拉開然後高舉標語「超徵五千多億錢，跑哪裡去了？」，背景是總統府例行的元旦升起典禮。

這是怎麼一回事？近年來，路過台北市忠孝西路與中華路之際，也有若干回瞥見人群，每次大約一、二十人扛舉類似的標語，或只是群集，也有遊走的時候。

這些人是誰呢？不得而知。有人說是走路工，是可以從政府減稅中得到厚利的人，或者因為意識形態上認為低稅才對的人，付錢請來請願或示威的。做此猜想也許並不必要。值得釐清的問題，是台灣政府真超徵人民的稅嗎？以及，更重要的是，哪些人被超徵？

　　財政教授陳國樑的解釋應該比較有道理。他說，不是超徵，是政府製作年度預算時短列了。新加坡與香港的稅收，都占有其國民生產毛額的13%左右，我們是12%多一點（但不要忘了，新加坡先課徵高額的退休與住房公積金，香港沒有軍事預算）。這個短列而不是超徵，表現之一是我們對很多產業的優待太多，台積電前董事長張忠謀曾說，他有時覺得自己的稅繳得太低，有點不好意思，應該就是指這個說的。表現之二是台灣的消費稅5%，跟印度相同，實在很低，因為全球富裕國家俱樂部（其實台灣所得早就可以列入，但因兩岸關係而無法參加）「經濟合作暨發展組織」（OECD）的平均超過20%（日本是較低，但也有8%），中國大陸是16%（圖書少些，是13%）。

　　既然有這麼多優待，那麼當然也就在編列預算的時候不敢多列，每年只要少列1%，大概就是少列了將近2千億。如果我們「看齊」新加坡或香港的13%「水準」，如實編列該額度的預算，五年下來就超過了元旦在總統府前舉牌所說的5千億，怎麼會是「超徵」呢？

（《人間福報》2019/1/4第11版。原標題〈超徵五千多億？　應該是短列〉。）

生育率低　因為稅收低

　　近日稅收超徵與還稅於民之聲，再次喧囂塵上。不過，超徵與還稅於民之說，其實是煙幕彈，掩飾了我國稅收占國民生產毛額（GDP）的比率世界最低的事實，也辜負了有錢人貢獻全民的能力。

　　財政統計年報顯示，我國稅收GDP年均占比，從1990至1999年是16.81%；2000至2021年減少至12.5%左右（沒有國防經費的香港大約是13%）。這就是說，假使我國政府稅收如同1990年代，那麼，去年稅收應該增加4.31%的GDP，折合約9,000多億（但也可能再多個五成以上，得看去年GDP與稅收的最後統計結果），這是所謂超徵額的兩倍。

稅收低，經濟成長並沒有更好，剛好相反。上個世紀最後十年，台灣稅收較高卻有經濟年均成長率6.63%。本世紀至前年，兩個數字顛倒，稅收大減、經濟成長率也陡降至3.4%，並且，本世紀國民所得之不平等，大大高於上世紀。國際清算銀行五位研究員去（2022）年5月發表的論文，也與台灣的經驗吻合，他們再次發現，對個人所得的超高部分，以及對遺產與房地產，課徵更高額度累進稅，會是一箭雙雕之事，可以縮減經濟不平等，同時拉拔經濟成長。

稅收低的另一個後遺症，是我國生育率超低，原因之一是政府無法提供合理的養兒育女補助。OECD國家平均用在照顧兒童與父母育嬰有給假經費，是GDP的2.1%；台灣人均所得不低於OECD，若比照辦理，去年這部分就應該有4,800多億，但我們所有社會福利支出，包括涵蓋這些項目的「社會保險、社會救助、福利服務、國民就業、醫療保健等支出」僅有6,000億。

本世紀以來，政府不做這些正當事情，不肯透過增加稅收消除人們的生育壓力，無意藉此增加經濟成長，也不肯透過多些稅收增加移轉支付能力，從而減少不平等與服務人民，原因是個大謎團。一旦政客轉為政治家，輿論敦促這個轉換到一個水平，解開政府當為而不為的原因，然後予以排除，那麼，不僅晚婚少生現象可望減緩，諸如單親媽媽勒死兒、婦殺病夫尋短獲救、兒女身障妻癌末，尋短一家四死等控訴政府與社會不仁的新聞，也會減少。

（《聯合報》2023/1/6 A12版。原標題〈揭開超徵與還稅事實真相〉。）

強化社會安全網　必須豐富稅收

三年多前，與媽媽王婉諭信步北市街道的女童竟遭殺戮，震動社會傷痛人心。近日，原本比較支持廢除死刑的王婉諭出庭高院，首度請求法官判處凶嫌死刑。

　　對於轉向的原因，四家綜合報紙當中，僅有《聯合報》記者王宏舜明顯提及，這是因為罪犯有精神疾病，但我們的「精神醫療團隊人力缺乏，無法協助精障者復健」。

　　事實上，該事件發生當時，已有「人力吃緊！一照護員顧九十名精障患」的報導。不僅照護員不夠，全台的兒少保社工人員僅五百多人（2017年），衛福部說，至少應該要有一千兩百人。人口不到台灣三分之一的香港，社工人數將近一萬五千人，我們約是七千一百（另有不同的比較，指香港有社工兩萬兩千人，台灣是一萬三千）。防治自殺的人力，我們一位訪視員必須關注有此傾向的人高達二百廿二，海外人均所得與台灣相近的國家平均約是廿五人。台灣的消防員每一人要服務將近一千七百人，香港是七百人。我們的食品衛生管理人力，每廿二萬多人才配置一位，香港是每一萬兩千人。

　　食品與消防，攸關所有國人的日常飲食與居家安全。從這些基本服務，再到對劣勢處境國人的生活照料及改善，政府所當提供的人力配備，其短缺的幅度讓人怵目驚心。原因有二：一是錢沒有用在刀口上，特別是每到選舉，芭樂票的浪費虛擲，遠多於符應民主的要求。二是本世紀以來，政府稅收嚴重不足，比1990年代一年短收5千億至1兆，表現為多種為人詬病的措施，比如，政府往往圖利有能力的人或廠商，卻只說減稅，實情是大財團與大企業減大稅百萬千萬上億，一般人減百元千元；至於近三百萬月薪不到3萬台幣的人，原本很可能就不需要繳稅，更是無從減起。

　　這次選舉政見乏善可陳，若有，零到六歲政府幫著養，或許可以列入。但最早提出這個見解的郭台銘，無論其說是否充分，至少他還提出富人稅作為幫著養的財源之一。現在跟進這個政策的兩大黨，除了可能對養的規模偷斤減兩，也裝聾作啞，絕口不談，假使政府不讓有錢的人多貢獻多繳稅，錢要怎麼來。

　　王婉諭作為人母，喪女而哀慟逾恆，但無報復之心。她在事發之時，已經表達要「從家庭、教育」做起，讓這樣有精神疾病的人從社會消失。現在，求判處死刑不是要求罪犯抵命，因為這對其女是「羞辱」，求死刑是因為我們協助病患的人力不足，會讓「身心障礙罪

犯……病情更糟，出獄後更危險」而傷害其他人權。

　　若能夠反推，也許我們可以說，政府用錢得體、增加財源並建立比較周延有效的社會安全網後，更能有效說服社會廢死的必要。

（《聯合報》2019/12/26 A13版。原標題〈社會安全補破網　再談廢死〉。）

看一則獨家新聞……真無加稅需求？

　　因應疫情經濟，各國砸大錢。歐美日投入以GDP的10%計算，馬來西亞達16%（雖然至今發出僅2%）。錢哪裡來，舉債與增稅。

　　財政部日前提出四項方案，包括未來一年要以1兆台幣低利融資協助廠商，另以100億元與民間資本聯合創投。四家綜合報紙無不報導這則新聞，卻僅有《聯合報》沈婉玉呈現的財政部長蘇建榮「無加稅需求」，會讓國人想到「稅」的問題，另三報並無一處提及。《聯合報》的標題足以提醒讀者，英美、歐盟、澳洲等稅收已占GDP三至四成多的國家，都在考慮或醞釀加稅因應疫情。《經濟學人》呼籲各國「抓住這個時刻」，減少各國給予化石燃料近5千億美元的補助，引入足額的碳稅，拯救人類維護地球。

　　那麼，稅收僅占GDP不到14%的台灣，無論是因應疫情經濟，或是降溫自救，真的「無加稅需求」嗎？

　　（2020年）5月28日在「疫情引發新思維與契機論壇」，疾病管制局首任局長張鴻仁說，這次防疫成績優秀，但「台灣醫療體系量能不足」也是事實。現在若不未雨綢繆，來日再有嚴峻的疫情，恐怕疲於奔命。這則新聞協助社會思考，進而因應即將到來的挑戰，也是僅有《聯合報》陳雨鑫報導。醫療體系資源不足，除了增加健保費，另一個來源不就是必須由財政部增加稅收，然後從稅收移轉挹注嗎？

　　5月3日，《聯合報》賴于榛、蔡晉宇、卜敏正三位記者再次獨家披露，重大刑案精神鑑定依照現行規定，本來就可以延請一位以上的

醫師鑑定，但監察委員王幼玲與立法委員王婉諭說，由於「預算不足」，很多時候根本連鑑定都沒有做。這就使得不檢討預算欠缺，卻提出「一個醫師就夠嗎」的行政院，輕則是不知道預算不夠而有「何不食肉糜」之譏，重則是推諉卸責怠忽職守。

楊竣杰（《今周刊》）整理的資料顯示，行政院審核通過的「2017-2021國民心理健康促進計畫」，四年來「預算與人力並未增加」，國人人均心理健康支出0.75美元，是世衛組織將近兩百會員國人均2.5美元的三分之一不到！台灣社區關懷訪視員過去十三年來都是九十六人，但2013至2019年，社區病友已從兩萬多人增至四萬多人，一名社關員負責人數從二一三位增至四三四位，而衛福部若要兌現蔡英文的競選計畫，應該是一比八十！

從疫情的經濟救急，到建立社會安全網及救人救環境的降溫減碳，沒有一個項目不需要大錢，政府不善用各種時機，讓國人知道個中利害，不行。請不要再說「無加稅需求」。

（《聯合報》2020/6/18 A13版）

張忠謀要貢獻　不降遺贈稅

《長期照顧服務法》通過了。財政部長張盛和說，2019年該法施行後，台灣即將如同北歐福利國家，「從出生到死亡都有國家照顧。」

這是冷笑話。但是，財政部長是嚴肅、甚至不苟言笑的人，不會誇大。

誰說不是？緊接著，張盛和語重心長，糾正笑話。

他說，台灣的租稅「負擔」比率只有12.6%。西、北歐各國，是多少呢？超過40%。這就是說，同樣使用「社會福利」這個「名字」，台灣的社會福利「內涵」，必須減斤少兩，大約僅有這些國家的三分之一。

　　張盛和的冷笑話，用意應該是要正名，要讓「社會福利」名實相副。方向有二：一是拉低西、北歐的標準，被台灣「同化」。一是拉高台灣的標準，「看齊」北歐。

　　歐洲人的標準是不是會被拉低，我們無法置喙。若看台灣人，努力的方向很明確，就是拉高。有沒有可能？得從「名實」兩個方向分別看看。

　　先看「實」。張忠謀這個類型的企業家，人數是多是少，並不清楚，但他說，「基於均衡稅制原則，遺贈稅不該降」，又說『不繳稅的高收入者「太多了」』。如果張氏心中有北歐，那會更好。輿論方面，去年《二十一世紀資本主義》出版英文版，繼之，中文本問世，此間媒介多有正面評價，衛城出版社與《聯合報》還聯合主辦了發表及與談會。本地老字號的財經雜誌《天下》，創辦人殷允芃說，「天下」是「均富的思想，是一種修正的資本主義，或北歐式的。」

　　政界呢？去年國民黨選舉慘敗，其黨主席的反省若不是虛晃一招，顯然就有凸顯與追蹤的價值。朱立倫說：「市場經濟和資本主義的黑暗面已在台灣顯現，國民黨必須重建核心價值，提出各種符合公平正義的財稅制度及法令規章，使財富分配更合理；長期重視經濟成長的迷思更應轉化為追求有效率、更公平的分配；青年世代只要肯努力，就應有成功的機會；土地正義與環境永續都應是我們的主張。」這次領表，想要參選總統的楊志良已經失利。他自稱是真正的孫中山信徒，著有《分配正義救台灣》。雖然早就無意仕途，但自稱不忍年輕人與低所得者痛苦，楊「員外」因此老驥伏櫪，願意「自動請纓出任財政部長，負責宣導、說明與溝通」有關重新分配與稅制的問題。

　　既然從企業、輿論到政界，好像都有人在呼應歐洲稅制，那麼，明年的新總統，無論誰人當選，若能敦請楊志良這個類型的財政官員，進入內閣或使其組閣，則台灣社會福利的實質內涵，就有希望向北歐靠攏。

　　如果實質改變困難，至少可以先行改口。言為心聲，我們怎麼說，代表我們怎麼想，因此有朝一日，往往就能境由心生。人以這樣的情境為真，結果就會變成真，這是自我實現的預言。

　　改什麼口呢？仍然從財政部長開始。雖然是法律用語，但張盛和可以更弦易轍，停止使用「負擔」這個詞，代之以「貢獻」。財長不要再說台灣的租稅「負擔」比率低，因此不能得到如同西北歐的社會福利水平。福利是正面的意思，怎麼會變成「負擔」這個讓很多人望文生義，很可能避之唯恐不及的詞呢？改口之後，變成台灣人也是有錢出錢，量力而為，對社會福利有了「貢獻」，不是以社會福利為「負擔」。

　　財政部還可以說，目前（2012年度）擁有「勞動所得」的人，將近三分之一因淨所得太低，不必繳稅，無法貢獻；另有將近半數，淨所得少於50萬，繳稅僅6%，貢獻不多。這些將近八成的人，大多數是社會的經濟弱勢；雖然其中可能另有部分，雖然沒有，或僅有很少的勞動所得，卻仍可能依靠土地與資本收入，擁有不少財貨。財長可以請大多是社會經濟弱勢的人，收拾氣憤與不平之心，轉而擊掌，為勞動所得貢獻較多的兩成人口，頷首稱善。

　　接著，財長應該訴請內閣整體與總統，加入道德勸說，藉收上行下效、風行草偃的效果。接著，稅制改革的推進，就能水到渠成。既然人的「勞動」所得，都已經有錢出錢，那麼，人的「資本」利得（無論是股票、外匯買賣、繼承家產或其他來自資本的收入），以及人的「地租」所獲（不管是房地產買賣或租賃的收入），就沒有不跟進的道理，同樣必須有錢出錢，貢獻於社會福利。經此轉換，台灣稅收與GDP的比例，就不會是近十年的12.5%，而是幾年後就能看齊西、北歐。如此一來，認為有錢出錢是「負擔」的台灣人，就要大幅減少；恰如其分，欣慰且自豪於自己的勞動、資本與土地所得，都對社會福利有所「貢獻」的人，即將增加快速。

（香港東網2015/5/30。原標題〈我要「貢獻」　不要「負擔」〉。）

世代正義談富人增稅

　　慈善機構樂施會（Oxfam）日前建議各國向富人增稅，減緩不平等，很有道理。台積電前董事長張忠謀也曾經表示，我國因稅制問題（包括對很多產業減免稅賦），致使他覺得自己繳稅太少。

　　本世紀以來，我們稅收占國民生產毛額（GDP）的比率，平均低於13%（比沒有國防預算的香港還低），比起1990年代大約少了兩個百分點。亦即，若比照過往，近年政府收入短缺的額度，一年是3千多億元（是的，就是大約前瞻特別預算全部的四成），年初喧騰一時的稅收「超徵」，從這個角度看，是政府因應稅制而必然的「短列」，何來超徵。將近二十年的舉世最低稅收國家之一，後果是政府大量舉債，必然要由子孫承擔，這是很大的世代不正義。

　　負責任的政府必須及早籌謀對策，其中之一是讓社會了解，稅制公平不會妨礙經濟成長，反而可以讓民眾得到較為合宜的公共服務，使用更好的基礎設施，改善環境生態而減少更多的空汙。同時，透過比較多的雨露均霑，人們怨懟之心減少，就能相對各安其位，提高效率，增加勞動生產力。

　　法國是一個好的例子。法國稅收高達GDP的57%，應該世界稱冠，大都用於良好的基礎建設、免費教育及一流醫療、生育養老等等的補助。在透過稅收重新調整支付之前，法國十等分收入的家戶，最高的10%是最低的10%所得的二十二倍，但所得累進課稅後，縮小至六倍。另一方面，法國過去十年（2008-2017）的家戶實質所得成長了8%，也是遠高於大多數富裕的國家。那麼，何以最近連續數個月，法國有黃衫軍如此憤怒？原因應該不是不滿過去的成就，是擔心這些成績在新制度破壞下，也許會遭蠶食鯨吞。比如，法國總統馬克宏去年降低了富人稅，前幾個月又說要增加燃料稅，原本這是減低空汙與能源轉換過程的可取辦法，但法國人不能不想，富人降稅，燃料稅這種具有累退性質（有錢沒錢繳一樣的稅）的課徵卻讓一般人扛，不是很不公正嗎？

　　我們無法很快跟進法蘭西的腳步，但著有《論自由》及「統治西

方學界」半世紀的教科書《政治經濟學原理》的英國人密爾（J. S. Mill）百餘年前說，透過市場協調的生產規律已經確定，財富分配規律則可以改變，這是「人類制度的問題，人們可以把財富以任意形式……處置」。顯然，這在法國比在英國更見落實。台灣不能複製他人的經驗，但假使世代（經濟）正義是必須服膺的任務，政府不將法國例子的事實與道理多向社會說明與溝通，可以嗎？

（《自由時報》2019/1/24 A15版）

郭台銘要徵富人稅　很難得

　　郭台銘日前表示，「若當選課富人稅，薪資階級一定減稅。」可能代表政黨競選總統的人提出這個主張，很難得。

　　郭董提出這個主張的原因之一，可能是他知道，水平合宜的租稅不但不妨害，反而可能促進經濟增長。

　　比如，進入本世紀以後，台灣的租稅相當低，占國民生產毛額（GDP）平均不到13％，2000至2018的年均經濟成長是3.59％。反觀上個世紀的最後十年，從1990至1999的年均經濟成長，明顯比現在高，達6.63％，但稅收占了GDP卻有16.81％。這就是說，如果解嚴不久後的稅收持續至今，我們的社會一年將有5千多億可以用於長照、能源轉換、文化建設等等。

　　台灣自己的例子，即便不能說是通例，也並非是個案。「國際貨幣基金組織」在2015年有一份很可能是歷年涉及最多國家（一百五十九國）與最長期間（達三十二年）的研究報告，發現高所得階層占所得比例愈高，經濟成長愈低，反之愈高；前20％的高所得之所得比例增加1％，其後五年內GDP成長降低0.08％，假使沒有公權力的調整，經濟成長果實無法往下滴。反之，前述報告指出，最後20％低所得階級的收入比例，若能增加1％，則GDP增加0.38％。《經濟學

人》週刊年初的報導也有類似的發現：法國稅收占GDP高達57%，但該國過去十年（2007-2017）的家戶實質所得，成長了8%，而且遠高於大多數富裕國家。

　　但是，假使僅靠租稅，降低貧富差距還是有限。南韓的商學院教授張夏成說，該國在1990年用於社會福利支出的比例，僅占GDP的2.8%，到了2014年已經有10.4%（台灣約2.5%），但經濟不平等仍高，是三十五個相對富裕的OECD會員國的後段班（第二十九）。因此，他認為，南韓政府必須要由企業的薪資政策著手，要能同工同酬，減少約聘、派遣等非典型勞動的人口，才能進一步消除不公正的現象。同理，台灣七年前這類就業人數將近七十四萬，去年增加到了八十一萬多，假使不在僱用制度用心，如果不能降低同工不同酬，乃至於設定CEO最高與一般員工薪資的差距（柏拉圖〔Plato〕說四倍，銀行家J. P. Morgan說是二十倍），則分配日趨不公正的現象，就不能有更大程度的改善。

　　郭台銘似乎還沒有談到同工同酬及薪資高低落差的政策，但他主張「課富人稅」，很正確也很必要。事實上，近年來，從財經人至政治人，這類呼聲及主張從未間斷，儼然成為風潮。皮凱提最知名，但絕對不僅於此，罹患重症後的阿特金森（A. Atkinson）最後一本（2015年出版）貢獻世人的著作《扭轉貧富不均》，以及去年的《世界不平等報告2018》書，也都再次重申賦稅手段不是萬能，但仍是扭轉貧富擴大、挽回人心不能或缺的手段。年初，即將參選美國總統大選、自稱是「澈底資本主義者」的華倫（E. Warren）參議員說，財富超過5千萬與10億美元的家戶，一年應當另貢獻2%與3%的財富稅，正是呼應之聲。

　　台灣有郭董如此呼籲，居然將近是空谷跫音，輿論理當促其落實，至少敦促他放大這項議題成為總統大選的重要辯論項目。

（《蘋果日報》2019/5/22 A12版）

讓富人稅變成社會議題

高教工會發布報告，驚醒國人。原來，我們以前的印象，認為在台灣讀大學是低學費，並非事實。不但不低，在一百個經濟相對富裕的國家，我們的高教學費（不含生活費）以平價購買力（PPP）計算，占了一年所得將近12%，雖比英美日韓新加坡低，但遠高於八十六個國家！

教育部說這是單一指標，不準確。另有校長說，我們稅收不足，高教的學費若要再低，教研品質堪憂。

這兩類反應，都有道理。但教育部長與校長其實可以聯手，提出另一個主張，那麼，以政務官與負責高教得失當事人的身分，發言必定得到重視。什麼主張？答案就在郭台銘的富人稅。多年以來，他不是排名台灣首富，就是第二位。現在，他已積極投入政治，想要代表國民黨競選總統大位。

郭台銘最早在2008年，就對富人可以有的貢獻提出想法。當時，張忠謀說政府理當徵收富人稅，郭則宣布，「身後捐出個人財產九成做社會公益」。到了2012年，他呼籲開徵富人稅。然後是今年投入大選，郭反覆提及富人稅多次，近日更是甚囂塵上，包括韓國瑜說要恢復軍公教年改，郭表示，「開空頭支票誰不會」，如果「沒有增加稅金」。

郭台銘是大老闆，多年來能對稅有連續且一致的主張，應該是當前有意從政者唯一的一位，輿論若能設法讓其他（準）參選人同樣就此表示意見，那就更好。在美國，已有更多明年總統大選的參選人，也對改革稅制提出了繁複不等的主張。其中，以法學教授身分從政，目前是參議員而且自稱是「澈底資本主義者」的華倫，在2月宣布參選總統後最引人注意。她主張，美國人財富超過5千萬與10億美元的部分，應該另行貢獻富人稅，61%民眾力挺（20%反對），若能通過，未來十年，富人大約可以再對美國社會貢獻2.75兆美元。

郭台銘的富人稅引來不少負面抨擊，讓人不解。畢竟，這是促進社會和諧，以及略微改善正義的作法。假使台灣富有的人如同美國，

郭的作法也向華倫看齊，那麼，富人稅在台灣一年能貢獻2,400億，潤滑社會。這樣一來，無論是用來作為高教在內的獎學金或降低學費，或改善幼教以減輕年輕人養育子女的壓力，從而提高青年階層創造繼起世代的動能，若非輕而易舉，至少是走向了正確的道路。高教工會提出了證據及看法，教育部長與校長們不但不必反對，實可借力使力，高聲響應，亦即將郭台銘的富人稅主張拉進陣營，這是更好更有效的回應方式。

（《自由時報》2019/6/10　A15版。原標題〈讓富人稅貢獻高教〉。）

美富豪倡導財富稅　台灣快跟進

　　難得一見的事情，上週在美國發生了。十八位具名、個人資產都超過10億美元的富豪，加上共襄盛舉的一位匿名者，總計十九位聯名在上週發布公開信〈向我們課徵更多稅賦的時候到了〉（*It's Time to Tax Us More*）。

　　在列出六項贊成的理由、也預先回覆了反對者的意見之後，他們呼籲明年參選美國總統的人，無論是共和黨的川普，或者二十多位民主黨人，向他們在內的美國富豪額外課稅，也就是在他們已經繳納的個人所得及財富稅之外，每年另加新的「財富稅」。

　　做什麼用？項目很多，但應對「氣候變遷、全國育兒福利、學校紓困貸款、公共建設現代化、低收入者的健保和減稅」，是他們優先的項目。

　　富豪們希望總統參選人不分黨派，都能積極響應，但既然在二十多位參選人當中，僅有法學教授、參議員華倫這位自稱是「徹頭徹尾都是資本主義擁護者」的民主黨人提出具體方案，他們在公開信也予以提及。

　　華倫的政治歷程有些意思，直至將近五十歲她都是共和黨人，其

後有了變化，特別是在2008年的金融風爆後，華倫疾問：「何以這麼多辛苦工作的人，生活得朝不保夕？又為什麼這麼多大企業得到更多的保護，即便它們的利潤暴增？」四年後她擊敗共和黨人，成為第一位麻州女性參議員。

台裔參選人楊安澤則說，要給每位成年人月領1,000美元基本收入，財源則從消費稅及向使用自動化生產設備的大企業課徵。

富豪們的公開信說，華倫「僅」將七萬五千位擁有超過5千萬美元的美國人分做兩類，再予課徵2%與3%的額外稅捐，就能十年取得將近3兆美元（大約折合中華民國中央政府四十多年的預算），顯示美國財富的集中度已到歷史新高，太過驚人。言下之意，假使再提高一些，連署人會樂觀其成。

在台灣，景觀並不相同，但也有類似的地方。這是說，我國富豪之一郭台銘在宣布參選總統初選提名之後，至今已經有三項重要的具體主張，輿論尚未充分凸顯。一是郭稱，「沒有一中各表就沒有九二共識」，二是他也主張課徵額外的「財富稅」，三則與錢有關，郭認為台灣少子化的重要原因，是年輕人難以養兒育女，因此7月1日起，報端披露他主張，幼兒「零至六歲國家養」。

這個主張正確無誤，但歷來不斷說少子化是國安問題的人，回應卻很離譜。行政院長蘇貞昌說，若要執行則要加稅，「你要嗎？」[2]總統初選參選人朱立倫說，這個制度安排是「社會主義」，要不得。但歐盟將近三十個國家，若非全部，也是過半都是政府協助父母養育幼兒，與社會主義何干？蘇則忘了，假使不胡亂減稅，僅需恢復1990年代的稅收水平，政府每年將比現在多了5千億元可使用，照顧幼兒綽綽有餘。

（《人間福報》2019/7/5第11版。原標題〈美富豪倡加財富稅　值得台灣借鏡〉。）

2　這個邊緣主張在四年後已經成為主流，2024年總統與立委大選之前，民進黨召開全國黨員代表大會，宣稱要推行「0-6歲國家一起養2.0」政策。雖然跟進郭台銘，但該黨對政策所需的經費未置一詞。見〈民進黨全代會登場　賴：推0到6歲國家養2.0〉，《自由時報》2023/7/17 A1版。

第五章

性別、階級及語言

性別與階級

婆婆媽媽拚參選

「婆婆媽媽組『歐巴桑聯盟』全台拚參選」。母親節前夕，關注女男幼老的有心人，再次組織，發為行動；這不是應景之作，是必須持之以恆，未達目標不可停歇的努力。畢竟，千百年來，權利因性別而有高低落差的不平等現象，雖有改善，幅度不足而速度嫌慢。

我們有了女總統，但行政院女性閣員僅六人，占不到15%。立法委員四十三位，略高於38.05%。到了經濟領域，女性有了小孩之後，還能回到本職的人只有5%。女性因結婚而離職，其後復職的比例僅有五成。「所幸」，假使僅從「平均時薪」這個指標考察，女性所得「高達」男性的86%！

「性別平權」理當落實在經濟面，不能只是口惠而實不至。怎麼辦？既有文化的傳統羈絆而千頭萬緒，也是制度與時俱進的遲緩而解方清楚；無形的文化與有形的制度息息相關，先動制度，文化才能緩慢變化。

我們已經有《性別工作平等法》，但徒法不足以自行，因為該法的物質基礎並不穩固。比如，女性為什麼因為婚姻或生子，致使工作機會減少？重要原因之一，出在台灣與日韓港星及對岸的大都會城市近似，人均所得不低，但養兒育女的責任大多僅由個人或家庭承擔。歐洲則有不同，即便縮水，她們仍是福利國家，從托嬰、住房至高教……所需的經費，透過稅收達到集體聯保的比例遠遠高於亞洲。

法英德前年的女性生育率，平均將近一點八，日本是一點五，新加坡、香港與南韓都是一點二，台灣略高於一點一。看來，福利國家

的女性得到社會較多的經濟扶持，表現在不必因為生兒育女而失去工作，從而「創造宇宙繼起之生命」的意願，也就高於亞洲。因此，「歐巴桑聯盟」說，我們的政府對於生育托嬰，僅只是「少少補助……最短視……沒有辦法照顧我們」。顯然，政府要勸說、也要強制，務必擴大按能取稅的規模，單說幼稚園「公共化」，在稅制不變的前提下，總讓人狐疑那是空話，或者，無法長久。

如果稅制興革需要更長時間，那麼，不妨迅速強制揭露薪水資訊，可改善男女同工不同酬的弊端。歐洲二十八個國家，英國兩性薪資差距第六，比天主教國家義大利與波蘭更大，約翰牛臉皮掛不住。於是，在既有的平等法案基礎上，工黨在2010年向前推動。自由黨五年後修正，保守黨在選舉過程中接受，最終是首相卡麥隆擱置產業界的反對，立法要求英國雇員超過二百五十人的公司，限期公布男女時薪差距，其申報在4月底完成，初步統計也已出爐，前一萬家申報公司的時薪中位數差距是12%，不少公司已經公布消除差距的時程。

與此同時，有些女性員工早就主動出擊。因此，英國法院裁定，主要是女性的室內清潔工、廚師與護理人員，工作性質與垃圾清潔員工及道路維修工相同，伯明罕市政府必須補償女性員工10億英鎊差額。前年也有就業法庭裁定，Asada超市的九千五百位結帳或整理貨架的女員工，薪資應當比照倉儲員工，資方仍在上訴。員工更多的Tesco也因女性興訟，該案涉及40億英鎊工資的差額。

相較於MeToo議題，性別薪資不平等所得到的重視似乎少些？是因為經濟學教授男性是女性的六倍多，而調查也顯示，男性經濟學者認定勞動力市場相當公平，以致認為相當不公平的女性學者無法出頭嗎？

（《人間福報》2018/5/17第5版。原標題〈有MeToo　也有經濟的性別歧視〉。）

性、暴力、新聞眼

《末路狂花》那一幕，女主角之一走離現場，不意又遭惡人叫囂，於是在連番受挑釁而盛怒之餘，槍殺粗言穢語侮辱人的強暴未遂犯。相比於美國這場電影情節，前年與去年的三起台灣強暴案中，女性當事人的反應顯得相當遲緩或溫和。

雖然溫和，但新聞媒介對她們的報導或評論，似乎沒有因此就特別公平。

事實上，蒐集在本書《性‧暴力‧新聞眼》的五篇論文，除了一篇男教授引美國資料呼應本地情況外，有四篇正是就鄧如雯案、胡瓜案與師大女生案所分析的內容或論述。其中三篇作者是女性，分別批評數家報紙再現這些事件的爭訟過程時，「模糊了強暴為一犯罪行為的嚴肅性……透露男女在道德規範上的不平等」、「使預防強暴成為女性單方面的責任」與「複製強暴迷思」；另一篇男作者執筆的論文，則側重鄧案新聞中，「男性觀點的暫行退卻」與報紙的再現，「竟是如此具有女性意識」。

這些論文的寫作方式，固然悉如學院規格（前言、研究動機、文獻探討、方法及結果的解釋等等），論點及立場也照顧到了對立並陳的要求（如前段所引的男女作者觀點，似乎相反），但它們處理的題材卻非常具有時宜性，也很重要，值得重視兩性健康關係的社會，反覆再三地自我提醒與改進，值得以此撰文的學院人士，注意如何以研究成果反饋推動兩性平權的社會運動組織，不僅只是自忖於女性議題是否已經成為顯學。當然，這些論文的重點只是分析媒介「再現」新聞，以及社會大眾的可能反應，對於造成媒介如此表現的因素及過程，著墨不多或蜻蜓點水，或許會留下父權結構與文化是唯一罪人的印象，對此，讀者或許不會深究。

最後，可讀程度原本比一般學院著作略高的這些論文，在編輯成書時，如果多花一些功夫，可能還會得到更好的效果。比如，既然未附參考書目，則論文中的作者、年代與頁碼的引用，似乎只能妨礙閱讀，而沒有方便讀者察對核比的功用，何不乾脆去除？再如，若要增

加參考價值，則表格似亦宜製作目錄，頁碼製作也應該更為詳細些，不好只存各章頁次，不見其餘。

（《中國時報》1995/7/6 第42版。書介：王蒿音等〔1995〕《性·暴力·新聞眼》。台北市：碩人。）

育嬰爸爸的理論基礎

　　談到小孩，很多人都說是天使。再看實際的育幼過程，奇怪的事發生了，大多數男人都說「女士優先」，他們不愛天使，於是照養嬰兒幼童的差事幾乎都是女人的責任。

　　作者認定這個情況非被打破不可，於是身體力行，並且把自己育嬰的心路歷程與經驗撰寫成書，很個人的，也很政治的，期望透過現身說法，樹立「激進知識分子」的事例，以求共進「激進社會改革」之路。但感性的訴求，需要知性作為強力後盾，否則只能飄渺短暫，無法堅定長久，更不可能推廣擴充，因此作者不停留在個人的抒情層次，而是努力加重理性論述的分量，於是，本書是很個人的，但也很學術。

　　根據作者的論述，16至18世紀，歐洲育嬰作風轉向陽剛，比中世紀變得嚴苛許多，甚至出現了「冷漠母親」的說法，若考察法國文獻，找不到多少證據能顯示女人有母愛。原來，在此之前，歐洲形同軍事社會，父親無法致力於監督家中事務，而需為領主提供軍事服務以獲得采邑，等到資本工業化早期，家成為主要生產基地，丈夫不再外出服役，居家時間延長，「妻子日漸……在丈夫的監視之下養小孩」，加上宗教改革削弱了傳教士社會地位，提升了「戶長的權威」，使得父親「變成家中的暴君；對妻子與小孩作威作福」。在這個時期，嬰兒的斷奶年齡，也從先前的兩歲（有時遲至七歲），提前至一歲或更早，僱請奶媽也從貴族普及到了中產階級，原因可能是當

時認為性行為會使母親奶水變壞，醫師因此建議母親禁欲，但丈夫卻不願「失去妻子性服務」，於是奶媽應運而出。奶媽的消失與父親權威的下降，實乃並舉，亦可反證此說不是無的放矢。（英法德分別從18、19與20世紀消失了奶媽現象，其父權減褪的先後順序，與此符合。）（頁134-59，頁180-5）

到了19世紀中葉，家庭作為生產單位已告崩盤，男性至市場找工作，家庭領域留給女性，「反過來成為女性主導兒女養育模式的溫床」。但美國當時盛行的行為主義，認為母愛危害科學，孩子則必須被訓練成為解決問題的人，幼童需要科學，不能被溫情羈絆，是以，此一階段的母親等於是受到不在家之父親的遙控，執行特定的教養觀，致使孩子「剝削他人而無罪惡感」。捧讀至此，再作聯想，或能察覺這種心理已可為帝國侵略張目，還能說育嬰只是育嬰，非關人群福禍嗎？稍後，由於美國中產階級婦女的覺醒及行動，戰勝了「道德母親」的意識形態，轉而擁抱新佛洛依德論，以兒童需求來教養之，較民主也符應了美國對抗法西斯的主張。二次大戰後的消費熱潮起，人母受其影響，更以小孩的需要作為育嬰準則，他們在過度被保護的情境下成長，到了1960、1970年代，這個世代的孩子長大，遂反叛其父祖輩（被保護不周的一代），社會以是動盪。（頁209-10，頁287-91）

這部史實的啟示很明顯，育嬰不能只是母親的事，父母必須一起來，這樣才有可能產生較為健康的性別認同與群己關係。其次，育嬰不只涉及個別家庭，它同時是社會必須擔負的責任，可惜本書似乎在強調個人的實踐之餘，低貶政府提供資源以配合的必要性，它蜻蜓點水地提及了瑞典育嬰有給假實施的失敗（頁11），卻放過瑞典過去十年來因應失敗所作的改善，所幸劉毓秀在導讀中已對此糾正。

（中國時報1999/07/01第43版／開卷周報。書介：I. D.Balbus〔游常山、殷寶寧、王興中譯1999〕《揹小孩的男人：一位父親育嬰的真實故事》。台北市：麥田。）

是「工會」　不是「貿易聯盟」

　　語言詞彙與生活習慣乃至思維的表達，息息相關。中文伯叔舅一大堆，英語uncle了事；國語講出口只是ㄊㄚ，英語非得它他她。脫離娘胎的美國話，為了表示自立自強，語彙多多少少也變了一點形，有了自己的面貌，不同於英語。如果去美利堅，需要用橡皮擦，最好說請借個、買個eraser，rubber可千萬別開口。

　　不過，最讓人覺得詫異的語言變異，倒還不是這些。兩年來，考試的時候，經常故意把trade union這個詞放進句中。結果，十位同學當中，七、八位硬說它是「貿易聯盟」，忘了這是如假包換的英語「工會」，正是美語的labor union。為什麼如此？太簡單了，因此沒有想到查字典，望文生義想當然耳？可能。考題太多，沒有辦法細想？也許。

　　但是，整句譯將下來，應該放「工會」的地方，擺上了「貿易聯盟」，豈不怪哉？若說應試者沒有發現，似乎不太可能。

　　再有一個因素。青年學子的生活及學習過程，工會活動是很陌生、不清楚，甚至負面形象的意念，再怎麼想也「不敢」說trade union是英語的工會，儘管比對前後文句應該就是工會無誤。走筆至此，讀到報端刊載：俄國飛行員英文太破，僱用他們的南非航空公司送他們去上英文課。國勢衰微，倒楣至此，英文太破都成了被人揶揄的理由。

　　但俄國人幹什麼非得會說英語呢？為了工作需要而學習簡單的塔台英語，又算那門子的新聞？發這則稿子的通訊社記者，鐵定是英語系國度的人，洋洋自得，但買了這則新聞再把它譯成不算太小的新聞的台灣編譯老爺，是不是也混了血呢？

（《中國時報》1993/2/1第27版／人間副刊。原標題〈貿易聯盟〉。）

工人的自由？

　　素行不良的人，突然表現得好像是要痛改前非，那就非得小心不可。前一陣子的新聞主播，金鐘晚會的驚人之語，說自己是傀儡；再早一些，昔日媒體金童，痛斥電視不公平；更往前推，則是向來牢牢掌控三家電視台、多家收音機電台的國民黨政府，居然要以新行動，救贖以前的過錯，開始推動所謂的公共電視建台。

　　近日上演的還有一場。

　　從來沒有好好尊重、爭取工人權益的工業總會，現在倒在說好話，搬出國際勞工公約的精神、社會多元與自由化的趨勢，然後結論道：工人是不是參加工會，全憑個人的意志，可以自由選擇入會或不入會；因此，現行工會法強制工人入會，必須修改。

　　真是天黑了一半。臉也綠了一半。

　　以前雖是強制入會，但由於執法不彰，致使參加工會的人數不多，並且工會是政府所操縱，本地的勞工運動因此疲弱不堪。現在覺醒的工人漸增，已稍有實力慢慢爭回原本屬於他們的工會，而如果維持強制入會的規定，他們也就得有空間，要求執法從嚴，設法使工會長大。現在可好，同樣一批騎在工人頭上的資本家打手，竟想「行好」，放工人自由入會，實際上是要撤除自主工會成長的契機，嘴皮子卻耍著多元與自由的幌子。

　　自由有消極與積極，說是自由入會，等於是昧於台灣的現實，必將造成工會人數難以增加，於是沒有工會組織可言，而資方也就更能夠予取予求，讓工人擁有的是，按資方開出的條件出賣勞動力的自由，或是餓肚皮的自由。現階段，工人自由加入工會的自由，也就是資方獨霸的開始，也就是枷鎖愈拉愈緊的開始。

（《中國時報》1993/4/12 第27版／人間副刊）

無產階級　抖起來了？

　　立法院二讀通過《公職人員財產申報法》草案以後，有人捧杯，就有人舉杯。有人說要聲請釋憲，也有人說行政院提覆議案比較好。有人說個人資料隱私權不可以侵犯是世界潮流，就有人說不要忘了資訊自由法。所有說法，同樣都是浩浩湯湯，莫之能禦。可見，法律之前，並不是人人平等。有人從中得到好處，就有人失利，在很多時候，法律是多方交戰以後暫時的妥協規範，如果正義輸多贏少，則這樣的社會比較動盪不安。

　　在眾多爭議的喧擾聲音當中，有一個很突兀的畫面，也許注意到的人比較少。草案二讀前夕，某兩位立法委員，一前一後，在台視畫面中氣急敗壞地捶手頓足，驚叫著說：「你們要搞無產階級專政啊！太過分了……。」噫，這樣的反應該說是有趣呢？還是讓人啼笑皆非？或是，這只是顯示占盡便宜而高高在上的人，色屬內荏的程度已到了口不擇言而只能挑撥離間、樹立稻草人的地步？有一家報紙也在小標題出現了「無產階級」這樣的字眼，可見對於陽光法案有此反應的人，應該不是只有這兩位立委。

　　這真是天下奇聞怪譚。往自己臉上貼金，說只有自己能夠救社會主義的中共，以及最近三、四年來隨著「蘇東波」的浪潮而解體的政權，在她們還是打著共產黨的旗幟時，都沒有能夠讓無產階級專政。我們這個黨國資本主義的地方，居然有人說瞎話，把財產的公布與信託說成無產階級要專政，奇聞、奇聞、怪譚、怪譚。

　　陽光法二讀結果見報的同一天，報載桃園有一家把資金外移的廠商，已經三個月沒有發薪水，該廠員工只好自救，請政府機關仲裁以後，開始自行組織委員會經營工廠。

　　拿薪水養家活口都有困難了，還被人說是要專政，不是玩笑開大了嗎？

（《中國時報》1993/6/14 第 27 版／人間副刊）

勞動者的三棵樹

　　（1993年）11月12日工人鬥陣節次午，高市四名清潔工人因為吸入大量毒氣，先昏迷而後溺斃於下水道。稍前幾個月，北市陽明山區也傳出多起事故，工人因為維修溫泉管道，吸入硫磺氣而魂歸黃泉。從南到北，肇因於工作環境與條件之不良，致而發生災害的事件，過去十年來總共奪走了近一萬六千六百條勞工的性命，等於是每天勾走近五個家庭的主要生產魂魄。

　　對於刑事犯罪致人於死的案件，法律處罰得比較嚴厲，至今在許多國家仍然還有死刑的存在，一般大眾媒介對於這種類型罪犯的報導，取其暴力與煽情，經常也捨得撥出偌大版面與時間，給予密集注意。就在法律規範與媒介報導下，所謂的犯罪之定義也就如此這般建構了出來。

　　此外，對於因為政治性衝突而產生的傷亡，媒介的報導篇幅也不小，因此，前兩年的波斯灣戰爭、前四年的北京六四事件，成為全球新聞的注目焦點。

　　與此相對，每天都在發生的經濟性亡命，卻大多歸類為意外傷害，也許有人為此賠償、也許有人為此坐牢，但新聞媒介就此作文章的情況少了許多，幾近於無。國家機器部署龐大軍警維持法律與秩序，卻吝於提高經濟傷害的罰則，在強化勞動條件與環境的規範方面也落後很多。就這樣，經濟勞動過程所造成的災害，雖然最為嚴重，卻並未被建構為必須放在第一順位而亟待解決的犯罪問題。

　　冀望政府、老闆或媒介正視這項問題，若能收效，當然好事。偏偏更常見的是，自助才有他助，勞動者因此必須先行自救。鬥陣節遊行開始前，「工人立法行動委員會」在台北市七號公園土丘植樹三棵，代表勞動的團結、協商與罷工權，正是建構自救符號的一小步。

（《中國時報》1993/11/22 第 39 版／人間副刊）

勞工新聞

當老闆出現在報紙或電視時，多的是衣冠楚楚的光鮮形象，真正的勞動者上了媒介，是個什麼光景？

首先，根本就很少上新聞。如果有，好消息常變成被吃豆腐，比如，「降低首次購屋貸款利率，國宅政策嘉惠勞工」。但到底嘉惠誰啊？為了救炒房地產的傢伙，不得不順便救勞工而已。不過，若是上了新聞，則通常不是太好的消息，說的大多是「經建會、勞委會擬調高雇員的勞保負擔」，然後就是這幾年好不容易組織起來的自主工會要抗爭的報導。假使新聞上了頭版，情形往往類如3月底「工人立法行動委員會」攜帶閹雞、豆腐、花瓶與軟腳蝦前往全總選舉會場抗議。

這些新聞見報，受到注意，雖然是正面意義，但媒介往往為「德」不卒，不肯多花幾天時間持續追蹤，甚至很多時候還有意或不小心之下，弄擰了勞工抗議的正當與必要，說什麼勞資一體，大家要同舟共濟，共體時艱，說得自己都不好意思了，那就耍老大，擺出資本出走的陣勢，我走你不能走，看看誰聽誰。

另一方面，抗爭新聞也有可能帶來負面的影響，那就是勞工新聞不見報則已，見報就是對抗，一副專挑毛病的鬧場模樣，好像除此之外，再無任何與勞動者有關的事件、活動或議題，好像人的勞動生活再沒有比影星花邊新聞值得注意之處。(1994年)4月11日台北縣成立全國第一個產業總工會，並且通過設立罷工基金，也是全國首創。又是第一，又是首創，就新聞價值作評斷，難道還不值得報導，甚至往前面版面編排嗎？而罷工互助基金的意義十分巨大，在這人鬥人、強調競爭的社會，勞動者勇敢跨出的這一步，重視團結合作、互相提攜照顧，彼此分擔風險，很明顯是創造良好社會風氣的行動，合當多方鼓勵與倡導。站在政治高位的權勢人物，成天在嘴皮上說些不痛不癢的話，要求祥和，說是「動物以競爭為原則，人種以互助為原則」，碰到了北縣產業工會這件活生生的正面教材，不去使用，反倒叫囂著要取締，說它是違法組織。這是不是非常的豈有此理？

報紙方面，好像只有《聯合報》做得大些（不過，也只是放在十

七版），其他報紙則似乎不怎麼在意（不過，《聯合報》是不是會繼續重視勞動者新聞，尚待觀察）。新聞媒介不重視勞動者的身分，由來已久，雖然關鍵性因素是媒介並非從業人員自行擁有，但從業人員（如編採記者）自己無心當家作主，甚至也不認同自己的勞動者身分，難逃干係，只要看一看各家報社的工會成員名單，基層藍領員工為主，就是看不到記者，已經可見一斑。短期之內，改善這種局面的途徑，雖然可以透過記者的養成與再教育，取得微薄成績，但最重要的關鍵還在工會本身的茁壯，新聞是保守的，跟著事件跑，勞工團體有了實力，媒介廣設勞工記者的空間就會增加，教育機器開設工人與媒介之類課程的可能性，也就提高。

（出處已忘，可能在某工運刊物。）

一樣話，兩樣情

週三參加一場談話會，席間一位草莽氣息濃厚的老闆，言談讓人「領會良多」。起頭，一位中層幹部說，她很重視人材的培訓，因為不如此無法提升產品品質。老闆的反應是，「我們從來不刻意培養，每個人丟上去就能夠上，要走？絕不留人，一大堆人等著來」。

當時的會場氣氛，並不讓人覺得這個說法有什麼突兀，反倒使人覺得這實在是快人語，很老實很貼切的一段話，也叫人對這位老闆的直來直往產生若干有趣、發噱的念頭，也領悟到了相同的語言（內容），依附在不同的人及場合時（形式），意義確實大異其趣。套句馬克思的用語，老闆豈不是說，「產業後備軍一大堆，而我又站在這個產業的領導，甚至獨大地位，誰怕誰？」學校等養成單位做些什麼呢？在老闆眼中，自然是後備軍的製造廠。

一邊聽老闆說，一邊翻看大公司的宣傳文字：「共存共榮」，意思是老闆與客戶、消費者是命運共同體，有好處大家來。這四個刺眼

的字，正好與手邊剛瀏覽過，楊逵的〈鵝媽媽出嫁〉提及的1930年代左傾知識分子林文欽的共榮經濟理念（但他及許多受支配者，畢竟亡命於殘酷而無意與他們共榮的資本主義），以及那個時代的日帝大東亞共榮圈，都是「共榮」文句的使用者。

拉回六十多年以後的現在，我們大部分的輿論界，多數時候不正也對政府領導人的「生命共同體」、「經營大台灣」等提法，附和而不質疑，致而強化了政府的威權嗎？因此是王振寰與錢永祥所說的，在媒介的配合運作下，在強調這些同質性的說法（我們都是台灣人、我們都是中國人、我們都住在台灣……）的同時，一種民粹威權主義的不民主傾向已經成形、擴散。

於是，在呈現這些血緣及地理的相同處之同時，最好也用同等的篇幅、時間，大談特談各種人群的差異。比如，受民法親屬篇傷害的女性不可能與男性相同，全民健保法的保費分擔比例對於勞資利益也不可能相同，電台被抄的業主及其聽眾相對於擁有大小電波資源的團體，利害也不同。強不同以為同，不民主的一個根源。

（《自立早報》1995/1/28 第4版）

誰創造財富？是勞動，不是資本

不勞不食。意思是能夠勞動而不勞動的人，不能夠享有食物，引伸而論，所有的價值，從食衣住行一直到育樂所需，全部都是勞動創造出來的，如果要享用，就必須勞動，除非巧立機關與名目，套取別人的勞動成果，否則不可能不勞動而有價值的存在。

這個簡單的道理，不證自明，但聰明人卻經常被聰明誤，故意要把事情弄得很複雜，搞到最後說了一堆奇怪的話。週四立法院三讀通過全民健保實施以後，勞工的保費比率定為七比二比零點五，也就是勞工自付二成，雇主給付七成，中央及省市政府再各付百分之五。表

面上看，勞動者團體頗有斬獲，至少維持了現行的自付二成，但究其實，這已經是在遊戲規則由人定之下，輸得較少的一個保費負擔方式而已。

　　但即便如此，行政院副院長還是拚命說，資方原本要求只給付五成，最多不能超過六成，現在居然跳到了七成，怎麼可以？大資本家生意做不得，只好轉「台」跳到對岸，經濟情況要不好，再不然，資方的付擔還是會往外轉嫁，吃虧的還是「社會大眾」。

　　財政部長也說，政府還要加付一成，不加稅，錢哪裡來？官員幾句話語，立刻將勞動者的利益與社會大眾及台灣的利益，對立了起來。但官員忘了說，前幾個月正是政府才把遺產稅及贈與稅的免稅額提高，少掉了稅收，肥了資產較多的人。官員也忘了說，我們原本不需要那麼莫名奇妙，弄了公勞農眷保一大堆，然後再收保費，而只需要按照每個人的勞動所得，按高低扣繳一次稅收，統籌統支於各種支出（包括健保）即可，官員不肯說，捨棄這種比較有效率又較公平的方法不做，根本是牽就既得利益的作法，不是於道理不合。官員當然更是不肯說，資本家的勞動固然創造了價值，但這個價值能夠被創造，並不是因為資本家的資本，而是資本家多少也用了腦或肢體的勞動力，並且，因為資本家的身分受到較多政府及法律的照顧，因此他們的勞動力，在分配勞動力創造的價值時，得到了比沒有資本而只有勞動力出售的一般勞動者，多了許多。

　　為什麼官員敢放膽這麼說呢？說來讓人心寒。很可能是目前對政府最具批判力的某些經濟學家，日前才在報端大剌剌地說，全世界的經濟發展，有那個不是靠財團，又說，公營企業財團化沒有什麼不好，不好的只是財團容易有特權。假使批判黨國政權不遺餘力的人都這麼說，那麼，官員還有什麼好不敢這樣說的呢？

　　相當諷刺，反國民黨、反國家機器，然後染上了症候群，變成只要不是私人能夠掌握的就反，變成公共利益不存在，只存在於私人的自利動機與資本的活力。說實話，到了這個地步，反黨國的力量，又與黨國能夠有什麼不同？

（《自立早報》1995/2/25 第 4 版）

勞工法教育的隱憂　救急建議

（1995年）5月底法務部長馬英九將蘇建和等三名死刑定讞案件，發回最高檢察署，研究是否應提起第三次非常上訴。法曹斷案確實大不易，嫌犯供詞，到底是不是屈打成招？信其有還是信其無，檢警與被告各有說法。

證據充分與否，固然不易察覺，然而，影響審判公平的另一層因素，同樣也不容易察覺，但很可能影響更為深遠，卻出在法律教育。倒不見得是法律課程的內容，帶有偏頗的意識形態，而是根本就欠缺相關課程，最近就有一個例子。

6月4日大陸民運六週年當天，「基隆客運工會」數十人群集司法院抗議裁判不公平。

原來，三年前的六四，在資方推託敷衍近九個月後，基客工會宣布調薪談判破裂，於是展開罷工，資方旋即解僱一百四十六位工會成員。此後，勞資雙方從此歷經多次的行政調解與司法訴訟，互有勝敗。最後的結局是，行政院勞委會認定罷工合法，最高法院雖然亦認為罷工合法，但接下來卻出現了奇怪的判決：工會必須賠償資方500餘萬元台幣。這真的很新鮮，罷工既然合法，為什麼又敗訴，既然合法，為什麼法院不但不要求資方善意回應，反而是在勞動者斷炊無金，並且為了訴訟而已舉債度日之後，仍然要因為合法行為賠償資方大筆銀兩？

據報端有限報導，最高法院的見解是，勞方在罷工時，只能不給付勞務，其餘手段，如暫時保管車輛以免遭受破壞而嫁禍勞方等作為，均屬侵犯資方財產權，因此不得為之。我國法院就此案的見解如果成立，則日歐美等「工業衝突」（這些國家的相關糾紛司空見慣，在新聞用語上，經常以此字眼沖淡較具對立意味的「勞資衝突」）過程時，勞方必然使用的站崗、糾察、圍廠、堵廠、串連等等方式，恐怕都會違法。

照此看來，我國司法界關於勞動人權的認知，範圍與深度均尚待加強，而誠如政大法律系教授黃程貫的慨嘆之言，由於現實利害的牽

引，商事法等有利可圖的課程，歷年來的專研學者及修習學子均不在少數，反觀勞資爭議雖然不斷，近年來其件數與波及人數（單以台北縣計，從民國80年至去年9月，因此而失業的勞工約十二萬），更因為產業外移與引進外勞的政策而增加，但法學界專研勞工法的人數卻鳳毛麟角，學生（也就是未來的司法人員）因此無緣進門，對於勞動人權應有的認知，注定從求學時期就嚴重落後在資本權益之後。客觀情勢如此，又怎麼可能期盼斷案法曹給予勞工持平待遇？

回復勞資正義，治本之道在實行產業民主，然而路途遙遠。但至少總要有治標的努力，法學乃至於其他學科教育均應強化勞動人權的課程，此其一，至於救急，則或許可以考慮學步陸委會。該會提供誘因，鼓勵大學開設兩岸研究相關課程的辦法。那麼，勞委會與司法單位聯手，設法增加教師研究並開設與勞工有關的科目，然後在法律及勞工等科系與研究所設置論文比賽，並提供近年勞資衝突個案的相關資料，作為學子論述的依據。這些工作，大概比6月9日勞委會宣布基本工資調高至14,880元來得有些意義吧？

（《聯合報》1995/6/13 第37版／聯合副刊）

都是法國工人惹的禍

上個月（1995年11月）下旬法國數百萬公家員工展開罷工，至今沒有冷卻的跡象，而且說不定會蔓延，私產業部門都可能響應。

這真是破壞形象，報紙標題不是這樣說了嗎？「法國人的夢不再浪漫悠哉」。

還好，台灣的行政官員從中學習經驗，釜底抽薪，7日通過了《公務員基準法》草案，規定公家員工只能組協會，不能罷工。還好，除了群眾電台等少數媒介以外，我們絕大部分的輿論也領受了教訓。「從台灣看法國大罷工」所得到的結論是，「福之利之久了變成

基本人權」，真的是這樣。政客「亂開支票粉飾太平」，各種福利措施不停出籠，於是「善門易開難關」，逼得不堪如此折磨的投資人出走海外或者乾脆宣布倒閉，最後搞得就業機會一天比一天少，國家稅收只能銳減，竟至「連乞丐都遭殃」的地步。

可惜的是，我們的政府雖然這麼禮遇投資人，但往往沒有使勞動者得到對等的待遇，很多老闆照樣苛扣雇員。前一陣子財政部南區國稅局指出，有位殮葬工人年薪是3,200多萬台幣，再經細察，原來是有一八二家廠商以這個人虛報工資藉此逃稅。又據記者查訪，近年來因為關廠與歇業而失去工作的人數，每年平均至少十五萬人，而這還只是「看得見」的數字，可見大資本家說走就走，無祖國無家園。

比較可惜的是，我們的媒介花太多時間斤斤計較健保「濫用」將使國家財政無法負擔，花太多時間數落社會「福利」浪費納稅人的錢。相對於這些經常出現的新聞，台灣的地方及中央級的金融風暴今年雖然已經出現多起，卻往往風潮一過就不再追蹤，國民的數百億就此被一口一口啃食，而如果美國都會發生 SL 地方銀行事件，使美國人在數十年間要以2,500億美金填補，未來台灣的情況也是讓人擔心。

但老實說，政府與媒介不能為這種表現擔負全部責任，勞動者的不能覺醒、勞工團體的分裂及勞動人權的教育欠缺，也要負責。

秋鬥當天，韓國有四萬工人在延世大學集結，抗議金泳三政府不准其另立自主工會。在台灣這種情況怎麼可能發生呢？官方不准工人自主結社怎麼可能是動員工人的理由！以大眾傳播從業人員來說，現在都還只能默默地先談交情後辦事，在力量不夠而法令限制的情況下，停留在聯誼會的籌設階段（聯誼會，還不是工會）。台灣工人就連關係自己身家甚鉅、折損勞工權益的全民健保，都只能弄來幾十人參加。工人意識薄弱，長期受到黨國宰制而不能自主的全國總工會固然最該受譴責，但體制外工人社團也要檢討，不但忙著分統獨這種不切實際的路線，此次選舉竟然還傳出有候選人接受中共資助的新聞。

大學生雖然不再是天之驕子，卻是新人類，忙著你爭我奪，晉身管理階層，幫助老闆都來不及，說什麼也不肯學習勞動者當家作主，原本天經地義的道理，再要說到學習勞工歷史，吸收別人的失敗經

驗，惕勵自己，那真是愛說笑。學校的企業系所不用說，就是少數設有勞工研究所的大學，如果不是全部，至少說大部分是把功夫花在與勞委會等官方機構接觸，幾時願意設身處地與階層勞工組織發展聯繫？

（《聯合報》1995/12/12 第 37 版／聯合副刊）

《怒潮春醒》寫實 「工傷顯影」寫真

看完電影，全場氣氛沉重，有好幾秒鐘的肅穆。接著，在稍事誘導以後，許多人作勢發言，舉手的此起彼落，比起往常來得頻繁。照這麼看，這部描寫廠方傾壓勞工、具有女性意識的劇情片，已經打動了不少同學的心，她與他覺得不好受，他與她有很多疑惑，急切想要從討論中釋疑。比起書本，劇情片《怒潮春醒》得到了更多、更熱切的接受。

去年放映嘉隆女工向朱老闆「討」工資的紀錄片時，現場反應也是這樣。如此看來，新新人類的生活體驗，可待開發的空間尚稱寬闊，他們應該不是只知消費，沒有那麼冷淡，外界以為他們毫不在乎，生活只有自己，關心、在意的只是旅遊休閒娛樂、「生涯規畫」，難以自省或察覺社會與他們的關聯，並不是全部真相。

實情是，如同社會大眾，在這個媒介時代，校園男女對於勞動生活的陌生，有相當部分來自媒介並不重視這類題材。感官欠缺親身經驗，又沒有媒介持續提供替代接觸的機會，那就難怪人們會認為，資本、投資是社會繁榮的原動力，難怪人們在碰到工業衝突的事件時，未能養成習慣，站在勞動者的角度先行思考，而國營事業私營化所遭遇的員工反抗，那一定是這些長期捧著鐵飯碗的人，想要繼續閒散慵懶、違逆潮流，損害消費者的利益了。

媒介長期不重視的情況，日前在台北誠品敦南店外舉辦的「工傷顯影：血染的經濟奇蹟」頗具意義。它所展示的圖片足以叫人怵目驚

心，然而故事還不只是如此，圖片中的主角與家屬在職業傷害以後的遭遇，更加令人難以置信：怎麼會有老闆在員工為他賣命受傷後，就為了躲避醫療費而「忙著辦理脫產」？不僅如此，老闆早就為工人辦理意外保險，卻是偷偷為之，原來不是為善不欲人知，而居然是要在事發以後，使詭計來個神不知鬼不絕地冒名借印鑑來盜領保費！

但是，這僅只是非常小的一部分，畢竟由工作傷害受害人協會與台灣工運雜誌社聯合出版的工傷者的故事，記錄的只有十數人的經歷，只代表了數萬分之一工傷、工亡者的遭遇。

依據政府統計，單是民國73至82年度，因為職業災害而受傷的人數，十年就有三十三萬人、死亡有一萬五千人；若是從台灣光復以後計算，則死亡五萬人，因為職災而終身殘廢者有二十餘萬人。假使按照人口數推估，那麼，「平均」起來，最少應該每二十個家庭，就有一個主要的勞動人口曾經因工重殘或喪命，而這個已讓人瞠目結舌的比例，恐怕還是較為保守的估計，因為我們的相關資料統計並不完整，不少職業傷害者，在無處可以求償的情形下並未主動登記。再者，說是「平均」，也就意味著某個社會階層的工傷比例高，另有一些階層的比例則低。比例低的這層人，看不到比例高者的慘痛境遇，人所具有的同理與不忍之心，也就沒有辦法產生；至於高工傷比例的階層，每日為稻粱謀猶有所不及，遑論抽出時間來集結並主張自己應有的權益。這樣子的情況，或許還談不上一邊是朱門酒肉臭，另一邊是路有凍死骨，但是否社會上較好的階層，他們（或說我們）較好的境遇，真正與這些境遇較差的人，完全沒有因果關聯？

對於這個問題，我們雖然還欠缺全面的了解，但去年修正通過的《遺產及贈與稅法》，將使政府每年損失稅收6、70億，《促進產業升級條例》等政策，又形同替有錢可以使弄的財團，每年錦上添花，節稅近千億，與這些對比，工傷殘與死亡的給付可能只有5、60億，一慷慨一吝嗇之間，總不會沒有關係。

還在一百多年前，馬克思就曾警告他的國人，指出德國與歐陸各國的社會統計，相比於英國很是貧乏。他說德國如果像英國那樣，定期指派委員會調查工廠的員工受剝削的情況，以及他們居住與營養的

條件，那「會使我們大吃一驚」。馬克思嘲諷當年的德國政府「用隱身帽緊緊遮住眼睛和耳朵，以便有可能否認妖怪的存在」。如今日耳曼人顯然已經不再如此，他們的社會調查及對勞動者的生活改善，超越了英國，但台灣如何？

觀察社會對於工傷的感同身受的程度，我們還差得很遠，某工商團體理事長前幾天甚至還自信滿滿地在電視中說：「台灣到處有外勞，事情多得做不完，哪裡有失業問題！」要求抱有這種心態的菁英階層，少賺些、多改善點工作條件，正視職業傷害的問題，若不是與虎謀皮，至少是對牛彈琴。

上個月總統選舉期間，有位候選人的文宣系列廣告，「真實的台灣，誰來承擔？」打動了不少人。但光這樣並不夠，何況動人的文宣，如果僅只是停留在溫情訴求，而且只是在特定時候為之，總會讓人懷疑其真誠，而傳播效果也難以積累，弄壞了，甚至會有麻痺感官，使影像消費代替了行動之虞。

要讓類似文宣的意義再深入人心而廣植效應，那麼，贊助「工傷顯影」的勞委會何不主動出擊，撥款長期調查，將工傷的前因後果弄個一清二楚。然後，媒介自己來個協調，按照獲利能力高低，各家出點小錢，籌設以報導、分析與評述勞工新聞的傳播社，將相同的訊息內涵，按照訴求對象的領受習慣之差異，製作成漫畫、聲音、文字、影像等或深或淺的訊息，透過各種形式的媒介傳送。只須輪流，各報與各電子媒介機會均等，交替在頭版與黃金時段，提供篇幅與時段，每天刊載這類新聞，提醒、責成社會改進，不也很好？每天各台各報的主要新聞大同小異，採取這個作法有了變化，又是大家輪流，誰都不吃虧，不算壞事。何況，這又不像政府不當作為那般侵犯媒介自由，近日，新聞局祭出《廣電法》，指定三台聯播總統就職典禮；媒介若是自己來，輪流提供資源，從人力到版面或時段，報導或評論社會需要但比較少見的新聞，正是實踐新聞自由的真諦。

（原出處可能在某工運刊物，其中部分刊登於《聯合報》1996/4/3 第 37 版／聯合副刊。原標題〈職業傷害很嚴重，有請大家注意〉。）

「讀」英語　「說」母語

ABC狗咬豬

　　部分第四台業者，為了表示電視不是只能播放娛樂性的節目，最近開播了教學課程。螢幕裡年輕的老師，哈麥哈麥地、好似一字一珠璣地，努力要把美語吐得字正腔圓。但怎麼不教點母語呢？這挺讓人費解。

　　台北市的陳雪芬議員，自稱這個島中之孤島，有六成以上的小學生熱中學習英語（信口雌黃吧），因此建議北市國小開設英語課程。姓黃的市長接著對上了口，表示小孩子愈早學習外語確實愈好，所以他原則上同意高年級小朋友可以局部實施美語教學。

　　為什麼沒有想到開授母語、方言課程呢？

　　經商的第四台、民意代表與官員，從政到商，提到語言教學，滿腦子的美語，在台北市這個孤島，實在是見怪不怪，只讓人再次不爽快。是這樣子的，語言不僅只是實用與否的問題，它還涉及了感情的認同，以及權力支配的關係。滿口洋文的傢伙，地位好像硬是高過只講北京話的人，若是只能操用母語、方言，那實在是鄉巴佬。另一方面，近年來台灣化的閩南語，從文字記載存錄的字典、口語的教學，直到語音文字化的《台文通訊》等刊物，又紛紛出版或由私人小規模的開班授徒，這個現象顯示，我們的社會是有一群人，堅定地要從感情的認同，喚醒民眾，不但要正視母語已經被權勢扭曲，而且要起而使用母語、起而書寫母語，以此作為奪權的部分動作。

　　奪走這批有心向「明月」的官商買辦的權力，好得很。但是不是一定要將母語文字話呢？強調原無文字，或者已無文字的母語，要予

以文字化，如果太過執著，致使出於同理心而主張活絡母語的人，都在皺眉頭，那麼，說不定不待權勢集團的分化，已先造成疏離，結果是掉入陷阱，更難有效挑戰權勢集團的英美語倡議哩。

（《中國時報》1993/5/10 第 27 版／人間副刊）

「讀」英語，「說」母語

「葉菊蘭喊不公：非閩南人看不懂考題」。其實，不只是客委會主委不懂。說來汗顏，我這個十七年來成天在家要求說台灣化閩南母語，卻只能屢屢換來小孩虛與委蛇的人，在讀考試題目的「孤不二終」（離衷）、「目箍」（圈）之時，也沒有能夠立刻「望文生義」，同樣得稍作思考才能解題。

看來上梁不正下梁「歪」，我自己的母語不甚了了，瞧在家小眼中，難怪他們看扁了父權，對我告誡他們得講母語的諄諄期勉，三從七拒。

十多年前，陳修編纂《台灣話大詞典》[1]，蒐錄二百五十萬字。許成章廣求中文典籍，整理一個漢字的不同閩南話讀音，耗時三十三年；接著，得到他人合計二十三年的襄助與校對，許成章工筆謄寫，成就五千多頁、百多萬字的《台灣漢語辭典》[2]。最近這一年，許登選獨力完成《萬音音標台語活字典》，據說散盡高達 2,000 多萬台幣。楊青矗投入六年，選編一百萬字《台詩三百首》。

念及這些前輩的努力，讓人油然浮現崇敬之意。想到努力用母語

---

[1] 2023/8/13 按：因參與遠流「傳播館」譯叢，以及大學時期結識的陳甫彥學長之引介，前輩王榮文先生讓我自選，雅贈圖書一批數十本，包括《台灣話大詞典》。

[2] 2023/8/13 按：書甫出，為示敬意，我向自立晚報出版社購入一套，書價不菲，似是六千。二十餘年後，季耘台中讀書，我請他就近將這套辭典親送詩人、創作也包括台語詩文的友人王志誠（路寒袖）惠存。

創作詩詞散文的朋友，也是尊敬。但我對母語的態度，實在只有功利二字可說。不只是對母語功利，對於學習英語這樣的外語，我也很功利。但一樣的功利，對母語與英語的學習重點，剛好相反。

學英語的功利作法，在於重視閱讀，學母語則在於強調聽講。這裡不是說讀聽對立於說寫能力，因二者正面相關，其理甚明，而是說，假使英語的主要作用在於吸收新知，則說寫遜色很多，不能以英語雄辯或上課的人，選擇繼續強化讀聽，既是惰性也是理性的選擇。就說一般用途，與老外交朋友、海外觀光，寥寥數語加上比手畫腳，雖不夠亦可勉強湊合。訓練閱讀可以自力完成，真要說寫，功夫大，並且也不是自己說了就算。親自上不了陣，那就當啦啦隊，為國人當中操持外語便給之士，鼓掌叫好，不亦樂乎？

母語剛好相反。學習與使用母語的更大動力，也許在於感情、依戀、認同及保存多元的表達符號與方式，至於是否實用或功利，似乎還在其次。這樣，學習母語的功利作法就呼之欲出了。我觀察家中小孩，他們的母語得自我強迫而學的部分，比起他們聽看《小叮噹》母語教室錄音帶，或宮崎駿的台灣化閩南語配音卡通，多不了多少。但很可惜，我們的母語教育並沒有從這裡下手，並沒有好好利用現成的科技條件（雙語頻道、DVD多語言等等），將小孩子最喜歡看、最常看、最能夠從中學習聽講母語的動畫或其他影視節目，加配台灣化的閩南語、客語，甚至十種以上的原住民語言。

每週在校一、兩次的課程，可以讓母語在小孩的心目中取得或強化學習的正當性，但若要事半功倍，則在日常生活多多使用，是為上策，路人皆知。家長固然可想方設法營造這樣的環境，但有沒有學童想看的豐富影音（卡通等）節目，應該是同等或更重要的。只是，我們的相關語言或廣播電視政策，能夠呼應這樣的需要嗎？不能。我們只看到相關部會各以3億多的預算，開播了客語或即將開播原住民語電視台。

兩個3億並不多，相對於250億的預算蓋博物館、文化館，這算少了。但相對於以全體國民而不以語言切割的公視一年9億，公視顯得少了；相對於類如蘭嶼蘭恩原住民電台僅需數百萬的運作經費而無

著落、許多山區與都會區原住民沒有電台，相對於有利學童在娛樂中學習母語的卡通配音節目之欠缺，這就顯得區區之3億預算，沒有花在刀口，沒有採取最有效的作法，鼓勵語言的保存與活化了。

（《中國時報》2003/9/25 A4版）

我很小　我要說話

英國、法國與西班牙的邊境，都有國中之國。

英國的西陲威爾斯（Wales）與法國的西岸布列塔尼（Brittany），住民都在二八〇萬左右。並且，很巧，兩個地方又都各有大約五十萬人能夠運用威爾斯語及布列登語，這兩種語言與英語或法語完全不同，但一千多年前都源出凱爾特語（Celtic）。西班牙的北疆則有巴斯克（Basque），二二〇萬人當中，有將近五十萬人使用巴斯克語，完全與西班牙語不同。

由於是國中之國，這三個民族除了能夠接觸與全國其他民眾相同的媒介以外，另外也有專屬自己的電台或節目。

BBC電視頻道每週播放威爾斯節目二十多小時，此外威爾斯從1982年11月起又有了自己的頻道，一週也有二十二小時威語節目，政府每年向商業電視公司徵收特許費，提撥部分給它作為經費，去年是6,800萬英鎊（約台幣31億）。布列塔尼曾有激烈的獨立運動（如1939年曾拒絕為法國與德國作戰），近年來也開始結合廣電媒介與語言的提倡。1992年7月起，法國公營電台之一在布列塔尼開始納編十二人，負責製作每日地方新聞七分鐘，五到八次的地方簡報資訊，此外並用雙語製作新聞性節目。布列塔尼地方首長也與公營兩個頻道簽約，合作製播教育文化及布列登語節目。

在1979年台灣光復節當天，巴斯克剛好舉行公民投票，取得了西班牙十六個自治區當中最高的自主權，1983年元旦，西班牙第一

個地域電視頻道在這裡開播，使用巴斯克語，巴區的西班牙語頻道反而晚了三年才誕生。巴斯克政府的半數文化預算（每年約折合5千萬英鎊）花用在廣電媒介，引起了爭議，但政府認為這是保存母語的好方法，也是讓三分之一以上巴區家庭，親近本地音樂、藝術、文學及體育活動的最有效管道。巴斯克語的日報 *Equnkaria* 也得到 San Sedastian 市政府的補助，巴區民眾讀報人口高居西班牙冠軍（每千人一五〇份），領先首都馬德里及最大都市巴塞隆納的一二〇與一一〇份，巴斯克也擁有西班牙銷數最大的報紙（三十八萬份），該報母公司與巴區 Bilbao 大學合作開設新聞學院。

威爾斯、布列塔尼與巴斯克，歷史上都是被暴力征服而後納入現今的英、法與西班牙版圖。但被人欺負的人，不會沒有抗議、反抗（三個地區當中，最嚴重的是巴斯克，它的語言被佛朗哥政權鎮壓四十年，現在仍以武力訴求獨立，過去二十年有六、七百人因而死亡），欺負人的人，也許受到這樣的壓力，也許文明了，總要彌補以前的過失，雖然沒有辦法讓時光倒流，從頭來過。

英國、法國與西班牙中央或地方政府的正面作為，也許不能完全讓已經流失的語言人口，完全回流、增加，也許不能讓文化完全免於走向同質而留存特色，但這可能不是重點。緊要的是好的政策，持之長久，再怎麼不濟，總是讓以前受欺負的人取回一些尊嚴。如果政策的深度與廣度都足夠，也可以期望社會的文化更加多元與熱鬧，整體生活也更加生動有活力，以前受欺負的人對整體生活有了正面參與，而所有人都為此豐盛。相比於英法西的統治者，台灣的漢人比較不文明。如果在創造了重要的工作機會之後，原住民委員會能夠師法英法西，努力推動、調查與協調，在都會區、山區，設置若干原住民專用電台，一定得到好評。

（《聯合報》1997/8/18 第41版／聯合副刊）

好節目　才能振興母語及文化

客家委員會拋出風向球，探詢成立「客家公共廣播電視集團」的輿論反應。媒介人呂東熹呼籲，文化部應該推動「閩南語電視台」。

但是，成立客家廣電集團或閩語電視，能夠復興母語，提振母語文化嗎？反過來問，影音科技應該怎麼運用，才能事半功倍，發揮更好的母語及其文化的作用？這些課題理當認真討論。

回到歷史，當年建立公視的預算原定為60億台幣，若予以恢復並加計二十多年的通貨膨脹，現在應有將近100億。若有這筆預算，依照母語人口比例並加權計算，則國語電視或許是60億，閩南語16億，客語及原住民語各12億。

有沒有這筆錢？有。文化部長鄭麗君的看法很有道理，她認為，科技（通信）及電子消費產品等廠商應該提供經費，貢獻影音內容的製作。

在匯流年代，人們在各種固定與行動影音載具，都能聽看各種內容。新出版的《傳播、文化與政治》半年刊指出，通信廠商一年提供大約170多億進入國庫。行政院僅需提撥四成多，加上現有的公視、客台及原民台經費，就會有100億。假使擔心排擠其他預算，就可加徵通信廠商及電子消費產品少量稅捐，100億也不困難。

有了錢，怎麼用？各自成立單語頻道未必是最有效的作法。節目內容的品質才是關鍵。國人看電視劇的時間，僅有三成用於收看各種語言的台劇，海外各國看其本國劇則在八、九成以上。為什麼？我們不管制境外節目，致使犧牲本國影音人才的工作條件，這就使得我們的好電視劇數量不足。

假使頻道擴充，但節目製作經費沒有相應增加，就會稀釋製作資源，更會使得節目品質滑落，收看本國各種語言節目的人數更要減少。到了這個時候，原本是要振興母語及文化的善意，最多是口惠，卻更可能損害母語，不是維護。

即便經費充分，成立單語頻道可能也不是最佳方法，振興母語的更有效途徑還得另謀，包括新聞以外的各種影音作品（從卡通、電

影、電視劇到綜藝節目等等），都可全面多語配音及字幕輔助，另依協商將各大母語以不同比例作為主要發聲語言。至於細節，自然必須另行規畫、討論而後謀定。

（《自由時報》2016/7/12 A15版）

「台」語電視台　逍遙遊與巴別塔

　　「催生台語公共電視台聯盟」是個新的組織，也是維基百科最新增加的條目之一，這從（2017年）6月30日查閱時，維基引述的材料，最早是19日，最近是29日，當可知悉。

　　何以是台語公視台，而不是私人商業台？主要應該是新的電視台不容易賺錢，新的台語台可能更難，亦即這是孔方兄在作祟。

　　因此，近年來這個意見的提出，不在商業情境中。另闢蹊徑，較早提出的應該是龍應台在2008年1月以文化人身分，就教四位總統候選人。她認為應當「成立『台語公共電視台』，培植一流的閩南語創作」。2012年5月以後的龍，不再只是文化人，是文化部長，遂有論者再提四年前往事，提醒「龍部長的台語電視台承諾」，以及「龍部長說過的台語電視台還算數嗎？」得到的反應是〈設台語電視台？龍應台：當然要！〉再過一個四年，仍然是在總統大選、新文化部長就任後的去年7月，便有人撰文，呼籲〈公視南部台/台語台：龍應台的遺憾　鄭麗君應予彌補〉。今年3月，文化部召開「國家語言發展法」公聽會時，《聯合報》頭版顯赫標題說「台語瀕危　30年後滅亡？」、「多數台北市孩子　只會粗淺台語」。

　　到了6月16日，〈客委會經營　講客廣播電台〉的新聞見報，一週之後該台就已經開播。政府出資成立並開播客家收音機台是臨門一腳，台語族群的相對剝奪感似乎再見激發，新聞這樣說：「原住民語使用人口占總數1.4%，但有《原住民族語言發展法》、原民會及原住

民族電視台，客語使用人口6.6%，有《客家基本法》、客委會和客家電視台；台語使用人口占了81.9%，卻無相關國家語言法源、主管機關及電視台，希望大家一起爭取屬於台灣人的電視台。」

於是，應該是醞釀已有時日的「催生台語公共電視台聯盟」舉行記者會，隨後並拜會政治人物。政治系統的反應是，「49立委響應支持」、鄭麗君在臉書說「文化部支持公視善用旗下頻道設置台語台；另一方面，也將透過制定《國家語言發展法》及修正《公視法》，讓未來的公視台語台能有充足的法源及預算依據。」傳媒方面，若干網路傳媒及民視、TVBS都有報導，《蘋果》沒有，《中時》僅在電子報，《聯合》在地方版，《自由》在六版。相形之下，公部門的反應較多，中央社與央廣之外，公視的談話節目討論了一小時，29日舉辦的兩場修法討論會也都邀請聯盟宣達意見。

看來，輿論的反應不算熱烈，特別是《自由時報》也只是小幅度指陳。政治人物比較熱絡，但政治人物似乎輕然諾遠多於一諾千金；或說，能夠重視的然諾都是容易完成，或者不需要支出太多銀兩的承諾，如2004年施行並在2016年修訂的《通訊傳播基本法》。

這一次，關於台語公共電視台的創設提案，政治系統會是輕然諾？是打折後尚可接受的水平之然諾，或是七折八扣之後承諾根本就等於是沒有遵守；還是，政治系統會有一次重然諾的佳話？政治系統創建了原民台與客家台，固然是彌補歷史的過失，但不能說沒有總統大選勢均力敵之際的選票考量，台語台呢？

這些都是必須注意與追蹤的題目。這裡不再繼續分析與蠡測，而是先要表明，「聯盟」的倡議無法反對，但其潛台詞、下意識、意識形態或說對「國家機器」與「民族文化」的刻意或不經意的誤解，理當要再討論。

討論這個認知與修辭問題之後，至少還有五個項目，在真正創設新的公視頻道之前，最好謀定而後動。聯盟若能先作分析與辯論，從中尋求更進一步的共識與具體方案，那就更好。

一是既有「台語公共電視台」，要不要「台語公共廣播收音機台」，以及要不要順應與善用技術條件而升級為「台語公共媒介系

統」。其次，這個系統是不是以併入現在的公廣／公共服務媒介
（public service media, 以下簡稱PSM），以及客語台及原民台是不是也
要併入，各台併入或不併入的考慮是什麼？又為什麼？主體性與公共
性不能協調嗎？不合併就是本位主義在作祟嗎？合併會讓組織太大而
失去彈性，或者合併才能收取規模經濟的效益，對於各自語言的能見
與提倡，反而更有幫助？

　　至此就得再有第三個提問：這些目前不是所有台人都能使用的語
言，有了各自語言的傳媒，自然或多或少都有助於各自的語言留存與
流通，從而活化該語言，但有多少幫助，幫助大或小到多少程度，會
對我們所投入資源的多寡，產生率制與決斷的影響嗎？除了透過傳
媒，還要有哪些社會過程的配合，才能對振興母語，才能讓這些傳媒
的創設，發揮比較可觀的作用？家庭生活與各種公開場合，從教育至
各種商場與議會等各種場合的語言使用，需不需要另有高低層度不等
的培養或要求？

　　與此有關的第四個問題是，這些始自語言關懷的傳媒，所有內容
都要用該語言製作嗎？或者，是50%對50%，是黃金與其他時段各自
有不同比例的安排；以及，是否要繼續用原民台、客家台與目前倡議
中的台語台？這樣的命名是凸顯該身分認同所必要，還是會另有副作
用，變成一種標籤，致使不解該語言或對該身分認同敏感的人才會收
看或不收看，反而成為一種語言除認同外，竟然可能變成促進溝通與
欣賞的阻力？這個課題與前述第二個提問也有關係。

　　假設不凸顯這些語言，而是用PSM 1、2、3、4……台，但各自
有不同比重的語言，久而久之，遂能讓國人也都知道，比如，PSM 1
台的80%內容，以所有人都能懂的口語播出，PSM 2、3、4……則各
自是原、客與台語節目為主。相同的是，所有頻道及上網的節目都有
字幕外，另有各自母語之外的通用語言予以配音；假使這樣安排，是
不是更可能讓國人使用時，因為多了選擇而增加使用的機會與意願，
這樣一來，這些語言台強化認同之外，更可以收到溝通與欣賞之效？

　　客家、原民與台語電視頻道的打造，效果不會產生巴別塔的隱
喻；不但不會，更正面的願景，並且更能號召努力的目標，是要國人

在輕鬆當中得到較多的機會，接觸因陌生而增添趣味乃至於益智的經驗，如同BBC每年夏天，都在室內與公園舉辦長期的「逍遙音樂會」（Proms）並另轉播，對於日常生疏於該類音樂及不善靜坐聆聽的民眾，他們也能因為路過而順帶體驗，或打開頻道或上網收聽，英國人的影音生活為此豐富。

第五個，也是這裡所要說的相當重要的決定，在於規模。這個新的電視台（頻道）要挹注多少經費才能成事，成就語言與文化振興的目標。如果《通靈少女》這類節目是我們現階段的想像，我們理當希望透過這類優質電視劇或其他類型的內容，吸引觀眾（透過電視/電腦或手機）收看，進而有助於活絡語言；節目少人看或沒人看，語言無法興復之外，會讓人先是失望，然後就是對這類語言的內容產生不良的反應，輕則冷感，重則因有刻板印象而排斥。

假使我們天天要有這個成績的節目，需要多少製作經費，一年下來，總計若干？這些經費要從哪裡來，台灣的稅太低，有能力貢獻的國人沒有合適的機會，或說公權力也沒有給予合理的強制，致使有能力的人對於語言豐富化等在內的重要價值，並沒有不間斷的、相應其能力的當有之貢獻。不必比照歐美等福利國家，就看近鄰日人韓人，甚至新加坡人對其各自政府的預算貢獻，若予比照，我們的政府一年少則會多個1,500億，多則8,000多億的經費可以支用。對，就是幾個月來，鬧得沸沸揚揚的「前瞻」八年的預算！

「催生台語公共電視台聯盟」所催生的連動議題，不是只有這五個，但拋磚引玉，不易之理。現在，轉而扼要說明「聯盟」的正確，以及「認知與修辭」之失。

資本主義現代化與現代性的重要特徵，是經濟不斷透過強制與選擇、威脅與利誘而逐漸整編，一般將此稱作是全球化。在這個全球化的過程，許多種語言及其文化不斷的流失與變化；對於台灣在內的許多國家來說，這個過程完全不是「自然而然」，而是其語言的減少與流失，另有政治力干預的不恰當成分，對於「台語」施加非分的壓制所造成。

假使對比香港，台灣的這個政治差異或說特色，顯現為兩個語言

的結果：一是部分香港的統治菁英與高教階層使用的語言相同（特別是在1997年以前），是外來的英語以及大多數人的母語（廣東話），台灣則是脫胎於北京地區的語言，在台灣稱之為國語，對岸稱之為普通話的這種華語；就香港來說，菁英與市井的語言差距明顯，台灣則因為市井民眾也都能說「國語」，遂能縮小上下的語言差距。二則香港市井階層也就是流行文化的通用語言仍然是作為華語一種的廣東話，台灣則無論是源出閩南的、客家的或原（先）住民族的語言，普及的程度隨年齡階層遞減而減少。

　　因此，台灣從原住民族與客家語電視台的創制與運作，再至最近「催生台語公共電視台聯盟」所提出的訴求，是對於這個結果的反應，這不但是糾正歷史過程的政治錯誤，更是一種豪邁，至少是在抗議資本文明及走入現代性所帶來的便利之同時，我們付出了太多的代價。在最動人心的條件下，我們也不能說起自語言的要求，就會停止在語言的追求而沒有另生潛能的契機，敦促社會更進一步，要求聯盟發為更大運動，促使它成為要求較多（即便不是完全）的語言平權之外，也能成就其他價值，特別是經濟收入平等的增加、居住環境的改善，以及生態保育價值的彰顯。

　　無論是作為糾正歷史錯誤，或是作為豪邁的壯舉，我們必須願意在相當長的時間付出努力，以及，用俗氣的話來說，就是要投入大量孔方兄。並且，這些金錢的投入，不能是對任何其他社會需要的資源之襲奪，避免以我之得，造成他人之失；具體地說，不但不能從政府現在已經編列給客家電視台或原住民電視台的年度預算移撥，也不能減少政府編列給公共電視的預算，同樣不宜襲奪文化部已經相當稀缺的資源。滿足創設這個新電視台所需的經費，若能開徵新的稅捐以作因應，是最為上策，也就是從行政院非文化與非教育、非社會福利與非環境保育部門預算之外的部門，移轉若干至這個用途，僅是不得已之舉。

　　最後，「催生台語公共電視台聯盟」的修辭與認知，是需要有些檢視的。個中無法完全由聯盟負責的部分是，聯盟將「台灣化的閩南語」膨脹為「台語」。至於聯盟必需負責的修辭缺失是，不應該說

「華語」，而是理當還原為「北京話」（或「國語」、「普通話」）的稱謂。

顧名思義，「台語」是住在台灣之人的母語，是有很多種，不是只有一種。

一種是我們、包括筆者日常生活中，仍然使用的語言，也就是「聯盟」指涉的「台語」。一種是客家人使用的客語，還有我們二十多前開始說的「原住民語」，雖然「這個語言」分明差異不小，另有十多種組合而成。最後，假使我們計入，而確實我們也應該計入從1945年末而特別是1949年末以後，才由對岸來台的人，而尤其是使用北方語系省份的人及其後代所用的方言，但如今在對岸稱作是「普通話」，我們說是「國語」，而比較準確地說，也許「北京話」更為合適一些的語言。

「聯盟」所說的「台語已經住進加護病房」的「台語」，其實只是很多、但不是所有國人的母語。發起聯盟的人自然不會不知道這層道理，但假使用「台灣化的閩南語」，雖然可能準確，但聯盟可能覺得聱牙繞口，或覺得可能為此而減少某些訴求，因此逕自選用「台語」，畢竟，這個說法雖然不無僭越的成分，卻因台灣社會多少已經有了默認，遂爾也就為了發起運動，而逕自躍上檯面。

但「華語」一定讓人混淆不解，聯盟所說的「台語」既然與現今在對岸漳泉廈門等地，乃至於東南亞及不少中國海外僑民的語言相同，至少可以溝通無礙，即便會有這樣那樣的差異。這個語言的源頭，不也是最多華人所居住的中國嗎？這樣一來，以「台語」對立於「華語」，而不是成為其中一種，道理不通。有什麼必要因為主張我們是主權獨立的國家，就把「台語」對立，而不是坦蕩蕩地認知其就是「華語」的一種？假使語言與文化的不同，可以影響（遑論決定）「國家主權」的有無，如果「國家主權」之內的文化與語言都要相同，這與歷史事實及理論，以及與當前世界大多數國家的構成不符合之外，有此認定的話，將使天下從此就要為此主張而大亂，永無寧日。

（媒改社《媒體有事嗎》週評2017/7/3）

台灣閩南語　不是台灣台語

《聯合報》披露，立委王婉諭質詢，文化部長李永得回應，表示一個月內要「改正」，在政府各級文書資料使用「台灣台語」，不再用「台灣閩南語」。

但「台灣台語」這個新詞太過「創新」，世界所無，若有，則英語系國家如紐澳加等國，會出現「紐西蘭紐語」、「澳洲澳語」、「加拿大加語」等等詞彙，讓人不知所云；雖然美國是世界首富首強，若說「美國美語」，眾人仍會知道是指英語。英語系國家無此用法，另一個原因是這些國家各自有原住民，若說有紐語，那應該是毛利語等等。

同理，「台語」若依照來台先後決定誰更有資格冠上這個稱號，那麼，只能說原住民語是台語，雖然這樣一來，台語就有十多種以上。而若以最多人使用為依據，則對岸的「普通話」、我們說的「國語」，其實是衍生自大陸北部以北京區域為主的方言，居然也有道理變成「台語」。

漢人來台以福建漳泉也就是閩南區域的人為多，兩、三百年來積習已成，因習慣成自然，把高比例人口使用的語言逕自說是台語，有時會出現讓人莞爾的情境，如國人前往東南亞旅行返鄉後，若是不察，就會很高興地脫口而出：有些馬來西亞、新加坡、泰國的人會說「台語」！

但民間將多數人使用的口語說成台語，是一回事。雖然有時也會讓人不是滋味，如李永熾教授在《邊緣的自由人：一個歷史學者的抉擇》提及，多年前他以國語為黨外演講助選，但有人高喊「用台語」。李教授停頓，改用自己的母語客家話，台下不懂客語的選民自然錯愕，但也是學習了一課，日後再誤認台語僅只一種的機會，應當會減少。

到了政府要用公權力，「順應民意」、利誘或強制將台語定於一尊，應該就不妥當，還是三思為宜。語言除了實用，也有濃厚的情感成分。去年底對岸上映低成本的《愛情神話》引人注意，較多原因是

該片「違反國策」，以上海方言完成，卻票房不俗（2億4千多萬人民幣），可見北京也得尊重人的感性需求。

　　這樣看來，立委應該調整質詢方向，不是要求文書用「台灣台語」一詞，而是要肯定文化部使用「台灣閩南語」。然後，最好也請文化部與公視協調，將五年前匆忙之中開播的「公視台語台」，正名為「公視（台灣）閩南語台」。在《彳亍躓頓七十年：恰似末代武士的一生》這本回憶錄，母語是閩南語、全書也使用閩南語而不是稱之以台語的葉啟政教授，或許也會同意這個建議吧。

（《聯合報》2022/11/12 A11版）

英語上課、公平競爭與學習效率

英語樂趣　在威嚇利誘中消失

從媒介得知如火如荼的英語學習盲動，已經壓境到了政治大學。

願意以英語上課的教師最多有七十二位，每門課將可從政大本年度提撥的360萬元，支領5萬元英語授課金。

這是很荒唐的事。日前才說，經費短缺，現在竟有餘錢，而且是納稅人的錢，用來掩飾、遮掩當今台灣的大學、社會或經濟所面臨的問題，其實癥結很少是英語聽講能力的不足，而在於學生階級背景的更加分化，知識生產的類型仍嫌褊狹，深度淺薄，最多僅能迎合社會與經濟的短期與片面需求，大學成為鞏固而非平衡階級地位的色彩已更加嚴重。

學習是好事，學習英語也是好事。但主持政大校務的人似乎認為，將鼓勵學習上綱至以語言作為分配資源的手段，可以讓政大更有競爭力，更有國際觀，從而讓政大更能服務社會，提升台灣的競爭力與國際觀。

這是很大的假設，需要多加辯論。

比如，香港英語的聽講能力比台灣強，近兩三年的經濟比台灣還要強嗎？有疑問。香港失業率業已破7%。新加坡也沒高明多少。菲律賓經濟較弱，我們不能說菲國菁英的英語不佳。美國人的英（美）語夠好吧？但從1980年以來，年年貿易赤字超過2千億美金，今年可能多過5千億，這樣的經濟很有競爭力嗎？美國尚能金玉其外，法寶在於外資投入美利堅眾多，以及美金的準國際貨幣的地位。1992至2001年，總計有1.27兆美元投入，超過中國大陸好幾倍，這是吸收

外資第二名的英國之三倍。二十年前的美金「只有」三分之一在境外流通，現在上升到了50%，等於全球統治階級容許，或者被迫不能不容許美國印鈔票向各國百姓調頭寸。

在台灣，許多人學習英語的樂趣，已在威嚇利誘的氛圍中消失蹤影。快樂為學習有效之本，政大或有意「師法」政大的學校，請懸崖勒馬，請再三思。

（《聯合報》2002/10/12 第 15 版）

什麼是學術國際化？這也得正名

開學了，如今人窮志短多於高瞻遠矚的大學又開學了，又要面對錯亂定義之下的國際化評鑑，以及隨之而來的資源分配了。

我們的教育部說，明年的大學評鑑要分四類，但所有人都知道，這只是把現在的大學因其歷史條件而形成的等差，加以正當化，並使資源分配由比較沒有那麼不公平，走向承認或居然是讚揚、要求級距而已。有些教授說，國際化指標之一是英語教學，但是海外朋友到台灣主要是要學洋文嗎？他們卻止步於國門而就對岸，是因為我們的英語學習環境較差嗎？既有教育部與教授的這個思維方式，難怪就有大學的中文系也要推出以英語進行的課程。

高等教育與研究機構的評鑑，不得不為，但怎麼做，仍可斟酌。以英語教學作為標竿之一，智者不取，有自尊者也多見躊躇。教學之外，另一種對研究的評鑑，亦應思量。目前的流行作法大致是偏向獨厚研究，尊崇量化。寫了十篇泛泛之作而欠缺教學熱忱者，得到肯定的機會，高於作品少而與學生互動良好的人，這可說是未見高明，反暴露教學之短。

退一步言，研究是上游知識的生產泉源，揚舉其地位，就說並無不可好了，但以美國商業機構主持的英語索引指標（Social Science

Citation Index, SSCI）作為決斷研究成果的高低，實在詭異。特別是人文與社會知識，若說可貴，則在記錄、分析本地較特殊的現象或問題，從而能夠提出進步的視野，在作為社會自我檢視與批判參考之外，也讓他國友人對我們的社會能夠有所了解甚至學習。

但是，幾年以來，我們的價值座標或許說不上與此背道而馳，惟至少不是從這個方向思考的。以管窺豹，從國科會至許多高教機構所採取的獎勵機制，已可知其一斑。他們都以列入 SSCI 期刊的英語論文發表數量，作為（最）重要的標準。不過，這應該不是好辦法，或說，即便要以此作為標準，可能仍有更值得考慮的方式還沒有採行。

方式之一是，只以英語發表的論文，分數最多與發表於本國最優期刊的積分相當。若該論文得獎，獎助單位應翻譯該論文為中文另投稿於台灣的期刊，萬一不被接受，獎金取消或打折。方式之二是，願意以洋文撰寫者，從其意願，無心或無力者，國科會、教育部乃至大學可考慮設置機制，選拔其中值得翻譯為洋文對外推介者，投稿海外期刊。比如，獲得國科會獎助的期刊以中文發表者為限，其編輯委員會每年應推介已在其上發表總論文數的特定百分比篇數，交由國科會請人翻譯投稿至海外，累積特定年數獲刊登率未達一定水平者，可考慮取消該刊特定年數的申請補助資格。又為避免遺珠，國科會等單位也可以設計推薦或自薦的機制，接受個人以付費或免費的申請，亦可考慮，個人件數最多不能超過期刊件數的翻譯，而又與期刊相同，個人在特定年數內若累積一定件數之翻譯而仍未得到外文期刊登載，則取消申請資格若干年。

方式之三是引進非主流的思維。過去三年多來，從法、英至美國的許多人學，都已經陸續發難，無不抨擊 19 世紀末以來崇拜量化而自比物理學的經濟學帝國主義。到了今年 6 月，更有「促進經濟學多元學會國際聯盟」在美國堪薩斯市召開，「非主流經濟學之未來」世界論壇就要登場，要為數千位反主流的經濟學者發聲。台灣真要國際化，迫使其他人文學科向其「看齊」的經濟學界，也應該引進國際間這股非主流的經濟學思潮及實務了。

（《中國時報》2003/9/18 A4 版）

推廣百篇英語論文的祕訣

在國際競爭的呼聲底下，我們其實忘了，要求學院人以外語（主要就是英語）創作，投遞並爭取在英語期刊發表，剛好適得其反，是削減而不是增加我們的競爭力。何以如此？經濟層面不談，另有兩項考量，值得一書。

第一，再怎麼好，我們的英語好不過以英語為母語的人，也好不過曾不幸被英語系國家殖民的社會。如此，在書寫時，我們得投入更多功夫於語言琢磨，用於英語斤斤計較的程度每加增一分，投入於課題的發覺、考究、深入的創造力，就要減少一分。

第二，不以英語發表，不懂漢字的人就不知道我們的自然或人文社會研究者，有些什麼重要的成果。果真如此，我們對於英語及國際社會的貢獻就會減少；但是，沒有任何人或任何組織，會因為我們不以英語發表，就拒絕我們研讀期刊，我們的知識範疇與廣深不因此頓縮。這樣一來，豈不是我們的所知所聞，明顯高於只懂英語不懂漢語的人？

當然，這種有意或無意的「藏一手」之作風，不足為訓，我們立足國際，也不能只取不予。是以，癥結不在於在地與國際貢獻的必然結合，關鍵在於「怎麼」結合。許多年來，從高教科研主管機關、有些校院系至個別研究人員，出諸主動或無奈，採用的是以英語撰寫、投稿英語期刊的途徑，但其實有更好的作法，如後。

兩年多前，中華傳播學會、文化研究學會、台灣社會研究季刊等二十餘個社團主辦了「反思人文社會學科評鑑」研討會，許多高教主管人士多曾參與。該會的十項總結建言之一，就是「華語著作勝於其他語文的作品」。

漢字創作之後，怎麼向國際溝通與推廣？中華傳播學會首任會長陳世敏教授的意見值得援引。簡言之，相關系院或學會可以組成編輯委員會，以本學門各期刊過去一年業已發表的論文作為基礎，並視實際條件，兼採該年份已經公開發表的本學門其他著述，選定之後，讓這些論文擴充原英語摘要，使長度更為合適，編為當年本學門的英語

讀本，透過網路對外流通。

　　各學門依其人力能力的差異，當然不妨自定編選的規模與出版頻率，若從事於斯的學門夠多，也可以合作結盟，串連成為本地的科研成果之入口網站，經年累月的推廣，祈使成為口碑品牌，讓有意問津本地科研成果的海外人士，輕易之間就能夠掌握台灣百篇以上的英語論文。

　　如果這個作法成真，如果學術行政或知識權力的結構不再似是而非、不再巧立名目，無須再獎勵以英語發表論文，那麼，英語或其他外語的發表需要，還是會存在。差別的是，到了這個時候，使用哪一種語言發表，真正是自由人的自由選擇，不再是利誘或威脅情境下的產品。

（《中國時報》2007/1/21 A19版）

追求真理、受人尊敬　　就是大學國際化

　　「一樣看花兩樣情」。看到落花，林黛玉心傷惋惜之意，油然浮現。劉姥姥卻看到自然天成，歡喜會有果實可以期待。「擇善固執」與「冥頑不靈」，說的都是現狀不變，或者，不願意改變現狀，差別出在沒有變的內容，是我們所要珍惜，還是避之唯恐不及。「國際化」呢？直到目前為止，似乎這是一個正面、不太有人反對的概念或修辭。

　　但什麼是國際化？若說經貿比例愈高，愈為國際化，那麼，過去五十多年來，各國確實愈來愈國際化了。1960年，世界各國的生產總值若是100元，進出口貿易總額就是24.21元，到了2015年，後面這個數字變成52.434元。中國大陸與美國是37與28元，台灣、南韓與英國是96、78與58元，那麼，海峽兩岸與南韓，比起英美，更國際化嗎？不太確定。所以經貿比例可能不是衡量國際化的合適標準？

　　縮小範圍，不說全國，只談大學，什麼是國際化？若指使用英文發表研究成果的比例，那麼英、美、加、紐、澳等英語系國家，國際化必然最高；獅城、香江……等英國前殖民地因為歷史因素，次之；高所得及語系接近英文的歐洲國家，也會高些。但是，如果語言平等，因此國際化不採用這個指標，而是指用母語以外的文字，表述成果以貢獻本國以外的海外社會，那麼，結果倒了過來，英語國家的國際化很可能敬陪末座。台灣高教機構有多少比例的人，曾經使用中文以外的語言撰述論文？也許一半，可能高些，也可能低些，但較無疑問的是，該比例一定遠高於英美等國，他們比較沒有動機以母語以外的文字撰述。那麼，英美國際化低於台灣嗎？聽起來不怎麼順耳。

　　所以，大學國際化要用什麼指標？近日即將誕生的台灣大學校長，本月初各候選人在闡述治校理念時，候選人曾經提出「追求真理」與「受人尊敬」這個一體兩面的價值作為衡量好大學的指標，不一定是要比賽（英文）期刊論文數量等等加總起來的大學排名。

　　一語驚醒夢中人，是人，就有追尋真理的本能。大學是社會重要的代言人，追求真理更是責無旁貸。如果說有些真理與進步，偏向主觀，致使因人而異（比如，有人欣然於同性婚姻，有人期期以為不可）；顯然另有真理與進步的內涵，若非絕對，至少是相對客觀，因此社會當有共識。

　　這個確鑿的共識，不妨以1990年引入，至今已經取得國際共識的「人文發展指數」作為例子；除了取人均所得及其（不）平等分配的水平，其他有關工作機會、永續發展與住房及教育醫療保健等基本人權等等之得分，也是其構成的部分。若說大學存在的價值，就在協助社會根據這個指數，取得與維持合理的水準，應該無誤。

　　現在，麻煩來了。近日發布的大學排名顯示，英美在百大前段班，各有十二與四十四所，德國十所，且在後段班；不過，德國的人文發展指數高居第四，英美不弱，平均卻僅十三。英美學費一年百萬台幣，德國包括三十萬海外學生，學費幾乎全由稅收支應。難道大學排名與人文發展的成績背道而馳？假使不能這樣說，那麼應該怎麼看？前年科技部長說，〈大學爭世界排名，科技部長：沒意義〉；月

初台大校長候選人再次強調追求真理與受人敬重才是正理，這些言論若能得到更多政治人及輿論的重視及討論，或許就能通往解開這個謎題之路。

（《人間福報》2017/12/12 第5版）

耀錯武揚錯威　這個陷阱要避免

「會說三種語言的人是什麼人？三語人。會說兩種語言的人是什麼人？雙語人。會說一種語言的人是什麼人？美國人！」

葛浩文教授1963年來台，閱歷了《從美國軍官到華文翻譯家》的豐富人生，多采多姿。這位前輩引述的笑話，反映了實情：多數國家的人都在學習英語，美國人學外語的動力大為減弱。

問題在於怎麼學習英語才算合適？報載，大學聯考中心想要違反95%大學的作法，試圖在四至六年後，要求高中學生的英語聽講成績變成英文科成績的一部分。這個作法要不得，注定是理由冠冕堂皇，結果損人不利社會。

二戰結束至今，台灣經過七十年「薰陶」，如今學習英語成績良好的人，可能得利於良好的環境條件，可能因自己努力及秀異，這樣的人數也許不在少數。其次，受限於出身與環境，或者反感於社會氣氛與壓迫而棄絕英語學習的人，必然多於前者。兩極之間的人，數量亦多。

增加英聽，對第二與第三種人，不但無法提升他們的學習動力與成績，反倒帶來更多挫折及沮喪，並且，說不準會有更殘酷的景象：這是（英語）優勢集團，以耀錯武揚錯威的方式，邀請、甚至是喝令當前與未來的弱勢階層，不但低頭聽訓，還要鼓掌叫好，欣然認同。

學習是好事，學習英語及任何外語，也是。不過，許多年來，我們強行押隊，學習資源總量不足、分配不公的方式，並不妥當。

　　我們沒有創造情境、未能提供合適的條件，也就未必可以讓學子心生景仰而見賢思齊。不此之圖，我們反而可能是在不斷地製造《被侮辱者與被損害者》。

　　不當地尊厚英語，假使真已造成這個局面，那麼，另有不少高等教育措施，可能同樣墜落這個陷阱。

　　十年前啟動的所謂頂尖大學與排名，學術期刊通過「行政權力」予以制訂等第而不是讓學界自治，透過長期口碑而自然形成期刊特色與價值的認知，都是前例。最近，部分大學推動ORCID「學術認證識別碼」建置計畫，不知道會不會成為新的事例？

　　ORCID聲稱要「累積學者或機構的聲譽、是基礎工程、確保工作成果得以表彰、提升成果能見度」。很動聽。

　　但至少有三個問題。現在各校都有數位典藏、教研人員各種出版列表乃至於全文取得並不困難、各種（非）商業資料庫與開放搜尋材料多到無法勝數遑論用罄，那麼，ORCID也有可能是疊床架屋、重複再三、增加不必要的勞動量，於是造成科層組織必須膨脹成為官僚或超量工作，乃至於以非商業掩護商業動向。這些會是ORCID最後的歸宿，還是前述目標？

　　第二，就算有人願意採取ORCID，可能不需要提倡。有人不想出名，是罪過嗎？即便「人不知而不慍」是不合時宜的冬烘，自由校園容不得願意作此選擇的人悠哉嗎？難道必得要由行政動能進場勸說，誘使或迫使更多的人拋棄這個自由？

　　第三，科技部長徐爵民講得沒錯：「大學爭世界排名沒意義。」大學必須自重，但不是鑽營評比。排名沒意義，那麼不脫期刊作為基礎的ORCID，又有多少豐富的意義？

　　德諺：「通往地獄的道路，善意鋪設。」莊子說：「聖人不死，大盜不止。」《老殘遊記》稱，清官為惡甚於贓官。尊崇英語、推動ORCID，可能都是善意，不會上天堂也不會下地獄，就是攪和，擾亂人間。

（《人間福報》2016/1/11 第5版）

周校長，您好，關於英語授課

親愛的校長先生，今日報紙有一則新聞，說本校「下學年度新聘教師，每學年需開設兩門英語授課課程」。

如果屬實，或說，假使上學期校務會議的說法，"只是""未來聘任師資，建議各院以具備英語教學能力為優先條件，並請院校教評會予以考量"。那麼，儘管這個決議表面上有假設語氣的裝飾，但明眼人一看便知，這是要強制新教師要用外語（英語）開設課程。

校長可能弄錯了，這個作法不是國際化，至於這算不算殖民化已經深入骨髓，自曝其短，傷害尊嚴，我們不是很清楚。不過，我想這個作法及其背後的思維，如果不是明知故犯，至少是無知中犯了兩個錯誤。

一是違反公平競爭，一是便宜行事。

違反公平競爭的道理相當清楚，不是嗎？假設英語系國家學習政大，要求新進教師必須以外語，不管是中文或其他語文，一年教授兩門專業課程。你想，他們有多少人有這個能力？退一步說，他們的教師有這個能力，但你能說他們的外語與他們的母語一樣充分嗎？應該不太可能，至少外語能力如同母語的人，僅是少數，其餘的人一定要用更多的時間準備授課，這樣一來，究竟是在準備外語，還是在準備專業？很有可能是專業減少了斤兩，外語多耗了功夫。如此一來，新進的教授用來進修，寫你最重視的論文的時間，不就減少了嗎？用來與同學互動，傳授親身知識，「出將入相」貢獻社會的鍛鍊，不也減少了嗎？

注意，我們還沒有檢討學生的接受，學生是在學習英語聽講，還是在學習專業？

這裡，校長先生，你便宜行事的錯誤就很清楚了。你想讓同學沒有出國之便，就有透過英語教學而拉近國內外學習的差異。這個用心可謂良苦，誠然讓人感佩一校之長，提攜學子的用意如此殷勤、這般費神。然而，德諺有云：「通往地獄的道路，善意鋪設。」莊子說：「聖人不死，大盜不止。」《老殘遊記》稱，清官為惡甚於贓官。誰能

保證校長的良善用意，執行之後所產生的，不是這種始料未及的惡劣結果？學習外語兼學專業，這是好事，但不能以加重新進同仁負擔為代價。若要一舉兩得，也不困難，銀兩金錢而已。

正本清源，依循正道，校長當有的作法是聘請外籍教師，確認專業無虞之後，以其所在國的薪資水平聘用。若能如此，教師來源不缺，若能加配宿舍，更可廣為招徠，再要考慮台灣的其他物價遠低於英美加澳等英語系國家，那麼，校長以當地國薪資轉聘外人於本國，必然有更大吸引力。其次，校長先生當然也應該徵聘非英語系國家人才，包括鼓勵本校教師英語授課，此時，你可以另設鑑定委員會，由其審定非英語系國家專業教師的語文水平，完全與英語系國家相同者，薪資比照英語系國家水平，僅及九成者，薪資九成，其餘類推。

走筆至此，校長先生，你可能恍然大悟，為什麼說你確實是在便宜行事。很清楚，教育部不會提撥足夠的經費，政大也無法募集專款，專用於聘請薪資比照英美加澳的（外籍）教師。沒有錢，偏偏要辦這種要錢才能做得來的事情，不是便宜行事，那是什麼？

據說，台師大數年前強要執行，灰頭土臉後已經倦鳥知返，何以你還要再入歧途？這是初生之犢不畏虎嗎？怪哉，異哉，有請三思，從善如流，即刻再將這個議題列入校務會議提案，予以廢止。現在至會議召開之間，則請行文各教學及研究單位，痛陳今是而昨非，同仁必能見諒。

（以電郵2016/3/21寄給校長及政大若干同仁，次日若干網路傳媒轉載。）

本國口語一律平等　英語卻高人一等

去（2017）年3月，文化部開始辦理《國家語言發展法》公聽會；本月初，行政院通過草案。往前，文建會也曾在2007年提出較早的版本。更早的是1983年的《語文法》，但教育部當時的立法初

衷，迥異於今。

　　行政院版本何時送進立法院，併合五個立委版本審議，尚待揭曉。倒是瀏覽草案之後，雖有建議，卻也另生荒謬的聯想。

　　先說荒謬。草案第3條稱，「國家語言一律平等。國民使用國家語言，不得予以歧視或限制。」這很正確，無人反對。不能歧視原住民的十多種口語，也不能歧視客家話及台語（台灣化的「閩南語」）及其書寫的中文系統，天經地義。

　　那麼，若有國人以外語，歧視我們的「國家語言」，更是不可。

　　但是，有些高教機構首長，包括若干學術人及教育部或科技部，公然歧視我們自己的語言。在晉用或評比各級教研人員的時候，他們往往流於以語文取人，不必然看重內容；他們的兩眼雙目與腦部神經，自動依據中文與外文之別，決定注目的久暫及認可的多寡：假使以英文書寫，晉用、升等或得到鼓勵的機會可能提高。

　　國人不能歧視彼此的用語，但可以容忍國人挾外文歧視國文？荒謬。文化部與教育部理當公開宣布，不以語文取人，行政院不應曲解國際化。大學排名與國家良窳，輕則無關，重則相反；英國大學排名超越德國與西、北歐陸，經濟成長慢而貧富差距大，瞠乎其後。

　　其次，「不得予以歧視或限制」固然正確，但落實另得依靠資源配置，不是法律條文；庸俗地說，下層建築更重要，決定上層，不是相反。

　　前年5月，台北市原民會主委陳秀惠使用阿美語，議員不滿，認為她「蔑視議會」。去年11月，客委會主委李永得在立法院以客語報告施政，林德福立委要求李改用國語，在場立委及外界輿論抨擊林而不是李「錯亂」。

　　同樣使用「自然語言」，何以引發不同反應？是因兩位政務官有中央與地方之別、有男女之分，有漢人原民的不同嗎？不能輕易斷言。有了《國家語言發展法》之後，任何人在議會等場合發言，是否就可任意使用自己的自然語言，沒有蔑視或錯亂之譏？這也同樣不清楚。但假使各級議會配有足夠的口語翻譯人員，也為在場所有人員提供口譯機器，那麼，指責以自然語言報告或論政是蔑視或錯亂的理

由，說服力就會弱些；又因立法院有國會頻道同步對外轉播，若要減少不適的反應，配套措施就是現場發言盡量加配字幕，或同步以口譯進入第二音頻。

　　要有這些配套，就得有錢出錢，愈有錢的國人要以繳稅的方式，透過按理代表大家的政府提供資源。因此行政院通過《國語法》後，報紙就注意到了政府可能會增撥預算，「設台語頻道」。但這裡有個問題，亦即就算沒有新法，行政院假使認定真有必要，早就可以撥款，責成公共廣電集團製播更多優質節目，組成以各種國語（含「台語」）為主的多種頻道。

　　那麼，是因為新法可以讓行政院的撥款更加師出有名嗎？是行政院知道活絡「台語」在內的國語，不該單獨立頻，因此新法是緩兵之計，爭取研議的時間嗎？又或者，年來《財訊》與《新新聞》等刊物都陸續報導，指公視、華視與民視之間的關係怪異，行政院乃至總統府因此猶豫，擔心文化部無法協調與領導嗎？

（《人間福報》2018/1/10第5版。原標題〈歧視中文與《國家語言發展法》〉。）

簡評「公視英語新聞」

　　據聞，公共廣播電視集團（TBS）考慮一年投資約1,300萬元，增聘七人，徵用公視主頻道中午閩南語新聞時段，日播十五分鐘「公視英語新聞」。

　　邵玉銘博士導引的公視董事會做此決策，並不恰當，理由如後文所述。

　　公視經費短缺，眾所周知。若有這筆預算，無論是募款、捐贈或是納稅人荷包，還有更多優先項目必須滿足。比如，數位匯流促使公共服務不能只是廣播電視，而得是全媒介，當前TBS投入網站的資源距離當有的水平還很遙遠，千萬雖是區區，若能投入，還是不無小

補。又如，蒸騰多日的公視人力派遣問題，若能每年都有這筆收入，或可（局部）舒緩或解決。再如，台灣的國際新聞欠缺已久，該款TBS可自行使用，也可與中央社合作，儘管杯水車薪，仍可表示公視體認的價值順序，先是國人視野的拓展，台灣英語人士的服務在後。

退一步言，假使要服務不解漢語的本島住民，本於公視服務資源較少的劣勢人群（如東南亞語種），那麼，該千萬之預算，理當優先於優勢語種如英語。

何況，以英語製播的本地新聞，仍可假借宏觀頻道，這裡，邵博士應該代表TBS，向文化部說明，不是要將宏觀推回僑委會或外交部，而是要如同海外成例，放在TBS代為製播，才能收取較好的公信力，減少讓人以為宏觀是政府部會的喉舌，以致降低了觀眾的收視意願。邵博士說「公視英語新聞」設置宗旨之一是「服務學習英語之國人」，不說還好，言出必失，貽笑大方。學英語，無論是有線系統或中華電信MOD的英語頻道，原汁原味，何必就此十五分鐘新聞而學習？何況BBC、VOA等等各色各異的網路英語新聞收聽，哪一種的效果會比台製的英語新聞差呢？

（《自由時報》2013/12/21 A21版。原標題〈公視擺闊？〉。）

第六章

大學與山

大學生與大學學費

學生有方向感　就夠了

　　船到橋頭自然直，生涯有什麼好規畫？

　　塵歸塵，土歸土，除此以外，人生再無可以確定之事。這個浮游狀態又隨著商業文明的蔓延與深化，感染了更多的人，時間也更長，從前是維特的煩惱加上一點徬徨少年時的氛圍，現在是大學生到上班族，經常出現抓不住的感覺。

　　於是各種形式與包裝的符號，應運出籠，撫慰焦慮的心靈，激勵想要力爭上游的人們。宗教類書與勸世書之外，舉凡傳家格言、警世箴言，乃至於名人或帝王將相的傳記，不妨都看作是這種需求的反映，總有人希望從它們的字裡行間，得到一點啟發、一些刺激，作為行動的川資。

　　近幾年來頗為流行的生涯規畫，其實可以當作是這種現象的當代版本。不同的是，挾新聞媒介的報導，相關的訊息傳布得更廣更深入，甚至出現了這方面的教育課程與專業人員。比如，出版才一個多月，副題是「事業生涯實戰對策」的這本書，內文分別以不同形式在商業性月刊、週刊與日報出現，作者並且摩頂放踵，奔走許多企業行號講習，並赴大專院校發表相關演講，更在收音機電台的訪談節目逐次播送，而這些符號在編纂成書時，則在每頁底端加錄精要的諺語格言。《生涯設計師：15個最有魅力的行業》是一本十五種行業的人，現身說法的採訪特寫文集，讀來頗讓人有輕快、知人冷暖的風味，如果書名不是為了應和流行風尚，用個「十五個有趣的行業」之類的平實名稱，也就可以，何必扯到什麼生涯規畫呢？

其實，就如同股票分析家不見得賺得了股票錢，說是要幫人作生涯規畫的人，難道自己對於前途那麼有把握？上個月在台灣講學的美國傳播學者加力（Sut Jhally）說，大英帝國肆虐，使他父母流離肯亞而後英格蘭，與個人規畫有何相干？他本人因為「幸運」（luck）而得到獎學金到加拿大，正式進入傳播政經學派大老史麥塞門下，並由此取得博士學位，再赴美國找到教職，都是「機緣多過眼光」，何來規畫？

就像加力所說，「有點方向感，加上反對建制的意識」，也就夠了，把自己弄成一個有用的人，最為重要。與其花時間金錢想要擺脫失業或無法從工作找到意義的困頓，不如相信「船到橋頭自然直」這句話，來得簡單明瞭。

（《中國時報》1994/6/30第43版。書介：范揚松〔1994編著〕《生涯闖關：事業生涯實戰對策》。台北市：金台灣。）

學生抗議校長遴選程序

到了學校，同事說，上週日在《聯合報》讀到一篇專訪稿，嚇了一跳。他的人還跳在半空中，又被我轉述朋友同一天在電話中的談話，嚇了第二跳、第三跳……。等到他跌回坐椅時，滿臉鬍鬚往上衝，手中菸斗墜地，叮噹有聲，菸絲落滿研究室。

第一跳，是因為報載教育部聘請的遴選委員往與政大校長候選人晤談時，提出的一個問題是：「你的臉都是笑笑的，怎麼當校長？」事後，這句話經由另一位記者向同樣在場的某位遴選委員查證，確實無誤。

造成第二與第三跳的說法，無從證實，乾脆借用這個機會再說一次，冒著散布不實謠言的危險，看看這個說法涉及的相關人士，如果能夠讀到這篇短文，會有什麼反應。

　　是這樣的，遴選委員會還問；「政大是培養公務人員的，你來幹什麼？」根據這些問話，候選人之一就推定（確實，很多人在耳聞這些遴選談話過程的情形時，都能同意他的推論）：政大當選人的實際得票數不是三比二，應該是五比零！

　　笑不笑、是否培養公務員，能夠跟當校長的資格扯上什麼關係？想不通，徒然顯示教育部找來的某些遴選委員，腦筋與一般人結構大不相同。既然是五比零，教育部為什麼要暗示、明示或以其他旁人無從知道的方式，讓委員將比數變成三比二？是為照顧落選人顏面所以讓票數接近？還是，這根本是為了讓外界得到印象，誤以為兩位候選人在遴選委員眼中勢均力敵，正好反映了教育部規畫遴選委員會的作業，公正無私而沒有不當考量？

　　還有，週日《聯合報》標題按照接受專訪者的意見，直書教育部這次遴選作業，「糟蹋」了政大，確實讓筆者心有戚戚焉。本週一開始，十多位學生連續三天在政大行政大樓前宿營，他們抗議教育部的遴選程序，學生影印《聯合報》該篇報導當場散發，反響是大是小，不得而知。覺得被糟蹋的人多，則政大師生是政大之主體意識還算強勁，若是知道這則消息而仍然不以為意，那就顯示自己當主人而不是聽任教育部擅權的主體意識薄弱。若是後面這個情況，雖然也許還不至於墜入險惡境地，不能說是主人存在是因為奴隸奴性堅定所致，但還距離很遠嗎？有人在看到《聯合報》這則報導以後，不是說公開遴選談話過程，顯示作此公開陳述的候選人，違背了教育部規定，因此人格有問題嗎？

（《自立早報》1994/10/22 第4版。原標題〈你笑笑，不能當校長〉。）

學生新氣象，台中客運有希望

　　霧社事件七十三週年紀念日當天，來自東西南北的英國大學生數

萬人，集結在倫敦市中心，並旋即遊行示威。他們抗議布萊爾首相所領導的工黨政府，內政不修且恣意支持美國侵略伊拉克而聲望日日下跌，降至50%以下。同樣讓學生歎難接受的事，是工黨政府還要再次調升大學學費。

英國多個教師工會派人參加示威，表示支持學生。在柴契爾時代即已領軍大倫敦市的前工黨中央常委、後來脫黨競選並當選現任倫敦市長的李文史東，同樣走在遊行隊伍，予以聲援。英國學生畢業時，平均貸款金額已經折合60餘萬新台幣左右。

同樣是光輝的十月，台灣的大學生在台中向胡志強市長建言。他們認為，資方再要如此處理台中客運的問題，則市府希望引進的古根漢博物館，即便現在有光彩，亦將為此失色。但是，博物館的前景事小。學生提醒市長，公車司機的生計不保、工作條件苛刻以致「嚎啕哭泣」，公車族的交通權益跟隨蒙難、安全堪虞，是大事情。

這批「新社會學生鬥陣」的朋友，讓人蕭然起敬。他們不徒託空言，他們進入現場調查，發現：台中客運公司有將近六成的員工每天工作十一至十二小時，一成八工作十三到十五小時，7%超過十六個小時！並且，週休二日與他們無緣，只有13%的員工每個月能休息五到八天，其餘僅能每月休息一到兩天，甚至有21%的人完全沒有休假！

假使這些調查屬實，再對照資方對付員工的作法，那就不可思議。勞動條件已經如此低下，台中客運從6月起，再次壓縮已經無可動彈的空間：35.4%的人砍四成薪、35%削五成、20%下六成！七折八扣後，這些已有數年工作資歷的公共運輸業員工，能不反抗？何況其中有近八成的人是全家唯　的依賴，有半數人至此月薪已低於3萬、三成多少於2萬。既已無奈，只好行動，因此有本月14日開始的罷工。

台中市府再不有效調停，好意思嗎？不說市府擁有10%客運的股份，即便不是股東，作為地方百里侯，面對公用運輸服務，焉能放縱資方濫權違紀，傷害國民的工作權、殃及市民的行走權？中央政府也不能袖手旁觀，理當和衷共濟。

中央與地方的努力方向是，以文化觀念的創新，化腐朽為神奇，轉危機為生機，就以台中市作為試行重點都會，再接再厲，擴大市府似曾有意試行的辦法：所有公車免費搭乘。公車運旅需求量不難計算，所需經費，包括台中客運合理經營且有績效之下的員工薪資與工時等，也可據此申報，因本案而生的其他影響，亦能估計，從而一併未雨綢繆。

中央若是能夠一舉挪出250億，那麼，台中市政府就不能提供這個金額的二分、三分或五分之一嗎？市府既然張羅建築古根漢與其他硬體的配合款，每年也要提列數以億計的維修與推廣費用，難道就不能再編列預算，試著推行既能照顧生計、減少家庭與社會不幸（單看報紙，多少人因工作無著，自戕之前先殺妻、殺子？），同時又能振興公共運輸事業的創舉嗎？打破賺錢才是效率的意識形態，解放了思想，解放了作為，社會解放的契機，已在其中。

「新社會學生鬥陣」既是為人謀，也可以理解是為己謀，社會若好，所有人幸福就在其中。英國大學生狀似為己謀，其實也是為人謀。新世代的學生，社會中的更多人，不全是小鼻子小眼睛，不全是蠅營狗苟，他們統統以調查、以行動，召喚求變的創意，源源不絕滾滾而出。

（《中國時報》2003/10/30 A4版）

結束選舉，傳學鬥談政策

廣場學生還在靜坐，更多學生又陸續發聲，其中很值得注意的是，成立十年多的跨校「傳播學生鬥陣」，並不停留在針砭近日的選舉延長現象，他們另有積極的主張。

這些傳媒建言是否合理、能否改善媒介生態，是一回事。重要的是，這是選後少數能夠超越選舉泥沼的政策言論，值得各界正視。

　　投票前日的兩聲槍響，使得票投了，但選舉至今好像還在進行。調查真相，朝野都能同意，差別在是要特別立法，還是依現制進行。但是，如果彼此不肯有最低的互信，二者會有差別嗎？若實質分野有限，就請輿論與學生不要中計，不要再縱容綠藍成天耍嘴皮子，而應該要設法移轉社會氣氛，開拓真正的公共辯論之契機與資源。

　　比如，既然有了這麼多學生群體紛紛出面，何不結合，或者，也可以從廣場學生做起，就從最攸關學子的高教問題談起，逐次納入其他領域，舉凡稅制、國營事業改造、軍事採購還是社會福利、新移民、年金醫療保健、農工中小企業、地下電台等傳播議題、兩岸政策與要不要制憲、制什麼憲等等，與其放在下次選舉將要到來時，才又再次倉促成為炒作的不理性工具，現在就可以、也應該開始談辯。

　　泛藍贏得下次選舉的最好保證，不是眼前繼續打選舉延長戰的作法，而是要因勢利導，比如，長期在廣場上舉辦各種政策說明與辯論會。若能這樣，泛藍不僅能增加聲望清譽，奠定勝選的基礎，也能以這個更有意義的台灣第一次吸引各大媒介。若不此之圖，綠軍高枕無憂矣。

（《聯合晚報》2004/4/7 第 2 版）

不收學費　集體與個人共生

　　馳名校園的社會科學家季定思（Anthony Giddens）明天就要接掌倫敦政治經濟學院。上台之後，他的第一個難題是，對於甫通過的校務決議案，要發表什麼意見。

　　政經學院有三分之二大學本科生來自海外，上個月中旬，學院決定也要向本國學生收學費，一年 1,000 英鎊（約台幣 4 萬 4 千）。若是執行，學院就是向本國學生收費的第一所英國大學。當時，還沒有上任的季定思，坐在投票現場，不發一語，拒絕就此評論。

　　其實，若是依照我們的標準，即便繳納這筆學費，進入政經學院的英國學生，還是沒有自掏腰包。因為，即便預算連年削減，直到去年，所有英國大學不但一律免除學費，並且，每位學生一年另有生活津貼 1,063 英鎊。這樣看來，如果明年生活津貼維持這個水準，那就剛好打平，生活津貼補助學費。

　　主張在學期間就收取學費的人，理由冠冕堂皇，但不外是說，大學不是義務教育、白吃午餐造就懶人沒效率，形成全民貼補中產階級子弟讀大學，以至於擴大社會不公平。但是，為什麼在這個節骨眼特別大聲？這就是燃眉之急的問題了。大學經費不足，許多學校在政府預算只會刪減不會增加的情況下，連年赤字，學生六千人的政經學院積累至去年，債務已經來到折合新台幣 30 億左右，超過該校年度預算的九成。學院再不開源，難道喝西北風？

　　反對的人最大理由是，這等於把商品化已經不淺的大學，進一步弄成商品，而且，如果現在的作法真是對中產階級比較有利，那麼新的作法也糾正不了這個問題，卻只會相反地讓家境較窮的人更是因而卻步。他們認為，以社會公平作為收取學費理由的人，假使以相同理由來減少金融股票投機的機會，或是向贈與及遺產稅下手，那會更有說服力；可惜同樣一批人，偏偏正是在期貨金融業興風作浪的人，也是認為父傳子才能增進企業精神與經濟發展的人。

　　反對收取學費的人又說，大學教育固然不是義務，但應該是任何公民的權利，或者說，不論貧富而能透過資質與努力程度鑑定的人，都應該擁有的權利。再者，白吃午餐全屬無稽，他們問，難道就整個社會眼光來看，他們所學不也是集體的資產？何況，這種說法往往從經濟角度著眼，但如果大學畢業生的所得較高，那麼，大可對所得較高的人課以較重的稅，以此回報，不是更好？並且較重的稅，可以讓中產階級對社會有更正面貢獻，看不出壞處。而如果教育程度與收入不一定成正比，或者說在扣課重稅以後，無法再成正比，那也不必然是不可取，這說不定反倒可以讓社會發展更為均衡；不像現在，熱門科系擠破頭，冷門科系的師生士氣低落。多些音樂人才，多些美術人才，多些偏僻語言人才，社會多提供一些機會，培養社會在這方面的

需要，持之久遠，成為社會風氣，也算美事一樁。在扣了較重的稅以後，認為要加收大學生稅的人，也就是大學畢業之後，舉凡所得超過一定水平，則每年應多繳若干百分比的所得，以此回流就讀大學時所耗掉的全體國民預算的建議，也就變成多此一舉。

　　學費的爭執，也透露了集體與個人的相剋或共生的關係。對於主張現在讀現在就收學費的人來說，集體與個人是相剋的，就讀大學的人，若是多動用一分政府預算，就等於是把大家的錢多用掉了一分，大家都吃虧了。對於主張不要現在收學費的人來說，正因為有了集體的提供預算，這才讓個人的自由得到最大發揮，不必事事都得瞻前顧後到不敢動彈的地步，於是個人與集體融合為一。在社會心理效應方面，前一種人比較會是接近拔一毛以利天下而不為的人，後一種人比較會是接近各盡所能各取所需的人。英國的學費爭議，也許與我們沒啥關係，但最近一個月以來，桃園凶殺案、彭婉如命案、計程車械鬥案又起等等事件，所顯示的社會不安全感，會不會也是個人不安全感的延伸、反映？會不會這種癥結不改變，則再怎麼掃黑也不能解決個人與社會的不安全感？

（《聯合報》1996/12/31 第 37 版／聯合副刊。原標題〈學費〉。）

學費一千英鎊　學生憤怒包圍國會

　　春天來到，各方人馬蠢蠢欲動，躍動。繼（1998年）3月輔大學生發起校內遊行，反對高學費之後，4月18日再有百多位大學生包圍教育部，訴求三年內學費不能再調高。當日，教育部常務次長以個人身分支持之後，學生表示已獲初步正面回應，因此5月1日參加工運團體主辦的遊行時，將不再採取激烈行動。

　　德國學生在這段期間也有抗議行動，原因稍有不同。去年10月底，先有六百多名學生在萊比錫大學發難，不滿他們當中只有十分之

一獲准進入大學就讀。接下來，11月27日，四萬名學生在波昂示威；12月4日，德國各地大學生總動員，超過十萬人在各邦首府集結舉事，他們走出「象牙塔」，向民眾闡述、說明他們的訴求與原因。不過，德國人不是因為學費而上街，因為至今他們根本不由學生直接交學費，這波系列行動，爭取的是生活津貼的數額必須足以「養廉」。經過年年刪減後，德國大學生至今每個月領取的津貼，最多「只」有大約465美元（台幣1萬6千元上下，其中半數是無息貸款）。

無獨有偶，去年秋天，英國大學生包圍了他們的國會，今年2月又發動了全國大學總罷課。與台灣相類，這些行動也是為學費而發動。只是，他們的境遇仍然與台灣有別。一直到現在，英國大學如同德國法國等歐洲國家，學費不由現在就讀的學生直接支付，而是由政府總預算支出，不但如此，他們的大學生，從本科到研究所，每人每年大約可以得到1,000英鎊的生活津貼（折合台幣5萬5千左右）。去年5月上台的工黨政府，起初沒有說要改變保守黨政府的既定政策，但蕭規曹隨沒兩個月，不旋踵，工黨很快就宣布，從今年10月起，非但取消生活津貼，而且還要學生開始現在就交學費，平均一年1,000英鎊。消息傳出，不但學生反應激烈、動作火爆，已如前述，工黨閣員也向黨中央開炮，工黨年會更是以此為緊急話題，砲火連天，煙硝瀰漫，久久無法散盡。

我們常說歐洲國家大學免收學費，美日則是高學費，至於台灣，處於中間，不高不低，因此在「舉世」學費趨高的走向下，我們自然也要看齊美日，只能愈收愈多，不能少。

這個說法與修辭，其實大有問題。歐洲大多數國家，甚至世人皆譏諷其窮的古巴，學費都還不是讓學生現在支付，我們怎麼就以美國與日本作為「世界」的代表。再者，學費哪裡有免收的問題？有的只是什麼時候收的問題。某些經濟學家老是愛說，天下哪有白吃的午餐，他們或許以為世人喜歡白吃，以此向人示警。然而，這根本不是什麼偉大的發現。天下確實不可能有白吃的午餐，但午餐的費用是先付還是後付，卻是很重要的分際，這個先付與後付的差別，不是只有時間先後這麼簡單而已。為什麼說免學費的說法，純屬修辭引起的誤

解，學費先交與後交是什麼意思，這個先後的順序會有什麼意義？

　　誰來供應大學所需使用的資源？不外是政府預算、受教者（學生）付費、大學教師利用其技術在教學之外對外經營事業，以及私人捐贈。歐洲所謂的免學費，其實是政府先透過其總預算，提供絕大部分資源，而學生日後進入社會之後，若是收入較高，就會透過累進的所得稅再扣回來，充實政府預算，還給社會，這就是所謂學費後付的意思，儘管有經濟學家說這是白吃午餐，而我們習慣稱之為免學費。美國大學模式剛好是抓緊學生的脖子，除了私人為了節稅、名聲等等不同因素，自掏腰包而捐款高校，最重要的資源，是當下就要求學生付費，就是現在讀現在給錢（應該注意的是，就讀美國當地公立大學或社區學院者，得到較多地方政府的預算挹注，學費低些），這就是先付的意思，也就是所謂高學費之說的根源。相較於德、英、法的高個人所得稅之稅率，美國確實最低，這可以說是美國當前收入較高的人，從前在當學生的時候，取之於政府透過集體手段所提供的補助，既然比較少些，如今口袋飽滿，也就不願拿出，他人若是要說，取之社會，歸於社會，所以稅收要高，則在此環境下長成的人，若不深思，經常比較不肯接受。

　　現在就讀現在付學費，這是比較偏向個人主義的作法，也是將做生意原則引進學校，一手付錢一手交貨。除了必然使中低收入的家庭添加一層阻力，更難進入大學以外，這到底好不好呢？若說做生意原則在其他領域可行，為什麼就不能用在大學？若說大學要排除生意原則，為什麼其他領域不排除？答案是生意原則在其他領域的執行，其實引發了莫大的毛病，貧富差距擴大、人的異化疏離與生態破壞統統是，所以不是生意原則不能用在大學，而是大學至今還沒有全部淪陷在唯錢是問的陷阱，何必自跳火坑？答案是大學若能排除生意原則，其他領域最好也能排除，但習慣於生意原則的人必定有所不肯，於是大學正可作為說服的工具之一，作為排除此原則肆行在其他領域的動源之一。

　　生意原則如果遠離校園，最少，可以降低師生關係的生意成分，買主與賣主的感覺可以不被凸顯；而決定學生讀些什麼科系、學校發

展什麼科系的因素，可以不必完全受到錢（或所謂的出路）之因素所決定；原來就已冷門的科系，不會再增添被壓迫、不能喘口氣的感覺。錢的紐帶牽引出來的是知識的窄化，不是多元，這跟電視為了競爭利潤，於是節目競相比賽刺激感官而走向單元，道理沒有不同。學費後付，讓在學學生感覺受到照顧，於是投桃報李的心意油然浮現，社會有此中堅，總增添一些和諧色彩。

但，要說生意原則沒有入侵大學，未免高估大學的象牙塔、理想樂園成分，也不是那麼真實。美國鼎鼎大名的耶魯大學，助理教師籌組工會八、九年至今成效不彰，原因之一在於校方利用教授的無組織之弱勢，逼迫他們破壞這些助理的罷工行動（比如，助理曾在1995年12月拒絕交出學生成績），而助理之努力想組工會，原因正出在校方低壓其薪資（前年，他們的年薪1萬多美元，低於最低生活費兩千）。科技史學家David F. Noble則指證，從1980年代初期起，美國大學班級人數增加、教學資源減少、薪資凍結，吊詭的是，與此同時，學費還不只是水漲船高，更是遠遠超出了通貨膨脹率。原來，行政單位把開源（高收學費）節流（壓榨教師）所得到的經費，投入於電腦等等科技設備的購買、使用、倡導與研發（期望從中得到營收，實則入不敷出），於是，學生出金愈出愈多，得到的照料卻愈來愈少（從1976至1994年，美國的大學經費用在教學的部分少了9.5%），確實是咄咄怪事。

台灣也沒有躲過，而如果學費再由學生現在就支付，生意原則將再攻陷一城。解嚴以後，大家拚命要自主，弄了半天，得到了一些，然後政府順水推舟，說乾脆自主多些，就讓你自己找錢好了。找多少呢？年度經費的20%。這個新措施正在施行，初期的生意現象還沒有那麼明顯（部分原因是自籌款不到20%，因學費提高且直接進入校庫），但找錢省錢的氣氛誰還聞不到嗎？

高學費的問題並非只是事關學生，它代表一股動力，先使學生屈服，多交學費，然後就是教師，最後也會是行政部門，工時增加、裁員減薪跟著來。生意的棍棒揮舞起來的時候，沒有人躲得過，差別只在遲速而已，奪棒而出才是策略，關起門來想求自保，才是真正不切

實際。

去年離開英國前夕，屋主（也在學校任教）[1]從紐西蘭回來，我將當日才發布的英國官方報告之大要（要學生交學費一千英鎊），據實相告，他的臉色頓時憤怒、不可置信、憂戚，兼而有之。不知我們的大學教師與行政人員，會如何看待學費議題。教育部官員當天在回答學生時，曾說學生要求免學費固然是好事，但是免學費以後，學校的運作經費，包括教師的薪資，又從哪裡來呢？這種分化學生及學校其他單位的說法，可能出於誤解，可能出於刻意，但我們為什麼不能說，學費後付，先由政府總體預算支出呢？台灣一年的稅收才占國內生產毛額的16%，不說遠不及瑞典、法國或德國（均接近一半）很多，竟然也只略多於美國（30%）的一半，我們怎麼會沒有加稅的空間？空間大得難以想像。只要政府廉能，取稅合乎公平，財團企業愈大稅就多些、高所得者也可多些，而稅收不是用來進行無謂的外交與購買軍火，誰不願意多交稅呢？學生到教育部的抗議活動見報之同一天，同一版面，不是寫著「辜振甫父子捐贈賓大華頓學院逾3億元」這則振奮人心的新聞嗎？既然富有如美國，都可獲得如此的錦上添花，則校產不如美國賓大多多的我國大學，勢必將要得到和信財團的青睞，而其餘企業想來一定見賢思齊，傾心支持政府以更高的累進公司與個人稅，豐實政府稅收，從而使大學免學費的想法，早日實現。

（《當代》雜誌129期1998/5，頁48-53。原標題〈高學費與生意原則〉。）

後付學費　德國社會更健康

高教商品化的面向很多，最簡單的一個指標是，學生接受教育所需的成本，必須在求學的時候，立刻就由自己透過工讀、積蓄、貸款

1　Graham Murdock，也是筆者博士論文的指導老師。

或親友代為支付，表現為高教機構的運作資源完全來自學費。

就此來說，即便美國，高教也無法完全商品化。在美國，澈底商品化，也就是將高教當作營利產業的學院，確實存在，但其員額僅占所有高教註冊生的7.7%（2008年），並且聯邦政府還給予貸款240億美元，而它們與學生的糾紛案件繁多，占了70%以上。歐陸至今仍然維持零或低學費。以德國為例，其聯邦憲政法庭在2005年判定各邦收取學費不違憲之後，由於教育歸由各邦自治，學費高低有別，但大致一年僅在4萬台幣左右，大約是德國人兩週平均所得，大概僅占高教支出3%（2008年德國學費總額是12億歐元，總支出達360億）。

雖然都沒有完全商品化，但美國與德國模式的差異仍很明顯。但差異不是重點，要緊之處在於高教低度商品化的德國，其精神與物質狀態的表現，是不是比美國來得合乎，或沒有那麼違反人的需要？美國從1980年到現在，貿易無不赤字，等於是本國生產不足，得靠海外人民挹注，德國剛好相反，一直盈餘。德國失業率低於5%、基尼係數低於0.3（數字愈大愈不平等），美國這兩個數字接近10%與0.4（約15%人口，五千萬人生活在貧窮線以下）。美國政府債務累積餘額占國民生產毛額逼近110%，歐盟是快要來到90%。

美、德的簡單對比，結論固然不一定是高教的低度商品化，必然就能取得較佳的社會經濟表現。但至少可以作為重要的反證，說明低度的高教商品化無礙於，若還不是有助於成就更為合宜的社經秩序。

我們理當追求的方向，因此是低度，不是高度的高教商品化，這就是反對調漲高教學費的理由。即便不能逆轉趨勢，也要阻止，要讓高教商品化到此為止，也就是學費不再增加，使其占高教收入的比例到此為止。

據此價值判斷，另得調整兩個認知，堅持一項作為。一是「擴大承認大陸——三校學歷」是對的，但不宜寄望藉由增加陸生的人數與學費，增加高教收入。兩岸高教流通應該以文教往還，增進了解為主，經濟考量不宜濃厚，加上陸生人口已在減少，香港又有比台灣早走十多年的優勢，即便台灣的大學想要跟進，成效也不會太高。二是高教人員的薪資高低與結構是需要檢討，但常見有心人以香港或新加

坡為例，或舉對岸特定案例，表示台灣高教薪資太低。惟實況是否如此，要有更多詳細的資料佐證，特別是若以實質物價及高教薪資與人均年所得之倍數計算，我們是否比歐美英的一般高教所得低，才能見出真章。可能是港星及一些特例不合理，不一定是我們太低。

一個堅持就是，加稅。我們現在是低福利（包括學費比歐陸大學高），低稅收。我國稅收占國民生產毛額低到12%，不但比德國低30%以上，也少於美國20%、日韓10%以上。假使合理徵收，即便取日韓的低標，一年若從勞動所得取5千億，從資本利得與土地租金就可至少取1兆以上，若取美、德為準，則在3至6兆，而中央政府去年總預算才1兆9千多億！這個合理開源的作為若不堅持，不但高教商品化會再持續，台灣各種疑難雜症也會遭遇無米可炊之憂，即便公僕是巧婦。

（《通識在線》第45期2013/3/21，頁22-3。原標題〈高教商品化　到此為止〉。）

一百六十位校長請願　兩百七十一位學生反請願

開學第一週，楊弘敦（國立大學校院協會理事長）登高一呼，一百六十多所大學校院校長響應，聯合向行政院請願。

校長們最大的希望是，勞動部能夠指定高教學生助理或工讀生，不適用《勞基法》，如同該部已經指定十一類勞動者，以及見習生等四類學生的勞動，排除《勞基法》。校長最低的請求則是，若適用，不要現在開始，而要延後一年。

眼見校長們大動作，從南到北，公私立高校教研人員二十七位領銜發聲，至10月3日下午，透過網路連署，得到高等教育產業工會等五十七個社團與兩百七十一位學生連署，籲「請大學校長們莫成為全國最惡質的資方」。他們指控校長的要求是「走黑箱、開特例、斯文掃地、特權傷害勞動人權」，因此致使「大學殿堂尊嚴淪陷」。

　　激烈的批評言詞，是否更能出口惡氣、更能氣勢折人，或更有勸服的效果，無從知悉。但兩造的道理是否真有交鋒，倒是可以來些討論，僅說兩個大點。

　　第一，校長們說，學生助理與工讀生納入《勞基法》，會使「師生」成為「對價、勞工關係」，是「背離校園倫理」而「戕害我國教育」。高茲（Andre Gorz）說，「再見了，勞工階級」，如果我們能夠不勞不工，就能悠哉過活，當然很好。「今年做這一行，明年做另一行；早上打獵，下午捕魚，傍晚牧牛，晚飯後做評論家」，所有人都很嚮往。資本主義強制絕大多數人進入薪資勞動的關係，而強制之事不合倫理，致使工作倦怠，或者疏離與異化於工作的例子，比比皆是，愈來愈多。

　　假使校長以此論事，認為薪資勞動關係不宜進入校園，就有道理。不過，不得已而進入薪資勞動才能過活的人，一定希望勞動所得要能合理；同理，工讀或擔任助理才能在校園合理生活的學生，也會希望「校園倫理」與合理報酬，可以並存。

　　華人世界獨一無二，在台已有六十七年的《國語日報》，早年得以運作，曾經仰仗校園倫理，師生都少酬或無酬，但曾任董事長的林良說，這是因為當年「沒有現代勞基法」。我們能否說，林良還有一句歇後語：當年人們習以為常的倫理，不一定今日還要固守？倫理仍然需要，但理當如同高教工會所說，在沒有「傷害學生兼任助理」或工讀的現象之前提下，才能維持校園倫理。

　　但台灣的高校真有傷害學生助理或工讀生嗎？工會用舉證的方式說，有，要不，台大等校怎麼會在近年來開始組織助理工會？沒有組織的校園，不是沒有傷害，是敢怒不敢言，是不敢，也因為搭便車現象，少有人願意出面組織工會而已，高教工會可能會這樣認定。不過，校長們說，僅有「極少數學校與教師……超越分際」，致使工讀與助理的勞動條件不合理，但「絕大部分學校與教師……無不謹守」規矩。校長因此認定，高教工會誇大，以「少數脫序」行為，要將《勞基法》引入大學，並不明智，殺雞焉用牛刀？高校「皆設有學生申訴機制」！

其次，校長們提出一個很有力的反對理由。各校長期提供大量的工讀獎助（亦即優於純粹斤斤計較的薪資勞動），讓學生，特別是清寒學生稍可減緩經濟壓力，將因新的規範而被迫中止。這類事情確實已經發生，就近舉例，比如，筆者負責的刊物編輯工作，院方雖支持，仍須減 33-50% 人力；另一位朋友則說，他所熟悉的工作項目，在「體制化」後，十六人銳減至四人。

但這是適用《勞基法》之過嗎？工會有三點回覆。一是，依勞動部規定，2008 年起，各校早就應該執行現在引發爭議的規定，只是各大學敷衍與觀望，遂有今日局面，言下之意是，校長咎由自取。這麼說也許不完全沒有道理，但適用《勞基法》，立即造成一些人的工作條件之改善（或「優厚」），代價是另一些人沒有機會工讀，即便校長咎由自取，沒了微薄收入的人，也無欣慰之有。二是，有些私立大學已經「全面為助理納保，並無困難」；惟工會沒有說，這些大學真沒有減少助理與工讀的機會嗎？工會的第三個回應，也是最有力的建議是，「若大學有經費上的困難，校長應該是團結向政府機關施壓，要求擴大高教經費。」

這個建議很讚，惟仍可再往前一步。增加高教經費，不能以減少中小學教育及社教乃至於社福等等支出為代價；如果要沒有造成這種襲奪效果，就要請政府增加稅收，要讓有錢的人有更多貢獻社會的機會，因此，特別是不能繼續縱容資本與土地利得，也要檢討對特定產業的優待是不是足以造成反效果，不但不能培養產業，反而是使其坐擁稅賦減免而挫傷經營效能。

我國政府對於有錢的人太好了，致使可以自由支使金錢的人太過自由了。因此，我們的稅收低到可笑的地步，占 GDP 的百分比僅止13% 上下（日韓超過 20%，美國多於 30%，歐盟則在 40% 上下）。難怪，中央研究院士、前國科會主委朱敬一再次氣憤填膺，日前撰文，指名道姓地數落當今與前朝的政府要員，控訴這些人在內的〈主張降稅者，非賊即孱〉。政府稅收若能增加 GDP 的 1%，就有 1,500 億左右，不但這個校園問題能解決，其他難處也稍可舒緩。

解鈴還得繫鈴人，校長們應該聯合高教工會，一起執行翔實的調

查，確認校園助理或工讀，工作條件是否主客觀都屬合理。藉此，《勞基法》是否應該進入校園的學生勞動，以及是否局部適用，另有一些可以排除，比較能夠得到取信於人的研判。若能有此合作，下一步就是雙方繼續聯手，讓台灣的稅收回到正常國家的水平。

（香港東網2015/10/4）

教授薪資　台灣符合國際水平

英國教授罷教　不止是因為薪資縮水

入秋第一場大雪（1996年11月19日），剛好碰上十年以來英國大學的第一次全國總罷教，又由於英國全大學學生聯盟也早就投票支持，所以學生也是總「蹺」課。

雖然罷課，但有些學校、有些科系或有些課程，視當事人的意願高低，仍有人一切照常，由師生組織起來的糾察隊，最多是溫和地向來人說明、勸導「舉事」的原因，然後就聽任到校園的人決定是否支持罷課。

夫子動怒，有兩個大原因。第一是他們的勞動過程產生了大變化。以前是君子自重，英國學院人從教學到進行研究，大多側向自行規範、自我要求，如今不比往常，考核、評比、績效、研究等第、無止無休的同儕審查紙上作業等等，統統都來。在他們看來，這些改變純屬科層、官僚之惡，再怎麼強化，都矯正不了人數只占5%的蠹蟲，並且它對於提升教學與研究的品質，非但一點都沒幫助，反倒是對學院人士氣的沉重打擊。《衛報》今年夏天完成的社會調查就顯示，英國各行各業的工作士氣雖然都偏低，但大學教授低得更嚴重！前者有56%低於平均值，後者是71%。

第二是工作分量加重而實質薪水下降。1960年代的大學生人數總在二、三十萬，最近已經膨脹到了百萬，但教員人數並沒有比例增加。在薪水方面，英國資深正教授（通常一系一位）平均月薪大約折合台幣12、3萬，新進講師約6萬，只有香港的一半到三公之一（甚至四分之一），也遜於南韓，雖然高於台灣約兩成，但若以國民平均

所得水平計算，可能還是我們多一些。國際對比，已經氣結十分，再對照國內，那就火急攻心。1982年以來，大學學術及行政等人員的薪資，縮水約0.9%，國會議員則增加約60%、政府官員22%、中小學教師也有23%。

看來，雖然是十年第一遭，這場罷課還算遲到哩。君子可以不愛錢，教學與研究無須錙銖必較，但英國保守黨政府反智到這麼嚴重的程度，卻又嘴皮子高喊教育很重要，是可忍，孰不可忍？

英國大學教師工會是否會繼續行動，不達目的絕不終止，現在有點言之過早。但有意思的是，假使政府同意，那錢會從哪裡來呢？襲奪其他部門的開銷還是加稅？

按照道理，國防預算是最好動手的地方，卻偏偏最難動，不說將軍不肯，軍火商簡直要跟你拚命。非洲中部查亞、盧安達等等國家近兩年來發生的滅族屠殺，如果不是他們供應武器，哪裡還搞得下去？古巴總統卡斯楚近日在羅馬世界糧食會議抨擊西方國家，徒然只是知道糧食危機的存在，卻不能削減國防預算，並把殺人的錢省來納糧，實在太過吊詭。

動不了國防，那就加稅吧。可惜，這條道路在最近大選的政治氣壓下，只有第三大的自由民主黨小聲疾呼，兩大黨則拐彎抹角，能躲就躲。9月，劍橋大學教授莫里斯（James Mirrlees）得到諾貝爾經濟學獎。根據他得獎的理論，推估若要在社會公平與個人工作動機取得平衡，則英國個人稅率應可提高至50%左右。結果四家主要綜合性報紙，只有《衛報》就此大作文章，表示工黨應該好好參考（有趣的是，1991與1995年的最近兩次社會態度調查卻顯示，寧願加稅來支持健保、社會福利與教育支出的選民，兩次都超過六成，幾乎是1983年38%的兩倍）。

1986年的台灣，來到英國讀學位的人數是一八六位，最近幾年改變很大，連同短期進修語言的人，去年已經高達一萬兩千人，這個劇烈的轉變剛好呼應了英國大學數量的膨脹。接下來，世紀末英國夫子的境遇與政府高教政策，是否也會是台灣下世紀初的先聲呢？

（《聯合報》1996/12/3 第37版／聯合副刊。原標題〈教授的薪水〉。）

教師彈性薪資的迷思

四年前政大遭受不白之冤，依某資料庫的數據，列居台灣百餘所大學第四十八名。事後，政大非但不質疑，反而更迎合該資料庫的邏輯，為想要「迎頭趕上」，於是多種講座與傑出遴選辦法四出，春季一到，獎金飛舞。

本月初，政大再引經據典，發出問卷，名之為意向調查，實際上是為拉大高教的薪資彈性預作準備，這從所有問題的措詞可見一斑：贊成拉大薪資彈性的人，只需勾選贊成，無須說明理由；若勾選反對，就需說明何以反對。但彈性薪資足以鼓勵學術研究，是迷思，顯非科學。第一，政大如同許多大學，年資差異與特聘不算，教師等第，以及國科會乃至於他項研究獎助案加總起來，已經構成六至八級（或更多）的年薪等差，高低相去若有三至五倍，也不意外。

第二，存在於政大等校的高校薪資差距，早就在發生短與長的效用，但至今並沒有看到任何研究案，足以「證明」這樣的落差還不夠，還得人事單位以虛妄的競爭為名，揚起薪資的棍棒與蘿蔔，繼續更密集地、更猛爆地鞭笞或蠱惑高校教研人員。三年前政大敦聘講座時，各單位似乎還有些公開的討論與作業過程。其後各種傑出獎的甄選，各學院有別，但除了在不顯眼的地方公開大名，校方顯然未設機制，師生無從聽聞得獎理由，更無機會從中學習。這樣一來，標準不明而只是饒舌重複在某類期刊發表數篇論述，究竟是讓傑出獎發揮示範作用，以供有為者亦若是的景仰師法，還是徒然成為窠臼價值如同癌細胞的複製增生？後者若多，也將委屈屬於前項的人。有權力的單位理當先證明目前的差距不夠，同時揭出改進現行作法的方案，提供這些材料後，才能真正評估薪資差等是否應當進一步擴大。先入為主，擺出非得這樣不可而任意調查，這又比時下引發眾多物議的初選民調，能夠高明多少？

大儒傅萊（Bruno S. Frey）援用心理學動機模式，論證引進過多的外加之金錢機制，對於原本反求諸己而有內在從事動力的活動（教學與研究應該是一種吧），可能因為傷害個人的自決意識、折損個人

自尊，反倒致使人們從事於斯的努力，為之減少。不但如此，萬一拉大差距的孔方兄來源，不是外加，而是教研人員現有總量的彼此襲奪，那麼，教研士氣必受更大更不良的波動，教研成果將只壞不好。

假使外加，拉大差距的標準恐還是難以服人，外加的資源又來自何處？不外稅收，也就是一般人或企業受益稅，要不，就是學生得支付。有權力作此決定的單位，忍心下手作此損人卻未必有利於高教發展的舉動嗎？

社會若能提供合適的勞動條件，高校教學與研究人員就能，或說就應該善加運用與從事，無須高校有司單位假借國際化之名，威脅利誘，這種思維與作法最多是愛之適足以害之。高校並非沒有薪資彈性，正如同高校教研早就過度而不是國際化（正確地說，應是美英歐化）不足，表現於我們的教學與論述所徵引的材料，英美語遠多於中文或其他語文，就此說來，理當國際化者是英美學府，不是台灣在內的第二或第三世界國家。

（《中國時報》2007/6/10 A19版）

台灣教授平均薪資超過歐美

很多人說，很多媒介有聞照錄，也就跟著說，台灣的高教人員拚了老命教學與研究，勞心與勞力，所得實在低了些，甚至有一種誇張聳動的說法：「教授收入比小學老師差，誰想在台教書？」

教授薪資的問題，最慢在1981年就曾凸顯。在報禁年代，報紙只有十二個版面，且半數是廣告。當時，發行號稱百萬的報紙，投入五千多字，幾乎舉第二版整版之力，討論「如何提高大專院校的師資素質與學術水準」。其間，楊國樞提出的十個改進方向，就包括「提高大專教師的薪資待遇」。

其後，類似的建言與討論時有所聞，但如同水泡，不成波瀾。到

了這個世紀，光景起了變化。先聲奪人的是，「政大自聘名師　月薪廿多萬」，「加拿大挖角台大教授　年薪六七百萬」。不過，這些僅是預告，水閘開門是在2004年，教育部核准台灣的五十四所國立大學可以「自籌經費」，在講師、助理與副及正教授以及講座教授之間，植入第五種，名為「特聘」教授。2006年起，教育部再以「五年五百億」為部分大學提供特聘與講座教授所需增加的部分經費。

奇怪的是，水門開啟，沒有杜絕悠悠之口，反而，抱怨教授勞動所得的等級劃分還是不夠的各種說法，更是如同猛虎出柙，洶湧氾濫而驚心動魄：「待遇不夠好？國立大學鬧『教授荒』」、「薪水太差台大找不到教授」、「大陸數倍薪　政大系主任動心」。然後，「李遠哲警告：教授薪資低　差中港三倍」，「美國是台灣八倍以上」。

看來，台灣的高教人員薪資偏低，最高與最低薪資差距太少，已經接近「自我實現的預言」，即將三人成虎。眾口鑠金的效應之一，就是比較接近真相的社會調查遭致淡化，默默無聞。

最近就有個例子。有家機構的年度調查顯示，台灣的助理教授起薪69,311元，僅次於飛行機師、醫師與牙醫師，是第四位。但是，這則新聞與先前那些喊窮的新聞不同，沒有刊登在更為顯著的要聞版，是後段班，在財經版，並且從標題到內文，全部不曾提及這個「驚人的」排名，僅在該版的圖表可以看到。

何以如此？也許，殿軍的新聞價值低，也就不提？或者，十年來教授低薪，以及高學歷就業困難的印象已經成形；低薪行業，起薪名列前茅，怎麼可能！助理教授高薪的新聞，違反流行意識，所以無法凸顯？後面這個推理更為可能，因為該則新聞的副標題，強調的是「入行起薪⋯⋯高學歷則是倒退嚕」。

那麼，究竟在台灣的大學工作，勞動所得是高是低？更重要的，這些教研表現究竟與納稅人的精神與物質幸福，能有什麼聯繫？

如果對比歐美與台灣，答案讓人驚訝。

今年初，歐盟更新了資料，列舉十八個歐美國家的（助理）教授薪資。現在，取北歐四國，加上英、法、德、義、西與美利堅六國，總計十國，與台灣比較。

　　比較之前，三事說明。一是歐盟所列高教人員收入是月薪，乘以12作為其年薪。我國大學多有年終獎金，乘以13.5作為年薪。其次，台灣可能有15-25%左右高教人員執行科技部研究案，每個月有1萬元津貼，不列入計算。第三，台灣高教機構（主要是國立大學）的退休制度相對合理（如果屆齡離校），若因早退而更優，其增加的差額待遇也不列入計算。

　　比較之後的結果是，在2007年（歐美十國有五國的資料是這個年度），台灣助理教授的起薪，是台灣人均GDP的一點五二倍，教授若以中位收入計，是二點三七倍。再看歐美十國，兩個數字的平均是一點二七與一點八四倍。如果比較平均數，在台灣從事高教工作，勞動報酬明顯優於歐美。十國當中，英國的助理教授是一點三四倍，少於台灣同儕，但其教授薪資是英國人均GDP的二點六四倍，十國最高。美國的兩個倍數是一點二六與一點九六。

　　這就是說，從助理至正教授，台灣的平均收入不低，應該說是略高。若說薪資無法留人，平均來說純屬無稽。

　　那麼，是因為教授比助理教授的起薪高不了多少，因此容易被挖腳嗎？

　　這裡，歐盟的統計同樣再次告訴我們，應該不會。因為，台灣教授最高薪資是助理教授起薪的一點五六倍，還是高於十個國家平均數字（一點五二倍）。前述十國的這個數值，只有西班牙（一點七四倍）、英國（一點九七倍）與義大利（二點六六倍）高於台灣，但西班牙與義大利差距大，是因為助理教授起薪太低（比該國人均GDP還少）所致。

　　高教人員的勞動在於培育人才，在於敦促社會更能公平、正義與永續地發展。台灣高教人員的勞動所得假使不比歐美差，我們對社會的貢獻，較諸歐美是高是低？說自己不好意思。不妨說閒話，比較德國與英美。三個國家都是高所得（人均GDP在4-5萬美元），但德國更均等，基尼係數0.29，英美是0.3-0.4之間。再者，德國重視環境保育的綠黨力量，名列歐美前茅，綠色能源開發因此領先各國（可能僅次於南美的烏拉圭），核能電廠五年或十年內就將廢除。

但德國教授平均薪資是人均GDP的一點七六倍，低於英美的二點六四與一點九六倍，講座教授平均是二點一四倍，英美是二點八九與二點八七倍。當英美學生每年為平均1.5萬美元學費傷神時，德國免學費制度也適用於三十萬外籍生。對比後，平均一年工時1,388小時的德國，勝於英美的1,669與1,788小時，優劣立判，偏偏有《經濟學人》等等阿Q，以所謂期刊論文的排名，唉聲嘆氣，「扼腕」德國大學的國際大學評比成績，平庸不如英美。

（香港東網2015/3/10）

高教學府不能玩金錢遊戲

台灣高教人員的勞動所得略高於歐美，但長期存在的說法卻是偏低，原因何在？

第一，台灣橫向比較他國，雖然不低，但縱向自我比較，那就低了。依據主計處統計，2007的台灣人均GDP是59.9536萬台幣，到了2014年，已經增加至71.0407萬，調升比例達18.5%。至於（助理）教授，命運與所有公務人員相同，在這段期間，僅在2011年加薪一次（3%），因此，人們就有相對剝奪感，發為新聞。

不過，相對剝奪不只是發生在高教人員身上，也不只是發生在台灣，除拉美之外，財富向最高所得的人群移動，特別是從勞動所得移轉至資本與土地利得，也是一種全球化，從低階層到中產階級，都在這個過程受到損害。無論是占領華爾街的口號（1%對99%），或是美國總統歐巴馬年初的國情諮文，說要大舉課徵「富人稅救中產階級」，都是這個意思。

第二，這是因為比較標準的不同。台灣的平均高教薪資不差，是指其「相對」於台灣的人均GDP，假使是比較「絕對」所得，那麼，人均GDP本來就是台灣二至三倍的新加坡、香港或歐美許多國

家，當然就會高於台灣。這個時候，就有兩個情況，仍然可能強化刻板印象，讓人誤以為台灣教授的勞動薪資真的偏低。

一是歐美高校以符合當地水平的薪資，延聘較低所得的國家，如台灣的教研人員，那麼，對於歐美這些聘用國來說，這只是一般行情，毫無新聞性可言，但在台灣，這就有可能是高薪，可能成為新聞。在英國，成為新聞的反而是近年來，英國聘用不少前殖民地具有博士學位的新移民，以符合或低於當地平均的行情聘用之後，使其從事更為辛苦的基層教學工作。

第二個情況，據說出現在新加坡與香港這兩個城市（國家）。由於兩地所得分配的差距較大（新加坡的基尼係數是 0.437，香港是 0.537，美國也高，是 0.380 或 0.477，西歐、北歐與台灣在 0.223-0.342 之間），兩地的助理（教授）薪資是人均 GDP 的倍數，就會高於台灣及歐美，可能是二至四倍多。如果是這個情況，那麼，只要香港與新加坡以符合當地（助理）教授的薪資水平聘人，就會是歐美的一點五至三倍多，台灣的三至六倍多。這就難怪台灣傳媒與高教人，普遍認為薪資低於港星太多，只是，在此認知背後，也許沒有顧及這個事實的原因出在港星貧富差距大，而這不是光榮的事情。

最後，所謂台灣薪資低，不是論證，是以偏蓋全，是以例外作為論證。中國大陸的人均 GDP 低於台灣，如果需要聘用台人或歐美人，除了若干情況，多數可能會以歐美或台灣的薪資作為提聘的計算基礎，這樣，較諸台灣或歐美（助理）教授的平均，出價就可能高些，因此出現「大陸數倍薪」，台灣教授投效的新聞。假使大陸以香港與新加坡為師，那麼這個倍數就會更高。這類高薪聘用的新聞，與大陸人均 GDP 較低呈現強烈對比，增加類似情事發生時炒作新聞的空間。

在中國大陸，許多年來，這類新聞每隔一段時間就會出場。「陸經濟學家演講費　一場百萬」，新聞總是成為茶餘飯後的談資，日積月累，成為固定的認知。但是，這類新聞的意義，不是台灣或任何地方應該跟進。反之，必須先行給予定位，然後判斷，應該學習，還是深自警惕，切勿模仿。

早在 19 世紀末，原創力豐富的政治經濟學人韋伯倫（Thorstein

Veblen）就有經典著作《有閒階級論》。這本書的最後一章，談的正是「高級學識是金錢文化的一種表現」。一百多年過了，大學歷經變化，有擴張有民主化，但最近幾年卻又「復古」，走回炫耀的老路了。因此台灣跟隨世風，五年500億，堆砌出了「台灣擠進亞洲前一百名的大學」等等新聞。看來，台灣跟進高教金錢化的異化腳步，略有「國際水準」。過去一、二十年，各國人民為翻轉土地炒作、貧富差距、環境生態等等不豫的現象，努力奮鬥，各國知識菁英的掌權派卻在兀自玩弄高教百大與排名。怪了，怎麼不以民眾之憂為憂，就比誰的研究成果與推廣實踐，更能使得土地不被炒作、所得分配更均勻，以及，更能讓減量消費的生產體系茁壯呢？

　　高教如同任何志業，不能缺金少銀，但只說孔方兄，路人皆知，也是無用，反而會是金錢文化在教育領域的演練。去年以《二十一世紀資本論》，設定重要政經議題的皮凱提，在該書出版台灣譯本時來到台北講演。十位來賓一字排開，除他與另一女性，所有人都西裝筆挺。輪到張忠謀與談時，他說，「主辦單位……給我一萬塊，我相信主辦單位給皮凱提的演講費可能是我的幾百倍，這也很好，這樣我們才能請到好的講者。」

　　皮凱提嚇了一跳，他說：「根本不知道……主辦單位會給演講費，就算有，也會拒絕。」

　　他又說，「我們寫書不為官方榮譽」，也不求牟利，「我們為願意一讀的人寫書……我要努力嘗試，為經濟與社會知識的民主化有所貢獻。」年輕的皮凱提不是特例；九十五歲、得過諾貝爾獎、稱讚海耶克（F. Hayek），但也說「馬克思主義提出的問題迄今還是活生生，標準經濟理論無從回答」的諾斯（Douglass North），年輕時就數度姚拒加薪，寧願止於合理。

　　身不能之，但心嚮往之。諾斯、皮凱提，以及更多我們還不知道的國內外人士，都是以身作則，否認「高級學識是金錢文化的一種表現」。

（香港東網2015/3/30）

高教不低薪　師生比惡化是問題

《聯合報》昨天二版說得對，若有人前往對岸擔任教師，我們應該「祝福」。不過，台灣高教薪資是「廉價人力」的說法，也是指我們的高教薪資偏低，只能說部分屬實，但在作此強調時，掩飾了真正的問題。

去年，台灣助理教授起薪69,311元，僅次於飛行機師、醫師與牙醫師，是第四位。根據2015年初歐洲聯盟的資料，北歐四國，加上英法德義西與美利堅共十國，助理教授起薪平均是其人均所得的一點二七倍，教授是一點八四倍。台灣呢，這兩個對應數字是一點五二與二點三七倍。

這就是說，假使只看平均數，我們的高教所得不低，甚至比國際行情高。至於經常看到的低薪說法，是以特定高薪例子，也就是挖角新聞來對比，如同拿重量級的體重比羽量級的體重，自然懸殊。但這樣的比較不科學，其理至明。

那麼，我們的高教有無薪資問題，有。部分是兼職教師時薪太低，部分出在私立學校扣斤減兩，將教師的薪水減成給付。這些學校膽敢欺負博士碩士，原因至少又有兩個。

一是高教工會成立還不到四年，教師欠缺集體保障，往往流於任人喊價。其次，與歷年高教師生比的惡化有關。1991學年度，公私立大學合計，一位教師負責十八點五位學生；到了2012學年度，是廿六點四人。若以廿五年前的標準，等於應該聘用一百位高教人員時，我們只聘用五十五至七十人；假使師生比應該更低，那麼少聘的人還要更多。

少子化現象讓原本已經大量減聘的現象更見嚴重。就此來說，我們的博士前往對岸，彼此互蒙其利，我們少聘，他們目前還缺一些人。

當然，兩岸交流的另一個方式，就在彼此前往各自學府，親自教研與人際接觸。筆者參與編輯的《傳播、文化與政治》半年刊，上個月出版一篇文章，〈來去西安：一名台灣教師在彼岸的教學經歷與見聞〉，就是一個例子。讀過的人說，「余老師的文章好看，完全能感受

到西安經驗，何以讓他找回工作的成就感，以及當老師的幸福感。」

不是每個人都能有此經驗，但這個經驗的周知與提倡，價值應該不會低於高薪挖角的現象吧？

（《聯合報》2016/1/9 A14版。刊登的標題是〈（對岸大舉挖人才）高教低薪凸顯師生比惡化〉。）

玉山只有十一峰　談「教授薪資」

行政院推動「前瞻計畫」的過程，諸多不順，朝野反彈此起彼落，輿論少有好話。教育部公布的「大專校院留才及攬才計畫」，也就是「玉山計畫」似乎順遂不少；「台灣社會學會」對此發起的建言運動是空谷跫音，後續回響還待觀察。

「玉山計畫」相對平穩地前進，為什麼？原因眾多，僅說兩個：眾口鑠金一、二十年，教授薪資太低已成「常識與共識」；薪資既然羞澀，遇有機會，本國教授往外走；若缺重金，海外教授不進來。對於台灣產業的國際競爭，這很不利。

教授薪資低嗎？取2007年的資料比較一下。對照之前，先交代兩點：我國教授年薪以十三個半月計，執行科技部研究案一年12萬及特聘教授一年增加的金額，未予計算。

台灣教授若以中位收入計，是台灣人均所得的二點三七倍，英、美與德國是二點六四、一點九六與一點七六倍。然而，英美德三國的人均所得是我們的兩倍多，因此，假使比絕對薪資，台灣教授僅及英美德的五至七成，這可能是低薪印象的來源之一。本（8）月10日，教育部提出簡報，以新加坡與香港教授作為對比，前者薪資高於後者，年薪折合新台幣約是376至618萬，是我們的兩至三倍多。獅城的人均所得是國人的二點三六倍，又因其高低收入的落差很大（基尼係數達0.464，台灣是0.338），是以，獅城教授的絕對薪資，不但遙

遙領先台灣，也把英美德拋在後面。

以絕對所得論高低，並不科學。只是，既然說挖角，就得從俗，台灣物價是低些，國民所得的實質購買力是可能超過英國，惟挖角或防止挖角需要銀兩，無法不對比他國，孔方兄這個時候已成敲門磚，不是阿堵物。教育部因此從明年起，一年要增加30億預算，以新加坡的薪資規格，預定「國際攬才」與「國內留才」，累計一千位「玉山學者」。

但是，這個數字是怎麼計算出來的？我們是否真需要製造一千位「玉山學者」？台灣六、七成國土是山區，從丘陵、初級山、中級山到兩百六十八座三千公尺高山，才能成就玉山十一峰。同理，為學如同金字塔，要有質量充分的高教人力，玉山學者的拔尖，才有把握、方見協調。1991學年度，一位大學教師負責十八點五位學生；現在可能超過二十五人，顯見二十多年來，台灣高教基礎人力的成長緩慢，或應該說相對退步。未來人力假使無法改善，或甚至持續弱化，「拔尖」失敗或高度降低的機會就會增加。

怎麼辦？兩個建言。如果玉山減半、教授及科技部研究案加給也減半，如此，一年便有22.5億可以聘用年薪約百萬的新人兩千三百位。減半或減更多，消極來說，倒也稍能「大庇天下寒士俱歡顏」；但是，更重要與積極的意義，在於學風或可略改，同時為玉山學者儲備根基穩固的人才庫！

其次，教育部必須內化高教前輩的徵才用心。中央研究院前院長李遠哲在1994年為聘請張光直教授返台任職，另得贊助哈佛大學24萬美元，由於中研院並無預算與項目可以勻支，最後是紡織企業家陳宏正捐款，玉成其事。對肝炎防治有巨大貢獻的陳定信院士在1980年代中期，兩度前往美國延聘陳培哲博士，先備妥實驗室、排定兩位助理，所有培訓時程並都就緒，為國舉才不遺餘力。當年，徵才條件遠遠不如現在，已有杏壇佳話流傳至今，教育部人才規畫的執行者，來年青出於藍否？

（《人間福報》2017/8/18 第5版）

高教　對岸不共產　台灣薪不低

昨天蔡文祥教授批評「玉山計畫」，認為台灣高教人員的收入是「共產式低薪」。

但「共產式低薪」的說法，兩個不正確。台灣教授的薪資是國民人均所得的兩倍多，超過大多數歐美國家。「低薪」是因為我們的人均所得，原本不及歐美及港星之半；港星教授是台灣的三到四倍，是因兩地貧富差距大（基尼係數0.4以上，台灣高於0.3），因此港星高教等高薪人才的常薪，就是台灣的三至四倍。假使國人薪資高些，不平等度也能拉大，我們的高教薪資才能水漲船高，超英美趕港星。

「共產」中國的高教薪資，如今很多分成十三等，年終可能另依我們並不熟悉的作法，再有獎金分配，於是不同等級的高教人員之間，以及高教人與對岸的人均所得，差異很有可能超越港星，哪裡還有共產精神，遑論實踐。

蔡文又說，教育部只獎助六百多人年領600多萬，多數人「吃不到」，留不住「優秀教授」。這個批評也不對。沒有那麼多人因海外挖角而離職。「台灣社會學會」轉教育部的資料顯示，未屆退休年齡就離職的人，一年也才一四八位，並且其中以私校轉公校占了多數。

蔡教授僅以市場價格衡量高教，看似批評，其實是力挺教育部。任何事情沒有錢，萬萬不能，但高教人員要有多少錢（薪資），才能做好教學與研究，可以討論，僅另提四位經濟學者的說法，權作商議之資。

一是百餘年前美國人韋伯倫在經典著作《有閒階級論》最後一章，論及「高級學識是金錢文化的一種表現」；關心高教，得讓玉山計畫不要變成這種表現。

二是瑞士人傅萊說，引進過多金錢機制，對於原本反求諸己的活動（教研應該是其中一種吧），可能適得其反，使得人們主動從事的努力減少，扭曲風氣，往不好的方向變動。

皮凱提三年多前出版《二十一世紀資本論》，至今引發的正反議論尚未歇止。台灣譯本問世時，衛城出版社與聯合報邀他到台北講

演。張忠謀說：「主辦單位……給我一萬塊，我相信主辦單位給皮凱提的演講費可能是我的幾百倍，這也很好，這樣我們才能請到好的講者。」皮凱提嚇一跳，他說：「根本不知道……主辦單位會給演講費。」

最後是諾貝爾經濟學獎得主諾斯，前年以九十六歲高齡辭世。他不僵化，稱讚海耶克，但也說「馬克思主義提出的問題迄今還是活生生，標準經濟理論無從回答」。他寧願薪資止於合理，數度婉拒加薪，杏壇多有傳述。

（《聯合報》2017/9/13 A13版）

教授薪資低　可能也是假新聞

有些假新聞，輕易之間，就可判斷真偽。比如，某報早在去（民106）年元月就推出「謠言終結站」。它透過健康醫療版提供「生活」新聞，讓讀者知道，若要「去除蔬果農藥」，以清水不斷沖洗最好，不是先前以訛傳訛的「用鹽水、小蘇打」。

讀了之後，大家恍然大悟，必會相應調整行為。不過，到了12月，該報一反常態，它所要終結的「謠言」，首度出現「政治」屬性，版面也往前跳到要聞的位置。由於網路謠傳所有「中正」的校名和路名，都要更易，它引行政院發言人徐國勇（現在已是內政部長）的話，表示根本「沒有這回事」。然而，究竟該報糾正的新聞是假的，還是糾正本身才是假的？這個時候，答案也許因人而異。

假新聞若僅在三兩人之間流通，不是大事，但若有傳媒大肆鋪陳，自然就很嚴重，或有「人言可畏」，甚至殺人的不忍之事。近日，國家通訊傳播委員會提高罰則，將原本100萬罰金拉高至200萬，假使廣電新聞「違反事實查證致損害公共利益」，就是著眼於大眾傳媒的影響力，於是以法相繩。

另有一種新聞，幾乎所有傳媒都這樣說，並且是長期地說，而新

聞當事人乃至於政府機關，也都不斷說，致使形成眾口鑠金、三人成虎的效果，這就造成，雖然是貨真價實的「真新聞」，但假使客觀對照，就會發現這類「真新聞」有漏洞、不夠準確，不是來自於科學的認知，於是社會誤以為真，弄錯了問題的方向，以致受害其中，這是更為麻煩的「真新聞」，但造成的輿論誤導危害不見得小於假新聞導致的折損。

眼前就有例子。〈教部加強留才　「彈薪」再加碼〉，本月份開始，教育部以3億元推動新一波彈性薪資，明年將再增加至15億。再早些，黨政傾向與前一家報紙迥異的刊物，同樣在頭條也說、當晚多家電視則跟進的〈福建搶千名台灣教師……我教授出走恐更嚴重〉。

真是這樣嗎？開學前夕，陸委會說，即便大陸新增加對台措施三十一項，但推行半年後，大學教師轉赴對岸任教的人數並「無特殊異常狀況」。我們是有很多新科博士在對岸工作，這是好事，但原因不是本地薪資低，事實上，廈門大學因有多金的市政府補助，教授薪資9萬多台幣（達2萬人民幣），在大陸若非最高，也是數一數二。然而，廈門8月的房地產平均價格折合台幣將近71萬（台北市是67萬），比起7月已經下降3.35%。

台灣經常出現教授低薪的似真、實假的新聞，是因為比錯了。我們將海外的「挖角」薪資，比我們的「平均」薪資；我們比較海外與台灣教授的薪資，是「絕對值」，不是「相對值」。

假使要防止挖角，應該是行政院設置留才基金，遇有人因高薪出走，便可通報，依照個案處理，不是責成舉國申報。香港與新加坡的人均所得，是台灣的將近二至三倍，加上星、香貧富差距遠大於我們，因此其教授薪資若是我們的三至四倍，仍屬「正常」，台灣教授的平均年薪若150萬，他們就是450至600萬。

台灣高教的問題不是低薪、不是各級教師的薪資差距不夠，是其他。比如，太多年輕博士無法得到發揮所長的工作機會；又如，特聘與講座教授發揮學術領導與孕育良好學風的貢獻，也許不是太明顯。

（《人間福報》2018/9/19 第5版）

大學責任

評論時事　是大學社會責任

　　一年不容易，又是諾貝爾獎揭曉時。從以前到現在，最出風頭的大概非美國芝加哥大學莫屬。雙十節當天，只有二十八年歷史的經濟學獎，第八度頒贈這所學校，得主是盧卡斯（Robert Lucas Jr.）教授。

　　這些主流經濟學家，學術成就斐然，但他們真對社會有益嗎？著名的《經濟學人》週刊十多年前就開始懷疑，它開了本行專家一個小玩笑。1994年底，這家刊物做了一項小測驗，分別請倫敦清道夫、卸任財經首長、跨國公司總裁與牛津大學學者各四人，預測至去年底的十年間，OECD國家的平均成長率、通貨膨脹率、英鎊匯率，以及新加坡國民平均所得超越澳洲的年代。

　　今（1995）年6月初，結果公布，清道夫與總裁最準，並列第一。《經濟學人》於是說，最好的經濟指標，請見垃圾桶，如此這般，學政兩界哭笑不得。

　　同理，面對盧卡斯所謂的「理性預期」，或許也應該比照前例，尊崇之餘，不妨也來點嘲弄。比如，可能會有很多人想要問，在這個廣告充斥，不再供應產品資訊，而只訴求情緒的時代，消費者從什麼地方得到可靠的資訊，作為他們理性判斷的依據呢？如果真有理性，前些日就不會爆發女性團體抗議、公平會處罰，但那種煩得要命的減肥廣告還是依然故我，強迫大家「養眼」，整天報紙大大的版面，每日電視長長的畫面。

　　學界與政界的尷尬，還不只是必須不時回應外界的質疑，他們的關係經常也糾葛不清，扭成一團。

在走出國君以八股取士的封建年代，政教漸漸分離以後，近世學院創造知識並據以評論時政的空間，是擴大了若干，但距離自成格局，還有很遠。原因是多重的，其中之一是政治人物與學院雖然同樣領用納稅人銀兩，但前者卻擁有決定後者資源多寡的結構權力，前者的影響可以是立即而當下，能夠為人所見，後者如何具有影響力，則經常是迂迴而長遠，往往無法限期內觀察得知。由於這層結構與時間因素，對於身在杏壇的一些人，政治生涯就有了「致命的吸引力」，所以有學而優則仕的說法，而宦途若有不得意或至屆退的年齡天限，才有退居黌宮的打算。

站在這種有機會就衝向政界的對立面，另有一批學院人謹言慎行或忸於個性、機緣或能力欠缺與習慣，他們選擇不與政治人物接觸，寧願或只能廁身象牙塔，遙望遠視。但有機會有意願進軍政壇的人，或守候學術護城河而不越雷池的人，處今之世，時代不再容許，畢竟是兩個極端，數量較少。

或多或少，學院人士都會透過某些方式與社會或政界接觸。當前最常見的途徑之一，就是以演講、座談或在媒介撰文、亮相或發聲。

在台灣，更為引人注意的是擁有學院頭銜的人，在報紙上寫文章的現象。雖然發端、盛行於1970與1980年代之交，至今已見式微，但每日在報紙發表專論的教師或研究員，還是很可觀。中央研究院院長李遠哲，13日發表的〈選前省思〉文章，早一天即已見報。該文提及，只要作者署名任職中研院而作評論，則「由於社會的習慣」，外界多少還是會認為，作者「或多或少『代表』了中研院」。這就是說，即便申明文責自負，或強調本文與某（組織）無關，但凡是署名並交代工作單位，則任何公開在媒介或其他方式撰文的作者，都有榮枯相尚的關係，可能增光也可能損害其所任職機構的公信力。

實情確是這樣，除非撰文者不署學院名號。雖然如此做不能一勞永逸（因為久了之後，大家通常會知道撰文者的工作單位），但總能減緩一些組織的憂慮（也可能是使組織少了一點光輝）；或者，報紙乾脆在讀者投書版專設學院欄位，如同社論，取去所有撰稿者的人名與職稱，而其他邀稿等作業程序維持不變，得有相同的文字，免除個

人與組織關係的尷尬，不也是一個辦法？雖然另有副作用。

（《聯合報》1995/10/20 第 37 版／聯合副刊。原標題〈無名無職稱，只有文章？〉。）

我開會　給我飛機票

　　聽到我要出國開會，小丫好像抓到賊，立刻在電話另一端叫嚷，直嗔「又要浪費我們納稅人的錢」。

　　這樣的話，實在傷感情，拚了老命，好不容易才用蟹行文字擠出一篇論文，百忙中奔赴異邦，進行學術交流，居然如此下場，被人這麼奚落。

　　繼而一想，這好像也沒有全錯。英國伯明翰大學英語系教授羅吉，已經退休，他在校園暢銷小說《世界小小小》的一開頭裡，豈不正是以他數十年的觀察，調侃了、逗趣了從而讓人不免心有戚戚焉地感受到了神祕兮兮的學院內裡，究竟是怎麼一回事嗎？羅吉在小說中，有這麼一段比擬：「現代的學術會議，像極了中古世紀基督教徒的朝聖。那些人絡繹於途，圖個什麼呢？放縱身心，享受旅途所帶來的各色消遣娛悅，但外表啊，可要正經八百，故作自我改善狀。當然囉，鐵定是要聽聽別人發表的論文，至於自個兒呢，也許也跟著謅上一篇吧。」每一年，特別是5到8月，上自人文，下至科技，五花八門的研討會，一個接一個，此起彼落，爭奇鬥豔般出場，單是施準這個領域，最近兩個月就有七、八場會議，而且每場兩天以上，夠嚇人吧。通常，這些會議的順序可能是這樣的：5、6兩月，我們先邀請外人造訪，然後禮尚往來，咱們緊接在7、8兩月過洋回訪。或者，我們先去，他們後來，不變的是總有人來來去去，航空公司仰仗學者光顧咧。但死心眼、單只是為了交換見解的學者畢竟不多，無論是老外或是老中老台，尚肯自掏腰包，遠赴異邦開會的人，不會太多。所

以，誰來出錢？這正是小丫氣結的地方。

　　確實，花錢的大多是我們的納稅人，不是彼邦的納稅人。原因可能如後：我們主管學術的政府機關，比較鼓勵本國人以洋文發表研究心得，因此公布辦法，方便赴國外開會發表專論者申請補助，有些全額，有些是機票，與此對照，外國政府顯得吝嗇些。還有，國科會每年一次誘惑秀才的補助案，也例行要在最後一頁來個恐嚇，它的語意大概是「請問您最近五年有沒有在國際會議上發表過論文啊！」於是我們的秀才也就很重視這個要求，找些理由到「番」邦獻技一番，以增加自己得到獎助的籌碼。另一方面，我們的出資單位，也頗歡迎老外用英文到寶島宣讀他們的作品，有朋自遠方來，不亦樂乎？快樂之餘，奉上來回機票，外加食宿，如果經費許可，那就再慷慨些，致送一點零用金。

　　在風氣如此流動之下，有些學界論資排輩的標準也就跟進，凡是用洋文書寫者，比較高竿，高到了一定程度，則沒有洋文著作者，升等免談，再高些者，就出現奇聞怪譚：據說是有一、兩個科系，甚至要求升等的代表作，一定要使用外語哩。上世紀的最後一年，韋伯倫出版了《有閒階級論》，不正是以「高級學識是金錢文化的一種表現」作為結束的一章嗎？百年前美國的那些有閒階級，透過「廢棄無用的語言知識」，炫耀地裝飾了自己。如今，我們這個還在窮追猛趕，奔向合理社會關係的道途中的國家，也有不少人樂此不疲，喜歡用蟹行文字寫論文，而負責分配剩餘價值的當道政府，同樣忙不迭點頭稱是，出錢壯行色。

　　這樣的作法可以稍微改進。比如，上個月中成立的「中華傳播學會」的發起人曾經建議，凡是得到國科會或教育部等政府單位贊助，而用外語在本國或他國發表論文者，必須同時繳交中文版本，供作本國期刊評審使用。除此之外，乾脆省下機票錢，來個 HomePage，分門別類，將這些英文論文送進網路，於是，不必舟車勞頓，不必七嘴八舌，便利得很。

（《聯合報》1996/7/9 第 37 版／聯合副刊）

那年冬天　我們埋鍋造飯

「政大暴跌」，這話驚人，但不實。不是年年如此嗎？跌或不跌。新聞雖然失真，但也有塞翁失馬之六得。第一得，作為台灣部分主流價值的代言人，教育部、國科會多年來據以評鑑的標準，是否合理，至少在這次茶杯裡的風波，重新遭人檢討。

第二得，冷門科系應該存在，但由誰來支持，編制規模與人才的養成要如何調整，其價值如何以期刊論文及其他方式展現，也引起了討論。

第三得，國際競爭力評比之說，邏輯可議。我們以「英語」期刊代表「國際」競爭力，原已不妥。即便認可，則發表在SCI、SSCI、EI的多寡，以及為人引用多少，又怎麼與國際競爭力發生關係？不發表，說不定讓台灣更有競爭力。不發表，是不善盡責任，但無妨於我們吸收海外知識（有人、公司會因我們不在上面發表論文，因此就拒絕我們訂閱刊物嗎？），反而國際友人可能因不能知道我們的重要創見，以致知識來源少於我們，最後竟至因此而少見技術與人文社會制度的創新。

第四得，國際說既然有問題，則必然是教育部、國科會藉此另有他圖，比如，規訓學院工作者。部會手握資源，自可設置標準，責成伸手者向左走、向右轉。（這裡又看到了國際說的不通，國際間誰有資源在手，依發表在各種索引的文章數量與質量，給予多寡不一的薪資或獎勵否？）

第五得，教育部、國科會是中介變項，另有專業社群有力人士，甚至其他部會才是要求所謂的國際標準者。《立報》今日的社論說，「教育部何不併入經濟部？」，顯係有感而發。

第六得，學院人如同任何勞工與老闆、公僕，也得受評鑑，如果目前慣用的索引作法不足（不是說不要），則得另提他法。什麼辦法？說不定《那年冬天，我們埋鍋造飯》這本書，可以帶來一些啟示。十六年前的今天，新光集團關閉士林紡織廠。當年的土地價格飛漲、股市亂竄，老闆從中謀取暴利，成就自己的轉型契機，並無難解

之處。但是，工人呢？付出大半輩子的員工、從鄉下進城建教合作的學生，顯然沒有得到合理的對待。於是，無路可走的四百多位雇員，只能自救，開始了七十六天的抗爭。

《那》書由當時協助工人爭取權益的外力，歷經十五年的斷續作業，在今年勞工節由台北市勞工局出版。為什麼等這麼久呢？不外乎外力為謀稻粱、疲於奔命、人少事繁，也就難以抽身盡力於斯。這時，不免讓人想到，國內亦有勞工系所，而近年來口述歷史非常隆盛，假使教育部、國科會、各校的獎勵或評鑑辦法，也接受《那》書這類作品，則書早就應該出版了吧？若然，則現在高達五十萬的失業現象，是否仍有可能稍稍舒緩，至少受大量解僱的員工早就可從新光員工習得教訓，在與資方協商時，取得較合理的解僱條件？

貼切的、在地國際的、進步的、怡情悅性的人文社會學科乃至於理工農醫知識，其編修、創作與（透過各種方式之）普及，對於社會之祥和與改造，助益莫大，而所費甚少，只消作一調查，不難找出依現有資源，即可給予合理展現機會的門類（前述勞工史僅只是其中一小部分），但這種腳跟下小事，哪裡是有鴻鵠之志者願意眷顧的呢？

（《中國時報》2003/10/23 A4版）

「傳播與文化研究所」的夭折

生活在台灣的許多人都有理由好奇，過去十年，傳播媒介與傳播高教機構的數量　　先一後，急遽膨脹。但為什麼我們的資訊與娛樂環境，沒有能夠更好更多元一些？

我們最多只能說，媒介情色暴力的尺度寬鬆了些而少了幾分道貌岸然，政治黑手對媒介自由的侵犯是在收斂。我們最多只能說，狹隘的選票訴求，廉價的贖罪敷衍，宗教的一點情懷，使客家與原住民音像加多了一些曝光機會，使「乾淨」的戲劇與節目添增了表現的管

道。我們最多只能說，能夠有機會在媒介版面或時段書寫或講話的人，是增加了，人們是敢說話了。

但是，這些距離情色美學的解放，還很遙遠。距離活絡包括少數族群的文化或提倡進步的媒介內涵，還很遙遠。距離言談本於真誠本於溝通因此不僅說也能聽的境地，還很遙遠。距離國家善用權柄以給付國民媒介文化權利的責任，也還很遙遠。

眼前所見，仍是大小資本流竄的動能役使著作為「升斗小民」的媒介人，很有「效能」地操弄媒介空間。眼前所見，讓人懷疑，是否人們逐漸習以為常，覺得傳媒內容不相干、無厘頭、垃圾、侵犯隱私或誹謗之比例，雖已超過可接受之水平，卻無所謂了，反正「世界就是這樣」？

是否媒介「世界就是這樣」直接涉及兩類人，也就是生產媒介內容的人，以及研究媒介內容的人。他們應該有些說法，國家與資本家可以共謀無語、裝瘋弄傻或擺出「你又能怎麼樣」的無賴樣，記者與學者不能，至少不應該。

然而，記者報導與評論他人，但有關記者的願景與挫折，只有道聽途說與統計概括，少見聽聞的是學術探詢與厚實描寫。學術工作者探詢社會，但有關學界的抱負與因循，徒留評鑑浮誇與數字空話，稀有難尋的是現身說法與深刻刻畫。

現在，經過多年的努力耙梳與沉潛耐性，林麗雲博士的這本著作為傳播學術社群，跨出了踏實的第一步，這是難能可貴的率先示範。

不但示範，書中有一重要論點，可能指出了關鍵因素之一，解釋了資訊與娛樂環境何以未能隨學院傳播教育的擴張而改善。

作者認為，貫穿台灣第二次世界大戰後至今的傳播學院主流，狀似差異巨大，實則均在「普遍主義」的籠罩下運行。先前是「國府領導下達成反攻復國的使命；媒介與學術生產即被動員來作為宣傳反攻復國的武器……到了 1990 年代，在國際新自由主義下，國際社會的主流目標是資本主義擴張，在這個主流目標的影響下，媒介與學術則被視為提高國家競爭力的利器；傳播學術中應用傳播科技與資訊控制的領域擴張，（宗旨是提高）所謂的國家競爭力」，於是新聞傳播教

育的正當性，必須展現在其畢業生於就業市場的「績效」。

　　讀到這個論證，無法不讓人想起十餘年前的一段插曲，或許可以作為「績效」標準的注腳。1991、1992年之交，政大傳播學院隨著當時高教預算充足、公立大學仍在擴張的便車，原已經確定要設立「傳播與文化」碩士班。後來，一夕之間在某種未名的情勢翻轉中，該所未設立，反而讓位於職業導向濃厚的另一個碩士班。造成這個戲劇性改變的因素，想來必然包括從來就在作祟的「績效」考量吧？

　　無論是或不是，若從整個社會的角度看，當各校斤斤計較於績效時，顯然就是社會的不績效了，當各傳播院校都以績效為標的時，整個傳媒表現就難以讓人恭維了。這是「理性的個人，不理性的社會」的另一種展現形式。

　　怎麼辦呢？也許新聞傳播教育的宗旨得更弦易轍，畢業生從事相關行業固然不可排斥，惟在傳媒的政經與文化意義不但無法消失且會增強的趨勢下，引入更多的媒介公民及媒介識讀教育學程，以求從中養成耳聰目明的閱聽人，使其有意願有能力，聯手記者及學者共同打造合理進步的傳媒環境，可能同樣是值得推廣的變革方向。想來，這也是盡力在政大引進「傳播與文化」碩士班卻功敗垂成的學者，當年的一種想像吧？

（推薦序之一：林麗雲〔2004〕《台灣傳播研究史》。台北市：巨流。）

評論國立大學的合併

　　政治大學與台灣科技大學可能合併的新聞，轟然天降，致使報紙頭版的小標題，都說「教（育）部嚇一跳」。

　　教育部是因為自己的暗示與「獎勵」，竟然奏效，因此驚訝，還是其他原因，有待分曉。

　　但是，檢驗私人企業合併的成敗，站在業主的觀點很簡單，標準

就是能否立竿見影，或是若干年之後盈餘增加。高教機構不是，也不能是營利導向，則其合併的得失，怎麼評估？

標準之一是，自拉自唱。根據贊成合併者的解讀，兩校聯合聲明稿大致是說，兩校一是「頂大」，一是「典範」，一在人文社會知名，一在理工科技見長，若能成局，可望「樹立我國高教發展之最佳典範」。

不過，「頂大」與「典範」的說法，萬一早就是教育部與傳統上具有優勢的高教機構之共謀，是老王賣瓜，那麼，接下來若要再賣，不就落得「自賣自誇」嗎？若真已經頂大，又是典範，還需錦上添花嗎？假使規模大就是美，那麼以都會作為範圍，台北、新北、桃園、台中、台南與高雄，只設六所大學，那就更為省事。

第二個標準，其實是教育部手中可能掌握的金錢銀兩。對於缺失多於優點的十年頂大計畫，教育部檢討不足，還要加碼倍增，「擬推五年千億計畫」！兩校乃至於眼前不少國立大學的合併規畫，說盡漂亮話是表層，未來分得千億款項這杯羹，才是內裡。

教育部不會說合併就給錢，但會發明一些指標。果真如此，合當提醒三點。一是早在十多年前，前教育部長黃榮村就曾表示，近年來很多高教機構與學門，動輒以商業資料庫的洋文期刊數量作為判準，是「有失國格」的作法。二是去年科技部長徐爵民的言猶在耳，他說，「大學爭世界排名沒意義」，假使排名沒有意義，排名所經常依據的期刊等第，以及期刊論文的發表數量，意義也不會太大。

第三點提醒也很重要。高教工會說，大學合併很有可能模糊了高教問題，誤導了視聽，致使改革的重點，再次不在視線之內。比如，美國總統參選人桑德斯（Bernie Sanders）聲勢直上，八成以上年輕人支持，他的政見之一就是降低學費。台灣是否應該跟進？學費及其他議題的釐清（比如高教改革如何促進人類進步），一定比合併與否來得重要。

（《自由時報》2016/2/19 A15版。原標題〈大學合併　真病大〉。）

頂天立地　高教深耕的下一步

科技部每年以3,000萬預算，從2013年起推動人文計畫，鼓勵大學實踐社會責任。四年後，教育部也有這個項目，經費並增加至12億，試行一年後，已在2018年納入，並有一百一十六校得到支持，其中過半數是以「高教深耕」的附冊方式申請。

大學重視社會實踐，即便不是「國際正夯」，我們也應該認真看待，若能更上層樓，那就更好。

目前，輿論似乎對大學與地方共事，打造「阿公阿嬤新樂園、農廢環保發電站、漁村再生」，或是為「農田缺工、高齡……」等亟需眾人齊心協力解決或舒緩等議題，頗有肯定與報導。傳媒建構具有正面內涵及能量的新聞，而不僅是負面批評，這是可喜的示範。

這些具體的實踐事項，除了對地方（人）相當實用，對於參與的師生也是很好的培力經驗，讓人覺得使得上力，減少了無力感，是此時此刻就能對社會有些貢獻，誰曰不宜？更好的是，陳世明教授說：「我的研究論文就是寫下在這裡的一點一滴……。」

不過，這些年來的大學社會實踐，大致僅在「中層」。相對於「校園」實踐，目前這些實踐所著力的「個別社區或地方」是比較大的，但它們相對於「台灣社會整體」，又是比較小的。

按理，這三個層次的實踐若能結合，再好不過。人在中，地在下，天在上，「頂天立地」就是這個意思。

高教深耕往下生根，深耕「校園」的一個作法是，鼓勵「教科書」撰寫。雖然海內外這不是成例，但類似台灣的情境，應該可以打破大學成規，真正地創新，至少可以實踐一長段時間後另行評估，是否這個作法可以不受期刊論文（較少是專書）作為升等或求職的約束，真正服務我們的社會。

比如，各學門可以來個調查後，評估中文教科書是否欠缺（包括太久沒有更新）、中文教科書是否更能使教學更有效、學生是更願意使用中文教科書為主（外文書為輔），假使答案是欠缺、也更有效、同時也更願意，那麼在教科書寫作與出版沒有合理改善之前，以合適

標準評鑑特定教科書是否對教學有貢獻，從而值得作為升等的依據，難道不是造福校園乃至於大社會、是深耕知識的一個重要且不能迴避的管道嗎？

假使教科書已有不少，比如，作為人文社會學門的「帝國之學」經濟學，其教科書似乎多些，但夠嗎？夠多元嗎？需要多元嗎？海外從本世紀初的2000年，在歐洲大陸，就有第一聲號角的響起：〈法國學生高呼經濟教學多元化，孤僻自賞不足為訓〉。

這次行動在巴黎得到了不少輿論的報導，繼之，再有英國與美國的隔洋響應，並有教師組成「後孤僻經濟學」（Post-Autistic Economics）社團著述頻繁，近年又加入拉美學生，再有與時下主要教科書有相當差異的「核心」（CORE, Curriculum Open-Access Resources in Economics）教程可供上網自由使用。

這些至今已經至少有十八年的變化，與我們的經濟學教科書，能有什麼關係呢？還是這些本是雜音，無須哂笑呢？任何學門必然都會有各自圈內人士的隨時與適時自省，從而即便已有教科書，但凡能有新的教科書對這些新興的檢視，提出看法並據以編寫成書，不正也是值得肯定，從而在求職與升等過程，理當得到合理的對待嗎？

高教深耕增加鼓勵教科書出版作為評鑑的標準之一，是「立地」，「頂天」呢？下個月繼續探討與說明。

（《人間福報》2018/10/17 第5版）

稅與傳媒　談大學的社會責任

大學之道，在於善盡社會責任，亦即確認我們的獨特議題，進而敘述、分析與求解。

怎麼確認？就從「台灣（中華民國）是已開發國家」這個命題說起。如果是，我們至少有兩項議題，其他已開發國家所無，以致獨

特：「稅與傳媒」。

在已開發國家或地區當中，台灣稅收占國民生產總額的比例最低，居然比起經濟自由度過高、取稅業已不足的香港及新加坡還要略少。假使我們的稅收僅與香江、獅城相同，政府一年多1,000至3,000億可使。

由於偏低，我們必須忍受低福利。比如，《報導者》最新的專題說，「看似低廉的健保醫療底下，其實有著龐大的看護費用及請假陪病成本……無人可免。」又如，沒有國防預算的香港，社工員額在去年（2017）是一萬四千七百四十六人，人口三倍於港的台灣不及其半（七千零九十九人）；監察委員指負責食品衛生的員額，「香港優於我國十七點七倍」；我們每位消防員得服務一千六百七十九人，香港與新加坡是七百與九百二十五人。《聯合報》說，台灣約有一百五十三萬人情緒受困擾，一成曾自殺，但我們一位關懷員得追蹤兩百二十二位企圖自殺者（已開發國家約二十到三十位），致使防治自殺的工作「跛腳」。更傷痛的是，由於低福利，〈父殺腦麻兒，母：我們求助無門〉類型的事件，反覆發生；低稅低福利，使得我們眼不見為淨、裝聾作啞，久而久之，變相成為不以為意地殘忍嗎？

台灣真是全球最低稅而有這些不豫之事嗎？國人及政府視若無睹嗎？若是，是什麼原因？何以中央研究院四年多前提出建議書，慷慨指陳台灣沿用了〈不合國際潮流的稅制，應全盤改革〉未能得到有效的回響？

我們從1990年代中葉起，就有數量冠居全球的二十四小時新聞頻道。二十多年來，由於量多，製作新聞的資源稀釋，工作條件低疲，對於什麼是有益社會的電視新聞，無所期待的記者與觀眾口多，原本應當可以作為華人表率的民主政治，因為諸如此類的傳媒現象而讓我們若還敢於自豪，不免是以浮誇作為壯膽之資，或竟然是自欺卻未必欺得了他人。

我們空有亞洲排名第一的新聞自由，但無法完全引以為傲，原因多端，但與傳播政策長期缺位不能無關，甚至是最大關係？近日，文化部提出有史以來最有新意的傳媒政策，但其擴大公共服務媒介的幅

度相較於歐加日韓澳，差距還是遙遠卻仍無法得到普遍的支持，原因何在？

2003年以來，大學排名的戲局不斷，至今未歇。但眾所周知，美國排名最前，但其不完全民主的選舉制度羽翼了川普，經濟不平等遠高於歐洲、醫療耗用資源高過歐洲近三分之一卻有數千萬國民未能得到照顧。社會合理度在已開發國家中最低，大學排名第一，值得他國學習嗎？

不知是否在類似的認知下，三年多前，我們當時的科技部長徐爵民說，〈大學爭世界排名，科技部長：沒意義〉。有多少人認同這個意見，調查才能知曉；但近年來科技部與教育部也強調社會責任，那麼，認同大學排名沒意義的大學（人），若能彼此結盟，分進合擊而將稅與傳媒（還有更多）議題，界定為獨特或重要且必須尋求改善，則善盡社會責任已在其中，本來格局不大、彼此哄抬或自吹自擂、或只是炫耀性誇示的大學排名，至此也就遭遇強勁對手，不再主宰大學的定義。

（《人間福報》2018/11/12 第5版）

善用網路技術，建構和諧評鑑體制

如果我們願意，網際網路（internet）是學界在評鑑自己研究成果的同時，也能有助於教學，並服務社會的最佳技術手段。愈來愈多的學人已經接受並且運用這個機制，但至今這仍屬於比較個人式的投入，本文寄望政大及我國學術社群能以集體的認知與能力，挹注合理資源，為建構這個一舉三得的和諧評鑑體制，勇邁前進。

歷經近年來的討論，學界已經樹立評鑑的原則，包括「同儕實質評鑑，量化數據不具學術意義，不能採計」、「不應獨尊期刊論文，多元的研究成果應同等對待」、「各種語言平等，不宜獨尊英文，應

回歸華文寫作的優先權」、「避免學術商品化」，以及「學生受教權不應因研究而被犧牲」等等。

達成這些原則，固然可以假借傳統技術形式（期刊、報告或專書等等之「紙本」），但我們有理由相信，新的技術形式在召喚我們轉換視野，從而發現，網際網路比起傳統形式更為適合「學術評鑑」，它具有以下優點：

一、知識（含教學與服務之紀錄與經驗）之生產及其流通與庫存，同時完成。

二、出版週期所受限制減至最低，完成評審後數小時至數日內，即可網上「出版」，遠非年刊、季刊、雙月刊、月刊或書籍出版速度所可比擬。

三、作者與讀者（以及評審者）之互動程度增加，有助於相關議題的討論頻次與品質，從而有利於知識的積累與推陳出新。

四、更為經濟，無論是對於出版者的印製或讀者的購閱（期刊或書籍），成本都能減低，此時，我國學術期刊難以營利的實況，反而是利基，我們反而可能因為無法從期刊賺錢，竟可更加從容地擁抱網際網路作為「產銷」合一的利器，此時雖仍然不能賺錢，但已經因節省了成本而等同於是賺了，我們不妨說這是一種意外的蛙跳發展，也不妨說是技術給予我們有利的誘因，讓我們有了後出轉精的機會（海外許多英語期刊雖然大賺其錢，但很多國家的政府及其學人詬病之，因此推出了許多辦法要解決這個以政貼商的詭異情況，包括設置辦法，要求學術論文與報告能上網供人無償近用）。由於這些學術研究、教學與服務成果能夠以電子形式穩定存在，也可以同時減少生產者的空間庫存支出或壓力，比之於讀者，亦同。貨幣與空間之經濟優點之外，網路出版可能因為帶來了這些便利性，降低了人們的某種（書籍）占有欲，使人更能不為書役了。

五、和諧評鑑是指，我們因為自重，因此不希望他人透過評鑑形成他律，所以採取自己選擇材料公開周知的方式；自重同時也達到了自助之目標，我們不希望他人可能在自己並不方便配合的時間前來評

鑑，或以自己並不擁抱的方式評鑑，因此自己選擇材料，放置網路空間讓人近用。

六、愈多人願意以選擇前舉方式表達自重從而自助的精神，也就是整個學術社群與互助目標愈為接近。或多或少，由於學人工作成果更容易透過網路流通，等於是學術社群有了自己的「媒介」，有助於社群意識的萌芽、成長與茁壯，先前彼此互為李丁讚稱之為隱形團體或不成團體的現象，也能夠因為有了網路媒介而至少略微增加了改變的契機，假以時日或許就更加能夠逐漸脫離沒有組織的格局。這樣的建言，應該是與顏崑陽的呼籲相通。他籲請學界發展「普遍的自覺」，養成自評及他評的能力與嚴謹態度，養成優質的學術社群文化與倫理。

七、「六」這個方式，提供了無法透過同儕評鑑者，另一種展示其作品的機制與空間。同儕評鑑固然是不易之理，但終究時而會有遺珠之憾，或甚至也可能會有壓抑與排擠的作用，網路提供的展現管道，不妨視之為這樣的機制，即未能通過評審的學人取得了另一種機會，自己可以決定是否讓這些材料對外公開，或以此作為救濟之道。

八、雖然已經有不少知識流通完全透過網路進行（據說英語期刊約有2-3%純網路發行，待查），但網路出版顯然能夠兼容並蓄於傳統形式的出版，另有研究顯示，網路作品促銷了傳統出版品的銷售。

以上八種優點，僅屬任意列舉，彼此並不互斥，也不窮盡。為方便討論，我們不妨暫時將網路出版平台，稱作是「台灣人文社會華文研究、教學與服務全文收錄庫」（以下簡稱「全」）。這不是一次就完成所有的收錄，而是得依據議定的機制（如分階段、依學科、依人；又如先研究、繼之以教學與服務等，逐次製作……）。願意投入的材料愈多，就愈能吸引人們使用，超過特定門檻後，也就是「全」若納入了一定人數的研究、教學與服務材料，則有朝一日必定能夠「堂堂溪水出前村」，亦即促成了某種「網路效應」，吸引愈來愈多的人認知此舉是利己利人，是以更為願意將其前述材料，放入「全」之中。

「全」蒐錄的優先順序可以釐訂。較無疑問的是，已經發表為書

籍、專書或期刊論文者，在確定作者有權作此授權者，不妨優先列入。其次，由於在台灣的華文人文社會學刊迄今少有，或根本沒有可透過價格機制而有效流通者，因此不妨考慮，既然目前技術已可容許期刊或書籍製作品質之精良，可以媲美傳統之作法，但其印製數量及價格能大幅度降低，那麼，何不所有期刊均以發行網路版為主，紙本為輔，印製數量只需提供作者、評審及各需要庋藏之圖書館即可？

　　至於「全」是否真能啟動、是否能夠達到一個願景，使日後有人希望了解台灣人文社會的研究、教學或服務成果時，就立刻能夠想到「全」，進入其網址，顯然取決於眾多因素（包括各次學門是否已經有專業社團就此努力），顯然有眾多技術與組織的課題有待面對與解決，惟並無疑問的是，假使學術評鑑的機制從他律與競爭，轉向更多的自重與合作是值得追求的目標，那麼，「全」的建置應該值得政府主管學術行政的機構列入其重點工作計畫項目之一。在主管機關還沒有開始前，各次或次次學門認同這個理念與作法的人（組），也可自行師法Creative Commons的作法，先行推出本次（次）學門的「全」。

　　談了這些優點與願景，還得談一些資源網路化後，可能導致的副作用，其一是學人的閱讀數量可能大量增加（因為閱讀材料可方便地自網上取得），其次是電子閱讀對視力帶來更大耗損。同樣，可能還有更多的副作用（如，有人很關心，這是否將助長cut and paste的抄襲及不思考傾向？），但並不見得不能預先解決（如，印表機普及，個人可居家方便地列印作品）。

　　這些優點是否能克服現有作法與制度的慣性，也是問題。以政大來說，是否各單位及校方願意投入資源，作此轉化或並行，是個問題，惟假使政大能投入1,800至2,000萬興建及每年投入數百萬費用維修高爾夫球練習場，那麼，這個問題與其說是經費之有無的資源問題，不如說是觀念層次的問題。投入之後，除了網路平台的硬體建設，相應就是論文（包括書籍等）的公正審查及流通中心之建立等等。最後，非常重要者是「品牌」的創立，也就是要讓這樣的網路平台廣為人認知與信任，從而如同「開卷有益」，要讓使用這個網路平

台的人能夠合理預期,他或她可以定期(無論是每天每週或每個月)從中得到或找到對他們有意義的作品。

　　最後,公開上網除流通資訊,以期有助於形成學術社群之外,它多少也是提供一種機制與管道,作為自我記錄與評鑑的文字,從而讓外界知悉學界之所作所為,並對我們自己產生監督作用或讓我們更能自我惕勵。除了主管機關是否願意將此建設列為重點之外,個人惰性、個人對於隱私的想法及其秉持的著作權觀念,以及公開可能對個人形成的壓力等等,都可能是影響「全」能否推動,以及影響其進展速度的因素

(政大傳院《傳播研究簡訊》第44期2006/1,頁6-9。)

一種學術資源的再分配

　　台灣、中國大陸、香港與澳門三十二家大學今(2015)年11月集會,「承諾共同訂定中文學術期刊的評鑑標準」,因為「我們的語言和文字,承載了我們的文化、歷史和價值」。

　　重視母語,天經地義;期刊評鑑,可以討論。

　　在香港與澳門,受限於歷史,發展學術中文期刊比較晚些。在台灣及中國大陸,雖以中文期刊為主,卻有奇怪的現象,這就是說,兩岸的學術評鑑如同港澳,不一定重視中文期刊。

　　若能治癒看重外文寫作這個「有失國格」的宿疾(台灣前教育部長黃榮村語),兩岸四地的大學想要共同制定期刊的評鑑標準,是有至為根本的價值,所有中文刊物無不應該支持。

　　不過,萬事仍得退一步設想。海外期刊若能知名、形成特色,似乎是通過時間的考驗、沉澱與學界口碑,是逐步積累的過程,是學術論文之閱讀社群自發自治的結果。

　　然而,在兩岸行有多年,學術期刊的等第劃分,涉及學術行政機

關不同程度的促成。

但是，與其介入期刊等第的劃分，學術行政機關（與學術社群）應該研究的是，華文學術期刊欠缺哪些條件，以致無法如同海外期刊的通例，假以時日而凸顯各自的特徵，並在學術社群形成不言自明的認知？

比如，兩岸行政權力涉入期刊評鑑的程度，雖有差異，但對學術期刊的健康與茁壯，是否適得其反，造成了傷害，不一定是提攜？

學術人的工作，不外「教學」（若在不招收學生的機構，如台灣的中央研究院，則無教學責任）、「研究」與機構內外的「服務」等三個項目。決定是否能夠在本機構繼續工作，以及職等是否升遷，在台灣主要依靠研究成果。這個時候，主要的評估依據，得看當事人的論文（期刊、專書、會議論文等等）質量，通常是委由機構外的同行數人審查。

此時，接受考核的情況，可能有甲乙兩類。甲類涉及非同行審查，可能需要參考期刊的等第。乙類是同行相互審查，應該無須假借期刊的等第，又可以分作兩種。

先說甲類，劃分期刊的等第，若真有必要，這可能是唯一情況。常見的例子是，高教行政機關要從許多，比如十個，不同的專業領域，決定較少的人，比如五個，給予額外肯定與獎勵。這個時候，是有可能無法完全同行考核，於是出現期刊的高低等第，以及受獎勵者的發表數量，可能成為重要的獲獎參考，乃至於依據。

但乙類的兩種考核，都是同行審查，應該無須參考期刊的等第先後。第一種是今日的我，比昨日的我。是看今昔之間，短則兩、三年，多則七、八載，我是不是已經有了合理的進步，達到了升等的要求，或符合留任的要求。

這個時候，機構外審查人的責任，是在詳細閱讀受考核人所提供的代表著作（通常在一至三份，佐以其他參考作品），質量是否符合水平，他或她的學術判斷，可能與期刊審查人的認定相同，可能不同，但若說期刊審查人的分量，理當高於機構外審查人的權威，並無道理。

乙類的第二種情況是，在本行數人之間，互作匿名比較，如台灣科技部的年度研究案申請。此時，申請人的過往研究表現，加上當年的申請計畫本身，共同決定了結果。多年來，各個學門申請的通過比例，似乎略有下降，但也許仍在 40-50% 左右。但是否下降，不是重點，重要的是，此時的審核仍然是同行考核，負責審查的人同樣是這個領域的專業人士，因此對於申請人研究表現的評價，與乙類第一種相同，其權威與期刊的審查人，不應該有任何高低的差異。

就此來說，高校機構在考核學術人員的升遷與留任，科技部在決斷申請人的學術表現時，如果用暗示或以明示的文字，要求審查人給予特定類型的期刊（無論是外文資料庫期刊，或是本國行政機構認可），較為優厚的評量，並不恰當。

學術行政機關並非不知道期刊強行劃分等第之害。因此，台灣行政院科技部的前身，國家科學發展委員會的主委與三位副主委，即曾聯名在報端發表評論。他們表示，無論是比較粗糙，僅看期刊是否收入（海外）商業學術資料庫，或是更進一步，將期刊的所謂影響因子列入計算，這些「科研指標」在台灣學界推展十多年來，除了必有「人文社會的應用……局限」，其在自然科學的弊端，也已經明顯得讓他們不得不強調，「學界過度評比科研指標的趨勢，應該予以稍遏」。

科技部長徐爵民今年 5 月更進一步表示，他說，〈大學爭世界排名　科技部長：沒意義〉。排名沒有意義，排名所經常依據的期刊等第，以及期刊論文的發表數量，若有意義，不會太大。

學術行政機構介入期刊等第的劃分，常態是委請學術人依據指標審查。但是，不公正或根本不可能公正的情況，早就在所難免。更大的缺點則是，它排除了透過學術社群的使用經驗，逐步由學界自己認定與形成，從而是更有價值的、屬於真正自治的評鑑。

學術行政機構與學術社群愈早集體改正這個窠臼，對於學術及其期刊的健全愈有幫助。但學術行政權力尚未行動之前，學術社群尚未集體行動之前，個體仍然可以自行作為，投入「學術資源再分配」的行列。

　　依據現制，學人而特別是需要接受機構考核，決定是否能夠升等，或繼續留任與保有工作權的人，往往傾向於向行政機構所認可的期刊投遞文稿。這個現象可以理解，無足為奇。不過，學人在學術行政還沒有改變之前，仍然可以從三個層次，為改善學術研究的評鑑而有所貢獻。

　　一是審查學界同仁的研究表現時，僅考量其論述本身的質量，期刊在所不論。其次，不標示研究成果所發表的期刊，是否進入行政機關的認可之列。其三，行政機關所認可的期刊，僅是次要投遞論文的對象，學人可以變更常態，優先向並未列入行政機關所認可的期刊，作為首選的投稿對象；若能如此，最後這個作法會是學術資源的一種再分配，資深的人向新興刊物移動，挪出的主流刊物空間，可以讓學術新秀進駐。

　　以上三個層次的個體貢獻，愈是資深、愈是沒有升等壓力，也無意跨領域競逐行政機關肯定與獎勵的資深同仁，愈是會有貢獻的能力。如同社會的健全，需要各盡所能，學術的健全，同樣需要有這個認知與客觀條件的學人，盡力於斯。

（《傳播、文化與政治》2015/12 第 2 期的「編輯室報告」，頁 i-iv。以「編輯委員會」名義撰寫。）

山的政治・好生活的召喚

何必曰高？有山則爬

第一次登高山，唯一想到的就是「下不為例」，如果平安歸返，鐵定不再登山。

當時，南湖山難事發未久，我那略嫌瘦弱的軀殼架放著又濕又已經為冷風吹硬的泛黃卡其衣褲，齒牙打顫地蹲在審馬陣黑水塘前，感覺眼前的南湖大山宛若異形，即將壓頂。

但我終究一而再、再而三地回歸，情況許可就走向高山，否則近郊小丘亦不拒絕，再不行則多待在校園自行禁閉，也彷彿是離家園近了些、情緒也比較能夠自在。

在陌生、恐懼而「不可自拔」的三部曲，我對山的迷戀，以後見之明，仔細想去，總還是脫離不了對於人事的好奇。人到了山上，欲望降得其低無比，一口水、一顆糖果，如果還有一杯熱茶，那就已經是神仙；人到了山下，即便不想飽暖思淫欲，幾乎無所不在的各色各樣誘惑，總向人招手。山上的生活，你我他各自獨立行進，卻又共食共進共退共擔負；回返人間，日頭赤焰焰，隨人顧生命。

以前，別人把我的登山興味帶了出來，現在，我總希望引介一些朋友，也許他們也會對山產生情感。所以，「何必奔衝山下去，更添波浪向人間」只是說說而已，真正的浪漫，還在回歸塵土。

（《中國時報》1992/7/25 第 27 版／人間副刊）

山的報導文學：與子偕行

　　單純地把山林當作怡情悅性、走避紅塵的人，將會發現登山原來可以這麼知性；研究台灣史的人，翻讀全書各個章篇，終會恍然大悟，原來還有這麼一片歷史天地，單是從文獻的查詢，必然無法得到親切而人性的體會；舉辦野外活動，卻只能沉溺在所謂自強團康遊戲的組織，如救國團[2]，將要覺得慚愧，辜負了台灣豐富林相所可能給予青年人的啟發。

　　這本書的十二篇文章讀來引人入勝，除了〈喜馬拉雅〉與〈漂鳥精神〉以外，都是兩位作者十五年來利用工作餘暇，從台灣的北走到南，整理史料加上親身訪談，然後實地耗時流汗而又冒險地勘查，最後透過雋永的文字記載，呈現在讀者的面前，正是應該會得到人人摩挲再三的《與子偕行》，這本文藝史事兼而有之的山川古道文集。

　　希望更多的人，尤其是青少年人，能夠品讀這樣的一本書籍。以文字滌蕩身心，讓人神遊之餘，這些文字應該也有一些潛能，可以激發藏在每一個人心底的情愫，在感染作者的登山哲學之後，更誠摯地走向山。

（《中國時報》1993/06/11 第 32 版／開卷周報。介紹楊南郡、徐如林〔1993〕《與子偕行》。台中市：晨星。這篇短文刊登後，前輩楊南郡清晨來電，彼此結識，他並介紹我認識日後同行登山將近三十年的黃國盛。一或兩年之後，老楊〔前輩讓我們這些晚生以此相稱〕再次來電，表示他找到第一等級的歷史古道，讓我同行。那是「浸水營古道」，現在，手握徐如林與老楊生前兩年出版的《浸水營古道：一條走過五百年的路》〔2014〕，我總悔不當初：彼時入政大未幾，不好請假，錯失與前輩同行、學習的機會。）

2　該文應開卷版主編說明，取下四字「如救國團」。於今回顧，當年或許無須揶揄，近日讀新聞，指「不當黨產處理委員會」〈贏　救國團 61 筆不動產　准移轉國有〉（王宏舜 2023-01-07/聯合報/A14 版），反而念及昔日救國團活動的正面內涵。

五二三‧我愛山

　　五二三就是「我愛山」的意思。但山怎麼去愛呢？有人是專門摸埋在山頂，用途是測量地籍的三角點。大二那年與羅鳥因誤闖而夜宿組合山頂，凌晨四時許，突然聽到人聲鼎沸，夢中驚醒，原來是呼喊著「三角點借摸一下」，頂峰空間小，我們的帳蓬蓋住了那顆埋在土中的基石。愛山，有些人的意思就是登臨絕頂，腳踏三角點，然後照相，然後一溜煙，又匆匆奔衝下山。

　　真正愛山的人，從來不如此騷包，單是為了照相而急急忙忙，活像孫大聖，足登三角點留了影，這就一溜煙不見蹤跡。愛山，就是靜靜地，慢慢行走，放緩腳步在山區徘徊，有如訪問好朋友，這裡摸摸、那裡看看，坐個夠說個足。當然，天有陰晴圓缺，山區更是晴時多雲偶陣雨，如果天候容不得人這麼悠閒，必須趕路，倒也應該多上山幾次，以示誠意，三顧茅蘆，山門一定為君開。那次不小心住到組合山頂，為的也是探堪「卡保山縱走逐鹿山」的路徑，前後總共踏查四次，才算功德圓滿。愛山，就是要有耐心，鍥而不捨地在她懷抱裡打滾。

　　再來就是玉山了，連同這次，平了雪山的紀錄，總共都是走了三趟，風味各有不同。十多年前的畢業前夕，應允杰仔，充當他的玉山秀姑巒山的嚮導，從東埔出發的前一晚，夜宿水里，想到必須照料即將接班山隊的十多位小山胞，心情也就不容易輕鬆，徹夜輾轉反側。兩年前搭彭酸的車，沿路數落爽約的何公與羅鳥，初試高山滋味的彭酸，躲在車內不敢出來，但怕什麼呢？只有兩個人，大可快意一番，於是帶著睡袋溜到塔塔加的涼亭，望著夏夜沁涼的星空，也就入了夢鄉。這一回，大隊十多人省卻水里餵蚊子之苦，也用不著露宿看星子，而石頭、六七四、拉吼與小松鼠幾乎背光了公糧與器材，剩下的歸「植物人」阿廣，菜單也由阿香打理好。萬萬沒有料到的是，夜半鼾聲，一路從鹿林、排雲，直跟到了觀高林班的舊工寮，而更讓人跳腳的是，鼾聲公居然先下手為強，晨起第一句話是：「昨天晚上都沒有睡著。」愛山，不必計較太多，也不用擔心會因為睡不著，亡失了

明天走路的力氣，走進綠色天地，人體最原始的精髓，已經自動進行化學作用，愛山的人這才發現，自己的潛力原來如此豐富。

　　燒垃圾是愛山的另一個方式。[3]按照道理，爬山的人都是重視環境保育的人。但還是有不少山客，離開主人庭院之後，大刺刺就把罐頭、鋁箔包與塑膠製品等等千年不壞的殘骸，四處飛扔，或是就在營地附近丟成一堆，日積月累竟也是另一座小山丘。服預官役那一年，偕同騷包、小雞與江一帆去爬觀音山，對這座五百多公尺的死火山不以為意，也就往上直走，顧不得是不是正路。就在滿心狐疑，納悶恐怕要創下紀錄，迷途於被濫葬濫墾的千瘡百孔的山區時，前頭的小雞一腳陷入了雜物堆，幾個人湊近瞧瞧，乖乖，什麼亂七八糟的東西都有，幸虧7、8月的豔陽已經把它曬乾，否則流出臭水，那還得了？海畔逐臭之夫，追到了山巔哩。順著瓶瓶罐罐，爬升十多公尺，從硬漢嶺的石碑衝上了觀音的額頭。第一次住宿八通關，是從南二段過去的。當時，來到這個兩千八百公尺的美麗草原，即將回返平地，時間多多，剩下的燃料也很多，於是吆喝老少山胞，四出蒐集垃圾，澆點煤油，放一把火燒了。以前爬山，很少帶罐頭製品，大多盡量醃好肉品，現在受到工業商品的誘惑，比較懶惰，不但肉品，就連飲料也常是罐裝。這次玉山行，小松鼠的良好示範給大家上了一課，手舉石落，圓鼓鼓的柱形體，變成一片薄薄的鋁片，裝起來丟進背包。享受工業品的代價，就是多製造一份垃圾，所以，還是把肉醃好，帶幾兩茶，然後就地取材，多喝一點山上的水，各種人工包裝、處理過的飲料，能省則省，讓平地的留在平地。

　　多識植物草木鳥獸之名，這更是愛山的表現。擔任山隊攝影組長時，剛好資料組的簡阿姨喜歡植物，於是商請當時（現在不知如何？）頗為熟悉野生植物的英語辭典專家蘇正隆先生，領著我們到學校附近拍照植物幻燈片，事隔十多年，現在只認得長相突出、粗糙表皮布滿麻點的綠色而可怕的咬人貓（郭力昕「不識貨」，差點摸摸它的頭咧）。從玉山往八通關移動時，阿廣這個植物專家想要自我解

3　當年的登山觀念，後不見容。

嘲，嘟嚷著說：「認得這些散播山間的生物幹啥？」那個時候，可能是山風吹得人舒爽，腦袋跟著靈光，我突然聰明了起來，趕緊接上了嘴。花花草草的名姓、性質與生長資料知道多了，不說偶爾也可能產生實質的用途（比如，解渴止饑，砍水藤、吸水藤的樣子，一定很帥），更有情趣的是，這也好像走在街上，萬頭攢動，卻沒有認識一人，不是頓時讓人覺得人海茫茫，心生空虛嗎？如果三兩步就是面熟的人，甚至能夠說出他她的名姓與性向，走在台北街頭的失落感，大概減少許多。玉山圓柏、鐵杉、玉山籟簫，一路往下找，直到法國菊、七葉一枝花都在眼前現身時，觀高也就不遠了。

再能接觸一些歷史掌故與文物遺跡，那麼，山也愛你了。這次的隊伍有老楊這位山林前輩，我才知道，原來日據時期登玉山的路線，從塔塔加就直接攀上稜線（現在是從山腰緩進至排雲），然後沿稜縱走過西峰，下排雲，轉進森林之後，循東北方向切走山腰，繞走南峰再順稜而爬抵玉山頂（光復後改採目前通行的風口路線）。聽了拉吼的故事，會想到一些什麼呢？滿臉酋長相的拉吼，十四歲時隨行台人及日本聯合組成的登山隊伍，幫著扛糧草，到了玉山巔。當時，日本人被驅離台灣已經二十年，但登頂後的升旗儀式，太陽旗不僅優先，它還高高在上，青天白日滿地紅暫屈邊角。住宿觀高的第二天，我們四個人隨著老楊回走八通關，2月被火燎原的草坡，清楚出現了日據古道與清朝古道的交會點，由此直到大水窟，共交會十一次。根據文獻記載，八通關這個草原，應該可以找到七尺巨石所刻寫的碑文「過化存神」，就如同清古道起點所樹立的「山通大海」與「萬年亨衢」，老楊說他先前已經尋覓過，從觀高直上森林而垂直攀臨陡峭的八通關山，但一直沒有發現。會是這個石碑勒立在金門峒大斷崖旁邊，隨著土石被陳有蘭溪侵蝕而掉落溪底、粉碎了嗎？讓這類性質的歷史留一點謎，就像霧氣山嵐從谷底翻湧而起，擴散四霱，把人籠罩在迷迷濛濛的未知世界裡，也算別有一般滋味在心頭。

玉山行到了樂樂時，已近尾聲。我跳啊跳地摘樹果，鳥仔只是猿臂輕撥，果子手到擒來，他高還是我矮？石頭這個布農族的新新人類，總算首肯我唱的山歌也有好聽的時候，不再割他的耳朵。靜得有

若山石，別人快樂他也就很快樂的六七四[4]，在這裡背起阿芬，連跑帶跳，只比我們晚幾分鐘到東埔，不可思議，丹爸驚嚇得目瞪口呆。淋浴時鄰室的鳥仔提起路旁兩隻遭人遺棄的白蹄新生犬，一路惦記，搖啊晃啊回到了台北，又再思想起。山。

（《中國時報》1993/7/10 第22版／人間副刊）

山的政治

10月最好登山，否則辜負秋高氣爽大好時光。實際情況也是如此，光輝10月的假期特別多，從北到南，五嶽三尖的訪客絡繹於途，拜政治節慶之賜，名山勝水得以不寂寞。

不過，將登山與政治聯想在一起的人，好像很少。等到政治人物想到了，卻經常是利用登山作為宣傳，到了這等田地，即便不讓人與終南捷徑的故事放在相同格局，登山最多也只是仁者的代名詞，但什麼是仁者？心境平和，與人為善，因此也就對於人剝削人、人剝削環境的此起彼落的劇碼，視若無睹，不肯記憶，不願意多說多談的人？

然而，登山，尤其是在台灣登山，其實應該最容易促使人關心政治，關心反對政治，反對人剝削人、人剝削環境的政治才對。

第一，山友經常出入崇山峻嶺，因此也就比常人多出了許多機會造訪住在山區的原住民，也比較可能與原住民發展出更為親近的感情，至少，山友在精神上會與原住民更能溝通才對。但台灣高山几族的現況，竟是如何？流落都市叢林、放逐遠洋漁業、流落煙花巷，這些原住民蒙塵的新聞，其實也不再新鮮了，而曾幾何時，外勞入台，提供更「好」的被剝削條件，至此，原住民欲求被剝削也不可多得，

---

4 劉居賜。2019年秋，我與黃國盛等人再登玉山時，與六七四相遇於排雲山莊，他已任山莊管理員多年。

有所不能了！山友對於此情此景，即便尚未達到椎心之痛的程度，至少是不會沒有感應的。登山的人從長時間的接觸，在荒山野林的生活久了，自然也就多積累一份對於原住民的感情，若能將此情愫轉化成反對政治，繼之以行動，那才痛快。

其次，當登山客扛著大背包，從平地搭車，盤旋山路，眼見綠地慘黃，拾級而上時，必然怵目驚心。每當想到達官貴人為了與財閥交際的需要而開發了高爾夫球場，卻意猶未足，反而更進一步要向中產階級推銷，甚至有些大學也開設高爾夫球課為彼助陣，卻全然顧不得小白球不適合台灣，破壞林相土壤、汙染水源的事實，愛山愛自然的人，還能坐視不管嗎？台灣打高爾夫的頭頭說，他只有這個嗜好，不可不打，聽到這種話，山友一定非常生氣。今年夏季的賀伯颱風帶給國人慘痛教訓，但過不久就傳出新聞，說台中至花蓮間還要再開一條快速道路，讓人難以想像。新中橫柔腸寸斷、土石崩塌，竟然又有新新中橫蠢動，想要堂皇登場！再回想到新南橫的爭端，行政院企圖修法強渡關山，使公路穿越土質不宜，而且是台灣最後一塊稍稱完整的生態保護地大武山區，能夠說是沒有利益薰心的作祟，那才讓人稱奇。有人公然炒地皮，就有內應在朝，說有道路才能開發，才能對於東部居民帶來好處。

台灣的登山史，說來話長。登山活動的內涵，從早期的怡情養性，休閒健身，到了晚近幾年，生態植物的考察、歷史人物風情探勘、地質水文的追蹤等等，好不熱鬧。但熱鬧中還有一絲欠缺，這就是保守政治的登山健行活動，二、三十年來，伴隨救國團的推展，早就風靡了不少大專青年男女，但激進政治的講習卻迄今無緣問世。

台北地區頗有些登山社團（如雨路），近年來不再只是純登山，而是以書會友，以讀書增廣山林生活的內涵，若能更進一步，以登山養育不忍人、不忍環境之心，然後推而廣之，集結山友的力量，為反剝削的政治志業，略盡棉薄，那才真正是青山見我多嫵媚了。

（《聯合報》1996/10/7 第 37 版／聯合副刊。原標題〈登山激進術〉，後略調整後刊登在《登山手冊（1997-1998）》〔邵定國編著〕，台北市：登山讀書會。）

拾手可得的生活樂趣

這本書真是第一流的雅意、第一流的寫作、第一流的譯筆，佐以賞心悅目的版本、插畫與編排設計，讀來真讓人得到了許多的「生活樂趣」。

憧憬有個庭院的房子而不可得；退而求其次，好歹找個頂樓，以便有個屋頂可作空中花園，還是不可得。最後，我們這個可愛的作者如同絕大多數的你我，只有個人勞動的所得，別無恆產，於是也就只合住在單調的公寓樓層，並且是只得一房，起居室、廚房與浴廁則與友人合用。饒是如此，她竟然能夠有著這樣的體驗，出以不疾不徐的筆調，一個月、一個月的帶領我們，讓我們一路從元月白白的雪花蓮，沿途看到了金黃的鬱金香，讚嘆到了 12 月紅紅的聖誕紅。

不過，旅居倫敦八年後，以日文寫出這本美麗的書的岩野，雖然是園藝家，給讀者的卻不只是花草樹果之名與習性。岩野對英國社會與文化的好奇與觀察，也四散記錄在整本書的字裡行間，於是在我們的閱讀過程，就增添了些知識上的喜悅與人生的領會，可讀者一點不會覺得作者在炫學，致而不快。那些文學乃至於人情事故的點點滴滴，我們只覺得作者是信手拈來，出現得恰到好處，不多也不少。結廬在人境，也有車馬喧，但都無妨於作者營造出動人的意境。

作者說：「園藝這個工作，需要大量的愛心和閒暇，以及相當程度的資本。」說得真好，雖然作者資本淺薄，卻沒有受其限制。我就不行了，十多年前旅英的第一階段，五年中汲汲皇皇於課業，焦慮猶有不及，何曾有閒情逸致賞玩花花草草呢？直到去年再次旅英一年，無論是從女兒學校定期供人選購的種子，或是從屋主偌大花園的黃紅綠、黑莓、西洋梨、蘋果、李子、牡丹……，這才確實讓人與岩野同調，領略書中趣味的一二。在這物質充斥，生活步調無法須臾暫停的時空，就算是來點唯心的觀照，不是也很恰當，甚至很有必要的嗎？

（中國時報 1998/07/30 第 42 版／開卷周報。介紹〔岩野禮子／陳姍若譯 1998〕《拾手可得的生活樂趣》。台北市：探索文化。）

山高水清

　　一萬公里的大地行走，就要圓滿完成的時候，我們的作者竟有些「近鄉情怯」，捨不得結束這已經連續進行五百天的徒步跨越歐洲之旅；而讀者呢，捧讀這本書至此，應該也有摩挲再三，不忍掩卷的感覺吧？

　　起自海平面，「過山龍」（作者的姓氏，Crane）從歐洲大陸最西端，西班牙大西洋岸芬尼斯特岬角開始，向東緩升，進入山區，最高至四八〇八公尺的白朗峰，貫穿十多個國家，稜線山腰上上下下，公路溪岸左右繞行，森林懸崖穿梭迂迴，草原湖泊徘徊駐足。也有狂風暴雨冰雪交加，也有和風薰人陽光普照，就這樣，時而愜意自得，時而渾身濕冷，手腳並用，狼狽爬行。唯一不變的是，直到抵達終點，歐亞大陸之交的伊斯坦堡之前，背負十五至二十公斤行囊，日行二、三十公里的作者，雙腳從來沒有離開土地，徹底讓人見識到了英國約翰牛的頑固脾氣、堅忍不拔：即便時間緊急，必須趕辦簽證；或是軍事司令百般邀約，近乎強制，作者都不肯上車，執意快跑前進或安步當車。

　　但本書的可愛、值得一讀，又豈只是作者的行萬里路？沿途所經之處（尤其是行程前半部，維也納以西），風土人情、趣聞軼事，以及山川文物鍾靈毓秀，在過山龍彷彿信手拈來的筆下，無不活絡，恰到好處。不僅盧梭、哥德、拿破崙、喬哀思……餘韻猶存，與你同在，竟然墨索里尼、希特勒、史達林……也陰魂不散，常相左右。如此，又顯見作者用力之勤，讀有萬卷書的樣子了。

　　進入東歐以後，作者何其幸運，遇見野鹿麕集，雄鹿鬥角，大山貓開溜，也看到「不吃英國人，只吃草的」熊向他走來，而西歐山林已幾乎沒有大型動物的蹤跡。此外，東西歐之別，還有很大的一項。在西歐，作者帶領讀者走的是歷史之旅，到了東歐，更能觸動我們心弦的，恐怕是更為屬於當代的意義吧？烏克蘭一位物理學家、也是山難隊長，家境顯然不錯，有鋼琴、傳真機等，但他為作者嚮導七日，一日只得一美元；倫敦買半杯咖啡的錢，可以住宿共黨時代高級旅店

一夜。外幣這麼值錢的奇怪景象,雖然顯現極度不等價交換的問題,可是人心的可愛可敬,依舊存在:羅馬尼亞老師月薪四十美元,可以養活一家四口,卻婉拒作者好意留下的五美元,老師從後奪門而出,追趕作者,溫馨致送當地貨幣,讓作者買當地啤酒喝喝。

「美是無法強求的;人只能先讓自己置身其境,然後耐心等待。」作者如是說。我們無力重複這趟歐陸徒步之旅,但臥遊文字,不失可行,規畫未來,從富貴角走到鵝鑾鼻,也許也不錯。

(《中國時報》1999/10/14 第 42 版/開卷周報。介紹《山高水清:五百天徒步跨歐之旅》〔Nicholas Crane/周靈芝譯 1999〕,台北市:先覺。)

美好生活的召喚

這本書,撩人心弦讓人感應,美中若有不足,那是因為我們大概只能心嚮往之,而無法完全見賢思齊。

1932年,年歲近五十,因十餘年前以社會主義者身分而反戰反貧富不均,以致被迫離開經濟學教職的本書男作者,與將屆而立之年的女作者,相偕來到山區,後遷移至海濱,前後逾越一甲子,雖然遠離塵囂,卻以入世精神與作為,進行大致自給自足的耕讀生活。

總的說來,作者兩人以「四四四原則」來分配時間,也就是生產勞動、本身的專業研究,以及參與各種地區、全國或國際公益活動,平均都占去每天的四小時。如此,除了汽油,有85%的食物與燃料,他們都能自給自足,至於服飾、鞋襪、工具、若干建材及稅款等等,則靠自製的楓糖與藍莓等作物,換取少量金錢支付。書報雜誌及外出講學的各種必要開銷,由相關社團提供,作者的授課或著書立說則不取分文。

菸酒咖啡等刺激物,作者棄絕不食,天上飛的地下爬的也幾乎從不入口,「讓飲食內容與四季同步」是最高的指導原則,因此沒有口

腹之欲，經常是白水蔬果而已。他們甚至推薦，一餐如果只食用一種食品（如蘋果），那可省卻很多炊爨功夫，也能讓器官得到休息。簡單有效率的生活，讓作者三、四十年沒有看醫生，直至分別以百歲及九十一高齡辭世為止，「樹林與田畝是我們的藥房」。

這樣的生活舒適嗎？若依時人的標準，那簡直太過苦行。但酒肉臭凍死骨並存的高度發達之消費文明，發人不快，於今尤烈，因此自1970年代以來，每年造訪作者的人數已達兩千至兩千五百。在「忙人少閒客，沸水不招蠅」的口碑下，他們並不刻意、也沒有空暇招待來客。於是，這些往往已經具有反主流消費價值因子的訪客，在短暫數日的逗留，躬身自作之時，也就強化了既有的信念與實踐能力，作者等於是每年為美國社會培育了上千名「改善人類處境的生力軍」。

聶爾寧夫婦的經驗，在地狹人稠的台灣，或許不易炮製。但至少他們的減量消費，以及因為不願獨善其身，所以積極干預社會事務的精神，若要學樣，並無困難。

（《中國時報》2000/1/6 第42版。書介：Helen and Scott Nearing〔梁永安、高志仁譯1999〕《The good life：農莊生活手記》。台北市：立緒。立緒在2005與2022年重印並略有添加，書名另有調整。）

大桶山的聯想

在橫跨淡水河的台北忠孝橋上，舉目南望烏來，很容易就能辨認體積碩大、山形和緩如同龜背、標高近千米的大桶山。

既然外觀肖龜，何不以龜名，而要稱作是大桶呢？同行的孫淑嫻有此疑惑。合當該問。登臨此山，路線有三。

從烏來，太陡峭。從忠治村，路程嫌長。只有從龜山，驅車可抵龜腹，登山口距離頂峰，約莫三公里（路牌說是六公里，顯係誤植）、上升亦當只四百公尺左右，最是輕鬆。更美妙的是，從登山口

起腳，循山坡橘園右行約十分鐘之後，就已柳杉成林。矮丘竟有高山之景，缺水的冬季山溝，水聲居然不斷，好茶一族正好用以烹茗。

但這就使得疑惑更加深了幾分。既然龜山就在山腳下，龜山也是最佳路線的起點，又能有什麼理由，捨龜之名而就大桶？

找了文獻，問了山友，仍然還沒有找到答案。山脈本身，就如大名鼎鼎的登山家辛普森（Joe Simpson）的近作之書名（*The Beckoning Silence*）所示，只在那裡靜默地向人招手，喚人繼續探索而自身不語，「山水空流山自閒，山花落盡山長在」。

山雖不語，人可就口雜許多。有人論證歷歷，聲稱當前的登山運動，充斥了新自由主義的迷思，以價格決定一切。他們舉例，鮮少甚至毫無經驗之人，若是支付6萬4千美元，也就可以僱用雪巴將其如同肉粽般，送上全球第一高的珠穆朗瑪峰（Everest）。

有人取狹隘的政治，以山為攀附仕途的代稱，因此有終南捷徑之說。得有化學博士學位，稍後則醉心於科學、文化及意識形態的社會學，並任教於威爾斯大學社會學系的Robbins，則另有反省。他探索的課題雖然與辛普森並無不同（人為什麼要登山），但縮小了範圍，並賦予了高層的政治蘊涵。他直指地無千米高的英格蘭，分析其中產階級菁英，如何透過登山運動等等休閒活動，建立其文化霸權。

可惜的是，Robbins在1986年魂歸尼泊爾登山途中，他以四十之齡所起頭的論述，也就這樣戛然中斷了。

（香港《明報》2002/2/25，稍前幾日刪減篇幅後亦見《立報》2版。）

腳踏車新世紀　來了！

交通部說，年底將提出報告，評估自行車作為短程交通工具，是否值得推動。這份報告讓人期待，原本就騎著單車，遊動於職場與住宅的上班族，想來更是引領企盼。

　　如果落實，腳踏車的意象不但更加豐富，而且增添了對於本地來說，應該是最重要從而最值得提倡的境界：走向更為環保與健康的生活方式。畢竟，不管法王路易十四是否說過「我死後管他洪水滔天」，但轉用這句話，表徵在誘惑與被迫聲中，世人而特別是物質相對富裕的世人，透支與揮霍後代物資的生活習性與心態，倒也合適。

　　直到目前為止，傳媒最為耀眼凸顯的孔明車形象，非關生活，卻很政治，表現在小馬、阿扁等許多媒介不得不寵的人物。單車本來應該單人騎，但政治人一跨坐，前後左右人群簇擁，活像出巡。電影《練習曲》是另一種，東明相挺開心，笑臉背負行囊的單車環台模樣，吸引不少人；如七十三歲的劉金標董事長，據說為此投入近6萬元，跨騎碳纖維車體，「積極要推動台灣成為自行車島」。至於二十三年前的胡榮華，直到目前仍在中國西部乾旱地帶單騎千里行的薛德瑞，也許還多了一份浪漫遐思，「韓女郎伴我行一天一夜的緣分」。

　　政治、長途跋涉的勵志或旅行之外，休閒是單車的另一種意境，南從關山、北至淡水河濱，近年來許多地方政府已整修數百公里自行車道，並且「大受歡迎」。

　　除了以上這三種單車認知，假使交通部能夠「先入為主」，明確表白政策目標，就是要推動腳踏車作為交通工具，那就更好。這樣，年底的報告並非評估可行與否，而是要就推動過程可能遇到的困難，預行羅列與演練解決的途徑。其中最大的難題可能是，國人持有五七○萬輛汽車、一三五六萬輛機車，一年還以3.5%速度增長。假使不能逆轉這個趨勢，機汽車的慫慂力總量，還是大於單車作為交通工具的吸引力。

　　政策若能縮小二者的差距，已經不容易，但假使在很長遠以後的日子，還有主從易位的機會，那就大妙。屆時，汽機車不僅減量，而且是週末或假期才使用的休閒工具，單車伴隨公共運輸系統，成為日常最倚賴的上工手段，安全無比。於是，單車騎士頭戴安全帽的要求變成多餘，人車爭道險象環生、車位難求以致費時與煩心、空氣汙染排放過多二氧化碳等現象，也就舒緩。由於空氣品質改善，多了單車運動而更加健康，國人的健保支出自然跟隨減少。

　　這幅遠景引人入勝，注定無法速成。不說工業政策得調整，人的生活認知與習慣須變化，交通部還不僅得跨部會推動，更要涵養放長線釣大魚的為政德性，也必須結合各種環保組織（綠黨等團體曾有「422單車上路爭路權」行動）與學生社團（逢甲大學曾經大肆推動「環保快樂健康行」單車活動），分階段分縣市，先試點再全面，不可能追求速效，只需要穩扎穩打，讓愈來愈多通勤距離低於一定里程的人，歡歡喜喜、日出日落輕鬆行，騎單車吹口哨上下班。

　　千里之行，始於足下。擘畫與執行各種繁簡政策與法規的同時，公務人員若能率先以身作則，翻轉政治與單車的連結意象，那就更好。聽說，市區高高低低、頗有起伏的舊金山，其環保局大大小小公務員，每日都騎單車，不但上班而且還包括洽公，往返下來，一天總有二、三十公里。我們的幅員比較小，如果環保與交通兩單位起個頭，即便不能風行草偃，至少是宣示政策走向的有效方式。這個時候，向來都是利用單車造勢的政務官，可以再次出馬，不是利用單車，而是俯首甘為工具，推廣進步生活方式，讓腳踏車成為更多人的上班工具。

（《中國時報》2007/5/21 A15版）

大手牽小手，一起去爬山

　　「3個月到99歲，都可以從事登山。」將近三年前，夕口較冷的晴天清晨，出門攀爬半了公尺的猴山岳。人在頂峰第四百次，遠眺宛若切開觀音山、大屯山的淡水河，兀自流入台灣海峽。正在遐想忘神，眼簾撞出人影，少不得趨近攀談，頓時不敢置信。耄耋老翁見我驚訝，怡然開口：「我九十四歲。」右手旁指：「這是我老弟，八十六。」

　　翻閱《帶孩子一起。爬山！》，則是另一種驚訝。很多人想必與我相同，除了感覺新奇，更心想：有為者亦若是。本書作者從大女兒

三個月大起，一家先是三人而後四人，十六年來，除了每年至少兩次攀登高山，每週的例行假日也都身在野外，甚至當別人正歡歡喜喜過新年，他們也高高興興地在冰天雪地或寒風中搭帳棚。

　　三十餘年的健行登山經驗，作者積累了厚實的知識背景，終致整理腹稿而提筆成書。本書實用，可以作為工具書，也是讀者的備忘筆記，人父人母，無不受用，但又不止於此。誠如作者所說，山中歲月所蘊涵與提煉的意義異常豐富，若僅當作休閒遊憩或鍛鍊體魄，雖無不可，但若就此停留，卻是可惜了。

　　海島台灣方圓僅三萬六千平方公里，竟有三千公尺高山兩百六十八座，密度全球第一。「正入萬山圈子裡，一山放出一山攔」，從北到南，由東至西，連綿延展百公里的稜線，縱橫交錯織成了密布各地的崇山峻嶺、大丘小壑，結伴親朋，乃至萍水相逢之人，長時浸淫遊走其間，或氣喘噓噓或信步慢行，或甘苦與共或擦身而過，無一時刻不在降低物欲，而逐步滋養生態意識與環保習慣，更同步鍛鍊人際往還與意志決斷的能力。

　　而登山的整體過程，特別是長途隔夜的翻山越嶺，從糾集人手、規畫日程路線、安排交通食宿、裝備打理，乃至返回平地的收束結尾，就是在養成既自立又互助分工的生活方式，愛山人終身受益，而孩子若是自小耳濡目染，尤能增進獨立自主、隨機應變，以及團體間應對交流的自信。

　　作者不僅是台灣第一人，應該也是華人世界的第一位，教人與「子」偕行。全書插圖與文字相得益彰，內容豐富又實用，舉凡本地的登山概況簡史；親子登山的心理認知與裝備；學齡前、幼稚園、小一到小四、小五到國中的階段劃分，以契合孩子的心智與體能發展，各種需知一應俱全。

　　書末還列有父母帶孩子上山經常感到疑惑的四十個問題，諸如針對幼兒的裝備與糧食如何準備、孩子賴著不走怎麼辦、山路對身心發育的影響等，作者的說明非常管用。作者沒有列入的是，如果碰到虎頭蜂與毒蛇怎麼辦？不過，與其說這是疏忽，不如說這個常見諸報章的登山風險，其實在山林間遭逢的機率微乎其微。作者未曾見，也就

不必寫來「恫嚇」讀者。我的山齡將近四十年，也幾乎沒遭遇過。

相對於本書聚焦在如何帶孩子爬山，台灣迄今尚未出現關於「九十九歲」登山的專書。目前各高山登頂人的年齡紀錄，世界第一高峰珠穆瑪朗峰是女七十三歲男七十七歲、雪山八十歲、玉山八十七歲、富士山九十五歲。我輩能有樣學樣嗎？《帶孩子一起。爬山！》一書，亦可說是一種邀請，敦促我認真考慮學習開車。日後，一旦孫女孫子降臨三個月，我就可以開著車，帶著家人與小嬰兒，上山避壽。

（《中國時報》2012/12/22 A21版。書介：黃福森〔2012〕《帶孩子一起。爬山！》。台北市：遠足文化。）

合歡山：太魯閣戰役一百年

8月末梢的早晨，台灣公路的最高點，三千兩百七十五公尺的武嶺沒有溽暑，只存涼爽舒適，陽光和煦、藍天萬里、白雲流動，遊客不請自來。景觀台十來坪有人聊天，有人眺望，有人自拍，還有人高低前後參差，等著他拍，眾多口雜、嘰嘰喳喳，唯有孤獨兀自站在角落的解說圖文，落落寡歡。這是一塊立牌，「太魯閣戰役」橫向落款，其下中英文字之間，目光炯炯有神的威武戰士欺身向前，背負糧需、手持獵槍、腰繫山刀。漢語這樣寫著：

> 日方動員陸軍與武裝警察共兩萬餘名……兵分東西兩路攻打……在合歡山區……集結近一萬人……太魯閣參與防禦……的戰士僅兩千三百餘人……以簡陋的弓箭獵槍……激戰六（七）十餘日……這是二十世紀台灣最大的戰爭……。

1914年6月1日到8月13日的這場戰役，若以今日台灣人口與經濟規模換算，等於是日軍投入530億台幣，雙方有將近九萬人，在奇

萊與合歡山區日夜穿梭、進出起降，前後搏鬥與厮殺七十多天。

　　日方甚至必須另外再從本土增兵。由於皇軍與警察太多，他們還在花蓮成立合法妓院。有一研究，指有史以來的日人與台人「娼妓人數……以1914年為最高點」，而太魯閣戰役之後「至殖民統治結束……游廓（合法性買賣專區）規模也未曾恢復1914年……的盛況」。（「盛況」在這裡是怪詞，但只能照引。）

　　1913年，也就是決戰前一年，日本軍警驅遣漢人前往山區勘查。由於氣候突然變化，3月下旬竟在旦夕之間，便已「山頂雪深、寒氣逼人、無法忍受」，致有八十九台人而無一是日人凍斃山野。

　　這場戰爭的意義何在？對我又有什麼意義？我是誰？今人不見古時山，今山曾經見古人。1979年以來，我曾經兩度攀行奇萊，也走過錐鹿與碧綠神木、新白楊等古道路段，但沒有產生強烈認知，不曾記得聽過這些往事。或者，可能有人提及，於我卻是浮光掠影，僅留存馬耳東風的印象。現在再次身歷其境，不是聽聞，是具體文字，是剛好戰役結束後一百年，我在毫無心理認知下，震撼於兩萬與兩千的懸殊，難以想像三千公尺高山萬人作戰的光景。是以前從來沒有想到，海拔已經到了三千公尺，竟然還有源源不斷的水泉，足以讓超過萬人以上在這塊區域活躍。

　　太魯閣族人、其他國人能有多少機會，接觸與思考這段歷史？

　　今年，原住民電視與有線洄瀾頻道製播了十餘則新聞，特別是在10月中旬，秀林鄉是有「太魯閣戰役紀念碑揭牌」活動。只是，報章雜誌應該是沒有報導這項紀念儀式。事實上，四家綜合報紙今年一整年，很可能僅有兩則提及這段歷史，並且只是一筆帶過。甘耀明在人間副刊發表小說：「日本人在『太魯閣戰役』後沒收了他們所有的獵槍，將他們遷村到平地……。」《自由時報》花蓮記者王錦義的報導是，葉柏強〈10年耗百萬蒐老相片　編撰成書〉時，轉載了一張照片，文字解說是：「太魯閣戰役中率領部落跟日本對抗的總頭目哈鹿那威的全家族相片。」

　　看來，太魯閣戰役不因爆發第一百年而有更多的歷史重現，國人認識的機會也就沒有增加。究其實，今年以前的一百年，除了幾篇點

綴，報紙很有可能也告缺席。紀駿傑六年前在《蘋果日報》評論原住民轉型正義時，稍微說了。《聯合報》在2000年引述了李季順（曾在2001年發表相當詳細的專文）與楊南郡的研究與呼籲。除了這些短文，報刊如果還有提及，大多是在報導古道健行、觀光旅遊的背景中，偶爾看到「太魯閣戰役」這五個字。

　　台灣通史著作應該也很少著墨，漢人中心變成漢人唯一。葉榮鐘等人的《台灣民族運動史》（1971）、陳澤等人編譯的《台灣前期武裝抗日運動有關檔案》（1977），與史明的《台灣人四百年史》漢文版（1980），沒有任何地方提及原住民。就此來說，與謝雪紅在二二八之後出亡中國大陸的楊克煌相當獨特，他在1956年假武漢出版的《台灣人民民族解放鬥爭小史》，已經書寫專章、以將近萬言突出「高山族人民的民族解放鬥爭」。楊克煌沒有使用「太魯閣戰役」一詞，但以三百字控訴該次戰役前後的日人鎮壓，歌頌了原住民的反抗。

　　解嚴之前，廖守臣採集很多訪談材料。1977年，他出版《泰雅族東賽德克群的部落遷徙與分布》，近三百頁，記錄這段戰事約兩、三千字。解嚴之後的第一篇文字，可能是高琇瑩在1993年撰寫的〈烽火十八年——記太魯閣抗日事件始末〉。其後，原民會報告、相關學位與學術期刊論文是在增加；何英傑也有小說《後山地圖》，太魯閣戰役為小說提供了敘事的脈絡。不過，相比於「霧社事件」，關於太魯閣戰役的紀錄與當代詮釋似乎七零八落。當代日本學界可能不太有人研究這段殖民史。彼時的官方與日本記者文書，就如蔡蕙頻所說，篇名就是時代的紀錄與反映，《理蕃志稿》、《大正三年太魯閣蕃討伐軍隊記念》、《太魯閣蕃討伐寫真帖》等等，「一面倒的歌頌軍隊之強大」。

　　希雅特·烏洛說：「太魯閣抗日事件之後，太魯閣族人就開始經歷殖民史……迷失在一連串的殖民謊言。」殖民謊言是些什麼？認識殖民史是不是就能不迷失？要怎麼樣才算不迷失？一百年已經是事過境遷，無須再多了解與建構，不可能從中汲取台人與作為人之各種身分認同的元素嗎？

　　有位韓國朋友是資深記者。他去年來台，飯食之間問我：「日本

人在殖民時期，是不是對台灣人很好或比較好？台灣人是不是沒有反抗？」朋友知道很多台人友好與親善日本，因此有此好奇，懷疑台人沒有走出殖民狀態。

研究殖民歷史不是要記恨，走出殖民狀態之後，仍然可以親善日人，前提卻是必須明辨善惡是非，以及釐清造成善惡是非的原因及過程。歐戰迄今也是一百年，歐洲聯盟二十八國捐棄前嫌、共用貨幣而物暢其流，但他們對於歐戰的記憶與論述仍然既深入又普及。單篇論文不計，記載與論述歐戰的圖書已達兩萬五千本。英國《經濟學人》今年初一反常態，不是常見的一頁或最多的三頁，而是投入六頁，論說「第一次世界大戰仍然緊抓著」我們。到了11月，英國公共媒介BBC製作新的節目，分作十四個主題、長度總計約九小時，除了無線廣播，另已放在網站顯位置，任何人都能線上收聽或下載。

三年多前，台灣有人成立「太魯閣戰役粉絲團」（「粉絲團」在這裡也是怪詞，照引）。他們希望數年之內，會有相關電視劇與電影的攝製與播放。這裡附加另一個：希望出現研究團隊，以戴國煇等人六十萬字的《台灣霧社蜂起事件》為師，若能青出於藍那就更好，成就《台灣太魯閣戰役》的專著。

（《中國時報》2014/12/28 A20版。原標題〈一百年太魯閣戰役〉。按，已有歷史小說描述這次戰役：朱和之。2016。《樂土》。台北市：聯經。）

百年的蝴蝶效應　媽祖山下的故事

黃榮村校長年輕時走過猴洞，念念不忘。近日見我，再次好意笑詢，去了沒。校長念念不忘，我也不能隨便，何況，老走猴山，不去猴洞，這也不好。這是一千八百五十萬年前，浮出水面、隆起成丘、凹入成穴，有貝殼化石、有猴子住過的山洞。

一看資料，始知猴洞就在土城大暖尖山（媽祖山）附近，是祖母

五十多年前歸骨之所。沒想四、五年未曾憶及，這次拜校長之賜，終能再來。經查，又嚇了另一跳。前往猴洞，必經普安堂。但是，這個「齋教」重地，在屆滿一百年前夕被拆了。

為什麼？已經一百年，足以發思古之幽情。能夠讓人涵養修息，又有近在咫尺的猴洞，還有大暖尖山等等，淺山森林與步道，鎮日閉鎖在水泥叢林的都市人，正可在偌大空間休憩、喘息與漫步：普安堂距離捷運土城永寧站，不遠。所以，究竟是為了什麼，致使當地人與信眾的意願，要被違反；坐令生活與出入普安堂的人之情感與需要，要被壓制？

有三個說法，都與新北市新莊區的慈祐宮有關。

講法之一是，早在清朝年間，就有人將普安堂周遭的山坡地，盡數捐贈遠在十多公里之外的慈祐宮。拆堂還地只是物歸原主。這是慈祐宮的版本。

第二種說詞是，普安堂所在地，一般稱作媽祖田，依照清朝慣例，原本就是開墾戶共同所有，日本人來台後不認可慣例，逕自將地產交給因為開發較早，因此設有較大行政機關，也就是現在的新莊區。國府來台後，再有慈祐宮透過變更登記的手段，搖身成為地主。這是普安堂住持後代的指陳。

第三種看法夾雜事實與推理，比較具體。它說，日本人殖民台灣後，原住民與漢人各有反抗。1914年，日本以過萬的軍警，加上作為軍夫的原民與漢人，總計兩萬多人以七十餘天鎮壓太魯閣族兩千多戰士之後，緊接就有漢人大規模武裝抗日。1915年，信仰「齋教」的漢人在西來庵五福王爺廟聚集，策畫舉事，最後與日人在噍吧哖（現在的玉井鄉）交戰。去年初春，報紙因此赫然見此用語，台南〈新化發現二十人白骨　疑噍吧哖義士〉。

普安堂正是「齋教」徒的會所之一，1914年首建。據說，齋教有儒、有道也有佛，另有人稱以「在家佛教」。國府來台後，再增一個說法，指政府與「正統」佛教繼續壓抑齋教，部分信眾流轉至一貫道。

曾有研究台灣歷史的學者說，發動西來庵事件的余清芳等人，利用宗教迷信反抗日人，其歇後語可能是「不足為訓」。歷史如果這樣

看待，西來庵事件就是先人以蒙昧對抗日人的現代性。台灣史學家當中，既然有人作此認知，那麼，一百年前的日本殖民統治者，必定有更多人這麼看待。

因此，西來庵事件後，日本台灣總督府全面取締齋教，其廟產必須依附合法寺院才能存在。就是在這個脈絡下，當時開光才一年多的普安堂，變成新莊慈祐宮的財產。

三個說法，哪一種可信？

司法單位採信第一種，即便有人主張慈祐宮的文件不一定可靠。其次，司法單位也可能認同第二種，亦即國府來台，僅改變日本人在台的財產關係，但日本人所造成的台人與台人之間的財產關係，沒有改變。

假使是第一種，或是第二種，慈祐宮又堅持財產權，那麼公權力別無選擇，只能拆除普安堂。

但是，假使國府來台，不但應該改變日人在台的地位，也必須改變日人所造成的財產關係，那麼，司法單位的認定，可能就不合道理。特別是，萬一第三種說法才是歷史真相，怎麼辦？此時，接受第一種說法的司法機關，會不會有顛倒是非的危險？

因為，台灣先人反抗，造成特定人（與噍吧哖反抗者同樣信仰齋教的普安堂）受害，但第三人（慈祐宮）卻意外得利。此時，第三人若是善意第三人，角色應該是管理受託之財產，如同有人託付，來日委託之人復歸，自當完璧歸趙，據為己有就不合適，拆除更是不應該。

三者究竟何者為真，司法已有認定，世人狐疑，只能任憑江湖言說。但還有一個怪事未解：慈祐宮就請公權力趕人，不就可以？何必拆屋毀舍，致使據說是「齋教先天派」「全台僅存的遺址」徒留灰燼？

過年前行走猴洞，路過普安堂當天，看到公共電視與民視採訪車。一問，原來又有石獅遭竊，又說拆堂趕人的背後，另有居心叵測的故事，涉及土地開發與喪葬園地所可能帶來的利益。後面這個說法讓人駭異，多位記者都曾報導，慈祐宮執意「逐客」，是普安堂自認為擁有土地，不願意支付一年五百二十四坪土地的6,323元租金。是普安堂太過無理且經年倨傲，這才讓作為業主的慈祐宮忍無可忍，法

庭相見，拆堂了事。

真的是忍無可忍嗎？真的是涉及土地利益嗎？

寄望有人解惑，黃校長可能不知道，我的記性比猴子好了很多倍，雖然膽子也是小了很多倍。1995年，校長在電話中說，有篇稿子要給我，後來沒下文，我也不好問。二十年了，也許識人無數的校長，願意尋才幫忙解疑，就普安堂與慈祐宮的故事，成就論文。現在，我又重新回來編輯刊物了，需求稿件孔急，無論校長親自為之，或是請人代勞，都是履行遲到的允諾，那就太好了。

（香港東網2015/2/27。原標題〈百年蝴蝶效應　猴洞腳下　普安堂被拆了〉。）

救助山難　錢從哪裡來

時代力量立法院黨團提案《國家公園登山活動安全管理條例草案》，以及台中市與南投縣已經通過的《登山活動管理自治條例》，用意之一是因為「山難救助爭議」，亦即有人在不該上高山的時候，執意進入並發生意外，致使「搜救人員疲於奔命，浪費資源」。

但是，沒人想要有山難，假使要責成犯規的人自行承擔費用，事後針對特定人為之，遠比要求所有登山的人一起在事前分攤，不但更有效、也更能執行，並且沒有妨礙人民行動自由之虞，也不會有暴殄天物之譏。

台灣有大好山林，超過三千公尺的高山就有兩百六十八座，政治人應該鼓勵國民入山，不是百般設限。

假使要集體事先承擔山難受害人所使用的資源，何不另外籌措？比如，登山有益健康，減少健保支出。菸酒及碳酸飲料等等餐飲有害健康，台灣仿效許多國家的成例，菸捐提高一些，加入酒捐，也讓碳酸等飲料來一點捐，專款用作為山難救助基金，不會更省事嗎？

英國今年獲得里約奧運獎牌，僅次於美國，據說就是從彩券拿錢

挹注奧運培訓，台灣從菸酒碳酸取材，鼓勵國民從事登山活動，不亦可乎？

海拔八、九百公尺的陽明山國家公園二子坪，四季不同各有風味，特別是夏天，更是北台灣近郊老少咸宜的避暑聖地，起伏不大而可行輪椅的林蔭夾道與平坦地勢，即便八、九十歲，若不能單獨安步當車，也能由家人陪同，再履斯土斯地，出遊半日。自行驅車固然方便，搭乘小型公車也能輕易抵達。

但是，假使《國家公園登山活動安全管理條例草案》通過，限制那麼多，這麼好的地方就會人煙稀少、乏人問津。至於高山如合歡山這麼好的地方，人們到那裡發思古之幽情的機會，也要大為減少。

未來，任何人到了台灣公路最高點武嶺（三千兩百七十五公尺）之後，假使想就近花個三十分鐘走到合歡山，或稍遠但也近在咫尺而不到一小時的合歡山東峰或小奇萊，就必須想一想：申請許可、辦理「登山強制保險」（第20條）了嗎？如果沒有，最好趕快下山，要不就等著因為觸法而被處罰3千元以上、1萬5千以下的新台幣（第19條）。

這樣一來，是變相不鼓勵國人多爬山，所以請勿訂法令來限制國人愛爬山。

（《人間福報》2016/9/21第15版。原標題〈山難費　要不要收〉。）

離群獨行　呼朋引伴　走猴山

「山不在高，有仙則名」。猴山也是，《聯合報》第一則提及猴山的報導是這樣說的：「北部各界……在台北市永樂旅社籌備……決由指南宮至猴山……開闢公路。」指南宮更通俗的名稱是「木柵仙公廟」；次頁有圖為證，父母之前，持「刀」「威嚇」的人，就是我。

不過，更早的四十七年前，猴山岳的「聲名大噪」，是拜江洋大盜之「賜」。台灣第一份現代商業報紙《台灣日日新報》在1906年的

這則新聞，估計讓三百萬台灣人當中，至少有十萬人看到或聽到：「台北監獄之重犯……江阿池……潛匿於猴山。」

　　現在，政大得天獨厚，就在仙公廟腳下；進入校園向東仰望，最高、最遠處就是五百多公尺的猴山，步程不到五公里，若快，一小時多可以登頂。第一次攀爬，它的名字是「政大山」。那時，結束成功嶺的學前軍事訓練，我來到指南山麓報到，登山隊的迎新，就是走猴山，也是我們的政大山，大家沿途說說笑笑打打鬧鬧，應該用了兩小時以上。

　　往後四十二年，時而獨自行走，時而呼朋結伴，至2019年元月12日，第一千次猴山登頂。在陰時多雲但偶有毛毛雨絲的天候中，或有七、八十位老少「山胞」、舊雨新知，從容雀躍同行，讓人感謝與感念。

　　興起一千次的念頭，來自讀到一篇2012年的新聞，指佐佐木茂良先生在七十二歲時，以八年完成登頂富士山一千次。這是人情趣味，多有意思，即便無法很快跟進，躍躍欲試的念頭是有的。不過，雖有玩興的成分，但在這個講求快速、求新嘗鮮、遠地觀光旅行不絕於耳的時代，不變中求變、靜觀自得也很必要。於是，在此自詡，也

夾雜一絲推己及人的願望之下，原本就經常就近走猴山的我，從2014年9月，每次爬，逐日記，先前沒有明確核計的三十餘年，就說是六百次。

將千回　呼朋引伴爬猴山

君請來，九百石階在眼前，直上純陽見政大。
君請來，忘憂谷徑在溪畔，蜿蜒緩坡半指南。
結伴登高盈笑容，猴山招手遙相望。
穿越貓纜訪生肖，月下老人近涼亭。
遠眺七星二子坪，便過茶園並餐館。
老相知，新朋友，再前行，腳莫停。
右轉登頂陡，直行慢繞上稜線。
烹茶煮茗最相宜，聞香啜飲任君意。
減量消費最保地，適工慢活心怡然。
林蔭夏日有山嵐，歲冬寒氣不入侵。
信步漫行清新隨，松鼠左右上下窟。
登山杖，俏背包，呼猴將出換花生，與爾邊巡再流連。

猴山第一千回永誌難忘，有張朝卿、鄭依潔與陸燕玲攝製的影片。此外，多年來的猴山行，見老翁、見猴、見藍腹鷴，有犬同行，也可一記。

那是2010年元旦早晨，冬陽不暖，天候乾寒，山頂十來度。坐定三角點未幾，三人來，二長一中壯。見我餘光側窺，不好直視，老漢長者風，笑問：「是要知道我幾歲吧？」隨手指近旁一位說：「這是我老弟，八十六，我九十四歲。」見此前輩人物，聽此淡然交代，肅然起敬、生意盎然；接著，後生當如是的心思油然浮現。隨著人壽增長、享受人生，原本可以是好事，如今卻成很多國家包括台灣的憂患，擔心工作人口與比例減少，人均「負擔」過大，特別是我們僅投入0.3%的GDP，卻據說一人有九年長照的需要。但《楢山節考》的難題，現在的人不該無解。九十四與八十六歲走猴山，若能這樣，是樂活，必然大幅減少長照的時間。眼見為信、「我也能夠」的決心，是個別的解方，這很好；若有制度協助，讓大家都能減少長照的需要，那就更好。應該不難吧。減少疾病，就是要更為重視公共衛生、預防醫學；若是這樣，聲色毀身仍可寬容，雖說比例少些，總是比較好；健康的飲食與生活方式，加上好的空氣與工作環境，得是常軌。這是猴山老人的啟示。

猴山有名，不單是從政大遠觀「狀似猴頭」，也不僅是木柵方向

登頂之前，有幾十公尺將近九十度的陡峭地形，需要手腳並用。猴山也有猴，今日萬壽路在指南宮前，有站名「猴山坑」；《三六九小報》在1942年曾刊遊記，〈登台北文山郡猴山坑指南宮參拜〉。不過，這裡的猴群數量不比陽明山、石碇與深坑，在那些山區，見猴機會更大一些。鄭瑞城老師曾經看過，我直到2014年4月11日才首次巧遇，那次，不是陡攻路徑，是繞山腰從「國盛樹」那邊上行，轉入距離山頂垂直二、三十公尺處，稍左前行，便聽聞數十公尺外，重物下墜反彈，連續唰唰聲響傳來。幸運，該次剛好帶著2000年買的數位相機，猴在樹林遠方，中有間隔，鏡頭拉近注視，果然有猴，五或六隻在雜木林跳躍穿梭！

有一就有二，其後，多則每週相遇，少則隔旬過月，與猴相見歡，還算平常。藍腹鷴則難得一見，應該說，原本從來沒有想到能在猴山與牠邂逅。2007年，過了猴山、過了深坑與台北市鞍部的公路，向二格山稜線前進的薄暮時分，落後的小雯與季耘竟成領先，表示藍腹鷴跑來跑去，他們看到啦。我之不敢置信，如同十多年前，十歲的銘如以圖片相示，助我知道其名那一刻。後來至2020年4月，在猴山見了四或五次，在對面的鵝角格山一次，二格山再四次，其中一次彼此相伴十八分鐘，是我無攝影器材這才離開，不是一公三母的藍腹鷴對我不放心。對看多時無影像的遺憾，2017年5月補齊了，凱亨拍了數分鐘，這次僅有一隻公的，但全無怯意，自在於我前方，左搖右擺，大方隨和。

猴子與藍腹鷴之後，松鼠最多，竹雞還算常見，穿山甲找食物挖出的洞，深有兩三尺，一見歡喜，知道牠還在附近走動，只是從未相遇。[5] 無意親近螞蝗，牠偶爾吸血，讓人不快，倒也無害。蛇不討喜，僅見三次。南蛇體大無毒，看到時，已被吃食，留存約有小腿粗的軀體一尺多，那是1992年，似有孫秀蕙與黃慧櫻參加。毒蛇不同，某

---

5 首次見穿山甲，是2022年3月9日下午三點多的猴山稜線，跟隨米黃透有白薄層而爬行很慢的穿山甲，我尾隨十來分鐘直至牠進入樹林。2024年11月25日首見山羌，嘶叫聲引人抬頭，瞧見在十米高的兩樹間俯視我的牠。

週連三天去猴山，峰頂前數十公尺山凹，見五十五公分赤尾青竹絲。牠爬這麼高幹啥？前幾日，離山頂更近的地方，遇兩隻小蟾蜍。蛇隨青蛙，早兩三年前，與林元輝在山頂，看到更大的蟾蜍。最駭異的是2015年8月24日，小雯尚未登頂，我穿涼鞋過三角點，慣例在六、七十公尺平坦稜線來回走動。沒想，事情大條了，毫無預警，眼鏡蛇直立在前方三公尺處。年來，我已慣用登山杖，打草驚蛇、一公尺的牠見我「高大壯碩」，很快平躺、返身迅速溜進雜草細木叢。猴山素無眼鏡蛇，害人的觀念驅使蠢人「放生」，戕害毒蛇，驚嚇山友。

　　猴山另有狗兒活動，家犬不足為奇，但也有讓人納悶的時候。最早應該是1980年代的大年初二，福蜀濤的大型阿富汗狗，硬是讓我們、小雯及她的妹妹們與弟弟，聯合推上頂峰。再就是如今骨灰入土我家後院的三犬，先後隨我上山超過百次。巧克力一狗當先，陡攻猴山，僅一處需要推扶，很勇猛，牠又前後奔跑，是斥候，也在維安；阿妹謙恭自居，從不超前、默默相隨，拇指大青蛙跳來，她都讓路；小虎憨厚，體壯有禮，竟有隱疾，過猴山續走筆架，牠在炙子頭前不再呼吸，凱亨背下山，我很內疚。狗隨主人走，稀疏平常，但有兩犬相當結實，穿梭來去，在猴山稜線與下方樹林逡巡奔馳，並不走出登山口，初以為狗主在後，數十分鐘卻不見任何蹤影。這就奇了，一年多期間，巧遇牠們三或四回，狗兒能在山區自主覓食嗎？疑狐在心，無解。

全家在猴山山頂抽古巴雪茄，一字排開，很有老煙槍的樣子。2017年1月29日。

很有領悟的是,「莫道君行早,更有早行人」。夜登、雪登,都是明證。深夜兩回登猴山,臨頂正想自雄,卻有咖啡香(若是茶香,更好)飄來,有人好整以暇,已在三角點欣賞跨年煙火。2016年1月24日大寒,據說緯度與高屏接近的寮國淺山都下雪;我們響應大自然的號召,直奔猴山,公視記者林靜梅已在下行。白皚皚的山徑讓人想起劉禹錫,他就任和州刺史途中,寫下「人世幾回傷往事,山形依舊枕寒流」。

白居易似乎唱和,他任蘇州刺史的時候,有詩:「何必奔衝山下去,更添波浪向人間。」不過,劉、白兩人仍在廟堂,他們只是偶入山林,陶淵明反之,四十歲絕仕,更以崇尚自然、託寓桃花源知名。只是,他的詩句,「日月擲人去,有志不獲騁。念此懷悲淒,終曉不能靜」,顯示陶淵明田野耕耘的緣由,是有時代黑暗,人在努力後無能為力於是歸隱的成分。因此,林秀赫引江州督郵周雍之的話語:「別把自然想得太美好。自然,有時比官場還險惡……沒有朝廷……大江南北如何互通有無?」陶淵明不會無感。

對於世人、特別是對於經常親近山林的人,這三位古人是有啟發性的。

眼見一萬三千多位科學家連署,表示氣候危機不只是「問題」、是迫在眉梢的「緊急狀態」;有感於政大登山隊五十週年生日前夕,Covid-19未走,航空與觀光旅遊量銳減。

　　陶淵明與劉、白三人應該都會說，進可打造有效有能的（國際）政府，為後人謀，以地球喘息減溫為要，開發太空外星球是妄念；退可反求諸己，條件若許可，就減量消費。我們也可以想想康德。他很少遠行，最多是在仲夏之際，前往近鄰林間小屋待上幾天，這「已經是他的極限了」；不行萬里路，重視史地時空的康德透過臥遊知曉天下，他說：「我們理當好好善用別人的經驗體會。」

　　人在政大，信步校園就地行走之後，拜訪近在眼前的猴山，是「五二三、我愛山」的一個方式，盍興乎來。

（林純如（等編）《山誼：政大登山隊成立五十週年紀念專刊》，頁338-43。台北市：中華民國五二三登山會。原標題〈獨行成徑　42載猴山千回〉。）

Part 3

兩岸關係

第七章

「美國因素」：好萊塢

美國巨星遊台灣

　　麥可傑克遜（Michael Jackson）要來台灣了。為了這號人物，平日政治口徑左右不相同，統獨立場說分明的報紙，主流與非主流判若涇渭的刊物，碰到了麥可，一頭栽了進去，兩腿酥軟，投了懷送了抱，一致以美好的形容詞，忙著為麥哥打點化妝，標題是這麼寫的：〈心頭小鹿亂撞〉、〈麥可真的會來嗎？　台灣一等十年！〉、〈絢爛的歌舞外　愛心更值得學習〉。是啊，麥可不是要唱首：〈*Heal the World*〉什麼來著嗎？

　　但到底麥可是要來治療這個世界，還是帶給世界更多的麻煩？

　　如同任何一位娛樂明星，麥可本人並不是問題，糟糕的是藏在背後塑造明星的體制，以及明星現象所彰顯、強化的社會傾向，不好的傾向。

　　什麼樣的體制呢？把人當作商品，管他她是誰，是消費者還是生產者，是明星還是崇拜偶像的人。前年，麥可與日本的新力集團簽訂10億美元的合約，替已被新力兼併的環球影片公司、（前）哥倫比亞唱片公司拍片與錄歌。這一筆，以及十多年來麥可賺到的錢，確實龐大、是天王數字，但他何嘗因此快活多少？3,500萬美元在加州買下大片莊園，自我囚禁；整容直鼻，意猶未足，皮膚顏色慢慢也由黑轉白，幹什麼？製造新聞、討好聽眾、供給瑣談的話題。去年美國開始發行明星郵票，「有幸」成為郵票人像（搖滾歌手貓王是第一個）的條件，第一是明星必須足以近似或就是天王字號，再來就是必須去世十年以上。今（1993）年9月即將度過一百五十週年生日，專以行文刻薄著稱的英國《經濟學人》週刊，對明星郵票的評語是：老美從來不用擔心「貨源」不足，蓋美國明星，比起其他地方的明星，更是容易早夭，因為他們的工作與生活形態，實在沒有活得久的理由。明星如機器，用壞了換新。不過，《經濟學人》忘了，造成這種現象的根本因素，還在於該刊「理念」的成功：日夜以繼，它無時不頌揚自由市場機能，無時不主張利潤是衡量一切經濟行為的標準。

　　整個人的世界，具有兩種互有關聯的傾向：「貧者愈貧、富者愈

富」，一國之內如此，國際之間也是這樣。貧與富不單只是金錢之多與少，而且涉及了由此衍生的其他資源（包括媒介時間與空間）之使用機會。這個傾向是貧富的「相對」距離拉大，但就絕對的數值來說，由於人口大幅度增加，以及中產人數的擴大，生態問題的嚴重程度，伴隨著沒有秩序的生產，以及經過廣告及明星生活之渲染等等途徑，至而形成的消費至上、消費作為解決問題之迷思，更是已經到了讓人怵目驚心的地步。人一回到台北，就想「避難」東部、海外。類如麥可（再次聲明：本文意思不在指責個別人物）這號超級明星，又怎麼助長當代這樣的社會特徵？

　　本文一開始已經提及，台北的報紙，無分大小，不但報導而喜形於色，麥可所占用的篇幅更是驚人，從3月就陸續有他的新聞，到了8月，原本重視影視娛樂的《民生報》與《大成報》不消說，多家「嚴肅」的大報與晚報，也是撥出版面，唯恐讀者沒有讀到麥可的生活點滴就是失責，他們紛紛展開連載，推出系列報導。若說此間媒介因為麥可而發燒，一窩蜂而錦上添花、歇斯底里，應該不算是不實描述。麥可來台，報載每日要有五十箱礦泉水，供他沐浴：洗一次澡，水不算，至少已經用掉一千兩百個塑膠瓶、五十個紙箱。這不是無謂的破壞生態環境，又是什麼？台北的演唱會，每張票1千至4千元，內中有0.5美元（約14元台幣）捐給「拯救世界基金會」。這不是非常諷刺嗎？姑且將這算是有意的行小善，但類似的舉止，豈不是早就不知不覺地，或是身不由己地造成了更多的資源集中與浪擲？而既然偶像麥可能夠如此，前往參加演唱會的中產階級子弟，台灣的數萬名，全球的數百、數千萬名，能夠意識到使用一點保特瓶，用後就丟的消費行為，有什麼不妥當嗎？他們或許不至於有樣學樣（是不能，不是不為，沐浴一次千瓶礦泉水畢竟太傷老本），但崇拜偶像的人、讀此新聞的一些人，合理化或是強化他們的消費模式的可能性，若說將要大幅提高，應該不是瞎說。

　　韓國的金泳三政權，上台未久展開了肅貪行動，針對軍事將領而來。接著，在阿里郎經濟景況不佳的情況下，新政府也明白表示，麥克的演出將提供明顯的浪費機會，誘使南韓社會的浮華風氣再次興

旺。因此，商人看著南韓有八萬觀眾的票房，只能眼睜睜讓漢城（2024按：2005年起改稱「首爾」）當局一筆抹消活動，金權碰到政權，一鼻子灰。中共更是「囂張」，麥可的危險之旅，雖然願意分文不取，中共黨官硬是不給簽證，原因不外是靡靡之音有礙建國大業。崔健的演唱會，北京都要擔心造成聚眾滋事，何況是世界巨星！還是不准為妙。對比於南韓與中共，台灣的國家機器顯然「十分開明」，對麥可優渥有加：今年7月開始施行的文化藝術事業減稅辦法，第一批適用對象之一，正是麥可的演唱會哩。天不生麥可，則影視資本家如新力集團如喪考妣。

（《中國時報》1993/9/2第27版／人間副刊。原標題〈麥可新力遊台灣〉。）

奧斯卡頒獎啦！

　　那天十多人聚首，沒頭沒腦，有個傢伙拋出一句閒話：「今天早上發生了什麼事？」天曉得，好夢方圓。「奧斯卡頒獎啦！」等不得旁人回應，出題者自己宣布了答案，然後四周嗯嗯作聲，原來大家統統知道有這麼一回事。

　　真有「趣味」，怎麼眾人消息如此靈通，都注意到了奧斯卡。這批朋友當中，說不定有多位並不知道同一天在國父紀念館裡，陳京與侯麗芳正在主持廣播金鐘獎哩。

　　國防武器與影視等文化產品，依序是美國最重要的兩項輸出產品，前者殺人見血，後者讓觀眾娛樂至死，認真說來，對於輸入國都不是什麼好事，可偏就常常被搶著要。不只這樣，頗多時候，台灣政府想花錢，都還買不到武器，低聲下氣還不一定管用；而屢次不爽，從電視到報紙，大幅報導好萊塢動態及頒獎，也已然行禮如儀，影劇新聞免費替奧斯卡曝光宣傳，那還真是唯恐不及。

　　所以，最符合我們利益的作法是什麼？武器方面，雖然不好說打

仗不必，棄子投降，但若想擁兵自重，嚇阻對方，那也行不通，較好的原則還是兩岸勤加往來，能合就合，否則就好聚好散。在好萊塢影片方面，中共的作法說不定還可以來個「創造性轉化」，用它一用。

去年此時，奧斯卡獎項頒布以後，中共宣稱這些影片傳達西方資本文明的價值觀，下令中國媒介低調處理，以免對於中國人民造成不良影響。當時國人頗多竊笑，認為中共干涉新聞自由到了這個地步，豈有此理。

現在，若說我們捨棄意識形態的角度，改採務實的經濟眼光，那又可以如何看待低調處理奧斯卡新聞的作法？如前所說，這些報導，本來無異於廣告宣傳，因此何妨在商言商，向片商酌收報導費用。不要忘了，許多美國電影也向其影片中出現的商品公司收取廣告費，如1990年的《第六感生死戀》及《小鬼當家》，演員分別提了十六種及三十一種商品，各說了二十三次及四十六次。這並不是巧合，事實上，這些產品得以現身的代價是2到5萬美元。另有片廠將電影廣告費分級，如產品入鏡2萬美元、對白提及4萬，明星手持展示則要價6萬。打從民國三十七年左右，好萊塢電影就一直攻占了台灣電影院線四成多的收入，近一、兩年更可能超過一半，摳下其中一部分，報導越多，摳得也就應該越多，然後專款專用，提撥作為國片輔導金，不也相當划得來？新聞媒介或許基於競爭，不肯這麼做，果真這樣，則新聞局協調一下也很好，何況胡志強局長才剛以全國最高票當選國大代表，正需要善用時機，以行動宣示服務選民的決心。

若有人擔心這個作法違背自由貿易的精神，那倒可安心，因為好萊塢的崛起過程，得力於美國政府的幫助不算太小，我們的政府在台灣電影製片業跌入谷底的現在，稍微介入，山姆大叔應可諒解。早在1918年世界電影市場還以法國為優勢的年代，美國就制定了Webb-Pomerene輸出貿易法案，刺激其企業以聯合行為對外輸出，而得到最大好處的正是影視業，以1966這一年作為例子（其他年代的資料未作統計），聯邦外貿委員會的調查數據清楚顯示，十二類得到法案好處的產業，出口總值近5億美元，內中電影與電視節目占去了一半以上，幾達3億，多於其他十一類產品的總合。再者，美國影片輸出

協會向來有「小國務院」的稱呼，為什麼呢？正為了美國通常會借助外交力量，幫忙好萊塢打通影片的輸出管道，小國務院之名絕非浪得虛名。

萬一美國片商不肯拿錢出來，媒介當然也就不肯報導，那觀眾怎麼辦？別急，喜歡看美國片的觀眾，應該會用網際網路的 WWW，而奧斯卡與好萊塢新聞上網路，那就更簡單，就讓雙方交會於當今的高科技，虛擬真實一番吧。

（《聯合報》1996/4/02 第 37 版／聯合副刊）

巴黎、紐約、好萊塢

有史以來，住在地球上的各色人種，本來就有疏密不等的來往，遞嬗至資本主義時代以來，這個來往的速度加快、深度加浚、廣度加寬。有人認為這是資本帝國的擴張，也有人認為這個名詞流於教條，於是定期熔鑄新詞，想要新瓶裝舊酒，沖淡「帝國」一詞所可能召喚的對抗意識，「全球化」這個詞彙的出現，或許值得放在這個架構中觀察。

就媒介產品的消費來說，看電影這個行為的全球化程度可說最大。除了中國、印度、古巴、北韓等國以外，從歐盟十五國、前蘇聯與東歐國家，直到亞洲的日韓台港東南亞，所謂看電影，就如同德國導演溫德斯所說，「就等同於在美國看電影。」今年初春，世紀大船難被拍成愛情故事，席捲全球，再把好萊塢票房推向另一高峰，竟連中國都似乎難以抵擋。但，一百多年前，好萊塢僻處加州，可是默默無名哩。

1895 年電影問世後的二十多年，法國是全球電影最大的外銷國，原因之一或許是法國內部較早完成電影製片、發行與映演的整合與寡占，比如，最大三家片商 Pathe、Gaumont、Eclair 在 1910 年左右

就控制了全世界七成電影市場，影片內容則充滿了性與暴力（就這點來說，古今人心倒是出奇的相同粗鄙啊）。反觀美國，雖然到了1908年時，每週已有1,400萬人次購票看電影，但內部市場秩序混亂，各類業者時生齟齬，盜拷等事如同家常便飯，「商業倫理蕩然無存」。到了1915年，美國最高法院的反托拉斯判例後，今日世人所知的好萊塢華納等大公司才逐漸崛起，並且，紐約的工會也逼使電影製片重心西移洛杉磯這個幾乎沒有工會組織的城市。

另一方面，當美國電影市場因國家介入而慢慢步入正軌、因工會力量強弱而由紐約播遷西海岸的同一時候，法國影業的優勢地位則因為歐戰爆發（1914-18）而慢慢消失。在這個節骨眼，美國銀行界首度發表報告，指出在國內1萬5千家戲院毛票房8億美元的基礎下，美國電影將有很大優勢足以進軍海外市場。金融資本在這個階段才從原先的裹足不前涉足電影，提供了美國電影的擴張資金。

美國大片廠一邊完成垂直整合，另一邊是勞工集結，如演員平等權利會於1919年發起罷工，次年美加戲劇舞台雇員聯合會、電影放映工會及各種技藝人員的工會組織亦正形成。在勞資糾紛迭起的背景下，米高梅為因應這個情況，於1927年發動成立了電影藝術及科學學院，開始以頒發奧斯卡獎等方式，作為籠絡、分化與控制演員、導演、編劇與技術人員等工會的手段之一（很少人會想到光鮮亮麗的奧斯卡，居然起於勞資衝突吧！）。至第二次世界大戰時，美國影業更加鞏固地位，戰後，好萊塢自詡為「小國務院」。製片人萬格（Walter Wanger）則說，好萊塢是美國的海外「大使」，好萊塢與國務院的關係最密切，甚至勝於與商務部的關係。許多好萊塢的資深發言人出身國務院，而「馬歇爾計畫」下設基金，用以確保美國文化產品輸出歐洲後，美國廠商在戰後短缺資金的歐洲，仍然可以將票房所得轉為美金匯回美國。另外，美國電影的政治經濟學者古拜克（Thomas Guback）常年撰寫論文，以實徵資料指出，美國政府透過外貿法案與賦稅手段，對電影業提供了可觀的協助（一般認為美國的產業政策，大致是採取自由放任的立場，若能讀到古拜克的詳細研究，或許要大吃一驚：最具有全球競爭力的美國電影業，怎麼還得力

於國家！）。

　　1980年代中期起，西歐保守政權當道，挾新科技使私人電視頻道衝進了歐人客廳，逼使各國進口更多美國影視產品，歐洲對美國的電影與電視產品之貿易赤字，年年爬升，雙方衝突四起，溫德斯等人甚至率領演藝工會親至世界貿易組織的談判會場遊說、示威（當然，美國方面也有柯林頓為好萊塢撐腰）。最後，1993年底，歐洲聯盟在法國領軍下，使WTO的多邊協議書中，不包括影視產品，也就是電影與電視等文化產品，各國可選擇不須開放市場（唯美國繞過多邊協議，改採雙邊談判，也就是美國向較弱的國家，如台灣，逐一敲門，使原已大開的門戶開得更大些）。不過，歐盟各國並未就此投降，無論是超國家的歐盟執委會組織或各國政府，都沒有放棄以公權力介入電影製作（以及更具有制度性抵抗能力的公共廣電系統），透過固本以抵擋好萊塢的進擊，成效不差，以德國來說，1997年賣座前三名的電影都是德國電影，35%電影票房是德國片，黃金時段沒有任何主要電視頻道播放美國電視影集（而德國電視業產值為電影的十倍，達90億美元）。

　　在過去一百多年的歷史裡，電影在資本主義生產方式的全球化過程（既然說是資本主義的全球化，那也就隱含有一種社會主義的全球化電影，唯內涵為何尚不清楚），充滿了電影界的勞資衝突與各個國家機器的介入。它所造成的後果之一是獨尊了美國，瘦了其他國家；後果之二是，即便是在電影業最發達的美國，電影也愈來愈欠缺美國（國族、階級等）風味，反之，強調娛樂、動作等足以跨越不同文化門檻，因此廣為接受的商業色彩，日見濃厚。若是從這個角度觀察電影的歷史走向，那麼，電影全球化與帝國化的差別，也許只是名詞取用的選擇，但值得注意的是，如果語言影響思想，那用語的選擇也就並不無辜，它有了政治作用。

（《當代》雜誌139期1999/3，頁14-7。）

蓬勃的好萊塢新聞　萎縮的台灣電影

本附錄分作兩部分。〈表9〉、〈表10〉與〈表11〉談電影票房及電影政策，〈表12〉談電影新聞。

一、台灣與英法港韓的電影票房及其政策

表9　台英法港韓五地電影消費好萊塢化的晚近狀態，1993-2001

美片／年	1993	1994	1995	1996	1997	1998	1999	2001
占香港票房%	27.5	31.2	42.1	48.1	53.0	60.4	60.2	56.7
占南韓票房%	80.0[+]	75.0[+]	75.0[+]	60.0	55.0[+]	54.0[+]	無法取得	53.7[*]
占英國票房%	94.2	85.6	83.7	無法取得	74.0	86.0	無法取得	77.0[*]
占法國票房%	57.1	61.0	53.9	54.3	52.5	64.0	54.1	46.6
占台灣票房%	66.9	78.3	83.8	91.6	93.8	96.5	96.7	95.0
港片占台灣票房%	29.0	17.9	14.9	6.9	5.3	3.1	2.9	4.4

資料來源：略。　* 2000年。

表10 台英法港韓片的本地電影票房占比，1993-2001

本地電影／年	1993	1994	1995	1996	1997	1998	1999	2001
港片%	72.2	69.8	60.4	55.3	50.0	43.5	40.2	43.3
韓片%	15.9	20.5	20.9	23.1	25.5	25.7	336.1	49.0
英片%	2.5	無法取得	10.2	無法取得	26.0	12.0	無法取得	21.0[*]
法片%	35.1	28.3	35.3	37.5	34.2	27.0	32.0	41.7
台片%	4.2	3.8	1.3	1.5	0.9	0.4	0.5	0.1

資料來源：略。　* 2020年。

　　〈表9〉與〈表10〉的資料顯示：（1）人口最少的香港（600多萬），電影製片業的表現最好，一直到1998年本土電影的票房才低於50%，也就是港片輸給好萊塢電影，是最近五、六年的事。（2）南韓也差強人意，特別是韓片最近幾年成績愈來愈好，2001年的時候，韓片攻占了49.0%的票房。（3）法國亦差強人意，法片大致都能占有三分之一左右的票房，比南韓穩定，但其達成是透過積極的政策，由政府提供交叉貼補。南韓也有政策，補貼雖有，少於法國，而英、法歷史上都曾採用，最終卻告失敗的「銀幕配額」辦法，卻在南韓產生關鍵作用，讓阿里郎的電影製片業由谷底翻身。（4）英國票房占比起伏大，雖有政策，並不積極，因此與法國有別，電影績效無法累積。（5）台灣電影所能占有的票房比例最低，不但又遠低於英國，最近數年甚至下降到0.5%以下，猶少於比利時。台灣又與英國不同，後者因語言、文化因素及市場較大，吸收了龐大的美國製片資金，台灣無此可能。

　　台灣電影的國內成績如此低落，怎麼解釋？法國及英國兩個性質與台灣差別較大的國家，可以先存而不論。其次，我們應該可以假設，台人拍攝電影的能力，「本質上」並沒有不如南韓人或香港人之處。這就是說，台灣電影的問題，不是出在人的素質。那麼，道理就出現在「環境」或政策的差別，大約有四個環境理由可以解釋台港韓電影之國內表現的差別。（參考〈表11〉）

　　一、就香港來說，過去一百年，特別是1937年以來的戰爭背景（新加坡、馬來西亞及上海電影資源移轉至香港），以及英國殖民地政府的性質（使拍片較能符合商業需要），應該是解釋香港電影業頗稱繁榮的必要因素。

　　二、就南韓來說，特色在於其政府歷來均很積極地介入電影事務，早從1960年代就有《電影法》，規定外片（美片在內）銀幕配額政策。這個政策的執行，在1993年以前常有漏洞而成效打了折扣，其後，在南韓電影人的壓力下才更為確實執行。據此，南韓戲院必須以全年映演日數的29-40%放映韓國片。

　　三、就台灣來說，政府雖然曾強力介入，卻僅只壓制創作尺度，

這反而是電影製片難以成長的因素。到了1980年代中後期以後，南韓一方面開放市場，另一方面如前所說，還是大力捍衛其國片，並且是以銀幕配額方式為之。

反觀台灣政府，雖然從1989年開始有輔導金協助電影製片業，但金額不大、協助方式失當且欠缺（如同南韓）映演業的規範，終至一敗塗地。另一方面，冷戰提供香港得利的背景，卻對台灣是一大傷害，原因有三。一是政府為了爭取香港電影人的支持，將香港片視同台灣片（國片），有利於香港電影占有台灣市場。二是政府不免拍攝政宣片，此亦香港電影所沒有。三則可能是最重要的，政府的語言政策發揮了對於台灣多數民眾之母語的壓制作用，致使消費電影所需要的文化資源為之長時期中斷，並且這還不但是文化上的壓抑，國府的電影政策更是只鼓勵國片，反向就是等於對俗稱台語片的抑制了，這不單不見於香港（因此粵語片在1970年代中斷了一陣子後，在1970年代末期由電視粵語節目的光復重回電影），更是舉世罕見或絕無僅有的。

四、就電影與電視的關係來說，香港長期以來電視與電影人才互相流通。比如，提升香港商業片能量的新浪潮電影導演，在從事電影工作之前，先從電視公司得到了拍片的資源及歷練的機會。南韓電視生態在1980年代後期之後比台灣健全，但無法確知是否雙方交流如同香港。倒是台灣，歷來電視與電影資源的流通很少，並且從1990年代中期以來，由於有線電視系統的電影頻道暴量成長（最多曾有十七家左右，至2003年4月27日最少仍有十一家，不包括動畫卡通台）。這個情況對於電影製片業是傷害，不是助力。2001年1月15日，導演朱延平接受吳宛郁訪問時，甚至認為台灣電影消失的原因，「很容易觀察，一個就是Cable嘛！做爛了，《烏龍院》、《中國龍》已經看了兩千遍了，看到想吐，劉德華也是一樣，周星馳也是一樣被看膩了，這部分我真的不知道要怎麼去抵抗，而且片子才下片不久，馬上就在電視Cable看得到，哪裡有觀眾願意花錢買票進戲院？」

表11　台灣、南韓、香港、英國與法國對好萊塢的政治反應歷程與特徵

台灣	視港片為台片、壓抑母語是最大特徵。沒有政策導演電視與電影資源的交流，管制進口效果低。補助製片規模不大，1989年後雖設輔導金，惟成效不彰，且總體電影政策消極，從《電影法》遲至1983始實施且至2001年10月未修，而第一次修訂時就把最重要的電影配額及徵收外片作為國片輔導金的規定取消，殆可窺見台灣電影政策的消極無為。
南韓	1965年即已創制《電影法》，至今修訂十次，補助製片規模亦小，亦乏政策帶動電影與電視資源的交流，新（1999）法已就此補強。以管制進口片為主，成果較大，特別是1994年後，出於電影人的努力，有效讓韓政府執行銀幕配額政策，因此至2001年，韓片已占票房49%。但電影投資的投機性質太強，目前的榮景能否持續尚不明朗。
香港	中國的地緣政治因素使電影業發達，自1930年代已然，至1980年代是黃金期，港片占票房70%以上，1990年代中期後低疲，因素包括好萊塢擴張（及失去台灣等地市場）、台資撤回有線業、港資因1992鄧小平南巡後趨開放而入中等因素，1997年後始有積極政策。電影與電視人才流通與美國同，起自業界動力，非關香港政府。
英國	1960年代以前較積極，特別是戰後1940年代曾企圖挑戰好萊塢，1980年代初期，隨英國數部電影得到奧斯卡獎，業界曾過度投資而崩盤。1985年Eady Levy（隨票課徵電影製片捐）取消之後，象徵英國電影政策進入消極階段，1997年後從彩券盈餘取利，投入製片補助，至2000年成效不佳。BBC、第四頻道對電視電影的拍攝及播映，提供較穩定資源，雖然規模不如歐陸國家。
法國	政策堪稱舉世最周延、最積極與穩定，不因執政黨派輪替而變更，統計報告齊整。CNC（國家電影與動畫中心）1946年創立，1959年後為文化部控制。至今仍以票房11%及電視收入5.5%及其他影視產品附加捐作為電影基金，分自動及選擇性補助。電視公司另徵以3%預算製作或預購法片，電影頻道Canal+則是9%。這些因政策導引的電影相關部門之製片投資，占法國電影製片總投資60%以上。

資料來源：本研究。

二、台灣的影劇新聞是好萊塢的最愛

　　1927年起，為了舒緩好萊塢的勞資糾紛，資方所委辦的的奧斯卡金像獎頒獎典禮，至今已成舉世最受媒介青睞的年度電影事件。好萊塢的再現是影劇新聞。它雖然屬於人情趣味新聞之列的文類，卻含

有濃厚、重要的政治意識形態成分，惟這個層次的意義歷來乏人研究。本節的資料儘管薄弱，但希望能對此闕漏有所補遺。

如果有人以為，符號現象單純僅是物質實況的反映，那麼，這一定是教條論者的說法。不過，很「巧合」的是，當我們檢視台、港、南韓三地的主要報紙，對於美國年度奧斯卡頒獎典禮的報導數量時，上下層卻正是如此粗暴地吻合。如〈表12〉所示，就再現美國年度奧斯卡頒獎典禮的新聞篇幅來說，正是台灣遠遠多於香港（何況港報篇幅比台灣多二分之一至一倍）。其次，台灣也有許多次特別將該典禮的新聞，放於頭版或要聞版的情況，這與香港專以影劇版報導的情況，又顯示台灣報紙對於好萊塢之被台人接受、熟悉之文化過程，出力更大。南韓更顯奇特，1981年（含）之前，在頒獎次日（也就是台港等所有國家「理當」大幅報導的時候）都沒有報導，此後雖見出現，但多屬於短訊或再加上照片，1996年以後是比較多了，惟仍屬相當有限。本研究的南韓顧問臧汝興表示，可能的原因之一是，韓國非常重視規範，一定的新聞事件，通常都是以一定的方式處理，即使是在頒獎典禮前後期間，電影消息及影評仍是採取一貫的編製方式，不會特別報導頒獎消息。

表12 電影消費好萊塢化在台灣、南韓與香港的新聞篇幅[*]，1951-1999

19	51	56	61	66	71	76	81	86	91	96	99
台灣1	33	139	642	764	690	787	2162	1630	2710	3735	5338
香港2	487	356	267	1316	232	1260	590	637	2938	2340	3418
台港比a	.07	.39	2.4	.58	2.97	.62	3.66	2.56	.90	1.6	1.56
台港比b	.12	.68	4.2	1.01	5.2	1.09	6.41	4.48	1.61	2.8	2.73
南韓	0	0	0	0	0	0	0	+	+	++	++

資料來源：本研究。台、港、韓的報紙分別由胡采蘋、華慶銘與臧汝興執行。

[*] 三個社會主要報紙對奧斯卡頒獎典禮的再現（報導或評論）篇幅（平方公分），台灣取《聯合報》；香港因沒有報紙跨越四十年，取《星島日報》與《明報》；南韓取《朝鮮日報》。因助理作業疏失，南韓部分未能提供報導篇幅，+表示報導開始出現，++表示出現頻次稍多。均取頒獎典禮的次日報紙為分析對象。香港以1987代1986，台灣以1953代1951。台港比a指1除以2，台港比b指1乘以1.75再除以2，因香港報紙篇幅多台灣1/2至1倍。

　　十多年前，吳念真說：「影劇新聞，在台灣真是一種奇怪的新聞類型，你極可能輕視它，但你可能一字不漏地讀完它、完全相信它，而且在生活中花最多時間去談論它……電影的環境在變，觀眾的品味在變，影劇新聞卻始終以不變應萬變……不外緋聞、內幕、捕風捉影、加油添醋。十幾年如此，十幾年後只須把男女主角換個名字，其他內容一樣；報紙大多數的影劇版，除了黑白變彩色……和十幾二十年前，你能發現什麼顯著不同嗎？」、「大眾輕視影劇新聞的重要性，影劇新聞從業人員輕視讀者，輕視電影以及電影從業人員……由於這種輕視心態的惡性循環，造成影劇新聞在整個大眾傳播媒介的變革中成了漏網之魚。」吳念真因此期待，「影劇新聞的從業人員能重新肯定自己作為監督者與促進者的角色，具備更豐富的專業知識，更遠大的眼光與更寬闊的胸襟。」

　　同一年，詹宏志起草，並有另五十二人連署的〈民國七十六年台灣電影宣言〉則表示，幾年來，台灣的政治新聞、消費新聞、環保新聞等，都有進步，卻仍「對電影新聞活動明顯『歧視』……作賤電影的從業人員，把明星的私事醜聞當作頭題新聞……但一部在國際影展得獎的影片可能得不到討論或報導」，因此他們「希望大眾傳播把『影劇新聞』和政治新聞、文教新聞放在同樣的地位……。」

　　1988年，《長鏡頭月刊》長篇幅刊登《中國時報》、《聯合報》、《自由時報》、《民生報》、《台灣時報》、《中央日報》、《自立早報》等七位影劇版主管座談紀錄，並同時訪問七位影劇記者。根據該刊編輯穆中先的歸納，這些影劇人的共同想法是：一、期許自己多作些有影響力的報導；二、報社及讀者對影劇版有刻板印象，他們難以掙脫；三、主管當局不重視影視文化，沒有扮演積極角色，導致影劇記者減低了報導的熱忱；四、業者急功近利，設定大眾口味，記者無奈。該期月刊也刊登黃仁的一篇回顧，他提及了影劇記者／版在台灣的演變，其中提及《公論報》影劇版主編是杜雲之，以及前代影劇記者（包括他）的出書，以及，出任導演之情況（劉一民、白景瑞、姚鳳盤等人）。1990年代初，黃仁接受梁良訪問，認為影劇版變成花邊新聞，是因為報老闆認為如此較可讀，早年他自己曾以整個月專欄介

紹外國導演、新潮思想等。

1992年，在新聞局召開的全國電影會議裡，當時的電影資料館館長井迎瑞指出，電影學術水準低落，也就影響電影欣賞人口及媒介新聞之報導水平，它「仍以花邊新聞，探人隱私來取悅讀者」。《中國時報》簡志信主任對此「感到慚愧」，但認為「這並非全部事實」，郭力昕呼應井的看法，但補充說，有些影劇記者是很努力，但總體看是很糟糕。對此，簡志信說，媒介必須生存優先。

1993年《中央日報》影劇組組長何永証則說：「台灣所有的影劇新聞，幾乎都是電視台、電影公司或唱片公司在主導……。」影評人景翔說，影評或可對此制衡，「可是制衡的結果是，影片公司向報社或直接負責的人表示意見，這樣影評欄被封殺的機會就多了。」值得注意的是，香港藝人曾以隱私過度受到干擾，從1995年7月9至11日，連續三天杯葛記者的採訪。1995年，《中國時報》記者褚鴻蓮也質問，難道「緋聞、數字、糾紛＝影劇新聞？」，讀者則投書指「體制不該成為影劇新聞各說各話的藉口、不該只是娛樂取向」。

1996年，學界影評人孫秀蕙指出，「新聞界應該重新反省，國內影視工業之所以有目前這種特殊的提供新聞方式，到底是國內外皆然，還是本國之獨創？」到了1998年，《廣電人月刊》專號則有紀錄，顯示最近數年在媒介競爭熾熱之下，這個風氣延伸到了電視，產生了電視娛樂新聞的類別。

台北市民陳曉平在2000年投書《中國時報》，指「女藝人陶晶瑩訪問李奧納多……醜態畢露……出盡洋相……媒介隨之起舞，不辨好惡，不知取捨……『影視新聞』成為『無聊』、『低水準』的代名詞，正是媒介自甘低俗的後果。」

田家齊則在碩士論文中說，「各大電子媒介……充斥著好萊塢影片資訊……成為好萊塢的宣傳利器……無線電視及有線電視的影劇新聞應多方呈現不同消息來源的報導。避免原版採用美商八大的新聞稿而未加編輯……維持閱聽人『知的權力』。」電影研究者林洋更加氣憤地指控，「台灣報紙的影視版……雞毛蒜皮的報導／八卦……隱藏（自覺／不自覺）的利益交換，令我不寒而慄。」

　　總之，當前台灣的影劇新聞，很大一部分等於是好萊塢的免費廣告，而且勝於廣告，因為這些影音圖文以新聞形式現身，閱聽人在接觸時，戒心減弱，相對地增加了其訴求效果。這樣一來，這類新聞也就強化了本國民眾消費好萊塢電影的習慣，而在揄揚好萊塢的同時，這也形同從另一個方向，削弱觀眾消費本國電影或風格迥異好萊塢之電影的意向。對於這些事實，從學界、業界到觀眾，迭有惡評，如前段所述，但至今這些檢討似並未能匯聚，未能改善其表現。

（Miller, Toby, Nitin Govil, John Mcmurria and Richard Maxwell〔2001／馮建三譯2003〕。《全球好萊塢》，頁361-71，台北市：巨流。原標題〈附錄：萎縮的電影，「蓬勃」的好萊塢新聞：檢討台灣的一個異象〉。多數參考文獻或注解已刪除。）

報導好萊塢　想起共產黨

　　台北有一家報紙說，〈三月強檔　吹好萊塢風〉。但是，這個標題說了，等於沒說。好萊塢在台灣，一直都是很強大的颱風啊。

　　1956年，可能是好萊塢表現最「差」的一年，「僅」占台灣戲院票房的45.51%。1960至1990年代，不可同日而語，占了75%左右。到了21世紀，好萊塢更上層樓了，平均約95%。

　　所以，好萊塢怎麼會這個月才「強檔」？好萊塢早就摧枯拉朽，我們的電影早就沒有立足之地。

　　反觀香港，彈丸之地，人口不到台灣的三分之一嗎？對不起。香港電影在2004年（含）以前，好萊塢靠邊站，香港片平均占了55%票房。南韓也是，1999年至今，阿里郎電影票房，超過一半也是自家生產。

　　好萊塢大風吹，看來，台灣最弱不禁風。為何？其來有自。許多年來，我們的傳媒最熱中免費奉送版面，大方放送新聞，好萊塢得到

的宣傳效果，比付費的廣告還要好。

比如，每年2月的奧斯卡頒獎典禮次日，我們的報紙無役不與，並且投入海量篇幅報導。1961年是香港的四倍多，1999年是二點七倍，韓國的報紙呢？幾乎不曾報導，直到1999年才略有一些。

今年，除了《自由時報》「只」有二點三個版面，另三家都超過四版，包括有一家頭三版幾乎傾巢而出！日本與南韓分別是零點三五與零點六版，並且都在第一疊報紙之外！

看來，真正「入島、入戶、入腦」的不是中國共產黨，而是好萊塢。

不過，回顧歷史，好萊塢與共產黨聯袂出場的話題，倒也不絕如縷。

1917年蘇聯革命，世人浮動，有了所謂第一波「紅色恐怖」，美國記者李德（John Reed）的故事，後來好萊塢拍成《烽火赤焰萬里情》（Reds），說的就是這段期間的世局。在好萊塢，1919年演員罷工。老闆們頭疼之餘，設法反制，當時米高梅公司大老闆梅耶（Louis B. Mayer）出面，號召搞個「影藝學院」，自稱要來代表電影人，先發制人，對抗各種工會組織，於是就有第一屆奧斯卡獎在1927年登場。

1920年代，聯邦調查局（FBI）施展手腳，密切注意好萊塢紅色分子的動向。但到了1933年，洛杉磯共產黨主席還說，「好萊塢光鮮亮麗，根本不要在此浪費時間」，推動組織工作。

三年之後，光景翻轉。1936年，前往美國講演與串連回到歐洲後，號稱紅色百萬富翁的瑞士人、曾經是德國共產黨幹部、列寧相當看重、後來反對史達林的明星貝恪（Willi Münzenberg）指示其助手來到美國，成立「好萊塢反法西斯聯盟」，支持蘇聯，反對納粹。這個時期，儘管FBI繼續偵防左翼分子，但既然美國已在1933年承認蘇聯，並已聯手對德國納粹作戰，那麼共產黨人及其同情者，也就還有發展餘地。

1943年，根據美國駐蘇聯大使回憶錄（單在美國就賣了七十萬本，總計在九個國家以十三種譯本發行）改編，由華納兄弟製作發行

的《莫斯科任務》（*Mission to Moscow*），是一部親近史達林的電影。但鳥盡弓藏，二戰結束後的情勢，很快逆轉。眾議院在1938年成立的「非美活動調查委員會」（House Un-American Activities Committee, HUAC）在收斂幾年之後，再次啟動調查，審訊好萊塢編劇、導演和其他影視從業人士，「閣下是否是或曾經是美國共產黨的成員？」結果，十人以憲法第一修正案為盾牌，拒絕回答，卻招來蔑視國會的罪名，在1947年末鋃鐺入獄，兩人半年徒刑，八人一年，其後另有數百位同業喪失工作。最先遭殃的這十個人，世人日後以「十君子」相稱（解嚴前，台灣翻譯為「十大寇」）。

　　1954年底，我們的外交部長葉公超踢館。他前往加州，參加好萊塢宴會，表示好萊塢當時正在拍攝的《十誡》，應該加入第十一誡「你切勿做一個共產黨徒」。稍前，卓別林火大了。痛斥美國政府的獵巫與反共認知及作風後，卓別林拋棄返美簽證，留在歐洲，這位人稱「第一位政治電影明星」的默劇泰斗，其實是新恨舊仇一起來：早在1922年，聯邦調查局在一場明星導演編劇與文人派對後，登堂入室，詢問導演德米勒（William deMille）：「你的朋友卓別林是不是共產黨人啊？」

　　1956年，鼎鼎大名，從奧地利到美國，走避納粹的經濟學者米塞斯（Ludwig von Mises）出版了《反資本主義的心境》。這本小書說不上經典，但容易讀，赫然有一小節，「好萊塢的共產主義」。他認為，製造業「在某種限度以內，可以預測」產品的未來行情，因此就有「相當信心」，「娛樂業就不一樣了……要靠新鮮玩意……名角、明星……今朝紅得發紫……明天……被……遺忘」。怎麼辦呢？沒有方法「解除」，是以，「這種憂慮的名伶」「像落在水裡的人一樣，為著救命……當中有些人就以為共產主義將可解救他們。」十君子入獄，好萊塢大舉整肅紅色明星、作家與導演十年後，反共大師還有這個看法，或許，當時的共產黨人，竟然也是一種百足之蟲，死而不僵！

　　十君子出獄後，繼續周旋，有四人夥同另八位好萊塢工作者，在1960年代控告資方，「要求賠償750萬美元」。HUAC當然不會是省油的燈，立刻聲稱：「共產黨分子正公然向電影企業中心回籠。」

　　1970至1988年間，好萊塢政治性格與行動最為積極與連貫的左翼明星，是去年獲頒終身成就獎，先前已經兩度揚名奧斯卡的珍芳達（Jane Fonda）。《金融大恐慌》（*Rollover*）之類的電影固然是她傳達政治意見的方式，但珍芳達三十五年後回顧，認為自己政治事業的成功，主要還在她提攜了男男女女許多人才進入社會運動，他們「到現在都還在現場」。

　　進入新自由主義經濟年代後，要角之一是美國總統雷根（Ronald Reagan）。當年，他「定期向聯邦調查局提供他認為同情共產主義的影星的姓名」。這個「事蹟」隨著他出任總統得到證實，1985年首次見報。

　　1999年，十君子之一，出獄後為工作而向HUAC作證的導演狄米崔克（Edward Dmytryk）以九十歲病逝。同年，因舉發好萊塢共產黨人而被認為「害人不淺」的卡山（Elia Kazan），得到終身成就獎，外界物議，頒獎典禮時，「台下半數觀眾對他報以噓聲」。到了2003年，卡山以九十四之齡辭世。

　　接下來，又是十年。故事延伸到了中國共產黨。習近平在2012年好萊塢頒獎典禮前夕訪問美國，帶給山姆大叔厚禮。中方同意美國影片的進口數量，除了原先的二十部，一年還可以增加十四部，分帳比例更美了，以前，美片分到的票房比例是13-17%，此後，可以到25%！

　　世道確實不可同日而語。在2012年談真正共產主義的，不是習近平，再次是好萊塢導演了。奧立佛史東（Oliver Stone）這位也是多次得到奧斯卡獎項的導演，歷經四載之多，在2012年與人合作推出了十二集紀錄片，《騷動的帝國‧不為人知的美國歷史》（*The Untold Story of the US*），並同時出版七百五十頁的書籍。作品一出，稱讚與反對者自然統統都有。負面評價的人曾有激烈之詞，猛說，反了，反了，這簡直是「1952年的翻版，重複美國共產黨人與蘇聯代理人的那套說法」。史東並無懼色，次年，他還接受半島電台訪談，大談共產主義的這個與那個。

　　最後，就是今年的故事，共產黨又上台了，輪回對岸。上個月奧

斯卡頒獎前夕，從地產跨足電影、購進美國第二大戲院連鎖商AMC，應該也是共產黨員的王健林說，以前AMC從來沒有放映中國電影，他入主之後，一年十部以上哩。頒獎當天，得獎的明星在好萊塢發表「女權感言」，頒獎後，中國共產黨在三八婦女節前一、兩天，抓走了五位女權運動者，反高潮！

（媒改社《媒體有事嗎》週評 2015/3/17）

談奧斯卡金像獎　也說轉型正義

何時起源，得再考察，但我們確實有不少媒介，或是主動投懷送抱，或是遭到制約，總之，許多年來，它們相因承襲，拚命報導，不是跟風，而是超越世界大多數國家，每年此時都要以美國好萊塢的快樂為快樂，以好萊塢的節慶為節慶。

今年並不例外，也是相當嚴重。

以四家綜合性質的日報來說，《自由時報》的報導最不顯眼，即便如此，也在頭版左下方有張大照片提示，另在娛樂版放了三又二分之一版。《聯合報》的頭版投入中央位置，相當搶眼，超過半數空間給了奧斯卡之後，意猶未足，該報再用三版全部，以及娛樂版折合三個半版。

《蘋果日報》與《中國時報》更嚴重，兩報都推出增刊，包住頭版，對購買紙版的讀者來說，增刊反而變成新的頭版，無法不看到。《蘋果》的四版增刊有一版放廣告，《中時》顯得「慷慨」許多，四版全部都是亮晶晶。然後，《蘋果》與《中時》，另在娛樂版又是大放送，再添三個及兩個整版。

四報平均下來，每家報社用了五個版免費張揚好萊塢的氣勢，聯繫好萊塢與台灣讀者的「感情」。想來，當日台灣電視的畫面一定也是金光閃閃，瑞氣千條。

這個報導篇幅是多還是少，得作比較。

先看南韓，發行量最大的兩家《朝鮮日報》與《中央日報》，以及第四及第五的《韓民族新聞》與《韓國日報》，要在頭版看到好萊塢，門都沒有。四家報紙較少的是三分之一版面，最多是一又三分之一版面。四報平均是，每一家用一點零五版面，算是比意思、意思還要多些，很夠意思了。

次看香港，《星島日報》頭版有小提示，另外還花了三個娛樂版；《明報》頭版有醒目的提示照片，另有三版半關注；發行量較大的兩家報紙，也就是《東方日報》與《蘋果日報》的頭版提都不提，僅在娛樂版放送，前者支付三個版，後者「吝嗇」，用了大約兩版半。因此，香港四報平均一家給了頒獎典禮略多於三個版。

最後是近年來，好萊塢垂涎欲滴的中國大陸市場，其報紙是怎麼呈現奧斯卡典禮的？廣州發行量最大的《南方都市報》雖然在要聞的二與三版各有一篇，卻是沒有圖片而是借題發揮寫評論，八個娛樂版是投入了三個版。但由於對岸這些報紙的一版篇幅僅及台灣之半，因此《南都》呈現好萊塢的總量少於兩個台灣版面。北京的《京華時報》在頭版有提示，另有將近四個娛樂版。《東方早報》在上海，是兩版半。《華商報》在內陸（西安），其頭版提示加上其他位置，不到五分之三版。所以，從南到北、自西部的內陸到東端的海濱，對岸報紙「奉獻」美商電影工業的面積，僅約折合台灣報版面的一個又多一些。

事情很清楚，我們的媒介太過耽溺於好萊塢奧斯卡。但這跟「轉型正義」能有啥關係？有。《史明口述歷史》作者之一藍士博說，南韓拍得出《華麗的假期》，七百萬人看，我們應該也要拍。台灣史專家薛化元教授說，歷史真相要能有效傳播 轉型正義更能如此，撫平人心、不再重複慘痛歷史的學習，才算啟動。但這就是問題，我們的傳媒免費大肆宣傳好萊塢，強化好萊塢滅頂台灣電影工業的能耐，此情此景，又怎麼能夠有效傳播歷史真相，拍出《華麗》之類的作品，在正規教育之外，有效以寓教於戲劇的影音工具，傳播歷史真相呢？

（《人間福報》2016/3/4 第 5 版）

奧斯卡與好萊塢　台灣之謎

朋友本田從東京寄來電郵。他說，「我也沒注意到Oscar。我想……（日本的）社會大眾對Oscar的關注比較少。」

《朝日新聞》可能比較批判，因此僅在第三版，「簡簡單單」地刊登了得獎結果，看來就是三、四百字，沒有照片。《讀賣新聞》銷售量更大，卻也只是往前放在第二版，篇幅多些，但也不會超過八、九百字，一點都不詳細，多了照片，卻只凸顯高呼注意氣候變遷的明星。《運動日本》這類著重娛樂趣味的刊物，報導最多，不過，也僅用了半個版，包括稍大一些的圖片。

本田提供的個人經驗，以及這些觀察與紀錄，讓人大吃一驚。

日本政府長期親美，不少媒介也不批評政府的路線，如近日就有三家電視台的知名節目主持人，由於明示或暗地抨擊安倍，捲鋪蓋走人，對於這個現象，日本傳媒即便反抗，也是無力回天，徒呼負負。但政府親美，沒有滲透至電影。假使刊載奧斯卡金像獎典禮的報紙版面，可以作為指標之一，顯示桃太郎的流行文化是否親近美國，那麼，東瀛報紙所透露的意向，與台灣南轅北轍。

台灣的統治者經常要看美國的臉色行事（馬英九總統月底登陸太平島，究竟是違逆美國地緣戰略的立場，還是純屬卸任前的偶發走火，沒人知曉），流行文化當中的電影，更是好萊塢的天下。因此，我們四家綜合報紙，平均一家報紙用了大約五個版面，並且在頭版至少都有一張大照片，以敲鑼打鼓的姿態，彷彿在慶祝自家的喜宴，報導2月最後一天，這個遠在千里之外的活動。就連一家不是信仰基督的宗教報紙，都還撥付頭版的上半面，加上第四版整面，歡天喜地隔洋慶賀哩。

這個現象究竟怎麼解釋？台灣這些報紙迷戀奧斯卡頒獎及好萊塢，似乎如同呼吸那麼自然。

第一個說法，這是功能互補。人們需要影劇等等娛樂新聞，本地電影不發達，那就只好借用別人的材料，這就如同，我們不產蘋果，或者，若要生產，蘋果售價必然偏高，同時會傷害高山土地，於是進

口。所謂比較利益，正就是這樣。

這是正常化，正常化現在所有存在現象的修辭。存在不但就是道理，並且可能是所有可能存在的現象中，最有道理的一種。

不過，還有第二種說法，也得考慮。台灣報紙大量報導奧斯卡獎及好萊塢，已經構成「二度傷害」，或者，是不知不覺中，助長了「自我殖民，享受殖民」的猖獗。

日本電影票房在1990年代初期，有67%來自海外，其中顯然大多數是好萊塢。其後有了改變，至2008年左右起，日本自產的電影都能超過一半，2012年則本土電影倒了過來，占有66.7%。這樣看來，日本很少報導好萊塢，若解釋為日本媒介自動就有本地認同，並且肥水不落外人田，不肯免費以新聞的方式，為競爭對手張目，於是就對本地電影守住城池，有些貢獻。

這個情況若是用在南韓與中國大陸，也有道理。兩國的本地電影也都領有半壁江山以上，但沒有日本那麼好，是以顯現在其主要報紙對於奧斯卡獎的報導，也就都是以稍多於一個台灣報紙版面的大小，奉送好萊塢，為其免費行銷。香港差一些，2005（含）年以後，香江本地電影領有的市場份額，急速下降，約在三成上下，該地四家報紙平均投入奧斯卡獎的篇幅，也在三個版面。

相當明顯，不論是比日本，還是比對岸與香港及阿里郎，台灣本地電影票房占有最低的比例（2001年是0.17%，2008年起稍好，但該年至2015年的平均，應該不會超過12%。今年農曆年間，導演葉天倫應該是感慨，但最好是氣憤，他對一部好萊塢電影票房的三分之一，就要超過三部「台灣」片，高聲疾呼這怎麼可以！），何以這麼低迷？最大原因是政府沒有影音文化政策！

但是，也許報紙免費並且經常為之，以新聞為好萊塢增光，宣傳不公平的競爭不遺餘力，多少也產生了推波助瀾（「為虎作倀」？）的作用。假使這樣的宣揚成為電影意識的領導內涵、成為霸權，那麼說不定這樣的電影文化氛圍之建構，也領導了我們的政治人，於是解釋了台灣長期以來沒有影音（電影在內）政策的深層因素。

不但影響政治人的意識，這樣的氣氛可能也影響了若干影評人或

民眾，因此對於葉天倫的呼喚，就出現了下面這樣的標題，同仇敵愾的氣憤完全無影無蹤，留下的是抨擊導演不長進的歇後語：「別矇混觀眾」。這位評論者的意思，可能不外《大尾鱸鰻》（不管是第一部還是第二部）不好看、不代表台灣電影，票房不好就要自己反省，好萊塢就是好看。葉導演及其他電影人的工作成果，是不是有值得提倡的本地味，是一回事，但總比老美或老外，是有可能在有了更多工作機會之後，好歹就會拍出我們還能接受，甚至欣喜的本地元素，乃至於既有本地色彩，也同時兼有足以溝通世界的劇情吧？現在的問題顯然在於，我們的文化人、電影人與電視戲劇人的工作機會很少、不穩定，卻又可能同時出現往往必須在短時間內密集工作的現象。如此，若要期待叫好叫座，不太可能；要能「持續」叫好或叫座，那更不可能。欠缺持穩的工作機會與合理的工作條件，我們就很難透過影視形式，鍛鍊我們的文化。

對於認真的電影導演如葉天倫之慨嘆，新聞界若是反而抨擊他「別矇混觀眾」，情何以堪？本地報紙超越近鄰所有國家，數十年來都在大刺刺報導造成本地電影人困境的好萊塢影星動靜，形同免費以新聞進行比廣告有效的好萊塢宣傳，多少是對患病已久的電影製片業之二度傷害，甚至亦可以說，這樣看待事情的人，多少是有了自我殖民，但卻不自覺，反而樂此不疲的樣子了。

（香港東網2016/3/6）

第八章

台灣、大陸、香港與澳門

台灣意識的危機：[1]報紙對中國使館被炸的報導

中國南斯拉夫大使館在1999年5月8日（台北時間）遭炸毀，這篇短文不談這是美國故意為之或誤炸，究竟對世局是否有不同意義。資本主義世界體系大師華勒斯坦（I. Wallerstein）說，北約繞過聯合國發動對南斯拉夫的戰爭，勢將增加軍備競賽的驅力。[2]本文也不猜測，若美國不是失誤，中國可能會怎麼反應。時人知之甚稔，記者已說，「除了憤怒北京又能如何？」、「大陸學者分析……實力懸殊中共硬不起來」。所謂「這場仗非贏不可」，[3]聲稱北約空襲南國，代表了普世人權得到伸張的說法，曾以人權外交著稱的前美國總統卡特（Jimmy Carter）在5月28日發表專文，予以否認，他說，「美國不能為達目的不擇手段、忽略解決衝突的基本原則……。」

這些大問題，可信的分析已多，本文「小」處著手，從本地報紙對貝爾格勒（Belgrade）的中國大使館被炸事件的報導，簡短反省「台灣意識」。

6月13日，《香港虎報》及《星島日報》分別刊登金培力（Philip J. Cunningham）的全文及摘要報導，指「中國大使館不是意外誤炸」，美國前東亞情報官、現任哈佛大學東亞中心主任傅高義（Ezra Vogel）讀了全文，「同意所有內容無誤」。稍前的6月初，美國國家地圖局聲明，它所提供的貝爾格勒地圖正確無誤，清楚標示了該市中國大使館及南斯拉夫軍需局的位置，國務院對此聲明不願評論。稍前，聯合國安理會亦發表聲明，美國在中國反對而英法幹旋下，才未將「誤炸」字眼放入聯合國的中國使館事件報告書。換句話說，在中國使館被炸將近一個月之後，美國政府默認北約對使館的轟炸並非意外。

1　原文注解與〈表13〉說明有較多刪除，正文也略有修整。

2　錢永祥翻譯於《當代》（5月號，141期）。

3　殷惠敏發表在《當代》5月號的文章篇名。他又說，這是「概念之戰」，代表了「削弱了政府的干預功能，加強了市場機制」的「美國特點」的「資本主義……全球化」之趨勢。《中國時報》6月5日的社論也說，這場戰爭「代價雖大，但已使人權成為普世價值。」

　　對於以上事件的最新發展，台灣五家報紙的轉載或評論不多。另外，在事發後一、兩日，除中國政府外，北約主戰最力的英美兩國，已經至少有英國倫敦大學亞非學院教授克里希南（Shekhar Krishnan），以及美國日本研究學院教授詹鵯（Chalmers Johnson）從技術及歷史層面，解析誤炸之說幾乎不可能，但在那段時間，本地報紙對是否誤炸的報導，並未轉述這些獨立消息來源的看法。

　　這裡以事發之後的5月9日至13日為區間，整理五家報紙的表現為〈表13〉。

表13　五報對北約炸毀南斯拉夫中國大使館的報導及評論[*]，1999

	中國時報	聯合報	自由時報	中央日報	台灣日報	合計
標題用詞						
炸毀a	9	5	2	0	3	19
誤炸b	14	19	10	16	11	70
譴責對象						
美國	4	1	0	0	0.5	5.5
中國	6	11	12	6	10	45

[*] 一個標題算一則，包括外電及本國新聞與評論。
a：包括「擊中、炸中、擊毀、被炸、轟炸、挨炸」等等用詞。
b：包括「誤擊、人為疏失、悲劇性的錯誤、情報錯誤、丟烏龍彈」等等用詞。
資料來源：作者根據1999年5月9日至13日報紙製作，惟《自由時報》缺5月10日、《中央日報》缺5月10與11日。

　　〈表13〉的資料存在缺點。純粹量化，伴隨語境差異而可能導致的不同認知或理解，在這個量化過程，已遭夷平消失。未作版次、版位及篇幅大小的區辨，以至於混同了所有新聞，彷彿各則報導的重要性都相同，因此，究竟是要聞版的頭條，或是國際版的邊欄或言論版的短篇投書，無法從〈表13〉看出端倪。

　　雖然如此，閱讀〈表13〉，還是至少可以歸納出兩個比較明顯的結論。

　　第一，這五家報紙所傳達的觀點偏向美國，因此，與其說台灣存在偏向主張台灣與中國統一的報紙，以及偏向保持現狀或獨立的報紙，倒不如說，台灣的主要報刊無不親美，儘管仍有報紙略已批評美國政府的霸道。究竟中國大使館是否遭誤炸，事發後五日，美中各有說法，若是事未易明，作為遵守中立、客觀專業準則的媒體，按理會雙方並陳，但實際的表現是，五家報紙僅採用美國的說法。（這裡需注意，認為此事不可能是誤炸的分析，事發兩日之內已在電子網路流傳，報社未見於此。）在新聞或評論標題中，使用中性的「炸毀」等字眼者，五報總共只得十九則，直接說是「誤炸」者倒有七十則，比例懸殊。

　　再者，在這起事件的新聞標題，明白傳達或暗示並非意外（也就是只能算是輕度地譴責了美國）的次數，五報不及六次，而且在呈現這個意思的時候，由於其周邊新聞所透露的氛圍使然，已然淡化美方可能是故意轟炸的行為，也益發不可信了。《中國時報》5月11日的二、三版都顯著報導了中國的立場，唯理解此二報導的緊鄰，不但有更大篇幅的標題，指「地址文件有誤，北約鑄下大錯」、「美情報出錯前科累累」等醒目訊息，強化了此事的意外可能性其實很大之外，《中時》另又有「大陸反美示威……」、「華人反美怒潮……」等標題環視，似乎是在提醒讀者，那些「北京流傳陰謀論」的說法，出自不容許新聞自由的中國威權政府，而且可能是中國民族主義的作祟使然，因此美國刻意轟炸之說其實不怎麼可信。

　　更值得注意的，譴責中國的次數達四十五次，是譴責美國頻次的七倍以上。如果我們再把後者僅屬輕度，前者則分作輕度、中度與重度，當可知悉相去的距離更為驚人。重責受害者，對於被侮辱與被損害者的傷口，不撫平反倒灑鹽，這種邏輯相當詭譎。

　　第二，在親美的這個相同立場之中，這些報紙還是存在小的差異，它們可分作兩類。一類是親美毫無保留，以致以友人之敵為敵，封殺中國的意見。另一類在親美之餘，在中美軍事衝突時，尚肯容納中國的說法，雖然這個說法的可信度，如前所言，因其呈現手法使然降低了不少。無論是就「炸毀／誤炸」字句的使用頻次，或是譴責中

國與美國的頻次之差距大小，《中國時報》都較為接近，變成自成一格。一般印象以為，《聯合報》更為願意報導中國的立場，就這個例子來說，並非如此，它與《自由時報》、《台灣日報》與《中央日報》的差別，除了可能展現在其報導所用的文字或文意以外（這部分本文並未分析），主要是，《聯合報》是五報當中，最早（5月9日，也就是事件發生的次日）報導（且在三版這個顯要的版位）中國官方說法的刊物。國民黨的《中央日報》與《自由時報》相同，在所有的標題當中，出現的都是「誤炸」或同義的字眼，也是完全沒有報導中國官方意見的兩家報紙，《台灣日報》看似沒有前兩報那麼貼近美國立場，但其部分新聞內容倒有可能最容易造成挑釁中國的效果。[4]

如果台灣意識展現在報紙，而這些報紙主要傳達了美國權勢階層的政治觀點，那是不是說，台灣意識其實也就是依附在美國強權底下看世局的意識？統盟5月10日至美國在台協會前短暫一、兩小時的示威，有些人或許對其中國民族主義的基調不肯或甚至不敢贊成，但奇怪的是，難道以台灣意識出發，就不能反對美國、北約這次的反人權與黷武行為？如果這樣，台灣意識不太褊狹了些，又有什麼值得我們珍惜之處？[5]

七十多年前的台灣人蔣渭水，也是台灣人第一個政黨民眾黨的黨魁，在他著名的〈臨床講義〉就說，台灣的職業是「世界和平第一關門的守衛」。以當年在日本殖民生活之下，蔣渭水以抗日的身分，都還能惕勵台灣人，疾呼「世界平和是人類的最大幸福，又是全人類的最大願望……我台灣人有媒介日華親善，以策進亞細亞民族聯盟的動

4　《今周刊》（1999.5.23:112）一篇文章的主標是〈中共大使館挨炸是自找的！〉，副標是〈上海人看透北京操縱媒體的伎倆〉。這還不是最「刺激」的言論，流傳在網路上的遣詞用字，有些更是「火辣」，《台灣日報》（1999.5.12:13）摘述了部分，這裡無意重犯《台日》不當引述之失，亦不想為網路讓人髮指的言論張目，因此不予引用，只交代出處。

5　若干記者的報導、評論，顯然尚存有更深廣的台灣意識，英國留學生千江水投書，認為「朝野皆應發表聲明對罹難者及家屬深表哀悼促循聯合國機制……解決。」（《中國時報》，1999.5.11:15）。

機，招徠世界平和的全人類之最大幸福的使命就是了」。這個來自人民草根的抱負與氣魄及台灣意識的內涵，比起為了將自己放置在美國保護傘下的「戰略」考慮，才以人道為由提出的3億美元金援「大格局」，不更可愛，令人憧憬嗎？難道台灣人能容忍統治菁英集團，繼續貶抑、矮化台灣意識？

（《當代》雜誌143期1999年7月，頁126-36。）

台灣來的市場社會主義者

7月下旬，第二次造訪香江。在中文大學新聞與傳播學院三十五週年的會議，我以「傳播與市場社會主義」為題，試著分析了中國大陸媒體的經濟性質。

來自上海的朋友說，看你這篇論文，好像還對中國共產黨保有想像的空間。

這是什麼意思呢？即便是溽暑，維多利亞港口的夜景與海風仍然怡人，我在港邊揣摩著朋友的話語。他可能是在狐疑，我怎麼沒有死心，兀自以為中國還有可能往社會主義的方向前進發展，猶在想像，共產黨還真正是共產黨，可以扮演推動社會主義文明的任務。

作為成長於反共框架的台灣人，被認為對中共猶存奢望，應該算是奇特的際遇。也許我的潛意識真的有這樣的想法，不經意宣泄了出來。也許是這份報告雖然醞釀多時，但畢竟閱讀相關材料的時間不滿九個月，因此造成偏失。再來，所謂「作者已死」，文本具有開放性，可供多重解讀，我根本不必在乎具有讀者身分的朋友，究竟是正讀還是誤讀這篇論文的用意。

另一方面，上海友人的提問，讓我想就教，但因時間苦短，以致無法請益的更大課題是，歷經文革、1989年六四天安門事件的中國大陸知識分子，怎麼看待社會主義這樣的理念（或者，「暴念」）？

《中國現代化的陷阱》這本記錄與分析中國經改經濟問題的作者何清漣，似乎秉持著「只談問題，不談主義」的態度。近日她雖然又以言賈禍，被調離《深圳法制報》，但本週接受《亞洲週刊》訪問時，她還是承認「目前中國也不能離開中國共產黨的領導」。

但共產黨會把中國帶向哪裡呢？當前大陸眾多不能符合社會主義風貌的爛象，只是過渡、通向市場社會主義之路，必然是迂迴曲折？或者，鄧小平所定調的「實事求是」，表面上揚棄了左右的「意識形態」包袱，裡子展現為形左實右，於是威權政治與某種市場經濟，得以共存共榮？

或者，由於在中國的語境，無論是左派或是新左派，社會主義或是市場社會主義，根本就是骯髒的字眼與「暴念」。凡是秉持這些舊有語彙的人，很難不被歸類為向中共示好，中共的同路人，或至少其人的言說很容易就會被斷章取義。於是，對抗社會主義暴念的武器，也就剩下了自由主義。清華大學歷史系教授秦暉說，他近年翻轉了態度，「由『問題』走向『主義』」，大概是標誌了這樣的體認。但問題還沒有完，有益於中國社會者，究竟是海耶克式的經濟自由主義，還是羅爾斯（John Rawls）的政治自由主義？看來，香江行五天四夜，苦短，不能釋疑。

（香港《明報》2000/7/28。原標題〈空降香港的市場社會主義者〉。）

小林善紀的《台灣論》

從去（2000）年12月開始，日本右翼人士小林善紀的《台灣論》就引起了台灣輿論的注意。隨著最近中文版的問世，這本漫畫更引起了軒然大波，至上週日更出現撕毀、焚燒畫冊，要求書店不能出售的情事發生。

這本書有很多地方讓人發噱，不明所以。比如，小林說，日本戰

後所產生的反戰與和平思想，力量已經非常之大，造成前幾年神戶大地震的時候，日本自衛隊無法即時奔赴災區救難。因此，本書第四十頁赫然有這樣的詞句，「真要追究起來，說是淺薄的左翼思想，害死神戶那些瓦礫下的災民也不為過！」

日本共產黨擁有四十三位國會議員、三十七萬黨員（另一說是七十一萬）、兩萬六千個支部，機關刊物《赤旗》發行量仍有兩百萬左右，並且是日共收入的重要來源。這樣的一股力量，也許不容忽視，但若要說它的聲音是日本的主流，未免太過抬舉左翼。即便再加上非共產黨員當中，對社會主義的訴求具有同理心之力量，日本的左翼明顯也仍然不是東瀛社會的中心。

如今小林居然如此心虛，在這本暢銷書裡，緊抓左右之分，反覆攻擊左翼，真可跌破人們的眼鏡。但是，台灣對於該書的抨擊，這幾天以來，卻大多集中在慰安婦這個層面，並且有窄化的趨勢，變成了總統府資政、企業家許文龍的言論不當、應該道歉、應該辭去資政，或總統應主動解除其資格等等要求。

許文龍失言，理當檢討。惟更為可恥可鄙的是，在這個時機竟有人蓄意挑逗民族情愫，再次縱容、利用與挑撥省籍的分裂，然後從中獲取年底將要來到的立法委員的選票利益。對於這樣的政客，興論必須正視，揭發其面具，嚴正聲討。

除了以這個消極的方式，曝露台灣右翼政客與日本右翼文人的狗咬狗醜態之外，台灣的進步分子必須更為積極地對應。東京留學生鄭秀娟說，針對此書舉辦研討會、出版書籍是更為可取的作法。研討及書籍的內容，則應該恢復小林的「本尊」，讓該冊漫畫的日本右翼的殖民史觀，直接對立於小林於書中再三攻擊的左翼反殖民史觀，避開掉入民族或省籍之爭的陷阱。

這樣一來，華人對於日本的認識將更加豐富，特別是台灣的華人，即便要主張獨立，亦將結盟日本、美國或國際左翼人士，而不是以日本反動分子為訴求的對象。

（香港《明報》2001/2/26）

《台灣論》新聞評議

漫畫《台灣論》在台灣引發的風波，有四點可說：一是舊官僚體制某些人要你好看的心態；二則新政府的投鼠忌器；其三，主流報紙仍然刻意以所謂的新政府為敵；最後是台灣統獨紛爭的莫名其妙。

3月3日各報頭條新聞報導，內政部禁止《台灣論》作者日本人小林善紀入台。內政部說，《入出國及移民法》第17條明定，外國人有「危害我國利益、公共安全、公共秩序或善良風俗之虞者」，得禁止其入國。

這很啼笑皆非。還不到一年以前，小林先後是中華民國在台灣之總統李登輝、陳水扁的座上客，如今雖然說不上是階下囚，卻已不能進入台灣。直接肩負相關職掌的警政署長王進旺及內政部長張博雅，廣義來說，都可以算是陳水扁的人馬，今朝為了回應外界對小林史觀的不滿，居然如此神速，以這種駭人聽聞、讓人憎惡的方式，發布禁足令，不可思議之餘，使得《台灣日報》的調查報導顯得可信，或至少是合理的懷疑。《台日》說，此次禁令，是「祕密執行」，署長與部長兩人「全都蒙在鼓裡」。

但《台灣日報》的說法也不無可疑。因為兩人被「構陷」後，反應太低調，張博雅只說將再徵詢意見，而沒有表示將覆議此說。假使《台日》說法為真，那麼，高官挨了悶棍卻不敢聲張，就十足反映了所謂的新政府動輒得咎之處境。招致這種處境，政務官的識見有虧、反應遲緩，自然有其該負責的部分。但盱衡半年來的政局，是非不論而只存黨政鬥爭的慘狀，則實力與技巧兩相欠缺的政務單位，若要迅速推翻下屬決議，恐怕要招徠反彈，導致得罪了僚屬，日後令出不行，打折扣的後果，或要引來有心者有機可乘，指責議決反覆，威信全無之譏。

在國家機器內鬥之際，正是媒體發揮力量的時候，證諸近十年前國民黨主流非主流之爭，前例可徵。去年總統大選至今，也是這樣。表現在《台灣論》，則是政治人物搧風點火，挑撥情緒時，主要報紙最多是約略指其不當，卻未曝露其人之狼心。等到禁足令一出，相同

的這些報紙，眼中看到的就只能是「政府為何連犯兩次錯」，而不是官僚體系內鬥而媒體也鬥爭的情況下，裂痕早就更為擴大。

到了總統府國策顧問金美齡說出了要內政部、外交部辭職以謝小林之時，這種同樣令人不齒的荒唐演出占據了半版篇幅，惹來強力非議。如果台獨要靠金美齡、統一要靠馮滬祥，統獨皆可拋，萬一兩者只能選其一，從主流報紙的表現看來，它們與後者有較大的親近性。

（香港《明報》2001/3/5）

二千年之人權在台灣

在台灣，有些具有進步意識與能力的人，往往避開人權而不談，聽到人權二字就渙散了注意力。或者，比較精確的說法應該是，他們並不是不注重人的權利，而是他們敏感於人權內涵在台灣的意旨，在過去很長一段時間裡，經常與特定的狹隘政治指涉的價值掛連，等而下之，甚至與保守的、自滿的、浮誇的口號等同了起來。如此一來，竟有進步人士望人權而止步，也就可以理解。

過去幾年來，情況似乎開始有了轉變，至少「供給面」（倡導人權議題的組織）的變化，堪稱明顯。很好的注腳之一，反映在台灣人權促進會（台權會）出版品內容的演變。

1985年台權會成立的時候，各方力量均以衝撞威權體制為首要目標。這樣的時空背景表現在台權會首次以書籍形式出版的《台灣1987-1990人權報告》（1990年12月，三一九頁），就是其內文大致集中在自由權與參政權，雖然兒童、婦女、老人、勞動、農民、原住民與環境權等概稱為社會權的紀錄與討論，也占了將近十分之一的篇幅。

到了1997年的報告（一一四頁），台權會接軌於世界的意圖，展現在全書以中英文呈現，婦女、勞動、老人、青少年、環境等內容則占了一半以上。

今年的《二千年之人權在台灣》（二四五頁），特色更加凸顯。就在本年度聯合國人權委員會的年會召開期間（共有五十三個國家三千位代表參與，前後為期六週，已在4月最後一個星期結束），本書適時出版，它的蒐羅廣泛，足見編輯的用心與勞力，也足以反推台灣各人權社團的努力，較諸往年有了較多的積累。

這份報告當然是過去一年來台灣各種人權（human rights）與反人權（human wrongs）的動態紀錄，可以作為有用的參考手冊或資料來源。

但這本報告的價值不僅僅如此，它的特色之一可以說是，即便主編並非有意如此，但它應該已有了實質效應，可以擺脫「陰影」。綜觀全書，讀者會發現，導致先前人權「汙名化」的多種聯想，在本書完全占不到任何空間。因此，歷來想到人權就想到狹義的政治，就想到投票選舉的行為，就想到是統獨之爭延續於加入聯合國與否的糾葛，就想到是洋人箝制中國等第三世界國家口實的人，讀此書就注定要失望了。從主編的導言到十六篇報告，沒有片語隻字涉及這些人權的「烏雲」。

更值得一提的是，本書不僅只是具有這個消極作用，它或許更有積極的潛能，能夠在串連島內進步力量的過程，扮演一定的角色，有點像是為弱勢團體構建了「彩虹聯盟」。

司法、監所、死刑、病患、醫療、身心障礙、精神病患及家屬等等面向的課題，除了年度相關大事的編列紀錄，更有撰稿人再以專章報告加以解析，新的詮釋與有力的控訴，躍然紙上。比如，前面提到的兩本人權報告都大力討論的死刑問題，本書亦多所置語。它提問到，假使法律程序比較完備的美國，每七名死刑犯就有一人得到平反，那麼台灣誤判誤殺的人會更少嗎？如果死刑之存在猶如飛機之運用，這豈不是等於每七架飛機就有一架失事？果真如此，這樣的飛機還能用嗎？這樣的死刑不應該廢止嗎？

除了這些人權議題當中的沉痾，近年來新的課題（如移民勞工，本文捨棄「外勞」稱呼而不用，可見對於名詞可能導致的效用相當敏感），以及已有運動實力的勞工、環保（書中反核四運動的分析頗見

深刻)、性／別課題、原住民等人權,也在台權會這本年度報告的版面集結,並且與先前的情況有別,不再並列於「傳統」的政治人權之林,而是已經總合成為本書的主體。人權社團有了這樣的蛻變,進步人士對於人權工作的誤解或了解不足,應該遲速是會消解的,如若不然,那就是他們自身的問題了。

最後,若說美中仍有不足,那就是全書幾乎每篇報告都提及的媒體人權(至少出現三十餘頁次),沒有專章處理。媒體經常受到現實的限制,淪為執法單位的工具而違反人權(鏡頭追著「嫌疑」犯猛照,在台灣是稀疏平常),若說媒體人自甘如此,很難讓人相信。往後的人權報告若能以媒體為題,找尋實例,藉紀錄以彰顯本地媒體發揮公共新聞學或發展新聞學的作法(如〈醫療專題〉一文說,人權運動者應該「促使大眾傳媒加強對城鄉醫療資源分布不均的關切」),並以此激勵新聞從業人員,提供更多這類的服務,那就更好了。

(書介:陳俊宏〔編2001〕《二千年之人權在台灣》。台北市:台灣人權促進會。)

查禁大陸書的「笑劇」

第一次是悲劇,第二次是鬧劇、笑劇。第三、第四⋯⋯次呢?既笑又歡又鬧。在台灣禁止看任何「匪」書的時代,好學深思者為此賈禍。1988年入夏,雖然解嚴,檢查仍緊。新聞局在各機場、港口、郵局設立核驗中心,另聘六十八人成立諮詢委員會,分五組審查,決定是否放行大陸出版品,但淡江大學李瑞騰教授攜帶大陸書籍百餘冊入台還是遭到有司刁難。

21世紀了,景觀大異,但居然還是發生了查扣事件。2月中下旬起,台北多家進口大陸書的書店,陸續有多箱圖書進不了海關。有人說,是因新近開張的書店有其政治色彩並且宣揚招搖,以致惹事。有

人猜，是同行在競爭壓力下，檢舉新書店，以致新聞局不能不執行惡法，但只是應付一下。不少學界人則一開始就想發動連署，抗議威權時代的國家暴力，竟然還在肆虐學術與言論自由。其中有人藉機挪揄，反諷適巧同時在台北舉行的國際書展，以及知識經濟之說。還有阿靖疾呼，「台灣的讀書人眼看將遭逢一場重大的災難……面臨無書可讀的困局。」立法委員自然不會缺席，他們宣稱將修改兩岸人民關係條例第37條。最後，還有從經濟角度立論，提醒此事上綱至言論、學術自由，或兩岸關係，都無法處理事情的核心，也就是未來將日漸出現的經濟利益競合問題。

　　兩岸出版會有什麼經濟衝突嗎？難說，但若有，至少規模將遠不如非文化產品，也比不上視聽產品。類如台教會、台聯等要在週六發動遊行，反對八吋晶圓登陸，以及類如工委會年前派員至港，要求台資入大陸應先與台灣勞工商量的立場，不太可能發生在出版領域。惟扣除兩岸不應該有的政治敵對關係之後，兩岸出版乃至於其他產業的來往動力，也應該盡量壓低利潤歸私的邏輯。如果這樣，則在表明反查禁、再次要求確保消極自由之後，腦力就可以投入於積極自由的規畫或烏托邦的想像了。

（香港《明報》2002/3/4）

十月的台灣報紙　有點共產黨

　　中華民國在台灣慶祝雙十國慶那一天，《中國時報》在第七版一整個版，以通欄標題宣布〈共產主義已失敗了〉。觀其內文，原來是當前英國在國際上最知名的馬克思主義史學家，年已逾八旬的霍布斯邦（Eric Hobsbawm），接受記者專訪的紀要。

　　這是新聞嗎？所有《中時》的讀者，不免納悶、疑惑，或者，覺得莞爾。在號稱反共堅強堡壘的台灣，到現在都還必須一本正經地宣

布共產主義的失敗，可能有好幾個理由。

　　比如，這可能是說給自己聽的，不是向中國共產黨喊話。台灣尊稱為國父的孫中山，當年在他的講詞中，曾經明白指出，「民生主義就是社會主義，就是共產主義」。

　　洋人研究台灣經濟發展的學者，如美國麻省理工學院的安士敦（Alice Amsden）教授，也不免說台灣正是有此意識形態的中介，所以在1990年代以前，都能相對地兼顧成長與平等，背離許多工業後進國家在發展經濟時，經常出現的貧富差距擴大之弊端。

　　但曾幾何時，此情此景不再。前些時候，官方資料顯示，收入最高與最低10%的落差，已達四十餘倍。所以囉，《中時》婉轉地說台灣自己的立國原則，業已失敗？

　　其次，這可能真的是針對中共說的。大陸經改之前，固然說不上是共產主義的成就，但賦予支持者的想像空間好像大過現在。歷經二十年餘，即便是以前同情中共的學者，買帳者也似乎日漸稀少。西方馬克思主義者柯林尼可斯（Alex Callinicos）等人說中國早就是國家資本主義，這還算是很客氣的說法。美國左翼雜誌，創辦人高齡九十餘、出身銀行企業家世的斯威齊（Paul Marlor Sweezy）之《每月評論》，年初刊登專文，甚至指控俄羅斯及中國在改革之後，已變成樣貌各異的「盜匪資本主義」國家。

　　最後，《中時》這整版〈共產主義已失敗了〉的新聞，其實也不妨這樣解釋：一百五十多年前，馬克思與恩格斯所說，徘徊在歐洲上空的共產黨幽靈，至今還沒有消散，甚至還有秋老虎的威風哩。不但素有中國情懷，主張兩岸理當走向邦聯之路的中時創辦人，有此反映，近幾年來的諾貝爾文學獎，亦可窺出個中三昧。前年得主薩拉馬戈（José Saramago）是共產黨人，也是葡萄牙古巴後援會會長；去年得主葛拉斯（Gunter Grass）常年支持德國社民黨左翼，不遺餘力；今年得主高行健受此青睞，共產黨也許、說不定也幫了一點點倒忙，因此中共對他的得獎低調回應。

（香港《明報》2000/10/16）

鳳凰衛視，盤旋台灣上空

　　「鳳凰衛星電視集團」總裁劉長樂最近飛到了台北，打算就近了解，為什麼經濟部發給了公司執照，新聞局卻至今不准鳳凰台在台灣播放。劉並且表示，如果有必要，他與另一位大股東，也就是美英媒體大資本家的梅鐸家人，很願意聯袂造訪新聞局，進行溝通與說服的工作。

　　鳳凰台無法落地，在中國早就不是大新聞。1996年台灣舉行第一次總統直選，兩岸情勢緊張的時候，就有了「中共有意見，衛視鳳凰台無限期延播」的報導。事隔一年多，到了1997年6月，它才得以登陸，先進入廣東的有線台。然後，至1999年春，它受矚目的程度已經到了形成「中國電視的鳳凰現象」之地步。其後，雖然鳳凰台再被禁足，如1999年5月中國駐南斯拉夫大使館挨美軍轟炸之時。但不旋踵它又以「政治利益交換」而重新上路，飛回神州。同年，它在大陸的廣告額據說已經有了5、6億人民幣的規模。今年中國批准落地的七個衛星頻道，更有三個是鳳凰的系統。此次在台北接受《中時》與《聯合》兩大報訪問時，劉長樂又說，如今鳳凰台在中國大陸已經有了四千兩百萬收視戶，相當於一億六千萬觀眾。又據說，中央台的調查也顯示，鳳凰台受歡迎的程度，僅次於中央電視台第一套節目。

　　只是，新聞局目前排擠鳳凰台的說詞，可能變成新聞。新聞局先是說，鳳凰台有大陸資金8.35%，劉現在雖然不是中國公民，卻與解放軍關係良好，所以不能入台。不過，這個狹隘的政治理由，說服力不足。中國中央電視台專用來對外播放的第四套節目，在台灣合法存在即將十年，而中央台不是百分之百的中資嗎？於是新聞局見諸報端的第二個說法是，中央台是存在的事實，惟它「既往不咎」，但來者可追，不能再讓類如鳳凰色彩的頻道招搖自流。

　　但新聞局沒有和盤托出的假設，可能是因為鳳凰的代理商是台灣立法委員王令麟的東森集團，而東森掌握台灣有線系統的龐大部分，將想方設法讓鳳凰排進位置比較好的頻段，因此入台之後，鳳凰的收視率以及伴隨而來的政治影響力將大為上升，遠非年代所代理的中央

台之被發配邊疆頻段所可比擬？新聞局如果真是這樣想，理由或許充分了些，惟亦不脫五十步百步之譏。

對於來自境外或境內的電視節目，公權力自然有其規範的空間，然而規範的理由，主要應該是在於經濟及文化，不必然需要有中國與新聞局的政治考慮。這就如同香港早年不讓衛視中文台以粵語播音，在於屏障香港電視的經濟與文化利益一般。特別是，鳳凰台的政治言論再怎麼對台灣不利，難道就能夠動搖台灣民眾的認同嗎？再說回來，假使有這樣的言論，就非得由鳳凰台來播送這些言論嗎？

可惜的是，新聞局廣電處的顢頇表現由來已久，舊國民黨政府時代固然如此，如今所謂的新政府，只換了一個新聞局長，其他其實到現在也沒有不同。說不定，新聞局已經失去了從經濟與文化面擬定電視政策的能力，以致到頭來只能拿出注定不能持久，因此也就沒有用處的政治說詞，瞎扯一番。如果要證明這裡的批評不對，那也不難，方法不少，其中之一是嚴正對外表明，從今以後要開始扭轉局勢，鳳凰台自己送上門來，將作為示範：若從台灣得有任何收入，半數課徵作為特種影視基金，如果沒有收入，收費方式另計。

（香港《明報》2001/8/7）

大陸劇在台灣：《康熙帝國》

電視連續劇《宰相寇老西》再次要東渡來台了，各報影劇版的宣傳重點是，此劇重播的原因在於去年底剛剛在台灣近百個頻道之一播放的《康熙帝國》，收視率節節高升，飾演康熙的陳道明的其他連續劇，登時也就水漲船高，有了重播的價值。

但陳道明主演的戲劇很多，何必一定是重播三年多前的《宰相寇老西》呢？說穿了，其實也只能是在商言商。擁有康、宰兩劇的境外頻道業者，是相同一家，重播的原因無他，省錢而已。

　　同樣為了省錢而重播的台灣頻道，無論是無線台的《流氓教授》，或是衛星台的《台灣阿誠》，卻遭到嘲諷。禮讚《宰相寇老西》重播的影劇版，卻指《流》兩劇的重播為不知長進。看來，台灣的報紙如同電視及政治人物，心態頗為奇特：往好的方向說，它們是恨鐵不成鋼，所以嚴於責內。只是，比較接近實情的恐怕是，它們對於境外及本地電視的評價標準，親疏有別，禮遇外賓而幾近讓人有媚外的感覺。

　　不但有厚彼薄此的標準，台灣報章對於同樣是來自中國大陸的電視劇，也是明顯有厚古薄今的表現。

　　比如，幾乎與《康熙帝國》同時在電視上播放的《家園》（10月15日起播，早於康熙剛好一個星期），無論就劇情的貼近當代情境、演員或劇本的編排，若不能說遠勝於，至少是不亞於《康熙帝國》，但播放的一個多月期間，幾乎無法在影劇新聞看到該劇的任何介紹，遑論討論或召喚影迷的興趣。反觀前劇，則不但隨著斯琴高娃、陳道明的造訪台北而有顯著的報導及揄揚，帝王似乎也有不在而威的氣派。今天的影劇新聞才說，「康熙熱燒，兩岸三地影迷網上忙交流」，明天就趕緊再補充，占有全部五十集五分之一左右的康熙攻台劇情，由於不符史實，大陸當局剪了四集才放行播放，反觀在台播放的版本，「一刀不剪……留給台灣觀眾判斷」。兩相對照，有些國民也許覺得不是滋味，卻可能讓更多人頓時產生得窺全豹的快感。

　　當然，看人攻台，是否能有快意，實在難以判斷。倒是可以確定，劇中寫鄭經殺施琅家小，最後兵敗自殺的表演，與鄭成功殺施琅父弟，鄭克塽降清的事實，相去太遠，至於鄭經要求馮錫範攜母逃亡，不知是導演怎麼想來的神來之筆。

　　如果這樣的結局是「神來之筆」，則康熙的貼身太監是刺客，就是不明所以。又在各集之中，神奇劇情或畫面不在少數。如，竟有大清格格沿路發嗔，就只為了追回平民李光地，要他返宮任職；又見俄日朝鮮使臣給錯禮物，嘟嘟嚷嚷之後，急步跑向皇長子，要求索回給予太子的禮品；更赫然有皇太妃向大臣道萬福，口中稱歉，表示告發了大臣魏東廷的不義之舉，實不得不為。

　　兩岸三地的電視或電影交流，至今似乎還是以古裝歷史劇，也就是訴諸某種先人也許共同擁有的情愫，才能引發共鳴？但這究竟是觀眾口味如此，還是電視經營者基於市場接受度的考量，不敢開發新的當代劇情？或者，基於節省成本，戲劇自然也就以現成的歷史故事作為張本。最後，如果解釋當前的情境，至今仍有動輒得咎的疑慮，並且這個擔憂遠大於歷史劇的拍攝，則大陸當局的大戲至今以古典名著或過往陳跡為對象，也就可以理解了。

（香港《明報》2002/1/1）

觀察中國的電視

　　上海距離南京不滿四百公里，杭州與上海相去大約兩百公里，蘇州搭火車一小時可達申城。京滬杭這塊地區，幅員不大，但廣電環境已有頗大區別。

　　上海都會區的人，可能已有八、九成裝設了有線電視，他們大致可看到約三十個頻道，包括本市自行經營的十一個頻道，外加依法（或行政指令）轉播的十一個中央台頻道，以及其他依互惠、收費或特定關係而轉播的省級或境外電視頻道。

　　南京人口及經濟力固然不弱（去年人均收入突破2萬元人民幣），惟相比上海只能是小巫，但其市民享用的電視資源超過了上海，有三十多個。除了中央台以外，南京自有七個，轉播之省級頻道則更多，江蘇本省五個照轉，重慶、遼寧、黑龍江、山東、湖北、湖南、廣東、四川、貴州、雲南、福建、安徽、浙江，乃至於直轄市上海及北京，均至少轉播以上各省頻道之一。

　　蘇州這塊台商投資最眾的古城，除了自營四個頻道、多些上海頻道之外，其餘與南京似在伯仲之間。杭州同樣自行弄出四個，外加浙江省六台，中央及其他省市，居民可收視頻道亦在三十以上。

假使以自產的頻道數量作為電視多元表現的指標，江南這四個都會區的得分，委實可說是高於大多數國家的都會區（英國倫敦之外，第二、三大都市伯明罕及曼徹斯特，產製電視節目的機會似有所不及，台灣是整個疆界成為一個大都會，台北與高雄的頻道內容可說大同小異）。

另以整個國家的幅員作為衡量標竿。據鍾以謙的統計，在1997年中國大整併電視資源之前，由於1984年以來的四級辦電視，已使當時中國有了兩千多個頻道。若說中國的電視頻道之供應已經超量，顯係持平的觀察，因為，即便減除以上頻道的重複之數，假定整併後還有一千個頻道，則此數量相比於面積相類的歐洲及美國，仍然太多，歐洲同一時期的頻道數是四一〇個，而美國是五百個。

其次，若是以得能享受這些多元電視的人口比率來看，此四都會區高於英、日、港等地，後者的有線及衛星用戶總加起來，普及率仍在50%以下。如果以使用者所需支付的經費作為比較標準，大陸各地大約每個月平均支出12元人民幣，大概占京滬蘇杭居民日平均收入的四至八分之一，台北市民則要繳納日均收入的二至三分之一，香港是四至六分之一。

最後，再以這些電視資源所換取的收入（訂費及廣告費）之流向來看，中國至今還是能夠將這筆不算小的經濟利得，保留在國境之內支用，這與美國之外的國家，得花龐大費用購買海外（以美國為主）節目的實況，又有極大分別。當然，這筆留存國內的所得是如何分配，意義重大。畢竟，特別是以廣播電視來說，中國媒體得以寡占本地廣告費的後盾，在於中央傳媒政策不讓外地頻道入內，是以其利潤並不能完全說是媒體業者或員工的努力成果。這裡應注意，大陸政策不讓境外電視入內，不必是政治考量，而更有可能隨時間前移，轉為更多、更純經濟的算盤，限制競爭者的數量，原本有利於、因此是本地現存業者也會主動追求的目標，如同香港早年不讓衛視中文台以粵語播音，也如同台灣許多有線系統業者，多回與衛星電視發生費率衝突而拉下該頻道，不予轉播。

假使富裕地區的廣電利潤，配用於擴大再生產，以及用來協助較

貧窮地區的廣電發展，高於用來分配給本媒體業主及從業人員，那麼，這會是在經濟上頗稱進步的表現。而根據黃升民及周艷教授的調查，廣電在內的所有中國媒介的收入，用於發放工資及福利的比例是27%，似乎還低於境外多數媒體的人事支出比重。

以上這些經濟印象未必沒有道理，但外界議論，乃至於大陸境內人士談起中國電視的前景時，大多興沖沖或憂心忡忡地以入世為分水嶺，認定此後中國電視將因行政權的干預而進入險境。他們覺得，入世將讓外資媒體或積極突破禁區及節目創新之媒體，擁有燦爛的未來。未來的發展真會這樣嗎？拭目以待。

（香港《明報》2002/2/7）

中國電影，加速集團化？

雖然說不上千呼萬喚始出來，但最近一本的《中國電影年鑑》，總算在遲到兩年之後，在本世紀最後一個月出版問世。我們從這個簡單的事實，也就是電影年鑑居然難產，並且是首次兩年（1998與1999）合刊，已可窺知中國電影產業處境艱難的程度了。

為什麼會是這樣呢？以後是不是會更糟糕呢？

根據聯合國教科文組織的資料，1998年中國成為全球第三大文化產品輸出國。但電影顯然是大量入超的，製片業低迷，前年通過審查的電影據說只有三十八部，今年聽說是五十部，相對於電視及報紙業的茁壯，中國電影製片業大有問題。原因之一是中國與其他有類似經驗的地方相同，一如直到1990年代的台灣，自己綁死了自己。分明走資鼓動消費文明唯恐不及，卻又對電影創作尺度管得太嚴苛，於是市場拱手讓人。

有內就有外，再一個因素是報紙與電視以廣告為主要財源，業者可向廣告商出售閱聽人時間，而閱聽人時間僅能在本地出售，所以報

紙與電視因此大抵只運作於國內，少有國際競爭的壓力。電影則不然，電影片這個產品本身幾乎就是所有收入，中國電影改革的成敗，不會只取決於本身政策的良窳，而是必然要受到國際電影產品最為成功的美國好萊塢動向之影響。中國作為少數還沒有被好萊塢充分開發的地方，可以逃出祿山之爪嗎？

中國會束手待斃嗎？只有時間能夠見證。前幾個月，中國廣播電影電視總局與文化部聯合下發《關於進一步深化電影業改革的若干意見》，顯示中國政策有了更明確，也更符應其他媒體的「改革」方向。中國自從1997年以來，由國家取代了資本的角色，要求媒體強行兼併，組建集團，這次的《意見》亦有此宣告，表示要加快「影視錄盤一體化」、「製片發行映演一條龍的電影企業集團」，外資可以酌量參與，但中國官資與私資則需主控。

美國華裔學人王瑾最近在《台灣社會研究季刊》發表論文，指出中國的國家機器自有其「理念」，不能以為它將完全與資本勾結來終結、瓦解自己。也許，從廣電、報紙到電影的媒體集團之籌建，正好給予這樣的觀察下了適切的注腳。當然，果真如此，則還待探索的是，中國國家機器的理念是什麼呢？

（香港《明報》2000/12/25）

觀察中國的電影

每拍一部電影，梁朝偉就可能年輕個十三歲。在玄武湖附近，工作人員的電影知識很豐富的一家店面，躺著一張電影光碟片，赫然有這樣的字句：「2002年，梁朝偉繼《花樣年華》後，又一部最新賀歲大片。」

現在才2月，梁朝偉今年已經有了新電影製作成了DVD嗎？

非也。這張召喚來客的DVD，其實是《悲情城市》。1989年，台

灣侯孝賢導演以這部電影獲得威尼斯影展的最佳劇情片，是台灣第一部。在琳琅滿目的視聽產品堆中，這張片子的存在及其行銷用語，具有豐富的意思。

這是眾裡尋它千百度之後，少數可以找到的台灣電影之一，但從封面與封底的介紹文字來看（當然不曾提及此片是十三年前拍攝的），此片得以成為販售商品的原因，顯然與福爾摩沙看不出任何關係。梁朝偉與《花樣年華》倒是賣點，是召喚大陸買客的主要訴求，因此都特別以紅字印在封套最上方。店鋪裡面，台灣影片應該是最稀少的，除了《悲》片之外，只看到了朱延平。其餘南韓、越南、伊朗、法國、義大利、德國等片，還稍多些，日本片又再多點，至於大陸本身的電影，粗略看去，頂多與日片的數量處在伯仲之間。接下來是香港片，武打時裝搞笑警匪片，統統都有，但並不多，數量最夥的，毫不意外，還是美國好萊塢為主的影碟。

玄武湖這家店鋪折射了當今中國都會地區電影文化的真實面貌。雖然流行音樂及漫畫等方面，大陸成品似乎也不特別取勝（進出百貨商場，「流星花園」那種「靡靡之仙樂」處處飄，網吧讓青少年與大學生任意取閱的多是東瀛漫畫），但若說電影是中國最為岌岌可危的一種流行文化產品，應該不能算是危言聳聽。

有趣的是，中國電影的處境不妙，港台倒是一直都有呼聲，認定中國這麼大的市場，必然是振港台電影之衰而起其敝的重要憑藉。台北的《中國時報》就在17日再次借題發揮，發表社論，呼籲「打開兩岸大門，搶救台灣電影」。社論幾乎等於是說，開發大陸市場是台灣電影前途的唯一機會。

這個說法雖然老調，是1994年國民黨政府時期就喊出的「亞太媒體中心」之精緻修改版，卻仍有其吸引力，但也有問題。吸引力的關鍵是中國大陸，在商言商的人每每垂涎三尺。問題則是，中國大陸電影業已經跌進谷底，台灣更糟，可算是墜入萬丈深淵。假使兩家經營不良的企業，無法透過聯盟或整併而改善績效，兩岸的電影業怎麼攜手合作，共創榮景？

如果負負不能直接得正，則兩岸先得各自取法對方可取的部分，

修正各自的毛病，才能有望互蒙其利。大陸方面，困境之一是受到行政切割的慣性牽累，媒體（包括電影）的全國市場尚未有效形成，使得外片（特別是好萊塢大片）容易個個加以擊破。其次是電影創作空間限制還是太大。換句話說，大陸政府太過「有為」，以致電影事業遭到重創，拱手讓人。台灣剛好相反，政府幾乎無為不治，以致電影千瘡百孔，不知從何補起。

是以，北京政府固然不妨仍舊拍攝主旋律電影，藉此以求提供另一些品味與觀點，但對於其他類型電影創作的品味等尺度，把關標準最好是比照國際水平，避免讓電影人因有動輒得咎的壓力，難以盡情發揮。行政切割的麻煩大些，這已經不單純是政治問題，也涉及了從業人員的就業機會、區域均衡發展等等各地政府必須處理的難關，就此來說，中國確實並沒有什麼值得借鏡的前例，而有待自行創造解決的模式。

至於台灣，可學的地方很多。如特別是 1996 年以來，中國也以政策推動了電影與電視資源的結合，使雙方都能得到好處，雖然相比於法國，其結合規模仍相去甚遠。在反好萊塢壟斷方面，中國則執行比南韓嚴格許多（雖然很奇怪地，成效差些），台灣政府必須慎重思考，新版《電影法》的 5 條之 1 所提供的反壟斷精神，如何才可轉為具體措施。兩岸三地的電影如何截長補短，很大成分不能寄望於華人廣大市場的特殊性，而是有待普遍存在於法韓等國的電影政策成分，如何為華人開發使用。

（香港《明報》2002/2/18）

取而代之？中國傳媒的未來

這是一本平實的書，相當好看。作者貼近記載了當今知名度最高的西方傳媒資本家，也就是「新聞集團」的首腦梅鐸，描述他叩關問

津中國傳媒市場二十年的經歷。

一直到現在，中國傳媒及其市場，都以它的特殊面貌，讓資本垂涎、向世人招手。雖然特殊，但梅鐸是第一個不僅相信，而且持續透過行動，想要證明特殊之中，自有普遍的生意道理之媒介大亨。

早在1985年，梅鐸兵分兩路。在涉足美利堅的影視產業前一個月，他已經進入中國。先是在2月投資4,000萬美元，與中央電視台（央視）合作興建飯店暨傳媒中心，繼之在4月訪問中國。

接下來，梅鐸與《人民日報》合作、寓居香港以便就近考察、購併星空衛視、與鳳凰衛視劉長樂攜手、娶中國少妻並生二女、交好眾多中共權貴及其子弟、與江澤民一起看《鐵達尼號》、將近三分之一可在三星級飯店播放的海外衛星頻道由梅鐸操辦、又取得特權而讓廣東有線電視系統轉播其華語頻道，還到中共中央黨校向幹部講演。

表面上，紅頂商人大有進展。實際上，其影視商機隱晦不明，若說利潤，更像是天邊彩虹，可望不可及。因此，到了2005年1月，眼見進入中土二十載而前景膠著依舊，七十五歲的梅鐸大膽在灰色地帶測試，以4,000萬美元的投資，透過青海衛星電視頻道，開始超量供應其華語節目，試圖大舉增加他在中國的電視觀眾數量。中方反映快速，隨即在2月頒布暫時規定，6月突擊梅鐸的北京辦公室，最後在7月乾脆下達《廣播影視系統地方外事工作管理規定》，禁止所有電視台與海外機構合營頻道。

至此，梅鐸二十年的中國投資與投機，應該是失敗了。梅鐸不願意承認，事實上，他的手下還自動封殺相關的言論：今年3月，《遠東經濟評論》總編輯通知撰稿人，表示他必須毀約，有關評論多佛（Bruce Dover）這本書的文字他不能刊登，「當然，您的稿費我們照付。抱歉，我應該先看完書再請您寫稿的。」4月，上海《21世紀經濟報導》指「梅鐸中國夢碎　星空傳媒收攤」，「星空」隨即表示將考慮控訴《報導》，因為該公司並未收攤，只是縮小規模，中國員工數由二百五十多裁減至八十人。

其實，鎩羽而歸的傳媒大亨不是只有梅鐸一人，落敗也可能只是暫時，無足為奇。另一跨國傳媒巨擘，進入中國十年，建立兩百多萬

書友資料庫的德商博德曼（Bertelsmann），今年7月2日發出公告，表示將賠償836萬元人民幣現金，終止在中國的相關業務。稍早，時代—華納集團在2006年11月宣布退出中國的戲院市場，距離它在2002年入滬共構上海永樂國際影城、2004年與大連房地產商聯手，表示要在七大都市興建三十家戲院，相去不到五年與三年。

相對於影視外商的挫折，在引入市場機制近二十年後，中國音像傳媒的節目製作能力從本世紀以來，早在國家機器的屏障下，不再是吳下阿蒙。反之，中國電視劇如今是過度生產而浪費（將近一半無法播出），雖然其競爭力同時增強也是不爭的事實。

還在1988年，由於層級高、動見觀瞻，進口節目比較少的央視，據說都已經有36%的內容來自海外。1994年，有人說，地方有線台有九成境外節目。到了1996年，央視節目的進口比例壓低至16%，但還是高於南韓與日本電視僅進口6%與4%節目。1997年，「各電視台將港台劇作為收視王牌」。到了1999年春節前後，十八個衛星頻道同時播出港劇《天龍八部》。這些數字讓人難以相信，惟即便誇大，多少是反映1990年代的中後期，境外節目占有中國電視劇市場的可觀成分。

面對這個局勢，中國廣播電影電視總局（廣電總局）在1998年宣布，港台節目混充大陸節目的比例過高，所以將「適度控制」。未幾，中國廣播電視學會聲稱，中國電視黃金時段播出的連續劇，港台劇合占60%，是以理當從嚴審核合作案，限制港台劇進口量。官民既生共識，遂有廣電總局1999年底的新規範。若無特准，全面禁止武打劇入中，宮廷劇題材則嚴格審查，由於武打、宮廷劇是台灣至中國拍攝的主要題材，此令對「台灣　　打擊最人」。再者，台灣製作人前往大陸拍戲，必須與持有甲種執照的影視製作公司合作，每年必須完成三集大陸國產劇，才能拍一集合拍劇，文藝及武俠片只能各拍三十與二十集；拍完後，還得經過藝術質量審核，才能決斷是否可在黃金時段播出。即便播出，利潤分配還是有利於掌握播放管道的一方，如《人間四月天》作為合拍劇在上海黃金檔播放，但若市場的收視份額未達25%，必須依照合約扣錢。對於可能比較賣座的電視劇，如瓊

瑤所製作的，則從分成改採一次賣斷版權，從而製作公司的所得就會減少。

本世紀，管制措施更見強化。2000年2月15日生效的《關於進一步加強電視劇引進、合拍和播放管理的通知》，除重申前令，另有三點新意：一、若無廣電總局許可，各電台從晚七時至九時三十分不准播放引進劇；二、進口劇最多只能在三個省級衛星頻道中播放；三、擁有甲種影視製作證的單位必須完成六十集國產劇，並經審查通過後，才可申請與境外合拍一部二十集的電視劇。2002年7月，再有《關於切實執行電視劇發行播出管理的通知》，延長國產電視劇的專屬播出（亦即，禁播境外劇與合拍劇）時間半小時，至晚間十點。

這些新措施未被百分之百遵守，但即便打個折扣執行，成績亦屬不惡，表現於最近八年，境外劇在中國電視劇的整體環境中，重要性大幅降低。就數量來說，2003年，前者是後者的18.7%，到了2006年僅有6.8%；就收視率來看，2002年，境外劇占收視比重的14.7%，自製劇達85.3%。2005年，韓流曾因《大長今》的流行而更見轟動，惟兩年後，已有報導指「韓劇涼了」。以台劇而言，2007年可能也是一個指標，瓊瑤的《又見一簾幽夢》將時空明確地安排在當代上海，未啟用台灣主角，該劇先在湖南衛視首播（6月30日），7月11日才於華視播出，有人認為，這顯示瓊瑤已經將其電視通俗創作基地轉移至中國。

中國一方面圈限境外音像作品在其境內流通，另一方面，中國傳媒積極對外推廣。北美等華人的報紙或電視市場，原本以港台為大宗。近年，海外華人移民結構大起變化，中國傳媒企業並未無視於此，而是積極部署。報紙方面，上海《新民晚報》於1994、1996及1997年，相繼進軍洛杉磯、香港與加拿大。當時，已有論者認為，在這些地區，中國報紙可與港台報紙「一較長短」。電視方面更為驚人，江蘇台1993年進軍美國舊金山。央視在1990年代至本世紀，先後開設華語、英語、法語及西班牙語電視頻道，以海外觀眾作為主要訴求對象。2002年，中國再與「時代—華納」及梅鐸的「新聞國際」集團交易，二者各有華語頻道在廣東的有線電視系統找到棲身之處，

央視英語頻道（CCTV9）則由二者負責在其美國有線系統播放。2004年10月，由央視子機構邀集中國各省台為主的華人電視公司，聯合組成長城平台，擴大規模向海外傳輸中國的電視節目，首先落地美國，其後已經進入加拿大、南美、歐洲與亞洲，甚至在2008年6月空降台灣。

　　中國傳媒的市場競爭力得以強化，既有內部的因素，也有外在的推波助瀾。內部的成分是指，中國共產黨迄今仍然堅持傳媒是黨的「喉舌」。透過這個堅持，中共持續對捲入商業化過程已經很深的傳媒，施加兩手策略。微觀方面，內容的事先及嚴厲檢查照樣存在；宏觀的結構調節方面，影視及報紙還沒有交叉持有，除央視之外，多數電視頻道的市場，僅限於本省本地本市。自由體制者眼中，必然矛盾的要求（馬兒好、影視收益良好，馬兒不吃草、影視創作自由度相對低），活生生地捆在一起，雖有不舒適，卻可維持。外力則是「世界貿易組織」在1995年成立並運作以後，中國政府借力使力，取得更大口實，訴求透過行政力，快速擴大傳媒規模（「做大做強」）的正當性。官方表示，若不如此，中國傳媒不能在日漸激烈的競爭戲局中逐鹿，於是，從1997年起，中國的報業及電視依其所在地理空間，紛紛朝向疆界森嚴的集團化發展，相對遲緩的電影業在2002年修法及強力拉台後，其國內票房開始大有起色至今。

　　今（2008）年是中國改革的第三十年，創刊至今一百六十五載的倫敦《經濟學人》預估，如果趨勢不變，中國整體的實質購買力最慢在2030年就會超越美國。趨勢不變並不容易，但假使果真不變，那麼，中國傳媒取得並超越當前美國傳媒的位置，也是指日可待。接下來的更大難題在於，假使中國及其傳媒只是「取而代之」而複製美國模式的行事與作風，那麼如同封建時期的改朝換代，歷史並沒有本質的變化，是以中國及其傳媒之崛起，於中國於世界，格局不大意義不大。反之，假使中國還沒有完全喪失認知與能力，還有機會開創性質有別的進展路徑，那麼，即便2030年無法趕上美國，也會對中國對世界，有更大的啟發及示範。就傳媒文化來說，中國若能善用音像內容及網際網路的特性，大致只從本國取得製播資源，對外以交流為

重，不講求牟利，那麼，據此發想與網繆，區域的乃至於全球的影視文化之對等與多面向交流而非交易平台，就有機會從此受胎與孕育。

（推薦文之一：Dover, Bruce〔柯安琪譯2008〕《梅鐸的中國大冒險》。台北市：財信。《工商時報》2008/12/20，C6版另以〈中國及其傳媒之崛起及未來〉為標題，摘述本文。）

本土菁英　施壓「外來政權」

週末與週日（2013年10月5、6日），「台灣社會研究學會」在世新大學舉辦了第四屆年會，雖然菲特颱風來襲，會場的求知、交流、串連與結社的熱度不減，最多時候有兩百三十多人，平均接近兩百。青壯輩居多的兩岸三地人士齊聚切磋，馬來西亞朋友也在會場揭示4月馬國大選的「異見」。

我聆聽了五場，很有收穫。個中，大會推舉的「批判與實踐博碩士論文獎」作品實至名歸，不乏考察歷史，提出雖與主流迥異，但在史料支持下，讀來相當具有說服力的觀點，學術價值之外，對於現實政治已經另有重要的啟示。

廖彥豪論1945至1954年的土地改革，讓人眼睛一亮，險些不敢置信。1949年12月10日，蔣介石從成都直飛台北。21日，台灣省政府新舊完成交接，但省主席吳國楨沒能想到，他所任命的、堪稱省府第一大要職的民政廳長，也是台灣抗日先賢、第一個政黨民眾黨創黨人之一蔣渭水的胞弟蔣渭川等人，竟然遭致本省土地與政治菁英強力抵制。

這些「本土」人士不但施壓「外來政權」，也用報紙宣洩。他們先在29日假藉《全民日報》（《聯合報》前身之一），諷刺蔣「鑽營、忘八、濫芋、事仇」，繼之在十日之後（1950年1月9日），升高文鬥的規模。

當天，他們在《中央日報》、《全民日報》及《公論報》三家報紙同步刊登「慶祝」蔣等人「榮任」的廣告。不過，掛名「慶祝」的二十一人，三分之二已在三年前的二二八事件中亡故！顯然，這批土地與政治菁英笑裡藏刀，表面「慶祝」，實則恫嚇與警示。蔣渭川認為，這些人在戰後接收日產時貪汙致富，擔心蔣出任民政廳長將會翻舊帳，是以先發制人。此說是否屬實不論，重要的是，倒蔣派很快得逞，民政廳長在十三天（1月22日）後，就換成他們屬意的人。

倒蔣不是孤立事件、不是明日黃花，本土「菁英」以本土「庶民」之名綁架大眾作為施壓「外來政權」的劇碼，很快就在1951、1952年的農土改革立法過程再次搬演。對於這段往事，當前的主流說法是，彼時「國家強，社會弱」，黨國是外來政權，權在手，令來行，兼有二二八造成的威嚇在前，誰敢不從？廖彥豪追溯這個說法的根源，指認其非與誤導。他實事求是、考察各種文獻之後，述說當年的本土政治菁英及土地階層，成功地操作「維穩保台，台人治台」的政治論述。他們以台人代表自誇，實則謀求己利，具體表現是，至今人們仍可琅琅上口的耕者有其田政策，成績相當局限，且這個有限的農地改革成績，還是蔣介石與陳誠因領受大陸執政時期的教訓，一方面對本土菁英「讓步」與「妥協」，同時又不得不有的堅持才能取得！農地改革之後登場，《實施都市平均地權條例》的立法過程與結果，就只能落得「潰敗的市地改革」之下場。

廖彥豪研讀六年，成就近四十萬言，材料豐富、梳理清晰、創見有力，不但是歷史之作，對於現在與未來的台灣同樣意義非凡；不但有益於土地政治的研究，對於台灣的傳播研究同樣有所啟發：國府創電視時，何以不徵收部分執照費，如同南韓。行政院在1980年要創公視，費時十八載，背離「強國家」「應有」的效率。公視原定規模60億，後成9億，這與民進黨聯手國民黨阻卻向商業台課徵公視財源，是否無關？若得史料與廖彥豪的史識，這些問題或許另有新解。

（《人間福報》2013/10/9第5版。原標題〈六十年前本土菁英施壓「外來政權」〉。）

我八十歲，無所不在

　　中國共產黨八十歲了，無所不在。並不是大陸有家國營企業公司設置的毛澤東網站，在開放五個月之後，吸引了四十萬次的造訪。也不是中共六千五百萬黨員當中，早就有了一百五十位黨員是私人企業的所有者與經營者（因此，明年中共十六大是不是會容許私有企業主申請成為黨員，象徵意義遠大於實質）。

　　共產黨的動見觀瞻，也不是因為中國申請主辦2008年奧運，招惹了西方輿論的非議。如號稱英國「窮人的」《衛報》就認為，奧林匹克委員會先前兩次讓獨攬政權者，得到化妝機會（1936年希特勒與1980年的前蘇聯都是奧運地主國）之後，招致了反效果。《衛報》因此建議，北京應該還要再等一等。

　　共產黨的「老驥伏櫪」存在於幻影之中。雖然，許久許久以來，共產黨早就丟棄了志在千里的抱負，但直到現在，確實還有很多很多的人，提出了聞之讓人發噱的說法，以致共產黨的幽靈，在美國與台灣上空徘徊。

　　全世界首富比爾‧蓋茲是一個例子。幾年前，他旗下的公司推出網際網路瀏覽器IE，準備與網景（Netscape）一較長短。當時，微軟行銷總裁B. Slivaka提了建議，指IE應當免費釋出，若不如此，無法快速攻占瀏覽器的市場占有率。不聽還好，一聞此言，蓋茲登時暴跳如雷，離地三尺而火冒三丈，他大聲咆哮，認定Slivaka的想法，只有共產黨才說得出來。

　　最近的例子來自台灣的新聞局。聽說，新聞局有位高官對著來訪的記者表示，所謂要透過購買私股及捐贈官股的作法，把台灣四家無線電視台當中的兩家，也就是台灣電視公司與中華電視台，從半官半私的產權型態，轉化成為具有公共性格的財團法人，根本就是共產黨的搞法嘛。

　　不說還好，一說就自暴其短。難怪總統陳水扁在6月30日的行政高層人員研習會，高音抨擊有些官員絲毫不了解總統的施政方針。顯然不是共產黨的陳水扁，不但有媒體改造的政策，而且正是要以行政

權的興革作為示範，主動放棄政府原本可以頤指氣使的台視與華視，使兩台走向產權公有之路。如今只要立法權共襄盛舉，那就是水到渠成，福爾摩沙的公電視集團，分明理當樂觀其成而指日可待，偏偏竟然有官員說這是共產黨的作法，吃裡扒外，為共產黨貼金。

去年此時，以新聞筆法，深入報導與分析中國官倒、貧富差距等經改問題的何清漣，被調離了《深圳法制報》。今年在七一中共黨慶前夕，她因疑慮將遭逮捕，迅即從廣東上北京，出走中國而到了美利堅。對於身在中國大陸，與何清漣有類似情境的人來說，共產黨是無所不在，蓋茲與新聞局官員則是拿共產黨當豆腐吃。

（香港《明報》2001/7/2）

「誰僱用誰？」：讀曹天予先生的「勞動產權說」

「倒底誰僱用誰，這才是根本問題。」——曹天予先生在《社會主義還是社會民主主義》中重述他近年所發展的「勞動產權說」，有一個核心內涵，就是提出與答覆這個根本問題。這句話驚醒局中人。曹先生積極參與世局，不是旁觀者，但當局者不迷、沒有習焉不察，反而透過這個提問，再次指認現狀的不盡合理。

勞動產權說涉及的層面非常廣泛，但請容許筆者這份閱讀筆記以薪資勞動與市場社會主義作為討論中心。其後，再請寬宥筆尖的任意遊走，信手記錄所思。

在我們所生活的世界，資方僱用勞方。對此，我們不疑有他，習慣成自然。但為什麼不能主客易位，勞方僱用資本？這個提法具有重要理論蘊含，也有現實意義，特別是在中國，尤其是中國的改革動能，一時之間還無法繞過黨國機器而進行。

勞方僱用資本，組成公司而在市場競爭中營運，可以表現為兩種形式，其出現的動力也有兩類，因此原則上大致可以分作四個類型。

形式之一其實還不能說是勞方僱用資本，而只是「分紅入股」（employee stocke ownership plan, ESOP），或「分紅」但不一定入股，世界各地都有，包括台灣。這種形式的出現，可能導源於政治力對私人公司的干預。其中，很可能出乎許多人意料之外的是，今日舉為經濟新自由主義的標誌人物之一、前美國總統雷根在擔任加州州長期間，也曾經倡導ESOP。至1990年代末，美國國會通過二十種法案，約有一萬多家公司依此實行ESOP。2003年9月17日，美國參議院財政委員會全體無異議通過《美國雇員儲蓄暨信託股份保證法》，可以算是ESOP的最近發展。政治力介入之外，雖沒有法規鼓勵或約束，台灣（曾經）也有許多高科技公司有這類作法，而英國「史萬—莫頓」（Swann-Morton）公司的性質，又見不同。今天，英國全民健保系統使用的手術刀，高達95%由史萬公司供應。該公司創辦人瓦特・史萬（Walter Swann）是英格蘭北方大城雪菲爾（Sheffield）工程師，在蘇聯革命成功當年（1917）進入職場。從1932年起，他以社會主義原則經營公司，直至1980年去世。其後，至2000年其股份由員工集體擁有50%，另50%則公益信託。每年約有28%利潤分配於員工，以2000年來說，大約是110萬美元，每位員工2,680英鎊。2000年的營業額1,370萬英鎊，利潤260萬英鎊。員工兩百八十位，每週工作三十五小時，十週有薪假。

　　以上起於政治介入或緣起私人理念的ESOP，都還不是員工（勞動者）自營公司（Labour-managed firms, LMF）。讓人擊掌的LMF另有其他例子。美國威斯康辛州發行量最大的報紙《密爾瓦基報》（*Milwaukee-Sentinel Journal*），業主在1937年引進ESOP，發展至今，已經有98%股權為員工持有，他們多次拒絕財團以超過股票面值收購該報，最近是1996年拒絕10億美元的併購案。各種LMF之中，規模最大且聲譽最為卓著者，是西班牙的「猛龍」（Mondragon）集團。它創辦於1956年，其後陸續擴張並自有銀行，1990年代中期是西班牙第十大企業，至2001再前進為第八大，由七十五個獨立的公司以及五十五個子公司組成，僱用了西班牙巴斯克德巴（Deba）河谷七萬勞動力的近半數，另有海外三萬員工。在2002至2005的四

年間，猛龍再向全球投資20億美元，僱用一點六萬人。猛龍在2000年的營業額是43億英鎊，利潤2.5億，惟其總裁的薪資一年是6萬英鎊，僅為最低薪資者的七倍。1991至1992年間的衰退期，猛龍未裁員而是暫時減薪（最高減30%）。至2000年初，世界經濟再次不景氣，據報猛龍仍表示不裁員，惟為因應市場供需變動，有五分之一勞動力是兼差，或為臨時短期契約工。

　　新竹山區的司馬庫斯原住民部落也有服務與旅遊事業單位，其實質接近LMF，雖然法律形式不是。在這些來自私人或生產者的志願聯合形式之外，意義不同的是台灣汽車客運公司（台汽）。2001年，台汽改制，成為LMF國光客運公司，其發展前景特別值得注意。這並不是指台汽的改制出於員工要求，也不是說其改制後營運平坦。除勞動者自營，國光的意義有二：一是國家介入，除員工一千餘人聯合出資3億多台幣，另由交通部出面融資53億挹注；二、因此，這剛好是勞動僱用資本，勞方自己出資與金融單位借貸的比例大約是一比十七。國光這個類型的例子顯示，即便生產資金不是勞方所有，而是資方或第三者提供，也就是資方或第三者也有貢獻，但進行並管理生產活動，進而分配生產成果的人必須參與直接生產，出資者則只依照融資額度，取得相應的份額所得，加上融資期間的利息。

　　前兩段述及的ESOP，或目前存在的LMF模式，雖然曹先生都會贊成，但應該不能涵蓋他的全部指涉。第一，「勞動產權說」要入（中國）憲法，藉此可以凸顯一個道理，即中國作為一個沒有放棄、並且還在宣稱自己要走向社會主義體制的國家，理當在憲法中重申、或以現代語言展現這個承諾。憲法的白紙黑字很多時候是具文，眾所周知。但入憲與否若能成為議題，以及成為議題的過程，就是爭取話語權的部分工作。如果入憲，則又顯示不同或對峙力量的一時消長，即便失利，至少可以讓作此主張的群體，在這段期間得到較多及較佳的溝通與說服機會。當然，作此主張是否浪擲氣力，是否另有更值得出力的地方還待優先投入，總是有人會有疑問。若能成功而使勞動產權入憲，後續推進自然就是逐層逐次、先點後面，全面由國家介入，擴大如前所說，許多國家（包括中國）都已經實施的ESOP或LMF。

曹先生與LMF的第二個差異，在於他所說的勞動，不單只是能夠透過市場經濟（這當然是很大、也很重要的一部分）而計價的薪資活動，也包括因各種理由而無法就業，以及家務、社會志工及社會弱勢階層與農村等等不同形式的「參與」活動，勞動產權的經濟應是一種皆有所養的、休戚與共的、讓人因此而願意團結的經濟。

因此，主張市場社會主義的人必須兩面溝通，對內與對外。往外，向認定只有私人資本僱用勞動才算是「產權明晰」的人說明與表述，其他產權形式加上合適的政治安排，同樣能夠運用市場（價格）機制，有效進行生產活動及其成果分配。對內，向認定市場必然只能是資本主義專擅的社會主義者（包括馬克思主義者）表達，馬克思從來沒有如此宣稱，遑論堅持；最多，馬克思只能因為攻擊市場造成無政府主義的生產狀態，致而給人印象，以為他全盤否定市場機制。

兩面溝通的工作至今將近百年，有些成績，中國的轉型改革是一個例子。但在市場社會主義當中，究竟是要由專業經理人依據利潤極大化原則而經營，還是勞動者自營而為LMF，各方看法有別，包括近幾年走訪中國的美國馬克思主義者羅莫爾（John Roemer）及施偉卡特（David Schweickart）。施氏支持LMF，羅莫爾則否。不過，羅氏並非本質上反對LMF，他的反對有兩個理由：一個可能是誤認，或者，公平地說，這個誤認是因為美國情境使然；另一個理由是他對於市場經濟的「天生不穩定」本質，掌握精準。

曹先生認為，出資者不必然是經營者，我們習慣於、「安於」資本僱用勞動，其實只是特定政治安排的反映。因此，透過另一種政治安排，完全可以讓勞工成為公司的經營人，且可以分潤更多勞動成果，雖然出資者可以依照其出資成分，獲配公司的生產成果。羅莫爾卻隱然或明白認定，出資者就有權管理及決定分配比例。是以，這裡的差別應該就是美國與中國國家性質的差異。在美國，既然其資本體制超級穩定，因此並無革命可能，是以可能沒有人敢於想像政治力量能夠如此全面介入，若有此「奢想」，侵犯神聖的私有財產之大帽子可能立刻壓頂，話甫出口，登時喑啞。假使羅氏接受曹先生的正確看法，他之擔心LMF只能由勞動者自籌，以致資金太小就不是問題。

當然，嚴加考察，羅莫爾並不是沒有看到LMF向金融機構融資的可能，此時，他的看法倒是可以補充「勞動產權說」。羅氏說如果LMF借貸，則市場沒有永遠的贏家而最多只能輸贏各半，此時又將造成LMF的不穩定。這樣一來，若來自借貸則LMF在市場競爭失利後，勞動者如何自處？如果LMF資金完全來自勞動者，其規模比較小，遭市場淘汰的機會還要更大，又將如何？

這個問題無法迴避。一個回應的可能方式是，既然是市場社會主義，則這裡的市場，就不會與資本主義的市場相同。異同的區分方式有三。

一是因地而異。同樣的資本主義國家，其市場經濟也很不同。時人都說西方，但西方的英語系國家與歐陸國家都屬市場經濟，卻有很大差異。英語系國家本身，若就個別市場來說，分野也相當明顯。醫療保健在英國至今還是以公營為主，雖然已經採取內部市場機制。英國的醫療系統成效良好，使用10%以下的GDP已經完整照顧所有英國境內的人；美國支用15%以上GDP，卻還有五千萬美國人不能合理納入醫療體制；加拿大介於英美之間。同樣，廣播電視市場在美加英的分歧也是很大。

其次，不以國家的地理位置區辨市場，我們可以另作考檢。有些產品或服務活動，因為具有公共財或外部性的質地，是以必有市場失靈而必須由政府直接提供（例如國防）。另外，有些產業具有寡占或壟斷性質，因此其生產活動的利潤必然得到確保，並非只是依照勞動辛勤及效率而取得，此時，勞動所得的分配不宜由參與生產的人完全擁有。

最後，意義更見突出的是，既然社會主義與資本主義的市場不完全相同，那麼，假使商品可以分作「資本」、「勞動力」與「一般商品」三類，則大多數市場社會主義者可以贊同「一般商品」市場的存在，但對「資本」與「勞動力」市場的存在與否及其規模，意見差異比較大些。羅莫爾對於透過利率來誘導投資情有獨鍾，也就透露他認為資金的配置使用，理當保留相當部分給市場機制以外的力量。施偉卡特只強調「一般商品」市場，並不強調「資本」與「勞動力」市

場，他認為，「對投資進行社會調控」很有必要，但僅限於從整體社會的觀點，透過適當程序由政府規畫的「新投資」，不是所有的投資都由集體規畫。

《勞動產權與中國模式》（2006，社會科學文獻出版社）以及《社會主義還是社會民主主義？》（2008，香港大風出版社）這兩本曹先生主編的文集，已經觸及更多的議題（本文所提僅是其中的部分，舉例有別而已）。再次點提這些相關子題，只是要強調與說明曹先生並沒有不注意這些面向。從而，這裡是尾隨與凸顯「勞動產權」的最重要貢獻，就在提出「誰僱用誰」這個問題。它有主要的對話對象，亦即曹先生要求政治威權兌現自己的宣稱：勞動產權無損於經濟效率，卻必然更能公正對待勞動者在內的所有人，包括出資的人。這個提法有普遍的理論意涵，也有特殊的中國情境，曹先生願意在當下提出，並不容易。

概念與理論的創新已經可貴，更難以出口的部分在於，指認變遷的策動者或施為者。勞動產權很有價值、至有必要，這一點並無疑問。只是，誰來確認中國（與人類歷史）的走向，還有機會往這個前景發展？如果真能確認，誰又是承擔這個重責大任的主體？當年鋼鐵大王卡內基非常有名的一句話：「死時課徵富紳以重稅，對於枉費一生的自私富豪，這是國家給予的譴責。」表面上看，這是美國慈善家的進步觀念。但假使閱讀發表於1889年的這篇〈財富的福音〉（*Gospel of Wealth*）講詞，當下就能得知，卡內基意有別指。卡內基的發言，是要反擊當時的社會主義與無政府主義的思潮與動能。他認為，社會的進步是因為富人的領導，如果富人未能好好善用財富而守財如奴，國家自可在富人死後課徵其稅——於是，富人就有動能在生前好好運用及安排其財產。

許多人的主要思維方式及想法，至今還是隱然或公然有卡內基的影子。在中國，即使檯面上或正式場合並非如此，但實然狀態恐怕與其他國家相去不遠。多年以前，資本家從非正式至登堂入室於共產黨員之列，當時，吉林省委副書記林炎志疾呼，「共產黨要領導和駕馭新資產階級」。黨內權要有人這麼說，有些人嗤之以鼻，有些人不願

意放棄希望，其中也包括讀書人。但讀書人終究不是黨政要員，讀書人的自我想像涵蓋多重，從王者師、政策規畫師、諍友、監督者或批判者，統統都有，不同身分的想像也就對於讀書人在朝在野的形象及發言效果造成差別。讀書人的實際表現，是否能夠同時具有不同的想像，應該是不容易面對或處理的問題。身處中國，對於社會主義仍然抱持信念並且積極介入的讀書人，理當有人對於林炎志的發言有所反應。然而，在寄以希望或至少不反對這個說法的前提下，如何發言與行動以求玉成其事，是一大困難。讀書人不能不謹慎從事，不能不鎔鑄新的話語，迴避語言的迷失與誤認，盡量減除溝通的障礙。位置不同，表達類同意見的方式與效果會有差別。

人們是否應該為了取得發言效果，或保留發言機會而審時度勢，找尋或發明詞彙，是個值得考慮的問題。近日甘陽提倡儒家社會主義，又說自己是保守派，聞之令人有詫異的感覺。7月的黃浦江畔，我就此請教一位對於中國國家機器素有戒心的朋友，出乎意料，他倒是善意理解儒家社會主義的提法。他說，其實也是很多人念茲在茲，但不一定能夠釋懷的意念：在中國，現階段（可能很長的現階段？）還能考量誰有動能組織社會與進行改革，無論是社會民主式的或社會主義式的改革？曹天予的發言或許有這層考量，要求名正言順與言行合一，或說以子之矛攻子之盾，以前如果可以，現在何以不該？或者，換一個方式說，許多人，包括曹先生，對於論述、話語所可能達成的物質作用，還不願意放棄，也不忍鬆手聽任資本邏輯予取予求，因此發為左列言語：

除非執政黨在跨國資本經濟政治壓力和新自由主義的話語霸權壓力下，或在社會民主主義思路的誤導下，公開放棄社會主義承諾；否則，通過全民辯論把道理說清楚，在群眾呼聲的壓力下，執政黨完全有可能支持勞動產權入憲，並動員其巨大的政治組織資源，使該條款成為中國法制框架中的基石，從而使中國市場經濟關係的性質，發生決定性的轉變。

　　如果容許我猜測，錢永祥先生並非不理解前述發言的脈絡與現實考量，但他仍然要求左派也要考慮自由主義對於分配正義的貢獻，其實主要還在讓（政治）自由主義的養分能夠接合於威權政體。否則，自由主義的分配正義之說，一方面理論上具有吸引力，另一方面有實踐的問題。我想起的是三段小小的閱讀記憶。一是1996年薩森（Donald Sassoon）出版《歐洲社會主義百年史》時（2008 姜輝、于海青、龐曉明中譯，社會科學文獻出版社），書甫出，主張自由貿易至今日已經有一百六十五年的老牌刊物《經濟學人》先說書寫得不錯，材料豐富而文辭流暢，繼之，書評人來一記回馬槍，嘲弄作者一廂情願地認定社會主義挑戰資本主義之後，才有今日的福利國家，不是實情。書評人認定，資本主義本來就有內在的「天賦」作此更新，不勞社會主義的鼓譟。二是布雷克班（Robin Blackburn）在論證市場社會主義的正當時，指出因有蘇聯的存在才有福利國家在戰後興起於西方，且地理上愈接近蘇聯的國度社會福利的水平愈高。三是去年承錢理群先生指點，我找來據說是普列漢諾夫的遺囑讀了一讀，他對列寧的蘇聯很不以為然，但也認為蘇聯人民的犧牲對於西方人民產生重要貢獻。這些實際例子讓我覺得，分配或說第一次分配正義的完成，有待於實際行動多於理論的解說。我這麼講當然有問題，彷彿一舉否定了言說與理論的重要，這當然不是我的本意，二者是互動，語言若為人信服，就有力量。政治自由主義如羅爾斯的著作其實很為羅莫爾的市場社會主義仰仗，是以，錢先生的回應對象與其說是曹先生，不如說是給兩種人，一種是「國家機器的凡是派及教條左派」，另一種是經濟（新）自由主義者或市場原教旨主義教條派？

　　前引曹先生的那一段話之中，很緊要的一句話是「通過全民辯論把道理說清楚」。國家很重要，但國家並非目標。雖然國家會有自己的邏輯，惟這個邏輯不應該是一些人的認定，不應該以為政治行為必然「只」能是自私的牟利行為，至少，不能排除自私與利他可能合一，而自私可能為利他壓制或產生自私未曾預期的良好效應。吳敬璉曾在2003年1月發表文章〈轉軌時期的尋租及租金量〉，指中國一年的GDP有相當部分成為尋租者和貪官的收入。2008年5月吳再訪台

北時,《中國時報》也再次報導這個數字。這裡不敢轉述這個,因為其額度太高,讓人難以置信,在沒有讀到吳先生的計算方式以前,並無依據或能力可以斷定其正確與否。不知為不知,這裡只存意思,用此方式作記與提問。人們可以理解國家會有自己的邏輯,但還是得爭取,要將國家當作工具,就是要盡量要求這個邏輯服從「勞動產權」的要求而不是違反。這裡並沒有說只要國家一念之間,頃刻能夠發生具有意義的變化,而是要經過「辯論」這個過程。

那麼,中國的國家機器在「主觀」上,還有沒有這個認知及意願?其次,客觀上這部機器還有沒有可能執行其主觀價值的落實工作?任何國家,包括中國,其國家機器不是只有一種邏輯或一個大腦。在區分國家機器時,常見的依據之一是「中央與地方」的差別,其次,依據我們的關注價值,我們也可以舉「對於社會主義的認知與信念仍有堅持與否」作為區辨標準。不過,我們這裡要暫時放棄區辨,只將國家機器當作一個整體。所以,在「辯論把道理說清楚」之後,中國有多少政治能力可以介入,翻轉僱用關係而使得資本被勞動僱用?也就是資方仍可取得一定的利潤分配,但額度會比現在小。曹先生認為:

> 現在是世界範圍內的資本過剩……即使分掉他們一點利潤,外資也不會捨得扔掉中國……讓他們從暴利中分一部分給工人,同時仍然給他們高於在本國或其他地區可能得的利潤,這還不行呀?……世界上資本多得很,你不來他來……小心應付,迴旋的餘地大得很。

這個估計相當豪邁,頗能鼓舞人心。再者,這個判斷也相當可信;或說,假使偏向保守的市場社會主義派都有這個認知(資本外逃不足懼),那麼,似乎保守者的判斷適足以反襯曹先生的論斷,並非不可信。

我指的是美國經濟學家楊克(James Yunker)。早從1974年起,他就大力倡議市場社會主義,去(2007)年仍有新作問世。再次投入

實際的統計核算後，他說市場社會主義的優越性並非理論，而是必須從經驗證據中找尋支持。楊克的意見很多時候讓人難解，比如，他居然作此陳述：「美國富有，而世界人口眾多，且大致稱貧。富者總受貧者之羨慕，悶聲不響的怨氣，假以時日，遇有適當情境，則往往爆發為公然的敵意。美國保有若干核子武器，方可確保，未來不致有『非法移民』在坦克前導下，突如其來地進入美國。」這段話讀來更像是種族論者，而不是社會主義的發言。人有口誤，希望這是口誤之一。換個側面，有此言語的楊克，倒也能有後文這個意見。他說，如果只是透過累進稅、產業的規範及各種福利手段，就僅能只是社會民主派，以致中產階級而非上層階級支付社福，不公正還是存在，上層「的生活標準可能不會受到太大影響」。更有意思的發言是，他反駁國家無用論的陳腔濫調。許多人說，經濟活動既然已經全球化而資本可以四處移動，勢將使得國家失去作用。對此，他的答覆是，所謂（金融）資本之移動，卻不能否認「金融資本底下是物理資本，金融資本的高度可動，並不等同於物理資本具有相同程度的移動可能。資本家與移民無法帶走工廠與機器，而說到最後，這些機器與工廠才是他們資本所得之來源。」當然，楊克忘了加入「勞動力」，勞動力固然能夠移動，但中國似乎不缺勞動力。就算是資本外逃，也是帳面問題，廠房人力都在，而這才是價值生產的依靠。假使真是這樣，掌握巨大外匯存底的中國國家機器如果因為顯著改變利潤的分配比例，致使資本動盪，那麼，就讓它動盪，動盪只能是一時。

這樣看來，中國國家機器確實有此能耐與操作技術。果真如此，關鍵似乎是主觀認知、意願與意志是否存在？然而，問題在於，沒有人知道國家機器的城府，儘管封建時代一去不再復返，政治威權不再「天威」難測。既然無從探知主觀的國家意志，到頭來，實際的表現還是反推主觀精神面貌的不二依據。中國儼然是市場社會主義「經濟」模式的代言人，對此，左派當中有更多的懷疑者。晚近最嚴厲且較為深入的抨擊，或許應該舉紐約的《每月評論》作為代表。該刊在2004年7月與8月以合刊號形式，發表由蘭茲柏格與柏克特（Martin Hart-Landsberg and Paul Burkett）撰寫的專論，提出相當詳細的分析

與抨擊。該文在兩年後由黃德北擔任社長的《批判與再造》雜誌社，透過陳信行的聯繫，由杜濟平、林正慧與郭建業翻譯，並蒐集來自美中台的正反回應，而成為《「中國與社會主義」及評論》，其參考價值猶高於英文版。蘭氏與柏氏的診斷是否正確？無論正確與否，他們所書寫的中國並非靜止不動，其書材料截止於2002或2003年的中國，其後至晚近幾年，中國的行進軌跡與先前是否相同、是否再無轉變的機會？

近幾年來，中國中央政府的財政能力不再是吳下阿蒙，王紹光等人1990年代擔心的問題不再存在。反而，胡溫體制對於民生的改進（醫療衛生、教育、弱勢群體的照顧等等），投入了比較多的心力，包括2005年開始的「公共文化體系」的建設，以及今年初的新勞動合同法。但是，這究竟是財政收入躍增與弊端日積月累太多之後，有限的停損點，還是長遠良性變化路徑的一個新的標誌點？說到底，我們還沒有足夠的客觀考察材料，無法印證主觀意向的存在與否。另一方面，若以當下來說，中國公民對其政制的滿意程度，似乎相當高：哥倫比亞大學黎安友等人近日合編的一本專著，評估中國、日本、泰國、菲律賓、南韓、台灣、蒙古與香港等八個國家與社會，赫然發現中國公民對其政府的滿意度最高。（另有針對金磚四國的調查顯示，中國的菁英與一般公民「滿意現況及其進展」的受訪者，比例最高，分別是75%與48%，印度是46%與9%，俄羅斯是43%與20%，巴西則是15%及11%。）這是民族性使然，是政府對內文宣教化的作用？或者，不宜這麼簡單解釋而另有因素？就言論方面的表現來說，近幾年來，是有一些比較明確的法律或行政規範，長遠來看，政治過程的若干透明度是有可能增加，包括今年5月開始執行的《政府信息公開條例》。不過，這類條例在多大範圍、又多快之內能夠漸次落實，終究是還待觀察。對於（言論）異端的容忍，正反並存。焦國標、冰點等例子如果還能算是正面的變化，因言賈禍的頻次，似乎並沒有明顯減少，有人甚至覺得更為苛刻一些。

言論必然假借傳媒而進行，周翼虎先生近日有個論點，可能相當準確。他察覺現代化及批判理論都不好解釋中國的傳媒；又說，經過

三十年的蛻變，中國傳媒似乎很弔詭地成為中國眾多公共部門的改革當中，「最為成功」的一種，特別是相比於教育及醫療。當然，依照誰的觀點而成功，這是問題。如果我們審視大陸最重要的傳媒機構中央電視台，確實可以印證前面這個觀察。〈表14〉羅列央視2001至2006年的表現，一是它的經營效率，一是它受到民眾歡迎的程度（假使收視率可以作為標準）。央視幾乎完全不從政府取得任何經費，但年度營收（不是利潤）有高達21-23%上繳。歷年央視的收視占有率份額更驚人，從2001年的23.33%躍增至2006年的35.13%！

表14　中國中央電視台的收入（億人民幣）與收視份額（%），2001-2006

	2001	2002	2003	2004	2005	2006
事業收入（a）	61.1	70.5	81.6	88.9	95.5	103.5
總收入（b）	無法取得		102	112	124	140
繳一般稅（c）	5.1	5.5	6.1	6.9	7.4	8
繳廣電總局（d）	9.1	10.2	11.7	12.5	13.4	15
重新分配比例c+d／a（%）	23.24	22.27	21.81	21.82	21.78	22.22
重新分配比例c+d／b（%）			17.45	16.04	**16.77**	16.43
收視份額（%）	23.33	25.37	28.28	29.74	34.14	35.13

央視言論尺度必然滿足中央政府的要求，因此就中央政府來說，央視政治上極可信賴。上繳比例如此高額，又是經濟非常成功。對於民眾，觀看的人一直增加而不是減少，顯然也是成功。但是，另一方面，央視對於勞動力的運用，顯得太過有「效率」，以致反而成為對於勞動力的變相剝削，這就成為一種不佳的示範。鑽研中國單位制度、對於央視有豐富個案研究成果的楊曉民說，「1990年代初我們只有三個頻道，事業編制是兩千多，現在我們已經有十六個頻道，馬上要分成十八個頻道，事業編制還是兩千多……中央電視台現在是全國最大的實行勞務派遣制度的事業單位。」這裡附記英國的BBC以作比

較，BBC編制內員工尚有兩萬五千多人，經營的電視頻道量與央視相近，用於電視與廣播的員額約是二比一，也就是一萬七千人左右從事於電視業務，而這個數字已經是因為當年柴契爾政府為打擊「集體主義最後堡壘」的電視工會，因此透過法律手段，強制壓低BBC人數所致。不但如此，央視並沒有因為市場地位及營收等表現良好而合理對待員工，反而是因應2008年元旦的新勞動合同法，從2007年6月起，陸續遣散因服務即將屆滿十年，因而可望納入編制內的一千八百名員工，並且不給予補償（後來有兩人狀告央視，一人得到折合約台幣40萬的補償）。這是一種悖論，最有經營效率的國營事業將其勞動力分作兩層以上，給予差別待遇，卻表現為外觀的亮麗。其次，作為公共財及外部性濃厚的傳媒（電視等）機構，完全依賴廣告作為財政收入而取得巨大「成功」，究竟如何解釋及如何改進，毋寧又是對理論及實踐提出另一個巨大的挑戰。

最後，關於科學社會主義或社會民主主義的「名詞」之爭。首先，有人說資本主義的「社會民主」都還沒達成，就要高懸「社會主義」，未免好高騖遠。不過，曹先生的說法可能比較可信。假使有先此才彼的看法，多少是隱含了、暗示了一種「單線論、階段論和宿命論」，但歷史而特別是不同國家的歷史難道非得彼此模仿，有一定必經的模式嗎？當然，從另一個角度看，談民主社會主義或科學社會主義，沒有什麼好爭執。如同曹先生所說，瑞典模式從1980年代開始從高峰往後衰退，不能據以作為追求的目標（這裡加入一筆「轉進」、若不說「後退」的例子：1994年起，在政府嚴格監督而學費由政府支出的前提下，瑞典容許私人興辦中小學做生意，也就是為賺錢辦學，至2007年，這類學校約占10%）。但是，與其說不宜作為目標，不如說社會民主的收穫已經在資本動力壓迫下回吐，因此，重點在於堅持動態的分析，重點在於透過論述支援平等訴求的提出，而不是哪一種主義。就此來說，當然不妨說這是一種不談主義、只說問題的態度。但是，奇怪或有趣的是，人還是對於主義有某種的（公開與私下的、意識與潛意識的）想像或渴望，那麼，既然主義不能不說，既然非得談主義，那麼我懷疑談科學社會主義的道理（如果一定要用

這個詞）是比較強大的。社會民主似乎指涉一種最佳狀態的達成（如瑞典等北歐國家），實則如同曹文所說，該模式因受資本積累之迫，1980年代以來就在撤退。科學說表面上也許更機械一些，但訴諸未曾企及的狀態，也就是似乎更為動態向前奮鬥與索求，若說略有「天行健，君子以自強不息」的意思，亦不為過。曹先生說，馬克思主義主要就是一種「批判」，「馬克思建立起來的、理解人類社會歷史的一個批判的、歷史的辯證的概念框架」，應該也是這個道理，而雖然馬克思主義不是個別的論點，但如何藉助這個架構對央視及中國的三十年改革提出評價與批判，進而策勵未來，是人們無法也不應該迴避的課題。

（《思想》第10期2008/9，頁237-52。）

讀《權力的毛細管作用》

　　近日得到機會，拜讀中央研究院院士王泛森的《權力的毛細管作用：清代的思想、學術與心態》之部分論文，有些領悟，同時衍生了一些比附，提筆略記。

　　有清一代，順治、康熙、雍正與乾隆四朝，共有文字獄一百六十至一百七十起，其中一百三十五起發生在乾隆年間。最富強的年代，卻出現最深廣的文字獄，已有前例，如同「蒙古勢力愈強，政局愈穩，對漢人、南人的防範也愈嚴」。與此對比，習近平出掌對岸國政不到三年，逮捕與拘禁政治異端人次，不計六四，似乎多於江澤民的十三年，胡錦濤的十年？近日北京再對維權律師大興干戈，兩百位相關人遭致盤問、警告或收押。

　　個中原因是歷史的重複，中國政局穩定而國家機器能力充沛，致使清朝與元朝的例子重現於當下？或是，這是內部經濟（如股市）問題叢生所衍生的治標手段，鎮壓不能了事，內部壓力即將盤旋引發更

大的爆炸？又或者，這只是最高領導人的個性展現，如同雍正傾向公開辯論（雖然「強詞奪理」），因此廣肆發行《大義覺迷錄》，但乾隆卻剛好相反，信奉「萬言萬當，不如一默」，因此「直接查禁」《大義覺迷錄》。

　　清朝文字獄的漣漪效應之一，形成了「中國歷史上力道最強的一波自我壓抑」。這種自我檢查的行為，不僅在前現代的中國，就是當前海內外各國，同樣也是存在，包括台灣特有的情況：不少文人為了怕用「日據」或「日治」而招惹「麻煩」，於是盡量迴避使用這兩個表述。

　　近日關於高中歷史課綱的爭論，表面上是對「日治」與「日據」等一系列用語，以及這些用語所被賦予的史觀之解讀，給予公開的呈現與討論，並未「迴避」。但這些史觀是不是能與現實對話，並不明朗，即便「古為今用」是千秋不易之理。

　　譬如，無論是中華民國史觀，或是台灣史觀，究竟與台灣或中華民國是不是能在聯合國等國際場合取得自己代表自己的權利，會有關係嗎？秉持特定史觀的人固然可以說，不爭一時，只要千秋。先確認史觀，鞏固內部，據此再對外爭取對岸的理解而接受，或在國際政治的角力中，期使對岸即便不理解也要接受。果真如此，哪一種史觀比較可能得到對岸理解，或在國際政治中脫穎而出？或者，無須史觀，我們還有一種吳豐山稱之為「智慧」者，足以讓在台灣主張獨立與統一的人，都能「滿足」，也可以讓對岸認為「貫徹了民族主義」，又讓「美國覺得不損其國家利益又能維持世界均勢」？

　　究竟台灣或中華民國這兩種史觀，在現實上是不是真有分別；是不是需要史觀，以及是不是真有這種「智慧」可以妥適安排兩岸關係，無不需要理性辯難的公共議論空間與論壇，加上感性交流所需要的公共影音戲曲空間，才能提供有效溝通與行動的基礎。

　　只是，王泛森說，長期政治壓力所形成的「文化無主體性」或「私性的文化」，「有燦爛的逸樂、有多采多姿的文化活動，但它們的根本性質是私性的……是不以公共討論的方式來處理政治相關的議題」，哪裡又僅只是在說傳統中國？理性或感性的公共空間，需要健

全的新形態或傳統形態的大眾傳媒，才能棲身。在台灣，政治壓力不再是大的問題，反而是長期的政治不作為與偏差作為，致使從報章雜誌到影音與網路媒介，很難承擔理性與感性的公共空間之角色，這是更大的困境。

（《人間福報》2015/8/6 第 5 版）

北京學者與台灣新聞人

　　前輩作家、媒介人王鼎鈞幾年前寫了一本書，《文學江湖》。讀過之後，有一則故事讓人印象深刻，與蔣中正有關。

　　當時，蔣介石七十歲。好事者要祝壽，提口號，說「人生七十才開始」。這則新聞四處飛傳，進入了國民黨黨營事業中國廣播公司。任職新聞部，也曾經在政治大學任教的王大空看到新聞報導後，很快接了一句話：「才開始生病」。

　　作者沒有多說。但是，在1957年的台灣，何以比他資深的王大空不但安然無恙，而且還先後擔任了新聞部與節目部主任。個中必有蹊蹺。個人的故事，往往可以反映，或者折射社會歷史。《文學江湖》留下的空間，就是來者發揮的餘地。

　　中國社會科學院新聞與傳播研究所向芬博士來台，對十六位人士的訪談，同樣具備這層用心。其中，從事調查報導成績斐然、目前主持評論園地的何榮幸，有個看法值得凸顯與追問。他說，有為的政府「應該帶領人民建立對公共媒介的認識，去制定政策、移撥資源……讓它不斷壯大……（才）不至於擔心整個媒介的生態被商業媒介牽著鼻子走。」國民黨政府在台灣的經濟建設是有成績，特別是在1990年代以前，呈現高度成長而分配相對平等。

　　然而，如果國民黨的經濟成績可觀，何以傳媒與文化的建設卻乏善可陳？台灣的政府有沒有建設公共媒介的認知呢？多數學界與政界

人士可能會說，沒有。

　　不過，顏色固然有黑有白，卻也有中間色帶。同理，人生與事理不乏黑白分明之際，但更多時候，會有深淺不一的灰色。政府是否有建立公共媒介的認知，同樣可以作此考察。

　　早在1955年，政治大學新聞研究所第一任所長，同時是中央社社長、擔任國民黨文宣工作第二把手的曾虛白，銜蔣介石之令考察西方電視回台後，寫了一篇〈迎頭創建電視事業的重要〉。娛樂在任何時候都很重要，政治高壓年代也是如此，曾虛白並不否認。但他顯然希望，若要發展電視，必須兼顧「新聞與教育節目」，因為台灣當年的各級教師都不夠，透過電視教學，「一人上課，上萬學生同時聽課……解決了師資的問題。」如果娛樂、新聞與教育缺一不可，那麼，電視的財政來源就不能只靠廣告而走商業路線。

　　天不從人願，台灣的電視從一開始就是商業掛帥，收入只靠廣告，教育電視聊備一格。何以蔣介石倚重的幕僚，建言未見採納？關於台灣政府是否認知公共電視體制的意義與重要性，這可能是第一個重要，但還沒有答案的問題。

　　到了1965年，國府開始要制訂第一部廣播電視法，各方開始躍動。曾氏在1968年再寫〈三民主義大眾傳播制度的研究〉，強調「大眾傳播事業皆應公營……切勿誤會公營是國營或政府營。這個公，是不帶政治色彩的社會大眾，故其權力的構成重心於民意代表、地區人民代表、職業團體代表以及最孚眾望的社會名流及法學權威。政府代表亦應參加，但不處指導地位，祇作聯繫與疏導解釋工作……先進國家除美國外電視皆為公營。」

　　時代進入求變的階段，更弦易轍、重拾公共精神並且付諸實踐的呼聲，已經增加。1967年，由政大轉身，出掌首任文化局長的王洪鈞，以及負責擔任廣電法起草召集人的李瞻教授，無不推崇公共體制。詭異的是，文化局在1973年壽終正寢。廣電立法工作頓失文化的奧援，繼起主導的機構，是職司政經宣傳的新聞局，公共媒介無枝可棲。公共媒介再次獲得正視，已經到了1980年。孫運璿以閣揆的身分，在台北市木柵主持第一梯次中小學教師座談會時，「主張設公

共電視台」。但四年後，孫氏中風，人一違和，政策跟著歇息。

　　如果當年的文化局沒有遭致意外裁撤，假使孫運璇身體康健再有十年，台灣的公共媒介是不是可能會更早誕生，從而就有更好的機會，成為傳媒的市場領導者，不但擁有消極自由，從事報導與評論而不會動輒得咎，同時擁有積極自由，憑藉比較充分的資源，穩定地生產質量俱佳的傳媒內容？探索台灣政府與公共媒介關係之時，這是第二組讓人懸念的疑惑。

　　解嚴之後，台灣從1990年起，第三度要創設公共電視，規模不小。國府的原始構想，是要讓這家公共媒介與當時三家商業無線電視台，分庭抗禮，年度預算設定在60億新台幣。讓人費解的是，1997年入春，國民黨突然宣布，停止建台。直到現在，國民黨都能控制民意機關半數以上的代表，彼時更是強大。何以滿朝權在手，偏偏不把令來行，豐富文化的建設？行政權與立法權都能穩穩掌握的執政者，竟然不顧責任與社會顏面，公然違反自己的施政允諾。更離奇的是，不說廢台則已，休字方甫出口，社會各個角落支持公共媒介，平日難見身影的多方力量，卻在頃刻之間傾巢而出，有如排山倒海的壓力，致使國民黨政府不單收回成命，並且快馬加鞭，僅用了不到兩個月，就已通過《公共電視法》，公視並在次（1998）年開播，但預算減少為15億。

　　國民黨是想要縮小公視規模，故意以退為進，宣布廢台是為縮小公共媒介所做的策略準備嗎？若真如此，為何又要縮小其規模？這是第三組有待釐清的問題。

　　進入本世紀以後，情勢再見變化。民進黨政府發現，根據其競選藍圖的承諾，必須擴大公共媒介的規模。既有這個格局，民進黨當中具有公共媒介認知的人，就與媒介改革團體有所呼應，進而尋求跨黨派有識之士的支持，最終在2006年初修法後，擴大了公共媒介的規模，有了公共電視集團的骨架，雖然納稅人透過政府提供的經費不能說有大幅增加。持平回顧，直至2008年再次政黨輪替之前，台灣公共廣電集團即便前進的速度太過緩慢，仍然走在正確的道路。其後至今，台灣的公共媒介進入不進則退的窘境。個中究竟是哪些道理，才

能解說過去七年以來，台灣公共媒介的困局？又怎麼評價民進黨在執政五年多之後，才能啟動了擴大公共媒介的步伐，完全只是因為民進黨未能掌握立法權嗎？

向芬博士說，本書受訪十六人的「共同期待」，就在追求「有序合理的新聞傳播政策與良性理想的媒介環境」。確實，如果容許附麗，我們應該說，合理政策所要形塑與凸顯的媒介環境，就在公共服務媒介必須壯大，成為台灣傳媒的領頭羊。

（推薦文：向芬〔2017〕《野火之後：當代台灣新聞業觀察反思與批判》，頁1-3。北京市：九州。原標題〈公共服務媒介必須是領頭羊〉。）

廈門學者撰述台灣傳媒史三十五年

最早在台灣穩定流通的商業新聞紙，根據朱傳譽教授的考察，可能是1884年在廣州創辦的《述報》。

當時，該報已在基隆、台北、台南與高雄設有（兼差）通訊員，並有相當多的台灣商務報導。至今，在「中國哲學書電子化計劃」的線上圖書館，仍然可以自由查詢，看到《述報法兵侵台紀事殘輯》。

《述報》在台發行之後一年，才是通稱第一家本地報紙《台灣府城教會報》（後改稱為《台灣教會公報》）的誕生，但創辦者是外籍牧師，該報也沒有使用漢字，它的書寫符號是由廈門轉入的羅馬字母，依照閩南語白話音拼寫。

「台灣的孫中山」蔣渭水，在1923年從台北寄達信函，請台灣第一位飛行員謝文達，配合台人第三次來到日本請願的時刻，就地駕駛飛機在東京地區上空，由副手「飄灑……十萬份五顏六色的傳單」，書寫：「台灣議會設置請願委員來了……日本帝國……專制……不為世界公論所容……請設置台灣立法議會……。」東京報紙報導了這起事件，但日本人在台灣主辦的漢文報刊反而不肯提及。

　　諸如此類的往事，趣味與歷史乃至時代意義，兼而有之。不過，在台灣的新聞界人士或相關科系的師生，遑論一般民眾，對於這些既是新聞，同時也帶有濃厚政商意味的事件，很可能鮮有知悉，原因之一，在於攸關台灣的各種媒介歷史的研究、撰寫與出版活動，很少人長期從事。

　　到了2002年，台灣新聞史與新聞界的系統寫作開始出現。在台灣，王天濱先生陸續出版了《台灣社會新聞發展史》與《台灣新聞傳播史》（該書次年另擴充部分為《台灣報業史》）等書；其後，似乎前往人民大學攻讀博士學位的作者，很可能沒有繼續撰述或出版相關的圖書。在大陸，成績最突出的應該就是陳飛寶老師，同樣在2002年，他與陳揚明、吳永長兩位教授合作，推出了《台灣新聞事業史》，從清朝割台的1895年寫起，延伸至脫稿而付梓之前的1999年，堪稱工程浩大，從報章雜誌再到廣播電視與通訊社，呈現重要事件與機構及法規政策，書中也對這些媒介的內容表現乃至部分統計，予以提綱挈領地提示，作者所費心神不知凡幾，無一不是嘉惠來者。

　　海峽兩岸幾乎同時出版的這些專書，從甲午戰爭至上個世紀末的百餘年間，台灣的新聞與媒介之重點沿革，盡在其中。無論是僅有時間鳥瞰，或是有意深入探索，它們蒐集與整理的素材，加上作者的觀點，都是不可或缺；對於從事傳播教育的人來說，這些著作更是必備的教科書或參考書。

　　不過，21世紀的部分有待補足，這裡，更能彰顯陳老師的貢獻。如同他的電影論述，陳老師對台灣新聞與媒介的研究與出版，實有兩項重要的特色：一是先前已經談及的開創性，二是延展性。筆者接觸陳老師的著作，最早是他在1988年推出的《台灣電影史話》，這是呂訴上在台北出版《台灣電影戲劇史》（1961）之後將近三十年來，第一本比較全面介紹台灣電影的專書；到了2007年，該書另有擴充，遂以新版印行。這就顯示，飛寶老師的溫故知新從不間斷，可以說是「古之學者為己，今之學者為人」的一種表現：心無旁鶩，讀書人只是為了志趣而求索，卻已經成就自己與貢獻社會，個人的選擇與集體的需要，同時完成，陳老師是這個理想情境的實踐者之一。

　　其後，陳老師再接再厲，持續投入，前引著作既已出版，他秉持初衷、沒有掉頭離去，在2007年完成篇幅更大，並且聚焦新聞傳播產業更為晚近之變化的《當代台灣傳媒》。尚不止於此，到了2014年，陳老師的成績更見驚人，累積數年的功夫，孕育了七十餘萬字的《當代台灣媒介產業》，顯示兩岸已無第二人再能有這個成績。

　　陳老師使用的研究方法，假使援用現代學界的術語，就是圖書館法與田野調查法。這是基本功夫，大多數鑽研社會人文現象課題的人，從古至今都在運用，包括馬克思與恩格斯。馬克思的《資本論》大多數在倫敦大英圖書館埋首書堆完成，恩格斯進入父親在曼徹斯特的工廠親身查訪，於是有《英格蘭工人階級的狀況》。陳老師應該是窮盡了在大陸圖書館與資料庫所能查詢到的材料，仍有不足，於是親身走訪與現場觀察。飛寶老師不辭經濟與時間的支出，來回兩岸、歷經費心的聯絡與協調，這才能夠得到首肯，親自訪談眾多業界人士，並且得到其中很多人的協助，取得第一手別處難尋的資料，歷經整理與去蕪存菁，清晰展現精華給讀者參考。

　　《當代台灣媒介產業》這本大作，涵蓋廣泛並且深入。《聯合報》、《中國時報》、《自由時報》與《蘋果日報》等等以平面媒介為主的集團，固然納入；廣播（及無線、衛星與有線）電視（新聞）頻道的林立，以及網路集團從電商到圖書與雜誌出版的電子化，同樣也在仔細耙梳之列。更讓人稱奇的是，該書已經注意到由電子科技硬體製造，向媒介內容進軍的移動軌跡，因此，富士康郭台銘與宏達電王雪紅的動靜，身影也在書中閃爍。所有這些，在在說明飛寶老師全無龍鍾老態，而是思緒與眼界的敏銳之深與觸角之廣泛，並不亞於青壯後生。既有這些能量，多年來的著述於是深獲佳評，實至名歸。陳老師始於電影研究，擴張至新聞並再拓展至新媒介，一路走來的恆定與不懈，對於後進學人必然大起示範作用，有為者亦若是的自詡，油然產生而亟思跟進。

　　陳老師的筆耕沒有停留在2014年。最近幾年，每到年底至次年初，我都很期待「出任務」，一種讓人欣然從事的跑腿工作。原來，陳老師沒有告老，他仍然在蒐集晚近的材料，但人事已高無法否認，

加上疫情限制，以及其他原因，致使來台更費周章，難度很高。於是，陳老師讓我就近採購，將每年底或年初出版的年鑑，以及其他或有相關的材料，代為寄至廈門。能夠有機會參與這件事情，頓生與有榮焉的感覺。飛寶老師年逾八旬，猶在準備出版新版的圖書；即將進入法定退休年齡階段的後生，也當跟進前輩的腳步。「不知老之將至」不僅是自己的樂以忘憂，在人壽增加世人擔心老化的當下，更是社會之福。（2023/7/25 政治大學新聞館）

（推薦文之一：陳飛寶〔2025〕《以史為念，書寫光影——學者陳飛寶傳》，即將出版）

大陸的「媒介化抗爭」、輿論監督與自媒體

　　什麼是自媒體？有兩種理解方式。

　　其一不涉及傳播科技，如「桃李不言，下自成蹊」。有些讓人景仰的人與事，當事人不肯張揚，但口耳相傳，就成範例，這也是「風俗之厚薄奚自乎？自乎一二人之心之所嚮而已」的意思。類同的道理，走避納粹，從奧地利進入美國後，晉身為傳播研究前輩的拉撒斯斐（Paul Lazarsfeld）八十年前發表經典論文〈論行政與批判的傳播研究〉，他也說：「明日的道德標準，起自今日小群知識領導階層的非常敏銳之心。」[6]

　　第二種看待自媒體的角度，是主流，環繞傳播科技而進展。最早，不妨說是 1983 年，美國《時代週刊》不僅有年度人物，它也在該年第一期封面以「個人電腦」為「年度機器」。在這個階段，能夠使用個人電腦對外傳輸圖文的人，大致僅限於國防、政府機關及學院

6　Lazarsfeld, Paul (1941) 'Remarks on administrative and critical communications research', p.13 in *Studies in Philosophy and Social Science*, vol. 9, pp. 2-16.

與科研機構。到了1990年代中後期，行動通訊問世而網際網路漸次普及後，至2004年，分析重點是部落格的《我們是媒體》（*We the media*）這本書，出版問世。到了2006年底，《時代週刊》當年最後一期的封面，赫然是〈你〉（*You*）躍然紙上，封面解說的文字：「是的，就是你：你控制了資訊年代，歡迎來到你的世界。」當時，YouTube與「臉書」等平台只是初試啼聲，後見之明才讓人恍然大悟，原來今日的火紅與爭端，彼時已經肇始。

時光繼續前進，最慢在2008年，「自媒體」一詞出現在中國大陸的報紙標題，指其「遊走在監管邊緣」。然後，如果我們查核期刊、主要報紙及《人民日報》等三種資料庫，並予以交叉比對，應該可以發現，2013年起，「自媒體」的文章大量增加，亦即在將手機與寬頻網際網路結合之後，愈來愈多的「人」都有了自媒體的身分與經驗，點對點或點對多的發言與聽聞愈來愈多，包括網紅的政經文化與媒體現象，進入了很多人的日常生活。1980年代的哀嘆之聲《超載與枯燥乏味：論資訊社會的生活品質》，[7]現在嚴重到了《數字排毒：擊退科技上癮的最高指南》的地步。[8]

從「大眾」媒體到「自媒體」，以前只有組織化的人能夠對他人講話，現在，科技日新月異，手機在手，透過寬頻網際網路，個人就有機會對更多的人發言。這是民主化的進程與表徵。

但是，這裡有個弔詭。一是1980年代至今，貧富差距與不平等一直在擴大。二則氣候暖化地球增溫，剛好在過去四十年加速提高，受害更多的對象又是窮國及窮人，相形之下，富國與富人固然也得承擔暖化的後果，但承擔少得多，卻享受更多的經濟增長果實。英國樂施會去年入秋之後發布調查，它指出，全球最富裕的一成人口，從1990至2015年的排碳量占了全球的52%（最富裕的1%占15%，而收

7　Klapp, Orrin (1986) *Overload and Boredom: Essays on the Quality of Life in the Information Society.* Greenwood Press.

8　Zahariades, Damon (2018) *Digital Detox: The Ultimate Guide To Beating Technology Addiction, , Cultivating Mindfulness, and Enjoying More Creativity, Inspiration, , And Balance In Your Life.* Independently Published.

入居全球後端50%的人，總排碳量僅占7%）！

　　這個弔詭，馬克思曾經警示。剛好是一百五十年前，馬克思在1871年有封書信，對婦科醫生、同時是社會民主活動家的庫格曼（Louis Kugelmann）這樣表述：「直到現在，普遍存在的想法是，羅馬帝國期間的基督神話得以滋生蔓延，是因為印刷術還沒有誕生。真相剛好相反。有了日報與電報……一天所能虛構的神話……比先前一個世紀的數量，來得還要更多。」

　　弔詭是真的，但從比較積極的角度看待，將弔詭解釋為進步的動力，也可以言之成理。社會的變化本不均衡，媒體的民主化若是尚未促進社會其他面向的民主，顯然就是媒體不分新舊，無論大眾媒體或是自媒體，有了清晰的努力方向以及具體的課題，需要認真對待。比如農民問題，印度政府立法，不再確保農產品的收購價格，使得百萬農民行軍，進入並鏖集首都，定點包圍與抗議之外，另有全國兩億多人罷工一日以示團結。又如，經濟不平等問題，美國年輕人「占領華爾街運動」，從北美蔓延到了歐洲各大城市，亞洲眾多團體響應，同日遊行示威，數年後，美國年輕世代在民主黨內組成「民主社會主義」次政團。再如，種族不平等問題，數年前捲起的「黑人的命也是命」運動，從美國發難，前年勢增，向北燃燒至加拿大，往外傳散到了非洲、中東、中南美與歐亞澳紐，再次迫使人們不得不面對歷史殖民者的當代責任。這些大規模的抗爭得以形成政治壓力，自媒體與大眾媒體的相互滲透，無不扮演了相應的角色。

　　戴海波博士在本書的紀錄、鋪陳與論證，則是讓讀者更能理解，2018年7月爆發的疫苗事件，最後何以能夠催生《中華人民共和國疫苗管理法》在2019年7月創制與施行。這個案例的意義之一，就是「媒介化抗爭」產生了實質作用，從而是「中國的政治生態已經不是『鐵板一塊』」的具體展示。

　　除了熟讀文獻，海波（線上）訪談了四類行為者（兼有網民身分的社會大眾、主要是調查記者的職業新聞人、高校等專業機構的知識分子，以及既是人民公僕也可能是民眾抗爭對象的政府人員），分析他們如何環繞「問題疫苗」而博弈與互動。海波將這個「議程設置」

的過程命名為「媒介化抗爭」，意思是這類文明的抗爭手段，「不發生打、砸、搶、燒和衝擊國家機關等激烈的行為」，也「不會演化成『騷亂』和『洩憤』事件」。「媒介化抗爭」為政治挹注活水，帶動民主的生機；同時，在這過程，政府為了「維穩」，必然也要試圖「引導輿論」，即便本世紀的前十三年，《人民日報》平均每個月至少都有一篇「輿論監督」為主軸的稿件，至今（2021）年5月底的八年多，銳減至半年才現身一次。

疫苗事件的案例顯示，在當前的中國，個人感受到的處境（「個體議程」），是可以透過自媒體而聯合廣泛的人群，使成為「公眾議題」後連環互動，捲入大眾媒體而進入「媒體議程」，亦即自媒體與大眾媒體共鳴而影響輿論，敦促政府必須調整或制訂「公共政策」。

當然，經驗上的存在，不是理論的通則，海波因此說，這個案例「是否具有普遍意義？在何種類型的事件以及何種條件下會出現？」本書無法回答，期待海波來日結合志同道合的人，一起繼續探討。

（2021/6/3，Covid-19新冠疫情在台北市蔓延進入第三週登猴山。戴海波在2020年以《考察2018年「問題疫苗事件」的「媒介抗爭」》為題，獲頒政大博士學位，次年擬在大陸出版成書，本文是序文。該書因故未能問世，序文在此首刊。）

自由貿易與「兩岸華人之幸福」

歷經兩個多星期，因服貿而引發的議題讓人目不暇給。最高層次的是，召開憲政國是會議，同時，可以控告政府違憲，《憲法》第1條說「中華民國基於三民主義為民有民治民享之民主共和國」，而眾所周知，政府並未遵守三民主義的核心價值：「平均地權，漲價歸公」、「發達國家資本，節制私人資本」。

另有未雨綢繆，中興大學環工系教授莊秉潔「建議，為了兩岸華

人之幸福」，要將「開徵能源稅、健康捐及補足核災風險基金」列入日後協議項目。

　　傳媒方面，對岸央視第四頻道的《海峽兩岸》節目所邀請的來賓都是清一色，未能完整呈現本地觀點。顯然，如何共建雙方都能接受的電視頻道，以文化交流為重，並使頻道在兩岸重要位置都能被看到，應該也值得大力使之進入協商且要能有共識的一環。紀錄片導演張釗維說，不妨稱之為「文化想像：生態平衡、公平正義、思想與文化創造的百花齊放、以同理心對待異己以及對人類文明的未來擔負起道義責任與實質責任」的文化建構。

　　《憲法》與前述兩項具體項目，分居議題的高低端點。中間，另有其他議題有待釐清，包括服貿引發的「自由貿易」究竟是好是壞，應該值得探索。

　　首先，「自由貿易」是文字迷障。很多東西無法自由貿易，美國與歐盟各自每年補助農業超過千億美元，挪威、瑞士、日本與南韓等歐美之外的國家，農業補助占其農產總值的50-60%，試問，這是自由貿易嗎？

　　作此舉例說明後，我們是知道，各國含台灣的經貿自由度是在增加，但這是好事情嗎？總統馬英九堅持，「明知（自由貿易）對台灣有利卻裹足不前，我身為總統何以對台灣人民交代？」反對的人從政治、兩岸特殊關係、文化價值、社會氛圍……等不同角度質疑總統的善意。這裡則限縮在經濟，說明即便局限在經濟，所謂自由貿易有利於經濟成長的說法，也很有可能錯誤，並且，自由貿易必然會惡化所得分配，假使沒有其他政策給予糾正。

　　證據來自我們自己，以及我們擁有最多邦交國的拉丁美洲。

　　過去四十年來，國內市場的開放程度有增無已，但請參看〈表15〉。1994年至今，不但經濟成長每況愈下，從年均8.34%很快跌至4.65%，至過去十年再減到3.98%；所得分配也是惡化不已，最高與最低五分之一家戶勞動薪資所得的倍數，從四點二六一路擴大到了六點一〇倍。

表 15　台灣的經濟成長與分配，1974-2013

起迄年	經貿自由	經濟成長%	經濟分配[*]
1974-1983		7.74	4.26
1984-1993	愈來愈多	8.34	4.88
1994-2003		4.65	5.67
2004-2013		3.98	6.10[**]

* 指最高所得 1/5 戶年勞動薪資收入是最低 1/5 戶的倍數

** 不含 2013 年

　　墨西哥是拉美國家率先與美國（及加拿大）在 1994 年就簽訂了《北美自由貿易協定》的國家，結果呢？如〈表 16〉所示，1994 至 2013 年間，墨西哥年均所得成長率是 0.9%，二十個拉美國家（含墨國）是 1.6%，墨國的貧窮率在 2012 年仍有 52.3%，幾乎與 1994 年完全相同（52.4%），南美大陸的貧窮率則從 2002 年的 43.9% 降到了 2013 年的 27.9%。

表 16　墨西哥與拉美經濟成長與分配，1960-2013

起迄年	經濟成長%（年均）		年	經濟分配（貧窮人口%）	
	墨西哥	拉美 20 國（含墨）		墨西哥	拉美 19 國
1960-1980	3.5	3.3	1994	52.4	43.9
1980-2000	0.7	0.4	2012	52.3	27.9
2000-2013	0.6	2.0			
1994-2013	0.9	1.6			

　　若要兼顧自由貿易與所得分配，德國與丹麥可能是典範。某週刊整理相關資料及三位經濟學者今年 2 月發表的論文〈再分配、不平等與成長〉之後，指出德國與丹麥的經貿（市場）自由度所造成的薪資所得差距（基尼係數 0.54-0.55 左右）遠高於美英（約 0.47-0.52）。但

是，在透過財政等手段移轉支付與福利後，德國的基尼係數降至 0.3，而丹麥大約是 0.27，美英則仍在 0.37 徘徊。

台灣有必要、認知與能力這樣做嗎？歸根究柢，這是資本的經濟 自由與公平正義之間的詰問。我們暫時無法比照英美或丹麥德國的稅 收（占國民所得 30-50%），但只要比照常被片面拿來對比台灣的南韓 稅收（約 20%），台灣一年就能增加大概 7 千億台幣的收入，若能良 好運用，多少能讓國人因制度提供了保障，減少一些因（與對岸）自 由貿易而捲動的憂心吧。

（《人間福報》2014/4/4 第 5 版。原標題〈檢討與推進「反服貿」〉。）

川普與自由貿易的新聞

川普（Donald Trump）進入台灣報紙的版面，其實已經有了三十 年。1988 年底起，他「初試啼聲」以〈美國十大最煩人名流〉的第 二名登場。在此之前，「川普」不是他，是「川普士合唱團」，另四 篇是「河川普遍」汙染等等。

1988 年之後，台灣的新聞每有「川普」二字，大多跟著出現 「房地產」。2014 年，竟然至少有三回，房地產整版廣告都以川普為 名。2015 年 6 月，川普在紐約宣布爭取共和黨總統提名，「房地產」 三字仍然如影隨形，緊跟川普。

不過，隔年 11 月當選總統之後，他與房地產的連結逐漸消褪， 其他的「名聲」取而代之，很快就遠遠超過「川普」的房地產「光 環」。這些「名聲」當中，台北報紙舉為「川普當總統　改變世界五 件事」的第一件，就是「自由貿易」。

果然，上任第三天，川普很快就簽署了行政命令，不再參與《跨 太平洋夥伴協定》（Trans-Pacific Partnership, TPP）。

若說美國本來也因為國會爭議多，並未批准 TPP，川普的這個動

作因此僅是一種象徵；那麼，川普在今（2018）年2月底3月初、也就是就任一年多之後，針對美國的各大貿易對象，特別是中國大陸所發動的單方面行動，就是對存在已有數十年的「現狀」，要做幅度明顯的變動。

川普的新「名聲」：美國中心的自由貿易

因此，3月2日，《聯合報》在一版與十三版說，〈美參院　通過台灣旅行法　待川普簽署　美台高層可互訪〉、〈最強悍貿易保護　鋼、鋁進口　川普擬課重稅〉「……可能引發世界最大鋼與鋁生產國中國大陸的報復……」。《中國時報》、《自由時報》與《蘋果日報》也都在二版顯著報導，重點各有不同，依序是〈《台旅法》過關　時機不單純！新聞透視－美中貿易較量　台恐成棋子〉、〈美貿易報告嗆：阻中扭曲市場〉，以及〈（中國經濟崛起　政治反走極專制）美破迷思　軍事對抗　貿易戰將臨〉。

四報對涉及中國大陸的新聞，報導與評論立場的差異，眾所周知。這個差異同樣在這次貿易戰初起階段的第一日即已出現，但不算明顯。

不過，等到「中興」與「華為」事件發生之後，四家綜合報紙關於中美貿易衝突對台灣的影響，其報導差異的程度，有時竟已是南轅北轍。

《自由時報》：對岸之失，與我無關

比如，4月27日的《中時》說〈美制裁風暴擴大　華為供應商5台廠恐受影響〉；《蘋果》無言；《聯合》的標題是〈遭FBI調查　華為裁員　估年底撤出美〉，內文則說「台積電、大立光、玉晶光、日月光、京元電等華為供應鏈都全面警戒」。《自由時報》的標題是〈華為也被查　美續盯違禁中企〉，內文未提台灣廠商是否將受波及，但該日電子版在七時二十八分透過「即時新聞」表示〈華為遭美

刑事調查　富士康等5大台企恐受波及〉；亦即，《自由》是有貼近《中時》與《聯合》內容的時候，但僅限在電子版現身，並且，在該電子版發出後不到兩小時，又有第二則即時新聞否定前一則：〈美對華為出手　台廠供應鏈不怕　概念股衝高〉。

最近也有一個例子。這裡是說，繼7月6日起，美國對進口自中國340億商品加徵25%關稅，川普在7月11日另有宣布，表示美國即將在8月底召開公聽會，決定是否要對中國出口至美國的2,000億商品再多收10%關稅。

次（7月12）日，《自由》以對岸之失、也就只是對岸之失，與我無關的姿態從事報導。它說，〈一半出口中槍　中國GDP減0.25百分點〉、〈中國製造業、稀土　新清單重災區〉。與此對照，《紐約時報》中文版在7月13日的標題說〈中國貿易戰中強大武器〉，內文則是「智慧手機……電視機和吹風機，以及電動及混合動力汽車」的「關鍵組成部分」，「如果中國關閉自己的（按：稀土）提煉作業……短缺可能會使世界各地的工廠完全停產。」

兩相對照，《自由》的報導完全沒有《紐時》指認的事實，以及隨之而來的警訊。《自由》逕自續貶低中方，指對岸〈無法等規模報復　中國只能出「暗招」〉，即便美國也會損失：〈關稅墊高美企成本　恐侵蝕減稅效益〉。至於台灣，根據《自由時報》，〈美加碼制裁　經部：對台影響有限〉。

真是這樣嗎？

《中國時報》：為對岸代言

《蘋果日報》不同意，它這樣說：〈若有下一波制裁　我將蒙「實質損失」〉。《中國時報》以更多的篇幅投入報導，通篇所執，應該比較接近中華人民共和國的立場，因此在第三版頭條有此措辭：說〈美貿易霸凌　陸震驚立即反擊〉；並且，由於〈（川普是實力主義示弱會被吃定）英專家：陸以牙還牙明智之舉〉，〈陸向南美買大豆取消美60萬噸訂單〉。《中時》似乎在告訴讀者，對岸不但應對裕

如，甚至還能轉危機為轉機，因為〈（限制進口可提高產能利用率
營造國產化契機）陸反制4類商品　代價可承受〉。既然中方無損，
美國何以發動貿易戰？先發制人，美國11月的期中選舉之考量也：
〈美棒打崛起強龍　遠超過貿易戰（華府愈狠愈有選票　圖不戰屈敵
兵）〉。在第二版，《中時》彷彿事先已經知道《自由》的前引標題
（美加稅對台影響有限），遂在二版再用頭條予以回應：〈（學者看陸
美衝突升溫　兩隻大象打架）貿易戰上主菜　台灣難逃戰火〉，不但
我國無法脫身，川普發動的貿易戰還會致使舉世受傷：〈亞洲股匯雙
殺　歐美股接棒跌〉；然後是回馬槍，《中時》更為直接地反駁台商
不受害的《自由》觀點：〈（紡織、電子傷害大……）安啦　杜紫宸
批經部睜眼說瞎話〉。

　　相比於《自由》及《中時》，《聯合報》在7月1日所製作的標題
與內文，引述了經濟部次長王美花的說明，是以呈現了比較完整的資
訊。《聯合》就此製作了二版頭條，標題是〈加稅清單沒筆電、手機
（應是為了美商蘋果）「對台灣是好消息」〉。這就是說，美國為了自
己的利益，川普這次公布的2,000億加稅清單沒有包括蘋果的系列產
品；畢竟，2012年發布的一項資料顯示，以蘋果2010年的iPad價值
鏈為例，設定其價值100元，歸為美國的利潤就有32元，台灣與南韓
各得2與7元，但由中國取得者僅有勞動成本，與台灣相同，也是區
區2元。《聯合》所凸顯的「蘋果事實」未見於《自由》，在《中時》
也沒有出現在標題，儘管在抨擊經濟部「說瞎話」的該則新聞之內
文，是引述了杜紫宸，「指出美國未列入手機筆電，主要是因為課徵
進口關稅是按產品類別，不是品牌，蘋果等美國品牌手機都在大陸生
產，再回銷至美國，一旦列入反不利美國。」

《聯合》與《蘋果》：對岸有失，我也不妙

　　到了7月13日，也就是截至目前為止中美貿易戰的最重要項目中
興案，美方有了定案後，四報的報導中，仍然是《自由》「獨樹一
幟」。首先，《聯合》似乎以審慎的態度打了個問號：〈美與中興通訊

簽協議　解禁有譜？〉。不過，這不是質疑，而是指若是生變，也許不是完全不可能，因此緊接導言（「美國商務部與中國通訊設備大廠中興通訊……十一日簽署協議，為解除中興禁令清除障礙。」）之後，該則《聯合》新聞補上一句：「參議院少數黨領袖舒默（Chuck Schumer）稱中興協議『非常糟糕』，並表示這個作法有損美方的國家與經濟安全；他並說，希望共和黨籍參眾議員能維持參議院版『國防授權法案』（NDAA）對中興的強硬言詞。」

　　《自由》則有「見獵心喜」的樣子，因此該報直接提升舒默的意見，使其入標：〈中興解禁　美議員：應擴大制裁〉，並在當日提供一個中美貿易衝突，反而可能對台灣有利的說法，〈星展：有助台灣降低紅色供應鏈競爭壓力〉。《中時》則斬釘截鐵，並無《聯合》的提問，去除疑問號之外，它加碼凸顯中興否極泰來、形勢大好，因為〈（支付120億保證金　取消制裁）中興通訊起死回生　陸股強彈〉。再則，《中時》雖然報導了美方仍有〈瞄準大陸鋼架　美國加碼祭出「雙反」〉的鷹派作為，卻也同時強調，美國亦有反對川普的聲音：〈川普濫權　美參院要求監督關稅案〉，並且中方呼應美國反川普派：〈陸籲WTO成員聯手　反擊美貿易霸凌〉。最後，如同中方仍然希望與美國解決歧異，因此《中時》的報導主軸也是中方這個立場的反應，當日它的二版頭題於是就說，〈貿易戰火力猛　陸美合作照走！王岐山會見芝加哥市長　簽署5年產業計畫〉；其後它還提醒讀者，《人民日報》從7月2日起連續發文三篇，凸顯了對岸的官方的主軸，也在《中時》原味呈現：〈（打亂談判斡旋空間）官媒降溫批媒介義和團式反美〉。四報當中，至7月13日已經不再報導中美貿易衝突的報紙是《蘋果日報》，它僅在前一（12）日的即時新聞（17:08），表示「中興已和美國商務部簽約，4億美元的託管金入帳後，即可望解除美國零組件禁售令」，因此〈快到隧道出口了　中興股價猛飆近3成〉。這個僅在虛擬空間，不存在於物質版本的新聞，接近於《中時》或《聯合》的說法。

小結：中國大陸能夠「轉大人」嗎？

　　前年底英國電視台播放資深記者皮爾格（John Pilger）的第六十部紀錄片，《即將對中國發動戰爭》（*The Coming War on China*），引發物議。確實，見此片名觀其內容，要不戒慎驚懼，並無可能。澳洲前總理陸克文（Kevin Rudd）的說法則世人皆知，沒有那麼讓人駭異，他指中美的貿易戰其實是雙方就「科技」「不宣而戰」。

　　面對這場川普以關稅作為武器，主流陣營另有刊物並不贊成，包括《經濟學人》、《金融時報》與《紐約時報》。他們認為美國現在採取的關稅壁壘，不是正途，聯邦政府當有的作為，在於大舉增加教育及研究發展經費，蘇聯在1957年10月領先世界發射人造衛星Sputnik之後，美國正是藉此再度超前：〈對抗中國高科技能力崛起，美國也需要"衛星時刻"〉，就是這個意思。

　　對岸是否成功，對於中國大陸自身、對於世界都是茲事體大，對於兩岸關係的演變方向，更是影響深遠。

　　若是縮小範圍，僅就經濟論事，大陸與美國的經貿衝突對於我們的衝擊，甚至大過對岸。這是因為美國從7月6日起加徵的340億美元貨品僅占對岸GDP的0.1%，8月公聽後假使如川普所宣布再加增2,000億，也只是讓這個比例提高至0.7%。對岸經濟假使出問題，癥結較少是對外貿易（「認為中方依賴貿易的看法也早就不符合實情：淨輸出僅占其國民收入的2%」），而是「蕭牆之內」。然而，根據OECD的2017年統計，對岸若是全面與美國展開關稅戰爭，將造成我們的GDP變動達2.2%左右（新加坡、馬來西亞、南韓與香港依序是1.5%、1.2%、1.0%與0.8%）。這就是說，如果中美爆發貿易戰全面持續，其他因素不論，台灣很有可能受害最深。

　　雖說OECD的推斷是依據「總體」統計而來，未見細部分析，因此「個體」實況將會如何變化，無法一次論斷，如同先前已經引述，美國為了自家「蘋果」品牌的利益，至今「不敢」對手機等產品「下手」。但總體趨勢不會沒有參考價值，相當敵視對岸的《自由時報》，7月15日在一篇主要是數落中共的評論中，記者也肯認「台灣

夾在兩大經濟體之間，而且在全球價值鏈參與程度高達67.6%，勢必遭受池魚之殃……。」

　　假使《自由時報》都能看到這個事實，那麼堅持「台灣安全必然要建立在中國萎弱基礎上」的人，應該是違心之論，勢將自誤誤人。

（媒改社《媒體有事嗎》週評 2018/7/20）

英國與歐陸　台灣與大陸

　　我一點都不主張公民投票，除非、除非，除非議題真的很重要。但什麼樣的議題很重要？這挺麻煩。別人的麻煩，金匠的簡單。

　　財產以數十億英鎊計的金匠（James Goldsmith），繼三、四年前的美國富豪佩羅（Henry Ross Perot）與南韓財閥鄭周永之後，最近在英國也搞起一人黨的遊戲：他成立了「公民投票黨」，訴求單一議題，想要迫使保守黨明確表態，不加入歐洲貨幣同盟，也就是英鎊歸英鎊，歐幣歸歐幣，最後則最好歐洲其他聯盟也少談。一句話，金匠要保守黨公開且堅定地說，「英鎊要獨立，不要與歐盟統一。」

　　約翰牛如此搞怪，有人認為是情感作祟，有人說是經濟因素使然，更有BBC的節目諷刺是太過親美，節目旁白與對話是：「美國不准英國飛機航行英國領空（對，真的是這樣說），結果英軍欣然同意，歐盟大聲抗議。記者於是問英空軍司令，連這種話都聽，那什麼時候英國會向美國說不，司令說，『美國叫英國說不的時候』。」阿門。

　　這雖是挖苦自家人，但英國長期在美歐兩間猶豫不決的情況，正是金匠有此大動作的背景因素。他以2,000萬英鎊（約8、9億台幣），支持五百位候選人推出相同且單一主題來參加即將來臨的國會大選，這個主張是，英國是否加入歐盟貨幣同盟，應該交由公民投票決定。但金匠出此大筆銀兩，怎麼會只是要換得公民投票？做生意靈光，玩政治就不會太含糊。金匠早就有清楚盤算。

　　原來，英國採單一選區，每區只選出議員一人，全國約六五〇區，每區輸贏往往在幾千票，甚至幾百票。由於「公民投票黨」瓜分的票源，只可能來自保守黨（BBC引述評論員的話，說只有傾向保守黨的人才花得起錢如此玩耍），但對保守黨主要敵手工黨則分毫無傷，因此金匠以錢逼宮，估計保守黨在此刺激下，為了不兩敗俱傷，便有可能應允不入貨幣同盟，屆時他再鳴金不遲。金匠又想，即使錯估保守黨的決心，他大不了就是九牛去一毛，小事。金匠的小事，英國的統獨大事。英國的統獨議題，其實也很複雜。內有北愛爾蘭、蘇格蘭與威爾斯成天叫嚷著要獨立，好像英格蘭人虧欠他們一樣（嗯，英格蘭人是虧欠他們），外則有獨立派英國佬，堅持貨幣同盟就是主權淪喪，堅持不肯加入，統一派則說大勢所趨，如今不趁著時機尚好，能夠爭取對英國較有利的入盟條件，難道要等著德國與法國將框框架架都設好，這才往裡跳？

　　其實，統獨問題從來就不全部能夠理智處理（話說回來，人生全是理智，那也太過枯燥），各家各派的政經利益糾葛之外，主觀的認同情緒也得好生對待，否則雙方臉紅耳赤，問題還是原地不動。英國主張進入歐幣同盟者，跨越三大黨，反對者也是這樣，可以證明統獨涉及的民族主義難題，並非特定黨派可以解決。金匠堅持他作為正當英國人的意見，應受尊重，不許政治人物在曖昧之間甩掉應有的責任，雖然這種財大才能氣壯的事實，讓人再次咒罵政治果然專對有錢人有利，但金匠此舉，倒也真使人見識到民族主義的魔力，不是政經利益能夠完全解釋。

　　英國有她的民族主義情緒，台灣當然不會沒有。已經持續相當時候的釣魚台事件，也是一個例子。台港對日本沒有什麼實力，中國有。但台港都有人驅船上了釣魚台，中國呢？這個時候，中國又很講經濟利益，很「理智」了，卻偏偏在對港台時，霸氣與民族主義的訴求多過理智。10月7日英國華人旅英同學會到倫敦向日本抗議，其實對象還應該加上北京政府，甚至轉移對象也都說得通。

（《聯合報》1996/11/5第37版／聯合副刊。原標題〈金匠的公民投票黨〉。）

英國媒體對香港「大限」的報導很有限

　　每一年，英國有四十萬人次到香港，這顆東方明珠是約翰牛造訪最頻繁的亞洲城市。香港總督的收入，比英國首相多了許多，香港大學教師的薪資，也是英國同業的兩到三倍，換句話說，香港中上階層的人，把香港人創造或分配到的經濟剩餘，囊括在自己口袋的能力，遠比英國同級的人強了許多。

　　因此，在人際往來與政經關係都很密切的情況下，更不用說英國殖民香港已有一百五十多年，英國媒體對於香港，按照道理應該非常注意。

　　不過，實際情況似乎並不見得。電視上是有一些紀錄片，但大多是透過小人物的生活歷史來對香港人在「大限」（我們的用語，好像是人生的大限，辭世了）一天天走近的時候，心情的反覆及行動（移民等）。收音機也偶爾能夠聽到一些專題報導，如住港的印度、巴基斯坦後裔有七千人，是否有權在英國居留。但印象中，這些都是有如滄海一粟，小水滴無法在腦海中留下太深刻記憶，至少比不上歐洲大陸或非洲所發生的事件，一波接著一波，川流不息地衝進眼簾，擋都擋不住。

　　但畢竟接觸廣電媒體的經驗太不可靠，以上所說，也許並不是英國媒體對香港態度的正確描述。電視與收音機都是時間媒體，除非使用錄製設備，否則很難客觀比較。果真如此，那我們倒是可以找家印刷媒體，仔細核對，看看它所提供的材料，究竟會允許我們推知什麼結論。《衛報》是英國的綜合報紙，我們用它作為指標，藉以了解英國輿論界對香港主權即將歸還中國這件大事的態度，應該算是合理的。

　　扣除短訊與社論，去年一整年，《衛報》總共刊出關於香港問題的則數只有十篇。與此對比，台灣反而有二十四篇，雖然其中有二十篇是中國試射飛彈及台灣總統大選而引起的特定新聞及分析（絕大部分在3月時出現）。再看古巴，這個與英國沒有重大經貿往來，也沒有太多地緣政治關係的國家，竟然在《衛報》出現了三十多次。

　　到了今年，香港新聞似乎一時熱絡了起來。單是5月9日的前一

個月，報導中國人民解放軍首度進駐香港，以及香港民主黨黨魁李柱銘訪美，而即將擔任首屆行政首長的董建華取消華府訪問，以及他曾經對英國保守黨有五萬英鎊的政治捐獻等等新聞，總共就在《衛報》刊登了十四篇。然而，必須進一步查看的是，數量的增加，未必等同於新聞價值的提高，也不一定是香港的政治重要性對英國愈來愈突出。

就新聞價值來說，去年《衛報》關於香港的報導，總共出現大約九位記者，今年只剩下三位記者在採訪及寫稿，其中一位包辦了十一篇稿件。報社布建在這條路線的人數減少，多少算是反映了媒體的判斷，也許顯示了《衛報》認為相關新聞並不見得那麼重要。就政治的顯著性而言，除了有一則純新聞放在第三版以外，有關香港的消息或評論全部在國際新聞版面（十版以後）。但4月中旬，英國南大西洋屬地聖海倫島（Saint Helena），也就是將近兩百年前拿破崙遭放逐並亡命的島嶼，它的人口不到香港千分之一，如今只因火山爆發與島上警車遭住民焚燒，就在頭版及二版圖文並茂地顯著報導。

所以，總的說來，英國報紙投注於香港九七事務的報導、分析或評論，似乎不能說很多，這是第一個結論。其次，雖然隨著7月1日的到來，見報的相關新聞是有明顯地增加，但對照報社的記者部署與對其他新聞的報導，卻又顯示，這好像不能說，香港新聞對英國國內政治的重要性有所遞升。接下來的問題自然就是：為什麼英國媒體好像不怎麼看重香港主權的轉移？香港還是英國最重要、最有「賺頭」的殖民地哩，雖然最能顯示英國是老帝國主義國家的殖民地，是南美阿根廷外海的福克蘭群島。

稍微回顧一下去年及上個月的報導，將其內容略作分類，也許可以找到部分答案。

英國媒體在報導香港時，大致是以香港的繁榮故事作為敘述背景，也就是肯定香港殖民資本體制（至少相對）的成功。中國新華社前香港分社社長，目前流亡美國的許家屯的一段話，經常被舉為相當有力的證據。許家屯說，「中國總是以舊標準來評斷資本主義，不知道它已變了。如果不是在香港工作多年，我很可能也會這麼想。」以此作為出發點，隱然認為中國還可以算是市場社會主義體制的英國

人，就把7月的到來，視為香港的終結，如羅伯提（Mark Roberti）就乾脆把他的書名稱作是《香港的殞落》。另一些人則認為，中國是什麼體制不是關鍵，因為「和平」演變已經在進行，他們提醒世人，香港一直是共產黨人與世界來往的窗口，未來香港的繁榮仍然可期，因為，共產黨改革派仍然需要香港作為窗口，張望海外，雅胡達（Michael Yahuda）的小書《香港：中國面臨的挑戰》，清楚地代表了這個觀點。

4月27日，英國前首相柴契爾夫人與現任港督彭定康為竣工的巨大吊橋剪綵，《衛報》在次日用將近半版照片，更是讓巨橋的美麗與壯觀，在夜景呈現下更顯耀眼。這則報導引用柴契爾夫人的話作結：「只有昂揚上升的城市才有氣魄如此大規模造橋」。這座巨橋是香港新建機場的部分工程，全球第二大吊橋，耗資折合台幣近300億，使用三億公斤鋼筋與水泥，橋柱高兩百餘公尺，支撐橋體的線纜總長足可環繞地球四周。向來批評保守黨居多的《衛報》，如今加入保守黨柴契爾與港督的自得，他們的讚嘆之情難以遮掩；此情此景看在中國眼中，完全不是滋味，這就是為什麼董建華並未參加剪綵典禮的原因。

董建華在5月1日工黨選勝利以後，立刻呼籲新任的外交部長庫克，終止保守黨黨員彭定康在任內所造成的中英衝突。除了官話，照例重申英國決心支持港人的權利之外，庫克其實不再能多說任何話語。但《衛報》卻在標題上說，「庫克支持港督」，然後又在內文出醜董建華，說他當年向英國政黨獻金，如今不准外國人向香港政治團體獻金，根本就是雙重標準。彷彿如此還有不足，次日《衛報》刊登李柱銘的演講照片及文章，又用了將近半版。李柱銘認定，香港將是英國新工黨政府的「第一個試煉」，他要求英方應該主導香港議題，不能跟隨中方起舞，英國對香港的義務不能隨7月到來而消失。他說，英國必須傾聽香港民意，不能讓北京任命的臨時立法會，取代經由港人選舉產生的立法局，更不能為了與中國貿易就犧牲了香港的利益。

但李柱銘也知道，在很多方面，香港的經貿利益與中國重疊，也就是外國資本與中國的貿易，很可能不違反香港利益，並且，香港利益已在其中。李柱銘與美國總統柯林頓在4月中旬曾經會面，《衛報》

駐華盛頓記者予以報導，顯示李柱明的要求不免矛盾。因為，他一方面向美國訴求，強調民主與政治人權的重要，希望藉此爭取國際支持；另一方面，他又要防範，不讓美國以中國違反香港人權等理由作為藉口之一，以致取消中國與美方貿易的最惠國待遇。事理清楚，如果美國真要取消中國的最惠國待遇，那麼，從中國對外貿易取得很多出口機會的香港廠商（還有台灣廠商），當然也要跟著遭到打擊。顯然這裡是一個矛盾，李柱銘等政治運動人士知道，中國也不可能不了解，不但《衛報》這位記者有清楚的報導；《衛報》專欄評論員、同時是近幾十年來英國數一數二的調查報導的記者福特（Paul Foot），更是洞若觀火，非常清楚個中奧妙。

福特在另一家銷售量只有四萬份的《工人週報》發表了一篇文章。我們可以將該文的義理作以下的詮釋。福特等於是說，關於香港歸還中國，兩派立場的差別，主要在於經濟剩餘的分配權由誰擁有，而不是關於經濟價值的生產方式，是否應該繼續援用現行制度。

中國與董建華所代表的港人這一派，就如同以前的英國殖民地政府，從來也沒有讓香港人民行使選舉權，但香港經濟不是好端端的嗎？若是對照現在，新加坡人民不是也擁有經濟繁榮，卻沒有什麼政治上與新聞上的自由嗎？怎麼會如同英國官僚與李柱銘所代表的港人這一派所說，沒有政治（包括選舉）與新聞自由，就會不能保障港人的繁榮？如果英國尊重港人，怎麼會遲至去年，在喧囂了老半天以後，才給予六百萬港人中的兩百多萬人免簽證進入英國的便利（但最多只能停留半年），而南韓與馬來西亞在內的十二億人，早就能夠享有這個待遇了呢？現今的真正關鍵是，中方有權有勢，但英方祭出的民主人權等大旗，在中國以外的地方比較讓人聽得進去，所以也就形成了權勢的力量，對決自主、自治的力量。但這不會是零和的對決，而是兩相滲透，雙方完全都沒有否認香港的唯一活路，在於繼續保有它作為國際資本分工體系的一個城邦港都，兼有被壓榨與壓榨人的性質，才能維持經濟剩餘的創造。

平日注意台灣媒體對香港九七問題報導的人，可能已經發現，除了福特的觀點以外，英國《衛報》等關於香港問題的報導與意見，我

們也相當熟悉。這也似乎顯示，我們對於香港問題的立場，與英國（雖然沒有比較，但應該也是與美國等其他國家的媒體）相同，大多數在提到中國對香港的立場時，主要的重點不脫中國「重創香港自由」之類的修辭與論點。就這個議題來說，我們已經國際化、全球化、應運了世界潮流，至於這是否就是真實面貌的全部、部分或扭曲展現，或這是否是方向正確的潮流，有誰會真正在乎嗎？

(《聯合報》1997/6/11 第 41 版／聯合副刊)

香港的第二十三條「代誌」很大條

行憲紀念日，台灣新聞記者協會會長在總統府提出報告，指出當前的國家與媒介關係，至為緊張。這個說法很對，但任何人只要比較近兩年多來引發爭議的《新新聞》或《壹週刊》事件，應當就能立即察覺，《聯合報》與《台灣日報》等報紙的言論，簡直就是南轅北轍，兩者的政治立場都很鮮明，並且各有用心，想要以對立或支持當政者的色彩，作為鞏固及擴張報紙銷量的憑藉。

但是，無論是台灣政府或是這兩派台灣媒介，對於香港第二十三條的問題，反應都是很冷淡。同樣是言論自由、新聞自由及國家暴力的問題，同樣是因為中國因素而出現的問題，同樣也對台灣有所啟示的問題，看在台灣的政府及媒介眼中，卻是一樣看花兩樣情，內熱外冷，這不妨也說是一種勇於內鬥、憚於外情的一種表現，讓人很是扼腕。

根據香港《基本法》第二十三條，特區政府必須在「適當的時候」自行立法，禁止任何背叛、分裂、煽動、叛亂、顛覆國家的行為，也必須立法禁止外國政治組織在香港進行政治活動，也得禁止香港政治組織與外國政治組織聯繫。

今年入秋後，特首董建華認定適當的時候已經到了，於是提出了

措詞含糊的草案，並在上週，也就是耶誕節前夕完成對外的意見諮詢程序。在過去三個月的諮議期間，香港為此而沸沸揚揚，反對與擁護立法者不約而同紛紛出版摺頁闡述想法並展開論辯，不僅於此，雙方也競相走向街頭，表達各自的強烈意見。許多歐美國家的政府也沒有閒著，他們的行政、立法部門及報紙社論也多少都發表了談話，不畏「干涉」內政之譏，認為二十三條的立法很有可能造成新聞界及社會的寒蟬效應，是傳播權保障的一大倒退。

　　相對之下，我們實在是平靜、冷靜、冷感、冷漠得出奇。官方最高層次的反應，好像是來自陸委會的聯絡處長陳崇弘，但不僅只是轉述該會諮詢委員的看法，而且內容也停留在要「多多宣傳，讓台灣了解港人對一國兩制的憂心」。各家媒介的報導是零星的，大多集中在二十三條諮詢期滿前七天，而報導的態度則是有些事不關己的，最多是語帶同情的。至於評論，則最嚴厲的看法不來自任何一篇社論，而是言論版的外來稿件，指「中方對統一台灣已經樂觀到足以考慮逐漸讓這個櫥窗熄燈也無妨的地步了」。

　　這究竟是什麼道理？是「人窮志短」，兩年多的經濟衰退使台灣政府失去了不卑不亢的發言勇氣？或甚至是政府竟然暗中也在想像有朝一日亦得如此立法？是主張統一的媒介竟然首肯這種倒退的立法？是主張獨立的媒介心地褊狹，不敢也不願意支持港人亦當享有的這個具有普世價值的傳播人權？是台人籠罩在統獨焦慮長久之後，致使政府及媒介已陷入了進退失據的困境？

　　二十三條並非事不關己，台灣尤其沒有隔岸觀火的本錢。如果不亡羊補牢，日後回想而有兔死狐悲的感覺，可就太過諷刺。政府及媒介現在就得立刻培養關心與移情的能力，深思「一個人的不自由，就是所有人的不自由」之道理。港人設立而專供海外連署的全球反對二十三條網站，七成以上的連署者是台灣住民，人民有此意願與能力，政府與媒介難道會沒有嗎？（2024/7/10按：二十三條已在2024年3月19日完成立法，23日起生效。）

（《今周刊》2003/1/2，頁113。）

報導反送中　兩岸要政治協商

民主如登山

近兩百萬，超過四分之一香港人，在6月參加「反送中」遊行。朋友在街頭，頸項批著「猴山千回」紀念巾，寄來電郵：「民主如登山，克服一時困難，才能見到特別風景！」

從2003年有五十萬人上街，反對港府依據《基本法》第二十三條，擬創制有侵犯人權疑慮的新法以來，香港人持續勇於奔波，以身示範的行動傳播，日益讓人刮目相看：遊行與抗議、有效表示意見，近日的具體展現是，2019年11月24日，港人的區議會選舉，投票率從2015年的47%躍增至71%。支持反送中的（民主派）議員，以57.44%得票率，席次從一百二十六陡升到了三百八十九，占四百五十二位直選區議員（另有二十七席當然委員，由港府行政官員擔任）的86%。

1967年的香港動盪以來，這次持續超過半年的社會震撼最稱激烈，特別是元朗大批白衣人見（人就以為是反送中之）人而揮棒予以痛擊、橫遭破壞後的狼藉場景，以及警民暴力相向的影像，既經反覆播放，目睹者無人不心驚膽跳。

不過，若是對照海外的警民衝突，《經濟學人》週刊認為，香港「涉及的暴力……在國際間尚不起眼」。[9] 刊物的結論，可能來自於比較特定的對象，但不是對照伊拉克或伊朗，在這類地方，警民對抗的喪生人數以百計。

先看仍在演進的香港風波本身。警方擊發催淚瓦斯彈最多的幾日，含11月12日與18日，分別在中文大學與理工大學打出兩千三百與一千五百多枚；「反送中」遊行過半年後，也就是截至12月上旬，有十四人隕命（但有七人自殺與六人死因不明）、受傷人數逾兩千六

9　*Economist* (2019/11/16) 'Tear-gas: a crying shame', p.5.

百（其中四百七十人是警務人員）。次看法國，2018 年底，法國黃背心群眾開始抗議（目前仍在進行），一天擊發的催淚瓦斯彈數量，曾有六千枚的紀錄、對抗一個多月已間接（含意外）致死十人與近三千人受傷（警方約占三分之一）。再來是南美洲。2019 年 10 月中旬，歐美建制派推崇為拉美經濟改革與民主模範的智利，由地鐵票價調漲引發示威至今未歇，單是在事發的前十多天，十九人捐軀，並有兩千五百人受傷。玻利維亞政變五日之後的 11 月 15 日，亦即香港警方進入或包圍大學校園清場或搜索之際，玻國警方在與示威民眾對峙兩小時內，射殺九人，並有一百二十多人受傷，同日，該國臨時總統艾尼茲（J. Anez）宣布，豁免軍警使用武力的刑責；先前，美國總統川普說，該政變是「民主的勝利」，現在，對平民死傷視若無睹。

何以從法國至香港，從智利到玻利維亞，都在舉事？都在爆發規模不一的激烈衝突？個中，執政黨掌權十四年，經濟成長可觀、不平等明顯縮小，且原住民與女性權利提升的玻利維亞，是因政變、是中上階層、男性與白人對下層、女性與原住民造反，這是罕見的「自成一格」。除此之外，法國、智利與香港的民變，原因都有貧富差距的成分。

反送中的政經因素

但香港又與法國及智利另有兩項差異。一是香港人還不能直接選出行政首長，也僅能依地區選半數立法會委員，另有半數依照行業（功能）選出，而一般認為後面這個方式不公正，很可能選出親北京的委員。因此，「反送中」五項訴求當中，最重要就是立法與行政都要「雙普選」。二是香港貧富差距太大，2016 年，在政府介入國民財富的重新分配後，香港的基尼係數僅從 0.54 降至 0.47，智利（2017年）是 0.47 與 0.46，法國（2015 年）則從 0.52 減到 0.3。

在天生不穩定也無法公正的市場經濟中，若要減少不平等或貧富差距，政府無法迴避責任，必須要透過制度，敦促與責成有錢的人出錢，盡量讓更多的人能在立足點平等之基礎上，進入社會競爭。前舉

香港等地的基尼係數，含意是香港政府用來提供教育、醫療、身障照護、育兒、養老、住房、職業訓練、失業等等協助，以便讓港人較能各安其位的成效，比南美最不平等的智利，都來得差些，若比法國，更是瞠乎其後。這是因為，即便是保守地估計，2016年的港府花用在這些項目的預算，至少比法蘭西少了624億美元，亦即港府形同為有錢的人減稅，折合大約兩兆台幣。這筆錢多嗎？換算成台灣的感覺，這是鉅款。有人稱之為「錢坑」的「前瞻基礎建設計畫」，批評是否公允不論，但該計畫一年也僅一千億台幣！

　　法國沒有那麼不平等，仍有動亂，主要是該國削減福利支出，並在為富人減稅的同時，另加燃料稅於中下階層，致使法蘭西人的相對剝奪感，不能壓抑而爆發。香港顯然是用於維繫社會安全與公平的支出，額度太低，致使絕對的不正義感受太過濃厚；何況，在1997年主權回歸大陸後，香港的基尼係數不減反增（又上升了0.02）。羅永生教授說，反送中是「普選政治權利的爭取……本土身分認同的捍衛，都是貧富懸殊、地產霸權等問題的集中表現方式」。言簡意賅，政治不平等乘以經濟巨大落差是乾柴，「送中」是烈火，一觸即燃。

兩岸輿情與反送中

　　但是，對於香港人的實際情況，我們的政治系統與傳媒系統，僅是局部反應。比如，「反送中」第一次大遊行之後的六個月內，報端同時出現「蔡英文、香港、自由、民主」等詞語，共有九十七次（若以韓國瑜替代蔡英文，是四十八次，在反送中前一年的相同半年期間，兩人的次數都是零），但同時出現「蔡英文、香港、社會福利（或貧富、不平等、地產、住房、租金、房租）」的次數最多是一次而大多數是零次，平均不到零點三次，換成韓國瑜，平均數高些，但也僅略多於零點七。

　　對岸與台灣不同，一是《環球時報》、新華社，以及《人民日報》在9月6日同時刊登評論，同步表示「香港各界應全力改善經濟

和民生，澈底解決住房、貧富差距等問題」。[10]雖然這些呼籲不一定是曇花一現，但也不會是大陸傳媒的報導或評論重點，畢竟，對岸一線城市或全國範圍的經濟不平等程度，比諸香港會低多少？大陸傳媒說多了，也許多少就會心虛；如同台灣的民主自由誠然必須珍惜與捍衛，但若就此自我感覺良好，或僅用來向對岸政府與社會自誇，難免要有羞愧顏色。解嚴以後的台灣更自由與更民主，但我們的經濟成長慢了，貧富差距大了，難道這是自由民主導致？不是，那麼，應該是我們的自由民主出了問題。

　　大陸談香港事件的主流說法，脫胎於一個堅持，認定只有官方能解釋什麼是「自由、民主與愛國」。這三個概念雖然都在對岸十二項「社會主義核心價值」之列，但香港《基本法》所容許的雙普選，正是港人二十餘年追求其落實的民主要求，硬被講成是外力的蠱惑所導致，對岸輿論也更凸顯參與示威的港人當中，不乏「暴徒」的身分。《人民日報》在2019年11月底之前的半年，有兩百七十四則文稿講述或提及香港，其中，又有五十三則出現「暴徒」一詞，等於是讀者每看五則多港聞，就會瞧見「暴徒」一次。與此對照，《自由時報》是零次，《蘋果日報》、《中國時報》與《聯合報》，其讀者分別大約讀十八、三十八與四十四次，眼簾才會看到一次「暴徒」。雖然沒有刊印於紙版，但對岸當局的言論口徑，在「人民日報網站」的一篇較長文章，或許展現了一槌定音的效果，類似的聲響若是隨著社交媒介傳遍大陸，亦可想像：「香港……的英國籍教授……為暴徒募集大量資金……讚揚暴徒……煽動激進示威……美國國家民主基金會（NED）……CIA……構成香港暴亂的外部策動力量。」對於官方這些說法，也許不少大陸人心悅誠服，認定西方而特別是美國的介入，是香港反送中聲勢浩大的重要原因。對他們來說，這個外力陰謀論不是意識形態的灌輸，是官方取得意識的領導權，民眾因此積極同意。是以，〈台灣校園「連儂牆」中港學生的新戰場〉之類的事件，頻繁發生；大陸央視記者成為網紅愛國者，因為她在英國保守黨年會香港問題論

壇上，聽聞其華裔黨員發言，除「義憤」指控其為「反華、漢奸」，並予掌摑（2019年11月底，英國伯明罕地方法院判該記者有罪，有條件假釋與賠償受害人的金額合計2,115英鎊）。當然，大陸學生與記者的前述反應，是否也有演示成分，從而是透過行動，反諷官方說法？值得推敲，但應該不是。

　　然而，教授的能耐會有官方宣傳的那麼強大嗎？全天下的教授都會套用孔老夫子的話：「蓋有之矣，我未之見也。」至於NED，2016至2019年，雖然對智利與法國一毛錢也沒編列，但對中國大陸，確實提供2,241.1萬美元投入一百七十八項，要在對岸推動「民主化」的工作，其中涉及香港是十三項與175.6萬，但僅在2016至2018這三年，2019年反而掛零。與香港相比，美國近年來，更是執意「民主化」古巴與委內瑞拉，NED至2019年的四年，分別投入1,564.5萬（一百四十三項目）與690萬美元（一百二十六項目）。當然，這些僅是公開可供查詢的資料，美國如同他國，必然另有較難清查及隱密的其他經費，不經探勘，各國政府都不會主動公告。比如，2019年11月10日「建議」玻利維亞總統莫拉萊斯（Evo Morales）「辭職」的將軍，從美國得到100萬美元，另有兩位警察首長各得50萬美元；若非傳媒披露，外界無從在美國政府帳目中看出端倪。那麼，西方（美國）對香港真有其他祕密行動的效果積累，足以製造或利用反送中並藉此讓中港當局難堪嗎？對岸有強大且嚴密的黨政與偵防組織，若對這些滲透渾然不察或束手無策，那就稀奇。

　　同等重要的是，美國外交或援助政策也許仍有出於國際主義及利他的案例，但更多時候，是意識形態與霸道心態的作祟，以及自利的考量。依據這些因素，美國對於「同路人」智利政府嚴重違反人權的行為，裝聾作啞；對於「不聽話」的玻利維亞、古巴與委內瑞拉，卻讚揚玻國的政變是民主的勝利、恣意霸凌與經濟封鎖古巴六十年，以及扶植委內瑞拉反對勢力二十年毫不遲疑。然而，要讓美國為香港而損及對中的更大經貿利益，不是「務實」的川普所願為。參眾兩院幾乎無人反對下，通過《香港人權與民主法案》與《保護香港法案》。中方對此自然不會靜默，已經宣布報復措施，但外界如《紐約時報》

知道，這些僅是有個動作、「擺個象徵性姿態」，而美國行政部門執行該法案時自有分寸。甚至，反中很有名的《自由時報》，其外電編譯甚至說「川普可能運用自由裁量權」，不讓香港法案破壞中美的貿易談判。退一步說，起自2018年3月的中美貿易衝突與談判，若是未能達成協議，因素實在很多，香港人權等法案，僅是當中較小的一個。12月1日，香港再有三場遊行，「感謝美國保護香港」可能因名稱不對勁，僅「約千人」（另有人說是三千與六千）現身。「毋忘初心」似乎一語雙關，既是遙諷大陸當局的口號，也是再次重申反送中的五大訴求，召喚了三十八萬港人響應（警方說僅一點六萬人）。對於香港反送中，《聯合報》前主筆黃年指出，這是「北京長期政策錯誤」所致，海基會首任祕書長陳長文則建言北京「開始規畫香港的普選」。

　　北京是否終將、以及何時接受雙普選，事關香港是否真正落實「一國兩制」，這是香港的主流民意。

現狀不可欲　香港一國兩制　台灣要邦聯

　　不過，雙普選、一國兩制實施至2047年後，就回歸一國一制嗎？黃年認為雙普選既已實施，就無法回頭，中共必須讓中港關係走向「民主聯邦制」。這個構想與澳門大學郝志東教授在2017年分五次連續發表的長文，有同有異。郝志東表示，兩岸四地可以組「邦聯式聯邦」，加入後各自在「部分外交、國防、稅收、貨幣、法律」有自主權，但不能脫離聯邦。黃年則明白說，兩岸關係不同，有別於大陸與港澳，無法走聯邦，應取「邦聯」，但他沒有論述該關係形成後，任何一方是否可以自由離開（如同英國脫歐）。

　　在台灣，提出「邦聯」或類似的概念，相當重要。政治大學從1992年以來定期調查台人對兩岸關係的意見，但選項僅有統獨，加上維持現狀。然而，現狀常使兩岸齟齬、無法正常交流，從而難以滋潤雙方的情感，我們更是經常覺得備受壓抑，對岸則誤解台人。這樣的現狀，不值得維持。民調應該在統獨與維持現狀之外，加入第三選

項，原因至少有二。首先，「一國兩制」的統一，九成台人不能接受；與對岸為敵的獨立，既不可行，對台人也不是好的選擇，於港人乃至於對岸追求民主自由的人群，就世界和平來說，都不是好事。二是，國民黨曾經在2001年大力鼓吹與辯論，試圖在其黨綱列入「邦聯」，希望以此作為兩岸關係的定海神針。當時，國民黨執行兩次調查，接受邦聯的比例都是四成四，反對的人是三成五與三成七；雖然接受的人多，但有些大老反對、當年底選舉將屆，「邦聯」作為該黨黨綱之議，最後並未實現。邦聯不必是第三方案的唯一選項，但會是選項之一。前總統陳水扁也曾表示，邦聯可以考慮，而〈李總統提特殊兩國論即促成邦聯制第一步〉。更早一些，不少評論者如台大法理學教授顏厥安也說，假使對岸接受「中華民國」，那麼李登輝的兩國論有可能是「兩岸統一的起步！」

　　兩岸關係不僅只是涉及兩岸，也就不是台灣與對岸的認知、意志與力量所能單獨決斷；如實承認，美國也會扮演一定的角色。無黨派、曾任公視六年董事長的吳豐山「深信」，我們會有「智慧」，找到「不與中國為敵」、同時「滿足」統獨雙方、讓中共認為「已然貫徹了民族主義」，也讓「美國覺得不損其國家利益」的途徑。

　　這個智慧可以有不同的結晶。歷史最悠久的概念之一，就是前已提出，而事實上是台灣從解嚴後至今，不斷有人陸續提出的「邦聯」之華人版本。較早的稍微完整之論說，在1992年就有張亞中提出，後來加入了黃光國與謝大寧等人，他們的主張若要最準確的表述，應該是「一中兩國三憲」。這個用詞的意思是，「一個完整的中國」共同由「中華人民共和國」與「中華民國」組成，這是國內而非國際關係，兩岸各自給予法律承諾之後，由鬆入緊而漸次統合，先是歐洲聯盟或邦聯模式，若干年後，也有可能再成聯邦模式，但是否以此作為終局狀態，無法也不應該現階段決定。若就國內輿論，則《聯合報》在解嚴以後的立場，與此相通，特別是在黃年擔任該報總主筆期間（1993-2014），更是長期並穩定就此發揮，雖然該立場似乎並沒有充分展現在該報的新聞報導。另一個跨黨派，可以作為第三選項的語彙是「大一中」，這是太陽花學運之後不久，陳明通與蘇起等分屬不同

政黨的大陸委員會（前）主委等七人所命名與主張。辜寬敏曾經在2012與2016兩度在四報以整版廣告，宣揚兩岸應該是「兄弟之邦」，既是兄弟，各自成邦，有什麼理由不能聯合成為邦聯？若能詳細溝通，就有說服的時刻，辜氏也就很有可能接受邦聯。更為晚近一些，則有2019年4月，陳明通以陸委會主委身分，接受《自由時報》星期專訪，並在頭版表示〈兩岸關係可考慮建交或歐盟模式〉。

代結語：不退縮　要進取

在台灣談邦聯或歐盟等等概念或制度，至少要有三個認知：一來，相較於統獨，它們乏人問津，即便已有不少人著墨與積累。二則這個第三選項必須提出，否則由來已久、羈絆兩岸而特別是台灣的困境，難有出路。三是即便提出，很多人會說對岸不會同意，多談無益。惟不同意之說，假以時日，未必成立。高至鄧小平，「低至」海協會會長，都曾對相類提議鬆口，即便他們很快又予以否認；但重要的是，以對岸為敵的獨立，大陸更不可能接受，美國也不會認同。不要一國兩制，也不要（或說，無法）獨立，那麼，台灣若不提「不可欲現狀」以外的第三方案，難道對岸會率先提出？是否提，主動權在我，對岸是否接受，未定之天。台人若有「以小事大」的智慧，對岸一定沒有「以大事小」之仁？

香港反送中遊行之前夕，北京學運三十週年之日，在六四之後九個多月，台北野百合學運繼起。民進黨提名范雲擔任不分區立法委員，她近日在接受中央廣播電台訪問時，這樣回顧：對岸的「八九民運為隔年台灣學運取得正當性」。旅居美國的王超華博士說：「天安門曾經激動了台灣社會整整一個夏天，直接影響到……大學生進行政治抗議的意願和方式，啟動了加速台灣政治體制改革的扳機。」

密切關注1990年初台灣政情並參與其中的葉啟政教授，亦有見證，他說：「台灣的學運都是在校園內，幾乎沒有走入社會。野百合學運所以會形成，1989年中國六四天安門事件顯然是起了催化的作用……。」因為不能認同資深成員「暗示統一是終極目標」而離開澄

社，但是，這並不妨礙他從容與對岸學界交流以促進彼此理解，除受邀前往講學，也包括捐贈三千七百冊藏書至中國政法大學成立「葉啟政先生社會學文庫」。這應該是積極進取的認知與行事，不接受一國兩制，也不要敵視對岸的獨立，兩極之外的第三種概念與制度，孕育已在其中。

2017年初以來，假新聞與訊息誤導等現象，隨社交媒介的使用頻繁，也從海外進入台灣，成為政壇與傳媒交相矚目的議題，並且很快在納進「中國因素」的過程，加入了對岸滲透乃至顛覆、敵對勢力與中共代理人法及反滲透法等等，這些是實況還是喧囂的假象不論，但也許已經略造草木皆兵的氣氛。與此同時，美國對中的鷹派得勢及對岸不再韜光養晦，致使中美競爭與爭雄的擂台提早開鑼，經貿衝突與科技之戰領銜，捲入外交與高教及傳媒等等領域，再至反送中因港人在台殺女而「意外」引爆，無不使得不少台人僅從特定立場與角度認知及理解對岸的宿疾，更見沉重：台人在行為上已經無法不與對岸有直接或間接的連動，但心態上似乎退回蔣經國年代的「不接觸、不談判、不妥協」。

這是奇特的心態，有待改變。台人會有共識，認定也自詡、但同時不滿足民主與自由已有的成績，理解不進則退，於是必須但不能僅只是捍衛與防堵，是要轉消極被動為積極主動，提出兩岸關係的第三種模式，努力減少必有的阻力與障礙，從容與對岸交往，在此過程，兩岸四地更有機會與空間相互提攜、彼此砥礪，貢獻世界和平。（2023/12/12按：隨國內外政經局勢的變化及思考並閱讀的增加，定位兩岸關係的信念，究竟是應該具體以「邦聯、歐盟」等既存的概念表達，還是保留抽象以待雙方協商，遂以「兩岸都能接受的政治關係」之類的言詞，取代具體而更為可取？具體與抽象，各有優缺點，很難定于一，但北京說「一國兩制」四十餘年，我方尚未提出對應方案而緊抱「維持現狀」，並不明智。）

（《開鏡》公視季刊第10期2020/1，頁64-9。原標題〈報導反送中　台灣要邦聯〉。）

第九章

維持現狀與永久和平

我不移民　我站左邊

　　吾國總統前天說，想移民的人對台灣欠缺信心，大多失敗，因此，相信他的人，應該學習十誡主角摩西的族人，站到右邊，表示與台灣共同奮鬥的決心。可是，報告總統，您這麼說讓人有些困難，因為不移民的人，大多站在左邊。

　　根據台北縣勞工局統計，從民國80年至今（83）年9月，該縣因為關廠、遷廠等等事由，已經有六千家工廠開溜，因此而失業的勞工總共約有十二萬，如果一個勞工平均扶養兩人，則受到波及的人口將近四十萬。

　　這一則新聞見報的同一天，同一家報紙在另一個版面又頭條刊出，民國80至82年底，離開台灣奔赴美、加、澳、紐等四個英語系國家的人，總數也有六萬出頭。兩相對照，能夠令人不怵目驚心？能夠心中沒有悸痛？兩種「台獨」，內涵各有不同。失業在台的人是走不了，因此唯獨有台灣是他她的家；移民的流動人口很多還得靠台灣人民供養，家眷遠離，只好一已獨自在台繼續賺錢。一種台獨是悲情、無奈、沒有選擇、被壓迫；一種台獨是喜氣、快意、志願行事、得便宜。

　　同一個台獨名詞兩樣情，所以，人在台灣還沒有移民、不想、不能移民的人，同樣也是兩種情形。一種站在右邊，人還在台灣，心裡打什麼主意，那就只有天知道，也許稍有風向就見機行事，也許只願取甘而無意共苦，也許動不動就強調個人主權，國際連線，也許成天環境權掛在口邊，開口就埋怨本地水濁空氣髒、人擠交通塞，偏偏忘記造成這種結果的原因，他或她這類人必須比別人負起更大責任。當然，他或她也許正磨拳擦掌，立在道旁，評估是否可能從據說六萬一坪的房子計畫，另撈一筆？

　　另一種台獨站在左邊，卻不會整天把獨不獨掛在口邊朗誦，更不可能成天說什麼放眼大陸立足本土，他她的國際連線是要就地了解「外勞」在台的工作，相較於台灣勞工，是否同工不同酬？他她要大聲問，是不是「台灣光復，財團登陸，勞工淪陷」（台灣石油工會等

刊登於10月26日的廣告用語）？

（《自立早報》1994/10/29第4版）

不要怕　要研究中國大陸

「五通電話延遲中共動武二十四小時、金馬非軍事化、一本叫作什麼八月的書、移民熱」。最近一個月，至少有以上四件事，再度撥撥起民眾對中共政權的恐懼。當然，今年春季的千島湖事件與入秋以後的廣島亞運事件，早就經由媒介跟隨要員的起舞，更是緊繃了台灣與大陸的關係。

害怕中共的人，主要考慮它為了「國族大義」，或許可能加濃原本就具有的不理性成分，在台灣稍有言詞或符號行動以示獨立時，瘋狂對台動武。

真的會這樣嗎？沒有人敢預測。但或許應該換個方向考慮：中國大陸這個超穩定結構是不是禁得住似乎已經橫掃「蘇東波」的資本力量？不是指台灣的資本力量，是指跨國資本的衝擊。中國之大，利益衝突無處不見，農村人口盲流都會城鎮，黑壓壓一片人海，不是壯觀，是悲情；地方與中央、地方與地方的裂痕也很明顯，不有諸侯經濟、和平演變之說嗎？

由於市場經濟在若干地區特別發達，異常現象於焉此起彼落。比如，許多地方均出現形式是報紙，但內容卻是廣告宣傳的違犯中共法律之行為，因其已達氾濫地步，因此官方加強取締這種「假報紙真廣告」，單是天津就有七家公司遭罰款人民幣2.8萬元，湖北省亦有這類刊物30萬份被沒收。《深圳特區報》四版以後的全頁廣告價格，包括附加費與設計費等名目，折合台幣80萬元，而據奧美廣告公司資料，1993年台灣的《聯合報》與《中國時報》頭版廣告半版，分別只是30與42萬元！即便如此，《深圳特區報》在大陸的廣告收入只

居第三，前兩位依序是《人民日報》與《上海新民晚報》。不要輕視資本的魔掌。

　　所以，假使說中共真要出兵不利台灣，原因到底是為了維護國族情感而不容許分裂國土呢？還是只是全世界相同，現存政權為了化解或減緩內部衝突，達到壓制本地對手、異議分子的目的呢？與此相同，在台灣成天高喊或使盡動作威脅中共或將出兵本島的人，真是居安思危還是琵琶別抱，另有不良意圖？

（《自立早報》1994/11/5 第4版。原標題〈也許不需要那麼怕中共〉。）

《單打雙不打》　金門人的第一部電影

　　知道幾個金門朋友呢？剛好數滿五根手指。最早是二十多年前露營時結識的洪志達，通訊幾年以後，如今不知音訊。再來就是1981年木柵大水，怒告市政府，要求國家賠償被水淹毀書本的翁明志。律師黃怡騰、記者楊肅民。還有就是兩年半前，在電影資料館裡，一場討論影像小眾媒介的座談會上，第一次謀面的董振良。

　　如今，再見董振良的時候，他已歷經多次波折起伏，在「把家鄉的故事搬上銀幕」的心願涓滴長流的助願下，完成了《單打雙不打》，十六釐米拍攝的七十八分鐘劇情片，一部「獨立作戰的金門百姓電影」，希望大家來看電影，疼惜金門。

　　台灣本島的住民，確實對金門不了解，也不疼惜。當年，毛澤東把金馬當作兩隻手拉住台灣的策略，轉到國民黨口中變成是金馬保住了台灣，但實情如何只有天曉得。去年選舉期間的金馬撤軍論，變成新舊國民黨痛批民進黨的炮彈，卻沒有理性的空間討論，是否撤軍或保留多少軍力才能最為確保金門的利益，選完以後大家只記得有個金馬撤軍的提法。

　　從以前到現在，金馬確實經常只是黨派利益的卒子。開放觀光

了，台灣去的人拿錢做生意，結果好處還是被撈走，像極了平地人上山開店鋪租林地，欠缺資金的原住民，空有土地權，收個租能幹啥？現在有人說要開賭場，恐怕也不是好主意。不如像董振良說的，「讓金門人的自我意識出頭」，用自己的人自己的地，好好規畫（比如，由政府資助金門公共造產，使成為乾淨的觀光地，配合其他適合的經濟活動，則繁榮四萬人的生活應該可行吧？）。

台灣與金門都是1949年以後，國際冷戰局勢之下的產物，本島人有權要求國際正視，正如同金門人有權要求本島人正視一樣。董振良這部從金門鄉親手中「二千、三千」籌募到100餘萬，加上新聞局補助30萬所拍攝的影片，本週三已經先在電影資料館放映過一場，接下來就要巡迴本島許多地方，請您一起來觀賞，看看金門人拍的金門故事。「相約去看戲」，董振良及他的工作夥伴有請。

（《自立早報》1995/1/21第4版）

「我不是」大遊行

最近的印刷媒介，實在很煩，天天整版，而且是前幾版，猛報猛評又猛作調查。廣電媒介方面，每晚七點也接續十多分鐘，各種call-in節目與時事座談，也都在談，差點讓人誤以為重回魏晉南北朝，名士在清談哩。

沒想到大眾媒介認真擔當告知、守望任務了以後，會讓讀者的眼神如此勞累。

單是精神勞累還好，還有些人更辛苦，忙不迭地在星期假日，頭頂豔陽，悶熱走上街頭，大聲喊出「我是中國人」，彷彿只消如此一喊，「他的飛彈會轉彎」，從此不再向寶島示威。導彈是否轉彎，尚待揭曉，兩萬人台北的呼喊，倒是立刻在台南市引起回響，並且得到台中與高雄等地的共同熱情籌辦，他們宣布在20日也來一個「我是

台灣人」大遊行。說句自己以為可供莞爾的話。「我是中國人」、「我是台灣人」，人都在這塊三萬六千平方公里的土地上，除了少數心有二志且有能力開溜的人以外，那還用說嗎？這些宣示，就如同我是人、我是活人、我是地球人、我是會呼吸的人、我是會吃飯的人等等相同，有什麼好說呢？簡直說了跟沒說一樣。

另一方面，這些不辭烈日的朋友，顯然心中存在著認同危機，直到現在，幾乎還是以血統、地理區域或傳統文化作為區辨群己的標準，卻沒有機會好好彼此溝通，弄清楚這些標準其實並不是最重要的，更不可能是唯一或排他的標準。持平地說，這些標準的意義若要彰顯，還得跟其他標準結合才行，若能因勢利導，讓這些為此走上街頭的人再作思量，修正認同的內涵，倒也不失為好事一樁。

比如，反過來看事情，用否證法來辨認自己是誰，也許還更為容易，就信手簡單掇拾兩個「我不是」，請君過目。

第一，「我不是不勞而獲的人」。然後，按照形式邏輯的反推，這也就是我是靠勞動過活且有等值收穫的人。看似廢話，但可未必，請注意，我們的社會當中，有許多人根本不勞而獲，或是少勞而大獲，也就是剝削別人的人。四信案與國票案只是讓大家看清楚這個事實的例子，其他時候，大夥卻少注意。就說流氓吧，台灣的地方乃至於中央政治，發展到現在這副田地，已經讓心憂之士說是流氓治國，意思是國民黨長期以來放縱而且與某些角頭相互利用，形成政治權力與經濟利益的交換，包工程包特種行業、走私槍械等等無所不來。從這種現象得到厚利的龐大人口，不正是少勞或不勞而多獲的人嗎？外勞、原住民勞工、受關廠之害的勞工，還有近日已罷工百日的正大尼龍廠員工，不正受到他們老闆或多或寡的剝削，因此是多勞而少獲的人嗎？

第二，「我不是中華民國在台灣之恥」。當然大部分的人都符合這個類目，但偏偏有高官不符合，或者，某些地方高官認為某些中央高官不符合。就以前次專欄才提及的新聞局為例。14日台視新舊董事長交接，新聞局長前往參加，發表談話，表示台北市政府最近以竹子湖市產要挾台視，是政府力量不當地介入媒介，妨害了新聞自由。

聽聞此言，北市副市長陳師孟，以更為嚴峻的措詞，指責「新聞局是中華民國之恥」，理由是新聞局忘了它一向秉持黨意，不能公正行使政府的公權力，才真正是斫傷新聞自由的打手，而士大夫之無恥，是謂國恥，因此有陳師孟的非難。

到底新聞局是不是中華民國之恥？很多人說是，很多人說不是。那麼，行動是檢驗真理的唯一標準，乾脆來個「我不是」大遊行，屆時如果新聞局派人持「我不是中華民國之恥」的牌子出場，全程參與，那新聞局就一定不是國恥。

（《聯合報》1995/8/22 第 37 版／聯合副刊）

統獨休兵　大家一起來作工

一夜之間，原本似乎已經逐漸冷卻的統獨話題，好像又隨著林郝搭配競選正副總統的宣告，再告蠢蠢欲動。

但，除開若干有能力有計畫移民的人，除了主張中國立刻動武犯台的人，住在台灣的人，早就都是台灣實質獨立的支持者，尤其是三個政黨的檯面上人物，不管他們怎麼說，不管他們究竟說台獨、說中華民國在台灣或是說中國，他們的活動基地就只能是台灣，就在這個現實基礎上，他們都只能是台獨的支持者，如果有人要說臥薪嘗膽、等待共產黨被和平演變或崩潰，然後徐圖中原，那就讓他說，讓他滿足口舌之能。

然而，政治主權的行使，最多只在蔣家時代，尚能割斷經濟貿易的來往；如今條件變異，此事再無可能，不論是南進或東進，都比不上西進，然後隨後的文化來往，也不可能阻擋。但經濟或文化的接觸，不一定等同台灣會再被納進中國的邊陲，如同戰後五十年，台灣受美日經貿與文化的影響頗深，但台灣仍然是台灣。

未來的台灣，面對著不得不與中國在經濟與文化上發生關係的局

勢，是否能夠維持並擴大政治自主權，而且是具有正面意義的自主權，變數眾多，其中一個是生活在台灣的人，在各種不同身分上的認同，能不能夠各自凝聚而不相干擾，其中之一是，依靠薪資生活的階級，有沒有辦法排除現階段的虛假統獨立場的迷障，認清楚妨礙他們實質利益與侵害他們尊嚴的來源，在於資本積累的盲目動力，也就是政府為了讓資本求利，於是壓制勞工、放任環境被破壞，而老闆在市場競爭壓力下，成為過河卒子，竟然只敢拚命賺錢、客死逆旅、踐踏人性而無法自拔。

上週日，也就是 11 月 12 日的連續第四年工人秋鬥遊行，仍然只由勞工團體之一主辦，而不是合力由建制的全國總工會以外的各工運團體組成，已經清楚驗證當前的台灣勞工階級，仍然受制於莫須有的統獨所籠罩，無法以最有效方式共事。影響所及，群眾、綠色和平、TNT、全民等等據說是反對現有黨國資本體制的收音機廣播電台，卻在當晚的扣應或其他節目中，表現得與中廣相同，對於遊行事件全無提及，遑論評述，而黨國的華視晚間新聞還至少播報了近三十秒！

如果主要的自主勞工團體，明年能夠盡釋前嫌，嘗試合作，共同主辦第五次的秋鬥遊行，成果一定比今年好，也就更能彰顯台灣主權獨立的實質意義。

（《自立早報》1995/11/17 第 4 版）

統獨終結者華勒斯坦

資本主義世界體系論者華勒斯坦在台灣颳起旋風。兩星期前的週一，華氏抵達台北，週二到故宮，五分鐘就瞧出門道，指故宮的人類歷史對照表太過歐洲中心，居然沒有列入伊斯蘭教文明。週三，華氏晨昏分別發表講演與參與座談，座無虛席，主辦單位動員的四、五十人，遲到會場，擠不進去，容納兩百多人的場地，早就塞滿三、四百

人頭，一片黑壓壓。

席間，不怎麼讓人意外的是，「各懷鬼胎」或說各有主動解讀能力的聽眾，紛紛以自己的想像，拋出問題。統一聯盟的人問華勒斯坦，上海前景應該一日好似一日吧，特別是在九一一之後。此話一出，立刻有人轉換話題，詢問華氏，中共是不是在利用九一一，藉支持美國換取美國減少支持台灣？

但大師從來不爭朝夕，歷史長河的走向，在他的宏觀架構中早就穩定前進。雖然乍看之下，他的架構顯然突兀，稀奇古怪，亂七八糟。華勒斯坦說，1789年法國大革命以後，留存於世而日漸崢嶸的意識形態，其實只剩下一種，就是自由主義，另兩個常被舉為其對立面的保守主義與社會主義，都是自由主義的變體。三者的共同特徵是，理論上它們都宣稱是反國家，實際上的運作卻召喚國家來達成各自的宣稱，於是擴大了國家的職能與規模。

自由主義者設定了世界層次的議程，列寧主義所說的民族解放、建設社會主義，其實是語彙不同，但在原則上，可說翻版自1914年的美國總統威爾遜主義。於是，從一開始，廣為世人接受的認知，以為蘇聯與美國分別代表兩種對立的意識形態或政策施為，根本就搞錯了。既然如此，1968年對於自由資本主義的挑戰，正好是開端，到了1989年隨著所謂的共產主義之崩潰，則自由主義的意識形態，距離壽終正寢亦為期不遠。自今而後，透過國家主控而帶來可觀經濟成長的自由主義思維，已到破產時刻。

但百足之蟲，雖死不僵。華勒斯坦秉持長波之說，認為資本主義世界經濟體系澈底被置換之日，為期至少尚有二十五至五十年。驚人的是，他又認為，主要國家在此過程中，將可能朝兩個集團化發展，一個集團是以歐盟為主，拉進俄羅斯（東歐諸國則早就排進加入歐盟的議程），另一個集團以日美為首，拉進中國。[1]

1　2023/12/12按：在美國率北約挑釁與威脅，以及烏克蘭統治階層配合之下，俄羅斯愚蠢犯罪，2022年2月22日聲稱對烏克蘭不是發動戰爭而是「特別軍事行動」以來，國際政治的演變剛好與華勒斯坦的預言相反，歐美日及其他富裕國家成一集

　　果真如此，哪裡還有什麼統獨問題？台灣早就擁抱了日美，中國五十年之內也要加入，屆時雙方不親也得親。因此，現在要處理的不是兩國論、統合論、邦聯論、一國兩制或一國三制說，更不是所謂政權的外來與本土，而是彼此要只做不說，繼續交流，妥善照顧彼此的情緒。假使在台北向華勒斯坦提問的人，到會場之前先閱讀了他的作品，想必會換些問題，比如，華勒斯坦的說法真有可能成真嗎？這樣的分析，不免太像神學、宗教的話語嗎？

　　確實，社會人文的解剖從來不是物理學，不能完全當真。只是，話說回來，當前貧窮現象日深、生態惡化只增不減的氛圍當道，努力奮進的上焉者，竟然不免有疲憊而心灰意懶的時候，此刻，華勒斯坦的夫子自道及對未來的樂觀之情，仍不失其啟發的意味：「更扎實牢靠的烏托邦眼光……才能超越即將到臨的艱難時代。」這樣的觀點與分析，對於社運人士顯然有用，對於終日只見眼前的官僚，更有鞭策之力。（2023/12/12按：華勒斯坦1930年生，2019年8月31日辭世。）

（香港《明報》2001/10）

一國兩制、兩國一制與一國一制

　　9月12日，台社二十週年會的電子公告發出。不到兩日，有位朋友[2]在電郵群組中，如此說道：「『中國人如何再作中國人』我管不著，可是『台灣人如何再作中國人』這個標題下得太聳動了吧。台社已經完全毫不遮掩要把台灣送給中國了嗎？這就是台社20週年的最

　　團，中俄結盟而試圖吸引俗稱「全球南方」的不富裕國家。不過，這個走向不會逆轉嗎？無人可以準確預判。更重要的是，世人仍然不能只是拉幫結派彼此對抗，康德之永久和平信念，依舊可以號召世人實踐。

2　台灣人權促進會執委吳豪人。

終目的？」

　　當時，我的回覆是，這些「題目別有用心」，與汝在電郵所說，並不相同。其次，「台社只有一位統派，並且是可愛的統派」。對於台社的這些用語與用心，很多人可能會有意見，「希望你來踢館」。

　　在寫這篇與談稿件之時，也就是讀完台社六位夥伴就此問題寫就的近十萬字發言，進而記錄心得的當下，我不知道台權會電郵群組的朋友是否會來到現場，是否已有機會，或是否願意平心靜氣閱讀這些文字。

　　如果這些朋友來了或讀了，他們應該會，或說我相信他們應該會贊同我在電郵中的簡短陳述：除了一位可愛、真誠並且認定兩岸歸於一統對台有利的統派，台社沒有統派。當然，我認為這些發言者當中也沒有人是獨派，而如果其他台社同志大致認可，或說領受這些發言者的真意，我想台社作為一個整體，也不是獨派。

　　台社也不是不統不獨的維持現狀派。寫到這裡，我必須趕快先聲明，雖然我自信對台社的這般理解並不離譜，但這畢竟是個人發言稿，不及聽取夥伴意見而修改，或確認台社的立場是否正是如此。

　　台社不統不獨、不是現狀派，台社因此就必然是「超克」統獨而意有所指，指涉人的動能要朝向「兩國一制」或「一國一制」發展，而不是「一國兩制」；雖然，萬一形勢比人強而對岸統治階層霸道行之，則幾國幾制已經非我等所能置喙。

　　中共的「一國兩制」是什麼，人所共知，不再細表。「兩國一制」與「一國一制」一經說穿，也很清楚，但不直接道破，這裡繞道而行，從台社夥伴的六篇文章談起。

　　鄭鴻生要讓台人當中，原先只能焦慮地說自己不只是華人，而且還是中國人的人，更為放心地這麼說。不過，他提醒我們，「更為重要的問題」是「要『做什麼樣的中國人』」。作者說，這是動態的問題，而不能停留於一時一地，回答這個問題，「超乎我個人能力」。不過，顯然作者心中的想像是五四運動、抗日及台人當中的左翼前輩。惟這裡有一個問題，中國改革至今三十年成就巨大，但中國的現在或未來的發展路徑還會是近百年前，那場學生運動及其後崛起的共

產運動所要標舉的前進方向嗎？當然，這個提問必須動態視之，歷史還沒有終結。

卡維波等於是採取另一種方式，與這個提問對話。他說台獨有「美日」與「中華」台獨兩種，前者不可欲也不可行，後者則認知台灣的歷史文化與前途與中國無法分離，有此認知之後，或許（當然，不是一定）可以是「爭取大陸人民（而非中共國家）支持的台獨」。小卡認為「退守台灣自保或搞台灣民族主義都不是活路」，因此大力主張，而我想也是台社整體必會贊同的表白，「台灣人以中國人或中華民族之名，來進行兩岸和解，並且支援和介入大陸人民的事務，有很多現實的益處」；最後，小卡以兩大議題（性與藥）的開發與突破，期待於對岸的「中國知識分子與社運」。

這些意思假使以趙剛的文字來說，就是在「方法論」納進中國之後，台灣的人會更有信心與堅持，具備「小道亦有可觀」的不妄自菲薄的心理，從事於知識的創造、實際交往及實踐活動，為改變中國大陸的政權與社會而與對岸思維接近的中國人一起努力。如果（希望不是不恰當地）借用陳光興引述白樂晴的用心，就是「兩邊的民眾在各自立即的需要上，以不同的方案進行內在的改革或是變革……開始的工作是不同的，但是他們的運動終究將匯聚成一股力量，中期目標在超克分斷體制，長期目標在改變世界體系」。後面這個長期目標是大氣魄，在今日是更見需要、更讓人動容的宣示，不改變資本積累作為人類進展原動力的格局，人之前途無望。在歷經這番認知的澄清與努力之後，「自主社運與公民社會」的呼籲及追求，可能就不再只是趙剛所說的「老調續彈」，也許就可以不再是「現代化意識形態的螟蛉子」了？

趙剛與陳光興都明白提到兩岸「國家（機器）結構」（的想像）。光興說的是兩韓的「複合國家（compound state）的鬆散形式所構成的聯合國家（confederation，邦聯）」可以作為「務實的想像」。趙剛說的是：「邦聯制……可行……但……歷史中國……不就提供了一個很好的政治體制的想像嗎？中華民國和中華人民共和國都可以平等而相關地作為『諸夏』而並存……『中華民國』人……所關心的、

所論述的、所批判的、所實踐的，當然是以他或她所存在的這個社會為先，然後再關心到另一個『夏』，然後再關心到這整個區域，以至於全球，所謂『內其國而外諸夏，內諸夏而外四夷』。」

　　台社夥伴當中，對於政治理論與思想及區域、國際暨兩岸政治有更多思考與寫作積累的陳宜中，對兩岸國家結構的立論已經多時。在他看來，「什麼武器都不買」、「永不再戰」的和平主義思維與實踐最符合台灣的利益，即便中國「武力犯台，台灣亦不必犧牲任何一條人命。假以時日，失去民心的高壓統治終將難以為繼」。其次，邦聯雖好（不說《中國時報》或連戰，Peter[3] 也大致可以接受），其基礎卻得來自於台灣「或許不該繼續堅持（的）完全『對等』」，宜中因此說兩岸的國際關係得「實驗……介於『中華邦聯』與『一國兩制』之間………」。接著，宜中贊成曹興誠之說，「（統一公投）提案權交給大陸……大陸想要統一………必須……說服台灣……接受其具體提案、相信其『履約保證』等等」。比起《聯合報》或沈君山的提法，這個說法似乎又推進一步。若能如此，宜中說，這才是中國「光明正大的『王道』促統」。

　　最後，即便國家層級的政治關係確立，「經濟」這個「下層」建築的關係究竟又當如何相處？不能只是港澳與中的CEPA之類的想像與實作。

　　相較於兩韓，兩岸的明顯差異除了大小懸殊之外，主要展現於兩韓的來往大致局限在政治，兩岸則民間經濟的來往密切遠勝於政治。瞿宛文以清楚的問題意識，勾勒台灣戰後經濟發展的不同說法，在肯認日美於特定時空對台灣經濟的正面作用，以及經濟的快速成長必有「勤勞人民」之外，宛文透過歷史的耙梳，論證單獨存在於台灣的經濟「奇蹟」因素，是國民黨挫敗於中土而必須存活於台的「迫切需要」，以及中華民族知識分子作為一經濟落後國家「面對西方救亡圖存的傳承」。相較於美國經濟學界或發展社會學界的「共識」，指戰

3　許多朋友都很敬重的黃文雄，曾任台權會會長，2008年入夏後任國際特赦組織台灣總會理事長。

後台灣的經濟至1980年代的均衡成長（growth with equality），瞿文無疑是因其問題意識的清楚，致而能夠言人所不曾強調的一大重點。

回顧歷史是必要的，前瞻即將來臨的戰鬥則更為重要。兩岸的經濟關係，或說兩岸各自的內部經濟關係，進而兩岸的經濟關係，再進而世界各國的經濟關係以及人與環境乃至於人與其他生命現象的關係，自然就是更為巨大而必須探討的課題。千里足下，我們最方便的切入與行動對象就是各自社會與兩岸關係，雖說各自，以兩岸如此密切的關係則一方的動靜對於他方的牽引，總是大於其他。這裡，總算回到我這篇閱讀心得的副標題：一國兩制、兩國一制與一國一制。

台社與主流意見相同，不能接受一國兩制，如果「兩制」指的是大陸與台灣當下的各自之制度。其次，我猜台社與主流意見不同，台社會願意接受兩國一制或一國一制，如果這裡的「制」是走向各自所宣稱的制度：《中華人民共和國憲法》第1條說，「中華人民共和國是……社會主義國家」；《中華民國憲法》第1條則說，「中華民國基於三民主義為民有民治民享之民主共和國。」而孫中山的民生主義第二講說：「共產主義」就是「民生主義」，差別在於達成的「方法」。如果兩岸都認真面對自己的歷史，至少，如果兩岸認真的人最後都能勝出，那麼，究竟是哪一國還有差別嗎？從來就沒有苟安於一國社會主義的長遠空間。對於這個問題，兩岸認真的人已經有了一些往還，其中，雖然今日未能與會，但台社元老錢永祥透過他所主編的、最新一期的《思想》雜誌，已經更直接地參與這次的「超克」工作。

後記：（2008年12月底增補）

除加入六個小注解，正文相同於2008年9月28日所發表者。這裡僅補充一點陳述，此即，作為四個字連用的術語或概念，「去中國化」產生的誤導作用，多於溝通。無論統獨，若能不再使用該詞，也許可以讓爭執點真正凸顯：統獨只能涉及「國家機器」的分合問題，非關文化與歷史。即便台獨，也只能是卡維波所說的「中華台獨」，兩岸官方語言相同、文字有正簡之別，但大致無礙閱讀，俗稱「台灣

話」者，眾所周知，就是台灣化的閩南語。假使語言文字暢通無礙，要說台灣能夠「去中國化」，豈非玩笑、不知所云？遑論兩岸還有其他民俗習慣、宗教與歷史根源的深層共通要素。原本這是常識，無待贅言。大約在1980年代末，我首次在英國偶爾讀及北美所出版的台獨論述，都是這個論旨。那麼，混同國家機器與語言文史，究竟何時產生，誰發動、為何發動、產生何種效應及後果？是個值得探索的問題。假使檢閱主要的報章雜誌，可以得知，在「兩國論」說法提出後，也要再過九個多月的2000年4月，該詞才首次於報端的標題中現身。這就是說，兩國論提出後將近一年，兩岸分合所涉及的「國家機關」（機器）問題，大致還沒有與歷史文化層次混淆。2004年3月19日總統大選以後，情況已經大有差異：檢索「聯合知識庫」的全文，至2008年12月20日，「去中國化」總計出現八八四次，其中六七一次在2004年3月21日（含）後湧現。那麼，何以2004年春以降，會有這個日趨加重的變化？這是獨派的主動但不明智且得不償失的退化之營造，是一種防衛的反應？還是統派的聰慧部署而使獨派糊里糊塗地進入彀中？或者，這只是兩岸結構關係所催生的必然語彙與「意境」，沒有任何主動施為者的意圖可言？對於這個並非無關宏旨的問題還待釐清，但筆者已經無法回答。

（《台灣社會研究季刊》第74期2009/6，頁259-65。原標題〈我所理解的台社兩岸立場：一國兩制、兩國一制與一國一制〉。）

中華民國駐台領事館

蘇迪勒颱風前夕，反課綱微調的高中生還在教育部前安營紮寨，人數應該有四、五十，同步在場關注的社會人士則在百位以上。

強烈颱風是否意外地提供了理由，讓這一波的抗議暫時結束，還待分曉，但學生帳棚張貼的大字，「自己課本自己印」，若能實現，

倒是可以斧底抽薪，終結課綱爭論：如同大學，教學內容各科教師自訂，沒有課綱之說，自然就無爭議可言。

不過，沒有課綱固然沒有爭議，但一定有人、包括有權力的人認為，大學以下、幼稚園以上的各級教育，不能沒有課綱。這樣一來，高中歷史等等科目不制訂課綱，本身就成為風暴中心。致使，此路暫時不通，解除課綱爭論，還得另尋出路。

眾所周知，這次爭議如同去年的太陽花運動，應該都存在、但雖然不是只有「中國因素」。另換一個方式說，如果台灣可以在聯合國等等國際場合取得自己代表自己的權利，「中國因素」就不會存在，或者，其內涵將有很大不同。

台灣能或不能在國際上代表自己，可能涉及三個面向。課綱所涉及的歷史真相，或歷史建構，或史觀，很有可能不是最重要的一個。另兩個更重要的面向是：對岸是否能夠理解，台灣在國際有此權利後，於對岸無害，反而可能有利；其次是，來日國際政治的變化，是不是可能對我們的願望會有正面幫助。

「古為今用」，「所有歷史都是當代史」，道盡歷史必有的政治性質。這是事實，無法也不應該迴避。但即便政治，事實也不全部都能建構，歷史是有「純粹的」真實。比如，台灣是被日本殖民，至於國民黨，對台灣是「內部殖民」，時而比日本的殖民讓台人更為反感。這不是日本並非殖民的「證據」，反而，它可能適巧成為反證，說明內部與外人的殖民，性質確實迴異，致使國民黨當年的作為，在台灣使有識的台人積怨至今，在對岸則是失去政權。日本殖民在清廷的建設基礎上繼續推進，是有可觀的建設與並存的殘暴，日本殖民與西方「老牌帝國主義」國家不同，在學術研究早就有了定論，但不成為正當化殖民統治的理由。

又如，台灣至今漢人史觀充斥，也是事實，但反省檢討與改進（成績不大）的同時，若要據此抖落台灣的華人文化，甚至進而說清廷海禁政策兩百年，致使「有唐山公，無唐山媽」，因此台灣即便主流的語言文字風俗有其閩粵之風，血統上與漢人大有差異云云，恐怕不但與台人是否能在國際代表自己無關，反而產生妨礙：不同種族合

成一個政治實體，對外有其代表，並無不妥，因此舉世皆然；如果堅持單一種族才能合成政治實體，各國包括台灣，早就應該拆成十多個政治實體。何況，漢人血統的歷史形成過程早就混成，對岸的漢人也不自認「純粹」，我們若有血統之說，不符合實情之外，也是不智。

　　澄清日本與國民黨的內外殖民，及漢人史觀的愚智之後，「台灣史觀」或「中華民國在台灣」史觀，應該就沒有那麼大的差異。

　　透過陳柔縉的長期訪談與撰述，我們得知，中華民國當年在台灣，確實設有駐台領事館，就在現在的台北市中山北路114-118號，占地一千多坪，當年地址是「宮前町九十番地」。故事的主人翁是領事館屋主（之子）張秀哲（長得確實有些像托洛斯基）與其子張超英。

　　張秀哲在1920年代因反日，由台至對岸，與多位台人組織「廣東台灣革命青年團」，呼籲中國「勿忘台灣」。二二八之時，曾遭殘暴對待，出獄後繼續寫竣並在當年8月出版《「勿忘台灣」落花夢》，其後不久「收回湮滅」，三十餘年自我禁閉不出家門，親友求見一概拒絕，張超英生女，他作為祖父也毫無表情，成為「活的死人，死的活人」。張母說他：「四十幾歲，就按呢去了！」

　　張超英先在新聞局紐約處工作，1971年在台灣少棒隊至美國比賽時，祕密建議張燦鍙僱用小飛機拉「台灣獨立萬歲」布條在球場上飛舞，想讓當時台灣轉播時將畫面傳回！李登輝妄言釣魚台是日本人的，惟李在日本的風光，最早起自張努力以個人在日本人脈為李奠定，張甚至要將李推為諾貝爾和平獎獲獎人，為台灣在國際間爭取位置。但是，數年前，他卻為了支持昨日宣布第四度參選（副）總統的宋楚瑜，致使有些人對他卻步。對此，他在生前表示，希望陳柔縉替他寫的書，能夠「激發讀者少一點功利主義，多一點超然客觀，少一點藍綠色彩，多一點回饋社會的熱忱，（這）將是我最大的榮幸。」

　　張氏父子的故事怎麼理解？會有不同想法，但若說，澄清內外殖民的差別、辨別漢人史觀的愚智之後，兩人是能啟發，台灣史觀與中華民國史觀並無實踐的差別，應該並不離譜。

　　台灣是否能在國際間代表自己，在三個有待釐清與討論的面向當中，比較不是那麼重要的史觀史識史事，既然不具有決定性作用，我

們理當設法使其爭議所占有的吸睛效用減少。接著下來，就是對岸的認知與態度，以及國際政治的現實要如何面對與因應。在此，吳豐山所說，台人要有「智慧」，要讓在台灣的各種兩岸關係的主張人都能「滿足」，對岸既認為「貫徹了民族主義」，「美國（又）覺得不損其國家利益又能維持世界均勢」。我們能有這種智慧嗎？減少大量耗用在史事、史識與史觀的建構時間，轉以更多的資源投入於智慧的想像與研擬，或許可以達到雖不中亦不遠矣的水平。[4]

（香港東網2015/8/7。原標題〈「自己課本自己印」〉。）

政治大學改校歌

　　朱立倫真的可以學陳水扁，真的。不過，這不是我的突發奇想，是在本週得到政治大學「野火陣線」的啟發。

　　野火學生社團要求，每年底指南山下的「文化杯」合唱比賽，不宜再唱校歌，因為歌詞的黨校遺跡太過招搖。歌詞說，「實行三民主義為吾『黨』的使命，建設中華民國是吾『黨』的責任」，假使不廢，校歌會變成招惹嘲「笑的歌」。

　　廢呢，還是不廢，這不是問題。答案簡單，廢掉無妨。但可以積極一些，要求多些，另作議論，若能就此創造話題，最好，假使不能，徒留紀錄，也很不錯。

　　這就是說，關心社會正義與平等的學生，不妨藉由「野火陣線」燃燒出來的荒野，稍闢蹊徑，在政大校方承諾附帶條件之後，同意以「改」歌詞的方式替代「廢」校歌。這會是一箭雙雕，政大脫離黨校包袱的同時，回饋「吾黨」，創造機會，讓黨主席朱立倫，向陳水扁

4　2023/12/12按：這篇短評的一個誤認，可能是沒有指出「史事、史識與史觀」與吳豐山筆下的「智慧」，是有關係的。

學習。

怎麼改？很簡單。就是直接以「我們」置換「吾黨」，不必強解，無須說文解字。「吾黨」固然可以是「我們」，當年制訂校歌時卻是專有所指，就是吾黨而已。承認之後，直接以白話的「我們」，置換吾黨，磊落光明。經過這個轉換，政大校歌從此變成「實行三民主義為我們的使命，建設中華民國是我們的責任」，政大校歌於是不但沒有黨校的包袱，反而一舉成為表率，響應了《憲法》第1條的號召：「中華民國基於三民主義為民有民治民享之民主共和國。」

三民主義、孫中山，冬烘嗎？聖之時者嗎？確定的是，民進黨就算進步，也不一定信仰三民主義，至少不能用這樣的名，哪裡會有A黨信奉B黨理念的道理？除非國民黨放棄三民主義。那麼，國民黨放棄了三民主義的信仰嗎？

黃埔軍校第二期、抗日英雄，當時台灣人軍階最高（中將）、遺孀嚴秀峰（今年6月去世）很了不起的李友邦，1952年因白色恐怖殞命時，身分之一赫然是三民主義青年團中央直屬台灣區團部主任！

這個身分都有不測，死於非命，是否透露早在六十多年前，國民黨當權派已經沒有三民主義的信仰？朱立倫比學生更有資格回答。司法院前院長賴英照去年撰寫評論〈認真看待憲法〉，除了在報紙言論版刊登全文，該家頗能反映重要議題的報紙，另在頭版予以大幅報導。賴英照說，依據大法官的解釋，基於三民主義而制訂的憲法，其衍生的基本國策，如「國民經濟應以民生主義為基本原則，實施平均地權，節制資本，以謀國計民生之均足」「並非具文」，雖然實際情況是，我們的經濟走向與此背道而馳，已經很久。

怎麼辦？違憲，或至少有違憲之虞這麼長久，怎麼辦？朱立倫在賴文發表半年多以後，競選國民黨主席，說要「找回創黨精神」，似乎是在呼應〈認真看待憲法〉，但其後沒有下文。現在，又過了快要一年，朱立倫披掛上陣，要選總統。怎麼選呢？怎麼在選的過程，延續對賴英照前院長的回應？

在這裡，答案呼之欲出。就是朱立倫應該學習陳水扁十六年前的態度與認知，正式宣告他及他的黨會〈認真看待憲法〉。

　　第一次參選總統，立馬取得大位的陳水扁，當年在投票日十個月之前，就由林嘉誠等人運籌帷幄，開始分組，邀集專人就國家安全、財經、社會保障、社會群體、文化教育傳播、環保、國家建設、法政等等方面，進行研究、討論、彙整並分階段出版成果。最後，雖然有些政策因故沒有推出，但在選前，先後問世了每冊約兩百頁，總計六冊的《新世紀新出路：陳水扁國家藍圖》。

　　這些一千餘頁、五十萬字的鋪陳，應該是迄今台灣歷次選舉以來，公共政策最為周延的展示與論述。阿扁以沒有求勝之心，要為第二次捲土重來的勝選而作準備，用心可嘉。正是因為阿扁及其團隊，評估可能不一定能夠勝選，因此該次的選舉，是阿扁蓄勢待發，積累努力而更上層樓的重要步驟之一。當然，阿扁最後是勝出了，即便最重要的原因不是政策論述，但虛心準備與對台灣民主政治的提攜，是得到了福報。

　　在阿扁的藍圖之後，至今選舉來到之時乏人跟進，台灣民主論政的品質，如果不能說不升反降，至少得說，在重要選舉時，沒有牛肉的扼腕，至今依舊，沒有前進，甚至變本加厲往下掉。現在的選舉，幾乎僅剩鸚鵡學舌，開口兩岸關係，閉口資本自由化，這就使得財稅、社會、傳媒、文化等等各種政策，只能邊緣化。

　　朱立倫如果要〈認真看待憲法〉，「找回創黨的精神」，機會就在眼前。他的兩位競爭對手，蔡英文勝券在握，宋楚瑜不可能再選，前者不會，後者不需要為2020年大選預作準備。環顧左右，朱立倫必然發現，只有他的情境與當年的阿扁接近，差別僅在阿扁當年還有勝算，現在的朱應該已無當選機會，更需要提早綢繆。

　　因此，朱立倫可以說，去年他選黨主席時，就在思索〈認真看待憲法〉的方式，但茲事體大，沒有兩年無法竟功，預計在2016年底「找回創黨的精神」，並將以此監督執政黨，一起奔向憲法。

　　朱立倫是否有此認知與行動能力，不清楚，可能還在觀望。這時，「野火陣線」就可主動，要求政大校方行文朱主席，明示外界有人，並且包括創校校長是蔣介石的政大，關心「吾黨」是否要「找回創黨的精神」。政大假使行文，「野火陣線」應該就能考慮接受，以

「我們」取代「吾黨」後，校歌照唱。

（香港東網2015/11/1。原標題〈朱立倫可以學陳水扁〉。）

思考中華民國

修辭美妙，最後不敵現實。不過，現實不是鐵板一塊，修辭若好，也許能為現實的改變，爭取時間。

這裡是指，近幾年來甚囂塵上的「九二共識」，若能換個說法，即便是換湯不換藥，仍然具有潛力，或許可以為改變兩岸的現實關係，爭取多些空間。

依據周煒樂的統計，蔡英文從去（2015）年4月15日獲民進黨提名為候選人，至當選總統的次（1月17）日，對岸二十四家官方媒介報導蔡英文九百三十七篇，其中兩百七十八篇提及「九二共識」。

台灣的平面媒介在相同時間報導蔡英文達兩千八百零一篇，其中有三百九十篇同時提及「九二共識」。

這就是說，對岸比我們更在意九二共識，在提及或報導蔡英文的新聞，以兩倍多的比例同時在說九二共識。

對岸在意的是「一個中國」，我們更在意的是「各自表述」，完整且平衡的說法按理是「一中各表」。

現在的問題有二。一是對岸不會主動，甚至會壓制「一中各表」的說法。

二是我們的總統在與對岸主席見面的時候，沒有公開，而只是私下對其主席說，我們要「各自表述」什麼是中國。再者，我們的輿論分作兩塊。一塊只說台灣獨立。另一派按理應該凸顯「各自表述」這個詞，實際上卻往往是被動的反應，是眼見蔡英文只談台灣共識、只說維持台灣現狀之際，他們才有更多的次數，在討論九二共識時，也強調了「各自表述」。

　　那麼，從蔡英文開始，關於九二共識的說法，就簡單明瞭，但倒過來說，「一中各表，就是九二共識」。試試看，這能不能產生風行草偃、上行下效的風潮，真正就此誕生中華民國在台灣的共識。

　　當蔡英文這樣說的時候，描寫的正是台灣現狀。不是嗎？周子瑜事件顯示的意義，應該可以作此解釋。周揮舞了青天白日滿地紅國旗，對岸的中央電視台在1月15與16日，就讓周出現，應該可以說，對岸即便不肯主動承認中華民國，在這個節骨眼，卻可以用這個不顯眼，但另有解釋餘地的小動作，表示默認或裝聾作啞中華民國的存在。眼見中華民國的周子瑜，向中華人民共和國致歉，當時還是國民黨發言人的楊偉中說：「我是台獨分子」，意思就是，如果中華民國在台灣是台獨，那他就是台獨了。

　　中華民國在台灣，是不是台獨？對岸能解釋，我們也成。對岸怎麼說，我們少有置喙餘地，但溝通，是可以的。要與人溝通，我們內部先得求同。

　　首先，可能會有台灣人堅持，或說傾向接受由中國共產黨支配下的統一條件。這樣的台灣人，有一部分是為了私人利益，這個時候，溝通很難或不可能。另有些接受中共支配的台灣人，可能出於真誠的信念。但是，他們不分青紅皂白，不肯區辨不同群體對於民族主義與愛國主義，解釋有別。並且，民族主義與愛國主義固然必有進步成分，卻也不能說沒有負面性質。如此一來，他們可能在無意中，成為依附強權，或等而下之，變身為強權的馬前卒。

　　對於後面這一類的思維及人群，最好是透過理性溝通及辯論，澄清異同後，進而爭取其支持。誰又能說，以下這個在台灣早就存在，源遠流長將近五十年的「一中各表」之解釋，他們一定不能接受呢？

　　根據2000年美國解密的檔案，現已退休的外交記者王景弘說，幾乎與民國同壽、北大畢業、有「非洲先生」稱號，曾任外交部次長的楊西崑，早在1970年代初，差一點就讓蔣介石同意，以「中華台灣共和國」之名，在聯合國保留一般會員資格。[5]

5　不過，另有更嚴謹的學術研究指出，蔣介石是同意以中華民國之名，在割捨常任理

其後，無論是1999年的兩國論，或是2002年的一邊一國論，與其說是台獨，不如說二者都是「一中各表」。兩國也好，一邊一國也好，這裡的「國」，指的都是中華民國在台灣，與中華人民共和國在大陸。

這樣的國，若進一步，就是連戰、馬英九、《聯合報》，以及台商蔡衍明入主之前的《中國時報》，都明白表述與主張，或者，不會反對的中華邦聯。至於另一家香港媒介應該也不反對，本土紙媒呢？溝通與辯論後，也許另有變化。

此時，兩岸都是其中一員，但在國際組織，各自有代表。假使舉最近的例子，那就是2014年5月27日，施明德、蘇起、程建人、陳明通、張五岳、焦仁和與洪奇昌使用（而郝柏村也不反對）的修辭與內涵（「大一中五原則」，接近於《聯合報》的一中屋頂）。相較於謝長廷在2000年與2007、2008年提出的「憲法一中」，相較於李登輝去年接受日本雜誌 Voice 訪問時，表示兩岸「維持現狀……就是指維持台灣（中華民國）是台灣，中國是中華人民共和國的意思。……我自己本身也從未主張過『台灣獨立』。」大一中與邦聯等修辭與內涵，內含於、但又比「一中各表」，顯得更為積極一些，對於兩岸人

事國的尊位之後，仍留聯合國為一般會員國。最後不可得，不是蔣介石堅持「漢賊不兩立」，北京入聯則我退，實情比較可能是美國外交兩手策略使然。鑽研我國外交歷史的劉曉鵬教授，取當年外交部公文，佐以彼時美國尋求與大陸改善關係，亦即聯中制俄的脈絡，說明蔣介石已經「悄悄與積極地接受兩個中國，能違背法統的全違背了，因為生存最重要」。如此，何以美國提案我國保留聯合國一般會員國的議案，未能過關？原因是季辛吉在1971年10月5日宣布10月20日將訪問大陸，造成「情勢立即逆轉」，原本應可通過的美國提案在10月25日投票時，反而以55對59票輸了4票。何以美國一方面支持我國的聯合國一般會員國身分，另一方面又讓季辛吉公開宣布而不是祕密出訪大陸？劉教授沒有說這是美國常見的兩手策略。確實，假使不是，似乎無法解釋半世紀以前，這個違背常理的美國作法。以上參見劉曉鵬（2022）〈台灣退出聯合國五十周年：檢視蔣介石與雙重代表權〉《展望與探索》，20（1）：117-28。讓人不解的是，這段歷史似乎未見或罕見國民黨釐清，致使自己仍然背負失去國際承認的罪名至今。曾任民進黨主席、考試院院長的姚嘉文，在2021年以總統府資政身分，出版《1971神話聯合國》，繼續「指責蔣介石否決美日推雙重代表權，寧願被驅逐也不承認只代表台灣」。

民，也會有正面的幫助。

　　既然「一中各表」了，兩岸各有國際代表之後，就該往前推演，僅說一個要點。

　　兩國都在一個屋簷，就會相互靠攏，中華民國在台灣，從感情到實質，勢必逐漸親近而不是反對或敵視中華人民共和國，並且在親近的過程，變化人我，中華民國變了，中華人民共和國也變了。親近而成為朋友，不是酒肉朋友那種狎暱關係，而是互為諍友。兩岸見不善，彼此勸誡，相互引為殷鑑；見善，不但要舉，並且見賢思齊的心理油然浮現，亦步亦趨的動力，應運出現。

　　「一中各表，就是九二共識」，對於台灣的意義與接受機會，大於對岸。但我們似乎也不必因為對岸是否接受，作為我們奉行與否的依據。

　　2009年以來，我們已經將五個國際公約化為國內施行法，亦即，即便不是聯合國會員國，我們也能高舉聯合國遵守與推動的價值。同理，「一中各表，就是九二共識」最好能讓對岸欣然接受，兩岸就此推動諍友的關係，如若不然，我們自己奉行。若能這樣，台灣內部不必另就兩岸關係作文章，轉而弄好內政，若能有成，自然有利我們以諍友身分，與對岸交流。「外交是內政的延長」，在此得到新解。

（香港東網2016/1/24。原標題〈「一中各表」就是九二共識〉。《思考中華民國》是楊儒賓教授在2023年出版的書名〔台北市：聯經〕。）

蔣渭水的時代意義

　　「黃煌雄的蔣渭水進化論」（《蘋果日報》，27日）是中性，甚至可以是正面的標題。不是嗎？「與時俱進」是生活的樂趣，也是生機的確認。

　　不過，「黃」的內文卻是負面的評價。它說，過往四十多年來，

黃煌雄從「彰顯蔣渭水的反抗精神」、將「蔣渭水定位於台灣主體性、台灣民族主義」，至今變成「凸顯蔣氏與孫中山關聯……將蔣渭水送給了國民黨」、「與中國統戰機構合作」、「前往北京舉辦蔣渭水研討會」的「黃煌雄先生打算把蔣渭水送給誰呢？」

用「送」來表述黃煌雄前輩近半世紀努力的最新進展，讓人不解。假使有人、有國家願意接受蔣渭水與孫中山，對於台灣、對於中國，求之不得。難堪的是口惠實不至，淒慘的是陽奉陰違，表面上尊蔣崇孫，卻又做盡傷蔣害孫之事。

1921年，蔣渭水在《台灣民報》發表〈五個年中的我〉。他說：「台灣人有使命成為日華親善的媒介，以策進亞細亞民族聯盟的動機，招來世界平和的全人類之最大幸福的使命。」

如今，這個主張仍有時代意義。九十多年前的日本，差不多是當前的美國。未來，不僅經貿，中美或有軍事衝突？台灣人若要扮演「美華親善的媒介」，便可參考美國前國家安全顧問布里辛斯基的見解。二十年前，他在《大棋盤：全球戰略大思考》說，台灣要在國際代表自己，當由「美國非常適切地向北京重申，只有當中國更繁榮、更民主，才能完成統一……吸引台灣，融入……大中華邦聯……」。這個立場對台灣有利，但不一定是美國的主流看法，台灣促請與確保美國採取這個政策，會是促進「美華親善」與自保自立的途徑。

蔣渭水在1927年引述孫文的講演，指「馬克思……是……社會病理家……不……是……社會生理家」。其後，蔣氏激進化，在1931年的論述已有差異，他說「四年前實行的理論四年後未必可實行」，他並據此反駁「克良君」（批評蔣是「資本主義的代辯人」），進而表示「三民主義與馬克思主義是好朋友」。

三民主義與馬克思主義不同，仍是朋友的原因之一，就在四、五十歲以上的國人，不少都還可以琅琅上口，背誦孫中山「平均地權、漲價歸公」的主張。但實際情況呢？地租地價太高，不僅超量榨取你我的勞動所得，對於各行各業的商品生產或服務提供，都是成本的增加，以及利潤的非分襲奪。顯然，台灣的土地政策背離孫文主義已經很久，於今為甚。

　　很早以前，國民黨的主流已經背離創黨人的理念；民進黨創立之初未必沒有理念，即便不奉孫中山之名，現在卻可能複製日本的經驗。東瀛的最大反對黨「民進黨」，本週與「希望之黨」合併後，更名「國民黨」。這會是台灣民進黨接下來，或已經變質的內涵嗎？果真如此，黃煌雄倡議蔣渭水與孫中山作為兩岸的連結，即便不是雄圖大業，也是沒有心死的奮鬥，縱使無法成功，也不應該遭受責難。

（《蘋果日報》2018/5/3 A16版。原標題是〈進化孫中山蔣渭水　豐富台灣〉。新聞系學長福蜀濤在1998年致贈王曉波先生當年編輯出版的《蔣渭水全集》是我有機會比較完整閱讀蔣氏文章的開始，次年也在「當代文選」課程列入該書。）

蘇東坡的青山一髮

　　最近，外交部有事，輿情反映的差距很大。重視此事的報紙放在頭版或九版，標題中性，無非是「外館臉書名稱、圖樣全改」之類的用語。

　　另有兩家報紙僅在網路版披露，有褒有貶：〈外館臉書正名台灣　蔡政府興革第一步〉、〈國民黨：揣摩上意拍馬屁〉、〈一中各表是幫中國騙台灣人〉。

　　針對這些反應，外交部回覆「台灣就是中華民國」。官方說法正確，但可以改進。美國外交官、登山高手、賞鳥人士高立夫（Ralph N. Clough）提供了一個靈感的起點。

　　四十年前，高立夫剛過耳順一載。當時，他出版了專書談台灣的人、生活風格與政經結構，也說我們與美國及兩岸關係的演變，書名是《島嶼中國》（Island China，又譯《海島中國》），全書用台灣與中國的次數大致相當。

　　島嶼的形象鮮明，即便以「島嶼中國」說台灣也無法完全準確。因為，面積僅略小於台灣的海南島，若僅從地理的標準，也是島嶼中

國。不過，若是從歷史看，該島並無自稱島嶼中國的動能與必要。因為，即便不談漢武帝以降即已間斷統理，隋唐以後，中央王朝無不有效領有並持續管轄瓊州。九百多年前宋徽宗即位，大赦天下，蘇東坡得以從謫居的海南島北返，寫詩自況，「大海盡頭、飛鳥隱沒之處」就是中原。台裔日籍大家、曾在新北市新莊任教兩載的陳舜臣，其歷史小說《青山一髮：孫文崛起、辛亥之路》的書名，就是由蘇軾的詩句而來。

台灣差異巨大，一是明鄭迄今不滿四百年，近百餘歲又經大清割讓、國共內戰與國際冷戰至今，致使台灣與「大陸中國」的政經制度及歷史經驗已有很大不同，即便傳承文化最重要的語言文字依舊相通。顯然，若是從歷史考量，高立夫以「島嶼中國」稱呼台灣，相當準確。

這次臉書專頁的改裝事件，有兩點可談。一是外交部是鼓勵，不是責成。行政機關不指揮而是讓下級各行其事，是因地制宜的恰當作法，或是凸顯政令不行的背後困境，啟人疑竇。二是除了武昌起義時，孫中山在當地募革命款的丹佛，其外館臉書仍有國旗外（中華民國的英文字因小而模糊），更多外館（如歐盟、比利時、溫哥華、波士頓、印尼、新加坡等）是僅存「用畫筆勾勒出台灣輪廓圖形，搭配彩色文字 Taiwan」。

外交部說「台灣就是中華民國」，答案正確之後，可以改鼓勵為責成，讓外館臉書出現四種符號。國旗必須凸顯，「中華民國」及其英文也要維持。第三種是這次加入的台灣圖樣與 Taiwan。第四種是以前沒有，現在可以考慮放入，變成 Taiwan: Island China。

加入第四種符號，至少四個好處。一是沒人會誤解對岸是海島，我們說自己是島嶼中國配合圖樣，符合外交部所說的「凸顯鑑別度」。二是我們藉此表「一中」，曾有人建議我們自稱「民主中國」而對岸是「社會主義中國」，但兩岸對民主與社會主義都有欠缺，不如取中性的島嶼及大陸之名。三則我們同意這個表述之後，才能「櫓櫓看」（黃年用語）對岸是否認同，我們自己若有共識，櫓到對岸重新考慮與接受的機會，當會增加。四是大史學家、支持民主自由的余

英時近日接受週刊專訪，語重心長，他「不希望台灣人拚命把『台灣』……去中國化」，以免為對岸特種版本的「民族主義鋪路」，凸顯島嶼中國與中華民國，正是這個用心的延伸。

（《人間福報》2018/12/12 第 5 版。原標題〈《島嶼中國》四十年　兩岸關係在中華〉。）

兩岸貢獻世界的光明大道

　　從蔡英文到連戰與吳敦義都說一中是「中華民國」，對岸說一中是「中華人民共和國」。這是從 1911 與 1949 年以來就存在至今的國體，雙方都有道理。接著，彼此可以再進一步，有真心就誠意，努力營造未來共創「一中邦聯」的氣氛與認知框架，緩步快行皆可，兩岸必能互蒙其利，同時對世界和平會有貢獻。

　　「邦聯」的內涵不一，歷史變化也不同，美國及德國從邦聯起始，如今已是「聯邦」。歐盟成員國原先各自分立，目前貨幣統一（英國除外），也有部分法律凌駕各主權國，亦可理解是一種邦聯。大英國協的成員超過五十，但很鬆散。

　　兩岸領導人與主流民意目前都不認可邦聯作為統一的方式，原因很多，包括對岸的讓利說尚未及於政治，台灣則誤認某種中央與地方政府關係的「一國兩制」之外，別無統一途徑。

　　不過，官方不肯鬆口，未能意識到與時俱進的可貴，無妨於不在其位之人，多能以人民為念，持續發言或呼籲。邵玉銘教授在 2013 年出版的回憶錄，似乎首度披露而其後有人多次引述，指海峽兩岸關係協會會長汪道涵在私下場合，於 1990 年代中後期，曾經面告兩岸之合，邦聯比較可行。台灣在第一次政黨輪替後，對岸國務院副總理錢其琛在 2000 年 8 月下旬對台灣記者說了「新三句」，其中一句在以前僅稱「台灣是中國的一部分」，現在是「大陸和台灣同屬一個中

國」。那麼，這樣的中國，可以是「中國邦聯」或「中華邦聯」嗎？

《聯合報》前主筆黃年認為，就算這句話是謀略，但我們理當「櫓櫓看」。這個認知也表現在該報社論的演進，可惜新聞對此開展不多。黃年從兩岸關係的筷子論、短暫存在的統一公投說與杯子論，僅說兩岸不能敵對，否則對台傷害尤大，到了2012年則轉為更積極的（大）「屋頂中國」，主張不僅經濟務實來往，兩岸也要合宜地承認對方的政治地位。在台灣，這個承認並無困難，惟《聯合報》如同絕大多數台人，再三呼籲對岸要認知中華民國早就存在，若不承認，不就怪異地如同台灣獨立的主張，是在共同消滅中華民國嗎？

根據這個認知，已有不少人指出，對岸固然沒有直接同意一中各表，但從胡錦濤與美國總統小布希的通話，迄至朱立倫以國民黨主席及馬英九以總統身分對習近平所述，乃至習近平元旦過後所稱的「台灣方案」等話語，都不能說「櫓櫓看」的空間完全消失。

在台灣，早從解嚴之前就有倡議邦聯的聲音。論述最多也最持續的學人是丘宏達教授，報人是余紀忠，儘管在他身後，特別是2008年底以後的《中國時報》已經變化。《聯合報》比較穩健，最慢是解嚴以來而特別是本世紀，即便不一定用邦聯之名，至其論述多能與邦聯呼應，如同2014年現任陸委會主委陳明通也參與提出的「大一中」觀點。日前，中研院院士項武忠表述了「中華邦聯」芻議，前國史館館長林滿紅同日也有類同的發揮。

有了邦聯，世紀初「自認為是個不折不扣的中國人……盼望共同建設一個和平、繁榮、民主的中國」的李遠哲，就不會聯名要蔡英文不選總統而讓位賴清德。曾在2012年全版廣告說兩岸是「兄弟之邦」的辜寬敏，就能為柯P的「兩岸一家親」解圍。有了邦聯，就是大陸的大開大闔，心靈契合對台人不再是天荒夜譚；對於世人，兩岸邦聯的建設，必然大舉提升大陸的軟實力。

（《人間福報》2019/1/10第5版。原標題〈共創一中邦聯　兩岸互蒙其利〉。）

幼吾幼　老吾老

　　國民黨總統參選人韓國瑜說，他有國政顧問團兩百人。目前公布一百位，另有百位「不便掛名」。韓國瑜忘了，有個人若當顧問，他就一舉兩得。

　　雖然落敗，郭台銘的三項政策領先群倫，切合國人乃至對岸同胞的需要，這個高度與敏銳度值得肯定。至今他尚未放棄參選，原因或許是民進黨、台灣民眾黨，再到國民黨，對郭的主張反應負面。三黨若非「抹紅」他的政見是「社會主義」，就是「務實」地訕笑這些政策做不來，或者葉公好龍，偏偏不肯說郭的三個看法正中紅心，契合台灣的需要。

　　韓國瑜若與郭台銘簽約，郭不選，韓請郭擔任顧問，並且承諾若能當選，四年之內兌現郭的三大目標。然後，韓在這個基礎之上，予以擴充與豐富，同樣如同郭董，韓以功不必在我的胸襟，期以三十年，必有繼起新秀，在2049年完成擴大版的三策。

　　若有這個君子約定，勢將轟動，下必成蹊，這是韓的一得。第二得是，「〇至六歲國家幫你養」正是〈禮運大同篇〉的「幼吾幼以及人之幼」，也是三民主義的「民生主義」。孫中山說，「國者，人之積也」，國家無錢，是大家有錢出錢，交給並委請代表大家的政府出面，學習有效執行「幫你養」的任務。

　　錢哪裡來？郭的第二策是「富人稅」，符合世界潮流。五年前，法國政經學者皮凱提來台，他那本厚近七百頁的《二十一世紀資本論》，因有富人稅在內的主張而銷售兩百五十萬本，上個月，更有個人資產超過10億美元的十九位美國富豪，發布〈向我們課徵更多稅賦的時候到了〉的公開信。

　　韓國瑜不接受一國兩制，如果一中僅是中華人民共和國。韓應該如同郭，講出「沒有一中各表，就沒有九二共識」這個第三策。「遲到總比不到好」，先前慢了，現在亡羊補牢。

　　不止郭三策，韓國瑜更可後出轉精，擴大三策。幼吾幼，也要「老吾老，鰥寡孤獨廢疾者皆有所養」。這樣一來，不止富人稅，是

所有財富（資本與土地利得）及勞動所得等收入均當納入檢討，其課徵並要合理改善。最後，「一中各表」雖必要，不是終局，洪秀柱說「一中同表」，可能比新黨的「一國兩制台灣方案」更有前景。後者仍以中華人民共和國為「一國」，前者可能是張亞中、黃光國與謝大寧的「一個完整的中國由中華民國與中華人民共和國構成」，「一中」是兩岸憲法之外，彼此逐步簽訂多種政治協定，成為兩岸憲法之外，也是相繩彼此的第三憲。這個內涵，也是現任與前任陸委會主委陳明通與蘇起等人五年前的「大一中」構想。

　　三策之中，最後這項需要兩岸同意，我們主動提出中華民國版的統一方案，並接受對岸建政一百年時雙方簽約，應該是善意的表達。

（《人間福報》2019/8/19第11版。原標題〈明年選總統　三十年實現政綱〉。）

一中兩國三憲

　　民進黨全代會通過決議文，「拒絕一國兩制」。這是九成國人共識的反映，不足為奇，若要更上層樓，應該納入「一中兩國三憲」作為黨綱，張亞中教授早在1992年就已闡明。

　　二十多年來，單篇文章不計，一中兩國三憲的相關論述至少已有七本專書或文集（三本可自由下載），黃光國與謝大寧等教授也已加入。2015年，這個主張化約為「一中同表」，得到國民黨總統參選人洪秀柱的採納。

　　可能是主事者沒有細說，可能是外界不聽，致使這個省略「兩國三憲」的化約用詞，使得絕大多數人望文生義，以為這是「一國兩制」，於是發生「換柱」風波。但若平心靜氣，民進黨與國民黨當中的理性人士，應當都能接受「一中兩國三憲」作為「一中同表」的全稱。兩黨在內的各政黨，從此無法以兩岸關係作為區辨彼此的標籤，而是必須競相在民生政策較量高下。

　　張亞中的「一中」意指「一個完整的中國」共同由「中華人民共和國」與「中華民國」組成。「一中兩國」是國內而非國際關係，兩岸各自給予法律承諾之後，依序由鬆入緊進入統合過程，先是歐洲聯盟或邦聯模式，若干年後也有可能再成聯邦模式，但這個終局狀態無須預設完成的時間。

　　「三憲」則是兩岸現在的憲法，都是「一個完整中國」的憲法，但在主權重疊（我們是秋海棠、對岸是老母雞的差異不難解決），治權不及於對方的狀態下，兩岸應該共同建立各種條約，使聚合成為相當於「第三憲法」以相繩彼此。有了這些制度安排，兩岸對內各自如同現在的運作，對外則平等但不對稱（如中美英法俄是聯合國常任理事國，其他國家是一般會員國），各自製發護照，分別以「北京・中國」與「台北・中國」或其他更合適的名稱參與聯合國，同時與各國開展外交關係。

　　但張亞中等人後來認為，「『一中兩國』已經被李登輝（的兩國論）玩死了」，再要說「一中各表」，「北京會懷疑台北想要軟土深掘」「一中兩國」為「兩國論」，他們因此捨棄兩國，僅用「一中三憲」（有時用「兩憲」），並希望用這個內涵的「一中同表」作為兩岸的「唯一出路」，取代對岸僅默認但沒有公開承認的「一中各表」。

　　黃光國教授最近說，郭台銘的「『一中各表就是兩個中國』……就是……『一中兩憲』。」國民黨若能順著這個已經存在將近三十年、卻在不同階段有不同修辭的主張，正式將兩岸關係的定位命名為「一中兩國三憲」，並對外廣為說明及推介，或許就有機會讓外界認為，比起「反對一國兩制」，這是消極否定之後，更有肯定的積極主張。

（蘋果新聞網2019/9/30。原標題〈「一中兩國三憲」 兩岸關係的出路〉。）

重新評價李登輝

前總統李登輝辭世兩年，國民黨要重新予以評價。黃光國教授昨天說，焦點應是「他對兩岸政策的態度變化」。很對，但有沒有一種可能，他的兩岸觀沒有根本變化，但礙於多種原因（包括對岸及部分國人對他的不信任），致使外界認定他實質主張台灣獨立？

李登輝在台灣省主席任內，答覆黨外議員質詢表示「中國歷史沒有拋棄台灣，台灣怎能脫離中國大陸？」後來被認為是違心之論。解嚴後四年，李登輝制訂《國統綱領》有了「國統會」；稍後，大陸對台工作單位質疑他的立場，《中國時報》記者王銘義記下當時國府官員的回應：「你們不必擔心他搞台獨，你們要擔心的是，李登輝什麼時候要來問鼎中原。」

上個世紀最後一年，李登輝表示在「宣布台灣獨立」與「一國兩制」之間的折衷方案，根源是「中華民國從1912年建立以來，一直都是主權獨立的國家……兩岸關係定位在特殊的國與國關係……沒有再宣布台灣獨立的必要」。主張兩岸合組邦聯的國際法學者丘宏達評論，認為中共反對兩岸為「對等政治實體」，「所以李總統只有提出『特殊的國與國關係』來對抗」，與民進黨人士主獨「完全相反」。台大教授顏厥安認為李登輝是非常重視台灣人尊嚴的「統派」，他說，假使對岸接受「中華民國」並「要求台灣……政治談判，以……特殊的國與國關係……界定未來三十年兩岸關係」，則兩國論有可能是「兩岸統一的起步」！

當時聯合報系民調也顯示，49%民眾接受李的說法，30%不同意。再隔一年，李登輝卸任前一個月，《聯合報》記者何振忠醒目報導，「（總統府高層：）李總統提特殊兩國論即促成邦聯制第一步」。

華人版本的邦聯或歐盟作為兩岸統一途徑的主張，接近《聯合報》許多年來倡議的「屋頂理論、大屋頂中國或一中屋頂」。太陽花學運後，跨黨派且由兩個主要政黨的前陸委會主委領銜的「大一中」框架，同樣相通於邦聯或歐盟原則。

民進黨首次入主行政權後，《中央日報》次年發表社論，指邦聯

制是「兩岸和平大戰略」。對岸前外交部長錢其琛則以副總理身分表示,「不分裂,什麼都可談」;國台辦主任助理孫亞夫則說邦聯可能是兩岸統一的過程之一,是可以討論的。國民黨主席連戰擬將邦聯制列入黨綱,兩次民調顯示,44%接受、約36%反對,但因「大陸乏善意、大老有意見」,以及不確認邦聯主張是否有利選舉,連戰決定「邦聯制急煞車」不入黨綱。

　　國民黨若要重新評價李登輝,重點之一,應該是李登輝的特殊兩國論,是更接近勢將與對岸為敵的台獨主張,還是通向兩岸走向融合的邦聯制的第一步?

(《聯合報》2022/8/2 A11版。原標題〈重新評價李登輝　焦點是兩岸政策〉。)

不要為台灣恐慌

　　美國百年刊物《外交事務》日前專文「不要為台灣恐慌」,意思是「如果美國的穿針引線,是在遏阻,不是挑釁」對岸,台灣沒有戰爭的危險。反之,如果美國是挑釁,甚至持續升高,也許會讓戰爭成為自我實現的預言。

　　近年來,在備戰才能止戰聲浪中,這篇文章是空谷跫音。

　　美國在烏克蘭,從遏阻進入挑釁,惹出俄羅斯愚蠢犯罪入侵。華府從2014年起協同英國等北約盟國,積極培訓烏軍,並給予40億美元軍援。2021年軍事動作更大,先是北約從愛沙尼亞發射廿四枚火箭模擬攻擊俄羅斯空防,繼之6月北約重申承諾烏克蘭入北約,7月烏美兩國聯合邀請卅二國在黑海作戰演習,10月美烏簽訂戰略國防架構,然後從11月下旬至12月初,美國與英法西義希在地中海聯合軍演,出動廿三艘船艦與六十五架飛機,有六千多人參與。

　　美國在台灣,是在遏阻,還是挑釁中國大陸?國人會有不同判斷。前參謀總長李喜明去年出專書《台灣的勝算》,提供值得深思的

觀察與專業見解。該書指出，原本得到蔡總統肯定、也是全書詳細鋪陳的「不對稱作戰」，從 2021 年 3 月起已消失；並且，該詞列為軍中禁忌，再也無人提起。若「不對稱」一詞仍使用，內涵與他所述已迥異。這是重新回到「傳統觀念與武力」的「戰機對戰機、戰艦對戰艦、戰車對戰車」等思維與實踐，包括以長程飛彈攻擊對岸。這些武器顯得威武雄壯，卻是虛榮，我們的財政與人力無法撐持。

　　該書所述，是否準確？原先為人肯定的不對稱戰略，如果已是明日黃花，原因何在，跟美國有關嗎？同樣很重要的是，是美國挑釁而我們配合在先？還是北京近年來的船艦軍機越線在先？這裡，國人同樣有不同意見。不過，認為華府先挑釁，還是北京先動手，應該都不會否定李將軍看到，也是國人感受到的事實。他說：「過去幾年台灣的大陸政策官方與部分媒介的發言……在民間孕育出來的仇中、反中情緒……對台灣的國家安全及經濟發展，絕對有弊無利。」

　　美國在台協會前理事主席卜睿哲近日演講，誠懇相告，美國的國家利益，與台灣不同。在《艱難的抉擇》這本書，他的舉例可能冒犯一些國人，雖然良藥總是苦口。

　　他說，芬蘭的新聞自由歷年都是名列前茅，但其領導人明白，想要維持國家獨立，就需要限制某些國內的政治活動；記者也說，「芬蘭人捨棄了滿足激情的奢求」；接著大眾很快也理解；匈牙利出身的美國歷史學家盧卡奇則有意見，可能讓有些人氣惱：「得在新聞、出版等傳媒上克制言論表達。」這些芬蘭人及專家的看法，與李喜明將軍引述的《韓非子》異曲同工：「國小而不處卑，力少而不畏強，無禮而侮大鄰，貪愎而拙交者，可亡也」。

（《聯合報》2023/3/26 A10 版。原標題〈不挑釁不仇中　兩岸就和平〉。）

不要維持現狀　兩岸要永久和平

日前，鴻海創辦人郭台銘在金門，將5月中旬發表的「和平宣言」面交副總統賴清德，請他「仔細研究」站穩中華民國立場的「一中各表」，進而與對岸「展開談判」。

〈壓不扁的玫瑰〉作者楊逵等人，1949年1月以「台灣中部文化界聯誼會」名義，在上海《大公報》發表日後以「和平宣言」相稱的文件，呼籲「和平建國」。

兩份同名文件相去七十四年，都是反戰。差別是，後者是第二次國共內戰已經爆發兩年多，反戰的人無力回天。前者則對近年來國際及台海局勢的變化有其憂慮，是以建言兩岸談判，協商彼此都能接受的模式。如果這個未雨綢繆的努力，最後能夠成為國人共識，並由政治領導階層予以細緻化而得到社會支持，就是兩岸四地與世界之福，蔣渭水近百年前的豪邁志向，就要從今日的台灣開始落實。

人稱「台灣孫中山」的蔣渭水於1921年假《民報》發表〈五個年中的我〉。他說，「世界平和是人類的最大幸福，又且是全人類的最大願望……我台灣人有媒介日華親善，以策進亞細亞民族聯盟的動機，招徠世界平和的全人類之最大幸福的使命就是了。」現在，「中」代「華」，「美」換「日」，台灣人的使命，就是讓中美親善。

達成這個使命是很困難，兩岸親善是必要而不是充分條件，缺此，中美難以和睦。我國有能力滿足這個必要條件，可以主動積極，第一步是要認真看待前副總統呂秀蓮的見解，她說：「維持現狀就像『溫水煮青蛙』自我欺騙……大家應勇敢面對現狀的改變、超前部署，再講『維持現狀』是不負責任，沒有面對問題。」

歷來有關兩岸關係的民調，選擇「維持現狀」的國人比率過半，也很穩定。但是，既然維持現狀常讓人不滿（比如，以觀察員身分參與世衛組織年會都有困難，遑論參與聯合國大會），並且是「溫水煮青蛙」而有醞釀戰爭或讓對岸入侵的風險，是以應該無法永遠維持，那麼，民調應該在「統獨與不統不獨的維持現狀之外」，另設有意義的選項，才能真正觀測民意。

這個選項會是哪些內容？模仿三個主要政黨的口吻，略作猜測。民眾黨自詡師承蔣渭水，可以是「建構雙方都能接受的兩岸政治關係，透過兩岸的親善，促進中美親善」。在民進黨，賴清德說兩岸理當是「兄弟之邦」，也「秒答」學生提問，表示在各國元首中，最想和習近平「共進晚餐」，接著，自可進化蔡英文之言，讓選項是「中華民國與中華人民共和國要相互努力，在未來讓彼此相互隸屬」。而國民黨總統參選人侯友宜既然認同黃年先生的「杯子理論」，下一步，若以黃年更知名的「大屋頂中國」為號召，讓兩岸平等而不是主從關係，共組大一中，應該是順理成章。

（《聯合報》2023/6/1 A12版）

陸不武　我睦鄰　以進大同

蔡英文總統對《紐約時報》表示：「現在非陸犯台時機」。侯友宜說：「對大陸議題不會有不切實際的想法」；柯文哲則認為，「需要緊張但不要太緊張」。

但是，不止現在，我們要永遠確保對岸不會武力犯台。不要不切實際，但要對大陸議題主動積極；這樣，才是不太緊張的不二法門。

有三位前輩的看法，提供了進入此門的認知。

楊儒賓教授今（2023）年的《思考中華民國》汲取曹永和等等台灣史研究者的見解，提醒國人，「台灣風土性的『兩岸性』……同時影響兩岸……如要濃縮到島嶼內部自行決定，對岸中國沒有置喙的餘地……相當不合理……。」台灣前途不是只影響兩千三百萬人，對岸片面決定也不合道理，兩岸必須相互尊重歷史與現實才有出路。稍前幾年，楊儒賓的《1949禮讚》已言近人之不敢言，但切合時代需要。他鼓勵國人「消解十九世紀以來強烈的主權思維，鬆綁『中國』『中華』的多元內涵，為什麼台灣不能執行中國夢？」

　　國際法教授、社會理論家黃維幸去年的《兩岸新視野》及近日對「抗中保台」的善意勸誡則說，若能走出對抗的思維，就如同維根斯坦的比喻，前途豁然開朗：一個人極力想從受困的屋子逃出去，先試窗戶但窗戶太高，再試煙囪但煙囪太窄。沒有出路之餘，這個人一轉身，原來屋子的門一直開著，走出門外，海闊天空。

　　最後是前美國在台協會理事長卜睿哲。前年，他出版《艱難的抉擇》，認為習近平提「一國兩制的台灣方案」，主要給大陸人聽，雖然目前看不到跡象，但「理論上，北京可能會保留一國兩制的口號，但從根本改變其內涵，使其對台灣民眾變得更有吸引力……。」

　　對岸會改變一國兩制的內涵而吸引國人嗎？不知。但操之在我的言詞與作為，也許有幾項，可以增加對岸的改變機會，即便台北小北京大，兩岸的互動仍是同步影響彼此的過程。

　　一是日前在政大舉辦的小型和平工作坊，傅大為教授說，我應倡議不涉及主權的中立。這不容易，甚至不可能，但以中立作為過渡，再到兩岸都能接受的政治關係，至少比現在全面倚賴、聽命美國，機會大些。

　　二則民進黨應該廢除台獨黨綱，改以公共政策爭取選民。一因和平獨立已無可能，國人如同世界上所有人，無人要戰爭。再因如同《聯合報》副董事長黃年所說，台獨訴求從民主改革的一種動因，很早之前已然變成消耗國人精力與團結的「內殺」動力。

　　三則自我提醒語言的重要。在海外僅稱中國，可以理解，因外人不承認中華民國；但在國內若僅將對岸說成中國，形同自己否定中華民國。民進黨反對九二共識，因為認定「各表」沒有空間，但至少在國內，當然有。因此，除了公文書，政府理當鼓勵或要求，從公視到其他政府出資的傳媒，稱呼對岸時，都要使用大陸或中國大陸。

　　最後，復甦前幾年仍有政治人倡言的兩岸一家親，強過一家仇。如此，就更能敦親睦鄰，自信兩岸民眾會有合理與安全的交流，而不是擔心彼此在統戰對方。這是增進彼此理解，並為來日政府協談，鋪設互信基礎的重要過程。雙方若至這個境界，接著就是水到渠成，準備擎舉《禮運・大同篇》，高唱國歌第四句「以進大同」，作為兩岸

共好的目標。

（《聯合報》2023/12/2 A12版）

大歐洲　大中國　大和平

　　蘇聯與東歐前共產集團在1990年代初走到盡頭，但鳥盡沒有弓藏，為了對抗歐洲名義上是共產勢力而成立的北約不是同步解散，也不是苟延殘喘，是忘了美國在1949年創設該組織迄今，據說是「單一最佳」的國安顧問斯考克羅夫特（Brent Scowcroft）的警語：「北約邊界愈向俄羅斯靠近，勢將致使西方過去多次侵略的俄羅斯，心懷苦楚怨懟。」

　　果然，俄羅斯誤判與愚蠢，回應北約步步進逼的挑釁，是踏進北約圈套而入侵烏克蘭，致使烏克蘭塗炭，俄歐也兩敗俱傷，得利的是軍火商，近日的表現有二。先是美國已在作東，上個月於華府召開美烏國防產業基礎會議，來了美歐與烏克蘭的三百五十位政府與產業代表，要在烏克蘭增產軍火支持對俄作戰。再是北約下週起至5月，要「實施冷戰以來最大規模軍演」，九萬人參加。

　　由美國領導的北約，忘了美國共和黨籍的總統艾森豪在1953年的「和平機會」演講，他說：「每製造一支槍械，每下海一隻戰艦，每發射一枚火箭，最終的意思就等於偷竊，挨餓的人未能進食，受凍的人無衣可穿。」相同的指向也由民主黨總統甘迺迪在1963年再次強調。他說「和平過程」的意思，「不是美國以戰爭與軍火強制世界進入美利堅治世（Pax Americana），不是墳墓的和平，不是奴隸的安全⋯⋯是能讓人們與各國成長並冀望為其子女建設更好生活的和平。」

　　假使美國未能重拾記憶，忘卻再求和平。歐盟理當獨立，記取法國前總統戴高樂的倡議，使其回春。他呼籲歐洲傲然挺身，代表自己而不是以美國為馬首是瞻，歐洲應該擴大至烏拉山，作為全球事務的

第三力量。近日，英國教授薩克瓦（R. Sakwa）奮進發言。他說，基輔廣場政變導致俄羅斯併吞克里米亞，八年後再有俄烏戰爭，致使大歐洲之念更形遙遠，惟歐洲從傳媒到政治領導階層，果真能夠真誠自省，坦承造成這個局面，並非僅是俄羅斯之過，也斷非普亭一人之失，而是歐美與北約及烏克蘭本身都有相應的責任必須承擔，那麼，「大歐洲仍然是鼓動人心的恆久理念。一個世代認定這是讓人哀傷的幻覺，另一個世代會以之為符合現實的、也必須要有的宏圖。」

　　在台灣，《聯合報》載，國安會前祕書長蘇起說，尋求解開兩岸關係的死結，「我方應主動尋對話」，並且，「由台灣開啟對話可更有尊嚴」，遠非一些人所說我方主動就是自投羅網。怎麼主動？積極回應並參與何謂「一中」的界定，總統蔡英文說，而總統當選人賴清德跟進，指中華民國與中華人民共和國「現在」互不隸屬，未來呢？有沒有可能出現雙方都能接受的，「未來」彼此經過轉化之後，可以「相互」隸屬的「一中」、大中國？「我見青山多嫵媚，料青山見我應如是」，這是最高境界，即便不容易浮現，但以此作為目標，是更能靈動世局與人生的訴求。

（《聯合報》2024/1/21 A11版）

台灣有恆春　福建有永春

　　台灣有恆春，福建有永春，桃溪貫穿，古稱桃源。這是泉州市管轄的一個縣，人口約四十萬，緯度與台北市相當，面積則約五倍半。

　　8月下旬，葉勇開車領著我們進入永春，第一個印象與狐疑，是看到「余光中文學館」的醒目告示牌，挺立在公路轉彎處：台灣的大詩人怎麼到了永春？不過，得先午餐，進入旅客必到的三層樓餐館。嘉賓滿堂，正愁無處落腳，主人已讓四人坐進包廂。孫禕妮說，應該是永春副縣長莊凱融幫忙，他在政大取碩士，回北京人民大學得博

士，想來是承蒙他打了招呼，保留了雅座。

副縣長還幫了另一個忙，他請五年多前就任公營旅遊公司的林夏卿女士前來引領。善於行走而講解詳細的她，陪我們一天半。丘延亮教授的近作《台北之春》說，1956年劉自然事件後次年，余光中是第一位得到美國資助前往研讀的知識青年。余先生曾經參與1970年代末台灣鄉土文學論戰，並有文名享譽華人世界，但他的文學館怎麼會在「偏鄉」永春呢？

原來，余光中出生南京，但祖籍在永春，兩地都希望為他建館，最後是永春縣府的一句話得到余先生的認同：「在南京，您是眾館之一；在永春，是唯一」。但永春的唯一，還有不少，來到這裡之前，我全然不知，可見離家遠行，會有學習、會有感悟，也會觸景生情。

一是永春固然沒有蘇杭富庶，文人雅士仍有可觀，「紙織畫」藝術流傳至今將近一千五百年，有「霧裡看花，紗前看人」的朦朧美。一般認定，它與杭州絲織畫、蘇州刻絲畫，以及四川竹簾畫齊名。

二則興起近年，永春有了新的文名，來自大學高考。原來，最近連續數載，每一年本地高中生考進大陸資源最多、也最知名的大學，超過永春依照其人口比例可以上榜的人數非常之多。這個名聲自然外傳，不但鄰近的閩南泉州市與漳州市等地，就是距離有一、兩百公里的省會、位在閩東的福州，以及閩北龍岩，也都有考生絡繹於途，前來永春燒香祈福，希望順遂自己求學與上進之路。這就如同，「台北文昌宮　考生必拜廟宇」的新聞，一到考季，我們這裡的傳媒，也會屢屢出現相類的應景記載。

異地同心求上榜，但在大陸，似乎更見稱奇。讀書人當中，不少人認定「魁星」與「文昌」帝君功能相類，因此，台南孔子廟的文昌閣也稱魁星樓。在大陸，供奉魁星有兩處寺廟，永春居其一。福建全省的考生與家長，剛好可以前來永春魁星廟風景區，拾級登高，正是誠心述說願望與期許的好地方。永春魁星廟配合學子需求的方式，是在入口處之一的「桃源古剎」，右側加寫「985-211」這兩組數字；大陸在2015年開始「雙一流」，表示要建設世界一流大學與一流學科，主要就是以「985-211」涵蓋的大約一百所大學作為主幹。我們逐階

而上，進入眼簾的景象，前所未見：一尺多的長長紅布條密密麻麻，層層相疊，布滿高低數十公尺的扶梯。估計今年當有將近萬人，每位以500人民幣添香火，換來這些紅布條上書自己的姓名、住址、准考證號碼、現在就讀的高中校名，希望考上的大學等等。假使有人逐年蒐集這萬筆自行奉上的素材，應該會是很有價值的經驗資料與研究題目吧？

永春不是僅有這些文化與民俗內涵，還有武術。就讀延平初中的時候，李小龍的《唐山大兄》、《精武門》等等電影，在港台東南亞無不轟動，西方人對Bruce Lee的記憶也至今留存。他的雙截棍風靡所有人，學習揮舞者多如過江之鯽，若是有人漏網，不曾在舞弄棍棒時敲到自己而腦袋長包，那就奇怪，一定是學習不力。五十年前他意外去世前一晚，我竟然夢見英雄已去，如今談起無人相信，但確實如此，天知地知。沒想半世紀以後，來到永春，又有一個發現，傳說李小龍的武功來源之一，就在永春白鶴拳。清初創行白鶴拳的方七娘嫁入永春，在此與夫婿曾四授徒，再經兩百餘年，參加太平天國起義的林俊等人，把拳術帶入廣東，此時書寫的文字，已經成為同音的「詠春拳」，再來就是葉問及其後的李小龍，承襲並另有創新。在台灣，白鶴拳在1910年由福州的張常球傳入，三年前已有台中市人、國術教練賴仲奎出版《台灣白鶴拳傳承錄》。

但究竟是什麼因緣，讓我跟小雯來到永春？原來，北京中華文化研究中心舉辦「兩岸學者面對面」，每個月一次，已有數十場。這次，該中心的合作夥伴是本部在泉州、分部在廈門，擁有三萬多學生而單在新聞傳播學院就有百位來自台灣的華僑大學。負責邀請來賓的禕妮在政大取得博士，她與夫婿葉勇都是泉州人，也都在此任教，便讓我跟舊識華東師範大學呂新雨教授，講述「兩岸媒體發展的回顧與前瞻：以推動21世紀全球南方世界信息與傳播新秩序為視角」，然後對談兩岸交流這個話題。

只是，來一趟大陸，僅說這個題目，不免辜負自己。如同近日宣布破產、英國第二大城市伯明罕，該市的同名大學有羅吉教授，將近四十年前，他在小說《世界小小小》提及，「現代的學術活動……正

經八百……（但也要）放縱身心，享受旅途……。」於是，我想到，應該撥出幾日到武夷山及閩南等地走它一圈，最好也能到永春。大約兩百年前，我的先祖從這裡來到新北市新店直潭淨水廠附近定居，但未曾聽過任何親友來過永春。那麼，何不由我開始？於是勞請禕妮代為安排行程之後，我真是放縱身心，就等著禕妮與葉勇帶領，到處走走、逛逛、瞧瞧。但到永春，又能親履兩個世紀之前，先人出發赴台之地，還得感謝姑姑住在台灣的葉勇。他很細膩與周到，若不是他查詢，我哪裡會有這個用心？我只是想來永春沾一點邊，別無他念。葉勇探知，永春縣的十八鎮當中，最西邊的一都鎮有「龍卿村」，很可能是閩南馮姓人家往外遷移的最早源頭之一，現在該村將近一千兩百人當中，約四分之三仍然姓馮。在台灣，馮姓來自客家或廣東居多。葉勇教授既然有此發現，再不前往而只是路過永春縣府，如同孫大聖到此一遊，那可不好。從我們居住的縣治所在地，前往龍卿村約九十六公里，先走高速公路再轉山路，需要大約兩小時。

　　第二天，先去將近千年的東關橋，也到了永春白鶴拳史館及演武場。這兩個地方，無不讓人想要逗留更長時間，但龍卿村的年輕馮姓幹事已經在一都鎮等候。我們趕緊驅車前往，經過幾年後即將成為水庫、屬於安溪縣的若干地段，中午時分見著幹事，用了一頓很閩南也挺台灣的豐盛午餐。接著仍是一路坦途、路況良好而逐漸爬高，水泥路為主。看到一、二十隻可愛的山羊，好整以暇悠然穿梭路間。更有意思的是，沿途有不少「一都山歌小鎮」的告示牌，最後就是高約七、八百公尺的龍卿村。

　　村幹部驅車直接到了「馮氏宗祠」，村書記等八位馮姓宗親已站立在前，隨和點頭微笑。未及寒暄，眾人直接進入當有百坪、新修未幾，似有二進的祠堂，彼此以四個長桌組成方陣，坐定後開始交談，喝起鐵觀音。幾盅茶水之後，我先解釋這次來訪的由來，紅衣長者也取出他所保存的本村《連興馮氏族譜》讓我們拍攝。族譜共有七篇序文，顯示從康熙年間至民國三十年最後修訂，前後七次，其後則數度延請專人以毛筆用繁體字抄寫，族譜因此禁得起示人並可翻閱。

　　村人與我們初次見面，雖有好客與新奇之意，再要多談，只能一

時，是以不再免俗，眾人在祠堂前來個團體照之後，就此告別。我們另外跟隨紅衣長者與村書記等人，分乘三車，前往車程七、八分鐘，有九百多公尺、與陽明山二子坪齊高的「香嶺南湖岩」。這裡視野遼闊，隔著山谷遙望永春最高、福建第二高的雪山（一千三百多公尺）。早在宋朝，馮氏先祖在此建廟，迭經翻修，最近這次規模最大。（我想起曾祖父馮湖，他在直潭發起興建的「長興宮」，將近或超過百年吧？現在的規模相去兒時所見，至少十倍以上）。南湖岩這次重修，起於 2016 年，實業家馮挺林提議並有一都鎮政府配合，各捐 20 萬人民幣，龍卿村 7 萬，加上散落多處的馮姓後裔為主的捐獻，共得 300 餘萬。次年底，在占地三千多坪的地面，八百餘坪的寺廟及附屬設施整建完成，黃公祖師（民間稱以黃應奇）與諸佛晉殿。紅衣長者在這裡進出自在，熟悉環境，原來，他是廟公，就住寺中。他說，夏日在此仍有涼意，晚間夜寢需有獸皮為墊，方不風寒。

　　很快就到了話別的時候，但尚未請教長者大名。我無手機，不能用時人互留 line（台灣）或微信（大陸）的方式。於是，只能拿出名片奉上。那是四年多前，攀爬政大附近最高峰猴山（五百多公尺）一千次，友朋八十餘人同行，正面刊印自己的個人資料，背面是劉禹錫的「人世幾回傷往事，山形依舊枕寒流」詩句，搭配 2016 年初罕見低海拔五百公尺猴山的瑞雪（其實是「霰」）照片。區區一張名刺，希望稍讓長者寬待我的失禮。

　　來日，應該還會再訪，不但是因為返回台北拿出族譜，一對照，寫著我們先祖來台的出發地，確實是一都鎮龍卿村，這是永春行的意外驚喜，應該也能讓親友心動，下次他們若來閩南，行走永春的機會必定增加。何況，前文提及，永春還有那麼多特色，不說這次沒有聽到的一都鎮「山歌」，還有獨步大陸的製香業、1958 年就列為自然保護區的牛姆林生態旅遊區、名列四大名醋之一的永春醋，以及，2016年永春蘆柑農民發現數萬瓷器碎片，經北京專人考證，竟比大陸三個瓷都之一德化的瓷器，還要早個數百年。這些述及與尚未述及的土地與人的從事，一定還有很多故事蘊含其中，尚待想像與探索。

（《人間福報》副刊2023/10/16與10/17第15版。原標題〈來去永春　意外的驚喜〉。）

傳播政治經濟學、台灣社會與兩岸關係

作　　　者	馮建三
封 面 設 計	林宜賢
協 力 編 輯	曾淑芳
責 任 編 輯	巫維珍

國 際 版 權	吳玲緯　楊　靜
行　　　銷	闕志勳　余一霞　吳宇軒
業　　　務	李再星　李振東　陳美燕
編 輯 總 監	劉麗真
事業群總經理	謝至平
發 行 人	何飛鵬
出　　　版	麥田出版
	台北市南港區昆陽街16號4樓
	電話：886-2-2500-0888　傳真：886-2-2500-1951
發　　　行	英屬蓋曼群島商家庭傳媒股份有限公司城邦分公司
	台北市南港區昆陽街16號8樓
	客服專線：02-25007718；02-25007719
	24小時傳真專線：02-25001990；02-25001991
	服務時間：週一至週五上午09:30-12:00；下午13:30-17:00
	劃撥帳號：19863813　戶名：書虫股份有限公司
	讀者服務信箱：service@readingclub.com.tw
	城邦網址：http://www.cite.com.tw
香港發行所	城邦（香港）出版集團有限公司
	香港九龍土瓜灣土瓜灣道86號順聯工業大廈6樓A室
	電話：852-25086231　傳真：852-25789337
	電子信箱：hkcite@biznetvigator.com
馬新發行所	城邦（馬新）出版集團
	Cite（M）Sdn. Bhd.（458372U）
	41, Jalan Radin Anum, Bandar Baru Seri Petaling,
	57000 Kuala Lumpur, Malaysia.
	電話：+6(03)-90563833　傳真：+6(03)-90576622
	電子信箱：services@cite.my

麥田部落格	http://ryefield.pixnet.net
印　　　刷	漾格科技股份有限公司
初　　　版	2025年1月
售　　　價	799元
I S B N	978-626-310-781-6
E I S B N	9786263107793（EPUB）

國家圖書館出版品預行編目（CIP）資料

傳播政治經濟學、台灣社會與兩岸關係／馮建三著. -- 初版.
-- 臺北市：麥田出版：英屬蓋曼群島商家庭傳媒股份有限公
司城邦分公司發行, 2025.01
　面；　公分
ISBN 978-626-310-781-6（平裝）

1. CST: 傳播政治經濟學　2. CST: 臺灣政治　3. CST: 兩岸關係
4. CST: 文集

541.8307

113015582

城邦讀書花園
www.cite.com.tw

Printed in Taiwan.
本書若有缺頁、破損、
裝訂錯誤，請寄回更換。